国家社科基金重点项目"巴蜀地区宋蒙山城
遗址考古调查与研究"（17AKG004）成果

巴蜀地区

宋蒙山城遗址考古调查与研究

蒋晓春　蔡东洲
符永利　罗洪彬　著

学苑出版社

图书在版编目（CIP）数据

巴蜀地区宋蒙山城遗址考古调查与研究 ／ 蒋晓春等著 . — 北京 ：学苑出版社，2024.3
ISBN 978-7-5077-6796-4

Ⅰ．①巴… Ⅱ．①蒋… Ⅲ．①巴蜀（历史地名）–古城遗址（考古）–考古调查–调查研究 Ⅳ．① K878.35

中国国家版本馆 CIP 数据核字 (2023) 第 204276 号

出 版 人	洪文雄
责任编辑	潘占伟
出版发行	学苑出版社
社　　址	北京市丰台区南方庄 2 号院 1 号楼
邮政编码	100079
网　　址	www.book001.com
电子信箱	xueyuanpress@163.com
联系电话	010-67601101（销售部）　010-67603091（总编室）
印 刷 厂	北京建宏印刷有限公司
开本尺寸	889 mm×1194 mm　1/16
印　　张	27
字　　数	620 千字
版　　次	2024 年 3 月第 1 版
印　　次	2024 年 3 月第 1 次印刷
定　　价	360.00 元

蒋晓春（1974—），男，四川华蓥人，历史学博士，安徽大学历史学院教授，博士生导师，安徽省学术和技术带头人。主要从事古城堡、石窟寺、古墓葬、考古学史方面的研究，主持国家社科基金冷门绝学项目"川渝地区元明清石窟寺调查与研究"，完成"嘉陵江流域石窟寺研究""巴蜀地区宋蒙山城遗址考古调查与研究"两项国家社科基金项目，出版《三峡地区秦汉墓研究》《嘉陵江流域石窟寺调查及研究》等著作五部，在《考古学报》《考古》《文物》等刊物发表论文八十余篇，获四川省人民政府三等奖一次。

蔡东洲（1962—），四川平昌人，西华师范大学历史学教授，四川省学术和技术带头人。在三国史、宋史、巴蜀史等研究方向上有一定的积累和贡献，主持完成过国家社科基金项目"清代南部县衙档案整理与研究""南宋巴蜀山城八柱调查与研究"，代表成果有《关羽崇拜研究》、《安丙研究》、《清代南部县衙档案研究》（入选"国家哲学社会科学成果文库"）等论著，在《文史》《文献》《中共党史研究》等期刊上发表论文百余篇。

符永利（1978—），陕西凤翔人。毕业于西北大学、南京大学考古学专业，获博士学位。现为西华师范大学历史文化学院教授、四川古城堡文化研究中心主任、日本筑波大学访问学者。长期致力于巴蜀考古、古城堡考古等方向的研究工作，先后主持或参与国家级、省部级科研项目十余项，参与出版专著五部，发表论文七十余篇，获南京市哲学社会科学优秀成果三等奖两次。

罗洪彬（1990—），四川宜宾人，历史学博士，西华师范大学考古文博系讲师，主要研究方向为古城堡考古、佛教考古。先后参与完成宋蒙山城考古相关国家社科项目两项、省级项目三项。合作出版《运山古城》《嘉陵江流域石窟寺调查及研究》等学术专著四部，在《文物》《形象史学》等刊物发表学术论文十余篇。

图版 2-1　云顶山航拍照

图版 2-2　云顶城万年寺旁暗道

图版 2-3　云顶城圆觉庵后宋代水井

图版 2-4　云顶城小东门与白马石炮台

图版 2-5　大获城外城北部大型建筑台基外侧

图版 2-6　得汉城航拍照

图版 2-7　虎头城虎头形势

图版 2-8　虎头城虎尾至内西门段城墙

图版2-9 神臂城"刘整降元"摩崖造像

图版 2-10　神臂城"许彪孙托孤"摩崖造像

明瞿塘卫城墙

唐夔州城城墙

图版 2-11　唐夔州城城墙（下）与明瞿塘卫城墙（上）

图版 2-12　瞿塘关烽燧

图版 3-1　武胜城三角土段城墙

图版 3-2　武胜城黄桷坪上遗留的马槽

图版 3-3　母德章城崖壁

图版 4-1　从礼义城看大斌山、小斌山

图版 4-2　大良城崖壁

图版 4-3　赤牛城角台

图版 4-4　三龟九顶城内灵宝塔附近炮台

图版 4-5　天生城淳祐年残刻

图版 4-6　天生城《吕师夔重修天生城题名》题刻

图版 4-7　天生城《宣相杨公攻取万州之记》题刻

图版 4-8　天赐城《大宁监创筑天赐城记》题刻全貌

图版 4-9 天赐城《大宁监创筑天赐城记》题刻局部

图版 4-10 天赐城《大宁监教授赵卯题记》题刻全貌

图版 4-11 白帝城"徐宗武锁江题刻"之二

14

图版 4-12 龙岩城《茆世雄创筑龙岩城记》题刻全貌

图版 4-13 龙岩城《茆世雄创筑龙岩城记》题刻局部

图版4-14 皇华城"保江"题刻

西南宋元山城调研成果的集成
——《巴蜀地区宋蒙山城遗址考古调查与研究》
（代序）

"巴蜀"是四川地区的传统地理称谓，在不同的历史时期有不同的范围。南宋时期的川峡四路简称"四川"，这四路是益州路（成都府路）、梓州路（潼川府路）、利州路、夔州路，其首府分别在今天的四川省成都市、四川省三台县、陕西省汉中市、重庆市奉节县，其疆域包括了今重庆市全部、四川省大部、贵州省大部、陕西省南部和甘肃省东南部。南宋端平二年（1235），蒙古大汗窝阔台在第二次西征的同时，分兵南下攻宋，其攻宋主力在皇子阔端率领下主攻四川。蒙古军战斗力极强，四川又长期承平，不能抵御蒙古骑兵的进攻，包括四川首府成都在内的大半州县都被攻破。

为了守住四川这个南宋王朝疆土的上游屏障，南宋王朝加紧了四川地区的防御部署，开始利用山河之险筑城设防。嘉熙四年（1240），四川制置副使彭大雅修筑重庆城。淳祐三年（1243），南宋王朝将四川军政中心四川制置司治所由成都迁至重庆，余玠被调任四川安抚制置大使主持四川军政事务。他根据当时严峻的形势，充分征求朝野熟悉战区蜀籍人士的意见，在四川境内三条纵向大江（由东到西分别是嘉陵江、沱江和岷江，这三江又分别以距离当时中心地区的远近被称为内水、中水和外水）以及三江汇合后的横向大江即长江沿岸险要的地点修筑山城和水寨，将当时无险可守的府州以上的行政建制单位迁到这些山城中去，以遏制蒙古骑兵优势的发挥。从而建成了以山水城池为点，以江河为线，点线结合，相互策应，有一定纵深的军政合一的山城体系。依托这一山城体系，宋蒙双方在巴蜀地区相持了30余年，在一定程度上影响了当时历史的发展进程。由于南宋四川山城体系的营建及其以后南宋及蒙元双方在四川地区的兴筑，山城水寨总数达83处（绝大多数为南宋营建）。这些山城水寨遗址在南宋灭亡后，除了渠县礼义城等33处由元军继续驻扎外，其余已经悉数拆毁。元亡以后，即便是这些未被拆毁的山城，也都荒废颓败，成为遗址。由于宋元山城多建在不易生产和生活的山上，这些山城废弃后的城址大多没有被占作他用，城址大多还完整保存，不少宋代城墙还保留在地表，并有9座宋代城门保存下来，这就为现代研究宋元战争史、城市史、城池史以及山城所在区域的地方史提供了实物资料。

巴蜀地区的宋元山城遗址，除了四川安抚制置司治所的重庆城被现代城市叠压，嘉定安抚司所在的凌云城位于旅游风景区而后世干扰较多外，其余城址都在人们活动相对较少的荒山野岭中。在明清之际和清代晚期的战乱时期，这些山城多数曾经作为当地平地居民避难的场所重新建设过，相当一部分宋元山城的建筑物和构筑物被明清遗存所叠压；有的山城内部还散居着农业村落，乡民居住的民房也占压了部分先前的遗迹，他们治理田地等生产行为也改变了遗址的微地貌和地面景观；那些山城废弃后就没有人居住的少许山城，水土流失的泥土和荒草林木也覆盖或遮蔽了原先城墙的轮廓、城内的道路和建筑的基址。如今要了解这些山城的历史信息，除了需要考证文献记载的建置山城与山城遗址的位置对应关系，梳理文献中与这些山城相关的人物和事件，还需要对这些山城遗址进行现状记录、年代判定并发掘揭露埋藏在地下的遗迹遗物，以为历史研究增添实物的资料。

四川宋蒙山城，已经有不少学者进行过实地调查和系统研究。早年进行的调查主要是重点山城的文献记载与遗址实物的区位比对，基本确认了文献记载的山城的现地位置及其地表状况。在此基础上开展的调查，则是从这些山城遗址的现状入手，通过观察这些山城的规模、形态和结构，认识当时修筑山城是否考虑过城市的行政建制规格，认识当时筑城的区位选择与地貌选择，认识这些规划和选择在防御作战实践中的检验、修补和强化等问题。西华师范大学四川城堡研究中心从2013年成立以来，就致力于巴蜀宋蒙山城遗址的实地调查，课题组在蒋晓春教授等的带领下，经过多年辛苦的田野工作，基本上跑遍了川渝陕甘黔四省一市即南宋四川辖区已知山城地点，完成了50处山城遗址的调查，基本掌握了这些宋蒙山城遗址现状地面的相关信息。在此基础上，蒋晓春教授及课题组的蔡东洲教授、符永利教授和罗洪彬博士等，还对南宋山城的历史背景、分级分类、尺度规模、军民人数，重要山城的攻防史实、相关人物、重要文物等开展了不少专项研究。毫无疑问，西华师范大学的四川城堡研究中心已经成为巴蜀宋蒙山城最主要的科研团队，其研究成果的数量和质量都居于中国西南古代山地城市研究的首位，其代表性研究成果之一就是呈现在我们面前的《巴蜀地区宋蒙山城遗址考古调查与研究》（下简称《宋蒙山城》）一书。该书与已经出版的《南宋川渝陕军事设施的调查与研究》（重庆出版社，2020年，下简称《南宋山城》）是姊妹篇，结合前书来阅读该书内容，更有助于对该书的理解。

《南宋山城》一书是以发生重大历史事件即蒙古大汗蒙哥之死的相关山城钓鱼城为中心，以南宋四川防区营造和使用的山城为本位，以重点山城遗址的调查成果为主体，以南宋山城专项研究和钓鱼城的地位研究为指归，按照南宋山城体系的营造时期和防御地带的不同，将全书内容分为宋金对峙时期秦陇山地的"蜀口军事遗址调查"、宋元战争时期南宋重要山城的"八柱"专项调查、四川四条江河的"其他重要山城"、合川钓鱼城的地面文物、南宋四川各级山城规模尺度、钓鱼城在四川山城防御体系中的地位和作用六章，最后结语还基于钓鱼城的价值提出申报世界文化遗产的建议。该书的篇章结构先从年代最早的南宋四川三关五州城池开始，再说年代较晚的四川盆地诸山城；先从四川盆地以外的山城说起，再叙述四川盆地以内的诸山城；先总述山城防御体系的诸山城，再具体叙述核心区的钓鱼城遗址。由于该书是钓鱼城遗址研究丛书中的一本，需要突出钓鱼城遗址文物的地位和价值，因而不免影响全书的整体结构。例如，书的第一至三章叙述南宋四川山城体系，第四章叙述南宋四川山城的代表钓鱼城，第五章又回过头讨论南宋四川山城的等级规模，最后的第六章却又回到钓鱼城与南宋四川山城体系的关系，前后关系就显得不够顺畅。再如，全书各山城叙述的体例差别较大，有的山城叙述较为详细，有的山城叙述相对简略，叙述"八柱"专项调查成果的一章，因钓鱼城在后面有较详细的专章描述，没有纳入"八柱"之中，"八柱"成了"七柱"，也给人以迁就突出钓鱼城的诉求而影响全书整体结构的感觉。

《宋蒙山城》一书由于没有外部的制约，可以按照课题组自己的研究计划编写，故体例更加完善。基于课题组亲自调查过的43处宋军山城和7处蒙军山城的田野资料，以及课题组成员发表的大量宋蒙山城研究论文，蒋晓春教授等在《宋蒙山城》一书中将这些调查材料和研究成果组织成七个部分，除了"绪言"和"结语"外，主体分为五编。开篇的绪论是对川渝宋蒙山城相关的概念进行定义（课题组考虑到宋元战争大部分时期元朝还没有建立，故用"蒙"统"元"，将这些山城统称为"宋蒙山城"，其想法当然不错；但中国元史学界早有以"元"统"蒙"的叙述成例，称"宋元山城"恐怕更符合中国元史学界习惯），对调查研究的历史进行回顾，对调研存在的问题进行归纳，并对调查川渝宋元山城的思路、技术、对象和研究情况进行概述。第一编"历史与现状"，对宋蒙战争以前巴蜀地区的筑城历史、宋蒙战争时期南宋四川修筑山城的历史背景、宋蒙两方在巴蜀修筑山城情况和使用山城情况、宋蒙山城废弃后的后世利用情况，以及宋蒙山城的保存现状进行了概括的叙述，为以后详细描述这些宋蒙山城遗址的现状做了铺垫。第二编"宋军山城遗址"，按照江河上下和流域区位的顺序，依次对金堂云顶城、剑阁苦竹隘、苍溪鹅顶堡、苍溪大获城、南充青居城、通江得汉城、巴中平梁城、富顺虎头城、泸州神臂城、合川钓鱼城、渝中重庆城、奉节白帝城这12处重要山城进行叙述。第三编"蒙军山城遗址"，由于武胜城是元军保障川东元城安全、进攻宋军城镇的先头阵地，课题组经分析认同武胜黄桷坪山城就是文献记载中的武胜城，对该城做过详细的调查，故该编重点详述武胜城，再简要叙述其他5座蒙军山城。以上两编的宋蒙山城遗址，都是先叙述史地概况，再描述遗存现状，最后阐述对遗址一些问题的认识。第四编专题研究部分，分别由外至内、从大到小论述了巴蜀地区宋蒙山城的相关问题，这些问题包括余玠营建的四川山城体系、宋军山城的外围城防系统、宋军山城的内部结构、宋蒙山城的城墙和城门、蒙军山城的特点、巴蜀山城相关碑刻、宋蒙山城与高句丽山城，提出了不少有新意的见解。第五编则是巴蜀宋蒙山城申遗的专题，按照"申遗"文本的体例，就巴蜀宋蒙山城"申遗"的适用性标准、突出普遍价值的表述、真实性和完整性声明，尤其是"申遗"的思路提出了自己的看法，阐述了宋蒙山城体系组成系列遗产联合"申遗"的必要性和可行性。这些篇章，除了可有可无的第五编外（如果认为给"申遗"提供基础资料是该书编写目的之一的话，第五编就是完全必要的），全书组织合理，内容丰富，资料翔实，突出了宋蒙战争背景下的双方军事遗存的历史和现状，是近年宋蒙山城调查与研究的重要成果。

《宋蒙山城》一书具有鲜明的特色和不少创获，这些特色和创获主要体现在以下几个方面：

首先，《宋蒙山城》是一部南宋典型山城的调查资料的汇集。书中的山城资料绝大多数都是课题组亲自调查搜集的第一手资料，资料翔实，叙述清楚，连同《南宋山城》书中的山城资料，构成了迄今为止最为系统的巴蜀主要山城调查资料的汇集。我们知道，在宋元战争的过程中，川渝地区的文化传统本来就遭到重创，明代尚未恢复元气又遭到明清之际战乱的毁灭性破坏，宋元时期的地方文献极少保存，许多山城的历史信息缺失，需要通过系统的田野调查，用实物资料部分弥补这些信息。调查的最基础工作就是了解这些山城的基本情况，包括山城位置、环境、规模、格局、节点、文物、关联等现状信息，这些信息必须通过系统的实地踏查和记录才能获得。课题组调查时间既长，调查范围又广，参与师生也多，且田野调查与专题研究结合紧密，关注的问题和取得的收获自然也非常丰富。例如，巴蜀宋蒙山城的数量、规模尺度、城门数量（包括现存南宋城门的数量）、城墙做法、城墙形态等数据，都以《宋蒙山城》一书最为系统全面。这既为巴蜀宋蒙山城遗址的进一步考古工作奠定了基础，也为南宋四川山城体系的研究提供了实物资料，有助于学术界和公众认识和了解南宋四川山城的现状和价值。

其次，《宋蒙山城》一书是目前所知最全面报告和研究蒙元山城的论著。蒙元攻宋，长期以四川作为主要进攻方向。两军交战，防御一方会下大力气营建永久性城防工程，进攻一方则往往不大规模兴建军事工程，再加上蒙军的机动作战能力极强，更不会投入太大力量营建城防。不过，由于四川战区宋元双方战事长期胶着，元军为了围攻宋军或加强自身防御，也修筑了少许山城。这些蒙元山城过去长期不为学术界所重，课题组系统调查了这些蒙元山城遗址，并对比南宋山城归纳了蒙元山城的特征，弥补了这方面资料和研究的不足。通过该书我们可以知道，蒙元山城营建集中分布在渠江汇入嘉陵江前的两江河段，以及渠江下游以南的平行岭谷的山口，具有控扼嘉渠两江、截断宋方联系、围堵宋方据点的作用；蒙军山城以水陆交通的地理区位作为首要考虑因素，山岭险要程度和城防完善程度不及南宋山城，这正符合蒙军以守为攻、以城制城的军事思想；蒙军山城内建筑遗存相对较少，缺乏文教建筑和居住设施，军营驻地色彩浓厚，不具备南宋的主要山城同时兼具建置城市和军事据点的双重功能。诸如此类信息，都有助于宋元山城和宋元战争史的研究。

再次，课题组对巴蜀宋蒙山城的调查，是西华师范大学四川城堡研究中心科研和研究生培养计划的组成部分，因而在开展巴蜀宋蒙山城调查时，基于前期梳理资料的所得、调查过程中的发现和资料整理时的收获，课题组设置了一系列研究课题，《宋蒙山城》一书就是这些课题研究成果的集中展现。全书新的认识一是散见于第二、三编对宋蒙山城遗址现状的认识部分，二是集中于第四编的宋蒙山城专题研究部分中。这些认识都是基于实物资料并结合文献记载提出的，因而具有说服力。以南宋山城选址的宏观研究为例，该书从水陆区位、山形地势两方面对比分析了余玠任职以前和以后的山城，指出余玠规划建设的山城"没有一座山城既不临水路也不临陆路"，且更倾向于利用水路；余玠规划营建的山城偏重于选择方山地貌，"16座山城中有15座属于方山山城"；这些山城绝大多数都不很高大，体现了退守进攻的积极防御思想。再以南宋山城城墙形制的微观研究为例，课题组通过不同时期城墙和城门的分析比较，不仅对不同时期城墙用石工艺有准确的掌握，对不同时期城墙的砌法和收分的演变也有概括的总结："宋蒙山城的城墙从宋代的丁砌、收分，到明代的丁砌、无收分，再到清代、民国的顺砌、无收分，城墙演变过程清晰，随着石材和砌筑方式的改变，城墙的牢固性和防御能力越来越弱。"尽管明代的山城材料偏少，明代城墙收分的结论或有可商，但这些分析和研究结论，无疑有助于中国古代筑城史的研究，值得关注。

最后，关于巴蜀宋蒙山城体系"申遗"的问题。尽管这不是课题组成员的技术专长，他们对系列遗产的认识、"申遗"适用标准的评价、真实性和完整性的分析难免有失当之处，但他们与史学界多数属学者一样，都认同山城体系的价值远高于个别山城的价值，倡言巴蜀宋蒙山城联合申遗，对宋蒙山城遗址群中最具代表性的山城特点和意义也有全面的把握。该书在南宋43处山城中只选取12处作为代表，在蒙军7处山城中也只重点叙述其中1处，结合该第五编关于巴蜀宋蒙山城联合申遗的阐述，可以知道这种选择应该隐含了"申遗"选取哪些山城遗址作为系列遗产构成的一种建议方案。此外，课题组对具有代表性的宋蒙山城特点和意义也有自己独到的见解，例如他们概括宋蒙山城的选址就有这样的归纳：除钓鱼城外，"其他宋蒙山城的选址也各具特点，各领风骚。白帝城扼川峡之口，进退裕如；重庆城两江环抱，崖高顶阔；神臂城三面环江，巉岩峭立；苦竹隘四面悬绝，一径可登；得汉城三面险绝，逐层拔高；皇华城四面环水，控扼中流"。这些概括都是颇为精到的。

当然，《宋蒙山城》一书作为一部集体成果的集成，不同作者所见材料和研究方面的不同，自然也会在行文中有所反映，该书也因此还存在前后照应不周、行文表述不一，以及个别表述不准确的少许瑕疵。主要表现在：

一是还存在个别行文不顺和字词笔误，需要更正。例如本书第四编第二章第一节第一目第一点"外堡"的结束语："少部分外堡和所属山城具有特殊关系。此类外堡的体量较大，城防措施比较完善，实为规模较小的山城。如：大良城西北侧的小良城，……云顶城的小云顶城与小良城、白帝城、擂鼓台的情况类似。"最后一句话就表述不确切，应该更正为"云顶城与小云顶城、白帝城与擂鼓台之间的关系和大良城与小良城的情况类似"。再如第四编第二章第一节第二目最后叙述蒙军应对南宋水军措施说："蒙军在渠江流域修建虎啸城、武胜城、母德章城等城寨，拦截宋军自钓鱼城、重庆城对大良城、礼义城的支援。"按照该书对于武胜城和母德章城地理位置的叙述，两城都是蒙元在嘉陵江夹岸修筑的山城，控扼的是嘉陵江而非渠江，正确的表述应该为"蒙军在渠江和嘉陵江两侧修建虎啸城……"。这些，希望出版前能够予以改正。

二是个别推论和结论或许还可斟酌。例如书中第四编第四章第一节第一目概括南宋城墙的包石说，"从调查结果看，初次筑城时城墙石较大而规整，后来补筑或修补的则形体稍小且粗糙，其原因可能有三……"。这是否就是山城的普遍情况，还可讨论。就我个人所知，重庆合川钓鱼城南部的南宋一字城墙的截面，就清晰显示了城墙包石有前后三次，最早的内层包石石块最小，最晚的外层包石石块最大，中层包石大小介于内外之间；本书图4-4-4所示白帝城樊家台城墙剖面，也可以看出外层包石用料大，其内较早包石用料偏小的现象。就南宋四川山城的筑城过程来说，刚开始抢筑山城是在紧迫的军事环境中进行的，主要解决山城有无的问题；在以后宋蒙长期对峙的过程中，守城的宋军可以相对从容地进行城墙的加固增强工程，在既有的石砌城墙外面再用较大的石块进行包砌，正是战争期间守城一方军民不断加固城墙、不懈努力的反映。

最后还要提到的是，该书最后所附的两种表，花了大量功夫，是目前所见最全的宋蒙山城相关资料汇总表，但附表一"宋军山城简表"仍然存在一些缺失或差误，这主要出现在：（1）该表"迁驻治所"栏多有两个以上山城迁驻同一军政单位的情况，应该再有"迁驻时间"一栏，以便分别，否则就会给人以同一建置单位的官署同时迁驻不同山城的误解。例如，该书前面已经指出，"合江榕山城即因山体过高、水源匮乏而不得不在使用一段时间后放弃，迁至山险不及榕山，但交通更方便的安乐山"。该表标注这两个山城的始建年代，榕山城为1239年而安乐山城为1240年，前后相差一年，表明的应该就是合江县治所从榕山城迁往安乐山城的时间，如果只有山城的起始时间，就不能看出合江县城迁治的年代信息。（2）有的山城可能曾经迁驻重要的军政机构，该表却没有列入；有的山城应该没有作为建置城市使用，却列有迁驻军政机构。例如该表第25云顶城所列迁驻军政机构，有怀安军和利戎司，没有列成都府路。按该书第二章第一节叙述云顶城时说，"云顶城陷落之后，成都府南迁嘉定，宋军势力退出西川"，可知课题组成员也有认同云顶城曾为成都府路治所的（课题组蔡东洲教授则认为成都府路没有迁入过云顶城）。再如该表第7安西堡和第28大获城的迁驻机构栏都列有利州，按安西堡位置不明，该堡则缺乏曾为利州治所的根据，利州署是否曾迁安西堡，应该存疑；苍溪大获城为利州东路安抚司和阆州治所及金戎司驻所，有文献根据，没有问题（利州东路安抚司署和利州署也有分别）。（3）有的南宋山城应该没有作为建置城市使用，有的山城只是同一山城的组成部分，不当单独作为建置山城。表第10列有三龟九顶城，第12又列有凌云城，标注凌云城在乌尤山上，为嘉定府治所。这显然不妥。按嘉定城由岷江西岸的嘉定旧城、岷江东岸的凌云山城所组成，凌云城是北部三龟城、中部九顶城和南部后筑的乌尤城三座相连的山城的统称，其中的九顶山因为又名凌云山，故九顶城也称凌云城，该城是嘉定山城体系的核心，故宋人阳枋用凌云城代称这些山城（阳枋《余大使祠堂记》）。在嘉定抗蒙战争的后期，也就是凌云城山城系统筑成以后，嘉定安抚司署和嘉定府署都应当位于其中的九顶城（成都府署那时也应在该城中，应补列），不应位于最后两年才使用的南侧小城乌尤城内。

上面我就翻阅《宋蒙山城》书稿所获印象，介绍了该书的背景、内容、特点和创获，概述可能挂一漏万，敬请读者谅解。至于我用放大镜找出的"瑕疵"，可能这些小问题在课题组最后的校订稿中已经解决。如果是这样的话，我后面几段文字也就可以删去了。

孙 华

（北京大学考古文博学院教授）

2024年1月16日于成都

目 录

绪 言/1

第一编 历史与现状/17

第一章 宋蒙山城的修建/19
第一节 宋蒙战争以前巴蜀地区筑城历史/19
第二节 宋蒙战争中的四川战区/20
第三节 宋军山城体系/26
第四节 蒙军山城体系/37

第二章 宋蒙山城的后续利用及现状/47
第一节 元初的撤毁与镇守/47
第二节 战乱之际的重修利用/50
第三节 和平时期的多元化利用/58
第四节 宋蒙山城遗址现状/60

第二编 宋军山城遗址/63

第一章 金堂云顶城/65
第一节 史地概况/65
第二节 遗存/68
第三节 城防系统/82

第二章 剑阁苦竹隘/85
第一节 史地概况/85
第二节 遗存/87

第三章 苍溪鹅顶堡/91
第一节 史地概况/91
第二节 遗存/92

第四章 苍溪大获城/97
第一节 史地概况/97
第二节 遗存/100
第三节 初步认识/109

第五章 南充青居城/113
第一节 史地概况/113
第二节 遗存/115
第三节 初步认识/121

第六章 通江得汉城/123
第一节 史地概况/123
第二节 遗存/126
第三节 初步认识/130

第七章 巴中平梁城/133
第一节 史地概况/133
第二节 遗存/137
第三节 初步认识/146

第八章 富顺虎头城/151
第一节 史地概况/151
第二节 遗存/153
第三节 初步认识/158

第九章 泸州神臂城/161
第一节 史地概况/161
第二节 遗存/164
第三节 初步认识/174

第十章 合川钓鱼城/181
第一节 史地概况/181
第二节 遗存/186
第三节 初步认识/195

第十一章 重庆城/197
第一节 史地概况/197
第二节 遗存/199

第十二章 奉节白帝城/203
　　第一节 史地概况/203
　　第二节 遗存/208
　　第三节 宋代白帝城城防系统/213

第三编 蒙军山城遗址/217

第一章 武胜城/219
　　第一节 史地概况/219
　　第二节 遗存/221
　　第三节 初步认识/227

第二章 其他蒙军山城/231
　　第一节 虎啸城/231
　　第二节 母德章城/234
　　第三节 东安城/237
　　第四节 章广寨/240
　　第五节 三台寨/242
　　第六节 蒙军山城的初步认识/246

第四编 专题研究/249

第一章 余玠山城体系与地理环境/251
　　第一节 余玠山城体系与水陆交通/251
　　第二节 山城具体选址/257

第二章 宋军山城城防系统/263
　　第一节 外围防线/263
　　第二节 核心防线/267
　　第三节 重点防御区/274
　　第四节 防御节点/275

第三章 宋军山城内部格局/287
　　第一节 主要节点/287
　　第二节 道路/299
　　第三节 宋军山城格局及演变/302

第四章 宋蒙山城的城墙与城门/307
　　第一节 城墙/307
　　第二节 城门/313

第五章 蒙军山城特点/325
　　第一节 选址/325
　　第二节 城防体系与城防系统/327
　　第三节 蒙、宋山城的对比/329

第六章 相关碑刻研究/333
　　第一节 碑刻释读/333
　　第二节 碑刻分类及价值/350

第七章 宋蒙山城与高句丽山城的比较/355
　　第一节 比较情况/355
　　第二节 比较结果/365

第五编 申遗相关问题/369

第一章 申遗前的考古工作/371

第二章 世界遗产视角下的宋蒙山城遗址群/375
　　第一节 突出普遍价值和申遗标准/375
　　第二节 真实性和完整性/378

第三章 申遗思路/383
　　第一节 联合申遗的必要性和可行性/383
　　第二节 申遗类别/388

结语/391

附表一 宋军山城简表/393
附表二 仅见于文献记载的宋蒙战争相关碑刻一览/400

后 记/403

绪 言

一、概念界定

(一) 宋蒙战争

公元13世纪在东亚大陆上发生了一场旷日持久的战争，战争结果是宋朝被元朝取而代之。关于这场战争的命名，学术界意见并不统一。有称宋元战争者，有称宋蒙战争者，亦有称宋蒙（元）战争者，还有称蒙宋战争者，不一而足。

称"宋元战争"者可以陈世松和李天鸣先生为代表。两人分别出版了《宋元战争史》和《宋元战史》两本大著。陈世松在《宋元战争史》一书的序言中指出："元朝建号于1271年，对于1271年及以前的蒙古对宋战争，从整体上仍属于王朝更迭范畴，因此，按后代史学工作者的习惯，亦统称为宋元战争。"[1]胡昭曦先生出版了《宋蒙（元）关系研究》和《宋蒙（元）关系史》两种专著，胡先生在书中非常注重区别蒙和元，所以这场战争称为"宋蒙（元）战争"。[2]使用"蒙宋战争"说法的虽然不多，但也影响不小，如有一本书就叫《苍狼逐鹿 蒙宋百年战争史1179—1279》[3]。该说法的依据在于这场战争由蒙古政权发起，进程也以蒙古军队（以下简称蒙军）为主导，最终蒙方取得了战争的胜利，所以蒙在前，宋在后。

应该说，以上表述均有自己的道理，都是成立的，不过也多多少少存在一些不足。胡昭曦先生的蒙、元之分，虽然严谨，但给读者甚至作者带来一定的麻烦。"蒙宋战争"的说法比较少见，不符合约定俗成原则。笔者的看法是：首先，上述概念具体内涵并无二致，对读者的认知不造成困扰；其次，战争前期，蒙古政权还没有定国号为"元"，因而从战争开始之时是宋朝和蒙古政权之间的战争，在这场长达45年[4]之久的战争中，蒙古政权占五分之四时间，元政权仅占五分之一。即便蒙古政权于1271年改国号为"大元"后，其统治民族仍为蒙古族。因而，笔者认为，"宋蒙战争"的概念既合理又简洁明了。

为表述方便，本书使用"蒙古"或"蒙军"记述跨越了1271年蒙古改元这个时间点的事件，一般不使用"蒙（元）"的表述。不过，明确发生于改元之后的事件，用"元"和"元军"替代"蒙古"和"蒙军"。

(二) 四川与巴蜀地区

"四川"是宋代"川峡四路"的简称。"川峡四路"是宋真宗咸平四年（1001）设置的益

---

[1] 陈世松、匡裕彻、朱清泽等：《宋元战争史》，内蒙古人民出版社，2010年，前言第3页。
[2] 胡昭曦：《宋蒙（元）关系史》，四川大学出版社，1992年，前言第1页。
[3] 赵恺、郭强：《苍狼逐鹿 蒙宋百年战争史1179—1279》，团结出版社，2016年。
[4] 宋蒙战争的起点时间有不同看法，一般以端平元年（1234，宋军与蒙军在洛阳的军事冲突）或端平二年（1235，窝阔台分三路大军分别进攻江淮、襄阳和巴蜀）为起点。实际上，早在嘉定十五年（1222）、宝庆三年（1227）和绍定四年（1231），蒙军就已经与宋军在陇、蜀一带发生了多次局部冲突，这些局部战事瓦解了宋军的"三关五州"，使蜀口防线荡然无存，为后来的战局走向埋下了伏笔。

州路、利州路、梓州路和夔州路的合称。后益州路改称成都府路；梓州路改称潼川府路；利州路则多次分为利州东路和利州西路，又多次合为利州路。对于"四川"作为行政区划名的产生及确定过程，刘复生进行了详细梳理：北宋后期，"四川"一词开始在政令和公文中出现；南宋建炎年间开始，已经将"四川"冠于职衔之前，如"四川抚谕官"、"四川水陆制置发运使"（即"四川都转运使"）、"四川安抚制置大使"。[1] 宋蒙战争期间，"四川"一词使用越来越多。从北宋后期到宋蒙战争期间，"四川"范围一直是"川峡四路"范围。两宋时期，川峡四路虽有多次名称的变迁和治所变化，但地域范围基本不变，即以目前的四川省（甘孜、阿坝、凉山三州除外）、重庆市为中心，包括甘肃东南、陕西南部、云南北部、贵州大部、湖北西部等在内的区域。

本课题涉及的地域范围是"巴蜀地区"，一般理解，该地区是先秦时期巴国与蜀国的统治范围，也指巴文化和蜀文化的分布范围，两个范围基本一致。巴蜀文化圈形成于先秦，历经数千年绵延至今，是一个地域范围相对固定、文化特征传承有序的区域，其地域范围与宋代的"川峡四路"基本相当。因此，本书名中的"巴蜀地区"与宋代的"川峡四路"（南宋"四川"）在地域范围上不做区别，有时为表述方便而混用。为避免读者混淆南宋"四川"和今日四川省，报告中尽量使用时间限定和加"省"字以做区别。

本书研究的宋蒙山城位于今四川省、重庆市、贵州省、湖北省四个省（市），集中分布于四川、重庆两省市，因而本书涉及的山城也以这两个省市为主。

（三）山城

关于宋蒙战争期间双方所建军事设施，文献中有"城""寨（砦）""隘"，甚至还有"洞""堡"等表述，以"城"和"寨"两种最常见。一般而言，寨系由军队、乡民所建临时的避乱地或宿营地。有的寨设施较为齐全，有寨墙、寨门及生活设施，可长期生活（如明清时期的寨），有的则只有竹木构成的防御设施。宋蒙战争期间在巴蜀地区所建的"城"则显然不同，地点是精心选择的，修筑主要由军队进行，有时也有大规模的民众参与。山城不仅有高大的石砌城墙，还有角台、炮台[2]、地道、校场等军事设施，防御系统完备。宋蒙战争期间，州县等各级治所纷纷迁入山城，因此，山城之内多数还有衙署、学校、祠庙、市廛、粮食加工场等其他行政、文教、商业、宗教、经济等方面的设施。山城城防系统的完备性和职能的多样性，使其成为真正意义上的"城"。宋蒙战争期间在巴蜀地区所修的这些城池绝大部分位于山上，故以"山城"统之。

（四）山城体系与城防系统

按一般定义，体系指由多个系统或复杂系统组合而成的大系统，系统所属的更大系统就是体系。体系以动态方式配置资源，适应不同任务需要。同时，组成体系的系统在地理上分布广泛，可独立运行和管理。[3]

---

[1] 刘复生：《由虚到实：关于"四川"的概念史》，《中国历史地理论丛》2013年第2期。
[2] 历史文献中称抛石机所在之台为"砲台"或"礟台"，随着火药用于制作炮弹，"砲台"亦逐渐改称"炮台"。宋蒙山城从南宋沿用至明清，既有"砲台"又有"炮台"，为行文方便，本书统称"炮台"。（原文引用除外）
[3] 顾基发：《系统工程新发展——体系》，《科技导报》2018年第20期，第11—15页。

据我们初步统计，整个宋蒙战争期间，宋军所建山城达104处，蒙军也有13处。不论是宋军山城，还是蒙军山城，各城之间既相互独立又相互依存，因而都构成了各自的山城体系。相对而言，宋军山城体系防御性质较为突出，故学术界多称"山城防御体系"，而蒙军山城的进攻性质更为明显，可称为"山城攻防体系"。为避免概念纠缠，给读者造成阅读和理解的困难，笔者将其统称为山城体系。

系统是由若干要素以一定结构形式联结构成的具有某种功能的有机整体。将零散要素进行有序整理与排列，形成具有特定功能的有机整体，此有机整体又是它从属更大系统的组成部分。[1]

各宋蒙山城都拥有城墙、城门、炮台、角台、马面、地道等城防设施，这些设施通过一定的方式组合在一起，构成山城的城防系统。对宋军山城而言，山城的城防系统除主要靠军事设施支持外，还有行政系统、文教系统、生活系统、信仰系统等相关系统提供全方位的支持。蒙军山城在这方面则虽然相对缺乏，但仍有城墙、城门等城防设施构成的城防系统。

二、学术史回顾

学术意义上的巴蜀地区宋蒙山城遗址调查研究工作可上溯至20世纪40年代。80年来，从钓鱼城的调查和研究发轫，到对整个宋军山城防御体系，乃至整个宋蒙山城遗址进行综合研究；从对钓鱼城一个遗址的调查，到对数十处山城遗址的广泛调查和对多处遗址的长时间有规划的发掘，巴蜀地区宋蒙山城遗址的田野考古工作越来越系统全面，社会各界的关注度也越来越高，目前俨然成为学术热点。

归纳起来，巴蜀地区宋蒙山城遗址80年的学术史可分为揽胜、考察、考古三个阶段，显示了宋蒙山城考古工作的逐渐科学化和深入化。

（一）揽胜阶段（20世纪40年代）

20世纪40年代，大批文人、学者避战巴蜀，重庆作为陪都更是文人、学者会集，距重庆不远的钓鱼城很快进入了文人、学者的视野，他们纷纷到钓鱼城探奇揽胜。[2] 这些文人、学者与普通游客不同，事后往往有游记发表。他们的游记不仅记叙游览经历，也描述当时能看到的文物古迹，甚至还做了考证，使其有了些许考古的色彩，宋蒙山城遗址的调查研究由此发轫。

张天授的《钓鱼城》[3]是笔者查阅到的最早的钓鱼城考察文章。该文提到了两道城门、护国寺、昭忠祠、炮台以及摩崖造像等遗迹。1942年6月，郭沫若在北碚管理局局长卢子英的邀请下游览钓鱼城，写下《钓鱼台访古》[4]，介绍了钓鱼城抗蒙的史实和现存碑刻。1943年5月，

---

[1] 钱学森：《论宏观建筑与微观建筑》，杭州出版社，2001年，第78—93页。
[2] 方豪在《钓鱼城抚今追昔录》中说："入蜀避难的人中，自然也有不少爱好历史的人，他们找到了一块新园地，发现了许多新材料，于是大谈蜀锦、汉砖、崖墓以及夏禹王、李冰等的遗事遗迹，钓鱼城自然也不例外。"见《东方杂志》第40卷第13号。
[3] 张天授：《钓鱼城》，《旅行杂志》1940年第5期，第19—21页。
[4] 郭沫若：《钓鱼台访古》，《说文月刊》第3卷第7期（1942年8月15日）。后更名为《钓鱼城访古》收入《郭沫若全集》第3卷，人民出版社，1983年。

回族史专家马以愚先生游览钓鱼城，撰写了《游钓鱼城补记》，对钓鱼城上的护国寺有较详细的论述。他还从地方志中梳理了云顶城、大获城、青居城、天生城等山城的相关史实，对宋军山城体系有了涉猎。[1] 1944年，中西交通史专家方豪对钓鱼城进行实地考察后著有《钓鱼城抚今追昔录》，指出当时城垣的完整程度在百分之七十以上，同时讨论了钓鱼城的守城问题。[2]

（二）考察阶段（20世纪50—90年代）

对宋蒙山城遗址有组织的专业考察始于1957年。从1957年到1959年间，西南师范学院历史系"钓鱼城历史考察小组"多次考察了钓鱼城。1959年1月，又对考察获取的资料进行了复核，最终形成的考察报告于1962年出版。[3] 报告由7部分组成，叙述了钓鱼城的形势、地位、修建、防御及陷落经过，统计出余玠所修城池18座，记录了当时钓鱼城遗存的大量信息，其中第七部分《钓鱼城的实地考察》就是考古调查性质的成果。

西南师范学院这次考察犹如昙花一现，此后，宋蒙山城遗址专业考察工作陷入长达20年之久的沉寂。"文革"结束后，伴随着80年代初的第二次全国文物普查（1981—1985），地方文物或文史部门对所属区域的文物古迹开展了大量工作，更多的宋蒙山城遗址得以发现和记录，从而一举改变了过去宋蒙山城的调查研究工作集中于钓鱼城一处的情况，一大批同时期的宋蒙山城遗址逐渐走入学者视野。同时，一些宋元史学者也走出书斋，对宋蒙山城遗址进行实地考察，由此产生了一批与宋蒙山城相关的成果，出现了第一个调查宋蒙山城遗址的热潮。上述工作虽然有一些是文物工作者进行的，但限于当时的条件，总体来看较为粗疏，故笔者将其视为专业考察。

"二普"之后，一批调查研究文章相继问世，涉及金堂云顶城[4]、剑阁苦竹寨[5]、苍溪大获城[6]、南充青居城[7]、蓬安运山城[8]、广安大良城[9]、平昌小宁城[10]、通江得汉城[11]、万州天生城[12]、云阳磐石城[13]、南川龙岩城（龙崖城）[14]、乐山三龟九顶城[15]、宜宾登高山城[16]等，形成了宋蒙山城遗址调查研

---

[1] 马以愚：《游钓鱼城补记》，《东方杂志》第42卷第11号（1946年6月）。
[2] 方豪：《钓鱼城抚今追昔录》，《东方杂志》第40卷第13号（1944年7月15日）。
[3] 西南师范学院历史系主编：《钓鱼城史实考察》，四川人民出版社，1962年。该书1980年修订再版。
[4] 薛玉树：《云顶山记》，四川省社会科学院出版社，1988年；薛玉树：《遗留在川西的唯一宋蒙战争遗址云顶城》，《成都大学学报》1990年第1期。
[5] 何兴明：《南宋抗元遗址——剑门苦竹寨》，《四川文物》1985年第3期。
[6] 王峻峰：《大获城遗址》，《四川文物》1989年第4期。
[7] 王积厚：《南充青居山在宋蒙战争中的地位和作用》，《四川文物》1990年第1期；龙鹰：《南宋抗元遗址淳祐故城》，《四川文物》2003年第2期。
[8] 陈言昌：《南宋运山古城遗址》，《四川文物》1989年第4期。
[9] 李明高：《广安县出土宋代窖藏瓷器》，《四川文物》1990年第3期。
[10] 马幸辛：《平昌发现南宋小宁城遗址》，《四川文物》1990年第3期。
[11] 岳钊林：《通江得汉城宋元以来的战略地位》，《四川文物》1997年第4期。
[12] 滕新才：《宋末万州天生城抗元保卫战》，《四川文物》1993年第1期；滕新才《〈天城石壁记〉的文献价值》，《四川师范大学学报》2000年第3期。
[13] 潘友茂：《云阳磐石城初考》，《四川文物》1993年第1期。
[14] 张钦伟：《南川抗元名城龙岩城》，《四川文物》1993年第1期。
[15] 唐长寿：《乐山宋代抗元山城三龟九顶城初探》，《四川文物》1999年第2期。
[16] 丁天锡：《宜宾地区境内的三座抗元山城遗址》，《四川文物》1985年第2期。

究的第一个小高潮。上述成果在梳理山城宋蒙战争史实的同时，记述了遗址现状，为下一阶段的大规模考古调查和深入研究奠定了良好基础。

考察宋蒙山城的宋元史学者主要有胡昭曦和陈世松两位。

20世纪70年代后期至80年代前期，胡昭曦在整理宋末巴蜀战争史料时从文献中统计了宋蒙山城数量，他《略论南宋末年四川军民抗击蒙古贵族的斗争》一文开列出南宋军民在巴蜀修筑的山城寨堡约80座，其中城址清楚者44座，这为后来学者进一步调查研究提供了重要的信息和线索。[1]同时，胡先生还对宋蒙山城遗址进行了大量实地考察。据其回顾，考察对象包括万州天生城、奉节白帝城、犍为紫云城、合江神臂城、金堂云顶城、富顺虎头城、江北多功城、广安大良城、渠县礼义城、兴文凌霄城等15座山城、2处水碛、1处铁锁关，个别地方还多次考察，如钓鱼城，胡先生就曾考察3次。[2]考察内容包括地理位置、城防设施、战斗地点、交战路线等。胡先生将考察成果撰成30多篇札记，汇集于《四川古史考察札记》[3]中，其中少数几篇在期刊上发表过。这些札记文字长短不一，如《鹅滩之所在》仅百余字，《南宋云顶城遗址及城门石刻》则有5000多字。其内容既有对城寨历史的梳理和考辨（如《广安大良城》对其陷落时间的多种记载进行了考证），又有对山城形制的描述和测绘（如《虎头城》对山形、外城、内城都有翔实描述和测量）；还有对山城碑刻的拍摄、抄录和释读（如《大良城现存摩崖文字》《宋〈练使胡将军碑〉》等）。

同时，陈世松先生也考察了部分宋蒙山城，对泸州神臂城为代表的川南地区山城着力较多，其代表性成果《宋元之际的泸州》对神臂城的地理位置、创建续修、现存遗迹进行了考察，并结合文献资料梳理了神臂城的修建、移治、争夺、投降及其影响。[4]论文《老泸州城"刘整降元"石像考》对现存于神臂城的一幅摩崖石刻加以考述，认定并非当地传说的"孙孙打婆"，而是"刘整降元"事件。[5]另文《释元代万州诸军奥鲁之印》对1966年村民在苍溪大获城内发现的两方"万州诸军奥鲁之印"加以考释，对其作用、为何出现在大获城及其价值做了详细的阐述，其中提及杨大渊驻守大获城的史事。[6]

与此同时，一些学者开始对宋蒙山城相关资料进行整理。合川钓鱼城的文献资料整理成果最先出现。1983年唐唯目出版了《钓鱼城志》[7]，该志共10多万字，梳理了钓鱼城抗蒙历史，考察了城内遗存的祠庙、城垣、碑刻、古战场等遗址，记录了与钓鱼城相关的人物和诗文。大致与唐先生同时，胡昭曦开始了宋末巴蜀战争史料的收集整理，与唐唯目先生合作完成了《宋末四川战争史料选编》[8]。全书50多万字，分为三个部分：第一部分为"历史文献资料摘录"，第二部分为"历史文物"，第三部分为"调查材料"。调查材料中收录考察资料18篇，内容涉

---

[1] 胡昭曦：《略论南宋末年四川军民抗击蒙古贵族的斗争》，《胡昭曦宋史论集》，西南师范大学出版社，1998年。
[2] 胡昭曦：《巴蜀历史考察研究》，巴蜀书社，2007年，第444页。
[3] 胡昭曦：《四川古史考察札记》，重庆出版社，1986年。
[4] 陈世松、喻亨仁、赵永康：《宋元之际的泸州》，重庆出版社，1985年。（香港）中国统一出版社2015年修订再版。
[5] 陈世松：《老泸州城"刘整降元"石像考》，《四川文物》1984年第4期。
[6] 陈世松：《释元代万州诸军奥鲁之印》，《四川文物》1986年第3期。
[7] 唐唯目：《钓鱼城志》，重庆出版社，1983年。
[8] 胡昭曦、唐唯目：《宋末四川战争史料选编》，四川人民出版社，1984年。

及12座山城。稍后，薛玉树整理出版了《云顶山记》。此记按山川、物产、历代兵防、宋末战争、寺庙、金石、景物、人物、艺文、外编等10个部分对云顶城的相关资料进行了分类汇集，其中宋末战争、金石两类以及前言《存留在川西的宋蒙战争遗址》和附录《新出土的云顶城北门瓮城门》对宋蒙战争中的云顶城及其遗存的记述较为翔实。[1] 这些文献资料的整理和出版，既是这一时期宋蒙山城研究热潮的表征，又是推动这一研究领域向纵深发展的基础。

（三）考古阶段（20世纪末至今）

大致从20世纪末开始，得益于我国文物考古事业的发展、大规模水利建设的开展、各级政府的重视、考古技术手段的进步，宋蒙山城遗址的考古工作进入一个全新阶段，笔者将其称为考古阶段。基本特征是专业考古机构和考古工作者对宋蒙山城遗址进行了有计划的大规模调查和发掘工作，大量考古报告和研究文章随之问世。

1. 田野考古调查

近20年来，专业机构对宋蒙山城遗址的调查逐步开展起来，主要机构包括重庆市文物考古研究院（重庆市文物考古所、重庆市文化遗产研究院）、四川省文物考古研究院、四川古城堡文化研究中心等。其中四川古城堡文化研究中心的调查工作最为突出。

2013年初，西华师范大学成立了四川古城堡文化研究中心，将宋蒙山城遗址作为主要的调查研究对象。中心成立以来，对川渝黔地区的大量山城进行了调查或考察，工作基本覆盖了所有能确定地点的宋蒙山城遗址，记录了遗址的现状，摸清了宋蒙山城遗址的家底，不仅为下一步的考古勘探和发掘奠定了基础，也为学界提供了较为翔实可靠的资料，同时提高了这些山城遗址的社会知名度，使社会各界逐步认识到了其重要价值，为保护和可持续开发利用打下了基础。近些年，一些地方政府主动委托该中心对本地区的山城遗址开展了多项调查研究。

除四川古城堡文化研究中心外，四川省文物考古研究院也开展了四川境内山城遗址的调查工作，重点调查对象包括小宁城[2]、礼义城[3]、神臂城、大良城、云顶城等。重庆市文物考古研究院则对重庆境内山城进行了全面调查。

2. 田野考古发掘

1976年，重庆市博物馆在白帝山顶北面发掘了两条探沟，以唐宋堆积为主。[4] 这是宋蒙山城遗址最早的考古发掘工作。20世纪80年代，成都市文物考古所对云顶城瓮城门进行了小规模的考古发掘。[5] 惜上述资料均未正式发表。

大规模的宋蒙山城遗址考古工作缘起于三峡工程，最初的工作对象是白帝城，后来因为修建合川草街航电工程，又对钓鱼城遗址进行了调查和发掘工作。大致以2010年为界，这之前的宋蒙山城考古工作以配合基建为特点，是被动考古时期。2010年后，发掘者逐步将整个

---

[1] 薛玉树：《云顶山记》，四川省社会科学院出版社，1988年。
[2] 四川省文物考古研究院、西华师范大学历史文化学院、平昌县文物局：《四川平昌县小宁城遗址调查简报》，《四川文物》2019年第1期。
[3] 四川省文物考古研究院、达州市博物馆、渠县博物馆：《四川渠县礼义城遗址调查简报》，《四川文物》2020年第1期。
[4] 袁东山：《白帝城遗址：瞿塘天险 战略要地》，《中国三峡》2010年第10期。
[5] 薛玉树：《云顶山记》，四川省社会科学院出版社，1988年。

宋蒙山城遗址群纳入视野，除白帝城和钓鱼城得到更加有规划的发掘外，其他一些山城遗址也开展了大量的考古发掘工作，从而进入主动考古阶段。在重庆市文物考古研究院的主持下，中山大学、重庆师范大学、安徽大学等单位也参与了宋蒙山城遗址的发掘工作。四川省文物考古研究院目前正开展大良城、神臂城等城址的发掘工作。

迄今为止，重庆境内的钓鱼城、白帝城、重庆城、多功城、天生城、三台城（龟陵城）[1]、皇华城、龙岩城、赤牛城等山城也进行了较大规模的田野考古工作，取得了丰硕的成果，其中列入全国十大考古新发现的就有重庆渝中区老鼓楼遗址（2012）、钓鱼城范家堰遗址（2018）两处。下文以山城遗址为纲简单介绍重要的考古工作开展情况。

（1）奉节白帝城

白帝城大规模的考古发掘始于1998年。1998—2005年间，重庆市文物考古所每年都在白帝城进行发掘。1998年发掘上关遗址，[2] 2000年发掘瞿塘关遗址，[3] 2002年在养马沟一带揭露城墙近100米，2003年清理水门1座，2005年在白帝山东北部二级台地上清理内城城门1处。1998—2005年间，调查面积达30多平方千米，勘探50万平方米，发掘12000余平方米，[4] "发现了包括城墙、城门、排水设施在内的大量唐宋时期文化遗存"，"初步确认并复原了南宋抗蒙山城的基本面貌"。[5] 2007年吉林大学在鸡公山的马道子遗址进行了发掘。2014年，中山大学在子阳城和下关城相结合的位置布方11个。2017重庆市文化遗产研究院完成遗址核心区调查面积1.5平方千米，勘探面积25000平方米。在此基础上，对遗址重要组成部分的子阳城遗址实施考古发掘，发掘面积2690平方米，共清理南宋—明清时期的城墙、城门、马面、角台、水池、房址、灰坑、道路、墙基等各类遗迹20处，出土器物以铁器为大宗，陶、瓷器次之，还有少量铜器和石质文物。[6] 2020年，中山大学和重庆市文化遗产研究院又对中间台和皇殿台进行发掘，清理了皇殿台主城门、大型圆形建筑等一批重要遗迹现象，对皇殿台的筑台过程有了清晰的认识。2021年，重庆市文物考古研究院又对瞿塘卫遗址进行了大面积揭露，清理了大量遗迹。[7] 目前，白帝城遗址的发掘工作仍在进行。

（2）合川钓鱼城

20世纪60年代，重庆市博物馆对钓鱼城遗址进行了初步调查。1995年对皇洞遗址进行了勘探、发掘。2004年，重庆市文物考古所为配合合川东城半岛开发和草街航电工程建设，

---

[1] 重庆市文化遗产研究院、涪陵区博物馆：《重庆涪陵区龟陵城遗址2017年调查与试掘简报》，《江汉考古》2020年"重庆古代城址考古"专辑。
[2] 重庆市文物考古研究所：《奉节上关遗址发掘简报》，重庆市文物局、重庆市移民局编：《重庆库区考古报告集》（1998年卷），科学出版社，2003年。
[3] 袁东山：《白帝城遗址：瞿塘天险 战略要地》，《中国三峡》2010年第10期；重庆市文物考古研究所：《奉节瞿塘关遗址发掘报告》，重庆市文物局、重庆市移民局编：《重庆库区考古报告集》（1999年卷）科学出版社，2006年。
[4] 蔡亚林：《白帝城遗址》，《红岩春秋》2018年第2期。
[5] 重庆市文物考古所、重庆文化遗产保护中心：《重庆文物考古十年》，重庆出版社，2010年，第109页；重庆文化遗产研究中心、重庆市文物考古所：《渝中区老鼓楼遗址》，《考古·重庆》（2010），内部资料，第6—7页。
[6] 张蕊、孟冰：《白帝城考古发现南宋铁雷 再添遗迹20处》，《大公网》2017年10月9日讯，http://news.takungpao.com/society/topnews/2017—10/3501373_print.html。
[7] 赵欣：《重庆宋元（蒙）山城遗址考古实现新突破》，《重庆日报》2022年1月24日第5版。

对钓鱼城进行多次调查、勘探和发掘，取得了多项重要成果。2006年清理了奇胜门外发现的蒙军攻城地道。2008年对水军码头和南一字城进行清理，清理面积6060平方米。[1] 2009年对遗址外城进行了调查、勘探，对南水军码头和南一字城墙进行发掘，发掘面积5328平方米。[2] 2011年，发掘南一字城遗址，发掘面积1000平方米，清理出2座城门遗迹。[3] 同年清理了九口锅遗址。2012年在南一字城上段揭露出一段城墙。[4] 2013—2018年4次对范家堰遗址进行大规模发掘，累计发掘1万余平方米。2019年，范家堰遗址获评2018年度全国十大考古新发现。至此，宋蒙山城的考古工作中已有重庆老鼓楼和钓鱼城范家堰两处入选十大新发现，凸显了宋蒙山城遗址考古的学术价值。2020年重庆市文化遗产研究院又对范家堰遗址附近的大草房、道路以及薄刀岭、上天梯等地进行了发掘，再次发现较大规模的城墙、院落、道路等遗迹。2021年再次取得多项成就，初步摸清了青华门、皇宫及马鞍山等区域的遗存范围和分布情况，发现高台、水井等诸多遗迹；在钓鱼城西部二级阶地的普探中发现大量遗迹，在始关门遗址重探中发现大型房屋建筑，且分布有大量夯土层；在大草房遗址发现了一处转轮经藏建筑基址及一些生活遗迹。[5] 2022年在护国寺、武道衙门和皇宫3个地点发现墩台式排叉柱式城门和水井等高规格建筑。[6]

（3）重庆城

2010年，重庆文物考古所对重庆渝中区老鼓楼遗址开展发掘，发现宋元明清时期的房址、道路、水井、灰坑及礌石堆等遗迹25处，出土了一批较完好的瓷器、瓦当、礌石等遗物，还有"淳祐乙巳东窑城砖"和"淳祐乙巳西窑城砖"，确认为余玠制置四川时的重庆城衙署。[7] 2011年又发掘3000平方米，发现宋元明清时期遗迹140余处，出土各类文物1500余件。[8] 2012年再次发掘3840平方米，进一步厘清了老鼓楼遗址的格局。[9] 2012年重庆市渝中区文物保护管理所对重庆城的城墙城门进行了专项调查，获得了重庆城现存城墙和城门的准确数据。[10] 2015年清理了朝天门城墙。遗址清理面积3335平方米，发现清理汉代至民国时期的房址、道路、排水沟、水池、灰坑、柱洞、水井及石（砖）墙等各类遗迹319处，出土一批重要器物。揭露城墙长度约240米，发现了宋、明、清三个时期城墙。[11] 同年发掘了太平门遗址，发现了宋代和明清时期的遗迹，对宋、明两代城墙、城门的做法与叠压关系有了明确认识。[12] 同年，

---

[1] 重庆文化遗产研究中心、重庆市文物考古所：《渝中区老鼓楼遗址》，《考古·重庆》（2010），内部资料，第8页。
[2] 重庆文化遗产研究中心、重庆市文物考古所：《渝中区老鼓楼遗址》，《考古·重庆》（2009），内部资料，第6—9页。
[3] 重庆文化遗产研究中心、重庆市文物考古所：《渝中区老鼓楼遗址》，《考古·重庆》（2011），内部资料，第5—6页。
[4] 重庆文化遗产研究中心、重庆市文物考古所：《渝中区老鼓楼遗址》，《考古·重庆》（2012），内部资料，第24—25页。
[5] 赵欣：《重庆宋元（蒙）山城遗址考古实现新突破》，《重庆日报》2022年1月24日第5版。
[6] 钟旖：《重庆钓鱼城遗址考古新发现一批高规格建筑遗存》，中国考古网，2023年1月17日。
[7] 重庆市文物考古所、重庆文化遗产研究院编《重庆文物考古十年》，重庆出版社，2010年。第108—129页。
[8] 重庆文化遗产研究中心、重庆市文物考古所：《渝中区老鼓楼遗址》，《考古·重庆》（2011），内部资料，第3—4页。
[9] 重庆文化遗产研究中心、重庆市文物考古所：《渝中区老鼓楼遗址》，《考古·重庆》（2012），内部资料，第6—7页。
[10] 徐晓渝：《重庆母城"九开八闭"城门、城墙研究》，《长江文明》第21辑，重庆出版社，2016年。
[11] 重庆市文化遗产研究院：《重庆文物考古十年》（二），四川人民出版社，2020年，第93—94页。
[12] 重庆市文化遗产研究院：《重庆文物考古十年》（二），四川人民出版社，2020年，第92—93页。

重庆市文化遗产研究院和渝中区文物保护管理所重新调查了重庆古城垣，获得了新的数据。[1] 2019年对老鼓楼遗址南区进行了发掘，发掘面积810平方米，确定了高台建筑的结构和数据，对老鼓楼遗址高台建筑的整体形制有了更清晰的认识。[2]

（4）其他山城

近年来，重庆市文物考古研究院、中山大学、重庆师范大学、安徽大学等单位除在钓鱼城继续进行考古发掘外，又对梁平赤牛城、万州天生城、涪陵三台城、忠县皇华城、云阳磐石城、渝北多功城、南川龙岩城等地进行了大量考古工作。上述山城的工作，首先解决了遗址范围问题，大致辨明了山城内部格局。通过重要部位的发掘，对遗址的时代演变和内部格局也有所了解。

贵州省文物考古研究所于2012年以来，连续开展对海龙囤的发掘，清理出城垣、墩台、关隘、墩台、王宫（新王宫和老王宫）等大量遗迹，基本厘清了海龙囤的格局及历史演变，是土司遗址考古的重要成果，也是宋蒙山城遗址考古的重要收获。[3]

这些年的宋蒙山城遗址考古实践，是城市考古理念指导下结合遗址实际的产物，丰富了城市考古理念、方法的内涵，具有学科建设价值。

3. 山城遗址的研究

在田野考古工作同时，相关研究随之展开，涌现了一大批论著，包括考古报告、个案研究和综合研究几类。

（1）考古报告

目前的考古报告多为简报，包括调查简报和发掘简报两种。调查报告主要由四川古城堡文化研究中心、重庆市文物考古研究院完成，发掘报告主要由重庆市文物考古研究院、贵州省文物考古研究所、四川省文物考古研究院完成。四川古城堡文化研究中心师生发表了小宁城[4]、青居城[5]、虎头城[6]、平梁城[7]、云顶城[8]、运山城[9]、神臂城[10]、得汉城[11]、大良城[12]、蒙军的4座山城（母

---

1 重庆市文化遗产研究院、渝中区文物保护管理所：《重庆城古城垣遗址调查简报》，《江汉考古》2020年"重庆古代城址考古"专辑。
2 重庆市文化遗产研究院：《重庆文物考古十年》（二），四川人民出版社，2020年，第90—91页。
3 贵州省文物考古研究所、贵州省博物馆、遵义海龙屯文化遗产管理局：《海龙囤》，科学出版社，2022年。
4 四川省文物考古研究院、西华师范大学历史文化学院、平昌县文物局：《四川平昌县小宁城遗址调查简报》，《四川文物》2019年第1期。
5 符永利、罗洪彬、唐鹏：《四川南充青居城遗址调查与初步研究》，《西华师范大学学报》（哲学社会科学版）2015年第2期。
6 罗洪彬、赵敏：《四川富顺虎头城遗址调查及初步研究》，《西华师范大学学报》（哲学社会科学版）2019年第4期。
7 罗洪彬、李修正：《四川巴州平梁城城防设施调查简报》，《西华师范大学学报》（哲学社会科学版）2021年第2期。
8 符永利、付蓉、周南西：《云顶城军事遗迹的调查及初步认识》，《长江文明》2021年第1期。
9 蒋晓春、雷晓龙：《四川省蓬安县运山城遗址调查简报》，《西华师范大学学报》（哲学社会科学版）2015年第2期。
10 蒋晓春、林邱：《泸州神臂城宋代城防设施调查简报》，《西华师范大学学报》（哲学社会科学版）2017年第4期；符永利：《泸州神臂城调查纪略》，《长江文化论丛》2013年年刊。
11 符永利：《四川通江得汉城 天铸铜城雄镇巴西》，《大众考古》2015年第8期。
12 符永利、刘欢欢：《四川抗蒙战争遗产广安大良城考古》，《大众考古》2014年第6期。

德章城、章广寨、东安城、三台寨)[1]的调查简报或考察纪要，出版了运山城[2]和大良城[3]带综合研究性质的专著。2020年出版的《南宋末川渝陕军事设施的调查研究》[4]一书也披露了不少山城的调查资料。除大良城和运山城的两部著作外，其他资料受限于篇幅，多较为简略，重点介绍的是宋代的城防军事遗迹，对其他时代和其他性质的遗迹介绍不多。近些年，西华师范大学的一批硕士学位论文中也有不少调查资料。[5]上述论著有不少为本课题的阶段性成果。

重庆市文化遗产研究院刊布的考古报告（含简讯）主要涉及钓鱼城[6]、重庆城[7]、龟陵城[8]、多功城[9]、白帝城[10]、磐石城[11]、皇华城[12]、白帝城[13]等。值得一提的是，2022年6月出版的《钓鱼城遗址考古报告集》，介绍了2004—2019年钓鱼城遗址田野考古发现、收获和认识，收录遗址概述1篇、调查报告2篇、发掘简报5篇、研究论文4篇和考古大事记1篇等，共计13篇文章。贵州省文物考古所也刊布了海龙囤[14]、养马城[15]的考古报告。

---

1 蒋晓春、赵敏：《宋蒙战争时期四座蒙军山城调查简报》，《西华师范大学学报》（哲学社会科学版）2021年第2期。
2 蓬安县政协文史学习联谊委员会、四川古城堡文化研究中心：《运山古城》，西南财经大学出版社，2017年。
3 罗洪彬、蔡东洲、蒋晓春：《巴蜀宋元城堡——大良城》，巴蜀书社，2019年。
4 蒋晓春、蔡东洲、罗洪彬等：《南宋末川渝陕军事设施的调查研究》，重庆出版社，2020年。
5 主要包括：王毅力《得汉城历史研究》，西华师范大学硕士学位论文，2013年；刘菊《宋蒙战争中的钓鱼城》，西华师范大学硕士学位论文，2016年；郝龙《得汉城红色文化遗产调查与研究》，西华师范大学硕士学位论文，2016年；刘欢欢《通江得汉城古代遗存的调查与研究》，西华师范大学硕士学位论文，2016年；景俊鑫《宋蒙战争之外的钓鱼城》，西华师范大学硕士学位论文，2017年；林邱《泸州神臂城遗址的调查与研究》，西华师范大学硕士学位论文，2018年；付蓉《成都金堂云顶城遗址的调查与研究》，西华师范大学硕士学位论文，2018年；王杰《巴蜀地区现存宋代山城城门研究》，西华师范大学硕士学位论文，2019年；邱瑞强：《宋蒙战争时期巴蜀地区宋军山城城防系统构成初步研究》，西华师范大学硕士学位论文，2019年；赵敏《巴蜀地区蒙军山城调查研究》，西华师范大学硕士学位论文，2020年；李修正《四川合江南宋山城遗址调查与研究》，西华师范大学硕士学位论文，2021年。
6 袁东山、蔡亚林：《重庆合川钓鱼城南一字城遗址》，《中国文物报》2012年2月10日第4版；重庆市文化遗产研究院：《重庆市合川区钓鱼城范家堰南宋衙署遗址》，中国文物信息网，2019年3月11日；黄伟：《合川钓鱼城半岛调查收获》，《文物鉴定与鉴赏》2020年第15期；重庆市文化遗产研究院、钓鱼城古战场遗址博物馆：《钓鱼城遗址考古报告集》，科学出版社，2022年。
7 重庆市文化遗产研究院、渝中区文物保护管理所：《重庆城古城垣遗址调查简报》，《江汉考古》2020年"重庆古代城址考古"专辑。
8 重庆市文化遗产研究院、涪陵区博物馆：《重庆涪陵区龟陵城遗址2017年调查与试掘简报》，《江汉考古》2020年"重庆古代城址考古"专辑。
9 重庆市文化遗产研究院：《重庆两江新区多功城遗址2017年度考古发掘简报》，《江汉考古》2020年"重庆古代城址考古"专辑。
10 重庆市文化遗产研究院、奉节县文物管理所：《重庆奉节白帝城遗址2017年度发掘简报》，《江汉考古》2020年"重庆古代城址考古"专辑。
11 重庆市文化遗产研究院：《重庆云阳磐石城遗址考古发掘报告》，《江汉考古》2020年"重庆古代城址考古"专辑。
12 重庆市文化遗产研究院：《忠县皇华城遗址文物调查简报》，《江汉考古》2020年"重庆古代城址考古"专辑。
13 黄豁、陈敏《白帝城宋城遗址大规模发掘》，《瞭望新闻周刊》2002年3月25日第13期；重庆市文物考古研究所：《奉节上关遗址发掘简报》，重庆市文物局、重庆市移民局编：《重庆库区考古报告集》（1998年卷），科学出版社，2003年；重庆市文物考古研究所：《奉节瞿塘关遗址发掘报告》，重庆市文物局、重庆市移民局编：《重庆库区考古报告集》（1999年卷）科学出版社，2006年；袁东山：《白帝城遗址：瞿塘天险，战略要地》，《中国三峡》2010年第10期。
14 贵州省文物考古研究所、遵义市汇川区文体广电局：《贵州遵义海龙囤遗址》，《考古》2013年第7期；贵州省文物考古研究所、遵义海龙囤文化遗产管理局：《贵州遵义市海龙遗址城垣、关隘的调查与清理》，《考古》2015年第11期；贵州省文物考古研究所、贵州省博物馆、遵义海龙屯文化遗产管理局：《海龙囤》，科学出版社，2022年。
15 贵州省文物考古研究所、重庆市文化遗产研究院：《贵州遵义市养马城遗址调查与试掘简报》，《考古》2015年第11期。

（2）个案研究

在调查的同时，有不少个案研究成果问世，其中部分研究是与调查报告同文（同书）出版的，如《钓鱼城遗址考古报告集》《运山古城》《巴蜀宋元城堡——大良城》等，更多的是专题研究文章，涉及神臂城[1]、云顶城[2]、青居城[3]等，除此以外还有一些文章从历史学角度对宋蒙山城进行了专题探讨。[4]

除四川古城堡文化研究中心外，也有一些学者对其他山城开展了专题研究，涉及钓鱼城[5]、重庆城[6]、天生城[7]、多功城[8]、白帝城[9]等。

（3）综合研究

这类研究主要包括两种类型：一是针对整个宋蒙山城体系的研究，二是在更大范围、更高层次的研究中或比较研究中涉及宋蒙山城的内容。

第一类研究成果中，主要有孙华《宋元四川山城的类型——兼谈川渝山城寨堡调研应注意的问题》[10]、邓琳等《南宋四川山地城市防御设施研究》[11]、谢璇《初探南宋后期以重庆为中心的山地城池防御体系》[12]、周思言《南宋四川抗蒙山城体系初探》[13]等，上述成果对宋蒙山城体系的

---

[1] 符永利、付蓉：《玄武镇北，八仙护城——泸州神臂城的玄武石像与东门浮雕》，《西华师范大学学报》（哲学社会科学版）2017年第4期；蒋晓春、林邱：《宋代泸州神臂城城防体系分析》，《中国国家博物馆刊》2017年第9期。

[2] 蒋晓春、张书涛：《小型无人机在田野考古调查中的应用——以金堂云顶遗址为例》，《西华师范大学学报》（哲学社会科学版）2018年第5期。

[3] 罗洪彬、王杰：《宋蒙战争中的青居城》，《西华师范大学学报》（哲学社会科学版）2018年第5期。

[4] 蔡东洲、刘菊：《达州塔陀史实考述》，《四川文理学院学报》2016年第3期；蔡东洲、汪建辉、方超：《宋蒙蜀道争夺中的苦竹隘之战》，《西华师范大学学报》（哲学社会科学版）2019年第4期；符永利、罗洪彬：《南充青居城佛教文化遗存初探》，《乐山师范学院学报》2015年第1期；符永利、于瑞琴：《广安大良城寨堡聚落浅析》，《西华师范大学学报》（哲学社会科学版）2016年第1期；陈熙：《得汉城摩崖题刻叙事及其审美价值》，《成都大学学报》2015年第4期；蔡东洲、邱瑞强：《运山城考述》，《西华师范大学学报》（哲学社会科学版）2018年第5期。

[5] 研究钓鱼城的文章较多，与考古学关系较大者如下。谢璇：《钓鱼城山地城池构筑特征》，《广州大学学报》（自然科学版）2007年第3期；荀平、孙刘涛、吴镝锋、王正刚：《南宋钓鱼城城池防御初探》，《后勤工程学院学报》2012年第3期；廖华西：《钓鱼城与伦敦塔：古城堡文化遗产论衡》，《文史杂志》2013年第1期；张亮：《钓鱼城军事防御的再考量》，《三峡论坛》2014年第1期；陈元棪：《合川钓鱼城遗址军事城市规划营建的典范》，《世界遗产》2016年第4期；蔡亚林：《重庆合川钓鱼城城防设施的考古学观察》，《四川文物》2018年第5期；袁东山：《钓鱼城遗址考古与精神探索》，《重庆与世界》2018年第7期；李震、张兴国、姜611勇：《南宋钓鱼城城墙营建的地域自然环境适应性探析》，《建筑史》2017年第39辑。另外，郑敬东主编的《钓鱼城与世界13世纪史学术研讨会论文集》（东北大学出版社，2016年）刊载了池开智《钓鱼城西北外城城道之我见》、位光辉《嘉庆、咸丰时期的合州匪患与钓鱼城的重筑》等论文，包伟民、孙华主编的《2015年钓鱼城国际学术会议论文集》（重庆出版社，2016年）刊载了袁东山、王胜利、胡立敏《钓鱼城遗址考古发现与初步研究》、孙华《合川钓鱼城遗址研究的若干问题》、符永利《钓鱼城摩崖石刻造像的再考察》等文章。

[6] 吴庆洲：《四塞天险重庆城——古重庆城的军事防御艺术》，《重庆建筑》2002年第2期。

[7] 蔡亚林：《万州天生城布局结构与沿革变迁新探》，《文物鉴定与鉴赏》2018年第15期。

[8] 侯博、李震、王钦等：《南宋四川山地滨江防卫型城池营建研究——以重庆多功城为例》，《后勤工程学院学报》2014年第1期。

[9] 李帆：《运山城与白帝城的比较研究——以宋元时期为中心》，《贵阳学院学报》（社会科学版）2016年第3期。

[10] 孙华：《宋元四川山城的类型——兼谈川渝山城寨堡调研应注意的问题》，《西华师范大学学报》（哲学社会科学版）2015年第2期。

[11] 邓琳、郭剑锋：《南宋四川山地城市防御设施研究》，《规划师》2004年第3期。

[12] 谢璇：《初探南宋后期以重庆为中心的山地城池防御体系》，《重庆建筑大学学报》2007年第2期。

[13] 周思言：《南宋四川抗蒙山城体系初探》，《遗产与保护研究》2017年第5期。

形成过程、分布特点、整体格局等问题进行了探讨。

第二类研究成果中，代表性论著有黄登峰《宋代城池建设研究》[1]、刘志勇等《中国古代城镇安全防卫体系营建空间绩效探微：以宋代东京城和巴蜀地区城镇防卫体系空间绩效分析为例》[2]、马继业《宋代城池防御探究》[3]、黄宽重《山城与水寨的防御功能——以南宋、高丽抗御蒙古的经验为例》[4]、粟品孝《南宋军事史》[5]、黄光荣《蜀播军事城堡御敌屏障创举》[6]等。

（四）成就与不足

回顾近80年来宋蒙山城遗址的研究，虽然有过二三十年的中断，但成果仍然相当丰硕，概括起来有四个方面。

第一，对绝大多数能找到遗址的山城进行了摸底调查，部分山城调查比较全面深入，一些重要的山城遗址还开展了考古工作。近年来，城市考古的理念和方法、考古发掘与文化遗产保护一体化思路在宋蒙山城遗址工作中得到广泛实践，促进考古发掘和文物保护的科学化的同时也推动了考古学本身的发展。

第二，学术界已经普遍认识到宋军山城整体上是一种杰出的军事城防体系，在考古学、军事学和建筑学等学科均具有突出价值。同时，已经积累了较多个案研究成果，对宋蒙山城遗址的认识越来越深入。

第三，研究领域得到明显扩展，研究人员显著增多。除传统的历史学、考古学外，军事学、建筑学、旅游学、文化遗产学等领域的学者大量参与到宋蒙山城遗址的研究中来，给宋蒙山城遗址研究带来了新气象。

第四，保护和可持续利用工作受到重视。各级政府越来越重视宋蒙山城遗址的文物保护工作，文物保护级别得到提升。一些重要山城遗址的申遗工作正大力推进。

毋庸讳言，现有的考古工作和研究还存在一些不足，我们将其归纳为三个方面：

第一，考古工作和研究存在明显不均衡。重庆境内山城遗址考古工作开展较为充分，但四川境内的山城遗址考古发掘工作刚刚起步。重庆境内山城过去极为偏重钓鱼城和白帝城，好在随着其他山城发掘工作的大量开展，这种情况正在得到扭转。从研究角度看也存在明显不均衡，目前的研究工作过于关注钓鱼城，研究成果占据了整个宋蒙山城研究的半壁江山。反观蒙军山城的相关研究几乎没有开展，这与其地位极不相称。

第二，现有研究过于偏重宋代城防军事设施。宋蒙山城有的在宋蒙战争以前已经有宗教、旅游等活动存在，也留下了一些遗存；宋蒙战争期间，山城既是军事据点，又是临时治所，具备行政、宗教、文教、经济等多方面职能，因此宋蒙战争期间的遗存不限于军事设施；宋

---

[1] 黄登峰：《宋代城池建设研究》，河北大学博士学位论文，2007年。
[2] 刘志勇、张兴国、李震：《中国古代城镇安全防卫体系营建空间绩效探微：以宋代东京城和巴蜀地区城镇防卫体系空间绩效分析为例》，第五届中国建筑史学国际研讨会会议论文，广州，2010年。
[3] 马继业：《宋代城池防御探究》，山东师范大学硕士学位论文，2005年。
[4] 黄宽重：《山城与水寨的防御功能——以南宋、高丽抗御蒙古的经验为例》，《南宋地方武力：地方军与民间自卫武力的探讨》，东大图书股份有限公司，2002年。
[5] 粟品孝：《南宋军事史》，上海古籍出版社，2008年。
[6] 黄光荣：《蜀播军事城堡御敌屏障创举》，刘作会主编：《平播之役400年学术讨论会论文集》，贵州人民出版社，2002年。

蒙战争以后，不少山城又多次修复、重建，留下了非宋蒙战争的一些遗存。宋代城防军事遗存只是宋蒙山城所有遗存中的一部分，其他部分与宋代城防军事遗存一道构成了宋蒙山城物质文化遗产的整体。此外，宋蒙山城并非孤立存在，它与周边的山水地貌、自然资源密切相关，是自然与人文的结合，没有合适的自然条件，也就不存在山城的建设，所以，宋蒙山城的研究还需关注到周边地区自然山水、耕地、林木、水源等相关因素。由此观之，宋蒙山城的研究领域还可大大拓展。

第三，研究还可深入和拓展。目前的研究相对来说还处于初期阶段，个案研究还没覆盖到所有山城，综合研究还不够深入。与宋蒙山城类似的高句丽山城的研究就比较全面深入，可以为宋蒙山城研究提供借鉴。我们坚信，宋蒙山城遗址的研究还大有可为。

三、本课题开展情况

从2013年起，课题组已经开展了相关前期工作，搜集整理了当时已有资料，并对个别山城开展了初步研究。2017年以来，我们整理了思路，在前期摸底调查基础上，对蒙军山城和前期不够重视的一些级别较低的宋军山城进行了补充调查，调查对象覆盖了所有能找到地点的宋蒙山城。在调查同时，撰写了部分山城的调查、研究报告，还设置了一些专题开展个案和综合性研究。

（一）调查情况

1. 团队构成

课题组的骨干成员有蒋晓春、蔡东洲、符永利、罗洪彬等教师，还有雷晓龙、刘欢欢、郝龙、于瑞琴、刘菊、景俊鑫、员鑫、林邱、付蓉、邱瑞强、刘超、赵敏、张婷、李修正等研究生。

2. 调查思路

过去的调查往往着重于城墙、城门、碑刻等地表散见遗迹，缺乏对山城的宏观考量。为此，我们采用文化景观学、聚落考古、城市考古思路，制定了专门的调查办法。宏观方面，注重山城遗址的地理位置、山形水势、拱卫城寨；中观方面留意观察山城城防系统与地形地貌的契合程度，了解其选址理由；微观方面注重城防系统的构成、城内外交通路线、城内格局、水源、可耕地数量等。部分山城中尚存在大量与城防无关或关系不大的遗存，如寺观、摩崖、墓葬等，我们也一一做了记录。在调查中，注意区分不同时代的遗存，尤其是宋代和明清时期的城防设施遗存。

3. 调查对象

目前课题组已完成50处山城遗址的调查或考察，具体名单如下：

宋军山城43处：江油雍村、剑阁苦竹隘、苍溪鹅顶堡、苍溪大获城、通江得汉城（含擂鼓城）、平昌小宁城、巴中平梁城、达州龙爪城、大竹荣城（黄城寨）、渠县礼义城（含大斌山、小斌山）、盐亭紫金城、蓬安运山城（含固州寨）、南部跨鳌城、南充青居城、广安大良城（含小良城）、遂宁蓬溪寨、安岳铁峰山、金堂云顶城（含小云顶城）、乐山三龟九顶城、乐山凌云城、洪雅苟王寨、合江神臂城、合江安乐山城、合江榕山城、富顺虎头城、宜宾登高城、宜宾仙侣城、犍为紫云城、兴文凌霄城、合川钓鱼城、重庆城、渝北多功城、涪陵三台城（龟陵城）[1]、梁平赤牛城、梁平金石城、忠县皇华城、万州天生城、云阳磐石城、奉节白帝城、巫山天赐城、南川龙岩城（龙崖城）[2]、遵义海龙囤、遵义养马城。

蒙军山城7处：广安虎啸城、广安三台寨、华蓥东安城、华蓥章广寨（张广寨）、武胜武胜城、武胜母德章城、合川云门寨。

上述山城中，苦竹隘、长宁山城、大获城、运山城、青居城、人良城、得汉城、小宁城、平梁城、礼义城、云顶城、神臂城、虎头城、大刀砦、钓鱼城、赤牛城、白帝城、武胜城、虎啸城等处经过了较详细的调查。

为扩大视野，课题组还对湖北、广西、安徽、江苏、内蒙古、河北、浙江等地古代城池进行了考察，包括湖北荆州城、襄阳城，广西静江府城，安徽寿县古城、合肥三国新城、凤阳明中都，江苏扬州城、南京城，内蒙古金界壕，河北太子城、元中都，浙江南宋临安城等。

4. 调查技术

由于宋蒙山城遗址地表植被覆盖较多，我们主要采用传统考古学实地踏查办法，使用文字、绘图、测量、拓片、照相等方式记录，尽量采用现代科技手段，如借助"户外助手"APP、手持GPS定位、红外线测距、小型无人机航拍等。

需要特别指出的是，宋蒙山城遗址中，除钓鱼城、云顶城、白帝城、龙爪城等少数山城作为旅游景点外，大部分变成了乡村聚落，如大良城、运山城、天生城、神臂城、礼义城、赤牛城、天赐城、三台城、荣城等。甚至有些山城完全荒芜，如苦竹隘、鹅顶堡、大刀砦、金石城、凌霄城等。后两者的遗存大多已被杂草树木覆盖，调查十分困难，遗迹现象很难被发现。即便是作为旅游景点和乡村聚落的山城遗址，外城的大部分、内城的个别位置也难以行走，踏查十分不易。如笔者对运山城外城进行调查，周长不过二三千米，但耗时达6个小时，调查难度可见一斑。因此，山城调查中，除城墙、城门这类遗迹较易发现外，其他遗迹难以发现，对掩埋于地下的遗迹更是几乎无能为力。虽然我们有清晰的调查技术路线，在调查前也设定了有针对性的调查方案，有时还会补充调查，但不得不承认，我们对各个山城遗址的了解依然十分有限，因此，笔者殷切期待日后能开展更加深入的勘探和发掘工作。

（二）研究情况

如前所述，在开展调查的同时，课题组也开展了个案和综合研究，发表或出版了一些阶段性成果。其中专著有《巴蜀宋元城堡——大良城》[3]《南宋末川渝陕军事设施的调查研究》[4]两部。前者内容包括大良城的文献资料整理、文化遗存介绍和相关研究，内容已经比较全面，介绍也比较准确。后者对蜀口的军事遗址以及"八柱"（钓鱼城外）在内的重要山城遗址做了简单介绍，缺乏史实梳理，也缺乏对城防系统的研究。论文形式的阶段性成果包括神臂城、

---
[1] 该城现存的筑城碑记有"守臣阳立奉命相视三台，申阃创筑"之语，《宋史·地理志》也有咸淳二年（1266）"移治三台山"的记载，故该城宜使用"三台城"之名。
[2] 不少学者依据民国《重修南川县志》称其为"龙崖城"，按该城现存的《莭世雄纪功碑》中明确提到城名为"龙嵒"，"嵒"乃"岩"之异体字，故本书采用"龙岩城"之名。唐治泽《重庆南川龙岩城摩崖碑抗蒙史事考》（《四川文物》2010年第3期）对此有专论。
[3] 罗洪彬、蔡东洲、蒋晓春：《巴蜀宋元城堡——大良城》，巴蜀书社，2019年。
[4] 蒋晓春、蔡东洲、罗洪彬等：《南宋末川渝陕军事设施的调查研究》，重庆出版社，2020年。

云顶城、虎头城、青居城、平梁城等山城。大多数介绍比较简略，一些重要数据缺失，有的还存在错讹。凡此种种，我们认为有必要借本书出版之际予以补充完善。因保持叙述完整性和系统性而不得不保留的内容，尽量简略且提供新的图照，因此，本书与阶段性成果可互为补充。至于阶段性成果已经比较完善的山城，本书则予以简省，如大良城、运山城即略而不叙。阶段性成果中与本书的抵牾之处，当以本书为准。

第一编 历史与现状

第一章 宋蒙山城的修建

第一节 宋蒙战争以前巴蜀地区筑城历史

一、巴蜀地区筑城历史

巴蜀地区筑城历史十分悠久，早在新石器时代晚期至夏商时期，巴蜀大地就涌现出了多座城堡，如新津宝墩、温江鱼凫城、大邑高山古城、三星堆古城等。这些城虽然还不能算真正意义上的城市，但其高大的城墙具有明显的御敌和防洪功能，已属于城堡范畴。春秋战国时期，蜀国长期以成都为都城，巴国则经历过多次迁徙，其都城有江州（重庆）、垫江（合川）、涪陵、阆中等地。[1] 公元前316年，巴蜀为秦所灭，巴蜀地区进入郡县制阶段，此后不久张仪在成都建城，作为蜀郡治所。汉代以来，蜀郡和巴郡都一分为三，各有自己的郡治。

巴蜀地区城池包砖的历史可追溯到东汉时期的广汉郡郡治——雒城。该遗址发现了大量印有"雒城""雒官城壁"字样的城砖，用砖包砌的夯土城墙至今尚存。[2] 从目前的材料看，雒城是我国最早用砖包砌城墙的实例。新旧《唐书》等诸多文献记载了唐末高骈所筑成都城为砖甓夯土墙，考古发现证实了文献的记载。[3] 不过，直到宋代，用砖包砌城墙的做法并未在巴蜀地区普及，甚至个别城池仅有篱笆，连夯土城墙都没有。如泸州城在宋代初年就只有"篱寨"，仁宗皇祐年间改为木栅，元丰年间始改为土筑。[4] 南宋后期，宋蒙战争的炮火促使巴蜀地区的城墙大量改为用砖石包砌。明清时期，全国各地城池普遍使用砖石包砌，巴蜀地区也不例外，如今川渝地区保留下来的砖石城墙大多为明清时期所修。

二、巴蜀地区筑寨历史

如前所述，寨（有时也写作砦）相对于城而言具有临时性和民间性的特点，防御设施简陋，御敌能力较弱。巴蜀地区早有据险建寨的传统。据文献记载，汉魏六朝时期就出现了较多的"寨"[5]，当时的寨大概是用栅栏围起的简陋临时宿营地。到唐代，有的寨已有了城墙、敌楼等设施，成为一个较成熟和长期使用的军事城寨，与城无异。如大足北山《韦君靖碑》记载：景福元年（892）"卜筑当镇西北维龙岗山建永昌寨……规筑城墙两千余间，敌楼一百余所……粮贮十年，兵屯数万"[6]。

---

1 蒋晓春、余小洪：《巴国迁都阆中考》，重庆市文化遗产研究院、重庆文化遗产保护中心：《重庆文物考古论集》（第一辑），科学出版社，2021年。
2 陈显丹：《广汉县发现古"雒城"砖》，《四川文物》1984年第3期。
3 李明斌：《唐末成都罗城城垣的考古学观察》，《中国国家博物馆馆刊》2017年第9期。
4 详见陈世松等：《宋元之际的泸州》，中国统一出版社，2015年，第19—20页。
5 如《陈书》卷35《熊昙朗传》有"时巴山陈定亦拥兵立寨"的记载。（中华书局，2013年，第477页。）
6 郭相颖主编：《大足石刻铭文录》，重庆出版社，1999年，第38页。

唐宋时期，在汉地与边地少数民族地区交界地带修建了不少城、堡和砦栅，以实现对少数民族的防备和控制。僖宗乾符二年（875），高骈率兵攻打南诏，"复修邛崃关、大渡河诸城栅，又筑城于戎州马湖镇，号平夷军。又筑城于沐源川，皆蛮夷入蜀之要路也，各置兵数千戍之"[1]。

北宋时期，除在蜀口一线布置重兵、修筑城寨关隘以抵御金朝和西夏进攻外，在四川地区沿边各州县，尤其是川西的茂州、雅州、威州，川南叙州、泸州等少数民族聚居地区亦修建了不少城寨，以屯兵戍边，防范和镇压少数民族叛乱。如雅州之碉门寨、灵关寨，[2] 茂州之镇羌寨、寿宁寨、延宁寨，威州之嘉会寨，[3] 石泉军之石关寨、三盘寨、会同堡、靖安堡、嘉平堡、平陇堡等，[4] 叙州之柔远寨、乐从寨、清平寨、石门寨、怀远寨，[5] 泸州之乐共城、安远寨、江门寨、镇溪堡、梅岭堡、博望寨、板桥堡、政和堡、绥远寨，[6] 长宁军之石笋堡、安夷寨、宁远寨、清平寨、梅洞寨等。[7] 两宋通过修筑城寨，配合实施羁縻政策，有效地稳固了对川边少数民族地区的统治。南宋建炎、绍兴年间，吴玠、吴璘等镇守蜀口御金防线。"绍兴初，以杨家崖为家计寨"[8]，"时四州未有城，命逐州各择地为寨"[9]。依靠这些城寨，南宋军民"无事则寓于州，有事则归于寨"[10]，成功抵御住了金军的南侵步伐。这一时期，四川内地也修建了一些寨子，如建炎三年（1129），眉州军民便在洪雅八面山修苟王寨，其最初目的便是防备金军突破蜀口，攻入四川盆地。通江大城寨里有一块碑，据《通江县志》记载，碑文内容是"淳熙十一年（1184）武功郎东路马步军总管知军州事节制屯戍军马金云建"[11]。当时的城寨数量虽然不少，但多数设施简陋，只图自保，相互之间的联络性很差，构不成联防体系。宋蒙战争之初，在蒙军铁蹄冲击下，这些基本起不到任何防御作用，一触即溃。如绍定四年（1231）蒙军破沔州，沿嘉陵江而下，直至阆中、南部一带，"略地至西水县，破城寨百四十而还"[12]。

巴蜀地区悠久的筑城建寨历史，为宋蒙战争期间山城的修建提供了宝贵的历史经验。

第二节 宋蒙战争中的四川战区

宋蒙战争期间，南宋与蒙古在两淮、京湖、四川三大战区展开了长达半个世纪的激烈交锋，其中四川战区开辟时间最早，战况最惨烈，陷落时间最晚，是宋蒙双方攻守争夺的重点

---

[1]《资治通鉴》卷250，中华书局，1956年，第8176页。
[2]《宋史》卷89《地理五》，中华书局，2013年，第2213页。
[3]《宋史》卷89《地理五》，中华书局，2013年，第2214页。
[4]《宋史》卷89《地理五》，中华书局，2013年，第2215页。
[5]《宋史》卷89《地理五》，中华书局，2013年，第2218页。
[6]《宋史》卷89《地理五》，中华书局，2013年，第2218—2219页。
[7]《宋史》卷89《地理五》，中华书局，2013年，第2219页。
[8]《宋史》卷89《地理五》，中华书局，2013年，第2225页。
[9]（宋）祝穆撰，（宋）祝洙增订，施和金点校：《方舆胜览》卷70《阶州》，中华书局，2010年，第1233页。
[10]（宋）李鸣复：《论措置蜀事疏》，（明）黄淮、杨士奇：《历代名臣奏议》卷99《经国》，文渊阁四库全书本。
[11]（清）道光《通江县志》卷2《舆地志·险隘》，巴蜀书社，1992年，第44页。
[12]（明）冯琦编，（明）陈邦瞻增辑：《宋史纪事本末》卷90《蒙古取汴》，中华书局，2015年，第1009—1010页。

区域，对宋蒙战争历史进程影响巨大，在三大战区中具有举足轻重的历史地位。

一、宋蒙对峙前的川陕军事形势

宋代的四川地区地控黄河、长江上游，山河险阻，民族错杂，物产丰饶，战略位置非常重要，自古是兵家必争之地。凭借着独特地理形势，四川地区在历代王朝统一的历史进程中始终占据重要地位，得之则进可逐鹿中原，退可割据一方，失之则险阻尽丧，危及东南，这一点在定都南方的王朝历史中体现得尤为明显。北宋灭后蜀之后，对唐代以来的地方行政区划进行了革新，以"路"取代"道"作为地方一级行政区划。至道三年（997），分天下为十五路，其中川陕甘地区设西川、陕西、峡西三路以辖其地。咸平四年（1001），分西川路为益州、利州二路，分峡西路为夔州、梓州二路，此即"川峡四路"。熙宁五年（1072），又析陕西路为秦凤、永兴军二路，秦凤又分五路，范围大致相当于今陕甘地区。在北宋与辽、西夏、金对峙时期，作为西北边境的陕西六路及川峡四路始终是关系北宋政权安危的重要阵地。

南宋时期，除梓州路改称潼川府路外，巴蜀地区的行政区划基本沿袭北宋"川峡四路"而略有增益。在中原丢失的情况下，川陕地区的战略地位更加凸显。南宋建立之时，中原旧都已为金人所据，朝野上下曾就定都之事展开激烈争论。朝臣意见主要集中在关陕、襄阳、建康三地。执政之黄潜善、汪伯彦等竭力主张偏安东南，定都临安。而宗泽、李纲、汪若海、唐重等皆以为天下形势以关陕为上，荆襄次之，建康再次之，故力主定都关陕或四川，据形势之地，固天下根本，而后徐图恢复中原，收复两京。[1] 其中唐重更是七八次反复上疏陈策，乞求朝廷增兵储饷、固守关中，以保秦、蜀十路无虞，甚至奏请高宗以车驾幸关中。[2] 在这些名臣边将的反复劝谏下，宋高宗亦一度决心镇抚关中，以固根本，并派张浚经略川陕，力图恢复。而金朝方面，在南宋建立之初本打算快速渡江，一举灭宋，故其进攻重点在江南而非川陕，对于川陕地区则只派完颜娄室率军攻城略地，牵制宋军。其后，金军在江南屡受打击，而在川陕战场却节节胜利。金朝统治者逐渐意识到川陕地区战略地位之重要，从而改变战略目标，将进攻重点由江淮一带转向了川陕地区，企图先攻占川陕，控制长江，而后顺江东下，迂回灭宋。因此，金朝派遣大将完颜宗弼（金兀术）领主力大军集结川陕战场，与完颜娄室所部合兵一处，从秦岭及蜀道沿线向川陕宋军展开了大规模进攻。建炎四年（1130）九月的富平大战中，宋军惨败，西北精锐之师损失殆尽，关陕为金人所据，蜀地危急。绍兴和议后，"中原、陕右尽入于金，东划长淮，西割商秦之半，以散关为界"[3]，四川地区直接成为宋金对峙的前沿阵地。

为防备金军突破蜀口，南宋在秦岭北弧入蜀要道沿线分设皂郊堡（今甘肃天水西南30里）、黄牛堡（今陕西凤县东北约150里）、大散关（今陕西宝鸡西南约50里）作为蜀口外围防线，此即外三关。外三关以南，又设阶州（今甘肃武都区东南80里）、成州（今甘肃成县）、西和州（今甘肃西和县）、凤州（今陕西凤县）及天水军（今甘肃天水市西南70里）作为防

---

1 马强：《唐宋时期关于定都与迁都之议》，《人文杂志》2009年第1期。
2《宋史》卷447《唐重传》，中华书局，2013年，第13186页。
3《宋史》卷85《地理一》，中华书局，2013年，第2096页。

备蜀口的第二道防线，此即五州。五州东南，又在褒斜道、仙人关道等蜀道要隘设置武休关（今陕西留坝县武关驿附近）、仙人关（今甘肃徽县虞关镇西南15里）、七方关（今康县云台村东6里）作为第三道防线，此即内三关。吴玠、吴璘等宋军将领凭借蜀口之险，利用三关五州防线，在仙人关、和尚原等地多次大败金军，使得金军始终未能攻入四川腹地。

三关五州的建立对于保障四川内郡安危具有十分重要的战略意义。时人高稼认为"蜀以三关为门户，五州为藩篱"[1]。李鸣复也认为"蜀之形势，以三关为最险"；"蜀之有关外四州，犹朝廷之有四蜀"[2]。鉴于三关五州的重要性，南宋先后在蜀口布置了三支御前军，即兴元都统司、金州都统司、兴州都统司。"吴曦之乱"后，南宋又分兴州都统司兵力设沔州都统司和利州副都统司，合为四大戎司。其中兴戎司驻防凤州（今陕西凤县）、武休关一带；金戎司驻防金州（今陕西安康）、洋州（今陕西洋县）一带；沔戎司驻天水、成州及仙人关一带；利戎司驻西和、阶州、七方关一带。四大戎司直接归四川制置司统属，宋理宗宝庆年间，有正规作战部队六万九千人左右。[3]

三关五州作为蜀口屏障，在宋金战争之初确实有效地保障了蜀地安危，而四川地区也成为捍蔽东南最重要的前沿战区，这一重要战略地位一直延续至宋蒙战争时期。但开禧二年（1206）"吴曦之乱"爆发后，金朝军队得以在关外四州（阶、成、凤、西和）肆虐驰骋，并大规模破坏宋军防御设施。南宋虽然快速镇压了吴曦叛乱，但蜀口兵马大为损耗，关隘残破，创伤难平。嘉定十年至十一年（1217—1218）第四次宋金战争中，南宋苦心经营的蜀口军事防御设施被损毁殆尽，宋军还未及修复关隘设施，蒙古大军即已挥师南下。

二、宋蒙对峙之初的川陕军事形势

宋蒙对抗之初，南宋沿用防御金军的三关五州作为抵御蒙古的第一道防线。早在宋宁宗嘉定十五年（1222）冬，蒙古的国王、都行省木华黎就曾派大将蒙古不花率军入侵南宋川陕国土，并在凤州等地抄掠。[4]宋理宗宝庆三年（1227），蒙古骑兵再次侵入南宋西北边区，攻破阶州，围攻西和，并在皋兰大破宋军，南宋西北名将麻仲、马翼、王平等尽皆战死。面对蒙古骑兵的突袭，南宋四川制置使郑损轻率地做出了放弃关外五州，退守三关，实行"画守内郡"[5]的错误决策，致使南宋经营百年的川陕防线残破。三关之外，除同庆（即成州）及西和仍有宋军固守外，其余各地，官军绝迹，流民四散，关外五州一片混乱，史称"丁亥之变"。事后，南宋朝廷以郑损轻弃五州将其革职。绍定元年（1228），宋理宗命桂如渊出任四川制置使，在沔州通判兼制置司幕僚高稼的建议之下，桂如渊决定重新经营关外五州。由于蒙军不耐炎夏，主力早已北归，且这一阶段蒙军志在抄掠，不占城池，因此桂如渊比较顺利地收复了关外五州，并建立84座山寨，与民相约，坚壁清野。当时的利州路安抚使郭正孙还建议桂如渊修复

---

[1]《宋史》卷449《高稼传》，中华书局，2013年，第13230页。

[2]（宋）李鸣复：《论措置蜀事疏》，（明）黄淮、杨士奇：《历代名臣奏议》卷99《经国》，文渊阁四库全书本。

[3]（宋）吴泳：《鹤林集》卷29《与李悦斋书》，文渊阁四库全书补配文津阁四库全书本。

[4]《元史》卷119《木华黎传》，中华书局，2013年，第2335页。

[5]（宋）魏了翁：《鹤山集》卷76《朝请大夫利州路提点刑狱主管冲祐观虞公墓志铭》，文渊阁四库全书本。

外三关，以为五州屏蔽，但未被桂如渊采纳。[1]

绍定四年（1231），蒙古派使者赴四川，并在武休关与宋军代表谈判，要求"假道伐金"。谈判尚未结束，蒙古大军即已在四川北部大肆剽掠。为避免蜀口将士与蒙军冲突，桂如渊决定再次放弃五州，急命蜀边宋军，包括天水一带的曹友闻所部及驻守西和的利戎司何进所部，全部退守三关。同年，拖雷兵分三路强行"假道"，大举南侵。关于此次事件，《金史·完颜讹可传》有详细记载：

> 大兵谋取宋武休关。未几，凤翔破，睿宗分骑兵三万入散关，攻破凤州，径过华阳，屠洋州，攻武休关。开生山，截焦崖，出武休东南，遂围兴元。兴元军民散走，死于沙窝者数十万。分军而西，西军由别路入沔州，取大安军路开龟鳖山，撤屋为筏，渡嘉陵江入关堡，并江趋葭萌，略地至西水县而还。东军止屯兴元、洋州之间，遂趋饶峰。宋人弃关不守，大兵乃得入。[2]

蒙军此次强行"假道"，致使南宋"三关五州"尽皆陷落，四川制置使桂如渊临阵南逃，宋军随之溃散。蒙军沿嘉陵江南下，"长驱深入，若践无人之境"[3]，在川北、陕南地区"纵骑焚掠，出没自如"[4]，至西水县（今属四川省南部县）而还，史称"辛卯之变"。"丁亥之变"和"辛卯之变"后，南宋在蜀口地区苦心经营多年的防线损坏殆尽，蜀地门户洞开，蒙古大军得以在巴蜀地区纵横驰骋，肆意劫掠。

三、宋蒙战争全面爆发与三大战区的开辟

宋理宗端平元年（1234），宋蒙联合灭金。次年秋，窝阔台兵分三路大举攻宋，其中东路军由口温不花率领，主攻南宋统治中心江淮地区；中路军由窝阔台三子阔出率领，主攻襄阳；西路军由窝阔台次子阔端率领，主攻四川地区。三大战区开辟，宋蒙战争全面爆发。阔端率领蒙古精锐经秦（今甘肃天水）、巩（今甘肃陇西）南下，招降了驻守巩昌的金朝大将汪世显。一路沿凤州南下，攻破沔州，沔州知州兼利州路提刑高稼、阶州知州董鹏飞相继阵亡，连四川制置使赵彦呐也一度被蒙军围困于青野原，幸得曹友闻救援才得以脱困。

端平三年（1236），蒙古大军再度南下，天水、同庆、西和、文州、兴元及武休关先后陷落，南宋天水守将时当可、西和州总管陈瑀、文州守臣权知州刘锐、文州通判赵汝曩相继阵亡，兴元都统李显忠所部被击溃，余部退入大巴山。由曹友闻、曹万率领的利州、沔州两大都统司部队本是蜀口战斗力最强的军队，在阳平关、鸡冠隘大战中也几乎全军覆没，余部溃散，南撤至遂宁、顺庆一带。金州都统司军队也在嘉熙元年（1237）金州之战中被蒙军击溃，都统和彦威战死。自此，南宋在蜀口布置的四支都统司大军全部被蒙军击溃，四川藩篱尽撤，

---

[1]（宋）魏了翁：《鹤山先生大全文集》卷82《故太府寺丞兼知兴元府利州路安抚郭公墓志铭》，文渊阁四库全书本。
[2]《金史》卷111《完颜讹可传》，中华书局，2013年，第2445—2446页。
[3]（宋）吴昌裔：《拟轮对札子》，（明）黄淮、杨士奇：《历代名臣奏议》卷99《经国》，文渊阁四库全书本。
[4]（宋）魏了翁：《鹤山先生大全文集》卷82《故太府寺丞兼知兴元府利州路安抚郭公墓志铭》，文渊阁四库全书本。

蜀边再无力量阻止蒙军入侵。嘉熙元年之后，蒙军连续数次进攻四川，势如破竹，所向披靡，如入无人之境。整个四川除夔州一带外，全无大军防守，各地虽有一定规模的厢军、禁军及乡兵民勇，但数量既少，战斗力又弱，宋军的平地城池在面对蒙古骑兵的突袭时，毫无优势可言，两次成都之战宋军惨败即是最好的证明。因此可以说，在三关五州失守后，南宋川渝地区已经失去了抵抗能力，损兵折将也就不足为奇了，连制置使一级的地方军政大员都有阵亡，都统一级的大将也有多人战殁。淳祐元年（1241）秋，蒙古都元帅土薛率按竺迩、汪世显、王钧等部骑兵再次入侵四川，并于十月五日抵达并包围成都。时任四川制置使的陈隆之坚守成都，后因宋军守将田世显开城降蒙，蒙军攻入城内，陈隆之一家全部遇害，成都再次遭蒙军焚掠。[1]同年十一月，蒙古大汗窝阔台驾崩，乃马真后摄政，蒙古暂时放缓了南侵步伐。一直到宝祐初年，蒙古再未组织大规模南侵四川的军事行动，只是不定时派遣小股骑兵南下抄掠嘉定、潼川、叙州、泸州、遂州、巴州等府州。

在阔端抄掠蜀地的同时，蒙古中路大军在阔出的率领下由唐、邓两州向京湖地区大举进攻。枣阳城破被屠，均州、邓州、光化军等相继降蒙，驻守襄阳的南宋克敌军叛变，在襄阳城内大肆劫烧后投降蒙古，襄阳陷落。其后，随州、郢州等亦相继被蒙军攻破。南宋荆襄防线溃散，长江门户洞开，威胁江淮。端平三年（1236）十月，阔出病死，中路蒙军由塔思率领继续围攻蕲州、江陵等地，在南宋名将孟珙的抵抗之下没有得逞，转而进攻淮西地区。由于江淮地区江河密布，又有重兵把守，故蒙古东路大军对两淮的军事行动反较其他两大战区为少。东路蒙军在两淮地区受到了南宋军民的顽强抵抗，杜杲、余玠、孟珙等将领率部与蒙军激战，挫败了东路蒙军的进攻。

四、四川战区的战略地位

宋蒙战争期间，双方在三大战区都展开了激烈交锋，但战况最激烈、破坏最严重、对战局影响最大者当属四川战区。

关于四川战区的作用与地位，南宋时人有清楚的认识。林駉说："自古立国于东南，其攻守之势有三：曰淮甸，曰陇蜀，曰荆襄。"[2]故自南宋选定杭州为行在之时，两淮地区便成为拱卫南宋政治中心临安的第一道防线。李心传曰："淮甸者，国家所必争不可失之地。"[3]京湖地区地处中国腹地中心，"控引京洛，侧睨淮蔡；包括荆楚，襟带吴蜀。沃野千里，可耕可守；地形四通，可左可右"[4]，自古便是攻守必争之地。四川地区虽地处偏远，但亦为战略要地。南宋建立之初，朝野有识之士便上疏高宗，陈述川陕地区的重要战略地位，甚至一度劝谏高宗巡幸川陕，以图中原。如汪若海曾上疏曰："天下者，常山蛇势也，秦、蜀为首，东南为尾，中原为脊。今以东南为首，安能起天下之脊哉？将图恢复，必在川、陕。"[5]真德秀、洪咨夔等亦

---

[1]《宋史》卷449《陈隆之传》，中华书局，2013年，第13241页。
[2]（宋）林駉：《古今源流至论续集》卷1《形势》，文渊阁四库全书本。
[3]（宋）李心传：《建炎以来系年要录》卷87"绍兴五年三月癸卯条"，中华书局，1988年影印本，第1456页。
[4]（宋）陈亮：《陈亮集》卷2《中兴论》，中华书局，1974年，第23页。
[5]《宋史》卷404《汪若海传》，中华书局，2013年，第12218页。

以川陕为"头目""上游",可见,在南宋有识之士看来,三大战区既相互独立,又彼此联系,实则牵一发而动全身,川陕战区无疑是三大战区整体防御体系的最前沿,具有无可替代的战略地位和举足轻重的防御功能。[1] 川陕地区的得失直接关乎东南地区的安危和南宋政权的存亡,即所谓"无蜀是无东南也"[2]。

在南宋对金、夏及蒙军的防御策略和构筑的防御体系中,四川地区始终为重中之重。自南宋初年始,朝廷选派经略川陕者多为名将。其中守蜀有功之吴玠、吴璘兄弟虽未列入南宋中兴四将之列,但其守蜀之功实不亚于岳飞、韩世忠等名将。吴玠死后,宋高宗追封其为涪王,[3] 吴璘死后亦被追封为信王,[4] 异姓追封王爵者终南宋一朝也仅7人而已,兄弟皆被追封更是仅此1例。宋蒙战争期间,理宗、度宗更旦夕忧虑四川战区的战局,四川制置使更换之勤,较之江淮、荆襄战区更为频繁。选任之孟珙、余玠、刘雄飞、夏贵、吕文德、朱禩孙等无一不是在两淮或京湖屡立战功者。宋理宗淳祐二年(1242),南宋朝廷专门设立夔路策应司,由京湖制置使兼任策应司长官,负责从兵员、钱粮等方面策应、支援四川战区特别是夔州路的抗蒙活动。宋蒙战争后期,在两淮、京湖亦面临蒙军巨大威胁之时,宋度宗仍"甚以蜀为忧,欲复版图",不但将沿江安抚使朱禩孙派往四川战区主事,还向其保证,"凡有申请,卿可禀平章奏来,朕当以行"[5],足见南宋朝廷对四川战区的重视。

在金军和蒙军的灭宋战略中,四川地区亦为进攻之重点。金军在与南宋交锋过程中,逐渐意识到四川战区的重要战略地位,进而由重点进攻江淮转变为重点进攻川陕,欲先取川陕,而后沿江东下,迂回灭宋。在江淮、荆襄战场与岳飞等名将多次交锋的金朝精锐如完颜宗弼等部也被调往川陕战场。蒙古崛起后,攻占了金朝大量领土,金朝欲以空间换时间,因此加紧了对南宋的进攻,其主攻方向仍是四川地区。宋蒙对抗初期,物产丰盛、经济繁荣,作为南宋重要财赋来源的四川地区成为蒙军抄掠的重点区域。窝阔台时期进攻南宋的三路大军中,以进攻四川地区的阔端西路军战力最强,战果最丰。蒙哥汗统治时期,再次兵分三路大军分别进攻四川、荆襄、江淮三大战区,其中进攻四川地区的军队由蒙古最高统治者亲自率领,为三路大军中当之无愧的主力部队。此外,蒙哥汗还命忽必烈、兀良合台率大军取道大理,斡腹进攻四川。忽必烈统治前期,仍然以四川地区为主攻地区,奉行"取吴必先取蜀"[6]的战略方针。由此可见,在金朝和蒙古的灭宋战略中,四川战区的战略地位在一定程度上甚至超过了荆襄战区和江淮战区。

在付出代价和取得战果方面,四川战区亦丝毫不逊于其他两大战区,甚至犹有过之。在与蒙军对抗长达近半个世纪的时间里,四川战区付出了巨大代价,南宋在四川地区的军事力量遭受了沉重打击,军事设施损毁殆尽,巴蜀内地各府、州、军、监军事防御能力也基本丧失,又无兵可用,面对蒙古骑兵的奔突劫掠,几乎毫无还手之力。原本繁荣的巴蜀大地人烟绝灭,

---

[1] 何玉红:《整体防御视野下南宋川陕战区的战略地位》,《国际社会科学杂志》2009年第3期。
[2]《宋史》卷398《余端礼传》,中华书局,2013年,第12105页。
[3]《宋史》卷366《吴玠传》,中华书局,2013年,第11414页。
[4]《宋史》卷366《吴璘传》,中华书局,2013年,第11420页。
[5](宋)佚名:《咸淳遗事》卷下,守山阁丛书本。
[6]《元史》卷161《杨大渊传》,中华书局,2013年,第3778页。

田野荒芜，市镇变为一片废墟，成都更是两度被屠。正如时人吴昌裔所说："昔之通都大邑，今为瓦砾之场；昔之沃壤奥区，今为膏血之野。青烟弥路，白骨成丘，哀恸贯心，疮痍满目。譬如人之一身，命脉垂绝，形神俱离，仅存一缕之气息而已。"[1]当时巴蜀"五十四州俱陷破，独夔州（治今重庆奉节）一路及泸（治今四川泸州）、果（治今四川南充）、合（治今重庆合川）数州仅存"[2]。尤其是蒙古命按竺迩经营沔州、夹谷龙古带治兴元、汪德臣筑利州，成功将原本南宋倚重的蜀口地区连成一片，成为进攻四川腹地的基地。"自是蒙古且耕且战，蜀土遂不可复。"[3]三大战区中，四川战区开辟时间最早，延续时间最长，甚至在南宋朝廷降蒙之后仍然坚持抵抗蒙军，所获之战果亦位居前列。前文已述，无论从南宋的防蒙战略，还是蒙古的灭宋战略来看，四川战区都是重中之重。南宋通过多任制置使的努力，逐步在四川战区建立起了规模庞大的山城防御体系，并借此成功拖住蒙军主力，打破了蒙军快速占领四川地区的战略企图，阻拦了蒙军主力突破夔峡，沿江东下，分担和减轻了荆襄、江淮两大战区的军事压力，客观上延长了南宋王朝的国祚。此外，南宋军民凭借山城防御体系与蒙军激烈交锋，使进攻四川地区的蒙古帝国最高统治者蒙哥汗折戟于钓鱼城下，迫使正在进攻其他战区的忽必烈回师蒙古，与阿里不哥进行了长达4年的汗位之争。此举不但减轻了其余两大战区的军事压力，延缓了南宋的灭亡，还造成了蒙古王廷爆发内乱，加速了蒙古帝国分裂，各大汗国纷纷脱离蒙古王廷而独立，无疑削弱了蒙古的实力。蒙哥汗死后，旭烈兀回师蒙古支持忽必烈争夺汗位，蒙古正在进行的第三次西征亦被迫停止，对欧洲、北非、西亚、中亚等区域的历史发展进程造成了深刻影响。从此之后，蒙古再无力组织大规模西征，其征服世界的幻想亦宣告破灭。从这一角度来看，宋蒙战争中的四川战区不但深刻影响着宋蒙战争的历史进程，客观上还对世界历史发展产生了一定影响，具有世界性的意义。

第三节 宋军山城体系

一、山城体系战略的提出

宋理宗淳祐二年（1242），南宋朝廷任命在两淮战场屡建奇功的余玠出任四川制置使，总领四川军政，全权措置四川地区防务重建。在蜀口防线完全崩溃的危局之下，如何重建四川防线成为南宋朝廷生死攸关的军国大事。一时间，朝野上书陈策献计者纷然，最终，将原来抵御金朝的川陕城寨关堡防御体系移置四川内地成为朝野之士的共识。在朝廷以吴昌裔[4]、牟子才、李鸣复[5]等为代表，在地方以孟珙、彭大雅、杨文[6]、余玠等为代表，他们都主张趁蒙古内乱，无暇南顾的有利时机，充分利用四川地区独特的地理形势，择水陆要隘，恃险筑城，结寨保聚，

---

[1]（宋）吴昌裔：《论救蜀四事疏》，（明）黄淮、杨士奇：《历代名臣奏议》卷100《经国》，文渊阁四库全书本。
[2]（元）佚名著，王瑞来笺证：《宋季三朝政要》卷1《理宗》，中华书局，1985年，第13页。
[3]（明）陈邦瞻：《宋史纪事本末》卷94《余玠守蜀》，中华书局，2015年，第1055页。
[4]（宋）吴昌裔：《论救蜀四事疏》，（明）黄淮、杨士奇：《历代名臣奏议》卷100《经国》，文渊阁四库全书本。
[5]（宋）李鸣复：《论措置蜀事疏》，（明）黄淮、杨士奇：《历代名臣奏议》卷99《经国》，文渊阁四库全书本；（宋）李鸣复：《论一时权宜之计疏》，（明）黄淮、杨士奇：《历代名臣奏议》卷339《御边》，文渊阁四库全书本。
[6]（清）道光《遵义府志》卷31《播州安抚宣抚宣慰司杨氏》，清光绪十八年补刻本。

构建新的四川防御体系。南宋朝野这些认识是从抵御金军的历史经验和防御蒙古的客观现实总结提炼出来的。一方面南宋曾在川陕地带利用城寨关堡取得了遏止金军多次入蜀的成功，从这个方面说，四川内地山城寨堡的兴建就是当年蜀口防金城寨的移置；另一方面经过"丁亥之变""辛卯之变""蔡州之役""端平入洛"等事变，宋朝文臣武将对蒙军长于野战、短于攻城的战斗特点已经有了清醒的认识，利用四川地区多山地形普遍建立城寨，收缩防御规模，经理要害之地，便成为防御蒙古最有效的办法。根据现存宋元历史文献记载，我们可以确定，四川山城体系的构建是朝廷谋臣与地方军政大员共同倡导和组织实施的结果，而非既往研究者所谓一两个四川制置使独创或几个谋士的高见。朝野大臣针对四川地区防线重建的诸多良策为余玠着手建立四川山城体系提供了宝贵的参考意见。

宋朝军民早有结寨御敌的经验。在宋夏战争期间，宋廷就在西北前线构建了大量堡寨。宋金战争中，宋朝重点防御两淮，当地居民自发结合地形水势修建山寨和水寨。"凡山之高险不易登陟，上有平坡可以屯结者，必因山为垒，扼绝路径，增筑墙堞……凡水势环绕不通往来，中有洲渚可以居止者，必因水为营，柜筑沙石，扼绝舟楫。"[1]宋朝对山水寨采用了控制利用的政策，使山水寨在宋军战争中起到了巨大作用。余玠入蜀主政之前，四川地区在桂如渊、孟珙、彭大雅的主持下已经修建了相当数量的城寨。如端平三年（1236），遂宁府迁往蓬溪寨（今蓬溪新会乡螺埝村）[2]，隆庆府徙于苦竹隘（今剑阁县小剑山），嘉熙三年至四年（1239—1240）泸州治所先后迁往合江榕山城（今合江县榕山镇）、三江碛城（今江安县城关西中坝一带）、安乐山城（合江县笔架山）[3]，绍定年间（1228—1233）都统孙臣、王坚创筑阆州大获城（今苍溪县王渡镇大获山）[4]，嘉熙四年（1240）甘闰修筑钓鱼城以及彭大雅筑重庆城，淳祐二年（1242）梁山军筑赤牛城（今重庆梁平县金带镇牛头村）[5]，夔州治所则利用景德三年（1006）前曾作为治所的白帝城，川南边区利用北宋以来民族地区寨堡等。这些山城寨堡在防御蒙军入侵过程中取得了较好的效果，坚定了南宋朝野建立山城体系的信心和决心，并为余玠在四川地区大力推行山城体系建设提供了良好借鉴。

二、山城体系的构建过程

南宋四川山城体系并非一蹴而就，而是根据宋蒙战争的战略形势变化不断完善，总的来看，四川山城体系的构建过程可分为三个阶段。

（一）余玠主持四川防务之前（1243年前）

如前所述，四川在宋蒙战争爆发之前已经在各地修建了大量寨堡。宋蒙战争爆发后，南宋继续沿用蜀口御金城寨抵御蒙古入侵。但常年战火使得这些城寨遭受了不同程度的破坏，加之蒙军攻势远胜金军，以郑损为代表的宋军高级将领又怯战后撤，主动放弃大量城寨关隘，

---

[1]（宋）华岳：《翠微先生北征录》卷4《边防要务三·山水寨》，清光绪刊本。
[2]《宋史》卷89《地理五》，中华书局，2013年，第2216页。
[3]《宋史》卷89《地理五》，中华书局，2013年，第2218页。榕山城、三江碛城建于嘉熙三年（1239），安乐山城建于嘉熙四年（1240）。
[4]（清）顾祖禹撰，贺次君、施和金点校：《读史方舆纪要》卷68《四川三》"大获城条"，中华书局，2005年，第3206页。
[5]（清）顾祖禹撰，贺次君、施和金点校：《读史方舆纪要》卷69《四川四》"牛头寨"条，中华书局，2005年，第3265页。

致使蒙军很快突破蜀口防线，在四川内地驰骋劫掠。绍定元年（1228），宋理宗命桂如渊接替郑损出任四川制置使。桂如渊入蜀之后，辟高稼为沔州通判兼制置司幕僚，高稼向桂如渊建言道：

> 蜀以三关为门户，五州为藩篱，自前帅弃五州，民无固志，一旦敌至，又有因粮之利，或遂留不去。今亟当申理，俾缓急有所保聚。[1]

桂如渊采纳了高稼的建议，决定重新经营蜀口，于是趁蒙军北撤之机，派兵一举收复了关外五州，并"创山寨八十有四，且募义兵五千人，与民约曰：'敌至则官军守原堡，民丁保山寨，义兵为游击，庶其前靡所掠，后弗容久。'"[2]

除蜀口之外，本阶段四川内郡亦修筑了不少城寨，如大获城、蓬溪寨、榕山城、钓鱼城、重庆城、赤牛城、白帝城等。

嘉熙三年（1239），蒙军将领塔海攻重庆不克，但经此一战，时任四川制置副使的彭大雅对蒙军的战斗特点有了深入的了解，因此他力排众议，主张修筑山城，并"令郡县图险保民"[3]，以抵御蒙军入侵。尽管修筑山城成本高，难度大，但彭大雅认为，"不把钱做钱看，不把人做人看，无不可筑之理"[4]。史载："大雅披荆棘，冒矢石，竟筑重庆城，以御利、阆，蔽夔峡，为蜀之根柢。自此支吾二十年，大雅之功也。"[5]在彭大雅的主持下，重庆城修筑成功，并成为后来整个四川地区的军政指挥中心。其后，彭大雅还命甘闰考察合州钓鱼山，"观此山形势可以据守，故城之"[6]，初步建成了钓鱼城。

嘉熙四年（1240），宋廷调令在京湖战区取得卓越战功卓的名将孟珙入蜀出任四川宣抚使，主持四川防务。在充分了解四川战区形势之后，孟珙认为，"不择险要立寨栅，则难责兵以卫民；不集流离安耕种，则难责民以养兵"[7]，故亦力主在四川地区重建和新建城寨，以御蒙军。淳祐二年（1242），在孟珙的倡导和支持下，夔州守将赵武率部将王信等人再次利用北宋景德前白帝城之基础，增筑城防，并移夔州治于城内，以防御蒙军对夔州路诸州府的侵袭。[8] 梁山军亦修赤牛城，并移梁山军于城上。[9]

综合来看，在桂如渊、孟珙、彭大雅等蜀中高级将领的倡导和支持下，此阶段四川地区已在战略要地建成了一批据点。这些城寨是蜀口防线内迁的必然结果，但规制简陋，防御能力不强，只能算作孤立的军事据点。本阶段修建山城主要是蜀中高级将领和有识之士在掌握蒙军战斗特点之后，对山城防御战略构想的局部实践，无论是在内部城防设置还是外在相互

---

[1]《宋史》卷449《高稼传》，中华书局，2013年，第13230—13231页。
[2]《宋史》卷449《高稼传》，中华书局，2013年，第13231页。
[3] 无名氏：《钓鱼城记》，万历《合州志》卷1，明万历七年刻本。
[4]（明）陆楫：《古今说海》卷139《三朝野史说略十一》，《文渊阁四库全书》本。
[5]（元）佚名著，王瑞来笺证：《宋季三朝政要》卷2《理宗》，中华书局，1985年，第18—19页。
[6] 无名氏：《钓鱼城记》，万历《合州志》卷1，明万历七年刻本。
[7]《宋史》卷412《孟珙传》，中华书局，2013年，第12378页。
[8]（元）札马剌丁等：《元一统志》卷5《四川等处行中书省·夔州路》，中华书局，1966年，第543页。
[9]（清）顾祖禹撰，贺次君、施和金点校：《读史方舆纪要》卷69《四川四·牛头寨》，中华书局，2005年，第3265页。

配合等方面，都无法形成完备的战略体系，亦无成熟的战略思想做指导。但不可否认的是，本阶段的筑城行动，为下一阶段余玠全力推动四川山城体系建设奠定了良好的基础，积累了宝贵的经验。

（二）余玠主持四川防务期间（1243—1253）

淳祐元年（1241），蒙古大汗窝阔台汗去世，宋蒙战争形势发生了一些变化。先是窝阔台之妻乃马真氏脱列哥那称制摄政达5年之久，自其摄政以来，"法度不一，内外离心，而太宗之政衰矣"[1]，蒙古陷入内乱。淳祐六年（1246）贵由汗即位，短暂结束内乱。但淳祐八年（1248）贵由汗去世后，其妻斡兀立海迷失后效仿乃马真氏摄政，蒙古汗位又遭悬空。直到淳祐十一年（1251）蒙哥夺得汗位，蒙古各部才重新归心。这10年间，蒙古内部政局动荡，诸王争权夺利，觊觎汗位，暂时无暇南顾，对南宋的进攻态势大大减弱，从而使南宋得到了宝贵的调整防御机会。

在此时机下，淳祐二年（1242），南宋朝廷任命余玠出任四川制置使，全权负责四川地区军政事务。次年（1243）春余玠到任。同孟珙在京湖的战斗经历类似，余玠亦是因在江淮战场屡立战功，多次挫败蒙军进攻而被宋廷选中来经理四川的。余玠入蜀赴任后，充分利用蒙古内乱的有利时机，汲取四川地区早期修筑城寨的经验和教训，思衡朝野有识之士的保蜀策略，并大辟幕僚，共商御敌保蜀之计。最终在孟珙、杨文及播州冉氏兄弟等人的建议下，力排众议，在四川地区强力推进山城体系建设。

余玠主持四川防务期间，实现了四川地区城寨建设由零散军事据点向完备战略体系的转变。根据不同时期战略目标的不同，本阶段又可分为前后两期。

前期为淳祐三年（1243）到淳祐四年（1244），本期主要战略目标在于收缩防线，集中优势兵力，占据四川地区水陆交通要隘，站稳脚跟，以防备蒙军的奔袭劫掠。余玠在总结前几任制帅抵御蒙军的经验基础上，采纳了播州冉氏兄弟的建议，制定了"守点不守线，联点而成线"的战略防御方针，将四川制置司迁往重庆，将军事枢纽确定在钓鱼城，同时发动军民在水陆通道、山险要隘等地筑城，构建山城防御体系。余玠任用王惟忠治财赋，张实治军旅，大革积弊，他还经常不辞辛劳，亲临视察，指导山城建设。自其上任四川到淳祐四年（1244）短短2年时间里，在川渝境内整修或新修了近20座山城，主要包括：嘉陵江流域的苦竹隘、大获城、运山城，沱江流域的云顶城，岷江流域的三龟九顶城、紫云城，渠江流域的大良城、小良城、钓鱼城，涪江流域的蓬溪寨、铁峰城，长江流域的神臂城、重庆城、赤牛城、天生城、白帝城等。加上余玠上任之前已建成的山城寨堡，至淳祐四年（1244）底，四川地区已初步形成了以重庆城为最高指挥中心、合川钓鱼城为军事核心的山城体系。这些山城"皆因山为垒，棋布星分"[2]，余玠还将诸郡治所迁移其上，"屯兵聚粮为必守计"[3]。其后，又"移金戎于大获，以护蜀口；移沔戎于青居；兴戎先驻合州旧城，移守钓鱼，共备内水；移利戎于云顶，以备

---

1 （清）曾廉编：《元书》卷3《定宗纪》，清宣统三年刻本。
2 《宋史》卷416《余玠传》，中华书局，2013年，第12470页。
3 《宋史》卷416《余玠传》，中华书局，2013年，第12470页。

外水"[1]。将原本布置在蜀口的都统司大军移驻山城之内，基本上占据了四川地区水陆交通要道上的关键节点，形成了以长江为轴，五大支流为枝干，"如臂使指，气势联络"[2]的山城防御态势，基本上完成了四川战区的防务重建任务。

后期为淳祐五年（1245）至宝祐元年（1253）。余玠凭借前期所筑山城寨堡与蒙军展开了多次交锋，"大小三十六战，多有劳效"[3]，用战争实践验证了四川山城体系战略的正确性和重要性。得益于前期筑城之功效，南宋军民凭借山城体系成功抵御了蒙军的小规模抄掠，重新在四川地区站稳了脚跟。余玠意气风发，开始着力准备北伐兴元之事，以期收复汉中地区。淳祐五年（1245），余玠命张实于巴州小宁山筑城，为"兴汉之基"，在经过谭渊、王孝忠等将领多次修筑后，淳祐十二年（1252），小宁城已形成具备内外双层防线的坚固堡垒。淳祐九年（1249），余玠又率张实亲临得汉城山，指授规划，修筑得汉城，"因险垒形，储粮建邑，为恢复旧疆之规"。同年，余玠还任命曾修筑合川钓鱼城的筑城能手甘闰在果州筑青居城，并移沔州都统司、顺庆府治、南充县治于其上，将其作为北伐兴元的后勤保障基地。[4] 淳祐十一年（1251），余玠又命张实于巴州近郊筑平梁山城，作为北伐前沿基地，山取"抚平梁州之义"。其中，青居、得汉二城与前期修建的云顶、钓鱼、白帝、苦竹、大获、运山六城被元人姚燧合称"八柱"，成为南宋四川军民抵御蒙军的中流砥柱。经过余玠任内两期筑城行动，四川山城体系逐渐完备。基于此，在淳祐十二年（1252）余玠正式提兵北伐兴元。遗憾的是，此次北伐功败垂成，而余玠后期所筑四座山城亦从北伐基地转变成了抵御蒙军沿米仓道、洋壁道南下四川的前沿堡垒，继续发挥着重要作用。

（三）余玠离职之后（1253—1278）

宝祐元年（1253）前后，宋蒙战争形势再度发生变化。南宋方面，淳祐十二年（1252）余玠北伐失败后，次年（1253）又因谗言离职，后郁郁而终。宝祐元年（1253）六月，南宋朝廷任命余晦接任余玠出任四川制置使。余晦才能平平，上任之初即遭到朝野大臣的反对。但宋理宗认为诏令已下，不宜轻改，执意让余晦代替余玠出任蜀帅。元人评价曰："玠、大雅死，用余晦、李曾伯，皆以贪谬罔功，朝廷亦视蜀为堕甑矣"[5]。余晦上任后，面对蒙军即将到来的威胁，并无御敌之策，反而将余玠手下治理蜀地财赋的重臣王惟忠斩杀，致使蜀地将领人人自危，"蜀士军民皆不安之"[6]。

蒙古方面，淳祐十一年（1251），蒙哥取得汗位，结束了蒙古内乱，从而逐渐将重心再次转移到攻伐南宋上来。与成吉思汗及窝阔台汗时期不同，蒙哥汗统治时期蒙军对南宋的进攻策略亦发生变化，即不再以单纯劫掠财货、破坏军防设施为主，转而开始有意识地营建基地，占领城池，实行屯田，谋求占领南宋国土和人口。宝祐元年（1253），在以夹谷龙古带继续镇守兴元府的同时，蒙哥汗任命汪世显之子汪德臣修治利州，作为进攻四川的桥头堡，时刻准

---

[1]《宋史》卷416《余玠传》，中华书局，2013年，第12471页。
[2]《宋史》卷416《余玠传》，中华书局，2013年，第12471页。
[3]《宋史》卷43《理宗三》，中华书局，2013年，第829页。
[4] 符永利、罗洪彬、唐鹏：《四川南充青居城遗址调查与初步研究》，《西华师范大学学报》（哲学社会科学版）2015年第2期。
[5]（元）佚名著，王瑞来笺证：《宋季三朝政要》卷2《理宗》，中华书局，1985年，第19页。
[6]（宋）周密撰，吴企明点校：《癸辛杂识》，中华书局，1988年，第296页。

备南下攻蜀。

面对蒙军即将来袭的威胁，余晦亦打算沿用余玠的防御策略，通过修建山城以为防御。宝祐元年（1253），余晦任命曾负责修筑钓鱼城、青居城的将领甘闰，率数万军民于盐亭县筑紫金城。惜城还未就，即被汪德臣"衔枚夜进，大破之"。此役宋军大败，伤亡惨重，甘闰"仅以身免"[1]，四川地区防御局势顿时又紧张起来。宝祐二年（1254），南宋朝廷以蒲择之[2]出任四川制置副使兼军器监丞，暂代余晦制置使之职，后实授之。此时，蒙哥汗已经稳定汗位，开始筹划对外军事行动。

宝祐元年（1253），蒙哥汗命忽必烈亲率大军突袭云南，并于次年初攻灭大理。蒙军企图经云贵一带绕道川南进攻南宋泸州等重镇，进而南北夹击南宋四川最高军政指挥中心重庆，史称"斡腹之谋"。为了防备蒙军的"斡腹之谋"，宝祐二年（1254）开始，南宋逐步加强了泸州、叙州、长宁军、南平军等川南地区的军事布防。宝祐三年（1255），宋理宗下旨于南平军筑城，宝祐六年（1258），调淮东茆世雄戍守罗、播地区，最终完成龙岩城的修筑，使之成为"南方第一屏障"[3]。南宋军民凭借龙岩城成功抵御了宝祐六年（1258）蒙军的入侵，受到宋理宗的多次嘉奖。宝祐四年（1256），时任四川制置使的蒲择之命朱禩孙措置泸、叙、长宁边面，进一步加强川南防务。宝祐五年（1257），朱禩孙命长宁守将易士英修筑凌霄城，为屯兵聚粮、出攻入守之地。凌霄城于宝祐五年（1257）闰四月始建，冬十月建成。[4] 宝祐六年（1258）七月，"潼川帅臣朱禩孙言：长宁军自办钱粮，创造器具，修筑凌霄城圆备，诏易士英特带行阁门宣赞舍人，朱文政、宇文同祖各进官一等……寻诏朱禩孙进官一等"[5]。除了新建的凌霄城、龙岩城等城寨之外，北宋年间所建之乐共城等原本防备少数民族叛乱的城寨，亦转变为防御蒙军"斡腹之谋"的重要城寨。同时，播州亦修建了养马城（1257年）和鼎山城（1258年）等山城，龙岩新城可能也始筑于此时。[6] 这些新修城寨共同组成了南宋长江上游以南的重要防线，用于防止蒙军北进。

本阶段除川南地区修筑了大量山城外，四川内地亦新建了不少城寨。如宝祐三年（1255），为保障渠江运输命脉，同时抵御蒙军由开达向夔峡地区进攻，四川制置使蒲择之命张资于渠州三汇渠江边修筑了礼义城和大、小斌山，作为渠州治所。宝祐五年（1257），南宋绍熙府军民亦在今荣县境内修筑了大刀砦。宝祐六年（1258），蒲择之亲率大军反攻成都，命杨大渊筑灵泉山，段元鉴守江箭滩，阻击蒙军大将纽璘回师成都。然而此战以宋军战败而终，蒲择之亦败于云顶城下。

宝祐六年（1258），蒙哥汗亲率大军进攻四川，从利州出发，沿嘉陵江南下，一路势如破竹，先后攻破和招降了南宋嘉陵江沿线的苦竹隘、长宁山城、鹅顶堡、大获城、运山城、青居城，以及渠江流域的大良城，兵锋直指钓鱼城。南宋苦苦经营的嘉陵江防线迅速土崩瓦解；

---

1 《元史》卷155《汪德臣》，中华书局，2013年，第3651页。
2 有的文献写作"蒲泽之"。
3 参见龙岩城茆世雄筑城题记。
4 参见凌霄城朱禩孙筑城题记。
5 （元）佚名编，汪圣铎点校：《宋史全文》卷35《理宗五》，中华书局，2016年，第2867页。
6 李飞：《宋蒙战争中的"斡腹之谋"：以山城为中心的考察》，《南方民族考古》第23辑。

渠江航道亦被拦腰截断，首尾不能相顾；沱江防线因云顶城失守，亦失去作用。在此形势下，嘉陵江下游的钓鱼城和长江沿线的神臂、重庆、天生、白帝等山城成为抵御蒙军的最后一道防线。为了巩固这道防线，南宋军民又陆续在长江沿线增筑了一批山城。如景定元年（1260），叙州建仙侣城；景定四年（1263），徐宗武建大宁监天赐城；咸淳元年（1265），富顺监建虎头城，忠州建皇华城；咸淳二年（1266），阳立建涪州三台城；咸淳三年（1267）郭汉杰建叙州登高城，徐宗武建夔州卧龙山堡囤等。

中统元年（1260）以来，蒙元军对加强了对东川一带的攻势，并且修建了大量山城制衡宋军山城。不得已，宋军在夔达一线又修建了数十座山城，但由于文献失载，这些山城仅留下名称，修建时间、修建者、具体位置等情况都不详。不过可以想见，这些山城的修建本就比较仓促，加之多数不再是州郡临时治所，因此军事职能更加突出，性质更接近于寨堡，其质量必然远逊于余玠所修山城。

如前所述，本阶段修建山城主要集中于长江沿岸和夔达一线，数量众多，使宋军山城体系在这两个区域更加完备，一定程度上解决了蜀口和内水防线大量山城失陷所带来的防守难题。但相对于余玠时期的三条防线而言（详下），蜀口防线已经丢失，内水防线苟延残喘，仅外水防线有所加强。因此，原本有纵深的三大防线已经被严重压缩，防御纵深几乎丢失殆尽。

经过三个历史阶段长达数十年的建设，四川境内共建起了上百处的山城，星罗棋布于巴蜀大地，成为蒙元军队的一个个心头之钉。（图1-1-1）

三、宋军山城体系的构成

余玠出任四川制置使之后，有计划、分步骤地建立了大批城寨，初步完成了四川地区军事防御体系的重建。其后历代四川制置使又在余玠的基础上修建了更多城寨，进一步巩固和完善了四川山城体系。其时四川山城体系中到底有多少座城寨，现已无从确知。一般认为，约为20座，但这仅仅是被熟知的城寨，实际城寨远远不止这个数，根据我们的统计，有文献记载的即达104座。（附表一）南宋创建的山城体系既是宋军的屯驻点、训练所、军资库，又是百姓的避难所、耕种地、读书处、祭拜所。

余玠在规划四川山城体系时，充分考虑了自然地理因素及军事战略形势的影响。一方面在水陆交通要道择险筑城，广泛建立彼此配合的军事据点，收缩兵力，突出守点以守面的重点防御模式；一方面根据蒙军的战斗特点及其取蜀灭宋的战略方针，合理布局防御重点，扩大防御纵深，建立层次鲜明的多重防御阵线。最终形成了以重庆城为指挥中枢，钓鱼城为军事核心，长江流域诸城为主要依托，嘉陵江、渠江、沱江、岷江沿线城寨为重要骨干，层次分明、覆盖全川的山城防御体系。其后，余玠移制阃于重庆，迁诸州郡治所于山城，实际上是将众山城建设成集军事、政治、民生等职能为一体的综合防御体系，体现了余玠持久作战的战略远见。

统而观之，南宋四川山城体系主要由"两个核心""三条防线""八大支柱"构成。

"两个核心"是指重庆城和钓鱼城。由于四川远离临安，朝廷赋予四川安抚制置使更大更多的权力，不仅为川峡四路六十州的最高军事和行政长官，而且在非常时期代表朝廷"便宜

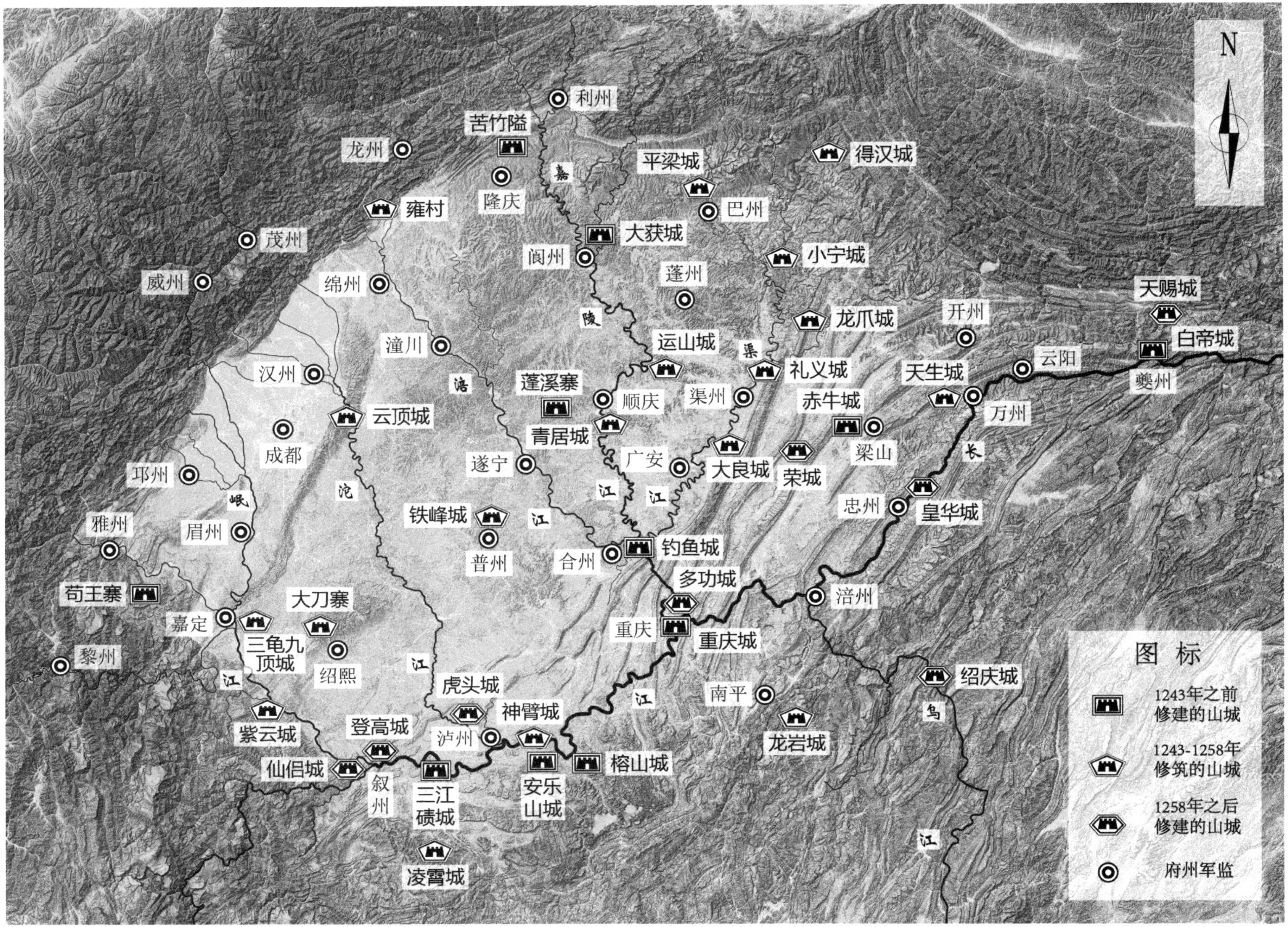

图 1-1-1 宋军山城分布图

行事",处置突发事件,甚至兼理四川财赋和兼领都统制司。出于防御金朝的需要,制阃多置于兴元,间设于利州或兴州。宋蒙战争爆发后,利州路几乎全路沦陷,成都两次被蒙古攻破。而地处嘉陵江干道与长江水道合流之处的重庆城,上扼众水所汇,下控夔峡门户,战略地位极为重要。因此,四川制置使置司重庆,例兼重庆知府,全权负责指挥和协调川西、川东、川北和川南的抗蒙斗争,重庆自然成为建立四川山城体系的指挥中心。而合州钓鱼城地控三江,扞蔽夔渝,为蜀口形胜之地,关乎西蜀大计,"积粟以守之,贤于十万师远矣"[1]。其军事战略地位不在重庆城之下,在整个山城体系中起着无可替代的军事核心作用。

余玠在构筑山城体系之际,即有三大防线的考虑。"移金戎于大获,以护蜀口。移沔戎于青居,兴戎先驻合州旧城,移守钓鱼,共备内水。移利戎于云顶,以备外水。"[2] 蜀口、内水、外水三大防线大致是以诸山城在宋蒙(元)战争中所处的战略层级来划分的。

面对蒙军由北向南的军事进攻,嘉陵江、渠江上游区域首当其冲,自然成为宋蒙对抗的前沿阵线。余玠入蜀之后,首先加强了四川境内嘉陵江上游前沿防线的军事布防,扩筑大获城、苦竹寨以守利、阆,阻滞蒙军的进攻。其后,又在渠江上游先后建立小宁、得汉、平梁三城,一方面作为反攻兴元之基地,另一方面旨在控守米仓古道和渠江上游水道,屏蔽开、达,防御蒙军南下。宝祐年间,段元鉴再次增筑苦竹寨及隆庆堡,杨礼、王佐等人又在苍溪、剑阁等地新建了安西堡、长宁山城、鹅顶堡等要塞,进一步加强了嘉陵江前沿防线的防御能力。

内水指嘉陵江及其支流,内水防线位于四川盆地中部,横贯涪江、嘉陵江、渠江水道,是四川山城体系的主要防御带,起到支援前沿防线、屏蔽后方基地的重要作用。此防线上,最初以蓬溪、铁峰二寨守涪江中游,以控川中;运山城守嘉陵江中游,以援利、阆;大良城守渠江下游,以济开、达;赤牛城守梁、万陆道,以蔽夔、峡。随后,余玠及其继任者又先后设立青居城、礼义城、灵泉山等城寨,进一步完善了山城防御体系纵深防线的战略布局,使其后来成为南宋与蒙(元)对抗的重要凭借。

外水指长江及其支流,包括岷江、沱江沿线。外水防线西起成都、嘉定,东至夔峡,沿岷江水道及长江水道分布,是四川山城体系的后方依托和最后阵线。余玠到任后,对外水防线进行了详细规划,科学布局。首先移制阃于重庆坐镇中央,总揽全局;增筑合州钓鱼城以控三江,合渝联防;扩建奉节白帝城以扼夔峡,联络京湖;筑云顶城于金堂,控扼沱江;建三龟九顶城于嘉定,控守岷江;创筑泸州神臂城以守川南,拱卫重庆,初步建立了后方防线的大体框架。其后,蒲择之为防备蒙古"斡腹之谋",分别又在川东南和川南先后创筑了龙岩城和凌霄城。其后南宋历代制置使不断充实完善后方防线,又陆续增筑了涪陵三台城、忠州皇华城、大宁监天赐城、富顺虎头城、叙州登高城、仙侣城等大量山城寨堡,形成了体系严密、防御重点突出的长江防线。

"八大支柱"是指宋军山城体系中最为重要的八座城堡,是防御蒙古进攻南宋的中流砥柱。按照元人的说法:"宋臣余玠议弃平土,即云顶、运山、大获、得汉、白帝、钓鱼、青居、苦

---

1 《宋史》卷416《余玠传》,中华书局,2013年,第12470页。
2 《宋史》卷416《余玠传》,中华书局,2013年,第12471页。

竹筑垒，移成都、蓬、阆、洋、夔、合、顺庆、隆庆八府州治。其地号为八柱，不战而自守矣。"[1]因此，后人便把金堂云顶城、蓬安运山城、苍溪大获城、通江得汉城、奉节白帝城、合州钓鱼城、顺庆青居城、剑阁苦竹寨视为南宋防蒙之"八柱"。"八柱"并非同时建成，大获、苦竹、得汉、钓鱼、白帝五柱在余玠主政四川之前已创修利用，只是尚不成规模，余玠到任四川后，又指派将领对这些山城按照一定规制进行扩建和完善。云顶、青居、运山三柱则属于余玠派遣甘闰、杨大渊等择地新建。无论旧创还是新建，皆迁移府州治所于其内，派大将兼任知府、知州镇守，遂城坚壁立。

"八柱"中，按所处战略层级来看，苦竹寨堵住剑门雄关，大获控守利、阆前沿，得汉城把控东北面米仓道和渠江上游水道，形成蜀口防线上的三大支柱。青居、运山二城坚守在嘉陵江中游，钓鱼城固守于嘉陵江与渠江、涪江的汇合口，形成纵深防线上的三大支柱。云顶城紧扼住沱江之颈口，白帝城截拦于长江天堑的峡口，成为外水防线上的两大支柱。因此整个"八柱"在山城体系中大致呈现"三三二"的布局模式，分别对应"三条防线"。余玠还将蜀口退守内郡的四大都统司布置在"八柱"中最要紧的四座城堡中，进一步加强了"八柱"的军事防御能力，增强了其在整个山城体系中的支柱地位。

山城体系初步建立之后，余玠对四川地区的兵力进行了重新部署。南宋前期以重兵守护蜀口，设都统司统领川陕大军，分屯兴州（沔州）、兴元、金州和利州。四川防御体系中的关键环节就是将这四大戎司移置抵御蒙古南下最重要的山城。按照制置司的部署，兴戎司移置钓鱼城，利戎司移置大获城，沔司移置青居城，利戎司移置云顶城，诸司所部是嘉陵江、渠江、涪江和沱江诸流域的主要兵力，既"画地为守"，又相互援救。关于当时南宋四川的兵力情况，从牟子才的奏议中可窥一斑：

> 丙申以来，逃亡死损，所余无几。今以所闻参之，兴戎司见管四千六百余人，沔戎司仅及三千人，金戎司不及千人，利戎司约七八千人，此四戎司见管之数也。此外有嘉定安抚司所管庆定、精锐两军及增成之军共五千余人，利、阆、剑诸头目所部或三四百人，或五六百人，泸帅司之军不及千人，巴州所管武进军，今止有二千余人，得汉堡所部三百余人，制司帐下安西、保定、飞捷、先锋等，共一万四千余人，夔帅司不及千人，总而计之，不满五万人之数。[2]

按此说法，安置在钓鱼城的兴戎司有4600余人，利戎司所在云顶城安置七八千人，青居城安置沔戎司3000人，大获城有金戎司未满1000人。除四大戎司外，嘉定安抚司、泸州帅司、夔州帅司、利、阆、剑、巴、得汉城等部也有一定的兵力部署。裴一璞在《南宋重庆地方武力及其抗蒙（元）斗争》一文中提及重庆御前屯驻大军、禁军、厢军、乡兵、新军五类地方武力。制置司帐下御前屯驻安西、保定、飞捷、先锋、帐前、信义、忠顺军等共有兵力一万四千余人。重庆禁军有宁远军、就粮军、安远军，厢军有壮城军、牢城军、克宁军、威

---

[1]（元）苏天爵撰，姚景安点校：《元朝名臣事略》卷11《左丞李忠宣公》，中华书局，2019年，第222页。
[2]（宋）吴昌裔：《论救蜀急著六事疏》，（明）黄淮、杨士奇：《历代名臣奏议》卷100《经国》，文渊阁四库全书本。

棹军,夔州路全路设有乡兵,包括渝州怀化军、恭州把截将,因为战争原因具体数量未有记载,不得而知。[1] 四大戎司和重庆制置司的兵力,川内原有驻军以及朝廷从京湖战区调往四川的援兵,或安排在制置司帐下或分散于各个城寨,成为抵御蒙军进攻四川的主要军事力量。

总之,南宋军民正是依靠这"两个核心""三条防线"和"八大支柱"组成了覆盖全川的多层次、立体化的山城体系。扼控巴蜀河山雄关险隘,各城之间如臂使指,气势联络,互通情报,互相支持,在一定程度上起到了抵御蒙军的防御效果。正是凭借这种特殊的军事城防体系,才使得偏安一隅的南宋朝廷在面对近乎无敌的蒙古(元)大军全力进攻之下,仍坚持抗争长达45年之久,创造了世界军事史上的一大奇迹。

四、宋军山城体系的历史作用

宋军山城体系的构建非一蹴而就,而是一个长期性、延续性的过程。在宋蒙战争的不同阶段,山城体系所发挥的历史作用和价值亦有所不同。

蜀口防线上的部分御金寨堡至宋蒙战争时期仍在沿用,但郑损轻弃五州后,这些寨堡几乎全被蒙军攻破。绍定年间,桂如渊虽收复关外五州后,又在蜀口创建了大量山寨,但面对蒙军的奔袭,桂如渊再一次主动放弃了蜀口寨堡。"丁亥之变"和"辛卯之变"后,蜀口防线全面崩溃,这些寨堡并未起到抵御蒙军的作用。绍定至嘉熙年间,四川内郡所筑之重庆、大获、钓鱼、安乐山、榕山、三江碛、苟王寨、蓬溪寨等,多为少数有识将领的个别行动或地方军民自发行为,缺乏成熟的战略思想做指导,亦缺乏完整的防御体系规划,遇敌则彼此孤立作战,难以相互应援,虽在一定程度上护佑了当地百姓的生命财产安全,但难以形成合力,无法对蒙军形成有效威胁。但不可否认,本阶段所筑山城寨堡,为其后构建成熟的山城防御体系提供了参考模板和经验教训。

宋蒙战争初期,蒙军攻宋以劫掠财货为主要目标。而余玠的山城体系占据水陆交通要道和关键节点,实施坚壁清野的应对策略。余玠凭借山城体系与蒙军"大小三十六战,多有劳效"[2],在一定程度上改变了南宋在四川战区的被动局面,有效地阻滞了蒙军奔突之势和抄掠行动。在此基础上,余玠在稳定四川战局之后,还命成都安抚使俞兴西征,并亲自率兵北伐兴元府,实施了一系列反攻军事行动。

自宝祐年间始,蒙古转变了攻宋战略,开始在蜀口一带营建基地,并聚集大军加强了对四川地区的军事进攻。面对敌我力量的巨大悬殊及蒙古统治者的劝降活动,四川山城体系的缺点日益暴露。以山城体系中的中流砥柱"八柱"为例,"八柱"建成之初的确多次挫败蒙古铁骑,在一定程度上体现了其"支柱"作用。但从长远的实际表现来看,却颇为难堪。宝祐六年(1258)蒙哥汗亲征巴蜀之后战局急转直下,短短几个月间,云顶城、苦竹隘、大获城、运山城、青居城先后投降,"八柱"损失过半。几年后,得汉城也不幸陷落,导致南宋嘉陵江防线全线崩溃。此后的10余年间,仅剩钓鱼城和白帝城两"柱"苦苦支撑。充满讽刺意味的是,一些原本被视为南宋江山支柱的城池失陷之后反而成为蒙(元)进攻南宋的军事基地。

---

[1] 裴一璞:《南宋重庆地方武力及其抗蒙(元)斗争》,《长江文明》2012年第2期。
[2]《宋史》卷43《理宗三》,中华书局,2013年,第829页。

如青居城、大获城、运山城、大良城等，本是南宋在嘉陵江流域的重要屏障，但投降后却成为蒙古进攻南宋的四大帅府。青居城，更是直接成为蒙古征南都元帅府（东川路统军司）驻地，一跃而成蒙军进攻夔州路、围攻钓鱼城的指挥中心，其在蒙军中的战略地位堪比宋之钓鱼城。另外，这些山城的降将还为蒙军立下了汗马功劳，他们不仅亲自攻城略地，而且还提出"以城制城"战略，为蒙军修建了一批山城，导致宋军山城体系基本瓦解。因此，"八大支柱"中除钓鱼、白帝二城外，大多名不副实。蒲择之、朱禩孙等在川南及长江沿线增筑的大量山城寨堡，虽在防备蒙军"斡腹之谋"的过程中起到了关键作用，破坏了蒙军南北夹击钓鱼城和重庆城的战略企图，但仍然无法有效止住南宋败溃之颓势。

值得一提的是，面对蒙军的围攻和劝降，四川地区大量山城并未充分发挥体系作用。除渠江流域之礼义城、大良城，嘉陵江流域之钓鱼城，长江流域之神臂城、重庆城、白帝城等在一定程度上实现了相互应援外，其余山城在遭到蒙军的进攻时，并未得到其他山城的实质性支援，因此被蒙军分割包围，各个击破。原本"如臂使指、气势联络"的防御态势实际上未能发挥预想的作用。这一点在蒙军实施"攻势筑城"计划后体现得尤为明显。蒙军在渠江流域修筑了虎啸、三台、章广、东安诸城寨，又在嘉陵江左岸筑武胜城，右岸筑母德章城，切断了宋军在嘉陵江、渠江上的补给通道，割裂了钓鱼城与渠江上游宋军山城之间的有效联系，很大程度上肢解了宋军的山城体系。在无法发挥体系作用的情况下，宋军山城成了一个个孤立的军事据点，虽可保聚一时，但面对蒙军的层层推进，分割包围，最终亦只有被攻破和投降两个结局。在南宋朝廷投降元廷之后，四川地区残存之钓鱼城等少数山城虽仍坚持抗元，但失去了朝廷支持和坚守信念，势必无法长久坚持，最终为全活一城军民亦不得不开城投降。

总而言之，南宋四川山城体系是蜀口防线崩溃后，为防御蒙军攻占四川地区，顺江灭宋而构筑的被动性军事防御体系。在其建立之初，确实在一定程度上抵御住了蒙军的劫掠之势，稳住了四川战区局势，护佑了四川军民生命安全，牵制了蒙军攻宋主力，打破了蒙军快速"据蜀灭吴"战略企图，分担和减轻了京湖、江淮战区的军事压力，客观上延缓了南宋政权的灭亡，并给欧洲、西亚、北非历史发展进程造成了一定影响。但随着宋蒙战争进程的延续和蒙军攻宋战略的转变，四川山城体系的防御效果亦大打折扣。在强大军事压力和招降策略下，宋军山城体系逐渐被分割、肢解，未能充分发挥预想的整体防御效果，最终被蒙元军各个击破。南宋四川山城体系虽然最终未能挽救南宋朝廷的命运，但充分体现了南宋朝野及四川军民高超的军事智慧和宝贵的抗争精神，这种军事智慧和抗争精神对后世产生了深远影响。宋军山城体系的众多军事设施和防御思想在明清乱局和革命年代仍被多次继承和发扬。可以说，南宋四川山城体系是古代先民馈赠给我们的珍贵文化遗产和宝贵精神财富。

第四节 蒙军山城体系

对于蒙军修建的山城寨堡，至今没有引起学术界的充分关注，以致过去把分布在巴蜀地区的宋蒙山城笼统地称为"抗蒙山城"。这是宋蒙关系史研究中的重大不足，由此给社会造成这样一种假象：蒙军在巴蜀战区的唯一军事活动就是围攻宋军山城。其实，蒙军在巴蜀地区开展的工作是多方面的，如收集宋方军事情报，胁迫宋将叛宋归蒙，围攻宋军城寨，抢夺宋军补给，阻截各城宋军、巴蜀宋军与京湖宋军的联系，策应云南和京湖战场，支持地方政权建设，选择平地开展屯田等。这里就蒙军自主筑城修寨及其山城体系略加论述。

自蒙哥即位以来，蒙军就在巴蜀地区利用占领的宋军城池，作为军事堡垒或基地，并主动创建新的城寨，用以防备宋军反扑和撕裂宋军防御体系。据文献记载，在蒙哥汗时期蒙军在巴蜀地区修复了沔州（今陕西略阳）、利州（今四川广元）、成都三座城池。到忽必烈时期又修建了10多座城寨，其中最著名是广安前锋区的虎啸城、广安华蓥市的章广寨、广安武胜县的武胜城、达州市的蟠龙城等。这些城寨与从宋军手中夺取的遂宁蓬溪砦、苍溪大获城、蓬安运山城、南充青居城、金堂云顶城、平昌小宁城等一起构成了蒙军的山城体系。

一、蒙军山城体系的建立

蒙军山城体系的建立是宋蒙双方在巴蜀战区处于胶着状态的产物。现存历史文献和文化遗存表明，蒙军的山城体系创始于蒙哥汗之世（1251—1259），完成于襄阳战役之中（1273），前后20余年。

蒙军在巴蜀筑城驻军始于蒙哥即位之初，其缘起应当是受到了余玠"收复兴元"军事行动的刺激。早在窝阔台九年（1237），瓜尔佳隆古岱就在窝阔台的支持下，治理城池，屯兵聚粮，招纳土豪，开始把"西控巴蜀，东扼荆襄"[1]的兴元（今陕西汉中）建成为蒙军在四川战区的前沿基地。淳祐十一年（1251）四月，四川制置使余玠调集宋军围攻兴元，并潜师大散关，烧毁栈道，但蒙哥汗一面令兴元驻军死守城池，一面令汪德臣率军从由小路驰援。余玠久攻兴元不下，只得退还蜀中。

在击退宋军后，蒙哥汗立即着手修复城防、设置关隘。蒙哥汗二年（1252）春，令汪德臣修筑沔州城（今陕西略阳县），这既是防止宋军北上之举措，又是蒙军南下之准备。次年（1253），再令汪德臣修筑利州城（今四川广元市），并赋予利州汪德臣在军事上和经济上的自主权，试图把利州建成"破蜀灭宋"的前沿基地。蒙哥汗七年（1257）春，汉军万户刘黑马献计："请立成都以图全蜀。"蒙哥汗立即采纳了这一建议，并令刘黑马负责在南宋成都城的废墟上新建成都城，旬日新城"楼堞陛堃皆具"[2]。

蒙哥汗客死钓鱼城后，蒙古帝国内部爆发了忽必烈与阿里不哥的汗位之争。忽必烈全力对付阿里不哥，并抽调巴蜀驻军参与平定西北反叛，而在巴蜀战区改攻为守，只是固守着已经从宋军手中夺取的青居、运山、云顶等几座重要山城而已。当时蒙军主力已护灵柩北还，留守巴蜀的蒙军原本不多，而将领们因其政治站队不同迅速卷入了这场汗位争夺战。中统元年（1260），阿里不哥命大将阿蓝答儿提兵南下，与驻守六盘的大将浑海都会合，图谋占据秦蜀。忽必烈则并陕西、四川为一道，任命廉希宪为宣抚使，竭力控制秦蜀。汉军万户刘黑马、权便宜总帅汪惟正站在忽必烈一边，在廉希宪的谋划下分别杀掉支持阿里不哥的大将密里火

1（元）姚燧：《牧庵集》卷16《兴元行省瓜尔佳公神道碑》，文渊阁四库全书本。
2《元史》卷149《刘黑马传》，中华书局，2013年，第3517页。

者于成都，乞台不花于青居。[1]廉希宪又矫诏授虎符于汪惟正之叔汪良臣，使之率兵北上，会同诸王八春出击浑海都、阿蓝答儿。由此，造成蒙军在巴蜀兵力不足，补给不继，人心惶惶。"于是成都帅百家奴、兴元帅忙古带、青居帅汪惟正、钦察等俱遣使来言，人心疑危，仓粮不继，恐南寇生心，事或莫测。"[2]面临严峻形势，帝国内部便有放弃巴蜀之议。"时朝议欲捐两川，退守兴元。公（廉希宪）闻，谓佐属曰：'今四川已安，粮饷已给，忽出此议，必遗后悔。'即遣使论奏，朝廷是之。"[3]

忽必烈采纳了廉希宪意见，固守巴蜀重要据点，并对蒙军在巴蜀战区的战略进行调整，不仅一改进攻为防御，而且主动与南宋四川制置司沟通，以期维持暂时和平。当时"东川帅钦察获宋知资州张炳震、兴戎司统制王政，两人俱言母老，咸愿矜贷。公（廉希宪）乃遣还，就为书遗四川帅余玠，大略谕圣天子威德，必能混一六合，兼强弱异势，较如白黑，彼方权臣用事，猜忌勋旧，终当瓦解。玠得书感愧，虽未即降，自是亦谨疆界，帖然自守而已"[4]。此时余玠已亡多年，四川制置使当是蒲择之。廉希宪自然明知劝降四川是不可能的，但还是通过书信的方式把停战缓和的信息传达给了巴蜀宋军。

三年以后，忽必烈在汗位之争中的胜局已定，重新开启对巴蜀地区的争夺。忽必烈对蒙哥汗在对宋战争中的战略并不认可，并着手调整战略战术。蒙哥汗顿挫钓鱼城时，其将术速忽里献策说：

> 川蜀之地三分，我有其二，所未附者巴江以下数十州而已。地削势弱，兵粮皆仰给东南，故死守以抗我师。蜀地岩险，重庆、合州又其藩屏，皆新筑之城，依险为固，今顿兵坚城之下，未见其利，曷若城二城之间，选锐卒五万，命宿将守之，与成都旧兵相出入，不时扰之，以牵制其援师，然后我师乘新集之锐，用降人为乡导，水陆东下，破忠涪万夔诸小郡，平其城，俘其民，俟冬水涸，瞿唐三峡不日可下，出荆楚，与鄂州渡江诸军合势。如此，则东南之事，一举可定，其上流重庆、合州孤危无援，不降即走矣。

这个绕越宋军城寨、直取夔门的战略献策没有被采纳。而忽必烈对此却十分欣赏，在即位之初问及巴蜀战事时，阿巴齐以其父术速忽里之策进对。世祖抚掌曰："当时若从此策，东南其足平乎？朕在鄂渚，日望上流之声势耳。"[5]但忽必烈并未照搬此策，只是吸纳了放弃山城围攻、直取东下之路的合理成分，横跨渠江、进军夔路的新战略开始实施，而修建山城正是这一战略的战术体现。

蒙军自主修城始于杨大渊创建虎啸城。杨大渊原本为驻守大获城的宋军大将，蒙哥汗入蜀时被迫投降。中统三年（1262），杨大渊向忽必烈献出自己的"取蜀灭宋"之策："取吴必

---

[1]《元史》卷126《廉希宪传》，中华书局，2013年，第3087页。
[2]（元）苏天爵撰，姚景安点校：《元朝名臣事略》卷7《平章廉文正王》，中华书局，2019年，第136页。
[3]（元）苏天爵撰，姚景安点校：《元朝名臣事略》卷7《平章廉文正王》，中华书局，2019年，第136页。
[4]（元）苏天爵撰，姚景安点校：《元朝名臣事略》卷7《平章廉文正王》，中华书局，2019年，第137页。
[5]《元史》卷129《来阿八赤传》，中华书局，2013年，第3141页。

先取蜀，取蜀必先据夔。"[1]这既是历史经验的总结，更是针对宋蒙相持战局的创新。杨氏此策可以取得一箭双雕的效果，即打通东下江南的道路，截断宋军京蜀应援的通道。

夔州"据三峡之上，据荆楚上游，据三州要津，居瞿唐上游，当全蜀之口，坚完两川，咽喉巴、峡，介于巴、楚、京、蜀之冲"[2]。在宋蒙战争中夔州路一直是南宋封堵蒙古顺江东下的重要地带，其丢失就会造成上游地区的孤立无援和下游地区的门户洞开。南宋朝野对夔路的重要性有着充分的认识。因而，每遇巴蜀战事吃紧，宋廷即派送兵将和物资入川，并委任大员兼任夔州路策应使，孟珙、李曾伯、吕文德都兼任过此职。这是在川西、川北尽失，川南、东川残破的情况下宋军仍然可以固守山城，与蒙古长期对抗的重要原因。长期征战巴蜀的降将杨大渊自然十分清楚这一点，因而不仅不再围攻钓鱼城、重庆城，还绕过涪陵三台城等长江沿岸的宋军城寨，直接从陆路向夔门推进。

杨大渊既是这一战略的提出者，也是这一战略的实施者。中统二年（1261）在渠江东岸创建虎啸城正是这一战略实施的开端。渠江是蒙军进军夔路必须突破的第一道防线。渠江上接米仓道，联通平梁、得汉、小宁、礼义、大良、钓鱼等山城，是物资补给、兵将转运、战斗应援的南北大通道。宋方控制渠江，即可确保沿江山城相互应援，遏制蒙军越江图夔、谋取峡口。蒙方控制渠江，则可分割宋军山城，撕破防御体系，并为向夔路推进开辟道路。因而，双方在渠江流域的争夺十分激烈，围绕平梁城、得汉城、礼义城开展多轮攻守，而大良城更是在宋蒙之间五易其手。

虎啸城并没有完成实现分割渠江流域宋军城寨的战略意图，蒙军旋即又在华蓥山西麓陆续修建了章广寨、东安城、三台寨[3]，用以驻扎军队、储屯物资，既截断宋军的陆上交通，又作为进军夔路的前沿据点。从此，蒙军在夔路攻城略地，大展拳脚。

杨大渊和杨文安叔侄为消除后顾之忧，首先攻打渠江上游的宋军山城。至元初年，巴州平梁城、得汉城、小宁城相继被蒙军迫降。而小宁城地近达州，杨文安即以此为南下夔路之开、达的临时基地，继而又在达、开之间创建稳固的战略基地蟠龙城，还在附近创建了方斗城、金汤城，并以这些山城为依托不断向梁山、万州、夔州步步推进。

这一时期，蒙军还在嘉江流域创建了两座山城，即武胜城和母德章城。[4]早在中统三年（1262），青居便宜总帅汪良臣就向忽必烈提出修建武胜城的建议，以为"钓鱼山险绝，不可

---

[1]《元史》卷161《杨大渊传》，中华书局，2013年，第3778页。

[2]（宋）祝穆撰，祝洙增订，施和金点校：《方舆胜览》卷57《夔州》，中华书局，2010年，第1008—1009页。

[3] 文献中并未明言蒙军修建三台寨之事，只是在《元史》卷165《赵匣剌传》中记载赵匣剌戍守东安城和虎啸城时，与给大良城送粮的宋军战于"三重山"。根据实地调查，三台寨在虎啸城和东安城的渠江上游不远的转弯处，地理位置重要，地形呈三层台地状，适合建城，故我们推测三台寨即三重山，此蒙军在此应有兵戍守，可能建有简单的城防设施。

[4] 关于母德章城，文献中出现有以下几种不同的记载：母德章城、母德彰城、母章德城、武德城。"母德章城"见于姚燧为汪忠臣所著神道碑——《便宜副总帅汪公神道碑》中，载有"他日专刘帅戍，移贞肃南九十里，夹嘉陵东西筑武胜军、母德章两城，距合为里亦然"。"母德彰城"见于《宋史》中，载有"左右欲出兵与之争，珏不可，曰：'芜菁平、母德彰城，汪帅劲兵之所聚也，吾出不意而攻之，马鬐必顾其后，不暇城矣。'""母章德城"最早见于《元史》中，载有"至元四年（1267），九月……乙未，总帅汪良臣请立寨于母章德山，控扼江南，以当钓鱼之冲，从之"。此说后世多有沿用。"武德城"见于《新安文献志》中记载："他日专刘帅戍，移贞肃南九十里，夹嘉陵东西筑武胜军、武德两城，距合为里亦然。"以上四种说法中，以姚燧所著神道碑出现时间最早，且著者与当事人身处同一时期，故可信度最高。而其他文献出现与之不同的称呼，当为翻译或转载誊抄时出现的讹误。故蒙军在至元四年（1267）所修建山城称母德章城为佳。

攻，奏请就近地筑城曰武胜，以扼其往来"[1]。可在历史文献中并不见忽必烈采纳的记载。元世祖至元四年（1267），忽必烈汗位完全巩固，并开始了襄阳决战，才同意创建武胜军，行和溪安抚司事，用以防止钓鱼城宋军反扑和牵制巴蜀宋军援救襄阳。同时，青居城汪良臣沿嘉陵江南移90里，"夹嘉陵东西筑武胜军、武德军两城。距合为里亦然，昼则出逻设伏，尝待进战；夜则画地分守，传警鼓柝，篝火照城达曙，以防窃入"[2]。至元七年（1270），"宋人修合州，诏立武胜军以拒之"[3]。至元七年宋人修合州之事未见他处记载，具体情况不详。但早在咸淳四年（1268），张珏就在钓鱼城和定远城（即武胜城）之间的沙市筑城，一方面说明宋人已经将防线前移，另一方面说明武胜城此时已经存在。如此，至元七年的"立武胜军"很有可能是在原有基础上进行了扩建和加固，并增加了驻军。

显然，蒙军在嘉陵江流域修建武胜城和母德章城的战略意图与渠江流域大不相同，完全是针对钓鱼城宋军的。一方面可以压缩钓鱼城宋军在嘉陵江中游地区的活动空间，另一方面牵制钓鱼城宋军援救渠江沿线的山城，解除渠江流域和开达地区蒙军的后顾之忧，最终策应蒙军发起的"襄阳战役"。因而，蒙军曾一度企图把嘉陵江沿线的城堡修到更靠近钓鱼城的云门山、马鬃山、虎头山去。（图1-1-2，表1-1-1）[4]

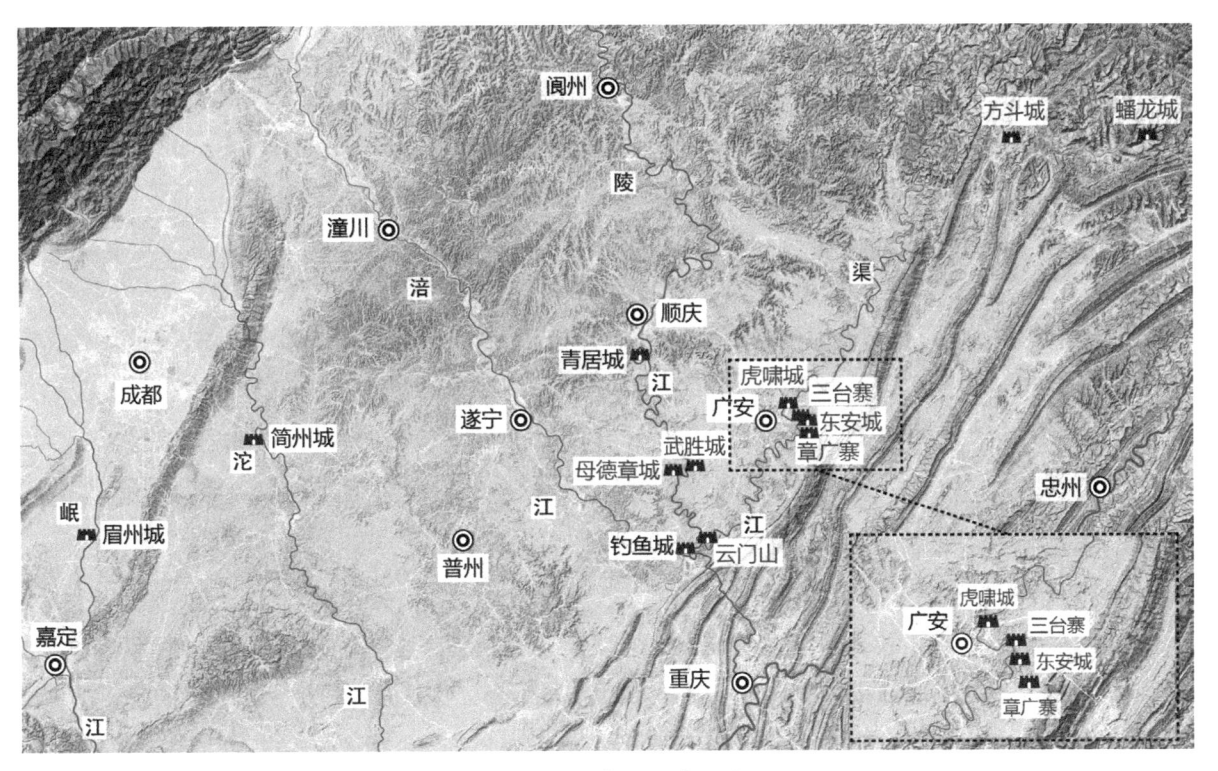

图1-1-2 蒙军山城分布图

1《元史》卷155《汪良臣传》，中华书局，2013年，第3654页。
2 姚燧：《牧庵集》卷16《便宜副总帅汪公神道碑》。根据此条记载，结合实地调查结果，我们认为母德章城的位置就是今天武胜县中心镇的南禅寨（明代称西山寨，清代改为南禅寨，今又名南山寨）。
3《元史》卷155《汪惟正传》，中华书局，2013年，第3656页。
4《宋史》卷451《张珏传》，中华书局，2013年，第13281页。

表 1-1-1　蒙军新建山城一览表

序号	城寨名称	今址	筑城时间	筑城将领	守城将领	备注
1	虎啸城	广安市前锋区护安镇	1261	杨大渊	赵匣剌	《元史·杨大渊传》《元史·赵匣剌传》
2	蟠龙城	详址待考	1263	杨文安	杨文安	《元史·杨文安传》
3	方斗城	达州宣汉县柳池镇方斗村	1264	杨文安	杨文安	《元史·杨文安传》
4	武胜城	广安武胜县旧县镇回龙村	1267	汪良臣	汪惟正 汪良臣	《元史·汪德臣传》《元史·汪惟正传》
5	母德章城	广安武胜县中心镇境内	1267	汪良臣	汪惟正 汪良臣	《元史·世祖纪三》
6	东安城	华蓥市永兴镇	1267	赵匣剌	赵匣剌	《元史·赵匣剌传》
7	章广寨	华蓥市双河镇	1269	李庭玉	李庭玉	《元史·李忽兰吉传》
8	三台寨	广安前锋区观塘镇伏岩村	不详	赵匣剌	赵匣剌	《元史·赵匣剌传》
9	金汤城	今址待考	1272	杨文安		《元史·杨文安传》
10	马鬃山	合川区城郊渠口村	1273	刘整建议修筑	未建成	《宋史·度宗纪》《宋史·张珏传》
11	虎头山	合川区钓鱼城街道思居村	1273	刘整建议修筑		《宋史·张珏传》《读史方舆纪要》卷69
12	云门山	合川云门镇境内	1273	合剌		《元史·世祖纪五》
13	怀远寨	乐山	1274	速哥		《元史·速哥传》

二、蒙军山城体系的历史作用

从蒙哥汗元年（1251）到至元十年（1273），蒙军最初以攻为守，确保利州、成都两大基地不失，后来又在渠江沿岸及夔州路北部地区先后修建山城寨堡10余座，与在战争中占领的宋军山城一道构成了蒙军山城体系，在巴蜀地区的争夺中、在襄阳战役的策应中起着不可低估的作用。

（一）以攻为守，巩固巴蜀基地

蒙军自端平二年（1235）攻入巴蜀内地以来，秋来春去，捣毁城镇，残灭人口，劫抄财物，不曾修建城池，也不曾建立基地。最初蒙军在摧毁南宋的蜀口防线被后，并没有派兵守御，只是把蜀道作为蒙军出入巴蜀的通道而已，唯以兴元（今陕西汉中）为进攻巴蜀地区的前沿军事基地。

沔州城、利州城、成都城是蒙哥汗时期蒙军在巴蜀攻防的三大支点。在蒙哥汗入蜀前的六七年里，汪德臣利用沔州转运的物资保障，以利州为基地不断向川西平原和嘉陵江中游地区展开攻扰，时而攻扰怀安云顶城、嘉定三龟九顶城，时而进攻苦竹隘、运山城。当时在巴蜀蒙军处于弱势地位，蒙军这些行动实为以攻为守，巩固蜀中军事据点。直至蒙哥汗八年（1258），蒙古"取蜀灭宋"的准备就绪，利州和成都立即转变为全面进攻的战略基地。

宋廷对蒙军修筑成都城反响强烈。宝祐六年（1258）初，宋理宗认为，"成都系蜀安危，不可不亟图之"[1]。诏令时任四川制置使蒲择之率重兵围攻成都。蒙军都元帅阿答胡坚守成都，蒙军骁将纽璘自钓鱼城西援成都。成都不仅没有落入宋军之手，反而迫降了宋军在川西最重的据点云顶城。而这一结局导致了整个川西平原府州和岷江上游的少数民族归属蒙古，即所谓"成都、彭、汉、怀、绵等州悉平，威、茂诸番亦来附"[2]。

汪德臣修筑利州城，"诸所屯戍皆听节制"，"所请悉从，即命置行部于巩，设漕司于沔，造材币，给盐引，以通商贩，以贮军储"[3]。汪德臣利用利州稳固的城防不仅多次出兵川西平原和嘉陵江中游地区，还击败宋军的围攻。史载，汪德臣以巩昌府事属其兄汪忠臣，自己"专事益昌"，而"益昌为蜀喉襟，蜀人惮其威名，诸郡环视，莫敢出斗"[4]。其实，这是汪德臣以攻为守所致，利州不断地攻扰宋军城寨，劫掠宋军物资。宝祐二年（1254）四月，汪德臣还成功策反了苦竹隘宋军守将南永忠，一度使宋军丢失了剑门防线中最重要的堡垒。宝祐五年（1257），四川制置使蒲择之组织和指挥宋军围攻利州城，最终以失败告终。宋理宗曾说："蒲择之甚欲取宝峰，以粮运不继，又值霖雨，器械损，因此中辍。"[5]在皇帝看来，这次收复利州失败主要是后勤保障不继造成的，实际上是汪德臣在利州城已经建成了稳固城防。值得注意的是，蒙军在遭到宋军的围攻时不再是孤立坚守，联防、应援已见端倪，如成都"猝为宋人所围，德臣遣将赴之"[6]。

（二）以城制城，推进占领全蜀

忽必烈即位之初，巴蜀蒙军沿袭蒙哥汗在巴蜀战区的策略，即利用在蜀中已有基地和城寨来巩固业已形成的战略格局。不过，这时的蒙军据点或基地就不只是利州和成都了，蒙哥汗占领或迫降的大获城、运山城、青居城、云顶城等宋军山城转变成了蒙军的据点或基地。（表1-1-2）

表1-1-2 蒙军重点利用的八座宋建山城简表

序号	山城名称	降破时间	蒙军再利用	备注
1	大获城	宝祐六年（1258）	蒙军的川北后方基地，任用降将杨大渊叔侄驻守	《元史·杨大渊传》
2	运山城	宝祐六年（1258）	蒙军衔接嘉陵江和渠江的攻防节点，任用降将张大悦父子驻守	正德《蓬州志》
3	青居城	宝祐六年（1258）	蒙军东川都元帅府，钦察、杨大渊、汪良臣、汪惟正驻守	《元史·汪惟正传》
4	云顶城	宝祐六年（1258）	蒙军沿沱江进逼神臂城的攻防据点	《元史·纽璘传》

---

1 （元）佚名编，汪圣铎点校：《宋史全文》卷35《宋理宗六》，中华书局，2016年，第2888页。
2 《元史》卷129《纽璘传》，中华书局，2013年，第3144页。
3 （元）王鹗：《汪忠烈公神道碑》，《陇右金石录》卷5《金元》，台北新文丰出版公司，1977年。
4 《元史》卷155《汪世显传附德臣》，中华书局，2013年，第3651页。
5 （元）佚名编，《宋史全文》卷35《理宗五》，中华书局，2016年，第2860页。
6 《元史》卷155《汪世显传附德臣》，中华书局，2013年，第3651页。

(续表)

序号	山城名称	降破时间	蒙军再利用	备注
5	小宁城	咸淳元年（1265）	蒙军杨文安进军夔州路的休整堡垒	《元史·杨大渊传》
6	大良城	宝祐六年（1258）	蒙军阻截渠江宋军的堡垒和眷属聚居地，先后任用降将蒲元圭和蒙将散竹带驻守	五易其手《宋史·张珏传》
7	神臂城	祥兴元年（1278）	蒙军控制长江进逼重庆的堡垒，先后任用降将梅应春、刘整驻守	五易其手《宋史·张珏传》

随着忽必烈战胜阿里不哥的局势逐渐明朗，蒙军在巴蜀地区的军事行动转变成"以城制城"，以图完全占领巴蜀。

从端平三年（1236）阔端率军攻入巴蜀内地以来，宋军虽然在川峡四路都还保留零星城寨据点，但"五十四州俱陷破，独夔州一路及泸、果、合数州仅存"[1]。蒙哥汗入蜀时果州（今四川南充）亦为蒙古所有。宋军已经被压缩在渠江以东的夔路地区。忽必烈重启巴蜀争夺的战略目标就是占领夔路，夺取夔门。而夔路的地形既不同于潼川路之浅丘，又不同于成都路之平原，全境皆山区，而且宋军城寨众多。于是，蒙军采取全新战术，即修建城寨，步步推进。台湾学者李天鸣将此战术概括为"以城制城"或"攻势筑城"，并逐渐形成了自己的山城体系。这个山城体系是以撕破宋军的防御体系、占领整个巴蜀为战略目标，从而体现出以进攻为主、以防守为辅的特点。

中统二年（1261），杨大渊奏准创建虎啸城。这是蒙军在宋军渠江防线内建立的第一座山城。在击败宋军多次围攻后，虎啸城发挥着截断宋军水上补给线的功效。当时宋军以钓鱼城的基地转运兵将、军资于上游的平梁城、得汉城、小宁城、礼义城和大良城，致使蒙军两次攻打平梁城和礼义城失败，大良城则得而复失。虎啸城建成后，蒙军多次在渠江上成功拦截和抢夺宋军兵船，造成上游宋军日趋孤立。他们不仅阻止宋军在渠江水上的交通，而且不断派兵进攻夔路之达州、开州。据宋方的记载："北人筑虎相山，驻兵两城，时出攻梁山、忠、万、开、达，民不得耕，兵不得解而卧，每馈饷用数郡兵护送，死战城下，始得入。"[2]可见，此举给宋军造成巨大威胁。

但渠江上游平梁、得汉等城的宋军仍然可以通过万、开、达陆路得到补给。中统三年（1262），杨文安奉命在达州一带创建军事基地蟠龙城和据点方斗城、金汤城，从而截断了宋军的陆上交通。到至元二年（1265）杨大渊去世前，蒙军夺取了平梁城，并开始招降得汉城。继任统帅杨文安在打败援救得汉城援的宋军后得汉城、小宁城被迫投降了。

宋军在虎啸城以上的渠江流域只剩下礼义城和大良城。这两座宋军山城的存在给蒙军在夔路的军事行动带来了后顾之忧。而这两山城能够继续抵抗，主要得益于钓鱼城宋军的援助。于是，蒙军又在华蓥山西麓陆续修建章广寨、东安城和三台寨。三座城寨既能阻断宋军的水陆交通，又是穿越华蓥山、进军达、开的前沿基地。由此把宋军坚守的大良城和礼义城变成了难以发挥作用的两座孤城。

---

1 （元）佚名著，王瑞来笺证：《宋季三朝政要》卷1《理宗》，中华书局，1985年，第94页。
2 《宋史》卷451《张珏传》，中华书局，2013年，第13281页。

"襄阳战役"打响后，东川这些蒙军城寨随即放弃防守，全力转向进攻。蒙军山城体系展示出来的进攻作用体现在两个方面：一是四面出击，牵制巴蜀宋军援救襄阳；二是利用京湖宋军赴援襄阳、无暇西顾的机会，占领夔路全境。

当时川西蒙军主要围攻神臂城和重庆城。川东蒙军除汪氏集团与川西蒙军联合行动外，杨文安、张德润所部两支负责攻打夔路达州、开州、涪州、万州、忠州、夔州、大宁等宋军城寨。张德润乃运山城降蒙宋将张大悦之子，袭任东川副都元帅后，所部"蓬州兵"于至元九年（1272）闰六月，攻拔达州龙爪城。至元十二年（1275），张德润再拔礼义城，杀宋军安抚使张资，招降军民1500余人。这是元军在东川取得的重大胜利。此前蒙元军队曾长期封锁渠州礼义城，并发起过两次围攻，但没有拿下此城，这次张德润不仅攻破了宋军坚守28年的山城，而且拔掉了宋军在渠江流域最后一个堡垒。至元十四年（1277），"张德润复破涪州，执守将程聪"[1]，涪州三台城至此被元军占领。

杨大渊去世后，继任东川都元帅杨文安连续对开、达、忠、万、夔等夔路州郡用兵，以实现对夔路的完全占领。据杨文安麾下王师能撰写的《绍庆府治记》，"至元初，皇帝分命将帅，画地进讨，而夔东一路乃宣相金吾杨公受命专征，兵威所加，列郡皆靡"[2]。自宋理宗宝祐六年（1258）归降蒙古到元世祖至元十五年（1278）迫降白帝城，杨大渊、杨文安叔侄经略川东地区达30年，指挥或参加过大小60余战。杨氏叔侄攻掠的范围包括合州、巴州、渠州、广安军、开州、达州、万州、施州、夔州、大宁监、梁山军、咸淳府、绍庆府等10余州府，擒获赵章、韩明、鲜龙、马堃等知名宋将54人，斩杀何艮、何威、王智、梁富、庞彦海、上官夔等知名宋将6人，招纳张大悦、蒲元圭、鲜汝忠、蒲济川、谭汝和、杜赋、袁世安、张起岩等知名宋将8人，攻取山城寨堡之知名者32座。[3]其中赤牛城、天生城、倚子山城、皇华城、绍庆城、白帝城分别是宋朝梁山军、万州、施州、咸淳府、绍庆府、夔州治所所在地，最终完成了对夔州全路的占领。当杨文安把所得城邑绘图献于忽必烈时，忽必烈由衷赞叹道："汝攻城略地之功，何若是多也！"[4]

至元八年（1271），襄阳之役进入决战阶段。忽必烈明确诏令："大军见围襄阳，各道宜进兵以牵制之。"[5]杨文安、张德润在东川战场上的冲锋陷阵，不仅完成了对夔路的完全占领，而且有力地配合了元军在京湖战区的行动。

综上，自蒙哥即位之初到宋元襄阳争夺之时，蒙军在巴蜀地区初以占领的宋军山城为基地和据点，后在渠江沿岸和夔路北部主动修筑城寨10余座，这些城寨的建修和作用可概括为四个方面：

1《宋史》卷451《张珏传》，中华书局，2013年，第13282页。
2（元）王师能：《绍庆府治记》，正德《四川志》卷33《文祠》，明正德十三年刻本，嘉靖十六年增补本。
3 这32座城寨包括铧铁寨（此寨不在夔州路）、圣耳城、师姑城、龙爪城、石笋寨、由山城、竹山寨、高阳、夔寨、巫寨、牛头城、都胜城、茂竹城、广福城、东胜城、石城堡、鸡冠城、石马城、铁平城、小城、三圣城、油木城、牟家城、下隘城、白帝城、天生城、铁檠城、三宝城共28座，还包括梁山军治所赤牛城、施州治所倚子山城、咸淳府治所皇华城、绍庆府治所绍庆城共4座。其中夔州治所为白帝城，万州治所为天生城。
4《元史》卷161《杨大渊传附文安》，中华书局，2013年，第3785页。
5《元史》卷125《赛典赤赡思丁传》，中华书局，2013年，第3064页。

第一，蒙军修筑城寨是蒙古由烧杀劫掠到土地占领转变的显著标志。

蒙军虽然早在"辛亥之变"（1227）和"辛卯之变"（1231）就攻破了宋军设置的川陕蜀口防线，又在"丙申之变"（1236）中横扫利州、潼川和成都三路，并占领了西南首府成都，但并没有筑城驻军，而是秋来春去，劫掠人口、财物而去，由此造成巴蜀地区人烟绝灭，田地荒芜，尸骸遍野，千里丘墟。到蒙哥即位后，蒙军先后修复了沔州、利州、成都三城，营建军事基地，派兵驻守屯田，以攻为守，不时侵扰和劫掠川西平原和嘉陵江沿岸，以图长期占领。可见，蒙军修复沔州、利州、成都三城是其对宋战略转变的显著标志。

第二，蒙军修筑城寨是东川特殊地形与宋军筑城修寨共同促成的。

川东山区深沟险壑，宋军利用这一特殊地形修建了众多的山城寨堡，从而限制了蒙军长于野战的优势。蒙军聚兵围攻则劳师挫锐，绕越不攻又有后顾之忧，以致在蒙军内部出现了放弃巴蜀之议。蒙古统治集团不得不改变战略战术，以西川蒙军配合东川蒙军把巴蜀宋军主力围困在重庆城和钓鱼城，诏令降蒙宋将杨大渊、杨文安叔侄和张大悦、张德润父子推行"以城制城"，把城寨直接修建到宋军山城防御体系之内，既可截断宋军城寨的相互应援，又可作为进军夔路的前沿基地，于是，虎啸城、武胜城、蟠龙城等蒙军山城出现在渠江两岸和夔路北部。

第三，蒙军山城体系体现出"攻防兼备、以攻为主"的特点。

蒙军城寨以撕裂宋军山城防御体系为军事目标，因而其选址和修建只要能满足这一目标即可。其选址考量的重点在于有利切断宋军山城的应援和进一步向夔路推进的便捷，城寨容量、水源、道路、屋舍、补给等因素皆可忽略不计。其建修除需要与钓鱼城长期对抗的武胜城、武德城外多为速成，不建长期驻守的基础设施。虎啸被围攻时蒙军就陷入喝马尿的困境。在大良城得手后就急忙移驻大良城。这也是蒙军城寨文化遗存极少的重要原因。

第四，蒙军城寨攻防体系的作用集中体现在夺取夔路和牵制宋军援襄。

蒙军山城攻防体系在蒙哥汗时代的作用主要是修复宋军遗留的城池，确保在巴蜀战区的军事基地或据点不失，为随后更大规模的宋蒙战争奠定基础。忽必烈时期，尤其是在汗位之争胜局已定后，蒙军山城攻防体系的作用集中体现为两个方面：一是撕破宋军渠江防线，造成渠江流域的宋军城寨孤立无援，实现对夔路全面占领；二是出击夔路宋军城寨，造成巴蜀宋军自顾不暇，牵制巴蜀宋军增援京湖，助力襄阳决战的胜利。

第二章 宋蒙山城的后续利用及现状

第一节 元初的撤毁与镇守

宋蒙山城因战争而筑，本当以战争结束而废，但事实并非如此简单。至元十五年（1278）八月二十三日，安西王相府奏请：

> 川蜀悉平，城邑山寨洞穴凡八十三，其渠州礼义城等处凡三十三所，宜以兵镇守，余悉撤毁。[1]

这则文字是《元史》摘录的时任安西王相李德辉的奏报，忽必烈批准奏报中提出的存毁建议。这就是说，元朝没有放任巴蜀城寨自然废弃，而是从中选择一批保留驻守，其余人为撤毁。由于这道奏报的全文没有保存下来，现在已无从确知哪些城寨被撤毁，哪些城寨被保留，撤毁的又是哪些具体项目。《元史》明确渠州礼义城在保留镇守之列。根据相关历史文献和考古调查，可以基本判定"八柱"中的钓鱼城和云顶城在镇守之列，苦竹隘和运山城在撤毁之中，而其余四城是撤毁还是镇守，现已无法确定，但有迹象表明，大获城、白帝城当在镇守之列，得汉城、青居城应在撤毁之中。

一、以兵镇守的山城

安西王相李德辉入蜀总师，一方面组织对重庆城和钓鱼城两个宋军最后堡垒进行围攻，另一方面加强对这两座山城守将的劝降工作。时任钓鱼城主将王立主动与李德辉取得联系。在至元十五年（1278）三月重庆城被破不久，李德辉力排东川枢密行院的阻扰，单舸赴钓鱼城受降。时钓鱼城内储备物资和再生资源均已耗尽，"北兵围攻甚急，加以两秋被旱，人民易子而食，王命不通三年矣"。李德辉组织合州民众修复旧城，"旬日仍还徙其民复旧治所"[2]。次年正月，忽必烈任命王立为合州安抚使，应该还留守着钓鱼城。至六月，才完成了钓鱼城驻防的移交工作，由东川行枢密院派兵驻守。

> 以不花行西川枢密院事，总兵入川，平宋诸城之未下者。仍令东川行枢密院调兵守钓鱼寨。[3]

---

1 《元史》卷10《世祖纪》，中华书局，2013年，第204页；《元史》卷99《兵志》，中华书局，2013年，第2540页。
2 无名氏：《钓鱼城记》，万历《合州志》卷1，明万历七年刻本。
3 《元史》卷10《世祖纪》，中华书局，2013年，第213页。

此时所谓西川枢密院"平宋诸城之未下者"主要是指西南民族地区的山寨了，而东川枢密院则接管了钓鱼城的驻防。这就是说，钓鱼城属于保留镇守的山城。

云顶城，在镇守之列还是在撤毁之中，原本不见宋元记载。但民国时《重修四川通志·金堂采访录·兵防志》有这样一段文字：

> 元世祖至元初，以成都路军州民户不奉国法，议以兵戍其地。发新附军五百人、蒙古兵一百人，镇戍怀安金台。至元十六年，更名其军曰隆兴西京军，隶四川行院。[1]

金台即云顶，虽然不知此条文字的依据，但根据云顶城现存状况和相关记载还是可信的。云顶城原本不是攻破的，而是被蒙军都元帅纽璘迫降的，其军事设施没有遭到损毁。又因蒙哥汗入蜀时云顶城就被蒙军占领，当时巴蜀不少城寨尚为宋军坚守，宋军降将张威、刘整等不得不坚守此城，并与自泸州神臂神北上的宋军开展争夺，自然不会撤毁。至元十六年（1279）春夏，随着重庆城和钓鱼城的破降，元军基本上平定了巴蜀全境，元朝开始重新布防，云顶城保持600人的驻防，番号为"隆兴西京军"。因而，云顶城当在保留镇守之列。

大获城在镇守之列还是在撤毁之中，原本无记载。大获城既助扼嘉陵江，又独挡东河水道，具有十分重要的战略地位，元朝本当镇守。1975年在城内发现了两枚印章，即"万州诸军奥鲁之印"。据陈世松先生的研究，此印是元朝中期之物。战后数十年，此印出现于城内，这说明这座山城有元兵驻守，没有被撤毁。

白帝城正当长江上下水道。有史记载以来，历朝历代皆派兵驻守。不过，和平时代只是以白帝城为驻守据点，驻军衙署和后勤保障皆在奉节城内。宋将张起岩最终归降元朝，其军事设施得以保留。尽管夔州经济落后，战争破坏严重，元朝还是维持宋代在峡口地区的路级建制："至元十五年（1278），立夔州路总管府，以施、云安、万、大宁四州隶焉。二十二年，又以开、达、梁山三州来属。"[2] 这完全是出于对夔州战略地位的考量，自然也会驻军把守。

礼义城是安西王相府奏议中唯一明确提到以兵镇守的山城。礼义城建于宝祐三年（1255），位于渠江流域，是渠州州治所在，是护卫渠江下游的大良城乃至钓鱼城的北方前哨，又是阻挡蒙元军队进攻夔州路的重要据点，战略位置十分重要。在宝祐六年（1258）和开庆元年（1259），礼义城曾两败蒙军于城下，创造了以弱胜强的辉煌战例。其后礼义城军民一直在东川一带积极活动，经常主动出击，给蒙元军队造成了很大麻烦。咸淳十年（1274），元军重兵围城，并于次年攻陷礼义城。笔者认为，礼义城能独享以兵镇守这份"殊荣"恐非偶然，而是礼义城重要战略地位的体现。

需要注意的是，随着元朝行政体系的完善，原位于山城的州县治所陆续迁回原址，以致宋蒙山城几乎全部退出历史舞台。

---

1 转引自薛玉树《云顶山记》，四川省社会科学院出版社，1988年，第23页。
2《元史》卷60《地理志》，中华书局，2013年，第1443页。

二、撤毁的山城

青居城位于嘉陵江中游，上接大获城，下连钓鱼城，而钓鱼城位于嘉陵江、渠江、涪江汇合之处，控扼着三江水道，既然上游有大获城，下游有钓鱼城，青居城保留和镇守的必要性就不大了。

运山城被撤毁，史有明载。雍正《四川通志》载：

> 至元十五年，蜀定，令毁云山砦，复以军民还旧理。然此州从昔依山为治，距相如县、嘉陵江一百余里，不当水陆舟车之会，乃徙州于此。[1]

运山城，宋元文献中又作云山城。雍正《四川通志》没有照抄《元史》中撤毁山城的笼统命令，而是直接点出"令毁云山砦"，盖以其规模狭小、区位不重所致。与其余"八柱"山城相比，运山城距保宁、顺庆不远，而此二府为元朝川北重镇，没有必要在其间保留此城，且运山城原本就规模狭小，余玠临视时还以其规模与郡治弗称要求守将杨大渊重建。其山头平坦之地不足20万平方米，重建也只能是加固城防、新增机构而已。

苦竹隘，地近剑门关，偏僻险峻。宋将杨礼驻守时就因其交通条件太差和后勤供给困难而移驻安西堡。宋廷以段元鉴收复苦竹隘不易，反对轻易放弃，勒令杨礼回守。蒙元控制川北后，尤其是在战争结束后，派兵镇守苦竹隘不如直接驻守剑门关，而保留则可能为"盗贼"所据，自然进入撤毁之列。何况蒙哥汗入蜀时，首战苦竹隘，因其顽强抵抗而屠城，被屠之城既无人口，又无生活设施，实无保留之必要。

得汉城在"八柱"中最为偏远，位于米仓山南麓，却不在米仓道主道上，物资供给十分困难。明清动乱时期虽曾两次成为临时通江县治，但战乱结束通江县治即迁回原地诺水镇。清朝川北镇巴通营设在其下游之毛浴镇，而不选址于得汉城，盖过于偏远所致。从现存石刻看，尽是明、清刊刻的，鲜有宋朝遗存。宋朝修筑得汉城时刊刻有"修城记"（当地人称《宣功诏》，《全蜀艺文志》中有载录），但调查中没有发现其蛛丝马迹，或为元朝撤毁时铲除。何况其下游保留有礼义城和钓鱼城，得汉城更无镇守的必要了。

根据以上分析，基本上可以归纳出元朝撤毁与镇守城寨的选择条件，大凡地处兵家必争的要害之地，且后勤供给方便的山城予以保留镇守，反之则撤毁。镇守与撤毁与山城本身在宋蒙战争中的走向和作用没有密切关系。

按照忽必烈批准安西王相府关于撤毁或镇守巴蜀城邑城寨的奏请，这一区域大多数城寨被撤毁，意在根除"不奉国法者"以及宋军残余聚集山城，影响元朝在巴蜀统治的稳定。但撤毁山城中的哪些项目，历史文献没有只言片语的记载。根据考古调查的材料分析，元朝没有下达撤毁项目的具体要求。

撤毁意味着彻底捣毁、完全放弃。但事实上，有些设施可以拆除和捣毁，而有些设施则难以拆除和捣毁。从"八柱"的情况看，被捣毁和拆除的仅仅是城门、城墙、哨楼、敌台、炮台、卡门等容易拆除的军事设施。城门的拆除没见到具体实例，但调查中发现过几处堵塞的情况，

---

[1]（清）雍正《四川通志》卷26，影印文件渊阁四库全书本，台北商务印书馆，1986年。

如小宁城的小西门、大获城的卷洞门、皇华城的1号城门等。从上述城门看，堵塞所用材料比较杂乱，包括礌石、磨盘、卵石等。城墙也只是局部拆除。城内房舍只是采取改换招牌和改变功用而已，城内主体建筑或被改作佛教寺院，或改成道教宫观，营房则直接变成了民居，对一些难以拆除的军事防御设施，如城墙、塘堰等，以及一些内容相对中性的宋军题刻，皆任其自然存毁。至今仍有大量城墙、城门、题刻、塘堰保存即源于此。

以明确被撤毁的苦竹隘和运山城为例，我们或可得到捣毁和拆除的项目。苦竹隘是宋蒙战争中被撤毁的。我们从现存遗迹可以发现撤毁的项目并不包括城墙和城门，苦竹隘因"屠城"而摧毁殆尽，但东门（亦即所谓"卷洞门"）至今完好地保存着，这座城门的券拱上刊刻的关于宋将段元鉴修筑苦竹隘的文字也未被铲除。

运山城是宋元战后撤毁的，与苦竹隘一样，内外城的城墙大量保存，东城门至今保存完好，西门虽然不存，但这是20世纪70年代修建通往山顶微波站的公路时撤毁的。与苦竹隘不一样的是，运山城上存留着不少建筑，这些建筑被改造成民居和寺院。概言之，营房被改成民居，衙署被改成寺院。战时这座寺院作"奉先寺"，应该是蓬州官员在迁治时把宋朝历任皇帝的御容供奉于寺内。战后改称"凤仙寺"至今，这一改便去掉了寺院的政治色彩。而宣示宋将张大悦加固运山城和击退蒙古骑兵骚扰的巨幅碑刻存留了下来。这应该不是由于运山城归降后仍然由张氏父子驻守所致，而是元朝根本就没有要求拆除这些东西。

再看一座"八柱"之外的山城。巴州小宁城在至元初年即被围攻得汉城的杨文安占领，其后杨文安在争夺夔路时长期以此作为休养之地。而小宁城不仅城墙、城门等没有被毁掉，连小宁城上题刻，包括宋军大将张实刊刻"修城记"、券拱门上的条幅文字也没有被铲除。小宁城佐证了元朝原本就没有制定撤毁山城的具体项目。

总之，元朝只是笼统地下达了撤毁山城的命令，并没有明确撤毁的具体项目，地方官府在撤毁中具有很大的灵活性。撤毁的只是哨楼、敌台、炮台、卡门等容易拆除的军事设施和南宋战时设在城内军政衙署，难以撤毁的城墙、城门、石刻、道路、塘堰、水井等基础设施被保留下来，营房等屋舍多数被改作民居，供山上的百姓居住。主体建筑多被改造成佛寺、道观，其中不少衙署原本就是寺观，战后只需去除其政治军事性质，恢复其宗教信仰功能即可。

第二节 战乱之际的重修利用

从元末到民国，这些宋蒙山城遗留下的实物载体，被躲避祸乱的民众多次修复利用。同时借鉴宋蒙山城的做法，创建了更多的新城寨。据各地方志初步统计，川渝地区城寨数量达到数千之多。2007—2011年的第三次文物普查结果显示，至今亦留存有数百个。如果按时代先后考察，对原有山城进行修复和新建寨堡最多的时段，主要是元末战争、明代中期的"鄢蓝之乱"、明末清初张献忠乱蜀、"姚黄之乱"、清代中期白莲教暴动、清晚期李蓝起义与太平天国运动等时期，此外，民国地方武装割据也曾对之进行过利用，有少数寨堡留下了革命遗迹。

一、元末明初

元末朝政腐败，民族矛盾尖锐，加之黄河连年决堤，灾害不断，民不聊生，最终引爆了元末农民大起义。至正十一年（1351），明玉珍（1329—1366）"召集乡人，得千余，屯于青山，结栅自固，众推玉珍为屯长"[1]。次年，明玉珍率众归顺徐寿辉。至正十五年（1355）攻占重庆。至正二十年（1360），明玉珍于重庆即王位，仍尊奉宋政权及其纪年。至正二十三年（1363），明玉珍正式即帝位，建都重庆，国号大夏。明夏政权立国后，采取了一系列军事行动，在四川、重庆、湖北、云南、陕西、贵州等省市与元军进行了大量战斗。天统四年（1366），明玉珍病殁，太子明升即位，此后内讧不断，朝政日非，大夏国政权在权臣的自相残杀中走向覆灭。明洪武四年（1371），朱元璋命傅友德、汤和、廖永忠分水陆两道伐蜀。在明朝南北两路大军夹击之下，明升投降，明夏亡国，立国2世共9年。

在明玉珍入蜀建立明夏政权的军事斗争中，少量四川宋蒙山城遗址得到了利用，如重庆城、白帝城、荣城等。

明玉珍率军攻占重庆后，在重庆建都立国。明玉珍自起义至病逝的16年间，有9年在重庆。他对遭受蒙元军队破坏的旧重庆城进行扩建补筑，明玉珍部将邹兴还在重庆窍角沱长江边上修建了大佛寺。明初镇守重庆的指挥使戴鼎，在宋城的基础上又进行了大规模修筑。

荣城位于大竹境内，自建成以后便发挥了抵御蒙军进攻的功能，并在其后的几百年间，多次发挥防御作用。据《大竹县志》卷一"舆地志"记载："所筑荣城……后每经变乱，居民率就此作。"明玉珍的军队占据荣城后，改名皇城。不久，明朝开国将领廖永忠平蜀后，又将"皇城"改为"黄城寨"，并进行重建，四面垒砌寨墙。[2]

二、明代中后期

（一）"鄢蓝之乱"中的宋蒙山城

明代中后期，政治腐化，百姓怨声载道，武宗时期更甚。明正德三年（1508），蓝廷瑞、鄢本恕聚众起事，活动于川东北一带，声势浩大，三省大震，史称"鄢蓝之乱"。值此西蜀边防告急之际，明廷派林俊担任四川巡抚，西征平叛。明正德五年（1510），林俊在通江击败鄢本恕。次年八月，明总制御史洪钟设宴诱杀鄢本恕、蓝廷瑞等于东乡（今宣汉），至明正德八年（1513）鄢蓝残余势力才被扫清。

据清代道光《通江县志》记载："武宗正德五年，贼蓝廷瑞等破通江，巡抚林俊讨平之，驻兵得汉城四载。"从明正德五年（1510）二月，鄢蓝义军攻陷通江城，到明正德八年（1513），鄢蓝全军覆没，其间四川巡抚林俊移兵得汉城，县衙门也迁到得汉城，且侨治于此达4年之久。"鄢蓝之乱"平息后，县衙迁回旧治。至今在得汉城仍留存有不少这一时期的历史遗迹。

（二）明王朝平定都掌蛮战争中的宋蒙山城

"都掌蛮"族属僰人，长期活动于川南一带。明代，都掌人成为川南少数民族中力量最为

---

[1]《明太祖实录》卷19"丙午二月癸丑条"，台湾中研院历史语言研究所，1962年校印本。
[2] 符永利、景俊鑫：《四川大竹县黄城寨遗址调查纪略》，《赤峰学院学报》（哲学社会科学版）2016年第10期。

强大的一支，明代也成为川南都掌人活动的重要时期。[1]明王朝为加强对川南少数民族地区的控制，明初即设叙南卫，对都掌人实行改土归流，激起都掌人的反对。明王朝对都掌人的征剿，自明初至万历元年这200余年间，"王师西下讨罪，前后数百战"[2]，最终，这支古老的民族消失在历史长河之中。

凌霄城位于四川宜宾市兴文县西南的凌霄山。据凌霄城朱禩孙筑城碑："宋宝祐乙卯年，鞑贼自云南斡腹。越明年，制臣蒲择之以天子命，命帅臣朱禩孙措置泸叙长宁边面。又明年，城凌霄，为屯兵峙粮、出攻入守据依之地。闰四月经始，冬十月告成。长宁守臣易士英任责，潼川路总管朱文正督工。"至明代，凌霄城成为僰人盘踞之地，他们据此进行对抗明王朝的军事斗争。成化四年（1468），明王朝派遣大军征剿宜宾南部拒不称臣的都掌蛮。明军兵临凌霄城，率先从"四十八道拐"发起攻击。由于道路狭窄，九曲回肠，难以展开兵力，反复数次，无法攻下。于是明军又换从五斗坝方向进攻。但至断颈岩处却无法逾越天险。最后采取化装奇袭的办法，假扮僰人上山，终于攻入城内。

成化之后，僰人又再次占领凌霄城。首领阿苟重修了荒废的凌霄城，占山为王。明万历元年（1573），明王朝派遣大军对都掌人盘踞的凌霄城、九丝城等城寨进行空前规模的征剿，史称"叙南平蛮"。此战在川南的南广河流域展开，持续半年，以明军取得胜利告终。凌霄城再次被明军攻破，并遭反复搜剿，都掌蛮最终灭族。

凌霄城现存城墙、城门、暗道等遗迹大多有明代风格，当属都掌蛮盘踞时在宋代基础上改建所致。

三、明末清初

（一）张献忠乱蜀中的宋蒙山城

崇祯三年（1630），张献忠聚集家乡十八寨农民起义，自号"八大王"。崇祯七年（1634）以来张献忠5次率军入蜀。顺治元年（1644），张献忠在成都称帝，建国号"大西"。此后明、清、张献忠三支势力在川蜀地区互相攻伐。此次兵燹为祸甚烈，导致四川人口锐减，至今民间仍有"张献忠剿四川杀得鸡犬不留"之说。

张献忠在蜀时期，曾在金堂县多次与明军交战，云顶山也曾被作为张献忠部驻军之地。《重修四川通志·金堂采访录·兵防志》中云："崇祯十七年，……张逆据成都。……定海将军邑人徐尚朝交欢明起义兵川南杨展，率乡兵与贼将冯双礼部大战于金堂山。"嘉庆《金堂县志》也载："自'献贼'兵燹云顶，殿宇荡然无存。竺意乃重辟榛莽，建宇其上，命其徒福安次第修举。"[3]云顶山慈云寺现存的《重修云顶山寺碑》《大云顶纪田碑》《重修慈云禅院碑记》均记载了张献忠入蜀对云顶城造成的破坏。[4] "明甲申岁'献贼'流毒，凡蜀中之名刹古寺，皆

---

[1] 屈川：《川南"都掌蛮"反明斗争考述》，《民族研究》1987年第4期。
[2]（清）光绪《叙州府志》卷16《金石·明任瀚平蛮碑记》，清光绪二十二年刻本。
[3]（清）嘉庆《金堂县志》卷6《士女》，嘉庆十六年刻本。
[4] 付蓉：《成都金堂云顶城遗址的调查与研究》，西华师范大学硕士学位论文，2018年，第20页。

付之一炬，故此山之金碧甍栋并灰烬矣！"[1]

康熙十三年（1674），吴三桂叛乱，四川全省复陷。云顶城一带又被纳入军事防戍区域。吴三桂部将王公良率王凤岐、刘之卫等拒于夔门、剑阁。王凤岐经理北道，金堂峡防置游弋兵，沿山烽火，斥堠相望。[2]总之，有清一代，"一有匪警，士民犹辄相修治（云顶山故城）为避乱地"[3]。在清中期的白莲教起义、李蓝起义等时期，云顶山都被重修加以利用。

（二）摇黄十三家、夔东十三家与宋蒙山城

"摇黄"指以摇天动和黄龙为首的军事势力。摇、黄战死后，残部分成"摇黄十三家"（亦称作"姚黄十三家"）。摇、黄军活动地区主要在川东、川北，为祸甚烈。夔东十三家，又称川东十三家、夔东四家，为活跃于川、鄂、陕、豫诸省的反清力量。这支部队大体可分为三部分：其一是李自成在通山死后所留部队，由旧明湖广总督何腾蛟招抚。其二是在常德一带由旧明湖北巡抚堵胤锡招抚，也曾在南宁、宾、横间作战，后返到川、鄂间。这支队伍由李自成之侄李赤心、李自成夫人高氏之弟高必正率领，属于李自成嫡系。其三是旧明武官，如总兵之类，因反清而跟农民军合作。此类按地域可分为两支。一是据四川万县的谭宏、谭诣、谭文弟兄。夔东十三家中，各部驻地相对固定。天生城有谭文、谭诣、谭洪，巫山有刘体仁，丰都有胡明道，金城有姚玉麟，施州卫（今恩施）有王光兴。[4]可以明确，被谭氏占据的天生城，就是重新利用了原来的宋蒙山城本体遗址。如今，梁平金石城（金城寨）还有姚玉麟的传说和遗迹。

钓鱼城在明末清初同宋元残存的众多巴蜀山城寨堡一样，又一次成为百姓躲避祸乱的场所。时人罗憺在《钓鱼城赋》中感叹道："世事相同，智愚不若，宋人屯积而保城，明季昏庸而忍舍，献忠缓步而来躁，姚黄优游而投马，靡有孑遗，摧如崩瓦，岂攘攘之异志乎？仰苍苍之属也，后来之不克绍，徒贻笑于前者，空令我身亲而生慨，对鱼城而泪洒。"[5]这段文学语言反映了明末避乱钓鱼城属于民间自发行为，没有得到昏庸政府的重视和组织，以致在"姚黄之乱"、张献忠之乱中民众"靡有孑遗，摧如崩瓦"。同时，也透露出明末清初的钓鱼城民众避乱与宋代筑城御敌的成功经验有些关联。

大获城在明末清初被苍溪县修复利用。大获城"因石岩为之"，是本地官民躲避战乱、匪患的最佳去处。张献忠、"姚黄贼"等在川北地区交织横行数十年。崇祯十三年（1640），苍溪知县沈国组织修复和利用，[6]并在山顶玄妙观供奉主持山城防御的南宋四川制置使余玠，作为守护城寨民众的精神力量，地方文献中因此有直称玄妙观为"余玠祠"者。

大竹县之荣城在明末清初亦被当地民众修复，改称黄城寨。据道光《大竹县志》载："黄

1（清）张吾瑾：《重开云顶山修建慈云寺记》，《金堂县志》卷3《山川》，嘉庆十六年刻本。
2（民国）《重修四川通志·金堂采访录·兵防志》，转引自薛玉树主编《云顶山记·历代兵防》"吴三桂驻兵金堂峡条"，四川省社会科学院出版社，1988年，第24页。
3（民国）《金堂县续志》卷9《古迹》，民国十年刻本。
4 王纲：《摇黄十三家小考》，《社会科学研究》1983年第5期。
5（清）乾隆《合州志》卷14《艺文》，乾隆五十三年刻本。
6《大清一统志》卷298《保宁府二》，影印文渊阁四库全书本。

城山，县东九十里，山极高耸绝，顶平敞，四围壁立如城垣。明末居人避难于此。"[1] 调查发现，这座山城从此便有大量绅民定居于此，直到民国时期仍有上海、重庆等城市富人聚居此寨。

四、清代中期

清嘉庆年间爆发了五省白莲教大起义，从嘉庆元年（1796）到嘉庆九年（1804），历时9载，是清代中期规模最大的一次农民战争。

嘉庆元年（1796）正月，湖北枝江、宜都白莲教首领张正谟、聂杰人率众提前举旗。三月，王聪儿、姚之富等在襄阳起义。受湖北教军影响，四川各地的白莲教徒也纷纷响应。九月，四川达州教首徐天德、东乡（今宣汉）教首王三槐、冷天禄等皆率众起义。嘉庆二年（1797）初，襄阳教军由豫经陕进入川东，在东乡与四川教军会师。由于清政府实行"坚壁清野"之策，教军不得不离开川东北根据地转战他处。嘉庆三年（1798）三月，襄阳教军在郧西被围，王聪儿、姚之富跳崖牺牲，余部在张汉潮等率领下，与四川教军联合，继续作战。

嘉庆四年（1799），嘉庆帝以勒保为经略大臣，明亮、额勒登保为参赞大臣，节制川、陕、楚、豫、甘五省官军进击，统一了前线指挥，并晓谕州县办团练，依山隘寨堡，扼守要路，坚壁清野，攻抚并施。原来自发的建寨行为变成了官民协同的一致行动。一时之间，寨堡林立。一县之内，多达数百。同明末清初一样，这时修筑的城寨仍然可以看到宋元山城的影子。事实上，"坚壁清野"之法即来自梁平赤牛城。嘉庆二年（1797）春，安徽人方积任梁山（今重庆梁平）知县，"度其必流窜为川东北诸州郡害"[2]，梁山必将受其祸害，便开始寻找御敌之策。方积偶读《蜀小纪》，得知巴蜀在前代动乱中，民众结寨自卫的历史。于是遍访城寨于本地士绅，有人说："距城十五里，相传有牛头寨，盍登焉？"方积在牛头寨上发现此寨有悬崖峭壁之险，仅一径可通其上，宋代修筑的城墙尚存，稍加修复便可御敌。"遂饬令乡民以境内古寨报，使各鸠工修治。"[3] 梁山境内修复和创建大小寨堡,30余处。

清廷的整肃政策很快见效，教军处境越发艰难。同年底，冉天元率教军由陕返川，大败额勒登保部。嘉庆五年（1800）正月，冉天元抢渡嘉陵江，败清军于蓬溪、江油。后因地主团练增援，冉天元被俘杀，余部南下川西。七月，清廷任命勒保为四川总督，集主力于川西阻截教军。清政府实行的"坚壁清野"和"寨堡团练"之策，逐渐得到推广，并发挥出有效的作用。嘉庆六年（1801），教军退入南山和巴山老林，人数已不超过24000人，而此时参与围剿的清军数量已是教军数量的10倍之多。嘉庆九年（1804）九月，教军残部被清军陆续击破，起义终被平定。

白莲教起义期间，清政府采用"坚壁清野"政策，在新修大量城寨的同时，原来的宋代山城也得到重新利用，如得汉城、小宁城、赤牛城、大良城、钓鱼城等。

通江是白莲教军活动的根据地之一。白莲教起义爆发之初，冉文俦、冉天元、冉天泗及

---

1 （清）道光《大竹县志》卷11《关隘志》，道光二年刻本。
2 （清）光绪《梁山县志》卷6《武备志·防御》，光绪二十年刻本。
3 （清）光绪《梁山县志》卷6《武备志·寨堡》，光绪二十年刻本。

王士虎等于王家寨起兵响应。嘉庆二年（1797），襄阳蓝号张汉朝攻通江城，杀死县令涂陈策，烧毁县署和粮仓。为了抵抗白莲教进攻，通江县继任县令徐廷钰、董曾持等"暂迁治于县北得汉城"，并将得汉城更名为"安辑寨"，储粮团练于此，前后侨治于此长达10年。在平息白莲教的斗争中，得汉城发挥了重要的军事防御和政治中心作用。白莲教军被彻底肃清后，通江县衙于嘉庆十二年（1807）搬回旧治。

小宁城的外北门门楣上刻"大清嘉庆二年（1797）丁巳之冬"，外立面门额处刻"重禧门"三字。北门补建的原因，当是为了抗御从湖北过来的白莲教起义军。嘉庆元年（1796），湖北白莲教起义已经波及川北一带，次年达州徐天德、宣汉王三槐、巴州罗其清、通江冉文俦等纷纷响应，有白莲教军10余支，各有数千之众。是时，小宁城守将名叫何瀛州。由于白莲教义军的迅猛发展和声势浩大的攻击，促使他补修了损毁的小宁城这一座城门。

白莲教军也利用宋元遗存的寨堡与清军对抗，其中渠县大神山最为典型。宋、元之际，大神山原为宋军驻屯之地，与礼义城互为犄角，同蒙军杨文安部对抗。白莲教起事后，大神山和营山鸡山、太蓬寨原为绅民修复或创修的躲避教军的场所，后来被教军占领，并以此作为据点，抵抗清军的围剿。嘉庆三年（1798）五月，徐天德、冷天禄、樊人杰等部教军占据大神山，在各关隘截击清军的武器弹药及衣食等军用物资，以此壮大自己、化解围剿。清军则采用"围而不攻"的策略，彻底断绝了教军的物资和兵源补给。七月，驻守山寨的冉文俦、龙绍周、阮正滌三支教军不得不决定放弃大神山。[1]

五、清代晚期
（一）李蓝起义和石达开入蜀

清咸丰九年（1859），李永和、兰朝鼎在云南大关县牛皮寨揭竿起义。此次起义前后历时6年，转战滇、川、鄂、陕、甘5省，人数多时达到30余万人。同治四年（1865）五月，义军领袖蔡昌龄在甘肃阶州战死，士卒全部战殁。至此，李蓝起义最终失败。[2]

咸丰七年（1857）六月，太平天国翼王石达开因受到天王洪秀全的猜忌，从天京负气出走。咸丰十年（1860）分兵入贵州，次年八月经贵州平远、毕节、大定，由婺川进入四川境内，不久进入湖南和湖北。同治元年（1862）二月，石达开再次率军入川，由涪陵逼重庆，后被迫撤入贵州仁怀境。同治元年（1862）五月中旬，太平军主力突入四川，攻克叙永城，不久又退回贵州。同年十一月，石达开兵分五路，长途奔袭，大举入川，横江一战太平军失利，退回云南。同治二年（1863）三月初，石达开兵分两路再次进军四川。抢渡大渡河不成，石达开于同治二年（1863）六月就义于成都，太平军余部2000余人悉遭杀害。太平军在四川的斗争至此以失败告终。

（二）宋蒙山城利用情况

李蓝起义与石达开入蜀几乎同时，但李蓝起义对四川的影响要甚于石达开，相应地，面对战乱，民众对于宋蒙山城的利用情况也多出于防范李蓝义军。而对山城利用的主体一般多

---

[1] 杨先国、贾之惠：《白莲教起义始末》，四川民族出版社，1991年，第112—115页。

[2] 隗瀛涛：《四川近代史稿》，四川人民出版社，1990年，第40页。

为官绅和民众，官府仍依旧坚守原有的州县城，像南宋时期那样大规模的迁治并未出现。[1]相反的，义军因为多是流动作战性质，其军事据点也多属新造，而对原有山城的利用情况却比较少见。川渝地区的清代寨堡修建于咸丰时期的数量较多。

钓鱼城在咸丰年间得到大规模重修。[2]咸丰十一年（1861），李蓝义军侵扰合州，同时川东也受到来自太平军的威胁，太平军横扫川东的綦江、南川、涪陵、彭水、黔江等地，四川大震。[3]重筑钓鱼城之事在太平军、李蓝义军的双重威胁下提上日程。这时州人禹湛认为，坚壁清野"实灭贼至计"，便向知州上《城钓鱼城策》，但以其"费大"而拖延不决。年底，禹湛再作《城钓鱼城议》。直到次年六月，官绅们才最终议定募捐集资，修复钓鱼城。禹湛在《修钓鱼城募捐启》中论证其修复理由时说：

> 第元兵自北而南下，由江便，故必争重庆。然师出，必取道于合，故守以合为重。粤贼沂江西上，亦必先取重庆，而合在重庆上，人遂谓合御贼宜在后，不知贼入夔门，抵万州，陆行由梁山、大竹，达广、岳，不数日即至合，而渠东尤当其冲。是时代异而防守不异也。城此而遏贼，州固无虑，而其利重庆何如也。合为蜀腹地，北达蓬、阆，西南达遂、潼，两路俱可趋成都。此城能挫贼锋，必不致动摇根本，其利全蜀又何如也。[4]

把元兵与"粤贼"在巴蜀的军事行动相提并论，在"时代异而防守不异"的理念支持下，认为修复钓鱼城不仅可保合州无虞，而且利在重庆，利在全蜀。这近乎是南宋冉氏陈论修筑钓鱼城可保全蜀之说的翻版。

在钓鱼城的修复过程中李蓝义军抵达合州。九月，"川南贼大至，屯聚于涪江南岸之南津街，与州城仅一水之隔。贼复分股，一扰钓鱼城，一扰夜雨寺及赵家渡，意欲三面攻城"[5]。大概是慑于钓鱼城的险要及威望，李蓝义军并没有进攻钓鱼城便撤走了。

清咸丰九年（1859），清政府为阻止太平军石达开部"入湘图蜀"，号令四川各地结寨安民、筑墙御寇。于是，"咸丰庚申（1860）前三月"，小宁城民众集资重建了东城门。

合江榕山城始建于南宋嘉熙三年（1239）。清咸丰十一年（1861），太平天国石达开部进入四川剽掠，合江县富户但为椿和儿子但灼轩为求自保在榕山上筑"忠义寨"[6]，对榕山城内的宋代遗存进行重新利用。同治元年（1862），太平军石达开部过境合江县时，到榕山忠义寨内躲避者逾万人。榕山城内现存清代城墙、城门即为此时修建。

---

1 如李蓝军进攻川西之时，金堂知县立即对县城进行修缮城墙、加高垛口、扩宽浚深城壕等工程。而地主豪绅则筑堡云顶山以抗义军，宋代云顶石城的本体又重新得到民众的利用。参见薛玉树《一通反映李蓝起义的墓碑》，《四川文物》1988年第3期。
2 池开智等先生认为，钓鱼城在清代建造的城墙和城门绝大部分修筑于咸丰十年至十一年间（1860—1861年），参见钟秀金主编《钓鱼城陈列展示文丛第2辑·古战场遗址》，西南师范大学出版社，2011年，第8页。
3 隗瀛涛、林寿荣：《太平军在四川的战斗》，《四川大学学报》（哲学社会科学版）1979年第2期。
4（清）光绪《合州志》卷16《修钓鱼城募捐启》，光绪四年刻本。
5（清）光绪《合州志》卷16《记辛酉守城事》，光绪四年刻本。
6（民国）《合江县志》卷1《舆地》，《四川历代方志集成 第二辑》第2册，国家图书馆出版社，2005年，第438页。

六、民国时期

民国时期，巴蜀地区军阀割据，加之共产党领导的游击队不断发展和红军入川，各方势力错综复杂，战乱不断，宋蒙山城在这一时期又被多方利用。

（一）军阀与地方武装盘踞之所

此处仅以广安大良城为例予以说明。民国时期，地方豪强郑启和（1891—1941）利用城内特殊地形，设立工厂，生产武器，制造钱币，把大良城作为其称雄河东的后勤保障基地。至今大良城内还留存有胡库官院子、大操坝、铜元局等遗址，也流传着不少郑启和的传说故事。

（二）革命活动场所

在近现代革命史上，原来的宋蒙山城也曾发挥过重要作用，一些山城由于特殊的地理条件与历史背景，被选择作为革命活动之地或战斗堡垒，从而为古老的山城遗迹又增添了珍贵的红色印记。据不完全统计，曾经有过革命活动的宋蒙山城主要有苍溪长宁山城、苍溪大获城、巴中平梁城、通江得汉城、蓬安运山城、大竹荣城、华蓥东安城、广安大良城、渝中重庆城、云阳磐石城、南川龙岩城、兴文凌霄城，合计12座，这些山城主要分布在川北、川东、川南地区。

旧民主主义革命时期得到利用的宋蒙山城主要有两处：一处是作为辛亥革命重要策源地的大竹荣城；[1] 另一处是南川龙岩城，在护国战争期间曾被用作阻击护国军的军事据点。

新民主主义革命时期，有的山城作为地下党的活动基地，有的作为红军驻地或战场。前者主要分布在川东地区，如广安大良城、华蓥东安城、大竹荣城等。华蓥山游击队在四方山、观阁活动期间，大良城曾是秘密据点，[2] 而华蓥东安城也曾是华蓥山地下党活动的重要基地。[3] 以江仲西为代表的共产党员，曾以大竹荣城为中心开展革命活动。[4] 后者有苍溪长宁山城、苍溪大获城、巴中平梁城、通江得汉城等。1932年底，红四方面军翻越秦岭，进入通江，建立全国第二大苏区——川陕革命根据地，得汉城成为红色根据地极为重要的后方重地和战斗堡垒。川陕苏区石印局、川陕省工农银行造币厂、川陕省工农银行保管科、西北革命军事委员会彭杨军事学校、川陕省财委会、西北革命军事委员会通讯电台60余个机构先后驻扎得汉城及附近，得汉城一时间成为川陕革命根据地的后勤保障基地和军政重地。中国共产党历史上著名人物如徐向前、张国焘、陈昌浩、张琴秋等曾在得汉城战斗和生活过。[5]

---

1 景俊鑫、张岚：《有关四川大竹县黄城寨遗址的几个问题》，《赤子》（上中旬）2015年第20期。
2 蒋九菊：《四川广安大良城城寨遗址研究》，西华师范大学硕士学位论文，2015年，第21页。
3 华蓥市文广旅局：《华蓥市东安寨》，华蓥市人民政府门户网站，2019年5月30日，网址：http://www.hys.gov.cn/hysrmzfw/wwgj/2019-05/30/content_ce25c961305d42678e9551fa3af24de7.shtml。
4 景俊鑫、张岚：《有关四川大竹县黄城寨遗址的几个问题》，《赤子》（上中旬）2015年第20期。
5 刘欢欢、符永利：《四川通江得汉城：天铸铜城 雄镇巴西》，《大众考古》2015年第8期。

第三节 和平时期的多元化利用

进入和平时期，宋蒙山城的军事价值基本消失，代之以多样化的利用。其中作为旅游、宗教等用途，宋蒙战争之前即已具备，战后得以继续利用或进一步光大。政府机关所在地是战时做法的一种延续，大多数曾搬迁的治所在战后即已搬回原址，另在交通便利之处形成用于居住或商品交换的场镇、村落，在此基础上亦建立学校、祠堂、义仓、义田等，有些是因为清静幽雅的治学环境，有些则是因为事关古战场的历史底蕴，还有的则是出于居安思危、防患于未然的战略思想。

一、旅游胜地

宋蒙山城遗址多处于依江险峻之处，自然风光可谓壮美，又因做过战争军事寨堡，或建有宗教设施，吸引着众多文人雅士、佛道信徒来此欣赏自然风景，凭吊古战场，题诗作赋，祈祷祭拜，发思古之幽情。这其中最为著名者有白帝城、钓鱼城、云顶城、安乐山城、皇华城等。

宋蒙之战后作为旅游胜地者，首推钓鱼、白帝二城。白帝城在宋蒙战争之前已是名胜，因李杜吟咏而蜚声天下，自不必多言。钓鱼城在宋蒙之战前已是游览胜地，有不少摩崖题刻留存，明清至民国时期则因为抗蒙的不朽事迹而吸引了文人凭吊并留下诗文。如明代监察御史卢雍诗：

悬岩三面阻江湍，古堞摧颓烟雨寒。盘石何能容我坐，绿蓑青笠弄长竿。

再如，明代著名学者陈文烛《登合州钓鱼城读唐石头和尚草庵歌兼寄张崛崃中丞》：

千仞峰峦倚杖登，宋元往事感偏增。钓鱼绝顶仙人迹，驱马中原国士能。南渡江山逢圣主，东林烟月有高僧。披云无限悲歌意，把酒缘何问季鹰？

抗战期间，国府迁渝，大量科研院所随之内迁。在全民抗战的氛围中，钓鱼城成为文人雅士青睐的游览凭吊场所，郭沫若、张天授、马以愚等纷纷前往，留下不少文章，或揽胜或考证。绪论中已有介绍，此不赘述。此外，一些政府官员也在钓鱼城留下不少诗文或题字，如孙元良的诗：

元靼逞淫威，钓鱼城不破。伟哉我先烈，雄风万世播。

又如，中央军校特训班袁锡陈在钓鱼城西岩上天梯上段北侧石壁上书"忠勇坚贞"四个大字。

民国三十二年（1943）年，在钓鱼城护国门内刊刻了由康泽撰写、施则凡书碑的《中央陆军军官学校特别训练班十周年纪念碑记》，碑文较长，末尾云：

方今国步正艰，寇氛未已，侵略洪流泛滥于天下，愿吾后死同学，力行三民主义，发扬黄埔精神，齐奋义威，殄熄暴悖，誓雪国耻，还我河山，方不愧黄帝永世之子孙，斯不负校长十年之培育！胜利在望，惕励是企。特述颠末，书刻此石，期与大宋抗元之古城并垂不朽！

皇华城在宋蒙山城中地位一般，但因四面环江，风景独树一帜，也吸引了不少文人前往踏访。清代忠州知州王尔鉴游览皇华城后作诗：

闻说迁州处，皇华尚有城。当年资太守，此日见樵耕。四面江滩合，一洲烟树横。颓垣犹断续，斜日射波明。[1]

皇华城据称出产一种桃花鱼，引得文人墨客争相访查吟咏。如清代忠州训导魏凤仪所写长诗《桃花鱼》：

临江有异物，不识何自昉。年年桃花时，应候生不爽。秉气游儵如，赋状飞英仿。石湫孕种族，宛窪竞来往。偶尔如如洞，妙人非非想。演漾晕澄波，唅喁弄晴昶。子子忘井临，酖鸡喜瓮广。红堕花欲活，绿净唾成象。不望供啸咏，那畏入罗网……[2]

清代熊文稷久闻皇华城桃花鱼之传闻，遂邀约三五好友贾船同登，后撰游记《桃花鱼记》载其所见：

睇视之，觉花蕊蠕蠕然动且浮沉，于勺水中而悠然自适。余曰："此桃花耶？"牧曰：是桃花而鱼者也。余再三叩其故，牧曰："子果不知此鱼耶？请席地片时，吾为子道其详。是鱼形五出，色近淡墨，蕊其足也。生于社日前后，桃花开时，始逐队而出，入夏日即化去。土人以形似桃花故名，固不特为此时有，亦惟此地始有也。"余随询石鱼从出之处，牧侣则阒然逸去。[3]

二、宗教场所

部分山城在宋蒙战争之前就是宗教场所，如钓鱼城、云顶城、白帝城等。宋蒙战争之后，政府希望通过宗教笼络人心，民众希望通过宗教缅怀宋蒙战争的英雄祈求和平，因此不少山城修建了一些寺庙祠观。如钓鱼城新修了昭忠祠，大获城修建了余公祠，更多的山城则修建了各种寺庙。

据不完全统计，宋蒙山城战后曾被利用作为宗教场所的主要有：东安城、章广寨、武胜

1（清）同治《忠州直隶州志》卷12《艺文志》，清同治十二年刻本。
2（清）同治《忠州直隶州志》卷12《艺文志》，清同治十二年刻本。
3（清）同治《忠州直隶州志》卷12《艺文志》，清同治十二年刻本。

城、母德章城、三台寨、云门山、长宁山城、大获城、平梁城、得汉城、苟王寨、三龟九顶城、紫云城、凌霄城、登高城、仙侣城、神臂城、安乐山城、运山城、青居城、云顶城、龙爪城、礼义城、荣城、大良城、钓鱼城、多功城、重庆城、赤牛城、皇华城、天生城、白帝城、龙岩城、海龙囤等，合计34处，在能确知地点的宋蒙山城中占比超过五分之三。

除此以外，部分山城在宋蒙战争之后还建了学校，如章广寨、武胜城、平梁城、得汉城、紫云城、龙爪城、荣城、大良城、多功城等。

第四节 宋蒙山城遗址现状

如今烽烟散尽，国泰民安，宋蒙山城已华丽蜕变为珍贵的文化遗产，个别成为繁华都市，一小部分因为偏远而成为人迹罕至的荒山，绝大多数成为炊烟袅袅的村落，呈现出一派安定祥和气氛。

一、遗址现状

四川宋蒙山城遗址历经700余年的风雨，大多已不复原状。可分三种情况：一部分作为活态村落继续使用，一部分被开发成为景区或公园，还有一部分处于废弃状态。

（一）活态村落

当前被利用作为村落的主要有：大获城、大良城、虎啸城、三台寨、东安城、章广寨、武胜城、母德章城、平梁城、得汉城、小宁城、天赐城、虎头城、神臂城、礼义城、荣城、赤牛城、多功城、三台城等。

以上山城交通还算便利，面积较大，原有村民仍可住在其中继续生活生产。不过村民日益减少，大多都搬迁到山下更便利处，或直接进城，山上留守者目前多为老年人。

村落的活态使用，可能会对遗址带来破坏，如大良城东门、大获城的西门由于修建上山公路而毁。

（二）景区或公园

当前已被开发利用为景区或建设成为公园的主要有：云门山、三龟九顶城、登高城（东山）、仙侣城（真武山）、安乐山城（笔架山）、青居城（曲流地质公园）、云顶城、龙爪城（公园）、钓鱼城、重庆城、皇华城、天生城、磐石城、白帝城等。以上山城或因距离城区比较近，或因景观突出，得以被开发利用，建成风景区或相关的湿地公园、地质公园等。景区有国家级、省级、一般景区之分，有的是地质、湿地公园，有的正在规划建设之中。

目前，钓鱼城已入选国家级风景名胜区，包括三龟九顶城在内的乐山大佛景区、包括白帝城在内的长江三峡风景名胜区为5A级旅游景区。忠县皇华城拟规划为国家级湿地公园和考古遗址公园。

有的虽然建成为公园，但保护力度不够，并未设置保护机构和管理人员，一些人为的破坏仍旧无法避免，更重要的是自然灾害带来的破坏仍旧时有发生。如青居城水门就毁于2015年暴雨导致的滑坡。

(三) 废弃状态

当前处于废弃状态的山城有：苦竹隘、长宁山城、鹅顶堡、苟王寨、凌霄城、大刀砦、蓬溪寨、榕山城、小良城、龙岩城、三台城、鼎山城。

以上山城大多由于所处位置过于偏僻，山势险峻，居民上下、进出极为不便，山顶面积狭小，现代生活的基本保障无法满足，故已退出实际使用的范畴，而或任其荒废，或退耕还林。随着近年来当地政府对文旅产业的重视，这批山城有些已列入旅游开发的规划。

一般来说，遗址面临的破坏威胁主要来自然与人为因素两个方面。

自然破坏因素：风雨侵蚀、冲刷带来的破坏。青居城唯一保存较好的城门水门就是遭受山洪冲击而被毁掉。另外，青苔和植物根系对墙体、摩崖石刻等具有一定的破坏作用。

人为破坏因素：这方面主要以活态形式被继续利用的山城遗址为主，表现在村落修筑公路、农耕作业、民宅占压、农民随意取土搬石等活动。为拓宽修建公路，大良城在 21 世纪初被毁掉了东门。还有被开发成为景区的山城，虽然一般会有相关管理机构，情况相对较好，但又面临不能坚持文物保护原则的修复重建活动。出于经济利益而进行的盲目旅游开发，对遗址现状也是一种破坏。

二、文物保护情况

按当前通行的文物保护政策，宋蒙山城遗址的保护可以分为六种情况，保护级别由高到低依次为：世界文化遗产、国保单位、省级（含直辖市）文保单位、市级文保单位、区县级文保单位、未定级文物点。

宋蒙山城遗址中正式被列为世界文化遗产名录的仅 1 处，即遵义海龙囤，但它主要是作为集军事屯堡、衙署与"行宫"为一体的土司遗存，在 2015 年与湖南永顺老司城、湖北唐崖土司遗址一并列入《世界遗产名录》，并未强调其宋蒙山城性质。

钓鱼城于 2012 年已进入中国申遗预备名单，另外，白帝城、武胜城、云顶城等均有申遗的动议。

目前被列为国保单位的有 8 处：钓鱼城、海龙囤、白帝城、天生城、神臂城、仙侣城（真武山建筑群）、重庆城（老鼓楼衙署、通远门及城墙、东水门）、倚子山城（施州城址）。

被列为省级（或直辖市）文保单位的有 17 处：苦竹隘、大获城、小宁城、平梁城、得汉城、苟王寨（造像）、虎头城、登高城（白塔）、云顶城、龙爪城（白塔）、礼义城、多功城、龟陵城、磐石城、天赐城、龙岩城、养马城。

被列为市级文保单位的有 8 处：武胜城、母德章城、三台寨、三龟九顶城、安乐山城（云台寺）、榕山城、青居城、大良城。

被列为区县级文保单位的有 7 处：广安虎啸城、合川云门山、苍溪长宁山城、荣县大刀砦、蓬安运山城、广安小良城、忠县皇华城。

未定级的文物点有 8 处：东安城、章广寨、紫云城、凌霄城、蓬溪寨、荣城（黄城寨）、赤牛城、金石城。

宋蒙山城遗址的保护，长期以来没有得到足够的重视，不过近年来有了明显改变。总体来讲，宋蒙山城遗址的文物保护级别普遍偏低，虽有世界文化遗产 1 项、国保 8 项，但仍有部分级别较低甚至还未进入定级保护的行列，整体保护级别有待进一步提升。还有大量出现在文献中的宋蒙山城，目前还未能确定今址，更无可能去进行考察与保护，亟待全面的调查、研究。

第二编 宋军山城遗址

第一章 金堂云顶城

宋军山城是宋蒙山城的主体，历来为学者所重点关注。我们对40余处宋军山城考察或调查后发现，有少数山城没有任何发现或发现极少，或现存遗存均为明清时期。这些山城包括雍村、紫金城、跨鳌城、蓬溪寨、荣城、龙爪城、磐石城等。限于篇幅，本书将不介绍上述山城。此外，以下四类山城的材料本书一般不做单独介绍：一是课题组成员发表了详细资料的山城，如运山城、大良城等；二是重庆市境内已经由重庆市文物考古研究院发表过较详细调查发掘资料的山城，如天生城、三台城、皇华城、多功城等；三是贵州境内已经发表考古报告的龙岩新城（海龙囤）、养马、鼎山城；四是地位不够重要，我们调查比较粗略的山城，如大刀砦、凌霄城、三龟九顶城等。上述四类山城中的重要山城笔者或有新材料补充的适当加以介绍，如钓鱼城和重庆城，其他山城则略而不叙，只在研究部分涉及。

经综合权衡，本书拟对金堂云顶城、剑阁苦竹隘、苍溪鹅顶堡、苍溪大获城、南充青居城、通江得汉城、巴中平梁城、富顺虎头城、泸州神臂城、合川钓鱼城、重庆城、奉节白帝城等山城进行详细介绍。介绍按史地、遗存、认识三个方面进行（有时省去史地或认识部分）。史地介绍时偏重于筑城历史，对发生在该城的战争则简略介绍；遗存介绍是重点，主要介绍城防方面的遗存，非城防和非宋蒙战争期间的遗存则简单提及；认识部分重点讨论时代以及城防系统等问题，其他问题从略。下面按由北到南、由西到东的顺序介绍各山城情况。

第一节 史地概况

一、地理环境

成都以东有一条东北-西南走向的山脉，名为龙泉山，该山脉是成都平原与川中丘陵的分界线，也是成都平原东部的天然屏障。沱江由成都平原穿越龙泉山中段，穿越处遂成为龙泉山屏障的一个缺口。云顶山即位于这个缺口处，"实扼成都东面之门户而为东西川之要冲"[1]，战略地位极为重要。

云顶山海拔948米，山巅与沱江江面相对高差约510米。云顶山四周孤悬，唯北部七佛岩、高定关区域及南部张家湾区域地势稍缓，其余各处崖壁相对高差达25—40米。（图2-1-1）山脊和山腰各有平台，平坦开阔，耕地众多，水井和塘堰密布，现有数十户人家居住。（图版2-1）

云顶山西北侧2.5千米处为小云顶山，通过高定关山脊与云顶山相连。该山山体陡峭，山顶面积虽然不大，但较为平坦，可用于驻军。

---

[1] 薛玉树：《遗留在川西的唯一宋蒙战争遗址云顶城》，《成都大学学报》1990年第1期。

图 2-1-1　从小云顶山眺望云顶山

二、云顶城与宋蒙战争
（一）云顶城的创筑与完善

云顶山旧名石城山，唐天宝六年（747）改为云顶山，[1] 唐宋时期山顶建有祥符寺。[2] 北宋初年于云顶山脚（今淮口场镇）设置怀安军，意图利用这一带的特殊地形稳定巴蜀局势，防止两川内乱，故名怀安。[3] 南宋嘉定年间（1208—1224），知怀安军度正出于预防"乱贼"的目的对怀安军军城进行过规模不小的修复。宋蒙战争爆发后，怀安军军城无力抵御蒙军，很快陷落，故余玠在附近的云顶山上规划修筑云顶城，并迁军治于其上，以阻击蒙古在四川地区的纵横驰骋和沿沱江南入长江。就云顶城的具体筑城而言，经历了孔仙、萧世显创修和姚世安改建两个阶段。

1. 萧世显、孔仙创建云顶城

云顶城创建于南宋淳祐三年（1243），是余玠出任四川安抚制置使后统一规划修建的第一批山城。关于云顶城修建的具体情况，历史文献没有留下记载，唯现存于北城门券拱的券心石条上镌刻着云顶城创建的些许信息。

> 保义郎利州驻扎御前摧锋军统制兼潼川府路兵马副都监提督诸军修城萧世显、忠翊郎利州驻扎御前右军统领兼潼川府路将领都统使司修城提振官孔仙规划。[4]

---

[1]（宋）李昉：《太平广记》卷135《征应一》，民国景明嘉靖谈恺刻本。
[2]（宋）祝穆撰，（宋）祝洙增订，施和金点校：《方舆胜览》卷65《怀安军》，中华书局，2010年，第1134页。
[3] 近代以来官绅不明怀安得名之由，妄改怀安为"淮安"，怀州为"淮州"，怀口为"淮口"，贻误至今。
[4] 这幅题刻为研究者广泛引录，或列孔仙在前，或排萧世显在前，没有确定的顺序，盖由于"规划"二大字居于两条结尾之正中。其实，官称已明顺序，按照南宋军制，"每军计六千人，差统制一员，统领官一员"（刘琳等校注：《宋会要辑稿》"兵六"之二，上海古籍出版社，2014年，第8717页下），显然统制在前，统领在后。

题刻表明，云顶城的创建是由萧世显和孔仙主持完成的。余玠将利州都统司移驻云顶城，"以备外水"，意图防止蒙军沿沱江南入长江。城内驻军七八千人，居内迁四大戎司之首。其筑成准确时间无文献记载，《宋史·余玠传》说，余玠排除阻力，"卒筑青居、大获、钓鱼、云顶、天生凡十余城"，"移金戎于大获以护蜀口，移沔戎于青居，兴戎先驻合州旧城，移守钓鱼共备内水，移利戎于云顶以备外水"[1]，可见这一批城的修建和完工时间相去不远，因此，我们推测云顶城的修建完成也当在淳祐三年（1243）。云顶城修城后不久，利州都统王夔因"桀骜不受节度"，被余玠用计诛杀。

2.姚世安完善云顶城

萧世显、孔仙等创修6年后，姚世安对云顶城进行了完善。淳祐九年（1249），姚世安成为事实上的云顶城主帅，主持改建了云顶城北门外的瓮城。1985年，瓮城门经考古发掘重现于世，城门券拱之券心石条上刻有"皇宋淳祐己酉仲秋吉日帅守姚世安改建"17字，城门残楣左侧刻有"帅守西和姚世安重建"9字。[2] 值得注意的是，此处题刻明言"改建""重建"，似乎原有此门，姚世安仅仅是进行了修缮。但经仔细观察，瓮城门在用石和建筑风格上一致，未发现修缮迹象，因此，不排除瓮城城门实际上是姚世安新建的可能。云顶城修建之初，形势紧张，防御系统仅一道城垣防线，不够完善，几年后由姚世安进行完善，新修瓮城及瓮城门亦在情理之中，这种情况也见于平昌小宁城。

（二）云顶城战事

云顶城经过萧世显、孔仙的初创和姚世安的改建，城防坚固，成为四川山城体系的重要组成部分，宋蒙双方曾在此展开过数次激烈交锋，有史可考的主要有五次。

南宋淳祐十二年（1252），蒙古大将汪德臣等部进军嘉定，受到嘉定附近城寨的顽强抵抗而失利。汪德臣在撤军途中路经云顶城，驻守于城内的宋军"乘夜斫营"，被汪德臣发现，激战之下，宋军大败。汪德臣所部杀千余宋军，生擒百余人而归。[3]

宝祐二年（1254）春，蜀中大旱，驻扎在益昌（今广元）的蒙军缺粮，诸将"欲弃益昌"，都总帅汪德臣不肯，"尽杀所乘马飨士"，并率军袭击嘉川（今旺苍西）等地，掠夺粮食。云顶城守将吕达领兵五千人邀击汪德臣部，[4] 此役宋军又以失败告终。

宝祐六年（1258），宋理宗令四川制置使蒲择之率军进攻成都，而此时蒙哥汗正欲亲率大军入蜀，令纽璘率军回师成都。蒲择之令杨大渊守剑门以防利州之蒙军南下，又命段元鉴及刘整守遂宁，分驻灵泉山和江箭滩，以防蒙古前军纽璘所部西进，蒲择之亲率大军进军成都。纽璘经过大战，一举突破了江箭滩宋军防线，回守成都，受推举成为蒙军主帅，并与前来驰援的汪德臣部合击宋军于灵泉山，又回兵包围云顶城，蒲择之大败东撤。纽璘率部乘势进攻云顶城，先击败刘整援兵，然后由部将彻里由云顶水门先登入城，主将姚世安举城投降，

---

[1]《宋史》卷416《余玠传》，中华书局，2013年，第12470—12471页。
[2] 薛玉树：《云顶山记》，四川省社会科学院出版社，1988年，第47页。该门楣后被泥土掩埋，2023年由成都市文物考古研究院掘出，详见下文。
[3]（元）王鹗：《陇右金石录》卷5《汪忠烈公神道碑》，民国三十二年（1943）甘肃省文献征集委员会校印本。
[4]（清）毕沅：《续资治通鉴》卷174，清嘉庆六年刻本。

云顶城陷落。

云顶城陷落之后，宋军势力退出西川。但南宋政府并未彻底放弃云顶城，而是多次集结重兵，欲夺回云顶。宋度宗咸淳元年（1265）四月，宋将昝万寿率军反攻云顶城，与蒙军在金堂峡大战并最终取得重大胜利，得到朝廷嘉奖。[1]

咸淳二年（1266），南宋泸州降将刘整率兵进攻云顶城，与四川制置使夏贵所部相遇，双方发生激烈战斗。[2]同年，宋将以战船500艘，装载甲士3万人溯江而上，以1万人占据云顶山，欲攻取汉州。蒙将刘恩"率千余人渡江与战，杀其将二人，士卒三千余人，溺死者不可胜计"[3]。自此之后，云顶城可能已被蒙军攻陷，宋军也不再图之，故史籍再无战事记载。

第二节 遗存

云顶城遗址顺山势而建，大致呈西北－东南走向，平面呈不规则形状，整个城址东西宽400米，南北长1.9千米，周长约5.5千米，面积约1.1平方千米。调查共发现城墙9段、城门7座、敌台2处、炮台3处、暗道2处、校场2处。除此之外，还发现有寺庙、道观、水塘、水井、道路、墓葬等大量生产生活遗迹。云顶城内多处地点地面可见宋代以来的瓦片、陶片、瓷片等遗物。（图2-1-2）

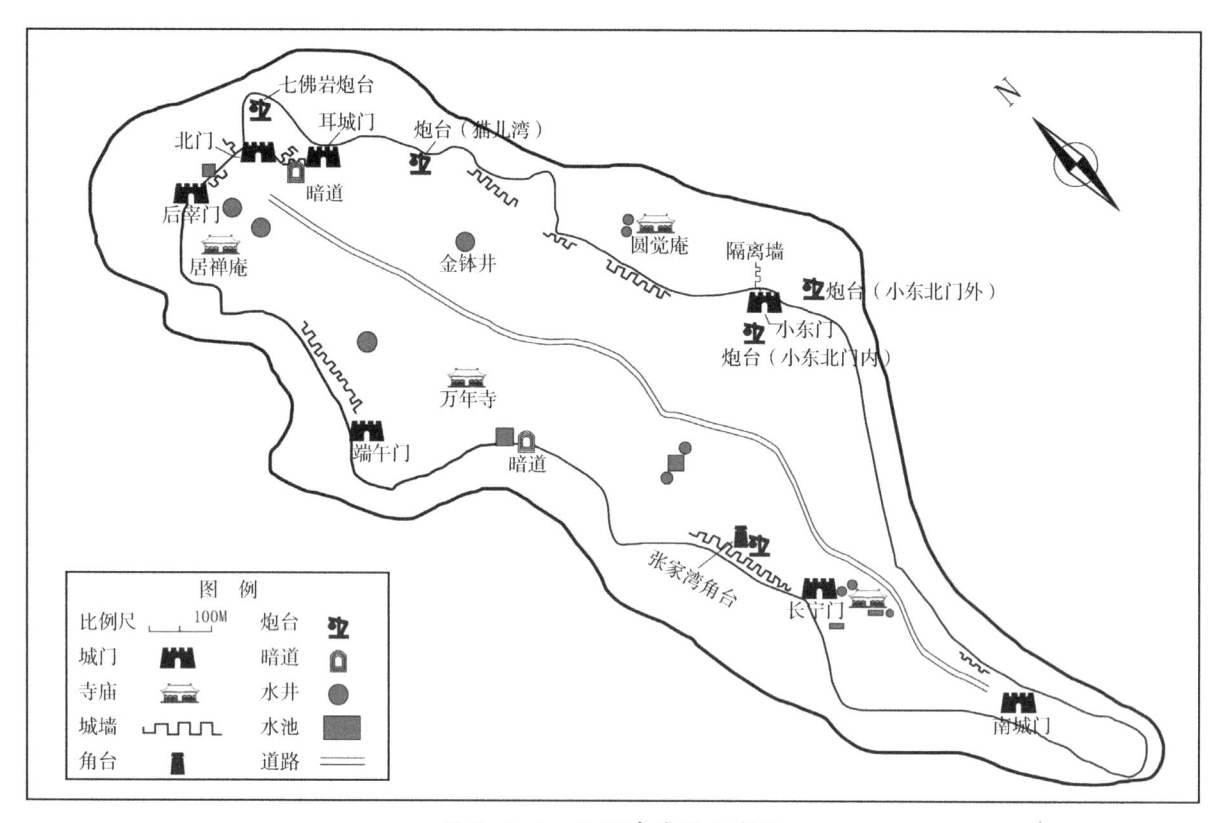

图2-1-2 云顶城遗迹分布图

---

[1]《宋史》卷46《度宗纪》，中华书局，2013年，第894页。
[2]《元史》卷132《沙全》，中华书局，2013年，第3218页。
[3]《元史》卷166《刘恩》，中华书局，2013年，第3896页。

一、城防遗迹

云顶城规模宏大，城内各项防御设施齐全，目前可见的城防军事遗迹主要有城墙、城门、炮台、角台、暗道等。

（一）城墙

云顶城目前并未发现外城墙遗迹，城墙主要沿山腰自然崖壁分布，现存8处共9段城墙，整体保存较差，损毁非常严重，但保留下来的部分却极其完整。城墙自南门始，顺时针依次是张家湾段、端午门段、北门段、瓮城门段、水井湾段、南门段、后宰门段、小东门段、水井湾下方崖壁段。9段城墙总长约590米，均为城墙石垒筑而成，石块经过加过，打磨规整，城墙底部大多为宋代形制，上层大部分为明清及以后形制。另有隔离墙1段。

1. 张家湾段

该段城墙位于张家湾内侧，长宁门右侧，大致呈东-西走向，东连南门山脊，西靠自然绝壁，城墙中部还保存有一座长方形角台遗迹。此段城墙保存较好，长约220米，高4—8米，由10—16层楔形、长方形条石垒砌而成，契合紧密，表面十分平整。城墙石规格：大石长43厘米，宽41厘米；小石长42厘米，宽22厘米。城墙明显倾斜，倾斜度达31°。城墙下部1—9层（高约4米）与上部10—16层（高约2米）在城墙石形制和砌筑方式上有明显区别，应是两个时代构筑。整体而言，城墙下半部分属宋代，上半部分属明清。（图2-1-3）

图2-1-3 张家湾段城墙

2. 端午门段

城墙位于万年寺右侧约120米，端午门一带地势比张家湾险要，但此处正对文家梁子，属金堂与青白江交界地带，应是云顶城与外界联络的重要交通路线之一。该段城墙位于端午门右侧，长约30米，高3—4米，由长方形城墙石垒砌而成，西连青龙嘴崖壁，东接端午门，保存基本完好。（图2-1-4）

图版2-1-4 端午门段城墙

3. 后宰门[1]段

城墙位于后宰门遗址右侧约10米的崖壁上，为一段宋墙遗迹，有2—3层，残长约20米，残高约1.6米。石块规格：大石长、宽0.6米；中石长0.45米，宽0.26米；小石长0.38米，宽0.2米。石块打磨精细，錾刻有细密人字纹。从底部第三层或第四层自下往上约12层为明清以后的城墙遗迹，残长约50米，高约4米，石材主要为长条形石块，其间间或用极小的石块垒筑而成。石块规格：大石长1.6米，宽0.46米；小石长0.45米，宽0.35米。

4. 北门段

北门左侧崖壁段城墙尚存15米，高约3米；北门右侧城墙长约30米，高约700米，其上部约5层城墙为20世纪80年代修复，保存完好。此段城墙砌筑方式与张家湾段城墙下层相同，当属同时期作品。北门外至七佛岩段尚有城墙，与七佛岩炮台相连。（图2-1-5）

图2-1-5 北门附近城墙

5. 瓮城门段

瓮城门所处地理形势与北门相同，此段城墙南接北门右侧崖壁，过瓮城门北接七佛岩炮台。现存城墙长约150米，高2—4米，部分垮塌，砌筑方式与北门附近相同。

6. 水井湾段

水井湾位于云顶城北侧，隔猫儿湾与瓮城门相望。此段城墙损毁严重，目前仅保留5米长，约2.5米高，并未修建于崖壁边缘，而是筑于崖壁内侧约3米处的平台上。砌筑方式与张家湾

---

[1] "后宰门"之名为当地群众告知，其字面意思殊难理解，疑为"厚载门"之讹。厚载门在中国古代城市中较为常见，如洛阳、北京、南京等地，同为宋军山城的梁平赤牛城亦有城门名为"厚载门"，均位于城北。按阴阳学说，南为乾，北为坤，"厚载"之名取自《周易》中"地势坤，君子以厚德载物"之意。有意思的是南京厚载门在民间也被称为"后宰门"。

下层、北门段相同。（图 2-1-6）

7. 水井湾下方段

此处残存一段城墙遗迹，位于水井湾段城墙下方约 10 米处，掩盖在此处悬崖的树丛中不易被人发现，残存的城墙石上发现有人字纹。

8. 小东门段

小东门段的城墙为位于小东门左侧约 100 米处、筑于悬崖绝壁上的城墙遗址，现存长度约 50 米。

图 2-1-6 水井湾段城墙

9. 南门段

现在的南门内侧约 5 米处保存一段城墙，城墙残存约 5 米，高约 1.5 米，年代应为明清时期。

10. 隔离墙

白马石隔离墙位于小东门外左侧，南接小东门城墙，顺山脊而下，整体保存较好。现存长约 40 米，高 2—3 米，厚约 1 米，由横砌、丁砌等方法垒砌而成，垒筑的石块规格：大石长 85 厘米，宽 20 厘米；小石长 30 厘米，宽 27 厘米。石材大多加工简单、粗糙，下层（基座）石块与上层石块没有明显的时代之分，石块之间结合粗疏，未用黏合剂，牢固性较差。推测此段城墙为清代及以后所筑，可能起标识范围的隔离作用。（图 2-1-7）

图 2-1-7 白马石隔离墙

除上述大段城墙外，城西万年寺附近的自然崖壁上，也有零星城墙分布，但保存状况较差，兹不赘述。

（二）城门

7 座。自南门始，顺时针方向依次为长宁门、端午门、后宰门、北门、瓮城门、小东门。其中北门、瓮城门及长宁门保存完好，小东门及南门为 20 世纪 80 年代末 90 年代初重建，其余诸门均已垮塌。

1. 南门

南门位于慈云寺东南侧，左右皆为悬崖绝壁，把控从龙王庙及二百梯方向入城的交通要道，海拔 870 米。原城门已于 20 世纪 50 年代拆除，现存城门为 1986 年仿北门重建，但同比例放大。南门整体高度为 6.7 米，宽 21 米，门洞通进深 6.1 米。外门拱高 3.3 米，宽 2.35 米，进深2米；中拱高3.9米，进深1.4米；内门拱高3.4米，宽2.35米，进深2.6米。城门券心石题刻也照搬照抄北门。

2. 长宁门

长宁门位于张家湾内侧，面朝团结水库，西与张家湾段城墙相接，控守着云顶城南部缓坡地带。方向南偏西20°，海拔820米。该门左右城墙已毁，城门通宽4.3米，通高4.2米。为单层券拱形制，修筑于距现地面约1.5米高的城墙上，门洞底部被厚80厘米的泥土掩埋。现门

图 2-1-8 长宁门外立面

洞残高1.32米，宽1.2，进深1.55米。拱券内侧为一平顶空间，亦被土掩埋，残高1.16米，宽1.58米，进深1.26米。城门外立面左右砌筑有类似门框的结构，宽约20厘米。此门所用石材以长方形为主，錾刻有细密竖条纹，应为明清时期所筑。（图 2-1-8）

3. 端午门

端午门位于万年寺右侧约120米，海拔830米，城门朝向南偏东14°，宽约1.5米。城门已垮塌，仅余门道残迹。

4. 后宰门

后宰门位于青龙嘴右东北约200米，北距居禅庵200米，小地名叫花岩。海拔837米，城门朝向北偏西40°。城门左右两侧皆为悬崖，位于青白江与金堂交界地带，控扼云顶城往太平镇的要道，依山崖而建，地势险要。此城门已于近年垮塌，左侧岩壁上仅存一柱洞，直径14厘米。据当地长者介绍，此门原本为平顶形制，与其余诸门在形制上有明显差异，当为明清城门。

5. 北门

位于云顶城北部灵官庙附近一窄长台地，城墩两侧皆为崖壁，把控出入山顶核心区域的要道，海拔857米，城门方向为南偏东50°。城墩外立面成半梯形，右侧与城墙垂直相交，左侧与崖壁城墙相交，并向前后两个方向延展，向前延展形成瓮城。城墩上下收分明显，倾斜度为24°。修筑城门所用条石材质为青砂岩，体量大小不一，券石之间也

图 2-1-9 北门外立面

存在大小之别，条石錾痕多为细密折线构成的"人"字纹，丁砌。城墩上部被杂草树木覆盖，城墙石的具体层数不详，大致在15层，近顶部三、四层为现代修复。城墩高5.7米，上宽12.9米，下宽14.0米。（图 2-1-9、图 2-1-10）

图 2-1-10 云顶城北门平面图

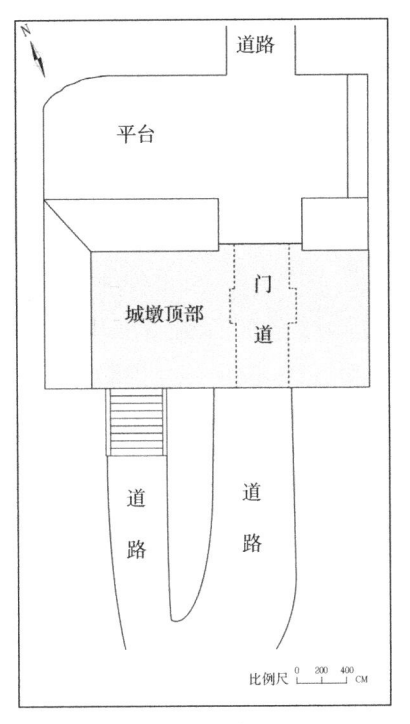

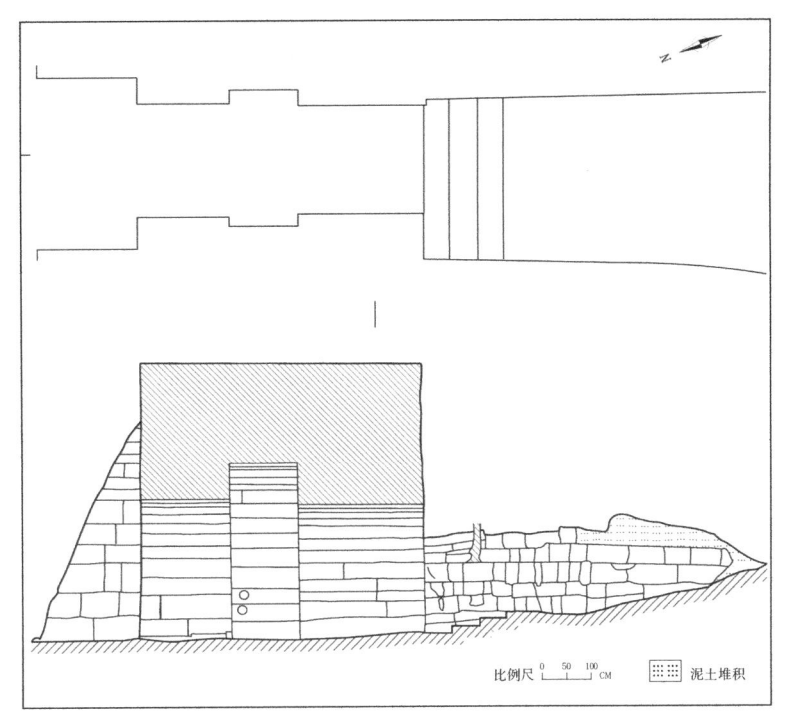

图 2-1-11 云顶城北门门道平、剖面图

城门位于城墩中部偏右，门框通高 5.7 米，通宽 3.35 米。城门洞为双层拱券，由前、中、后三段构成，通进深 5.7 米。前券从第五层柱石开始起券，拱券两层，下层用石 15 块，上层用石 17 块，券洞因变形而略向左倾斜。券洞高 2.78 米，宽 2.27 米，进深 1.8 米，拱高 1.12 米，矢跨比为 0.49。中券从第十层柱石开始起券，第二、三两层石上各有两个门栓孔，上下排列，直径为 0.15 米，下门栓孔距离地面 0.5 米，上下门栓孔间距为 0.19 米。中券比前、后券稍高稍宽，但略短，高 3.56 米，宽 2.71 米，进深 1.35 米。后券从第五层券柱石起券，两层券，下层券石 15 块，上层 17 块，券洞高 2.78 米，宽 2.27 米，进深 2.55 米。券洞内紧靠门洞两侧放置了一排条石，錾痕多为间距较宽的竖条纹，与城门石多为"人"字纹不同，风化程度也较轻，怀疑为清代以来添置。底部铺石板，因未清理，铺法不详。（图 2-1-11）

城墩背面两侧均筑有护墙，形成一个宽 2.8 米左右的通道，由通道后端经石阶可上到城墩顶部平台。（图 2-1-12）

后券顶部券心石上有题刻，分两排排列，清晰可辨（图 2-1-13），内容为：

图 2-1-12 修复后的北门城墩顶部

保义郎利州驻扎御前摧锋军统
制兼潼川府路兵马副都监提督诸军修城萧世显、忠翊郎利州驻扎御前右军统领兼潼川府

路将领都统使司修城提振官孔仙规划。

云顶城为余玠规划修建的第一批重要山城，始筑于淳祐三年（1243）。作为云顶城最重要的一个城门，修筑年代当与此相同。

6. 瓮城门

俗称"皇姑洞"，位于北门右前方约100米处，原埋于0.8米深的土层下，成都市考古队1985年发掘出土。[1] 惜发掘报告至今未刊布。因系发掘出土，故石质风化程度较轻。瓮城门形制与北门相近，所用石材亦为砂石，有青、黄两种颜色，石材体量巨大，形制规整，大小比较一致，比北门用石打磨更精细。（图2-1-14）

图2-1-14 瓮城门外立面

瓮城门右侧紧靠石崖，左侧连接瓮城城墙。城墩立面略成半梯形，通高5.85米，上宽25米，下宽26.3米，比北门略大。正立面收分明显，倾斜度为24°。城墩下部石材比上部粗大，多为丁砌，个别墙石顺砌，共15层。门框线明显，高5.85米，宽2.86米。门框内侧各有一长条形凹边，贯通门框上下，宽0.15米，深0.2米。门框两侧底部各有一外突的长方形石墩，右侧石墩被毁，左侧石墩较完好，长0.62米，宽0.56米，高0.49米。石墩内侧有一圆形孔洞，直径0.21米，深0.22米。这种凹槽和石墩设施在四川宋代山城城门中属孤例，从门框两侧凹边推测，当为设置吊桥的设施，吊桥拉起

图2-1-13 北门券心石题刻

[1] 薛玉树：《云顶山记》，四川省社会科学院出版社，1988年，第94—95页。

正好可以完全遮盖门框及两侧凹边。

城门洞形制与北门基本相同，券洞也分前中后三段，通进深5.87米，连同门洞前后两侧墙体通进深8.2米。券洞底部铺石，因为被泥土覆盖，具体铺法不详。前券从第六层券柱石开始起券，双层券石，下层拱券用券石12块，上层用10块，拱券两侧用两层三角形石填补，其上再顺砌7层墙石，形成城墩顶部。前端存门限石1块，但錾痕与其他城墙石判然有别，应为清代以来添置。前券券洞高2.9米，拱高1.06米，宽2.27米，矢跨比为0.47米，进深1.94米。中券比前后券高、宽，但稍短，高3.58米，宽2.96米，进深1.33米。前券与中券左右壁各有一个门栓孔，未见门槽。外券门栓孔直径0.14米，距离地面1.04米，中券门栓孔直径0.14米，距地1.1米。后券比前券略高，高2.95米，宽2.25米，进深2.6米。（图2-1-15、2-1-16）

图2-1-15　瓮城门门洞

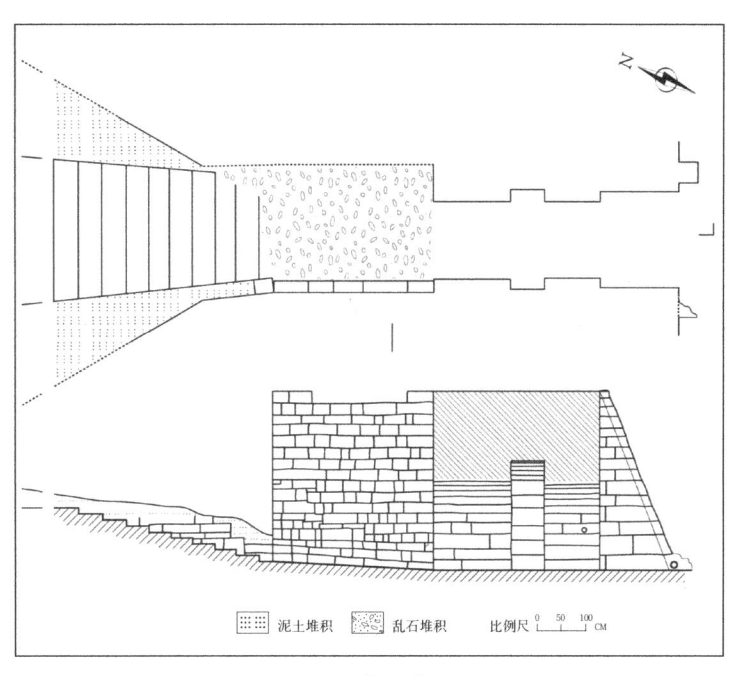

图2-1-16　云顶城瓮城门平、剖面图

城墩背后为崖壁和城墙夹峙形成的石梯通道，宽3.48—4.76米，前窄后宽。城墙石共16层，与城墩同高。崖壁一侧保存较好，另一侧保存较差，不少城墙石倒塌堆积于门后通道上。

内拱券心石顶部有题刻，内容为：

皇宋淳祐己酉仲秋吉日帅守姚世安改建[1]。

1　题刻中的"改建"二字需要斟酌。从城门观察，为一次性筑成，未见改建迹象。结合云顶城城防系统看，瓮城是为加强北门一带防御而补建的，那么这里的"改建"应理解为补建瓮城（含瓮城门）之事。从建筑用材和建造方式看，北门和瓮城门还是存在些微差别的，瓮城门外的吊桥设施就不见于北门，这也是二者建于不同时间的一个旁证。

"世安"二字极小，本已模糊不清，依据《宋史》可确定为姚世安。[1]可见，瓮城门建于淳祐己酉年（淳祐九年，1249）（图2-1-17）。

2023年成都市文物考古研究院在瓮城门前东侧发掘出一个残门楣。根据残损情况判断，正文应为3字，现仅存残缺的"门"字，故正文为瓮城门之名。门楣右侧浮雕为方柱形，顶部覆盖荷叶，下端以仰莲承托，中部楷书阴刻"帅守西和姚世安重建"几个字。

城门后侧有一平台空地，当地群众称为校场坝，长约60米，宽约40米。土壤中包含物丰富，主要有青瓷、白瓷、酱釉瓷、青花瓷、红陶、灰陶及瓦砾残片等，平均每平方米分布10片左右。

7. 小东门

小东门位于白马石，背靠慈云寺，面朝深涧，地势险要，海拔849米。单层券拱形制，原城门已毁，现城门为1991年重建。城门外左侧外接一道清代墙体，城门内部约5米处为小东门炮台。

（三）台形设施

台形设施包括炮台和角台两种。

1. 炮台

云顶城内共发现炮台遗迹3处。分别位于白马石、小东门、猫儿湾外，均为云顶城重点设防区域，大多保存较好。

（1）白马石炮台

位于小东门内侧约5米处，此处地势较高，海拔859米，可俯瞰沱江。平面呈半圆形，从下至上逐步内收，顶部直径6.1米。顶部数层为1986年修复小东门至南门城墙时所建，下半部分形制和砌筑方式与宋代城墙相同。

（2）小东门炮台

位于小东门右下方直线距离约50米的自然崖壁上，海拔807米。炮台遗址为一方形平台，长约20米，宽5.5米，残高2.5米，面积为110平方米。炮台在自然崖壁上垒砌而成，从现场调查发现，具有宋蒙时期形制特征的石块为3—4层。

图2-1-17 瓮城门券心石题记

---

[1]《宋史》卷416《余玠传》，中华书局，2013年，第4331页。笔者认为，题刻中署名"帅守"而不署具体官职，这个现象很可能与余玠与姚世安的严重不和有关。两人的冲突事件发生在利州都统王夔驻守嘉定、姚世安为云顶城主将之时。由于王夔多为不法，残害军民。余玠与亲将杨成合谋诛之，以杨成代领其众，为嘉定主将。余玠又欲借此革除"军中举代之弊"，派兵护送金某至云顶城。而姚世安"闭关不纳"，并勾结丞相谢方叔为外援与余玠对抗。这一事件直接导致余玠壮志难酬，功业不竟，郁郁而终。姚世安既得罪制置使余玠，便不可能得到利戎州司都统制之任命，却又是云顶城驻军的实际主帅，于是采取灵活的泛称，署为"帅守"。

（3）猫儿湾炮台

在猫儿湾发现一处人工平台基址，疑为炮台。该建筑基址位于猫儿湾处自然崖壁下的一台地上，周围为当地种庄稼的缓坡地带。现存为人工垒砌的平台基址，由不规则的方形石块砌筑，形状由半圆形与一方形区域相连，半圆面积约100平方米，方形区域面积约44平方米。石块规格：大石长1.1米，宽0.4米；中石长0.7米，宽0.55米；小石长0.32米，宽0.15米。

2. 角台

角台2处。

（1）七佛岩角台

位于北门外山脊外端，七佛岩内侧，通过一字墙与北门相接，通过城墙与瓮城门相连。此角台的修筑充分利用山脊外端的圆弧形平台，所以平面呈半圆形，顶部直径约12米。自下至上逐步内收，现存10余层，高约6米。砌筑方式与北门左右宋代城墙相同。

（2）张家湾角台

位于张家湾段城墙中部，长宁门西侧55米处。角台平面呈长方形，立面呈梯形，从下至上逐步内收。底宽20米，顶宽14米，高4米，外突6米。炮台上部与下部的砌筑方式不同，这种差异亦体现在附近的城墙上。角台附近发现大量椭圆形礌石，直径约30厘米，重约10千克。从砌筑方式判断，这座角台应属宋蒙时期修建。（图2-1-18）

图2-1-18 张家湾角台

（四）其他

此外，云顶城还有暗道和校场发现。

1. 暗道

暗道遗迹2处，一处位于瓮城门附近，一处位于万年寺附近。

（1）瓮城门右侧暗道

暗道位于瓮城门右侧，海拔842米，洞长8米，宽1.2米，高1.2米。在天然风洞的基础上人工加筑而成，从城门内通往城门外，平时可用条石封堵，防止敌人发现洞口，非常隐蔽，且长满了荆棘杂草，在城外很难发现此处有一个洞口。调查发现，洞内现存人字纹的宋代石块，此洞应为有意设置的一条秘密通道。战时，可由此洞派出人员打探敌情或出奇兵突袭敌人。（图2-1-19）

图2-1-19 瓮城门旁暗道

（2）万年寺暗道

万年寺附近崖壁旁的宋代塘堰边上有一段排水道，从池内通到城墙外，长 14.5 米，宽 1.1 米，高 1.37 米。排水道外口隐蔽，又下临悬崖，从城外难以发现，内可同时容纳两人并排通行，底部正中还有一道宽十几厘米的凹槽，用于排除积水。该排水道顶部虽然有现代垒砌的痕迹，但从大量保存完好的宋代城墙石来判断，应当为宋代遗迹，而且至今仍作排水设施使用。（图版 2-2）

2. 校场

据当地百姓指认，校场遗迹有 2 处，1 处位于山顶龙尾巴附近，1 处位于瓮城门内。这两处地点是否确为校场尚需进一步工作确认。

（1）龙尾巴门洞校场

位于当地人称龙尾巴门洞（现代所筑）东南方约 200 米处，此处地势较为平坦宽阔，占地 9000 余平方米，适宜驻军练兵，土层中发现有较为密集的建筑瓦砾。

（2）瓮城门内校场

位于北门外、瓮城门内，为一片缓坡平地，占地约 7000 平方米。此处地势较缓，乃云顶城防守薄弱之处，易受攻击。地表陶瓷片随处可见，估计宋蒙战争期间此处曾有建筑，或许曾作为军营使用。（图 2-1-20）

图 2-1-20 瓮城门内校场

二、生活遗迹

除防御设施外，云顶城内还发现大量生产生活遗迹，主要有道路、寺观、水塘、水井、碑刻题记及墓葬等，现择要介绍如下。

（一）道路

云顶城道路可分为城内道路和城外道路两部分。城内道路主要为环城跑马道、山顶道路、城西道路及北门至南门段道路；城外道路则主要是各城门与外联系的道路。

1. 城内道路

第一条为环城跑马道。大致环云顶山主体部分（不含南门外山脊）一周，总长 4800 余米。这条跑马道基本沿环山城墙分布，是城内重要交通线路。

第二条为山顶道路。云顶城顶部有一窄长山脊，呈西北—东南走向，自北门始一直延伸至慈云寺附近，总长 960 余米。尽管这条道路最窄处宽不过 2 米，但由于该山脊突出山腰平台约 20 米，地势较高，视野极佳，可一览云顶周围各处，不但是沟通城内南北方向最近的道路，同时也是城内不可多得的军情观测地点。在修建山顶公路前，此条道路一直是云顶山上最重要的干道之一。（图 2-1-21）

第三条为城西道路。严格意义上讲，这条道路应该称为城西道路网。根据城内地势及各遗迹点的分布，我们推测城西区域为云顶城军民生产生活的主要区域。在这一区域，形成了一个道路交通网络。这个道路网以金钵井附近区域为中心，向东可通慈云寺、南门附近；向北可与山顶道路连通，并进而穿山脊通往城北及城东区域；向西可至居禅庵与后宰门，同时与北门段环城跑马道相连；西北经过陈家沟与端午门相连；向南与万年寺之间也有大路相沟通；东南翻山脊有支路通张家湾，几乎沟通了整个城西及城南区域。

图 2-1-21 北门内道路

第四条为北门至南门段道路。这条道路顺城北、城东区域山腰延伸，自北门始经猫儿湾顶部、水井湾顶部、白马石（小东门）后侧、慈云寺东侧至南门。这条道路所处地势比环城跑马道城北、城东段高，由于路线较直，因此距离较短，是城北、城东、城南方向联系的又一条重要通道。

2. 城外道路

南门外道路，沿南门外山脊延伸，长约1200米，直通龙王庙附近，是云顶城通往怀安军旧治的重要通道。长宁门外道路通水磨沟；端午门外道路通青白江，进而入成都平原；后宰门外道路通太平镇；北门外道路经高定关通小云顶；瓮城门外道路通圆觉庵，进而可通沱江金堂峡；小东门外道路通金堂峡。

（二）水井

云顶城共发现水井7处13口，[1]部分应属宋井，现择要介绍。

1. 金钵井

位于云顶城中心地带，东距慈云寺755米，南距万年寺200米。圆形水井，口沿为六边形，为典型宋井形制，顶层约0.1米为水泥加筑，口径0.58米，井深4.82米，水源充足。

2. 陈家湾水井

位于陈家湾内侧，南距端午门150米。两井彼此相距约3米。水井已被泥土掩埋，据附近居民介绍，原为圆形水井。

3. 叫花岩水井

位于青龙嘴右侧，后宰门东侧约70米，海拔849米。圆形水井，深6.3米，八边形口沿，井圈为石板加筑，圆形，直径0.54米，形制与金钵井略同，应为宋代水井遗迹，水源充足。

4. 居禅庵水井

位于居禅庵西北约50米的崖壁边缘，海拔858米。六边形井圈，口沿直径0.5厘米，边距0.3米，深5米。形制与金钵井、叫花岩水井相似，应属宋井，目前水源充足。

---

1 薛玉树认为云顶城上原有水池18处，水井32口。见薛玉树《遗留在川西的唯一宋蒙战争遗址云顶城》，《成都大学学报》（社会科学版）1990年第1期。

5. 后宰门水井

位于后宰门右后方约50米的自然崖壁下，海拔857米。水池形状为方形，宽1.7米，长1.74米，深0.6米。水池两面紧靠自然崖壁开凿，其余两面由人工用条石加筑，条石上錾刻有人字纹。水池至今水满而溢，应是云顶城的水源之一，开凿年代应为宋代。

另在圆觉庵背后发现宋代水井1口。井身为六边形，至今仍在使用。（图版2-3）

（三）塘堰

发现塘堰7处，其中多处可能为宋代所修。

1. 慈云寺地藏殿正前方水池

慈云寺地藏殿正前方，有一长方形水池，长17米，宽10米。水池周围由汉白玉栏杆围合，中间有过道供行人通过。

2. 杨柳池

杨柳池位于慈云寺后菜棚子的微波站左侧，此处紧挨龙尾巴校场处，形状呈方形，长宽均为12.5米，深约2米，围合池塘的石块有2—3层可见细密的人字纹，时代为可能宋代。水池至今仍在使用。

3. 金刚池

金刚池位于慈云寺二百梯下的公路旁，距离长宁门约400米。水池用石板盖住，尺寸不详。薛玉树《云顶山记》称金刚池围砌的条石上有明显的宋代刻石特有的人字形錾纹。[1]因此，此水池可能属宋代。

4. 照月池

照月池位于居禅庵前，现已不存。据群众说，水池本已湮没，"5·12"汶川大地震时更是完全损毁。水池石块规模较大，有人字形錾纹。

5. 万年池

万年池位于万年寺正前方约10米处，形状为长方形，长10米，宽5米，由条石围砌，条石上有明显的人字形錾纹。

6. 暗道口水池

水池位于万年寺右前方约200米处，海拔826米。水池形状大致成方形，宽60米，长75米，深约3米，现已干涸。水池外缘用巨大条石垒砌堡坎，高1.4—1.6米，堡坎下有一方形暗道式水口。该塘堰用石硕大，人字纹錾痕，应为宋代修筑。（图2-1-22）

图2-1-22 暗道口水池

---

1 薛玉树：《云顶山记》，四川省社会科学院出版社，1988年，第73页。

三、其他遗迹

（一）造像

云顶城七佛崖有七佛造像。洞窟长6米，宽1.72米，高1.82米，洞内现存有七佛，七佛头为现代加塑。七佛皆着通肩式袈裟，结跏趺坐，两端佛像双手抱物，中间五尊佛像都结禅定印。从造像风格看属明清时期。

小云顶现存摩崖造像3龛，散布于城南山腰平台的巨石之上，均单层方形龛，分别凿刻一佛二弟子二菩萨、一佛二弟子二菩萨二力士和三佛二弟子二菩萨二力士，风化较严重，造像形象模糊不清，但根据龛窟形制和造像组合、风格可断代为唐代。

（二）碑刻

前文已经提及北门及瓮城门上的题刻，此不赘述。其余题刻包括摩崖石刻和碑刻两类。云顶山慈云寺旁光绪年间李文琴的一幅游记题刻中说：

> 唐宋以逮，胜国丰碑，纪胜巍碣，题名实繁且伙……今乃剥蚀者有焉，湮没者有焉。断石零字者有焉。用是披荆榛，越草芥，剔藓搜斑，于金刚岩得古碑二。其一模糊影响，仅额留"菩萨戒经碑镇云顶山"数字了了。余一碑书"多心经"尚可读，然岁月殊，不可考矣。殆周秦以下物软？唐王静照头陀灵骨塔、黄山谷铭词，可识者数行。至和、嘉祐、绍兴、仁宗、光宗，有宋年号犹存。铭勒则明晰者半，漫漶者亦半。五牙石上可辨者，止三十五字。

由此可见，云顶城上原有唐宋时期题刻多幅，但如今已全然不存。现存李文琴于光绪年间撰写的一首诗、"圣泉"题字和一篇游记以及四川提督马维骐所书"云顶山"几个榜书等寥寥几处。小云顶也存两幅清代题刻，内容分别为"虎穴"和"佛"。瓮城门外右侧崖壁上有一加工出的平面用于刻字，幅面宽5米，高3.3米，有清晰的人字纹錾痕，但该幅面无字。

慈云寺内碑刻甚多。大多数内容是关于慈云寺历史、庙产管理或者历届高僧住持的事迹，时代多属清代，此略。

（三）墓葬

云顶城遗址内现存9座石室墓，编号为M1—M9，分别位于万年寺、居禅庵、圆觉庵等寺庵附近。从墓葬形制看，万年寺和圆觉庵处墓葬多为宋墓，居禅庵处墓葬属明清时期。现介绍两座宋墓。

M1：位于万年寺后方约15米处，墓为长方形石室墓，通高1.8米，通宽2.05米，通深3.6米，墓门高1.6米，宽90厘米，墓室深3.12米，墓室内被石块、泥土、柴草掩埋，宽、高不详。墓室的内壁与侧壁有纹饰，墓顶凹陷，中间为雕刻一四片花瓣的花朵，花朵正中的花蕾为一高浮雕的球形藻井。

M5：位于圆觉庵右则约25米处的道路旁边，墓道内部分被土淤埋，残高1.2米，残宽1.46米，残深2.06米。墓后壁阴刻两个花瓶，花瓶两侧各刻一支点燃的蜡烛。

第三节 城防系统

一、城防格局

云顶城作为川西最重要的山城，其城防格局较为讲究，城防设施比较严密。总体而言，可分为内外两层防线。

（一）外层防线

云顶城作为宋蒙元战争时期川西地区唯一的一座大型山城，宋军在其选址、营建上颇费心机。根据现存遗迹与文献资料分析，宋军构筑了以大云顶山（城）为主，小云顶山（城）为辅的内、外两层防线，并以高定关相衔接。

以往研究成果多言，云顶山隔金堂峡与炮台山互成犄角。[1] 但据实地调查，炮台山与云顶山直线距离达1000多米，况且炮台山的海拔为840米，云顶城为948米。战时，无论是云顶山或炮台山哪方遭受攻击，两者难以直接救援，何况两者中间还隔一宽两三百米的沱江。当然，利用烽烟等形式传递信息、出兵牵制和策应是可能的。

云顶城是否在山腰处筑有外层防线，未见历史文献记载，经过多次实地调查，未发现外城墙及外城门等遗迹。笔者认为，云顶城未见外城墙的原因或有以下两点：首先，云顶城内面积较大，承载力强，无须再筑外城。其次，云顶山山崖陡峭，本身就层次分明，部分地区存在三、四层笔直的自然崖壁，足以形成自然的防御系统，因此无须修筑外城。

综上，云顶城之外层防线主要是小云顶山及金堂峡江防，在云顶山半山腰可能并无外城存在。

（二）内层防线

云顶城的内层防线轮廓清晰，主要由城墙、耳城、城门、炮台、角台和暗道等城防设施构成，围合范围以慈云寺为制高点，面积约1.1平方千米。

内层防线为云顶山城核心，依山势而建，沿悬崖顶部设置点位，充分利用自然绝壁，遇沟壑、断崖则修筑城墙以补之。在缓坡地带及出入要道，则设城门以守，并加筑角台及耳城等多种防御设施，且开辟暗道，形成多点位、立体化城防布局。

（三）重点防御区域

城防配置必有轻重缓急之分。调查发现，云顶城在规划城防时亦有所侧重。从防御设施分布情况看，云顶城的重点防御区域主要为北门及瓮城门处、小东门、长宁门处，其中北门与其瓮城门处更是重中之重，具体理由如下：

第一，设置瓮城门。北门在所有云顶城的城门中所处的地势最缓，而且北门与其瓮城门前面皆有极其宽阔的平地，两门的距离甚至能达到上百米，所以在北门修筑了瓮城门来加强防守。

第二，垒筑角台。角台位于北门左前方的七佛岩上，可以用来瞭望山下敌情，亦可发出讯号，与小云顶城互相救援，甚至还可作为炮台使用御敌。

---

[1]（清）嘉庆《金堂县志》卷3《土地部下》，嘉庆十六年刻本。

第三，瓮城门内建有驻军营。北门与瓮城门围合起来的平地较宽阔，在地表可见大量建筑材料，推测应建有军营。

第四，设置暗道。瓮城门右侧暗道的发现表明对这一区域防御性的重视。暗道由人工挖掘，并使用錾刻人字纹的石块垒砌，从城内通向城外，战时可派奇兵经此袭击蒙军。

第五，靠近小云顶。北门一带可与拱卫的小云顶遥相呼应，近者可控扼云顶城至小云顶的道路，远者甚至可控扼成都至潼川、遂宁府的交通要道。

小东门虽位于地势险要的悬崖峭壁处，但距北门并不太远，只有五六百米，因此战略防御地位仍十分重要。其一，在东门内侧修筑炮台，既可侦查沱江方向的敌情，又可居高临下轰击敌人。其二，小东门外右侧相距约50米的一处平台上，亦发现炮台遗迹。此处视野极其开阔，战时可炮击敌人，平时亦可瞭望敌情，且与东门内的炮台位置是交错平行的，可同时开炮。其三，猫儿湾处也发现疑似炮台遗迹。此处位于小东门与北门之间，不仅为小东门的炮台防线，也可轰击进犯北门与瓮城门的蒙军。其四，在距离小东门左侧约100米处，发现城墙遗址。此处至小东门处因地势较为平缓，故加筑城墙以加强防御作用。总之，小东门处以设置3处炮台、1处城门来巩固其防御地位。（图版2-4）

长宁门，位于张家湾内侧，西与张家湾段城墙相接，控守此处的缓坡地带。除发现高筑的城墙外，在长宁门西侧约55米处，还砌有方形角台，角台下发现有宋蒙时期的椭圆形礌石，表明在角台曾使用大炮、石块轰击过敌人。

综上所述，云顶城在北门及瓮城门、小东门、长宁门等重点防御区域，采用修筑城门、城墙、角台、炮台，甚至挖筑暗道、驻军等方式来重点增强防御效能。

二、城防系统

（一）选址

宋军山城的选址都有着慎重考虑，云顶城的选址更是独具匠心。

首先，从宏观看，云顶山所属的龙泉山北起绵阳，南达乐山，长200千米，宽10千米，是成都平原东面的天然屏障。龙泉山脉海拔在1000米左右，中间缺乏孔道交通，唯在金堂因沱江东流横穿龙泉山，形成了金堂沱江小三峡，是龙泉山唯一的东西孔道。云顶城即位于沱江小三峡东端，控扼入峡通道。因而，云顶城实际上是成都平原在东面的唯一堡垒。由于成都的北面无险可守，所以云顶城不仅仅是东面的唯一堡垒，也是成都周边的唯一堡垒。云顶陷落，则成都将无险可守。故而当成都遇兵时，成都的官员们纷纷上云顶城避难，其位置重要性可见一斑。在宋蒙战争期间，成都周边缺乏堡垒拱卫，加之云顶城过早陷落，使得成都很早就落入了蒙古之手，而宋军对川西的控制也随之丧失。在余玠山城体系中，云顶城因位于成都平原以东，距离长江较远，所以实际是外水防线的前沿阵地。

其次，从中观看，云顶山2.5千米外还矗立着一座陡峭的山峰，是为小云顶山。其顶部面积较小且平坦，适合作云顶城的外堡。此外，云顶城山下沱江之滨即为宋代怀安军治。怀安军设立于北宋初年，一直是军事要地，驻军规模较大。南宋嘉定年间，因城池毁坏，知怀安军度正曾加以修复。因怀安军长期治此，故人烟繁盛。宋蒙战争期间，军治就地后靠移至云顶城，利州都统司亦随之移入。云顶城与怀安军旧治遂形成毗邻的"两城制"，这种格局在宋蒙山城中较为常见，如合州旧治与钓鱼城、嘉定旧治与三龟九顶城、顺庆府旧治与青居城等。云顶城居中，怀安军旧治居右，小云顶据左，三足鼎立，正成掎角之势。

再次，从微观看，云顶山最高海拔948米，山顶与沱江面相对高差达510余米。在多数比高（即从山脚到山顶的相对高度）只有100—300的宋蒙山城中，这样大的比高显得十分突出，大概只有兴文凌霄城可与之匹敌。这么大的比高，虽然给自己上下山带来了不便，但同时给攻城者造成了极大的麻烦。山腰地势奇险，攀援不易；山顶之上还有山脊，可增加一道防御阵地。从城内资源看，山顶面积广大，可耕地众多，水源充足，人口承载能力强于一般宋蒙山城。城内原有慈云寺，其建筑可直接用于行政和驻军。

（二）城防设施

云顶城的城防设施充分利用了地形地貌。在张家湾东侧、青龙嘴、居禅庵及南门外山脊等地势奇险之地，主要依靠自然绝壁来防守，因崖为城。而在城南、城北等地势相对平缓，战略地位又非常重要的地区，则高筑城墙、城门及角台、炮台等防御设施，加强防备。从而形成了以自然绝壁为主，人工城防为辅，多层次、立体化的防御系统。既减少了筑城工作量，又能保证城防险固。

云顶城城防设施多样。除城墙及城门外，云顶城内还有瓮城、跑马道、角台、炮台、暗道等防御设施。各种防御设施协同配合，使规模庞大的云顶城，成为川西地区最大的军事要塞。其瓮城的设置在宋蒙山城中较为少见，军事价值突出。瓮城设置在北门外，主要目的是加强北城门一带防御能力。修建于淳祐三年（1243）的北门位置较为靠后，正前方又有较平缓的台地，造成此门的前方和右方视线盲区，无法及时发现敌情，守御难度较大。淳祐九年（1249）修建的瓮城恰好解决了这一死角问题。同时瓮城的设置，从正面切断了上山通道，大大增强了北门的防御能力。

（三）利用宗教场所

云顶城驻军规模庞大，要令行禁止，必然要有军事指挥中心，同时又要有效防守超过1平方千米的庞大山城，必然分兵驻防各城门隘口，因此定有相当数量的军营。根据实地调查，慈云寺附近是云顶山地势最高之处，视野极为开阔，几乎可以周览云顶城全局。而慈云寺始建于南北朝，其后经历代经营，规模宏大，建筑众多，便于战时直接利用，无疑是布置军事指挥中心的绝佳之处。因此，宋末利戎司帅府可能就设置在此。此外，如北门、东门、南门等重要军事防御区和城西生产生活区附近，也应分别设有军营。据薛玉树推测，居禅庵应是北门驻军军营所在，万年寺附近当为城西驻军军营所在，南门守军军营或与利戎司帅府同在慈云寺。[1] 此推测有一定道理。此外，寺庙亦有心理寄托和慰藉之作用。

---

[1] 薛玉树：《遗留在川西的唯一宋蒙战争遗址云顶城》，《成都大学学报》（社会科学版）1990年第1期。

第二章 剑阁苦竹隘

第一节 史地概况

一、地理环境

苦竹隘，在历史文献中又作苦竹寨、苦竹崖，今名朱家寨。坐落于四川省广元市剑阁县剑门关镇剑雄村小剑山上，西距剑门关直线距离约3.8千米，北距剑阁新县城约9千米，东距嘉陵江约16.5千米。

剑门山由大小剑山组成，山岭横空，危崖高耸，从东北向西南蜿蜒伸展，长达百余里，气势磅礴。主峰大剑山，峰如剑插，石壁横亘，森若城郭，峭壁中断，

图2-2-1 苦竹隘山崖

两崖对峙，一线中通，形似大门，故称"剑门"。剑门地势险峻，为秦蜀交通咽喉，素有"蜀北屏障，两川咽喉"之称。小剑山海拔约860米，山体由坚硬的砾岩构成，四面被深谷切割，形成四方形孤山，山顶北高南低，属孙华先生所称的斜顶型山城。[1] 小剑山"与剑峰峦联络延亘如城，下有隘路，州人谓之后门关"[2]。此后门关即在苦竹隘下。小剑路亦与大剑路相连接，构成蜀道之剑阁段，在军事防御上"后门关"与剑门关是一体的。顾祖禹在《读史方舆纪要》中云："（苦竹隘）在小剑山顶，四际断崖，前临巨壑，孤门控据，一夫可守。宋置戍于此。"[3] 小剑山山顶周长约3.5千米，面积约0.69平方千米（图2-2-1）。

2019年，"剑阁苦竹寨遗址"获批为省级文物保护单位。

二、苦竹隘的创筑与完善

苦竹隘是南宋防线沿蜀道内移的产物。《方舆胜览》记载："有小剑故城，在益昌县西南五十里。"[4] 端平三年（1236），宋军创建苦竹隘，或许是在原小剑故城的基础上修建的。小剑故城因地处险峻的小剑山上，不适合作为治所，故只能与当时其他山城寨堡一样，只是一个

---

[1] 孙华：《宋元四川山城的类型——兼谈川渝山城寨堡调研应注意的问题》，《西华师范大学学报》（哲学社会科学版）2015年第2期。

[2] （清）雍正《剑州志》卷5《山川》，雍正五年刻本。

[3] （清）顾祖禹：《读史方舆纪要》卷68《四川三·苦竹隘》，中华书局，2005年，第3220页。

[4] （宋）祝穆撰，（宋）祝洙增订，施和金点校：《方舆胜览》卷67《剑门关》，中华书局，2010年，第1170页。

临时的保聚之地。余玠担任四川制置使后，隆庆府移治苦竹隘，成为宋军抵抗蒙军的前沿堡垒。淳祐十二年（1252）春，汪德臣奉命修筑沔州城。第二年，又奉旨修治利州。从此，蒙古竭力把利州建成"破蜀灭宋"的稳固军事基地。蒙古修筑利州城在南宋朝野引起巨大反响，朝士纷纷上书陈献应对之策，宋理宗亲自过问此事。时任四川制置使蒲择之组织过收复利州的军事行动，但最终未实现收复利州的战略意图，只得将防线放置在利州以南地带。根据宋元文献，这道防线主要由安西堡、剑门关和苦竹隘等要塞堡垒构成。宝祐三年（1255），宋将段元鉴收复苦竹隘，因功升为都统兼隆庆知府。段元鉴对苦竹隘进行过整修。从题刻看，他至少修建了东门。城内其他设施的修建、修复情况史载不详。

三、苦竹隘战事

关于苦竹隘战事，蔡东洲进行了仔细梳理，[1]概括起来有如下几次重要事件。

1. 宝祐二年（1254）苦竹隘降蒙。余玠北伐兴元失败后，派重兵留守金牛道上的利州、隆庆等重镇，为控制蜀道做了周全准备。但继任四川制置使的余晦志大才疏，既乏策略，又排除异己，以致蜀中将士人心惶惶。面对蒙军招降，苦竹隘隘守将南永忠很快叛敌。此次叛降完全打乱了余玠当年的部署，给蜀道沿线的城寨带来了极大危害，致使蜀门再次洞开。南永忠甚至还充当蒙军说客，前往安西堡等地劝降。

2. 宝祐二年（1254）宋军收复苦竹隘。苦竹隘失陷等一系列事件导致余晦很快免职，由蒲择之继任。蒲氏上任之初即加强川北一线防御，不仅修建了礼义城，还用策反的办法收复了苦竹隘，以段元鉴守之。[2]段元鉴加固了城防设施，新修了卷洞门。一年后，段元鉴再升为沔州御前驻扎诸军都统制兼知顺庆府，成为青居城主将，杨礼接替驻守苦竹隘。

3. 宝祐六年（1258）苦竹隘失守。蒙哥汗率大军攻蜀，苦竹隘首当其冲。蒙军虽然集中优势兵力猛攻，但狭窄的沟谷、陡峭的山体、逼仄的山路，使蒙军难以发挥骑兵优势，多次强攻都被击退，即使蒙哥汗亲自击鼓督战也无济于事。[3]后史天泽部裨将史枢夜率数十名精兵，缒绳入数百尺的绝涧，再攀缘苦竹隘峭壁而上，"得其所以至师之处"发出信号，蒙哥汗急令取之。内外夹击之下，东门守将赵仲武投降，苦竹隘陷落，宋军名将张实被俘，后惨遭肢解。[4]

---

[1] 蔡东洲、汪建辉、方超：《宋蒙蜀道争夺中的苦竹隘之战》，《西华师范大学学报》（哲学社会科学版）2019年第4期。
[2] （元）佚名编，汪圣铎点校：《宋史全文》卷35，中华书局，2016年，第2839页。周德荣，在宋元文献中一作周荣。
[3] 蒙军进攻苦竹隘的详细记载见于时人为汪忠臣、汪德臣兄弟撰写的神道碑。王鹗《汪忠烈公神道碑》载：苦竹隘碉壁峭险，有请建天桥者，上以问公（汪德臣），对曰："先登陷阵，臣所不辞，桥之成否，臣不敢知。"已而桥果未成。公躬率将士鱼贯而进，上目击，叹曰："人称汪总帅胆勇，果非虚誉。"南军赵仲武开门纳款，而守将杨礼拒战。我军奋击，尽殪之，夷其城。〔（元）王鹗：《汪忠烈公神道碑》，《陇右金石录》卷5《临洮》，台北新文丰出版公司，1977年。〕姚燧《便宜副总帅汪公神道碑》载："大驾至利，巡所治楼壁桥隍，叹曰：'使吾非成之，敌先之，则四川领喉之地，可必能岁月平哉！'遂移帅西南，攻剑关。关之西隘曰苦竹，隆庆府治其上，西北东三面崭绝，深可千尺，猿猱不能缘以上下者也。其南一途，一人侧足可登，不可并行，敌尽锐御者惟此。而帝敕诸军，攻未至某地，无张汝帜，自伐鼓督之。公前登，帝望帜张，倡伪歌呼，六军和之，声动天地。隘之兵民，飞崖如蝶。前是获敌张都统，仗为蜀导，反绐帝曰：'吾能诱此栅令遣降。'入行，则反为敌用，且泄吾军何地强弱，何仓丰馁，教使勿下。帝为书系简箭三，射入栅，令必生致。获之，磔以徇。"〔（元）姚燧：《牧庵集》卷16《便宜副总帅汪公神道碑》，文渊阁四库全书本。〕
[4] 《元史》卷147《史枢传》，第3484页。赵仲武，在宋元文献中一作赵仲。

苦竹隘自端平三年（1236）创建驻军，至宝祐六年（1258）城陷被屠，20余年间实为南宋巴蜀内地抗御蒙古的中流砥柱，即使在利州全路、成都府路大部、潼川府路北部陷落的形势下仍然为宋军所坚守，有效地遏止了蒙军沿嘉陵江南下。苦竹隘的陷落严重打击了宋军信心，导致了整个嘉陵江流域中游防御的迅速崩溃。一直到宋蒙战争结束，宋军再未取得嘉陵江中游地区的控制权。

第二节 遗存

经两次实地考察，发现城门1座、哨所1处、道路1条、题刻6幅，均集中于城门附近。城内因箭竹茂密，调查中未能发现宋代遗存。

一、城防遗迹

（一）城门

苦竹隘是利用自然天险最充分的山城之一。山体一周，尽为悬崖，崖壁高达数十米，最高处有百余米，形成一道无法攀登的天然城墙。这是我们实地考察过的唯一没有发现城墙的宋蒙山城。

遗址内仅发现一道可供出入的城门，位于苦竹隘东南侧的山腰，靠近山顶处，今称卷洞门，应即文献中的"东门"。该门坐落于半山腰一块突出岩壁、状如虎口的巨石之下，系将天然石缝拓宽加工而成，十分隐秘。城门左凭崖壁，上连虎口巨岩，右靠巨石，下接绝壁。人为起拱，地面铺设石板，上下凿出阶道，道路狭窄，仅容只身，居高临下，诚有"一夫当关，万夫莫开"之势。（图2-2-2）

城门为石质拱券形制，据城门内部崖壁残存凹槽等判断，此城门原有内外两道拱券，现仅外拱尚存。城门通高1.97米，宽1.5米；

图 2-2-2 苦竹隘东门

门洞高1.71米，宽0.96米，进深1.65米。方向为南偏东78°。门拱券心石上现存宋将段元鉴修城题记。城门壁以长方体条石垒砌而成，凿痕多见人字纹，少量为竖条纹和斜线纹。城门壁上，现存明代题刻4幅。

调查发现，东门所用石材为砂岩，但大小剑山山体均以砾岩为主，苦竹隘崖壁亦不例外。因此，修筑东门所用之石材系他处运来。究其缘由，盖因砾岩坚硬异常，甚难开凿，更无法加工成拱券式城门要求的规则形状。而砂岩由于石质相对松软，易加工，遂成为修筑城门的首选石材。战争年代，不惜劳神费力，自别处搬运巨石至此修筑城门，足见宋廷对苦竹隘修筑之重视。东门所用之石材是从何处搬来还有待今后更进一步研究。

据何兴明的调查，在东门跨溪涧约100米的对面石壁处，另有石门一道，石门下傍岩凿道，成为这一带的要冲，可上通剑门关、青疆岭，下达水会渡。[1]我们在调查中未发现此门。

（二）哨所

东门上方约5米处，有一处人工加工后的石台，长宽不过二三米，位置突出，视野开阔，边缘有人工砌筑痕迹，可作哨所用。（图2-2-3）因居高临下，能对进攻城门的敌人造成威胁。

图2-2-3 东门上方哨所

二、其他遗迹

（一）道路

苦竹隘遗址内箭竹茂密，难以通行，城内原有道路情况不明，仅知城门内外石阶而已。文献记载："苦竹隘西北东三面崭绝，深可千尺，猿猱不能缘以上下也。其南一途，一人侧足可登，不可并行。"[2]实地考察发现，道路系陡壁上人工掏凿而出，宽不到二尺，盘桓曲折，多处断绝，需牵藤攀岩而上，与文献记载相符。从小剑溪上行数百米，经过一个急弯，便可眺见城门。弯道处距城门约60米，近城门处用条石砌筑路基。（图2-2-4）

图2-2-4 东门外全砌的路基

（二）题刻

调查中，在城门内壁发现题刻6幅，其中南宋题刻1幅，明代题刻4幅，时代不明1幅。为叙述方便，将门拱券心石题刻编号为T1；城门洞左壁从外向内书写，依次编为T2、T3；右壁3处，从内向外书写，依次编号T4、T5、T6。现分别介绍如下。

1. T1：段元鉴筑城题名（图2-2-5）

东门券拱正中的券心石长1.66米，下部有题刻，竖排一行，阴刻楷书，刻于宋理宗宝祐三年（1255），其文如下：

> 宝祐乙卯七月吉日武功大夫右骁卫将军知隆庆府事节制屯戍军马任责措置捍御段元

---

[1] 何兴明：《南宋抗元遗址——剑门苦竹寨》，《四川文物》1985年第3期。
[2] （元）姚燧：《牧庵集》卷16《便宜副总帅汪公神道碑》，文渊阁四库全书本。

鉴创建。

题刻中，"段""创""建"三字较大，"元鉴"二字最小。题刻上方阴刻一呈翻卷状的下覆莲叶，题刻尾部阴刻一朵上托的九瓣莲花，下接弯向右侧的短茎。题刻从内向外书写，保存完好。

2.T2：李廷锡等题名

T2位于东门内（北）左壁，靠近城门外侧，题刻占壁面长0.45米，高0.32米，阴刻楷书，字径2—3厘米。题刻因风化严重，仅部分可识，时代不详，残文如下：

□□刘□□子□□/□民□启□□舜□/□□□李廷锡、严万/□□□同游于此。/南江魏国□。[1]

3.T3：明高任重诗刻

T3位于东门左（北）壁内侧，与T2相邻，题刻占壁面长约1米，高0.32米，刻于明隆庆二年（1568），阴刻楷书，竖排14行，第一行为诗名，已被凿毁。每行4—5字，字径4—6厘米。内容基本可识，其文如下：

图2-2-5　东门券心石题刻

……/次李琢斋/韵。/宋臣设险开/山寨，明守探/奇到石门。一/望剑山天下/胜，诸峰罗/立似儿孙。/隆庆二年/戊辰九月十/四日，知剑州/滇南高任重/题。

题刻中的李琢斋为明代正德间剑州知州李璧。

4.T4、T5、T6

T4、T5、T6位于东门内右（南）壁，题刻占壁面通宽1.27米，高0.33米，阴刻楷书，均刻于明正德十二年（1517），以双线区隔，题刻文字风格有别。其中T4内容如下：

登□□□。/小剑山头苦/竹寨，周遭崖/壑仅通门。太/平时节何须/此，借与猿猴/长子孙。/正德丁丑剑/守邕管□□/题。/

---

[1] 湖北安陆有李廷锡者，清道光二年（1822）进士，曾任涪州知州、川陕按察使、陕西督粮道等，T2中的"李廷锡"或即此人。见（清）陈康祺《郎潜纪闻》二笔卷3（清光绪刻本）、（光绪）《德安府志》卷11（清光绪十四年刊本）等。

T5 位于 T4 外侧，字径稍大，内容如下：

正德十二／年十月／剑州知州／武缘李璧／登览于此。／

T6 位于最外侧，字径最小，风化较甚，残文如下：

正德丁丑□□剑庠／……／□游士关□□武□／太守李公游至此。／

以往研究成果中，将 T4、T5 混为一谈，认为 T4 七言诗为李璧所作，[1] 盖未细审题刻之分段。细读题刻，其实不然。东三幅题刻风格、字号均有差别，显系三人各自书写并上石。此外，从题刻内容可知，赋诗者另有其人，并非李璧。T5 表明李璧仅题名登览而已，并未赋诗。T6 记"李公游至此"，作者为从李璧游者。

有趣的是，东门左壁之 T3 中，在李璧游览 50 余年后登临苦竹隘的剑州知州高任重，"次李琢斋韵"，再赋七言绝句，或许高氏也未细察而误以为 T4 为李琢斋（即李璧）所作了。

这两首七言诗表明，在明代苦竹隘那段抗蒙的历史还未完全被遗忘，不过其已失去往日军事堡垒的功用，而成为地方官员凭吊、揽胜的场所了。

除上述遗迹之外，苦竹隘遗址地层中随处可见宋元以来的瓦砾、陶片及明清青花等瓷器残片，另有窑址 1 处（乡人认为是近些年林场烧瓦所留）。

---

[1] 何兴明在识读东门左壁题刻内容时，七言诗最后一句"借与猿猴长子孙"句后漏掉了"正德丁丑剑守邑管□□题"一句，故以此诗为李璧所作。见何兴明《南宋抗元遗址——剑门苦竹寨》，《四川文物》1985 年第 3 期。

第三章 苍溪鹅顶堡

第一节 史地概况

一、地理环境

鹅顶堡遗址位于四川省广元市苍溪县白桥镇、亭子镇及剑阁县鹤龄镇交界处的长岭山[1]上，东距嘉陵江约2.5千米，从剑阁到苍溪的县道由鹅顶堡南、东、北三面绕过。长岭山为低山丘陵地貌，周边山峦起伏，站在山顶放眼四望，视野开阔。鹅顶堡山城由马鞍形的两座山头及连接两者的山脊构成，北为鹅头岭，南为方斗山，两山头之间有狭长的山脊连接，称为鹅颈。山城依长岭山和方斗山崖壁而建，崖壁顶部较陡，高数米至一二十米，除中部王佐祠一带，整个山顶较为促狭，亦不平坦。城址平面狭长，呈西北—东南向。通过91卫图助手测量，山城周长约2800米，面积约0.2平方千米。南北长约1200米，东西宽100米左右，最宽处位于中部，约300米，最窄处为鹅颈处的山脊，仅约10米宽。

鹅顶堡地势高敞，视野开阔，被视为当地盛景之一。道光《重修昭化县志》记长宁山："其地四面险峻，外有石城围之，顶上大坪一区，可屯万人。有大池，方广数丈，清水澄澈，自石缝涌出，虽大旱不涸，谓之洗马池。又有白云洞、龙泉诸胜。"[2] 文中的"大坪"即王佐祠一带平地，"大池"即洗马池。不过志中言语颇有夸张之处，大坪既不能屯万人，洗马池亦难称大。长岭山山顶一通刻于民国三十年的碑《题重修长岭山前楼阁志序》中载："长宁山，昭邑八景之一……左有鹅头岭，右有洗马池，前有神仙井，后有白云洞。"神仙井很可能即道光志中的"龙泉"。上述名胜在调查中都已找到。

2013年，鹅顶堡以"长宁山抗元遗址"之名列入苍溪县县级文物保护单位。

二、鹅顶堡的创筑与战事

鹅顶堡地处苦竹隘和大获城之间，是宋军嘉陵江防线中的一个重要节点，但文献中没有创建鹅顶堡的相关记载。根据当时的形势推测，宝祐二年（1254）蒲择之上任后，首先收回了苦竹隘，然后着力加强嘉陵江中游一带防御能力。宝祐三年（1255）上半年，段元鉴修建了苦竹隘东门。鹅顶堡很有可能即修建于此时，即宝祐二年至三年之间。

文献中记载的鹅顶堡战事只有一条：

---

[1] 由于长岭山与长宁山音近，导致文献中长宁山城与鹅顶堡也出现了混淆，或认为是一处，即今之鹅顶堡；或认为是两处，另一处在昭化西南九十里。如《明一统志》："长宁山在昭化县西南九十里。"据《宋史》《元史》等记载，宝祐六年（1258）十月，蒙哥汗先进攻长宁山，守将王佐、徐昕战败，退守鹅顶堡，故长宁山城与鹅顶堡实为两地。可参见易宇《南宋四川地区山地城堡考察记》，《中国人文田野》第3辑，巴蜀书社，2009年。

[2] （清）道光《昭化县志》卷6《舆地山川》，道光二十五年刻本。

（十月）庚子，围长宁山，守将王佐、裨将徐昕等率兵出战，败之。十一月己酉，帝督军先攻鹅顶堡。壬子，力战于望喜门。薄暮，宋知县王仲由鹅顶堡出降。是夜破其城，王佐死焉。癸丑，诛王佐之子及徐昕等四十余人。[1]

此事发生在宝祐六年（1258）蒙哥汗亲征之时，十月庚子为10月26日，十一月己酉为11月5日，壬子为11月8日。由文献知，王佐先在长宁山战败，然后退守鹅顶堡，9天后，蒙哥汗大军继续紧逼鹅顶堡，坚守3天后知县王仲开门出降，鹅顶堡陷落，王佐、徐昕等不屈被杀。

平昌小宁城的《张实修筑小宁城题名记》提及淳祐五年（1245）筑城参与者中有一名叫徐昕的路将，与长宁山裨将徐昕同名，或许为同一人。

第二节 遗存

经实地调查，鹅顶堡遗址内遗迹较多，包括城墙、城门、角台等城防遗迹和水井、神仙洞、洗马池、王佐祠、云雾寺等相关遗迹（图2-3-1）。

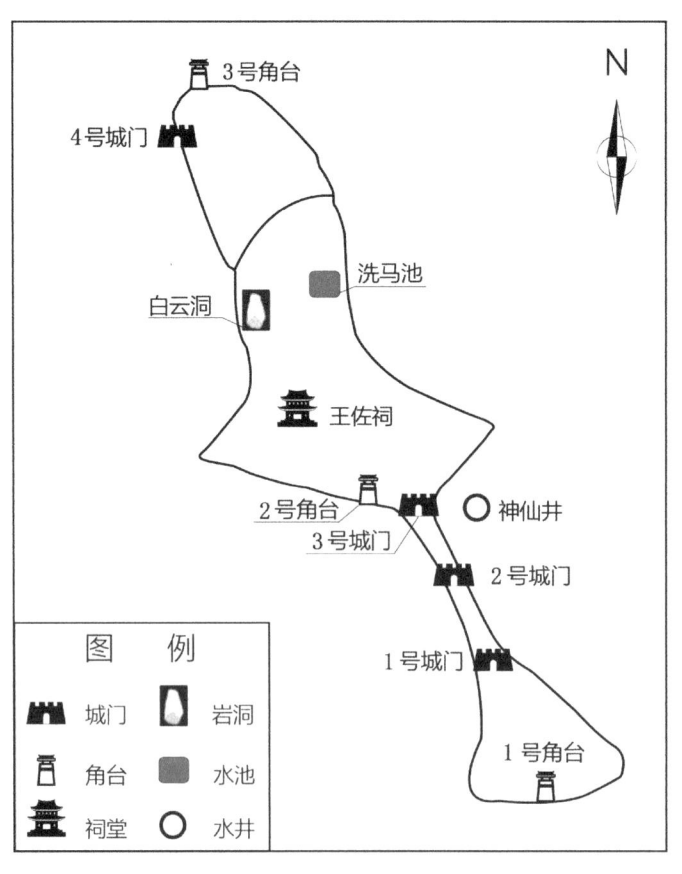

图2-3-1 鹅顶堡遗迹分布示意图

---

[1]《元史》卷3《宪宗纪》，中华书局，2013年，第52页。

一、城防遗迹

鹅顶堡遗址的城防军事遗迹以城墙和城门为主。调查中发现城墙遗迹多处，断断续续分散在各城门附近，城墙保存状况不一。调查确认了城门遗迹4处，分别为位于山嘴之上的1号城门、距离1号城门约400米的2号城门、距离2号城门约300米的3号城门，以及与3号城门相距较远的4号城门。这4座城门均塌毁严重，仅存基址。

（一）城墙

前引道光《重修昭化县志》说"外有石城围之"，可见在道光年间城墙尚保留较好。笔者调查发现，鹅顶堡城墙保存已经较差，仅发现零星几段，主要集中于1号城门至2号城门之间的鹅颈地段和白云洞附近。

1. 1号城门附近

1号城门两侧有4—5层城墙，垮塌严重。墙下即为悬崖峭壁，易守难攻。砌筑方式均为丁砌，錾痕为斜纹和"人字"纹。附近发现采石遗迹。

2. 2号城门附近

2号城门一带城墙沿山崖向外分布有连续的城墙，残长约3米，残高4.5米，城墙保存状况较差。采用丁砌筑法，石材规格较大，形制不一，砌筑杂乱。2号城门的城墙附近发现有采石场。

3. 3号城门附近

鹅顶堡3号城门左侧保存有高约3米、总长10米左右、由4层条石砌筑的城墙。（图2-3-2）城门右侧城墙由7层条石砌成，高约3米，长约9米。两边及中间均已垮塌。

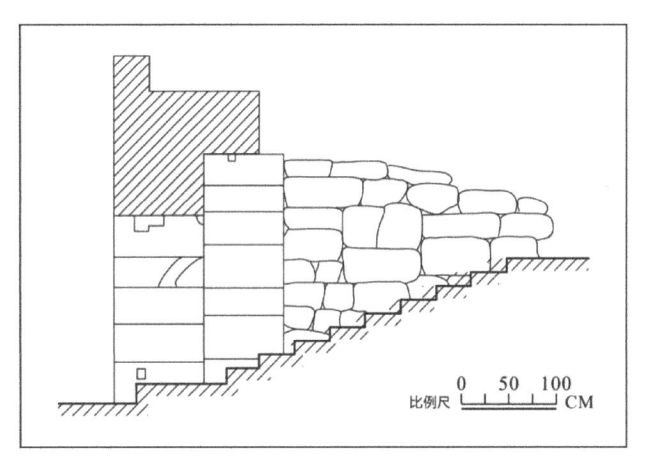

图2-3-2 鹅顶堡3号城门左侧城墙

4. 白云洞附近

白云洞附近有一段城墙保存较好，残高9层，高3—4米，长10余米。石材切面方形或近方形，均丁砌，近方形者侧立丁砌，城墙石切面高大于宽。（图2-3-3）

（二）城门

文献中提到的鹅顶堡城门有望喜门，我们调查发现有4处城门遗迹，其中4号城门位置最靠西边，应为前门，1号城门为后门。根据文献记载，蒙军进攻鹅顶堡时重点攻击的是望喜门，望喜门与"望西门"谐音，因此，我们怀疑4号城门即望

图2-3-3 白云洞附近城墙

喜门。

1. 1号城门

1号城门位于方斗山南部的山嘴之北，紧邻鹅颈。城门朝向为西偏北7°，海拔高度851米。石质单拱券形制，但拱券损毁严重，仅余门道，门道前后为石阶。

2. 2号城门

2号城门位于鹅颈中部，南距1号城门约300米，城门朝向为北偏西20°，海拔846米。（图2-3-4）门墩由12层条石砌成，高约5米，总长约8米。2号城门附近地势较险，崖壁相对高差达10余米。城门内侧土壤中包含较多瓦砾及陶、瓷器残片。

3. 3号城门

3号城门位于2号城门以北约200米处的鹅颈位置，城门西侧为2号角台。城门朝向为北偏西19°，海拔840米。由条石砌成，石上有"人"字纹錾痕。门道残高约1.5米，垮塌严重。

4. 4号城门

4号城门位于城址北端西侧，城门东北侧有3号角台，朝向西北。现存门道，门道宽2.6米，残高约1米，门道内有石阶三级。（图2-3-5）

（三）角台

共发现3处，1号角台位于城址最南端，2号角台位于鹅颈北端，3号角台位于城址最北端。

1、2号角台保存较好，圆形，面积10余平方米。城墙石体量较大，丁砌，高约3米。（图2-3-6、2-3-7）

图2-3-4　鹅顶堡2号城门平面图

图2-3-5　4号城门

二、其他遗迹

除城防遗迹外，还有一些日常生活或精神信仰的遗存，如水井、池塘、祠观等。

神仙井位于3号城门东侧崖壁山腰，开凿于岩石上，井口八边形，直径约2米，深度不详。

图 2-3-6　1 号角台

图 2-3-7　2 号角台

图 2-3-8　洗马池

当地村民现今仍在使用。

　　洗马池位于城址中部，海拔 848 米，平面略成方形，面积约 100 平方米。池周石壁有加工痕迹，故为人工开凿。（图 2-3-8）

　　白云洞位于城西中段峭壁之上，上有石棚，下距地面约 10 米。因无法攀援，洞内情况不详。洞门口筑有 7 层石墙，石墙中部留有 1 个方孔，可做射击孔使用，可能兼有修行和避难作用。白云洞的石材规格和砌法有清代特征。

　　王佐祠位于山顶中部，现存建筑为清代所修，尚存嘉庆年间柱础 1 个、清代碑刻 2 通。王佐祠原为纪念鹅顶堡守城将领王佐的祠庙，现为红军纪念馆。

第四章 苍溪大获城

第一节 史地概况

一、地理环境

大获城位于四川省广元市苍溪县东约13千米的王渡镇大获山上。大获山地处秦巴山脉南麓、嘉陵江中游，为利、阆、巴、剑四州之交界，水陆交通便利，战略地位重要。"阆州有大获城，近利州，阻山为固，可遏其突入葭萌。"[1] 此山最高海拔617米，为其所在区域的制高点，山势险要，视野开阔。"对面小山有石如鼓，谚曰：撞得石鼓鸣，取得大获城，言其险而难。"[2] 大获城位于古米仓道由巴州（今巴中）经阆州（今阆州）到成都的道路上，北、东、南三面环水（宋江，又名东河）。宋江既可做大获城的自然防线，又能通航。从大获城顺宋江而下，大约25千米的水路即汇入阆中附近的嘉陵江。大获山的西面为陆地，但山脚下有一条南北向的天然沟壑。大获山西麓比较高峻，有自然之险。大获山地形特别，分为上下两层台地，各层之间危岩耸立，山腰及山顶平台地势则平缓开阔，山顶平台达万余平方米。山顶西侧有一水塘，略呈三角形，水源充足，与顾祖禹在《读史方舆纪要》"大峰上有池，广数亩，谓之天池"[3] 的描述相符。山腰台地内分布有大面积农田、房屋及数方水塘。（图2-4-1）

图 2-4-1 大获城城内地形

---

1 (宋) 章如愚：《群书考索别集》卷25《边防门·蜀》，文渊阁四库全书本。
2 《方舆汇编·职方典》卷599《保宁府部汇考三·保宁府古迹考》，古今图书集成本。
3 (清) 顾祖禹撰，贺次君、施和金点校：《读史方舆纪要》卷68《四川三·保宁府》，中华书局，2005年，第3206页。

大获城遗址2013年公布为广元市市级文物保护单位，2019年升格为省级文物保护单位。

二、大获城与宋蒙战争

（一）大获城的始建与完善

《大明一统志》载："大获城在大获山，宋淳祐中兵乱，制置使余玠筑此城，为阆州治，而以苍溪为倚郭。"[1] 根据相关历史文献的记载，大获城的修筑实际上经历了两个阶段。

第一阶段为草创。《大清一统志》记载：

> 大获城，在苍溪县东南大获山上。宋绍定中都统孙臣、王坚所筑。淳祐三年，兵乱，制置使余玠修筑此城，为阆州治，以苍溪县为倚郭。后元兵取雅（剑）州，至阆之大获山，降其城。城因石岩为之，中通四门，周十里。明崇祯十三年，知县沈国复修之。[2]

嘉庆《四川通志》也有相同记载。[3] 据此，大获城始建于宋理宗绍定年间（1228—1233），时值宋蒙冲突早期。[4] 主持筑城的将领为孙臣及王坚。孙臣其人，未见史载，事迹不详，王坚即后来镇守钓鱼城的宋军主将。

宋蒙战争初期，蒙军多次入川劫掠，南宋朝野由此对蒙古作战特点有了更多的认识，也采取一些应对措施，以备类似的突发事变，在川北地区建立山寨城堡，大获城即其一。不过，这时的大获城仅仅是防备突发事件而建设的庇护场所，城防系统并不完备。

第二阶段为完善。宋蒙全面开战之时，大获城是作为余玠山城体系中的一环建设的，不仅是金州都统司内迁的驻屯地，还是阆州和苍溪县的治所。因此，大获城在余玠的山城体系中地位突出，为四大戎司驻地之一，也是"八柱"之一。后人为纪念余玠，为其建祠。雍正《四川通志》载：

> 余公祠在苍溪县三十里大获城。宋淳祐三年，四川制置使余玠筑城屯粮，以防寇患，全川宁谧，立祠祀之。[5]

主持完善大获城城防的是宋军金州都统兼知阆州王惟忠及其继任者杨大渊。王惟忠为余玠心腹干将，深受重用。余玠上任之初，即命其为阆州帅守，负责完善大获城，因此，大获城的完善工作很可能是从淳祐三年（1243）开始的。至淳祐五年（1245），宋廷最初欲任命韩宣为阆州主将，但"韩宣以城筑未就，不欲往阆州。清叟亦有奏，令且了城筑。今且命杨大

---

1 （明）李贤等：《大明一统志》卷68《保宁府》，天顺五年内府刊本。
2 （清）穆彰阿、潘锡恩等纂修：《大清一统志》卷298《保宁府二》，影印文渊阁四库全书本。
3 （清）常明修，杨芳灿纂：《四川通志》卷51《舆地志·保宁府》，嘉庆二十年刻本。
4 李天鸣先生认为，绍定年间四川仍以蜀口为守，巴蜀内郡暂无修建山城之必要，且此时四川中驻大军原则上皆在蜀边，都统级别的将领也都在蜀口，只在绍定四年蒙军借路之役才退至南方，但值惨败之时，亦不可能有时间和力量来筑城，因此大获城始筑于绍定之说法必然有误。见李天鸣《宋元战史》，台北食货出版社，1988年，第441页。
5 （清）雍正《四川通志》卷28上《祠庙·保宁府》，文渊阁四库全本。

渊，则专任杨大渊，不可二三其说"[1]。朝臣牟子才对此提出过异议："今长子帅师于数千里之外，而欲使蒲择之在边，黄应凤留司，既使韩宣总统，又使杨大渊代韩宣总统，则知兵之说，臣所未喻也。"[2]最终宋廷以杨大渊为利东路安抚使金州驻扎御前诸军都统制知阆州，驻扎大获城，负责嘉陵江中游的防务。

在利州已成为蒙古进攻巴蜀大本营的形势下，大获城成为抵挡蒙军由川北南下东川的重要关隘，是四川山城体系的前沿阵地，地位异常重要。时任四川制置使的余玠对大获城的战略地位非常重视，不仅将阆州军政机构迁至大获城内，而且"移金戎于大获，以护蜀口"[3]。大获城也由此成为"八柱"之一。不过驻守大获城的兵力并不多，大概不超过1千人。

（二）大获城战事

宝祐六年（1258）蒙哥汗亲征巴蜀以前，宋元史书中没有蒙军攻扰大获城的只言片语，但有杨大渊率部参与收复川北、川西的记载。宝祐六年（1258）十月，蒙哥汗亲率中路军，沿金牛道抵达利州，在汪德臣的带领下攻破宋军驻守的苦竹隘、长宁山、鹅顶堡。十一月，蒙哥汗大军围攻杨大渊驻守的大获城。蒙古在进攻大获城之前派遣宋降臣王仲对杨大渊进行劝降，当时杨大渊大义凛然地拒绝了投降并且将王仲杀死。蒙哥汗因此大怒，对大获城发起猛攻，但"宋人阻山为城，带江为池，恃以为固"，汪德臣率军攻破水门，[4]蒙古将领张立"攻陷外堡，夺战船百余艘"[5]，同时，大获城面临城破被屠的危险。杨大渊权衡再三，为全活一城军民，最终开城投降，成为宋蒙战争中较早投降的宋军高级将领。

杨大渊降蒙后随即引导蒙军攻打运山城、青居城、大良城，同时开展对其守将的劝降活动。众山城的不战而降，直接导致了宋朝嘉陵江防线崩溃，嘉陵江中游的大获、运山、青居三座山城和渠江中游的大良城全部落入蒙古之手，且摇身一变成为蒙古进攻南宋的"四帅府"，而杨大渊于大获城行元帅府事，大获城也正式成为蒙古"四帅府"之一。

大获城被蒙军占领之后，杨大渊、杨文安叔侄二人以此为基础，为蒙军出谋划策，攻城略地。杨大渊向蒙军建言要攻取四川必须先占据夔州路，并派遣侄子杨文安攻打巴、渠、开、达等地宋军城寨。深谙宋朝防守战略的杨大渊还多次修筑虎啸城以切断宋军渠江水道，限制大良城。可以说杨大渊及其所驻守的大获城在降蒙之后对南宋精心构筑的山城体系造成了巨大冲击，加快了蒙军占领长江上游地区的步伐。

至于宋元以后至明崇祯年间这段时间内大获城的利用情况，由于缺乏相关文献记载，一直以来都不得而知。所幸，1966年村民在大获城发现了两枚印有八思巴文"万州诸军奥鲁之印"的铜印，为了解这段历史提供了些许线索。陈世松认为，该印制作于元延祐四年（1317），属于汉军系统，领受万州奥鲁印信者很可能是杨大渊的族裔或其嫡系部属。或许是因元末明玉珍率领的农民起义军进军万州，万州奥鲁仓惶率众出逃至先祖聚居的大获城避难，从而才将

---

[1]（宋）牟子才：《论用李曾伯等疏》，《宋代蜀文辑存校补》卷89，重庆大学出版社，2014年，第2856页。
[2]（宋）牟子才《论用李曾伯等疏》，《宋代蜀文辑存校补》卷89，重庆大学出版社，2014年，第2857页。
[3]《宋史》卷416《余玠佳》，中华书局，2013年，第12470页。
[4]《元史》卷155《汪德臣传》，中华书局，2013年，第3652页。
[5]《元史》卷165《张立传》，中华书局，2013年，第3878页。

印信留存于此。大获城在明代又得以重修利用。嘉庆《四川通志》卷51记载"明崇祯十三年知县沈国复修之"[1]。明崇祯十三年即公元1640年，这一年张献忠再次进入四川。此时复修大获城，目的自然是防范张献忠农民军。

第二节 遗存

大获城遗址现存大量城防军事遗迹、生活生产以及其他类型遗迹。城墙、城门及角台遗址是主要的城防军事遗迹。大获城现存城门遗迹8处，其中内城3处，外城5处，仅外城南门、卷洞门保存相对较好。城墙多段，主要集中于外城。另在北门与东门之间发现大型建筑基址1处。此外，遗址中还有寺观、摩崖石刻、墓葬、水塘、碾槽等生活生产遗址。（图2-4-2）

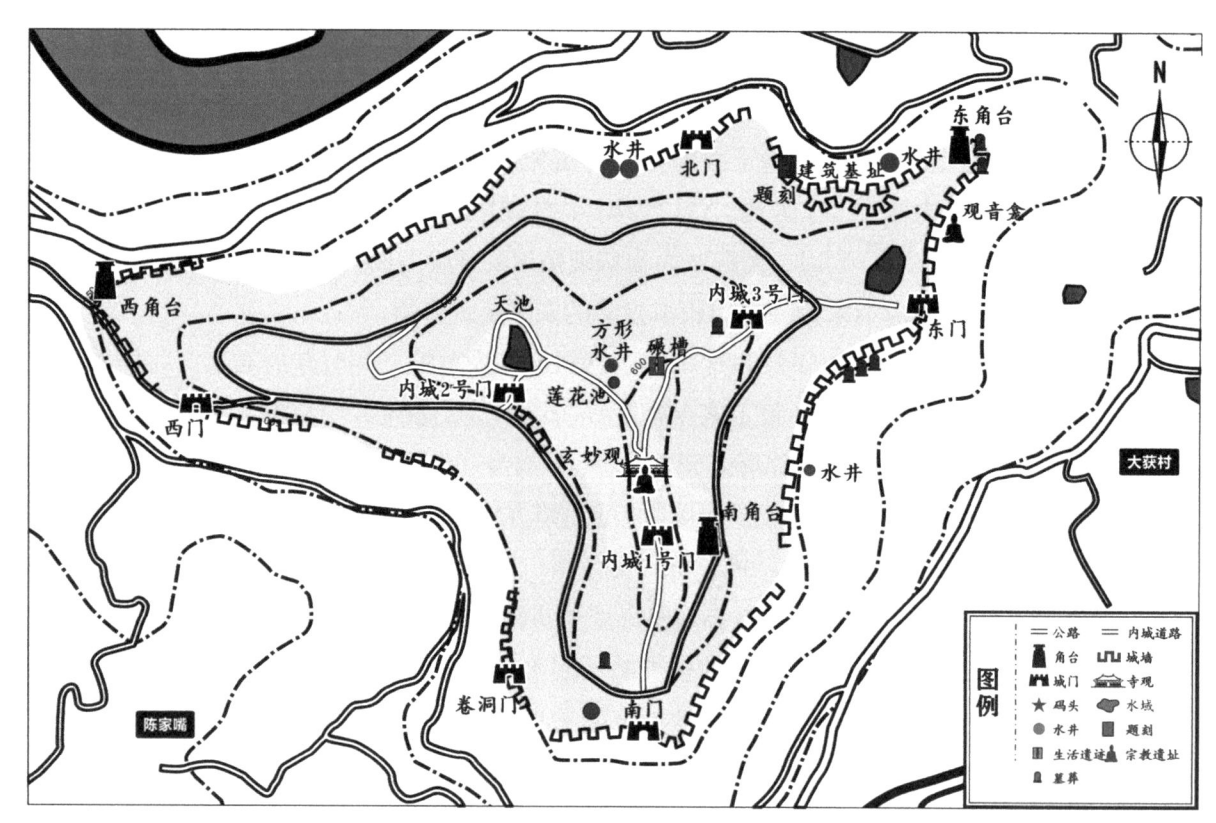

图 2-4-2 大获城遗迹分布图

一、城防遗迹

大获城城防军事遗迹主要由城墙、城门及角台等组成，部分地势险要之处则依靠自然崖壁防守，形成了人工修建城防设施与自然绝壁相结合的城防系统。

（一）城墙

大获城城墙遗迹主要集中在外城环线，而内城主要依靠山险来防御。由于经年历远，大获城西侧和北侧城墙损毁严重。目前仅卷洞门经南门、东门至北门一线保存相对较好，城西

---

[1] （清）嘉庆《四川通志》卷51《舆地志·保宁府》，嘉庆二十年刻本。

北侧崖壁及西门附近也有零星城墙分布。

1. 卷洞门至南门段

卷洞门与南门同为大获城南部的重要城防设施，正对铜鼓山，共同把控着大获城南部的陆路交通。卷洞门与南门之间的崖壁长约360米，城墙砌筑于崖壁顶部，并沿崖壁延伸。因部分崖壁垮塌，城墙也有所损毁。此外，部分城墙已完全掩映于杂草灌木之中，保存现状亦难以详查。所幸城门附近城墙保存现状是比较清楚的。

卷洞门两侧现存10余米城墙，高约2米，采用楔形城墙石丁砌而成。城墙石外立面为矩形，宽约0.35米，高约0.4米，体量较大，形制规整，打磨精细。錾刻纹路以"人"字纹及斜纹为主。南门左右保存有数十米城墙，保存状况较卷洞门附近稍好，但形制略有差异。此段城墙多用长方体城墙石，顺砌筑法，与卷洞门附近城墙应属不同时期所建。

2. 南门至东门段

南门至东门段崖壁总长900余米，崖壁相对高差达20余米，极为陡峭。除部分区域因山体滑坡导致城墙垮塌外，其余部分皆保存相对较好。此段城墙呈东北—西南走向，是大获城东部沿江一线的重要城防设施。其中距离南门约520米处的崖壁顶部，保留有一段长约50米的城墙，高4—5米，保存较好。此段城墙下部1—4层厚重大气，城墙石外立面多錾刻斜纹，打磨精细、砌筑整齐，石材规格较之卷洞门附近城墙稍小，但砌筑方式相似，时代似稍晚。城墙上部分5—10层堆砌较为杂乱，且所用城墙石规格较小，当为后期增筑。东门附近保存有近20米的城墙，高2—4米不等。

3. 东门至北门段

东门至北门段崖壁总长约950米，间断分布城墙，整体保存状况较之南门至东门段稍差。北门一带山势险要，自然绝壁陡峭难行，部分区域相对高差近30米，因此大可依靠自然绝壁防守。而在部分坡度较缓的区域，才修筑城墙。从北门内侧残存的城墙来看，皆为丁砌筑法。调查发现东门附近、观音龛附近、东角台附近、北门附近等均可见大型采石遗迹，可证明此段城墙主要为就地取材。

4. 北门至西门段

北门至西门段崖壁总长约1250米，崖壁陡峭，且因农村改田大量挪用城墙石，因此城墙遗迹保存较少。其中城西北部崖壁顶端保存有长约100米城墙遗迹，高1.5—4米不等，砌筑方式与卷洞门附近相似，但规格稍小，年代或与南门至东门段中部城墙相近。西角台及西门附近零星保存有数十米城墙遗迹，保存状况不一，多以楔形城墙石丁砌而成，规格、形制与卷洞门附近城墙相类，或为同期修建。西门因修建入城公路而毁，城墙亦被挖断。（图2-4-3）

图2-4-3 北门至西门段城西北一带城墙

5. 西门至卷洞门段

西门至卷洞门段崖壁总长约800米，间或分布城墙遗迹，保存状况不一。

6. 内城2号城门段

除外城以外，内城2号城门左右尚存城墙10余米，5—14层，高2—5米不等，规格、形制及筑法与卷洞门一带相似。

（二）城门

大获城遗址内共发现城门遗迹8处，其中内城3处，均已不存；外城5处，个别保存较好。

1. 外城门

（1）卷洞门

卷洞门位于南门右侧约280米处悬崖顶端，朝向西南。此处面向大获城西侧最大的谷地，其北为西门山脊，南靠南门山脊，地势险要且战略地位重要。

城门门洞下半部分被泥土填塞，仅上半部分露出地面，可见部分拱券。门拱前约1米为高约3米的陡壁。城门为内外双层拱券形制，露出地面部分残高1.2米，宽约1.9米，矢跨比不详。外层拱券顶部已塌陷，拱券石长1.05米，宽0.35米，高0.25米。内层拱券石长度不明，高0.4米，宽0.25米。此城门形制规整，石材粗大，錾刻纹路为"人"字纹和斜纹，与南门明显不同，应为宋代遗迹。（图2-4-4）

图2-4-4 卷洞门外拱左侧局部

（2）南门

南门位于大获城南端缓坡地段，又称"阜财门"，城门朝向南偏东10°。此地处于大获山南侧山崖转折地带，靠近宋江，面朝陈家嘴，地理位置重要。南门是大获城唯一保存至今的城门遗迹，为单层券拱形制，券拱略成尖圆顶。（图2-4-5）门洞宽1.5米，高2.58米，进深2.27米。城门顶部部分石材存在断裂、脱落现象，拱券有一定程度的塌陷。城门所用城墙石为长方形条石，长1—1.3米，宽0.25—0.3米，高0.2—0.26米，錾刻纹路以细密竖条纹为主。南门左右残存城墙为顺砌筑法，现大多被杂草覆盖，难识全貌。南门外有一小路通往江边，道路为石板铺就，宽约1米，目前基本保存完好。

图2-4-5 南门外立面

(3) 东门

东门位于大获城东侧山脊右侧,又称"启明门"。城门左右为相对高差20—30米的悬崖绝壁,唯山脊外凸部分,地势稍缓,因此在此处修建城门,并筑起高约3米的城墙以作防御。现东门城门已毁,仅左右城墙尚存。东门附近发现大量采石遗迹,表明东门及附近城墙为就地取材修建而成,既方便就近运输,又可将城墙脚下原本不规则的山岩进行切割,使之与城墙融为一体,起到取石和加固城防一举两得的作用。

(4) 北门

北门位于大获城北侧山坳地带,因地势险要,形同锁钥,又称"锁钥门"。朝向为北偏西80°。城门已毁,仅剩门道,宽1.2米,进深1.3米。城外左右崖壁上采石痕迹明显,应为修建城门及城墙采石之处。北门附近崖壁上有一人工砌筑的石洞,高宽近1米,深3—4米,洞后部被大石块堵塞,疑为暗道。(图2-4-6)

图 2-4-6 北门附近石洞

(5) 西门

西门位于大获城西侧山脊中段,又称"长庚门"。此地北邻宋江,西连诸峰,以红砂石崖壁为主,相对高差达30余米。西门控扼着西面进入大获城的陆路交通要道,是大获城防御系统的重要组成部分。遗憾的是,20世纪90年代,因修建上山公路,西门被炸毁。[1]

2. 内城门

内城门名称失载,当地群众亦不知晓,今依序号介绍。

(1) 1号城门(内南门)

位于城南,城门已毁,仅存两侧基石和门道遗迹,宽约2.6米,城门左侧为山崖,右侧为峭壁。

(2) 2号城门(内西门)

位于城西,城门已毁,门道宽约3.1米,城门右侧山腰崖壁残存5—14层城墙石,高约5米,垮塌严重。左侧有一开阔地,外为崖壁。

(3) 3号城门(内东门)

位于城东,附近道路崎岖。城门已毁,仅存石碥道,宽260—280米,城门前大约50米处的耕地中遗留大量瓦砾。

(三)角台

大获城的台形设施仅发现角台1种,共3处,分别是位于内城的南角台以及位于外城的

---

[1] 西门附近有一《西门嘴公路修建及硬化工程纪念碑》,立碑者为莲花村党支部和村委会,时间是2009年夏。碑文云:"自古千年大获城,东南西北四道门;百丈悬岩环山绕,交通闭塞物难运;莲花两委聚人心,众志成城炸西门;公路环山八千米,从此车辆进家门……"

东角台、西角台。

1. 南角台

南角台位于内城1号城门与外城南门之间，海拔551米。角台平面大致呈半圆形，现存7层城墙，高1.9米，宽22米，面积约200平方米。

2. 东角台

东角台为双层，上层保存相对较好，下层仅存部分城墙石，海拔496米。现存6层弧形城墙，砌筑方式与南角台相同，保存较好。角台高约2.6米，平面略呈半圆形，面积约300平方米，朝向正东。（图2-4-7）

3. 西角台

西角台位于大获城最西端，现存5—8层弧形城墙，砌筑方式与其余两处角台相同，但保存状况稍差。角台平面略呈三角形，面积约200平方米。西角台雄踞西门右侧山脊外端，是西门防区的重要组成部分。

图2-4-7 东角台

二、建筑基址

玄妙观位于大获山顶，海拔600米，坐北朝南。玄妙观始建于南宋，本为余公祠，明万历时期重修，1983年被大风吹倒，现仅存建筑基址。（图2-4-8）玄妙观遗址位于大获山顶，又处于中心位置，交通也相对便利。宋蒙战争期间，此处或为大获城重要机构所在地。

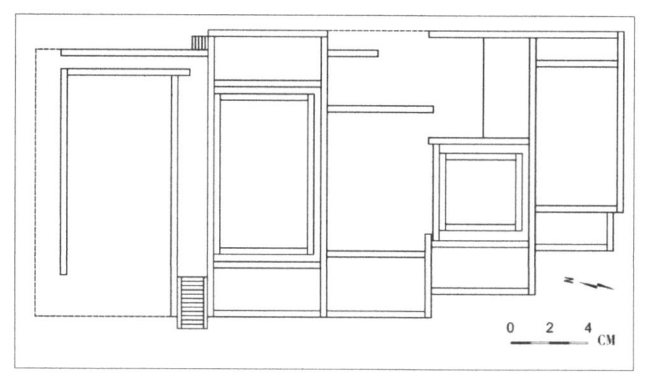

图2-4-8 玄妙观遗址平面图

由玄妙观向北数十米处有一片石台，平坦宽阔，下临悬崖。台上有圆形柱洞、方形的采石坑以及梭形的碾槽等遗迹。此处地势高峻，视野开阔，在战争期间有可能将军营设置于此。

此外，在外城北部发现大型建筑基址一处。基址位于第一层台地上，地势平坦，外侧为石砌台基，高约7米，长度约50米，现存12—16层墙石。基址之上为平地，现为耕地，未见其他建筑遗迹。该基址所在地地势平坦，可俯瞰王渡场镇，视野良好，整体

图2-4-9 建筑台基顶部

风格与钓鱼城新出土范家堰遗址的高台建筑基址相似，我们推测其上部平地可能原有大型建筑，不排除为宋代衙署的可能。（图版2-5，图2-4-9）

三、其他遗迹

从现存遗迹看，大获城遗址内除了上述的城墙、城门、角台等城防军事遗迹之外，还有道路、码头、龛窟、题刻、寺观、塘堰、水井及崖墓等其他遗迹。现择要介绍。

（一）交通遗迹

1.道路

大获城道路主要可分为城内道路和城外道路两部分，其中城内道路联系内外两城各重要区域；城外道路则是大获城与外界联系的重要通道。实地调查发现，大获城城内道路四通八达，主要可分为山顶道路、山腰环线以及城墙跑马道三大部分。城外道路则主要通过5座城门与外界相联系。

（1）城内道路

一是山顶道路。这条道路从西门始，入内城，沿内城"L"形山脊延伸，经山顶水池内侧至玄妙观，再由玄妙观沿山脊南下，至南门内侧。这条道路是内城的主要干道，但同时也联通外城。除此干道之外，还有数条小路，也联通内外两城，其中一条是从内城大水池东侧与干道分离南下，沿途为石板小路，并在卷洞门北侧山湾处下至外城。另一条从干道分离北上，沿玄妙观东北部山脊边缘下至北门和东门附近。此道路联通内外城，并与5座城门相通，极大地方便了战时的军情传递和相互支援。

二是山腰环线道路。这条道路位于大获山内城崖壁底部，外城平台内侧，即绕内城崖壁一周。在重要区域如城门附近则分出小路联通城门，方便外城之间的交流联系。

三是城墙顶部的跑马道。调查发现，大获城外城城墙顶部，保留有跑马道遗迹，几乎绕城一圈，沿城墙及崖壁分布，宽1—2米，是战争时期外城各防区之间观察及传递军情的重要通道。

（2）城外道路

大获城遗址通往城外的道路主要有5条，分别从5座城门向外延伸。其中北门、东门出城道路主要通往江边，与宋江水道相连。（图2-4-10）西门出城道路主要联通陆路，可通往苍溪等地。而卷洞门、南门出城道路既连陆路，也通水路。

图2-4-10 大获城到王渡的道路

2.码头

码头遗址位于大获城东北、王渡社区东北的宋江右岸，由大获城北门出，有一条大路通往码头。宋江水流平缓，可通航。从大获城走水路上可到巴中，下可在阆中进入嘉陵江，推测宋元时期大获城水军码头也应在此地。明清时期到民国码头水运比较繁忙，目前因已建好

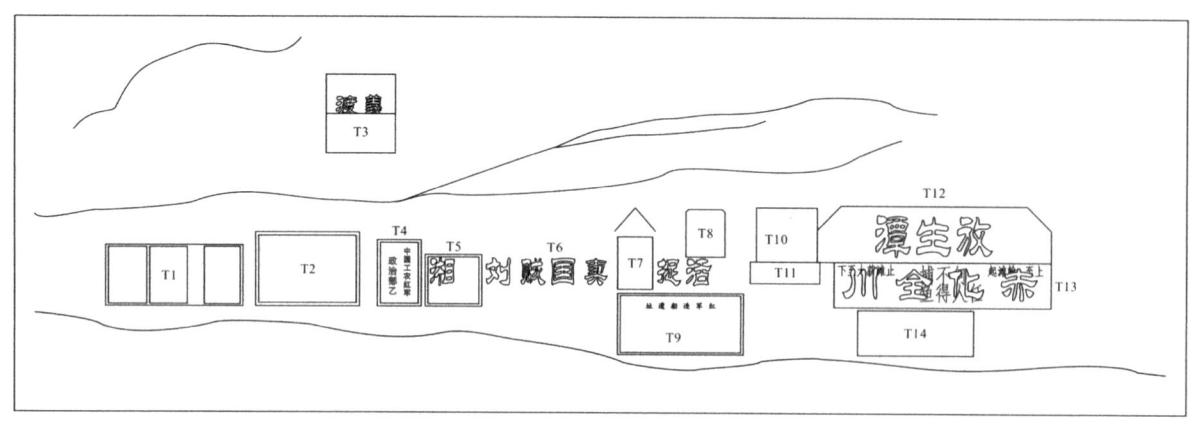

图 2-4-11　王渡码头摩崖题刻

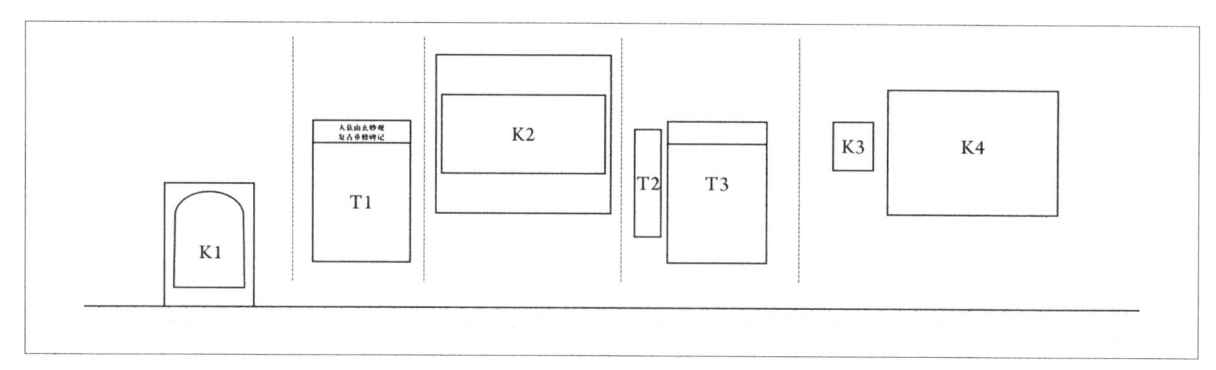

图 2-4-12　玄妙观龛窟、题刻立面展开示意图

过江大桥，码头功能基本荒废。码头附近现存大量清代以来摩崖题刻。（图 2-4-11）

（二）石刻

发现龛窟 5 处，集中分布于玄妙观西侧的"神仙洞"附近和城东观音龛内。玄妙观龛窟自西向东依次编号为 K1—K4，观音龛编号 K5。（图 2-4-12）其中 K1、K2 为深窟，K3、K4、K5 为摩崖浅龛。从龛窟形制和造像风格看，均属明清时期。

除王渡码头摩崖题刻外，大获城内还发现摩崖题刻 7 幅，另有对联 2 幅，其中 T1—T3 位于神仙洞（K2）内，T4—T6 位于观音龛区域，T7 位于城北大型建筑基址左下侧崖壁上。其中文献价值最高者为《大获山玄妙观复古重修碑记》(T1)。此题刻位于玄妙观遗址左下侧神仙洞右壁。题额高 30 厘米，宽 136 厘米，左右阴刻龙纹、云水纹、卷草纹等；分两行篆书"大获山玄妙观／复古重修碑记"，字径 9—12 厘米。题刻正文高 1.6 米，宽 1.36 米，现存文字 35 列，每列 6—30 字不等，楷书，字径 2—3 厘米，前半部分保存相对完好，后半部分风化剥蚀严重，几不可识，释读全文如下：

大获玄妙观复古重修志铭／盖闻玉筍流芳地□印山之□□□□垂耀天开观□□□年名虽□□□／兴实尚仍于旧贯爱更咸权式则前称况／圣朝崇奖于贞风使累代宏张于道教且玄妙观系大获古城宋时之遗址／保宁府苍溪县所辖大获乡是也此地有螺山隐玉凤竹节□水秀□□□／灵人杰贤士□□生此地□□□□□其间风气所钟然也□去苍溪□／□

里下至保宁府四十里□去□□□之遥有市府江湖之□基有□□闻/元□寺居后张公翼德
土主神祠在前四门之城固如新□□神□□□/前有清泉宋终□之锁口后有□坪□被之
关星四山突兀而上接云霄□/水湾□而下临渊海山之下地势平坦土壤肥饶小□之大□
左旋紫阳□/名山右顾荷云台之仙塔盛天地之主□可离尘嚣足为□□□□/圣朝君更正
德岁属庚辰时有□□□士名契清字有仁乃□□□□董公绍/先之□嗣也其人□□□此
时□俊杰气质清明每存□□□□之功常有/慕道希仙之术独迈尘嚣出家□游乃凭父舍
送于□□□□大获山玄妙/观披戴焚献获礼正一师真李道正为师业授经□仙教□□有
□□正德五年十月伏□/皇上钦赐道□八百三十一□□□而契清奉例偕得请给□□□□
自觉年/逢中□□道专□紫府之□征□□□之狭隘无以视□□□□□□重/以表嵩呼
□祝之同立志高达欲广其大若为解视以尊□□□□□□/助受抽赀赅命匠经营前后
□□而焕然一新左右三清□□□□□大开/陪云仙洞宏□金塔瑶台陪云上洞宴□金塔
窟中藏□□□□□存/□田安砌□垒于玉境□宫/仙桥于金口道上如天然□□□□
成以/神□□为□克□西龙阁□□上下□□茸翠左□□□□西峰/右□花圃而花
□三□□□天池而□龙□佑门朝王阁而代□□□围/彷□徘徊八面□□□□□十二三
□下□是也则可以俨然□□□□烧/丹恍恍惚惚□然贤聚之臻简简穰穰宜尔福祥之川
□□□□妙服气/吞霞白鹤呈祥青牛听法舍□而何哉□□□□坎虽而相应□□□□以频
□/龙戏玉池街道□□□□□□□□山如□叠砺犹当以□□□□曲/遐迩共图利益
□□□□□□□□驾□□人天敬仰□□□□□□洋/洋亘古不磨勒碑虽然次□/
维大明正德十五年岁次庚辰正月□日江西临江府新□县□人朱通□书/大获乡里长胡应
先王□□王□□□禅□□□宣赵永贵□□法□/街□李仁熊□□□□□/□舍赵永贵/
乡耆王旭王□□□□□顺庆府岳池县□文字命匠杨□□□杨荣刊

题刻详细记录了玄妙观建修历史及所处周围环境，同时提到了南宋大获城遗址，是研究
宋元以来大获城宗教文化遗迹、历史遗迹分布的重要材料。

（三）塘堰、水井

大获城内共发现较大塘堰4处，其中2处位于内城，2处位于外城。发现水井5口。

1. 塘堰

（1）内城水池

第一处塘堰位于内城西侧，东南距玄妙观约260米，应为文献记载之"天池"，海拔574米。（图2-4-13）此塘堰大致呈三角形，东、西两边为自然崖壁，南侧边缘为人工砌筑而成。东西宽约51米，南北长74米，周长212米，面积约

图2-4-13 大天池

2480平方米。水源充足，可满足相当数量的居民生产生活所需。塘边有大量采石痕迹，可能用于砌筑城墙。

第二处塘堰位于玄妙观北部约80米，又称"莲花池"，海拔603米。此塘堰大致呈半圆形，东西长22米，南北宽15米。

（2）外城塘堰

第一处位于南门西侧100米，海拔532米。此塘堰大致呈月牙形，南北最长52米，东西最宽43米，周长160米，面积约1450平方米。塘堰内侧有采石痕迹，水源充足，可满足附近南门及卷洞门附近居民生产生活所需。

第二处塘堰位于东门内侧，南据东门约70米，海拔502米。此塘堰大致呈椭圆形，南北最长75米，东西最宽45米，周长230米，面积约2100平方米。塘堰周围至北门附近是大获城外城面积最开阔、地势最平坦的区域，同时也是城内居民最集中的区域。此塘堰水源充足，水质较好，可为城内百姓提供生产生活所需水源。

（3）水井

大获城共发现水井5口，具体数据见表2-4-1。

表2-4-1 大获城水井分布一览表

编号	位置	海拔（米）	形制	尺寸	备注
J1	南门至东门端城墙中段下方，距东门直线距离250米	509	长方形	长3.34米，宽0.6米，深0.47米	
J2	北门西南侧，与北门直线距离152米	501	方形	长1.17米，宽0.8—0.95米，深0.3米	水井外有5个柱孔，疑似建筑基址
J3	J2旁	501	方形	长0.98米，宽0.9—1米，深0.65米	
J4	与东角台直线距离相距238米	480	方形	不详	
J5	莲花池旁，与玄妙观遗址直线距离96米	591	方形	长1.25米，宽1.1米	深度不详

2.墓葬

大获城内共发现崖墓7座，均为崖墓，依次编号为M1—M7，主要集中于东门及东角台附近城墙脚下，具体数据见表2-4-2。

表2-4-2 大获城崖墓一览表

编号	位置	海拔（米）	形制／尺寸	保存状况	备注
M1	南门西北侧	546	墓室平面宽3.14—2米，深3.6—4米，高1.57米—1.97米；墓门宽1米，高1米，深1.3米，门槛高0.5米	墓室保存较好，墓内无遗物	

(续表)

编号	位置	海拔（米）	形制／尺寸（米）	保存状况	备注
M2	内城3号门附近	554	外立面圆拱形，内浮雕墓塔，塔身凿刻方形龛。塔高1.20米，宽0.65米	风化	僧人墓
M3	东门至南门的城墙一侧	489	不详	不详	掩埋于泥土中，仅露出少部分
M4	M3侧	489	不详	不详	仅出露极少部分
M5	M4侧	489	不详	不详	仅出露极少部分
M6	东角台	496	墓室高约1.5米，宽约2米，深约2.1米	垮塌严重	仅露出墓葬上半部分
M7	M6侧	496	不详	不详	掩埋于泥土中

第三节 初步认识

一、城防遗迹断代

（一）城墙断代

大获城始筑于宋末，延续至清末民初，时间跨度达数百年之久，其间经历多次战乱破坏，又有多次增修，致使现存遗迹呈现不同时期的修筑风格。根据文献记载，可以大致梳理大获城的修筑情况，结合巴蜀地区同类山城遗址的遗迹断代，可对大获城城防遗迹进行大致的时代判定。

根据实地调查，大获城遗址所用城墙石的砌筑方式可分丁砌和顺砌两种，城墙石的形制大致可分为两型：

A型：楔形，端面较大，边长多在0.35—0.40米之间，长0.8—1米，四角磨圆。

B型：长条形，边长与B型相近，但四角多呈尖锐直角。

上述两种形制的石材对应的砌筑方式虽然都是丁砌，但也有所差异。A型城墙收分明显，B型则没有明显收分，形成10—15°的向内倾斜度。A型砌法的城墙在大获城很常见，如卷洞门附近城墙、东门至北门段城墙、西门至西角台附近城墙、城北大型建筑基址及东、南、西三座角台等。此种城墙石形制和砌筑方式带有典型的宋代特征，如钓鱼城出土之南北一字城墙、水军码头等。B型城墙石砌筑的城墙则没有明显收分。这种形制的城墙见于南门至东门段、北门至西门段、大型建筑基址等地，内外城均有分布。从城北大型建筑基址看，B型叠压在A型之上，可见A型时代更早一些。参考川渝地区其他山城和明清城池的资料，可以知道A型城墙的时代为宋代，而B型则多见于明代。

元代和明朝前期的大获城情况未见史载，据嘉庆《四川通志》记载，"明崇祯十三年知县沈国复修之"[1]，既为"复修"表明大获城此时已经遭到严重破坏，其破坏的原因可能有二：一

---

[1]（清）嘉庆《四川通志》卷51《舆地志·保宁府》，嘉庆二十一年木刻本。

是与其他大多数宋军山城一样，宋元战争结束后被元廷集中拆毁；二是可能与明正德年间爆发于保宁府的"鄢蓝之乱"有关。明崇祯十三年（1640），张献忠再次进入四川，苍溪知县沈国组织复修过大获城，其主要目的是防备张献忠劫掠。大获城现存遗迹中，部分城墙在筑法、錾刻纹路等方面与卷洞门附近之宋代城墙相类，但城墙石体量稍小，城墙亦笔直而上，并无收分，时代明显晚于后者，应为明末所修。

（二）城门断代

卷洞门的用石和砌筑方式见于苦竹隘东门、云顶城北门和瓮城门等地，再结合卷洞门左右残存宋代城墙分析，卷洞门应属宋代遗迹。文献中记载的宋代大获城城门仅水门一处，卷洞门位于大获城西南角，距离南面的宋江不远，或许就是文献中的水门。

清嘉庆《四川通志》记载："（大获）城因石岩为之，中通四门，周十里。"[1] 据调查，大获城外城周长近4000米，与《四川通志》所记基本相合。清代苍溪士人陶淑礼在《大获城记》明确指出了四门的名称："中有四门，其西南曰长庚、阜财，其东北曰启明、锁钥。"[2] 调查发现，大获城外城的南门群众也称阜财门，故文献中的四门应该是外城门。阜财门为拱券式结构，与宋代城门相类似，与清代流行的平顶城门不同（四川清代山寨也有少量拱券式城门），但在用材方面与宋代有明显差别，显得小巧一些，錾痕也不再是宋代流行的人字纹，与城门相连的城墙属于B类城墙石所砌，当为明代城门，与文献记载相符。综上，嘉庆《四川通志》所说的"中通四门"表明当时仅有4座城门可供使用，即外城的东南西北4座城门，而卷洞门及内城的3座城门或封闭或废毁。

二、城防系统

（一）城防布局

由于在内城亦发现有宋代城墙，故可确认大获城城防系统分为内外两道防线。内城位于大获山顶，平面略呈"L"形，周长约2800米，面积约11万平方米；外城位于山腰，整体略呈三角形，周长近4400米，整个城址范围约67.12万平方米。大获城在规划时，充分利用了所处地理形势，因地制宜地构建起内外两层防御系统。其城防设施主要集中在外城边缘环线，而内城则主要依靠山险来防御，因此，大获城外城是其城防系统的重点。如此布局是因为外城在交战时首当其冲，且大获城生产生活区域主要集中在外城。内城山势险要，而且面积狭小，重点设防的必要性明显不如外城。然而这种侧重外城防御城防布局也有相当大的弊端，即一旦外城被攻破，则整个城池陷落也只在旦夕之间，这一点在事实中已得到证明。宝祐六年（1258），蒙哥汗亲率大军围困大获城，令降臣王仲入城招降杨大渊，杨大渊拒不投降，并杀掉了王仲。这说明杨大渊对自己经营多年的大获城城防系统是相当自信的。但当汪德臣率军攻城并一举夺取水门，张立攻破外堡之后，杨大渊就归降蒙古了。这说明杨大渊在水门被夺，外城被攻破的情形下已经意识到大势已去。而同样是杨大渊苦心经营的运山城，却因为在内外城均构建了坚固的城防工事，所以在淳祐六年（1246）被汪德臣攻占外城的情况下仍

---

1 （清）嘉庆《四川通志》卷51《舆地志·保宁府》，嘉庆二十一年木刻本。
2 （清）道光《保宁府志》卷57《艺文志》，道光元年木刻本。

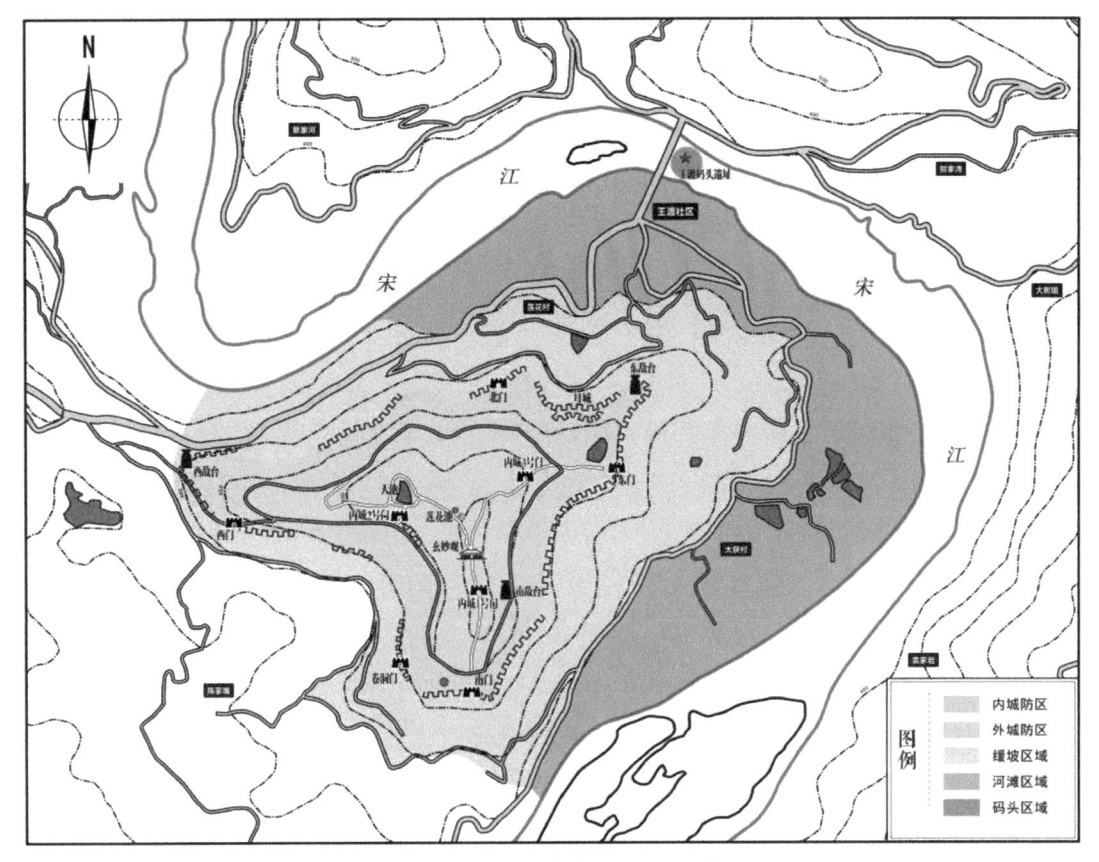

图 2-4-14 大获城城防布局示意图

能据内城而坚守，最终使得蒙古大军无功而退。此外，东河环绕的江岸台地，虽然暂未发现城防遗迹，但其作为大获城重要的外延区域，必定在一定程度上有所利用，至少码头遗迹就分布于这一区域。（图 2-4-14）

由于年代久远，除石砌的城防军事遗迹至今仍有保留外，大获城内行政、军事、民事等功能布局并不清楚，如军营、衙署、民居的具体位置都无法确定。在城北区域发现的高达 7 米的石砌建筑，从位置及体量上看，明显有别于城墙。因此我们怀疑其可能是一处大型建筑的台基，甚至不排除宋代衙署或戎司所在的可能性，这或是今后考古工作的一处重要线索。

（二）城防特点

大获城在城防方面有四个特点。

1. 三面环水，把控交通

大获山北、东、南三面被东河环绕，唯西面与铜鼓山并峙相望。东河自米仓山谷南来，流经大获城，并于阆州汇入嘉陵江。东河水量充足，旺苍县城以下水势逐渐平缓，通航能力较强，逆水而上可达嘉川（属旺苍）。嘉川地处利州与巴州之间的谷地，有陆路相通，从而实现金牛道、嘉陵江水道与米仓道的互联互通。从嘉川北上又有间道翻越米仓山直达兴元府。从大获城顺东河而下 20 千米即达阆州，一方面可防止蒙军沿河南下，直取阆州等要地，另一方面也便于大获城与阆州之间的军情传递和兵力、物资运输。因而，大获城在选址方面初看似不合常理，仔细分析则可见其匠心独具。

2. 因山设险，修筑城防

大获山共有山顶、山腰两层台地，若加上江岸台地，则可分为三层。台地边缘均为25—30米高的悬崖绝壁。城防系统的构建，充分利用了大获山的地理形势，因势布局，因山设险。其城防设施的修筑也根据山势的变化而有所区别。在城北崖壁较高、陡峭难攀的地带，主要依靠自然崖壁作为防御要素。而在城南一带地势较为低缓的区域，则修筑高大的城墙，配合城门等城防设施，充分实现了自然绝壁与人工城防的有机结合。既减少了筑城工作量，又增强了城寨的险固性。

3. 临近旧治，三足鼎立

大获城陆上距嘉陵江上游左岸苍溪县城约13千米，水上距下游左岸的阆州旧治约19千米，三地成倒"品"字形分布，呈现三足鼎立之势，既能互相掩护，亦可彼此支援。

4. 就地取材，事半功倍

在大获城南门、东门、东角台、北门及内外城塘堰附近，均发现有大体量采石遗迹，这就表明大获城遗址内的城门及城墙等遗迹大多为就地取材，既方便运输，也大大节省了筑城工作量。

不过，大获城也存在一些不足，这在当时就已经有人提出，主要体现在两个方面，一是城内面积狭小，二是不当交通要冲。如牟子才在《论救蜀急著六事疏》中提出："大获一堡，形势虽斗险，然规模窄狭，不当要冲，止可作家计，不可御敌兵。"他认为："莫若于阆州境内踏逐一险要去处，大为城筑，给可安万人，与大获犬牙相制。"[1]

实地调查发现，牟子才"规模窄狭"之说有一定道理，相对钓鱼城、大良城、神臂城、青居城等同一批、同等地位的山城而言，大获城外城面积才0.67平方千米，位列中型山城之列，其内城更是地势狭长，面积仅0.11平方千米，规模确实有些"窄狭"了。至于牟子才所说的"不当要冲"，则需要看蒙军选择从哪条道南下来判断，如果沿嘉陵江正流，则如其然；如果走米仓辅道，即翻越米仓关，于孤云山下西折，再沿宋江南下，则正当其冲；如从巴州走陆路到阆州，也要经过大获城附近，所以从这个角度来说，大获城其实是当要冲的。但事实正如牟子才所料，蒙军虽多次翻越米仓山劫掠，却不曾沿宋江或巴阆陆路南下，致使大获城确实没有起到应有的御蒙作用。但宋蒙战争结束以后元军于此驻扎军队和家属，或许正是看中此处的交通优势。

---

[1]（宋）牟子才：《论救蜀急著六事疏》，《宋代蜀文辑存校补》卷87，重庆大学出版社，2014年，第2826页。

第五章 南充青居城

与其他 7 座山城相比，青居城在"八柱"中所居处的地位和所起的作用相当特殊，这种特殊集中体现为青居城在"御蒙"中没有起到实际作用，但其"攻宋"作用却十分突出。

第一节 史地概况

一、地理环境

青居城位于四川省南充市高坪区青居镇嘉陵江东岸青居山上。青居城，历史文献中亦作"清居城"。青居之得名，缘于西魏在此所置的清居县。史载，西魏恭帝三年（556），在这一带设县，以其地势爽垲而名"清居"。至开皇三年（583），清居、汉初两县合并为汉初县，隶属合州。汉初县最初的治所设在今之青居场镇，开皇十六年（596），迁至今之武胜县西关乡胡家坝。青居城即修筑在青居场镇侧面的青居山顶上。

青居山，一作清居山，又名黛玉山，由青居、君子、金塿三峰构成，主峰为金塿峰，海拔 431 米。唐宋以来，青居山一直是顺庆府城南的名胜之区，早在唐朝开元年间已修建有佛寺，后世或作青居寺，或作慈云寺，或作灵迹寺。北宋后期知州邵伯温有诗云："江上苑亭名四水，山头禅刹占三隅。"足见其苑亭、梵宫之繁盛，至今残存着一些唐宋石刻，佛教石刻尤多。

青居山地形地貌特殊，早已为人们所识。南唐人姚昂曾给青居山晒经门撰联曰："天峙两峰南北峭，地盘一水古今流。"其实，山峰并没有古时文人描绘的那么陡峭，而盘水确实是嘉陵江上罕见的巨型曲流。元人姚燧在《便宜副总帅汪公神道碑》中描述青居山的地形说：

> 青居，去顺庆平土二十里，西北东三面环江，北江殊回远，不可为池，南依山而壁，平可马上，无大艰崎。其南即合，敌出入吾界无时，于兵法为交地。[1]

这便是长期驻守青居城的蒙军大将汪氏对青居山地形的认识。熟悉顺庆风土的明代大学士陈以勤在《青居山重修慈云寺记》中对青居山有着更为具体的叙述：

> 青居，吾郡名山，在治南二十五里。嘉陵江绕郡郭而下，至山之北趾曰前津，又纡折而西，且三十里，复至山之南趾曰后津而去。盖郡下流之雄障也。山蹯两津，垂崖一发，中蟠涧谷，多廛市人烟，其巅三峰并峙，中名青居，以山青翠可知也。旁曰君子峰，曰金塿峰，岩磴间隐灵迹三十有四，最著者曰仙人洞，有丹井、丹灶；曰七佛台，有佛足、

---

[1]（元）姚燧：《牧庵集》卷 16《便宜副总帅汪公神道碑》，文渊阁四库全书本。

凤足之异；日光明台，有佛光时见。登青居巅，望四面江流，浮练若在几席，景尤奇绝。郡志称山有亭四，曰白云、光相、汲江、五友，盖昔人观眺游适之处。又邵公伯温为郡守，尝有诗曰："江上苑亭名四水，山头禅刹占三隅。"则其飞甍连构之盛，尚可想见。至宋淳祐九年制置使余玠以兵燹，尝暂移郡治于此，因山设险，瞭远为备，昔之亭榭蓝宇又化为楼橹锋镝之场矣。入我明来，山中旧迹，大半荒芜，独所谓慈云寺者，岿然其巅，残碣尚可考。[1]

民国《新修南充县志》云：

> 山下临青居场，扼前后津，筑有城堡，水陆两途俱可把控，号为充国第一雄关。[2]

嘉陵江绕顺庆城而下，到山之北趾，有渡口曰"前津"（今谓之上码头），又折西而流30里，环绕牛肚坝，经过曲水场，复至山之南趾，有渡口曰"后津"（今谓之下码头），上下码头之间直线相距不过300米，而水上行船则多达30里。因而，本地流传这样的说法："上码头到下码头，走路吃袋烟，赶船赶一天。青居到曲水，去来赶下水。"这是对青居特殊地形最通俗的描述。

二、青居城与宋蒙战争

（一）青居城的创建

青居城并非余玠规划的第一批城池。直到南宋淳祐九年(1249)，余玠才派遣沔戎司都统制甘闰主持修筑青居城。淳祐十二年(1252)，青居城修筑完工，并将顺庆府和南充县的战时治所设于青居城内。

民国《南充县志》载：

> 青居山在邑东三十里青居场嘉陵江岸，直上数千仞，巍然杰峙，为下东第一高峰。正顶曰金娄峰，峰顶广数十丈，四围石壁，中拥天池，林木葱蔚，为消夏名地。旧有慈云寺，创自唐时，历劫毁废。明隆庆中稍移下，建于峰侧，清嘉庆二年重修。寺外平畴数十亩，复起危崖，壁立七八丈，周回十余里，雄险天成。后魏置清居郡，宋淳祐中筑城徙府治于此。元军入蜀，建征南都元帅府于山之龙笋坝。定天下后，始复故治。今城迹为塞堡，晒经门外，长墙东迤，接于东岩。东岩，青居之尾峰也，与青居对峙，而山势较卑，长岩相接，为故城外障。[3]

青居城建在主峰金娄峰上，顶广数十丈，四围石壁，中拥天池。城墙向东延伸，与东

---

1 （清）嘉庆《南充县志》卷7《艺文志》，《四川历代方志集成》第3辑，国家图书馆出版社，2016年，第538页。
2 民国《新修南充县志》卷2《山脉志》，民国十八年刻本。
3 任乃强等：《新修南充县志》卷2《山脉志》，民国十八年刻本。

岩连接，构成了山城的外障。民国《南充县志》还在《古迹志》中更明确地说："淳祐故城，在山顶，因崖而成，斜筑长墙，接于东岩为外障。"[1]据此，民国时的青居城便仅存衔接东岩一段了。

（二）青居城战事

青居城真正与蒙军对战发生在蒙哥汗大举入蜀之时。与其他山城不同的是，青居城既不像苦竹隘那样血拼到底，也不像大获城那样接战而降，更不像大良城那样不战而降，而是临战时裨将谋害主将而降。

宝祐六年（1258），蒙哥汗亲率大军沿嘉陵江南下，攻克苦竹隘和鹅顶堡，进围大获山，金州驻扎御前诸军都统司都统制兼知阆州杨大渊以城降，随即迫降运山城守将张大悦，遣使招降大良城守将蒲元圭。同时，蒙哥汗派遣骁骑直抵青居城。段元鉴在大军压境下疏于内部防范，"裨将刘渊等杀都统段元鉴降"[2]，青居城临战而落入蒙古之手。自淳祐九年（1249）始建到宝祐六年（1258）陷落，青居城在宋军手里存在了10年，不曾一战，便被蒙军轻易占领，成为"八柱"山城中守御时间最短的一座城堡。

宝祐六年(1258)十二月，蒙哥汗占领青居城之后，曾驻跸青居山，以青居为基地，亲率大军进攻钓鱼城。由此可见，此时的青居城已成为蒙哥汗进攻钓鱼城的后方基地。

蒙哥汗死后，忽必烈与阿里不哥展开了长达4年的汗位之争。镇守青居的奇台不花欲起兵反对忽必烈，被汪惟正等诛杀。中统元年（1260），忽必烈置征都元帅府于青居山之龙笻坝，令蒙古征南都元帅钦察与汪惟正同戍青居，措置东川军事，标志着元朝东川帅府的建立。青居城由此成为元军进攻四川的军事指挥中心。除东川帅府外，大获城降将杨大渊、运山城降将张大悦、大良城降将蒲元圭三人，各于驻地行帅府事，与青居合称"蜀四帅府"。四帅府中，"清居南迫合，独受敌锋，为三帅扞蔽"。实乃宋蒙两军对垒之前沿，战略地位极为重要。且其守将职衔较高，地位为四帅府之首。自中统元年(1260)东川帅府建立，到至元十五年(1278)徙顺庆府于旧治，青居城长期是蒙古在川东的大本营。作为"四帅府"之首的青居城，主要负责对南宋四川战场最高军政指挥中枢——重庆城和钓鱼城展开军事进攻，同时积极配合其他帅府攻袭南宋重要城寨，其地位堪比宋军之钓鱼城。其间宋军曾多次反攻青居，但均无功而返。[3]

第二节 遗存

青居城城墙合围面积约0.5平方千米。[4]经过多次调查，共发现城门遗迹3处，分别是水城门、双城门及血水窝残门。其中水城门原本保存完好，但于2015年夏毁于山体滑坡。角台

---

[1] 民国《新修南充县志》卷4《古迹志》，民国十八年刻本。
[2] 《元史》卷3《宪宗纪》，中华书局，2013年，第52页。
[3] 宋军反攻青居之事见于正史者有三：一为昝万寿攻青居（景定二年，1261），二为刘雄飞攻青居（景定四年，1263），二次战斗皆以失败告终。三为赵安夜袭青居（德祐二年，1276），偷袭成功，擒获敌帅而归。另，无名氏所撰《钓鱼城记》中有王立收复青居城的记载。
[4] 以往研究成果中，多称青居城面积约2平方千米，笔者经奥维互动地图、谷歌地球等地图软件测量，青居城城墙围合范围实际约0.5平方千米。

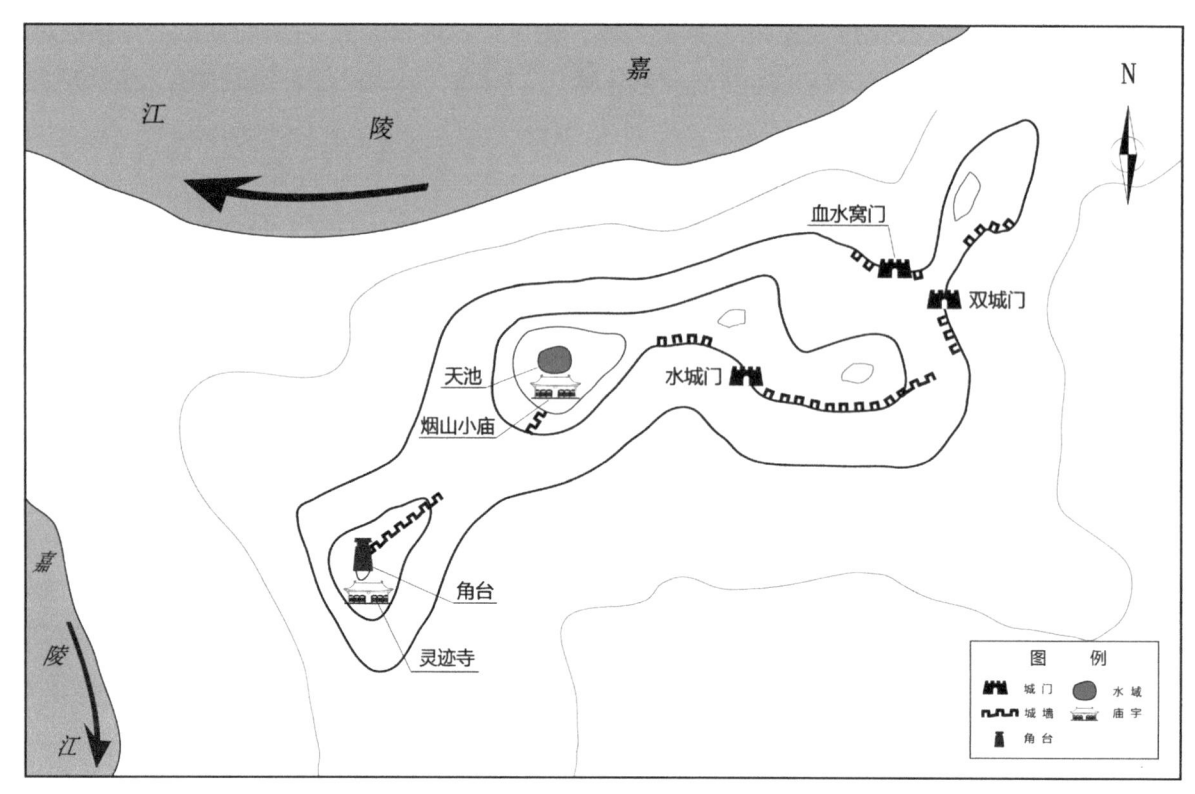

图 2-5-1 青居城遗迹分布图

遗迹 1 处，城墙遗迹多段，主要集中在东岩、水城门及双城门附近，皆有不同程度损坏。除城防遗迹外，青居城内还发现大量摩崖题刻及石窟造像，其中唐、宋以来摩崖题刻 11 幅，石窟造像 12 窟龛，多位于大佛洞及烟山小庙区域。题刻时代最早为唐开元年间，最晚为清咸丰年间，时间跨度大，内容丰富，是研究青居城历史的重要材料。石窟造像，有 7 处位于烟山小庙区域，5 处位于大佛洞区域。遗址内另有塘堰 1 处，古井 1 处，民居若干，寺庙 1 座，古墓 10 余座。（图 2-5-1）

一、城防遗迹

青居城城防军事遗迹主要是城墙、城门和角台，现分类叙述如下。

（一）城墙

青居城现存城墙遗迹 4 段，分别是东岩段、水城门段、双城门段、血水窝段。

1. 东岩段

东岩段城墙是青居城保存最好的城墙遗迹，同时也是目前所见巴蜀宋元城寨中保存相对较好的城墙遗迹。此段城墙顺东岩山脊而建，原本连接青居主峰与东岩。遗憾的是，在修建青居镇通往南充市区的公路时，这段城墙被挖断，现仅东岩部分保存城墙，长约 150 米，高 3—5 米，厚 2—3 米。此段城墙上下部分城墙石形制、规格及砌筑方式不同，应建造于不同时代。下层城墙石体量巨大，长 0.6—0.8 米，宽 0.5—0.58 米，高 0.5—0.6 米，以楔形城墙石丁砌而成，应是宋代甘闰筑城时所建；上层城墙石体量较小，以长方体条石为主，顺砌筑法，约为清代或民国时期所建。（图2-5-2）城墙顶部宽平，原本应建有跑马道，方便东岩与青居主峰之间的军情传达。

2. 水城门段

此段城墙分布于青居城山顶环城南侧。现存长近300米，高1.5—3米，厚约1米。这段城墙大致呈东西走向，砌筑于山顶崖壁外延，是青居城南侧的最后一层防线。此段城墙不同区域砌筑方式有所不同，其中水城门附近城墙以细密竖条纹的长条状城墙石顺砌而成，带有清代城墙特征，但其中又零星可见带有"人"字纹的宋代城墙石，应属清咸丰四年（1854）重建东门时补修加筑而成。而东部靠近双城门段城墙，体量巨大，现存13—16层，高约6米，以"人"字纹及斜纹的楔形城墙石丁砌而成，形制与东岩段下层城墙相同，应属宋代遗迹。

图2-5-2 东岩城墙

3. 双城门段

此段城墙位于青居城东侧，双城门附近，现存约15米，高约2米，厚2—3米，大致呈南北走向，形制与东岩段下层城墙相同，应属同时期砌筑。（图2-5-3）

图2-5-3 双城门右侧城墙

4. 血水窝残门段

此段城墙位于青居城东北侧，血水窝山谷内，向北直面嘉陵江。现存城墙长约40米，高约4米，厚约2米，保存相对较好。城墙大致呈东西走向，连接系马桩及君子峰崖壁，并修筑城门，严加把控。城墙与东岩段相同，上下两层砌筑方式及錾刻纹路不同，下半部分1—7层主要以斜纹、"人"字纹楔形城墙石丁砌而成，城墙自下而上向内逐步内收，向内倾斜约10°，形制与东岩段下层城墙及双城门段城墙相似，应属宋代遗迹。上层则用长条形城墙石顺砌而成，垂直而上，形制与东岩段上层城墙石相同，应属清代所建。

除此之外，在水城门右下侧约80米的台地边缘，可以见到城墙基础，长约15米，现存1—2层，以楔形城墙石丁砌而成，应属宋代青居城城墙。目前城内居民在此基础上修建了高约3米的石质堡坎。

（二）城门

实地调查中，共确认城门遗迹3处，分别是水城门、双城门及血水窝残门，现城门均已垮塌，仅存基址。

1. 水城门

水城门位于青居城山顶环城南侧山湾地带中段，当地人又称东门。水城门为内城防线上的重要据点。此门为单层拱券形制，始建于南宋淳祐年间，重修于清咸丰四年（1854）。海拔405米，城门通高2.46米，门洞宽1.50米，进深1.5米，方向南偏东5°。城门券心石上有一幅题刻，楷书，字径5—8厘米，内容为"咸丰四年募化功果，六月二十四日谷旦修"。

2015年夏，暴雨引发山体发生滑坡，水城门及左右10余米城墙垮塌。至此，青居城最后一座城门也不复存在。

2. 血水窝残门

位于青居城东北部山湾区域，小地名为"血水窝"[1]。此地为峡谷深涧，北朝嘉陵江，左右悬崖高耸，峭壁如削，相对高差达20—30米。谷底则地势低缓，较难控守。横筑有高大的城墙连接左右崖壁，并在东侧崖壁之下修筑城门，把控关口，极大地提高了这一区域的防守能力。目前该城门已毁，仅余基址。

3. 双城门

位于青居城东部，控守城外陆路要道，战略地位重要。此门毁于1958年，现仅存基址。

除以上三门外，文献中记载青居城中还有"晒经门"，但已不存，大概位于灵迹寺旁侧晒经石附近。

（三）角台

青居城现存角台遗址1处，位于大佛洞右侧嘉陵江畔的崖壁顶端，平面大致呈椭圆形，为一石台，占地面积约10平方米。此处地势高耸，视野极佳，面朝嘉陵江，可观测牛肚坝及青居曲流之地，是青居城城防系统的重要组成部分。

二、其他遗迹

文献记载青居山上名胜众多，但据我们调查，除上述城墙、城门、角台之外，主要为龛窟造像和碑刻题记，也有天池、水井、道路及崖墓等遗迹，其他名胜古迹大多已湮没。

（一）道路

青居山三峰鼎立，各主要区域之间有相应的道路联系。由于青居城东西宽、南北窄，因此城内主要道路均呈东—西走向。同时，青居城还有数条与外界相通的交通路线。

1. 城内道路

青居城内部道路主要有两条，其中较为重要的是烟山顶部联通东岩角台的道路。这条道路从青居山主峰烟山顶部开始，凿石为路，顺山脊西侧而下，经观音小庙，至山腰段与东岩城墙重合，沿山脊至东岩角台区域。从目前残存的东岩城墙来看，此道路从烟山顶下至山腰外城墙之后，很可能沿城墙顶部延伸至东岩，方便了东岩与青居主峰之间的沟通。

另一道路为青居山顶环之上的跑马道。由于青居城南侧为重点设防区域，因此这条道路主要分布在青居城南侧山崖的顶端，自烟山观音小庙开始，沿城墙往东，经水城门顶部，

---

[1] 对"血水窝"这个地名的来由，据当地民众讲述，明末清初时，"八大王"张献忠曾占领青居山，并在山上大肆屠杀民众，血流成河，自山上一直流入嘉陵江，"血水窝"就是当年张献忠杀人之所。

过系马桩至双城门附近。此道路西端与通往东岩的道路相接，向东直通君子峰，是青居城内联通东西方向的主要干道。道路随城墙分布，沟通了水城门、双城门等重要的防御设施，既方便军情传递，另一也便于各区域之间相互应援。

2. 城外道路

青居城通往外界的道路主要有四条：其一，从青居城东北部经血水窝谷地北出，穿血水窝城门至嘉陵江边的宁磐坝。这条道路至宁磐坝后，经嘉陵水道可上至顺庆、蓬安等地，下通武胜、合州之境。经陆路沿江而上，又可联通顺庆旧府，便于战时相互掩护。其二，出双城门往东，沿山脊小道下山，可通阙家及岳池、广安等地。其三，自东岩南下，沿嘉陵江可通往武胜等地。其四，经东岩北部下山，可通青居场及牛肚坝。

（二）摩崖造像

青居城现存摩崖造像12龛窟，主要分布在东岩灵迹寺大佛洞区域和烟山观音小庙周围。按龛窟形制差异，可分为石窟和摩崖浅龛两类。按造像内容不同，又可细分为造像龛窟和舍利塔龛两类。多数保存较差，部分造像近年又被信众妆彩，原貌难辨。时代从唐宋延续至明清。[1]

（三）题刻

青居城现存各类碑刻题记11通，内容有造像记、龛窟维修记、城门维修记、募化功德记、游记等。其中《重修东岩记》刻于南宋淳祐十二年（1252），系将唐碑原有的大部分字迹磨去后再刻的，文字大多清晰。（图2-5-4）全文如下：

重修东岩记
木匠都作头王坚、提振官杨再兴。/东岩药师道场，创自有唐开元八年，至我/宋淳祐壬子，垂五百五十年矣。阅岁滋久，风雨飘颓，仅余石像山隈岩角，荆棘/蒙蔽。先是前三年始城清居，太守金城甘大将军，履地兴版筑之役，一见怜/之，为除丛秽，立精舍，补圣像之所缺，施金碧而妆饰之。由是，药师、老子与二菩/萨容颜奇妙，毫光照人。至于左右，绘画药叉、护戒之神，置造宝床、献具，规模大备，/远近观者莫不感叹。命诸徒德谦、义忻旦夕扫尘，严香火之奉，广竖福田，非与/佛有缘者焉能办此。董事邠州朱清欲记岁月，前南充尉河池曹子楸为书颠/末，以镌诸石。是岁下五月中浣，画士洋州王义，本府雍文炳、文兴、张志全，石匠杨□□、□/施主官□□，监军云统制、杨统制、刘统制，□连□赵弹压、符弹压，曲水镇官王世咸，/帐前罗提举、杨提督、□缘赵林，施主宝□□、何忠垫、智先。

题刻明确提到南宋淳祐十二年（1252），甘闰在成功修筑起青居城之后又重修东岩药师佛道场，妆饰佛像之事，表明其在修筑城防之余，也非常注重青居城的精神防御。

---
[1] 符永利、罗洪彬：《南充青居山佛教遗存初探》，《乐山师范学院学报》2015年1期。

图 2-5-4 《重修东岩记》拓本

（四）塘堰、水井

青居主峰烟山顶部有1个长方形天池，长约10米，宽约5米，池水澄澈可饮，冬温而夏冽，四时不竭。文献中记载的"天池"即指此处。

另外，在烟山南侧观音小庙右侧下方，发现1口水井，圆形井圈，井口直径约0.6米，深约3米，水质清冽。天池、水井是青居城内居民生活用水的重要来源。

（五）墓葬

青居城内共发现崖墓10余座，主要分布于烟山观音小庙周围，墓门多为长方形，墓室呈弧角长方形。墓葬已被盗掘一空。

第三节 初步认识

一、城防系统构成

青居城并非巴蜀地区首批宋军山城，而属于山城体系完善阶段（1249—1251）所建，是为了实现收复陕南失地的战略目标而修建的。这一阶段，四川山城建设已经取得重大成果，山城建设经验也进一步丰富，因此青居城的城防系统是比较完善的。南宋淳祐九年（1249），四川制置使余玠命甘闰筑青居城。甘闰此前曾主持过合州防务，并修筑过钓鱼城，极富筑城经验。由甘闰负责筑城事务，必然会将钓鱼城等城防系统构建的成功经验直接运用到青居城的修建当中。事实上，青居城的选址和城防布局确实在一定程度上借鉴了钓鱼城的做法。

南宋青居城的城防系统主要包括青居三峰在内的山体区域，由人工砌筑的城墙、城门、角台和自然生成的陡崖构成环形的防御线。青居山三峰鼎立，青居城规划时巧借地势，因地制宜，将三峰并包其中，城址平面呈现不规则形状。青居山北部临江，崖壁相对高差达50余米，极为陡峭，无法通行，故筑城之时，北部悬崖区域皆依靠自然绝壁以作防守，并未砌筑城墙。而青居山南部为缓坡地带，山体呈阶梯状分布，地势不及北部临江区域险要，因此是青居城防御最为薄弱的区域，同时也是重点设防的区域。在这一区域城防体系的构建过程中，充分吸收了钓鱼城的成功经验，实行梯级设防，层层递进，状若道道铁箍，加大了青居城南侧的防御纵深，有效提升了整个山城的守御能力。青居城是因裨将刘渊投降而陷落的，因此其城防系统并未受到大的破坏而直接被蒙古利用。鉴于其在蒙元东川军事行动中具有十分重要地位和作用，蒙元驻军很可能对青居城的城防系统进行过完善。

此外，青居城作为重庆、钓鱼城与嘉陵江上游大获、得汉、平梁、小宁等城之间物资及兵力的转运中心，宋军不可能弃嘉陵水道而不用，因此青居城城防系统构建必然包含了嘉陵江的水上布防，宋军很有可能在此建立了相当规模的水军基地。而对于蒙元军队而言，嘉陵江更是其从水路围攻钓鱼城和重庆城不可或缺的优势，可以说嘉陵江自始至终都应是青居城城防系统中非常重要的组成部分。

二、城防系统特点

青居城具备南宋宋军山城的一些共同特点，但也有其自身的特点。

第一，控扼交通，占尽地利。青居山雄踞嘉陵江中游，下临青居场，紧邻嘉陵江第一曲流,[1]为三巴之要冲，扼水陆之关津。[2] 南唐姚昂有诗赞曰"天峙两峰南北峭，地盘一水古今流"[3]，可见其形势之胜。青居山地处南北水道与东西陆路交汇之所，交通极为便利。通过嘉陵水道北与大获、运山等城相联络，南与钓鱼、重庆诸城相守望，便于互相之间进行兵力支援和物资补给，同时充分发挥宋军水兵的舟楫之利，可谓一举多得。经陆路则西通成都，东达夔、万，为攻守之要地。

第二，因山设险，雄险天成。青居山壁立七八丈，周回十余里，山势陡峭，四周孤悬，岿然杰峙，易守难攻。青居城北部紧邻嘉陵江，山高崖陡，均为相对高差约50米的绝壁，于山上筑城可以极大地增强城寨的险固性。不仅能有效地阻遏骑兵迅如闪电的奔突之势，还可大大减少筑城的工程量，为抓住战时先机创造有利条件。另外，青居城三面环水，可借助水势增加山险，达到加固城防的效果。最后，青居上有三峰，山顶宽平，地势开阔，有田土可耕，有林木可用，有泉水可饮，具备自给自足、独立坚守的一些生活条件。

第三，靠近府城，方便迁徙。青居山北距顺庆府城不到20千米，迁徙方便，适合"平时居城，战时入寨"的军民联防。

第四，修寺造像，精神防御。灵迹寺大佛洞"重修东岩记"摩崖题刻中明确记载，甘闰筑青居城时，见东岩创自唐开元八年（720）的药师佛道场——灵迹寺已经荒败不堪，"仅余石像山隈岩角，荆棘蒙蔽"，他"一见怜之，为除丛秽，立精舍，补圣像之所缺，施金碧而妆饰之。由是药师、老子与二菩萨，容颜奇妙，毫光照人。至于左右绘画药叉、护戒之神，置造宝床、献具，规模大备，远近观者莫不感叹"。甘闰在紧张繁忙的筑城工事中，却兴工修寺造像，并非无意之举，实含良苦用心。作为一名抗蒙军事将领，他深明人心凝聚之重要性，战时尤切，遂通过这种"广竖福田"的功德活动，来积极寻求神佛庇护，从信仰的精神层面来增强军民守城抗敌的信心和力量。这一举措正是加强青居城精神防御性能的体现。

雄踞于山顶的青居城依山势斜筑城墙，借地利以固城防，嘉陵天堑列于前，悬崖绝壁立于后，周围诸峰星罗棋布，实为"充国第一雄关"。

---

1 嘉陵江流经青居镇时，在镇东的上码头折向西，再往南，后北上，环绕20平方千米的牛肚坝后，经九曲回肠的17.5千米，又回到镇西的下码头，形成了359度曲流，封闭率为0.98，属于深切曲流，被誉为"中国第一曲流"，堪称世界地质奇观。青居城即位于曲流闭合之处，可以控扼嘉陵江，为水陆锁钥之关津，其战略地位之重要不言自明。
2 叶周杰：《巴蜀城堡"八柱"与宋蒙（元）战争》，西华师范大学硕士学位论文，2017年，第24页。
3（清）李成林等：嘉庆《顺庆府志》卷1《山川》，清嘉庆十二年（1807）刻本。

第六章 通江得汉城

第一节 史地概况

一、地理环境

得汉城位于巴中市通江县东北永安镇。这里地近陕西，可往北或往东走小道进入陕西境内，顺宕水（大通江河）而下到达巴中，从巴中经水陆两道则可方便达至广元、成都、阆中、合川、重庆等地。因此得汉城的位置虽不在米仓道主线上，但依然是整个山城体系中最靠近北方前线的据点，对后方防线而言是屏障，对整个体系及余玠的战略而言是前沿阵地。

得汉城地处米仓山南麓，山峦环列，沟壑纵横。大通江河由北而南，绕得汉山东面逶迤南去。其余几面则是大山环绕，仅在西北地区有一山脊与外交通，形成山环水绕之态，故有"地环三玉涧，天铸一铜城"（得汉城题刻）的美称。（图2-6-1）不仅如此，得汉城东面是隔河相望的擂鼓城山，据说擂鼓之声相闻，在战争时可相互声援。

《蜀中名胜记》称得汉山"万山中崛起堑岩，四面峭绝，独西南二径，凌险转折而上，诚一夫当关之势"[1]。据实地调查，得汉城平地陡起300余米，仅在其西北面有一山脊（即鹅项颈）

图2-6-1 从罗坪俯瞰得汉城

---

[1]（明）曹学佺：《蜀中名胜记》卷25《保宁府二·通江县》，收入（明）曹学佺撰，杨世文校点：《蜀中广记》，上海古籍出版社，2020年，第268页。

与大山相连，故上下得汉城山颇不容易。

得汉山平面略呈橄榄形（当地百姓称像乌龟），长径约2000米，短径约1000米，周长4000余米，面积约1.2平方千米。山体为三层梯级地貌，从下至上三级分别名为中坝里、二鼓楼、高鼓楼。山脚海拔约410米，自山脚至中坝里，海拔提升100米以上，山体挺拔险峻，难以攀援。中坝里以上，山势较平缓，如丘陵台地，海拔从500余米提升至600余米。高鼓楼位于得汉山的中部偏西，为一三角形台地，海拔最高处约760米。

得汉山上以梯田、梯地为主，耕地面积6000多亩，土质主要是黄泥田土，山上有较多塘堰、水井，水源充足，主产水稻、玉米、小麦等粮食作物，现有得汉城村数百居民居住。山下为永安场镇，环得汉山而建。（图版2-6）

2019年，得汉城被公布为第九批四川省省级文物保护单位。

二、得汉城与宋蒙战争

（一）得汉城的创建

得汉城建城历史或可追溯至汉代。楚汉战争时期，项羽封刘邦为汉中王。《史记·萧相国世家》载："汉王引兵东定三秦，何以丞相留收巴蜀，填抚谕告，使给军食。"[1] 明代曹学佺《蜀中名胜记》引《旧志》云"汉高帝据此以通饷道"[2]。清道光《通江县志》也称得汉城旧传为汉高帝屯粮处。[3] 因传闻得汉城对刘邦建立大汉基业有关，故名"得汉"，山为得汉山，山上之城为得汉城。得汉城与刘邦、汉朝的关系虽难确认，但以当时形势和得汉城本身的特点来看，上述说法恐非空穴来风。

当地还流传得汉城与鲍三娘[4]的故事。据传，三国时期，魏、蜀、吴纷争，为了守卫蜀地，制约魏军南下，关羽之子关索重修得汉城，并增筑摇鼓城。关索驻守摇鼓城上，其妻鲍三娘驻守得汉城，"有警，（关索）则（命人）击鼓相闻"[5]。关索与鲍三娘在历史上是否真有其人难以考证，不过在相距不远的平昌，也有鲍三娘守小宁城的传说，广元昭化还曾发现据说为鲍三娘的墓葬。[6]

端平三年（1236）秋，阔端率十万蒙军大举攻入四川，蜀口防线崩溃，蒙军横扫巴蜀大地。牟子才在奏议中称："丙申（1236）以来，逃亡死损，所余无几。今以所闻参之，兴戎司见管四千六百余人……巴州所管武进军，今止有二千余人，得汉堡所部三百余人。"[7] 由牟子才奏议

---

[1]《史记》卷53《萧相国世家》，中华书局，2013年，第2433页。

[2]（明）曹学佺：《蜀中名胜记》卷25《保宁府二·通江县》，收入（明）曹学佺撰，杨世文校点：《蜀中广记》，上海古籍出版社，2020年，第268页。

[3]（清）道光《通江县志》卷2《舆地志》，清道光二十八年刻本。

[4]（清）嘉庆《四川通志》卷45《舆地志四十四·陵墓》，指出"鲍氏者，关索之妻也"。鲍三娘之墓位于今四川省广元市昭化古城北，墓碑为民国初年所立，上写有"汉将军索妻鲍夫人之墓"，该墓在民国期间为法国文学家谢阁兰（也译作色伽兰）盗掘。参见（清）常明修，杨芳灿纂《四川通志》卷45《舆地志四十四·陵墓》，嘉庆二十年刻本。

[5]（清）道光《通江县志》卷2《舆地志·古迹》，清道光二十八年刻本。

[6] 谢阁兰、奥古斯都·吉尔贝·德·瓦赞、让·拉尔蒂格著，秦臻、李海艳译：《汉代墓葬艺术》，文物出版社，2020年，第169—172页。

[7]（宋）吴昌裔：《论救蜀急著六事疏》，（明）黄淮、杨士奇：《历代名臣奏议》卷100《经国》，文渊阁四库全书本。

可知，得汉城当时名得汉堡，并有驻军300余人。

余玠所建的山城体系中，最初并没有得汉城。得汉城的建立背景是其山城体系发挥了初步作用，巴蜀暂时安定之时。彼时蒙军占领了兴元府（汉中），时刻威胁蜀地安全。淳祐九年（1249），余玠意欲一鼓作气夺回兴元府，解除蒙军由米仓山诸道入蜀的威胁。是年冬，余玠亲临巴州，视察得汉山，下令"因险垒形，储粮建邑"，主持修建者为曾经在小宁城筑城的张实。得汉城壁上原本有张实创建得汉城的题刻，惜已不存，道光《通江县志》录有全文：

> 宋淳祐乙酉季冬，大使余学士亲临得汉城山，视其形势，授都统制张宲躬率将士，因险垒形，储粮建邑，为恢复旧疆之规。分任责者：总管王昌、金之福，钤路张虎臣，司整杜准、王安、杜时顺、徐斯、李成、刘文德、刘清、梁福、陈宝、贺上进、李崇，制领郭俊、杜臣、周仙周等。督饷共济者：吉州知郡向佺。[1]

在余玠的统一规划下，巴州先后修建了小宁城、得汉城、平梁城三座城池，根据修城题记，这三座山城都是宋军都统张实主持修建的，还有好几位"责任者"参与了其余两城的修筑。

（二）得汉城战事

淳祐三年（1243）闰八月，蒙军从汉中越过米仓山，进攻巴州等地。巴州知州向佺、钤辖谭渊率兵抵抗，在巴州白土坪击败蒙军。余玠奏报其战功，朝廷诏令向佺等十八人"各官三转"，受伤者"各给缗钱数百"，阵亡者"赠恤其家"[2]。此战后，向佺调任知洋州，驻守得汉城。守臣向佺凭借山城天险，坚守要冲，抗御蒙军，屡立战功，获得朝廷"有勇且略，独守孤城"[3]的赞誉。

宝祐六年（1258）初，蒙军三路攻蜀，东路诸王莫哥沿米仓道而下，巴州首被其祸。向佺以身殉国，朝廷封其谥号"黑都五通"。[4]向佺的儿子向良继任郡守，继续驻守得汉城。

至元元年（1264），"冬十月，杨大渊谍知宋总统祁昌由间道运粮入得汉城"[5]，并迁得汉城守臣向良及其官属至内地。于是命杨文安率兵"袭之于椒坪"[6]，连战三日，擒祁昌等，并"俘获辎重以数千计"[7]，向良等官吏的家属也被俘。第二天，"宋都统张思广引兵来援，复大破之"[8]。同年，宋都统制张喜带兵攻打蟠龙城，被蒙军击败。张喜逃至得汉城，又遭遇杨文安军队的围追阻截，大败。

至元二年（1265），蒙将杨大渊派杨文安以向良及其他官吏的家属招降得汉城，"良以城

---

[1] 与《蜀中广记》对照，（清）道光《通江县志》内容更全，且文字更通畅。
[2]《宋史》卷42《理宗纪》，中华书局，2013年，第826页。
[3] （清）道光《向氏族谱》，转引自政协通江县委员会编：《通江历史人物选》，中共通江县委党史工作委员会，1984年，第2页。
[4] （清）道光《向氏族谱》，转引自政协通江县委员会编：《通江历史人物选》，中共通江县委党史工作委员会，1984年，第2页。
[5] （清）邵远平：《元史类编》卷18《功臣二》，清康熙三十八年原刻本。
[6] 《元史新编》卷28《列传十四·平蜀功臣》，清光绪三十一年邵阳魏氏慎微堂刻本。
[7]《元史》卷161《杨大渊》，中华书局，2013年，第3778页。
[8]《元史》卷161《杨大渊》，中华书局，2013年，第3778—3779页。

降"[1]，得汉城失守。洋州连同得汉城改为元朝的新得州。[2]《元史》载"六月戊申辰朔，新得州安抚向良言顷以全城内附。元领军民流散南界者，多欲归顺并乞招徕从之，又敕良以所领新降军民移戍通江县行新得州事"[3]。其后，向良、其子向富继任知州，驻守得汉城。

杨文安并没有派军留守平梁城和得汉城，而是把主力派往达州、开州一带，以图打通夔州道路，唯以小宁城当成后方休整基地，并改小宁城为小宁州。至元九年（1272）秋，杨文安领军出小宁，措置屯田。至元十一年（1274）三月，杨文安率军屯小宁，"得俘者言，鲜汝忠等将取蟠龙之麦，即遣千户王新德、杨彪等散掠宋境，文安自戍蟠龙以备之"[4]。

明正德年间，川北一带爆发了"鄢蓝起义"，四川巡抚林俊奉命平叛，移通江县署于得汉城。4年后，"鄢蓝起义"失败。嘉庆年间，川东北成为四川白莲教活动的中心，通江县治再次侨置得汉城，并将城名改为"安辑寨"。通江县侨置于此长达10年之久，直到白莲教起义被彻底平息。1932年底到1935年初，红四方面军大量重要机构驻守得汉城，并以得汉城为基地，创建了川陕革命根据地。得汉城作为红四方面军入川后的第一个政治军事中心、后勤基地，为中国革命做出了重要贡献。

第二节 遗存

得汉城保存有城门、城墙、题刻、龛窟、衙署、建筑、水井、塘堰等各类遗存。其中明清时期的摩崖题刻达30多处，主要分布于南门和东门石壁上，另有红军时期机构、民居、标语等遗迹。

一、城防遗迹

（一）城墙

经实地调查，在城西发现有少量城墙残留。城墙建立在崖壁顶端，断续残长100余米，高约3米。城墙丁砌，城墙石之间无黏合剂，结合不够紧密，收分较小。因得汉山四周几乎都是数十米高的悬崖，仅需在个别薄弱地带稍筑城墙即可，所以得汉城少有城墙发现。并非由于保存不佳或战后拆除，而是本就没有大规模修筑城墙。

（二）城门

调查发现4座城门，分别是东门、南门、北门和楼子门，当地群众称原有西门，今地名尚存，位置也可确指。但调查发现，该位置地形极险，无设门之必要，亦无合适位置设置城门。我们注意到该处城墙有垮塌迹象，形成了一个类似于门的通道，其外有绝壁小径通往城外，推测因垮塌处可进出而得名为西门。其他各城门具体情况如下。

---

1 《元史》卷161《杨文安》，中华书局，2013年，第3780页。
2 （清）道光《保宁府志》卷51《舆地志》载："新得州在州东。"《元史》卷60《志·保宁府》载：保宁路"初领新得州、小宁二州，后并入阆中县"。
3 《元史》卷6《世祖三》，中华书局，2013年，第107页。
4 《元史》卷161《杨文安传》，中华书局，2013年，第1735页。

1. 东门

东门位置十分隐蔽，位于中坝里下侧的陡峭山岩间。该处下邻宕水，为高不可攀的绝壁，通过开凿和堆砌的方式在绝壁中形成了一条石梯小道通往山下。内东门左右两侧各有两个角台，可以观察敌情并辅助作战，形成夹攻之势。

东门为平顶式，门顶已不存，门道宽1.57米，高3米，左侧城门洞进深2.89米，右侧进深4.21米。东门两侧城墙高3米，很规整，石材长1米，宽0.4米，高0.4米，錾痕有人字形和竖条纹两种，錾痕稍凌乱。城门外是陡峭且规格不齐的石梯，这些阶梯大都是在原有山岩的基础上开凿的。城门右侧为数十米的悬崖，左侧为高几米的石壁。

东门外崖壁上有6组小孔，有方形和圆形两种，长宽（直径）、深在0.1—0.3米之间，当为门栓洞。这些门形成了东门外的层层关卡。

2. 南门

南门位于二鼓楼的南岩，在修乡村公路之前，此地曾经是到山下永安场镇的重要通道，得汉城的题刻就主要分布在南门两侧。（图2-6-2）

南门海拔630米，西偏南38°。平顶式城门，顶部由两层石板垒砌而成。门道宽1.58米，高2.4米，进深1.25米，通高3.05米。筑城门所用的石材大概有两类，较大者的长1.2米，高0.28米，厚0.28米。较小者长0.96米，高0.2米，厚0.36米。从錾痕看，多为竖条纹，也有少量人字纹。

图2-6-2 南门外摩崖题刻（通江文物局提供）

3. 北门

得汉城东、南、西三个方向有天然险阻，仅北门外有缓坡，所以，相比于东、南、西门来说，北门的防御系统构建最为紧要。北门位于得汉城山二鼓楼的北岩，周边有高大的山体相邻，下临蒲凉河。该河最终汇入宕水河。北门地貌特征如东门一样，在峻峭的垂直山体旁边开凿。这样可以利用一侧山体作为屏障，达到防御的目的。北门就在万山之中的峭壁结合处修筑。其外便是杂草丛生的陡坡和高耸的峭壁岩石，通向北门的是一条羊肠小道，道路陡峭。城内通向北门的是一条由巨石夹峙的狭窄通道。巨石有被凿过的痕迹，还有许多凿得很规整的孔，可见，这里曾经设置有卡门。右侧山石顶部非常平坦，可容纳上百人。

北门海拔723米，是5个城门中海拔最高的一个，方向西偏北40°。北门保存较完整，单层石板垒砌而成，平顶，顶部由两块石板组成。门洞宽1.4米，高2.8米，进深1.3米，通高3.1米。砌筑城门的石材较大者长0.9米，宽0.16米，高0.21米；较小的者长0.6米，宽0.34米，高0.4米。城门洞内有两处门栓孔，分别位于城门的左右两侧。除此之外，北门内外有几处类似门栓的规则的柱洞，形成三道门卡。北门内有一处宽约2米的狭窄通道，当地人称卡口，两侧岩石上有人工开凿的规则的栓孔，推测原有城门。

4. 楼子门

楼子门也叫牌楼门，位于永安场镇背后、得汉城东门和南门之间，这处城门的设置目的是方便山上居民下山赶集。在修建公路之前，这里曾是当地居民上山下山的主要通道。城门附近地势险要，石梯紧邻高大的山岩，台阶部分是在原有山石的基础上开凿的，陡峭且狭窄。城门两侧保留了少量城墙，錾痕为横条纹或竖条纹。

楼子门海拔560米，较东门高，较南门、北门低。南偏西20°。城门顶缺失。城门两侧城墙是用两块完整的石头筑成，长约2.2米。门洞宽约1.8米。整个台阶上宽下窄。周边的遗存较少。

（三）角台

在得汉城东门附近发现有两处角台遗迹。一处位于得汉城东门右侧，方位为北偏西10°，海拔550米；另一处位于东门正上方，方向为北偏东30°，海拔555米。

在北门、卡口内城门附近的岩石上，有多处大大小小的槽眼。该处视野开阔，方便观察敌情。加上此处又是得汉城山的最北端，控扼着北部来犯的敌军，故此处很可能设置过角楼等建筑。得汉城南门处的平台或许也曾建有角楼，但地面调查难以确认。

此外，在城西被当地群众称为"西门"的区域，有两处角台遗迹，海拔700米。这两处角台均修筑于城墙之外悬崖顶端的窄小平台上，平面呈不规则多边形。角台砌筑方式可分为两种。其一为丁砌筑法，楔形城墙石，錾刻纹路为斜纹和人字纹，带有宋代城墙典型特征。部分区域则砌筑较为杂乱，既有丁砌筑法又有顺砌筑法，城墙石形制既有楔形亦有长方形，砌筑时代晚于宋代。当地群众称此处为西门，但实地调查发现，此处崖壁陡峭险绝，进出难度大，没有设置城门的必要，且该处平台回旋余地小，进深不够，也不具备设置城门的条件。按此处所处形势及现存遗迹、遗物判断，当为两处角台遗迹。根据砌筑风格及城墙石形制判定，这两处角台应始建于宋代，其后明清时期亦有利用，并经修缮加固。总而言之，此区域内既有内外城墙又有两处角台遗迹，无疑是得汉城重点防守之处，具有较为重要的战略地位。

二、建筑基址

（一）衙署

宋蒙战争期间，洋州府治迁到得汉城上，后来的新得州仍设治于此。明清时期，通江县治多次迁徙到得汉城。如今县衙已不存。据乡人介绍，高鼓楼的东边有当年衙署遗址。（图2-6-3）该地位于高鼓楼近顶部，现为梯田，海拔750米，地表可采集到瓦砾，隐约可见数块基石出露。基址面阔19米，进深8.7米，是否确为衙署尚待进一步工作确定。

图2-6-3 衙署遗址

（二）关帝庙

关帝庙位于中坝里，南城门上方，高鼓楼下方，与罗坪隔深壑相望，海拔637米，坐北朝南，方位为北偏西24°。据当地人介绍，在红军到达之前该庙已经被毁，仅存庙基。遗址平面呈长方形，东西长约21米，南北宽约16米，地面零星散落有灰色板瓦片。明清时关羽地位尊崇，各地普遍建庙供奉。得汉城曾经两次作为通江县治，城中有关帝庙乃自然之理。

三、其他遗存

（一）水源

凉水井是得汉城主要的地下水资源，可满足100余人的生活所需及40亩地的灌溉需求，加上城上的塘堰，为城上众多居民生存和生活提供了充足的保障。得汉城能够作为战乱年代的后勤保障基地，也得益于丰富的水资源。这些水塘、水井、塘堰至今仍供应着当地人的生活和生产用水。

（二）题刻

得汉城摩崖题刻共30幅，多分布于城门内外两侧石壁上。以南门、东门附近最为集中。据统计，得汉城上明、清摩崖题刻多达23幅，其中明朝题刻8幅，清朝题刻14幅，明清之际1幅。另有民国题刻2幅，未知时代题刻5幅。按照题刻内容，可将得汉城摩崖题刻分为诗文、公告、口号、纪年、题字等类型。其中诗文类最多，也最有价值。其内容涵盖了丰富的人文、历史、自然地理信息。题刻中的书法艺术也多种多样，楷书、行书并行。这些丰富的摩崖题刻遗存为得汉城这座军事城堡增添了不少文化气息。

除此以外，得汉城上还有李氏宗祠等古建筑以及一些龛窟和石碑，均为明清以来文物，此略。[1]

第三节 初步认识

一、遗存断代

得汉城保留至今的宋蒙战争遗迹不多，能用于时代判定者仅为少量城墙及城门。

西门一带的城墙为丁砌，但砌法较随意，石块之间结合不紧密，且收分不明显，与其他山城的宋代城墙有明显区别，疑为明代城墙。

南门和北门保存较好，两门形制基本相同，均为平顶门，形制简单，两侧用条石砌筑门框，顶上以石板架设平梁，两门框内侧凿门栓槽。砌筑城门及两侧护坡的石条不甚规整，錾痕凌乱。此种城门形式常见于四川各地的寨子，时代为清代至民国时期。东门仅存门道，从门道用石看，与其余两门相同，故也属清代至民国时期。

值得注意的是，我们在东门、南门均发现较多人字纹石条，与其他山城的宋代城墙用石风格相同，为宋代遗物，表明后代复建时利用了残留的宋代城门石。北门一带残留了多重关卡的痕迹以及建筑基址，不排除属于宋代的可能。由此观之，今天所见的东、南、北三门，在宋代即已存在。宋代亦曾在部分地形不利之处修建城墙，只是可能在后代被毁掉了。据乡民介绍，楼子门为民国时期修建，或许是因为川陕革命根据地后勤机关驻此，军民众多，为方便进出而建。

二、城防特点

相对于其他山城，得汉城城防系统有一些自身特点。

（一）攻势筑城

分析得汉城的防御系统，应从整个山城体系的角度出发，把得汉城放在山城体系中去分析。宋元时期，得汉城建于余玠构筑山城体系的完善阶段，是带有进攻性质的山城，其目的是以得汉城为跳板，进一步反攻陕南汉中之地。从古代历史地形图上看出，通江上可达兴元府，下可连蓬州、广安、合州，进而通向重庆府，左连嘉陵江水道与阆州相通，右经渠江可连达州、开州，直逼夔州，战略地位十分重要。当时得汉城与巴蜀地区的礼义城、大获城、苦竹隘等构成拱卫重庆府、扼守夔门的前沿阵地。同时，得汉城又处于巴蜀地区的山城体系之中，环环相扣，小城的安危也关乎大局的成败，可谓是"牵一发而动全身"。小宁城的修筑同样如此。据相关资料显示，在离小宁城十多里的小宁山、稳峰山（今碗山）、石城山、卧虎山（今大山寨）、吕家梁、新四坪等险要之地都建有城寨，使得小宁城处于东南环山、西北阻水的地理优势，成为易守难攻的战略要地。[2]

得汉城临近米仓古道的曾口场（今属于巴中区曾口镇）关口，又处在渠江的两大支流之一的通江河畔。北上可从洋壁古道直达汉中平原，南下则水路可直达渠州、广安、合州和重庆，

---

[1] 据通江县文物局龚道勇先生告知，他们曾在得汉城内采集到滴水等建筑构件。
[2] 何茂森：《抗元名"柱"小宁城》，《巴中文史》2012年第3期。

陆路可抵达州、开州和夔州，西去还可连嘉陵江流域之利州、阆州、隆庆。到余玠上任创筑山城防御之时，蒙军和宋军开战的前沿阵地已经退据米仓山、大巴山南麓的利州、阆州、巴州。因此，地处利州路前线的苦竹隘，嘉陵江水道边沿的长宁山城、鹅顶堡、大获城、跨鳌城、运山城等城防，构筑了巴蜀地区战略防御的横线"川北防线"，得汉城及附近平梁城、小宁城、苦竹隘处于首当其冲的地位。正如宋人阳枋所说："大获、大梁、运山、梁山、钓鱼，崎莫逾之势在前；古渝、凌云、神臂、天生、白帝，隆不拔之基于后。"[1] 众多山城的建立都有一个共同特点，即沿江而建，据山而立。以山的坚固防御为主，兼顾水道运输及设防，众多山城由江水相接，由点成线，由静制动，形成一个统一的整体，发挥山城攻防体系的最大效用。

在纵深防御上，得汉城处在渠江流域的线状防御体系中，与下游的荣城、礼义城、龙爪城、大良城、小良城等筑成一线，是渠江、嘉陵江沿线的桥头堡，又是夔达一线的前沿阵地。

（二）重视山险

陈寅恪先生曾说过："凡聚众据险者，欲久支岁月，及给养能自给自足之故，必择险阻而又可以耕种，及有水源之地，此又自然之理。"[2] 虽然宋蒙山城大多都依赖山形水势，但得汉城在依赖山险方面特别突出。得汉山山环水绕，山石壁立，有如"铜城"。历代文献和题刻中多有称赞。如朱导题诗："临壁立岩四面同，金城天府未为雄。"余诚题诗："登临上下转顾间，不觉悬身在天顶。"此外还有通江县尉的题刻"雄镇巴西"等。在众多题刻中，明代林俊的"地环三玉涧，天铸一铜城"最为妥帖。

高不可攀的崖壁成为得汉城的天然城墙，比人工修建的城墙更加坚固，以致我们在得汉城上难以见到大段城墙。得汉城的4座城门按照地形条件依山势修筑，出城道路与城门呈现夹角，这样既增强了山城的稳固性，又能够避免城门直接暴露在敌人火力之下，特别是南城门几乎隐藏在山体之后，其设计具有很强的隐蔽性。北门一侧是峻拔的山体，一侧是悬崖断壁，上往城门的路逼仄而漫长，城门外道路侧尚有可以隐蔽侦查和阻击的位置。城门附近还有炮台和敌楼等防御设施，随时可以观察敌情和攻击敌人。我们在历史文献中也没有看到有蒙军攻破得汉城的记载，证明得汉城的防御的确牢不可破。

得汉城山上地形也独具特色，不像其他宋蒙山城那样，山顶较平，而是明显地呈现为三个层级，各层之间有垂直山崖，崖壁高度虽不及山下，但也自然形成得汉城的多层内层防线，起到层层防御、逐级抵抗的作用。其衙署布置于山顶最高处，最大限度保证了行政中枢的安全。

---

[1]（宋）阳枋：《字溪集》卷8《余大使祠堂记》，文渊阁四库全书本。
[2] 陈寅恪：《桃花源记旁证》，《清华大学学报》（自然科学版）1936年第1期。

第七章 巴中平梁城

第一节 史地概况

一、地理环境

平梁城遗址位于四川省巴中市巴州区平梁镇炮台村的平梁山上，是宋蒙战争时期双方在渠江流域上游争夺的重要据点。

从宏观地理环境上看，平梁城地扼入川要道米仓道南端，战略地位非常重要，是古代军事要地。米仓道是古代陕西汉中翻越米仓山进入巴蜀地区的古道，同时也是沟通汉中平原与四川盆地的最近道路。"盖自兴元达巴州不过五百里，达巴州则垫江（即合州）以北尽皆震动，而阆州危难在肘腋间矣。"[1] 宋蒙战争时期，米仓道是蒙军入侵四川的主要进军路线。而宋于蜀口创建的平梁城、得汉城及小宁城等山城则形成了阻遏蒙军由米仓道南下的第一道防线。除此以外，平梁城位于巴河之滨，"上接文峰，下临字水"[2]。既可增加天险，又可借水运与其他城寨互通消息，相互应援。

从微观地理形势上看，平梁山是四川地区常见的桌状山体，地势险要、环境独特。《蜀中广记》称其"坐据要地，壁立万仞"[3]。道光《巴州志》载："（平梁山）山形高大而上平阔，周数十里，俱悬崖峭壁，莫可扳（攀）援，惟四隅有小径可通上下，亦崎岖逼仄，不可驰骋。"[4] 平梁山山腰以下地势斜缓，山腰以上则为数十米高的绝壁悬崖，仅东、南、西、北四条山脊有小径可通山下，因此既高又险，诚有"一夫荷戟，百夫不得前趋者，固天然之保障也"[5]。平梁山顶部宽平，田地皆备，水源充足。《巴州志》载："四周皆悬崖峭壁，仅微径可上。既入城，则平野豁然矣。"[6]（图2-7-1）根据天地图等地图软件测量，平梁山顶部面积约0.64平方千米，周长约

图2-7-1 平梁城崖壁

---

1 （清）顾祖禹：《读史方舆纪要》卷56《陕西五·米仓道》，中华书局，2005年，第2672页。
2 巴中县文教局：《巴中县文化志》第5章《文物名胜》之《平梁城遗址》。
3 （明）曹学佺：《蜀中广记》卷25《名胜记》，清文渊阁四库全书本。
4 （清）道光《巴州志》卷1《山川》，清道光十三年刻本。
5 （清）道光《巴州志》卷首《图》，清道光十三年刻本。
6 （清）道光《巴州志》卷首《图》，清道光十三年刻本。

4.5千米。此地水源充足，田畴广布，可以承载相当数量的军民生活。

二、宋蒙战争中的平梁城
（一）平梁城的修建

《金石苑》收录的《平梁新城题名》（图2-7-2）介绍了平梁城的修建情况：

> 平梁新城题名
> 大宋淳祐十一年，都统制忠州刺史环卫张□[1]、大使余龙学指授规画，率诸军创平梁山城，山□囷抚平梁州之义。城则坐据要地，壁立万仞，天人助顺，汉中在掌握矣。正月九日兴工，三月既望毕事，路钤张大悦、贾文英、司登、雍昌嗣、杜时顺、罗全、王安，州钤刘成，路分刘文德、张德、李成、戎进，路将梁福、刘青、陈宝、曹贵、王孝忠、张达、伏道坤、何荣、薛大信、李珍、宋明、廖友兴、孙庆、李崇，制领安邦瑞、崔世荣、郭□、张亻，拨发王成，壕寨刘储烋，皆分职任事者也。纪地名，纪岁月，庶知此城为兴复之基云。[2]

题刻中的"都统制忠州刺史环卫张"即张实，时为四川制置司负责修筑山城的大将。"大使余龙学"即时任四川制置使、龙图阁学士余玠。据此碑刻，平梁城是宋淳祐十一年（1251），由都统张实奉余玠指授规划，率宋军创建。可惜题刻实物已经不存。

淳祐四年（1244）底，在余玠的大力推动下，四川山城体系已经初步建成，四川地区防务面貌焕然一新，并取得了大小36战的胜利。余玠慨然有收复兴元之志，于是部署在川北一线筑城。淳祐五年（1245），命张实于巴州建小宁城，以作"兴汉之基"；淳祐九年（1249）又命张实筑得汉城，"储粮建邑，为恢复旧疆之规"。宋淳祐十年（1250）冬，余玠"率诸将巡边，直捣兴元"[3]，巡至巴州近郊，认为其山险隘，适于筑城，于是在次年，携都统制张实到此，亲自"指授规画，率诸军创平梁山城"。因此，平梁城并非余玠第一

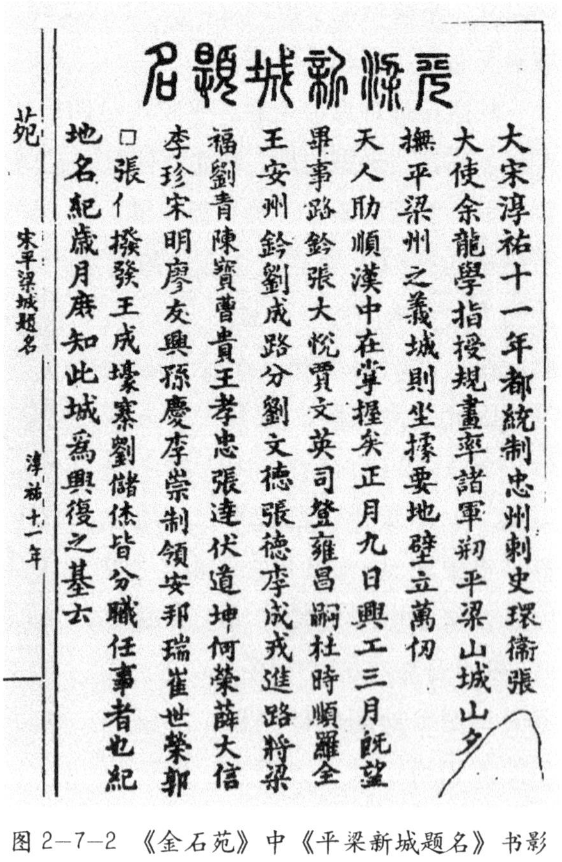

图2-7-2 《金石苑》中《平梁新城题名》书影

---
[1] 此处所缺当是"奉"或"受"字。
[2]（清）刘喜海：《金石苑》（下），巴蜀书社，2018年，第165页。
[3]《宋史》卷416《余玠传》，中华书局，2013年，第12471页。

批修建的山城，且其修筑的初衷也并非防御，而是作为余玠北伐汉中的后方基地。

平梁城的修建非常迅速，"正月九日兴工，三月既望毕事"，仅用两月余便创建完毕。平梁山顶周长近4.5千米，皆环筑城墙，大部保留至今，筑城效率之高在巴蜀地区同类山城中首屈一指。其中最大的原因在于平梁城修建时充分实现了因地制宜，并使用了大量军队。《平梁新城题名》中明确提到平梁城是都统张实、大使余龙学率诸军所创，笔者推测修建平梁城时，余玠北伐汉中的各路大军已齐聚巴州，有相当数量军队直接参与了平梁城的修建。修筑平梁城的主要负责人张实是南宋末年著名的筑城将领，除平梁城外，还主持修建过平昌小宁城、通江得汉城，后来还驻守过叙州老君山，协同隆庆守将杨礼驻防苦竹隘。同时，参与筑城的张大悦，后来成为蓬州运山城主将，并增修过运山城。李成、李崇、梁福等人在修筑平梁城前还参与过得汉城的修筑工程，壕寨刘储烋10年后还以路钤身份参与了南川龙岩城的修筑，刘文德、王成更是参与了小宁、得汉、平梁三城的建设。可见平梁城修筑的分责任事者皆是经验丰富的筑城能手，大量专业筑城人员的参与，同样是平梁城得以迅速建成的重要保障。

（二）平梁城战事

通过梳理相关文献可知，蒙军对平梁城的进攻大致有四次。

第一次是宝祐六年（1258）。是年，蒙古大军兵分三路南下攻宋，蒙哥汗亲率主力"由陇州入散关"，再沿金牛道入蜀，沿嘉陵江南下，攻击沿岸山城。另外两路大军中，诸王莫哥由"洋州入米仓关"，孛里叉万户"由渔关入沔州"。[1] 平梁城位于米仓道南端，属于防御蒙军南下的第一道阵线，而诸王莫哥由洋州经米仓道入蜀，必定会经过巴州一线，结合当时的战事情况，宋蒙双方很可能在平梁城交战。在此次蒙军兵分三路进攻四川的军事行动中，仅中路军战果丰富，短短两月之间，嘉陵江及渠江沿线的苦竹隘、鹅顶堡、大获城、运山城、青居城、大良城相继被攻破或招降，南宋嘉陵江防线全面崩溃。其余两路大军却在平梁、礼义和钓鱼等山城的坚持守御下铩羽而归。

第二次攻打平梁城发生在开庆元年（1259）。是年新年，蒙哥汗驻跸青居山，大会诸王大臣，商讨是否北还等事宜。脱欢建议撤军北返，八里赤建议继续进攻，蒙哥汗于是采纳继续进攻的建议，亲率大军围攻钓鱼城，并命"诸王莫哥都复攻渠州礼义山，曳剌秃鲁雄攻巴州平梁山"[2]。此时进攻礼义山和平梁城，目的在于切断平梁城、礼义城与钓鱼城的联络，使其无法驰援钓鱼城。但这次进攻仍以蒙军的失败告终，平梁城、礼义城并未被蒙军攻破，蒙哥汗也命丧于围攻钓鱼城的过程中。

第三次攻打平梁城发生在景定二年（1261）。是年，杨大渊叔侄率军两次攻打巴州、渠州，[3] 扼米仓要道的平梁城应在其攻打之列。但此次攻击，平梁城及得汉城等均未被攻破。

第四次攻打平梁城的时间史料上并没有明确记载。根据相关文献材料，景定三年（1262）后，史料中已无元军在巴州攻掠的记载，且巴州知州向佺已移守得汉城，或因原治所驻地平梁城已被元军攻破。所以笔者认为，平梁城可能于景定三年（1262）陷落。

---

[1]《元史》卷3《宪宗纪》，中华书局，2013年，第51页。
[2]《元史》卷3《宪宗纪》，中华书局，2013年，第53页。
[3]《元史》卷161《杨大渊传》，中华书局，2013年，第3777—3778页。

从上述梳理可见，在宋蒙战争时期，平梁城地扼米仓要道，多次截击由米仓道南下的蒙军，成为蒙军左路军的掣肘之危，使得蒙军不得不多次析分兵力攻打。由此可知，平梁城确实起到了抗蒙、阻蒙的作用。元朝平定四川后，至元十五年（1278），安西王相府奏元廷曰："川蜀悉平，城邑山寨洞穴凡八十三，其渠州礼义城等处凡三十三所，宜以兵镇守，余悉撤毁。"[1] 这里所说的 33 所山城必定是蜀地山城之大者要者，平梁城作为控扼米仓要道的重要山城，应该是三十三所山城之一。从实地调查来看，平梁城宋代城防受到的破坏较小，虽然宋代城门全部被毁，但城防体量及完整度在四川地区首屈一指，因此笔者推测平梁城应该没有受到大规模破坏，较为完整地保留了宋代山城城防的典型模板。

在明代，平梁城有两次被重复利用。第一次是明正德年间，一次在明末崇祯年间。前者是防备"鄢蓝之乱"，后者防备"姚黄之乱""张献忠之乱"。清代对平梁城的增修利用大致有四次，分别与嘉庆年间的白莲教起义和咸同时期的"李蓝起义"有关。民国时期，川东北特别是巴州地区是红军与国民党反动军阀激烈战斗的前线阵地，平梁城也成为国共双方争夺的要塞。

纵观平梁城历史，可以说，由宋末建城至民国时期，平梁城凭借其特殊的战略地位和有利的区位条件，成为扼守米仓要道的军事堡垒和官民躲避"动乱"的港湾，承载了川东北地区近 800 年的兴衰治乱史，具有极为丰富的历史文化内涵，是川东北乃至四川地区不可多得的优秀历史文化遗产。（图 2-7-3）

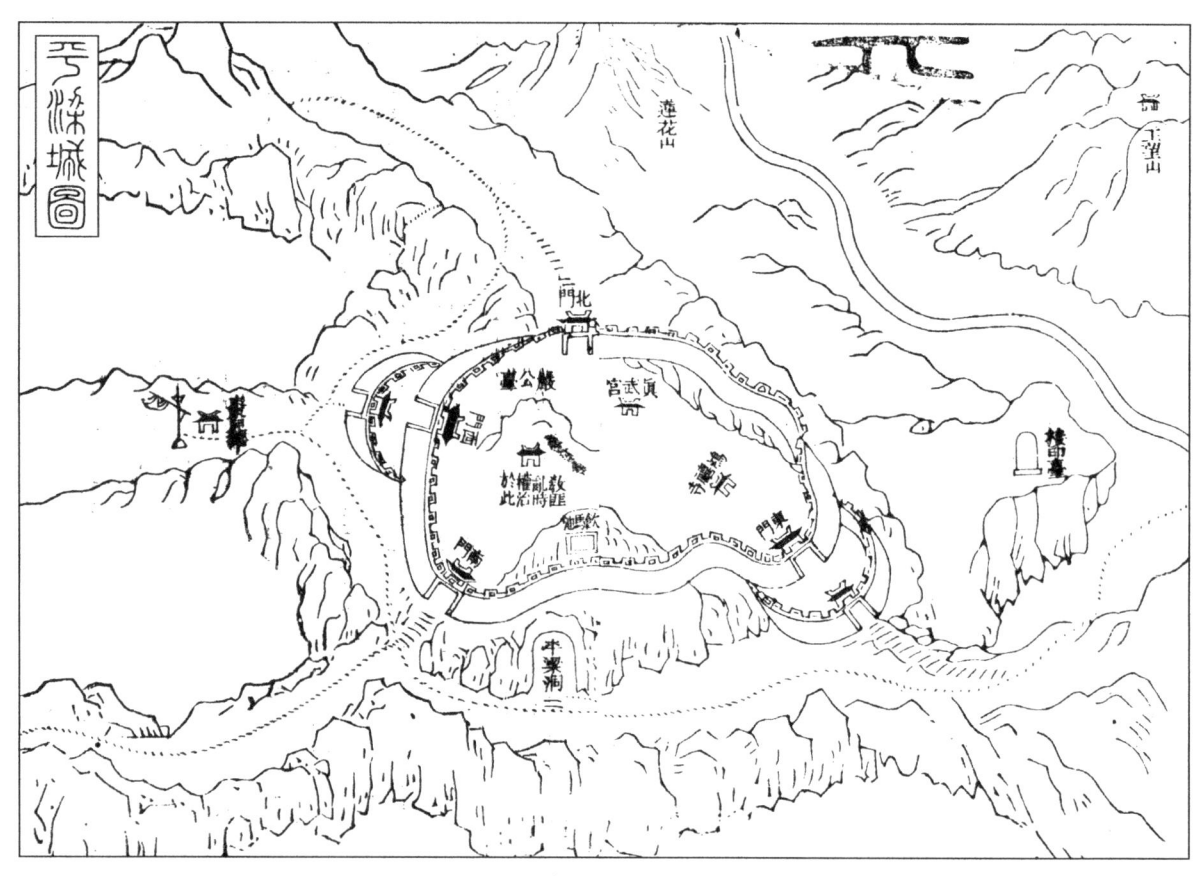

图 2-7-3 道光《巴州志》中的《平梁城图》

---

[1]《元史》卷 10《世祖七》，中华书局，2013 年，第 204 页。

第二节 遗存

平梁城内现存有汉代至清代各类遗存，此处重点介绍宋代城防及相关设施。

一、城防遗迹

平梁城内城防遗迹包括城墙、城门两种，其中城墙上还有马面、角台等附属设施（图2-7-4）。

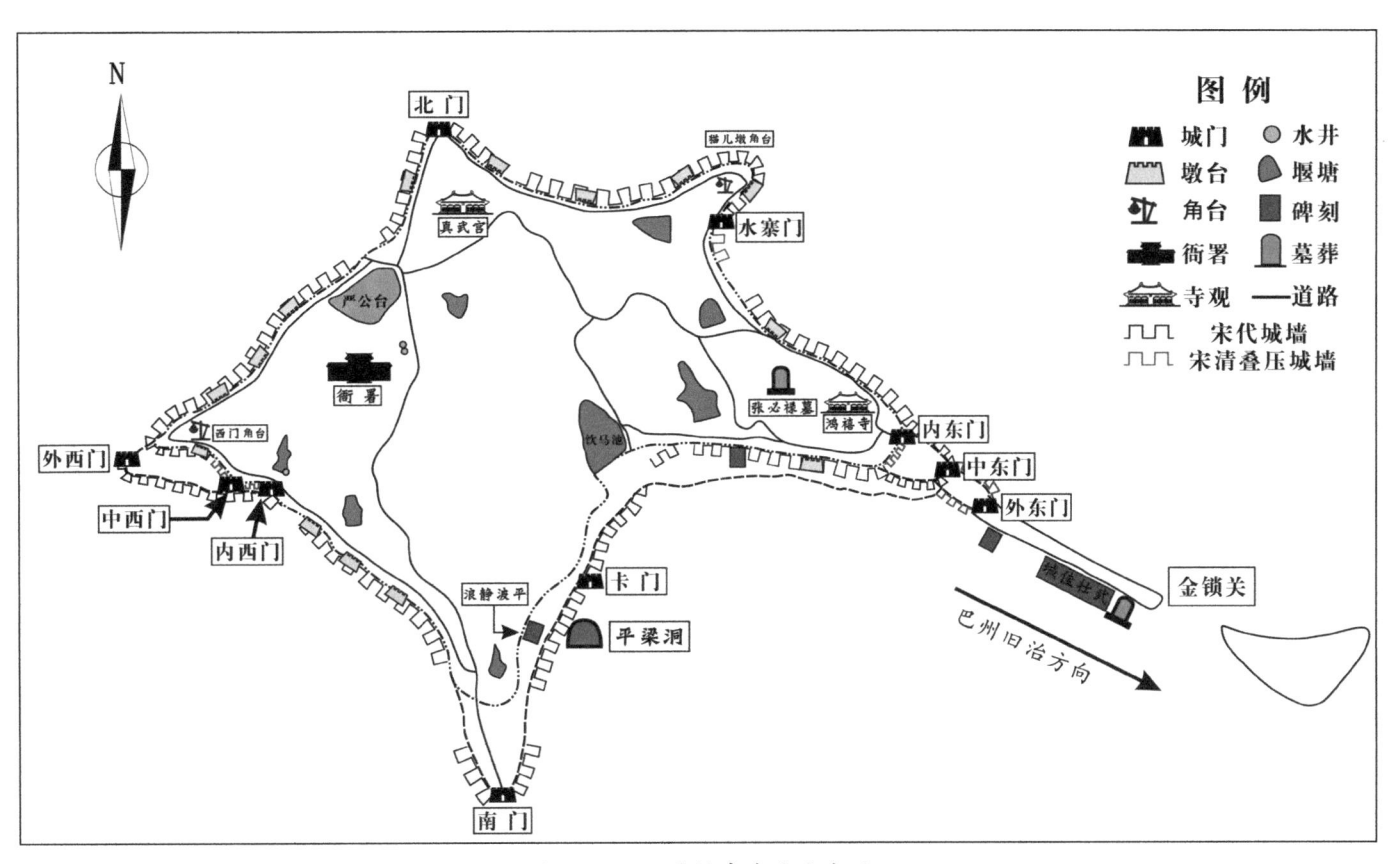

图 2-7-4 平梁城遗迹分布图

（一）城墙

据实地调查，遗址内现存约 4000 米的宋代城墙，保存状况及体量在宋蒙山城中均属罕见。

平梁城雄踞山顶，四围皆悬崖，山顶绕崖一周环筑城墙，部分城门附近更筑有内外多层城墙，与城门合围而成瓮城之势。数百年来，城内部分城墙因战乱、人为拆毁及自然垮塌等原因出现不同程度损坏。重复利用时期，避乱于此的军民又对其损坏的城防设施进行过多次维修加固，因此，平梁城城墙保留有多个历史时期的修筑痕迹，但保存状况不一。以城门为界，大致可将平梁城城墙分为东门至水寨门段、水寨门至北门段、北门至西门段、西门至南门段、南门至东门段。分段介绍如下。

1. 东门至水寨门段城墙

东门至水寨门之间崖壁总长 600 余米，城墙基本保存，走向清楚，城门附近保存较好。

东门分内、中、外三道城门，各以城墙相连，形成内外瓮城。其中，内东门及中东门左右城墙保存状况较好。内东门左右城墙现残长约50米，残存7—9层，残高2—3米，城墙下部主体以横切面为方形、一头大一头小的楔形城墙石丁砌而成，城墙自下而上逐步内收，略有收分，城墙石外切面錾刻纹路多为"人"字纹和斜纹，推测应为宋代遗迹。城墙顶部少量长方形城墙石錾刻纹路为细密竖条纹，应为清代遗迹。值得注意的是，内东门右侧约5米范围内局部城墙砌筑方式与其余地区稍有不同，用材亦大小不一，城墙直立，不带斜度，很可能为清代补砌而成。

中东门附近城墙同样以丁砌筑法为主，现残长100余米，残存3—7层，残高1.5—2.5米。此段城墙砌筑于山体顶部边缘，高出城内地表1—1.5米，城墙内外以楔形城墙石丁砌而成，厚1.5—1.8米，中间夹杂碎石、泥土，是否夯筑暂未明确。城墙石形制为楔形，大头向外，小头向内，外切面边长约0.45米，錾刻纹路以"人"字纹和斜纹为主，间杂少量细密竖条纹。从城墙体量及砌筑方式等看，其主体应为宋代所建，不排除在清代有所增补维修。

水寨门左右城墙保存相对较好，残存3—8层，高2.5—3.75米，丁砌筑法，城墙石为楔形，砌筑时大头向外，小头向内，錾刻纹路以"人"字纹及斜纹为主，城墙自下而上逐步内收，略带倾斜度。寨门右侧部分城墙于20世纪50年代修建水寨门塘堰时被拆毁或改建，砌筑较为杂乱。此段城墙之下可见采石痕迹，推测应为开采城墙石之处。

2. 水寨门至北门段城墙

水寨门至北门段崖壁总长约660米，崖壁顶部边缘环筑城墙，除北门及真武宫附近局部区域因山体滑坡造成零星垮塌外，此段城墙整体保存较好，尤以水寨门左侧至猫儿墩角台附近保存最好。（图2-7-5）此段城墙残高1—3米不等，皆以楔形城墙石丁砌而成，錾刻纹路为"人"字纹和斜纹。其中猫儿墩至真武宫段城墙与中东门附近城墙筑法类似，修筑于崖壁顶部边缘且高出城内地平面1.2—1.8米，内外皆以楔形城墙石包砌，中部夯填碎石及泥土，城墙厚1.5—2米，带有宋代城墙特征。

3. 北门至西门段城墙

北门至西门段崖壁总长约1100米，崖壁顶部皆筑有城墙。此段城墙整体保存较好，仅严公台西侧城墙因修建上山公路被拆毁部分，又因山体滑坡形成自然垮塌，共造成约50米城墙损坏。北

图2-7-5 水寨门至北门段城墙

门至西门段城墙残长约1000米，残存5—9层，残高2—3.5米。主要为丁砌筑法，城墙自下而上逐步内收，倾斜度达10°—18°。城墙石形制为楔子形，切面为方形，一头大一头小，体量较大，外切面高、宽多为0.36—0.5米，部分切面可达0.6米见方。城墙石錾刻纹路粗犷，多为斜纹或"人"字纹。（图2-7-6）城墙下方可见采石遗迹，推测城墙石系就地开采。

图2-7-6 北门至西门段城墙

值得注意的是，此段城墙虽然大部为丁砌筑法，略带倾斜，但西门炮台至内西门右侧之间部分城墙却较为陡直，不带收分，且砌筑较为杂乱，与其相邻之丁砌城墙呈现明显差别，应系晚期增修补砌而成，因此带有不同历史时期的砌筑痕迹。

西门与东门一样，也分为内、中、外三重城门。其中外西门位于西门山脊下端二层台边缘，其左右亦各筑城墙，分别与城西山腰二层台内部崖壁相接，从而形成类似瓮城的局部防御系统。此段城墙总长近300米，走向基本清楚，残高1—2米不等，各区域保存状况不一。部分城墙石被人为拆除，用以修建西门附近田埂。另有部分区域城墙受应力影响，底部已出现外突现象，有进一步造成山体滑坡和城墙垮塌的危险。此段城墙保存状况较差，上半部砌筑较为杂乱，不排除有后期增修的可能。

4. 西门至南门段城墙

西门至南门段崖壁总长约770米，城墙大部保存，走向清晰。（图2-7-7）因自然及人为破坏，此段城墙目前保存状况不一，残存2—8层，残高0.5—3.8米。西门东侧约10米处城墙因修建高塔而被局部拆除，从而留下了人为拆除后形成的城墙剖面，附近也散落部分被完整拆除下来的城墙石标本，为我们探究平梁城城墙建材形制及砌筑方式提供了极大便利。从现存城墙剖面及附近城墙

图2-7-7 西门至南门段城墙

石来看，此段城墙为丁砌筑法，城墙石体量较大，形制为楔形，一头大，一头小，切面皆近方形，大头切面高约45厘米，宽47厘米；小头切面高37厘米，宽29厘米。城墙石通长87厘米，砌筑时大头向外，小头向内，城墙外侧自下而上逐步内收，略带倾斜度。城墙石錾刻纹路以斜纹为主，夹杂部分"人"字纹，向外之大头打磨较为精细，纹路清晰，向内之小头及城墙石侧面打磨较为粗糙。城墙中部还保留一处人工砌筑，贯穿城墙，高54厘米，宽27厘米的长方形排水孔。此段城墙整体带有宋代城墙特征。

值得注意的是，南门位于平梁山南部山脊下端的二层台边缘，而非位于山顶崖壁边缘。因此，城墙自西门向东南方向沿山顶崖壁边缘延伸至平梁山南侧后，并未继续沿山顶崖壁延伸，而是沿城南山脊南下至平梁山山腰二层台边缘，与南门相接。过南门后，城墙改变线路沿平梁山山腰二层台边缘延伸至饮马池附近，再次改变线路沿山顶崖壁边缘延伸至内东门。调查过程中，在南门至饮马池之间山顶崖壁边缘未发现连续的城墙遗迹，因此平梁城东南部是否存在内外双层防线，仅根据目前的踏查工作尚不能完全确定，需开展考古发掘工作来验证。

5. 南门至东门段城墙

南门至东门段崖壁总长约 1270 米，城墙基本保留，走向基本清晰。此段城墙从南门向东北方向沿山腰二层台边缘延伸至饮马池附近，转而向内沿山顶崖壁边缘延伸至内东门。总体来看，除南门东北部及饮马池附近因山体滑坡造成部分城墙垮塌外，其余区域皆保存较好。此段城墙目前残长约 1000 米，以南门附近及内东门右侧塘堰附近保存最好，残存 1—13 层不等，残高 0.5—5 米。城墙皆由楔形城墙石丁砌而成，錾刻纹路为斜纹，另有少量"人"字纹。

城墙延伸至内东门附近后，另分一线沿城东山脊向下延伸，过中东门至山腰二层台边缘，一直延伸至外东门及金锁关附近。其中山脊中部残存一段城墙，残长约 500 米，残高约 2 米，厚约 2 米，砌筑较为杂乱，既有丁砌，亦有顺砌筑法。初次调查时，笔者误将其判断为一字城墙。后期调查中，发现其砌筑方法及石材加工方法等与平梁城早期城墙有明显区别，应属后期增筑。结合外东门的修筑来看，不排除此段城墙为清代修建外东门时增筑，其作用在于连接中东门及外东门，隔断东门山脊两侧之通道，在中东门与金锁关之间形成类似瓮城的局部防御系统。因此其性质为瓮城墙或隔离墙的可能性更大。

（二）城门

平梁城地势险要，仅东、南、西、北四方山脊处有小径可通城内，这些小径也自然成为筑城时修筑城门的首选之地。据文献记载，平梁城东、南、西、北 4 座城门皆筑有重门，但不幸的是这些城门如今皆已不存。根据实地调查，大致可确定 6 处城门遗迹，其中东、西城门又各分三重。

1. 东门

东门位于平梁城东侧山脊，俯瞰巴州旧治，分内、中、外三重城门，现三门皆毁。

内东门位于山顶东侧边缘，海拔 740 米，方向 183°，城门主体结构已毁，仅存门道及左右城墙，门道残宽 2.5 米。

中东门位于内东门下方崖壁边缘，海拔 730 米，方向 133°。城门已毁，仅余门道及左右城墙，门道残宽 3.6 米，残高 2 米，进深 2.5 米。

外东门位于平梁城山腰二层台地边缘，金锁关内侧，海拔 685 米，城门已毁，仅存石阶。

东门是平梁城联络巴州旧治的重要通道，其三重城门各以城墙相连，形成内、外两重瓮城，梯级布防，再配合金锁关天然险隘，一并构成了平梁城东部的坚固防御工事。

2. 北门

北门位于平梁山北部，真武宫以北约 125 米处，控制着通往平梁镇的最近通道，海拔 779

米。1984年，平梁区委区公所、平梁乡党委政府主持修建了从平梁乡沿北门山脊入城的登城石阶步道。此石阶至今仍是步行入城最便捷的通道。在修建入城步道时，城门遗迹又遭到一定改建，原貌不存。经过调查，从左右城墙位置可大致判断北门位置，但并未发现如东、西二门一样的重门结构。北门石阶小道，宽约1.1米，从山脚直至山顶，中部及下方在修建入城公路时被挖断。

3. 南门

与其余三门不同，南门并非位于山顶，而是与外东门及外西门类似，位于平梁山南侧山腰二层台边缘，海拔710米。南门城门已毁，仅存门道及左右城墙。门道残宽4.33米，进深3.78米，左右城墙残存7层，残高2.67米，未发现重门结构。出南门后，山脊继续向南延伸，与西华山相连，是平梁山南部入城必经之路。

4. 西门

西门位于平梁城西侧，分内、中、外三重城门，三门皆毁。

内西门位于山顶崖壁缺口处，左右皆砌高墙，以控扼出入通道，海拔750米。城门已毁，门道残宽3米，进深4.5米。

中西门位于内西门外约60米，右靠绝壁，左临高坎，在天然岩体上加工石阶步道与内西门相通，外砌拦马墙，海拔732米。右侧为自然崖壁，左侧为砌筑城墙。城门已毁，门道残宽1.65米。城门右壁上有一圆弧顶空龛，宽28米，高35米，深25厘米。龛左似有题刻，文字残泐，难以识读。

外西门位于西门山脊下端，山腰二层台边缘，与枣儿塘相望，左右以城墙连接山腰崖壁，海拔713米。城门已毁，门道残宽2.2米，进深3米。

西门三道重门与东门类似，城门之间以城墙相连，形成内外两重瓮城，配合西山脊上的炮台，构成了西城区域的重要防御系统。

5. 水寨门

水寨门位于猫儿墩南约120米，海拔752米，朝向147°。城门已毁，门道残宽2.4米，残高1.5米，进深4.7米。城门所处位置地势较低缓，外有一小径可通山下，城门左右城墙保存较好。

6. 卡门

此门位于平梁城东南部，"浪静波平"碑东北部约200米的城墙上。其规模及砌筑方式与常见城门不同，仅在城墙之上斜开小径，类似登城步道，于城墙底部设一卡口，隐蔽难寻。初次调查时疑为后世城内居民为方便樵采劳作而在城墙上开辟的小路。后经调查，在小径下至城墙外底部时，有类似城门门栓孔，不似后来所设，推测此处原本设置有城门或卡口之类的设施。但其现存规模较小，仅可供一人通行，砌筑方式亦与巴蜀地区常见城寨城门明显不同。综合来看，此处设置城门的可能性较小，更大可能是充当临时出入口的卡门。不过，卡口左右城墙保存较好，卡口所在位置城墙却砌筑稍显杂乱，也不排除此处原有城门，毁弃后以石块封堵，仅开一卡门以便通行。另据平梁城内1984年所立碑刻记载，平梁城南门与东门之间另有小东门，此处卡门在方位上与小东门基本符合，但未知二者是否为同一处。

（三）角台

除城墙与城门外，平梁城遗址内还发现了数量众多的疑似角台的城防军事设施。这些角台各守险地，与城墙和城门紧密配合，与悬崖绝壁相辅相成，共同在平梁山顶周围构建起一道坚固的环形防线。

与川渝地区绝大多数山城选址一样，平梁城所在的平梁山是典型的桌状山体，山腰以下地势斜缓，但山腰以上则为高达数十米的悬崖绝壁，难以攀援。平梁山平面略呈五角形，山体四周有5道山脊外突。5道外突山脊中，北门及东门直接修筑于山脊外端，以门为守，控扼着通过山脊出入城内的道路。西侧山脊、南侧山脊及猫儿墩处山脊外端并无城门直接控守。从这三处山脊的地理形势来看，是比较适合修建角台的。根据目前的调查情况来看，平梁城西侧山脊、猫儿墩山脊均发现了疑似角台遗迹。

1. 西门角台

西门位于平梁山西侧山脊东南方，其地势稍低。而西侧山脊雄踞山顶，平梁城西北、西南方向敌情一览无余，是城西瞭望绝佳之地。同时，西侧山脊俯瞰外西门，与枣儿塘相望，无疑更是配合外西门镇守城西通道的要地。调查发现，西侧山脊外端略呈半圆形，北门至西门之间的城墙延伸于此，也形成半圆形外突平台。但此处城墙高于城内地平面1—1.5米，且内外以丁

图2-7-8　西门角台

砌筑法包砌城墙，中间则以碎石及泥土夯筑，形成掩体。城墙残存7—8层，残高约3.3米，厚约2.8米，所用石材皆为楔形城墙石。外切面45—50厘米见方，城墙自下而上逐步内收，呈10°—14°的倾斜度。城墙围合而成的半圆形平台面积约380平方米，与外西门直线距离仅约80米，与中西门距离约120米，推测城墙围合区域内原本应有建筑。从其所处位置及修筑情况来看，既是西门外瓮城的重要组成部分，还极有可能是平梁城西部防御系统中兼具瞭望与攻击于一体的角台类军事设施。（图2-7-8）北门与西门因西门山脊外突阻断，遥不可望，在一定程度上造成了军事盲区，而西门角台视野开阔，城西北及城西南军情一览无余，无疑是对这一盲区的最好补充。

2. 猫儿墩角台

猫儿墩是平梁城东北部的外突山脊，位于水寨门与北门之间，与莲花山遥遥相望。猫儿墩所在地势与西门炮台极为相似，其修筑之城墙也有诸多相同点。猫儿墩外突山脊略呈半圆形，水寨门与北门之前的城墙延伸于此，也形成半圆形外突平台。水寨门左侧城墙北行至猫儿墩附近时，开始高出内城地平面，形成类似西门角台和中东门附近的内外包砌城墙，至水寨门塘堰北部区域时，才又与城内地面持平。城墙残高约2.5米，厚约2米，内外皆以楔形城

墙石丁砌而成，中间以碎石、泥土夯实。城墙外立面打磨较为精细，城墙石砌筑规整，城墙内立面稍显杂乱。与城西区域地理形势相同，猫儿墩山脊外突，在平梁城北门与东门、水寨门造成了视线盲区，不利于军情观察和传递。猫儿墩角台的修建，在一定程度上弥补了这一盲区。猫儿墩一带地势平坦，且崖壁陡峭，属于城内较为安全的区域。城墙内部现已成为一片松林，但推测原本应该有建筑，留待考古发掘验证。

除上述两处角台之外，东门外金锁关附近、北门附近、南门山脊顶部虽然没有明显遗迹可寻，但亦不排除曾经建有角台类军事设施。如金锁关巨石顶部分布大量柱洞，不排除原有角台类设施。

（四）马面

除较大体量的角台之外，平梁城四围城墙上还发现近20处马面。这些马面突出城墙之外0.5—0.8米不等，上窄下宽，略带倾斜，长5—7米不等，形似马面（图2-7-9），推测其上原本建有敌楼之类的建筑。各马面大致以数十米为间隔出现，声音相闻。每个马面就是一个观测点，既可侦测四面敌情、传递军情，还在一定程度上增加了城墙的稳固性，避免城墙垮塌。同时，马面突出城墙距离较短，既可以有效观察城墙底部敌情，又不易造成视觉盲区，给攻城敌军以可乘之机。在城墙上设置类似马面的做法，在平昌县小宁城遗址内城墙庙子口拱门至内南门段城墙、白帝城寨子东城墙段也有零星发现，但数量及体量均远不及平梁城。根据南宋末年所刻之《礼义城图》来看，南宋礼义城中亦有大量此类马面。遗憾的是，礼义城的马面未保存至今，川渝地区其他重要山城遗址中则甚少发现。

图2-7-9 马面

（五）望台

金锁关位于外东门下方，此处地势险要，一巨石如龙挺出，三面凌空，视野极佳，上遗留有两排圆柱洞孔，原应有木构遗迹，或为当年守城军民瞭望敌情之处。

二、衙署遗址

平梁城自宋末建成后，先后成为当地军民避乱之所，巴州州治也多次迁治其上。关于清代巴州衙署遗址的具体位置，文献中有明确记载。清嘉庆初，白莲教起义席卷川楚等五省，巴州亦深受其害，州署被焚毁，不得不迁治平梁城严公台南部区域，因此严公台南部又有"衙门坝"之称。[1]

---

[1] 民国《巴中县志》第四编《古迹》，民国三十一年石印本，第977、978页。

关于南宋淳祐十一年（1251）筑平梁城及巴州迁治城内的事实，因有文献确载，故无争议。但南宋末年巴州治何时迁入平梁城，文献中却并无直接记载。事实上，文献及考古工作已提供不少线索，可供参考。据民国版《巴中县志》记载，清嘉庆九年（1804），知巴州田文煦在平梁城严公台筑亭时，曾于土中掘出宋淳祐纪年砖，并提到城内马姓人家尚有此砖 20 余枚，上印刻"淳祐壬子巴州曹节制任内造"等文字。[1] 近年来，巴州区文物局在平梁城开展考古调查和文保工作时也发现少量宋砖，其形制、印文与田文煦所发现者几乎完全相同，当属同一批宋砖。巴蜀地区宋代山城的城防系统几乎全部使用天然岩石加工砌筑而成，少有砖砌。究其原因，笔者认为主要有三点：一、石材较易获取，便于就地取材；二、石砌城防较之砖砌更加坚固耐用；三、一座山城所需建材数量巨大，烧砖筑城并不现实。因此平梁城内发现的印文纪年砖显然不应该是城防用砖，更可能是城内建筑用砖。考古发掘材料显示，此类印文宋砖并非平梁城独有，在重庆老鼓楼遗址高台建筑基址中，也出土了与此类似的印文宋砖。而老鼓楼遗址被确认为宋末四川制置司和重庆府衙所在，高台基址为谯楼，以此观之，笔者认为严公台附近出土之印文宋砖，极有可能就是宋末巴州州衙建筑用砖。而宋代巴州衙署的确切位置虽有待考古勘探确认，但其大体位置亦应在出土印文宋砖最多的严公台附近。砖上纪年为"淳祐壬子"，证明这批砖烧制于淳祐十二年（1252），由此亦可进一步推知，巴州治迁入平梁城的时间应不早于淳祐十二年（1252），即平梁城修筑完成的第二年。印文中的"曹节制"为何人，正史文献及地方志皆无载，遗址内也未发现相关遗迹，故难以确定。从称谓看，此人当为首批驻守平梁城，并节制城内军民的巴州主要官员。《平梁新城题名》中提到分责任事参与平梁城修筑 32 人中有路将曹贵，未知与砖文中的"曹节制"是否一人。

三、生活遗存

（一）塘堰

平梁城内现存 8 处较大规模塘堰，自西门内侧始，逆时针方向依次编号为 1 号塘堰至 8 号塘堰，现依次简介如下。

1. 1 号塘堰

1 号塘堰位于内西门东侧，采石场下方，海拔 761 米。此塘堰大致呈三角形，周长近 180 米，面积约 1300 平方米。根据实地调查，塘堰四周为红砂岩，西南部有采石痕迹，不排除为城门或城墙采石后形成。塘堰东南角还有一处方形水井。

2. 2 号塘堰

2 号塘堰位于西门至南门中段、1 号塘堰东南侧约 130 米，海拔 753 米。此塘堰大致呈梯形，周长约 130 米，面积约 935 平方米。

3. 3 号塘堰

3 号塘堰位于南门北侧，海拔 729 米。此塘堰平面为不规则形，周长约 178 米，面积约 1100 平方米。

---

[1] 民国《巴中县志》第四编《古迹》，民国三十一年石印本，第 977、978 页。

4. 4号塘堰

4号塘堰又称饮马池，位于南门至东门之间城墙内侧，是平梁城遗址内面积最大的塘堰，海拔749米。（图2-7-10）此塘堰平面略呈梯形，周长约380米，面积约8415平方米。

5. 5号塘堰

5号塘堰位于饮马池东侧约130米，海拔746米。此塘堰平面为不规则形，周长约322米，面积约3980平方米。

图2-7-10 饮马池

6. 6号塘堰

6号塘堰位于5号塘堰东北侧约72米，海拔752米。此塘堰平面为不规则形，周长约127米，面积约1086平方米。

7. 7号塘堰

7号塘堰又称水寨门塘堰，位于水寨门西侧也50米，猫儿墩西南侧约80米，海拔760米。此塘堰平面为不规则形，周长约200米，面积约2100平方米。

8. 8号塘堰

8号塘堰位于北门南侧约300米，海拔780米。此塘堰平面略呈椭圆形，周长约144米，面积约1330平方米。

（二）水井

调查中在平梁城内发现水井3处。

1. 马家院子水井

位于马家院子左侧，海拔760米。水井为圆形，口沿直径为0.6米，深0.3米，使用弧形条石砌筑，疑为宋井。

2. 方井

位于马家院子水井一侧，海拔760米。为石砌方井，长1.25米，宽1.15米，深3米。

3. 西门塘堰方井

位于西门内1号塘堰东南角，为石砌方井，长0.84米，宽0.6米，深1.7米。

四、其他遗存

除上述与宋蒙战争关系密切的遗存外，还有一些无关或关系不大的遗存。如金锁关的崖墓、张必禄[1]墓、鸿禧寺遗址、真武宫、字库塔等，另有摩崖造像、碑刻及摩崖题刻多处。时代从汉代延续至民国，亦有较大文物价值，不赘述。

---

[1] 张必禄（？—1850），四川万源人，晚清著名将领，曾赴新疆平叛，赴广州抗击英军，任四川提督、云南提督、贵州提督等职，加太子太保，谥武壮，死后葬平梁城。其墓在"文革"期间被毁，石马被砌在堡坎上，墓碑被改造为磨盘，幸而墓表尚存。

第三节 初步认识

一、城防遗迹断代

平梁城遗址作为传东北地区重要的军事山城，其城防系统经过多个历史时期的建设、废弃、维修和再利用。因此，其城防系统保留了不同时期的修筑痕迹。对平梁城各个历史时期的城防系统构筑情况进行探讨研究，有助于了解不同历史时期的军事布防策略及理念，从而增进学术界及社会大众对平梁城历史变迁的认识。而对现存城防遗迹进行有效断代，则是城防系统研究的首要工作。

（一）城墙

平梁城现存城防军事遗迹中，城墙最多，沿平梁山崖壁分布，总长近4000米。根据实地调查，这些城墙遗迹在城墙石形制、砌筑方式等方面呈现出多种时代风格。

1.城墙石形制

按形制及加工方式之不同，大致可将平梁城城墙石分为两型。

（1）A型

城墙石略呈楔形，切面大致呈方形，30—60厘米见方。一头大，一头小，长度80—120厘米，形制规整、体量巨大。此类城墙石大头外表面加工精细，其余面稍显粗糙，錾刻纹路多呈现"人"字纹和斜纹，整齐划一。在巴蜀地区山城遗址群中，此种形制的城墙石多为宋代遗迹，如平昌小宁城宋代城墙[1]，合川钓鱼城范家堰遗址、南北一字城出土的城墙石[2]，重庆朝天门出土宋代城墙[3]等。

（2）B型

城墙石呈长方体，长度多在1米以上，少数可长达1.5米左右，形制规整，但整体窄长，部分城墙石体量较大，如内东门右侧城墙局部、西门至南门段城墙局部上层城墙石。切面为20—40厘米见方的正方形，少数体量较大者切面可达60厘米。城墙石表面錾痕以细密竖条纹为主，也有极少数呈现为斜纹。在巴蜀地区山城寨堡遗址群中，此类型城墙石多出现在明清寨堡中。

根据实地调查，平梁城城墙绝大部分使用A型城墙石，B型城墙石仅在西门至南门段城墙顶部、北门至西门段城墙局部、内西门右侧城墙局部、内东门右侧城墙顶部等局部区域或城墙顶部有零星分布。从平梁城现存遗迹的保存情况来看，B型城墙石仅是对A型城墙石的增补，城墙中占主要的仍是A型城墙石。

2.砌筑方式

平梁城城墙的修建方法有单面包砌和双面包砌两种。单面包砌是依崖筑墙，墙内填塞泥土和石块，墙面收分明显，用于城墙外立面。双面包砌是指除城墙外立面外，在城墙顶部平

---

[1] 四川省文物考古研究院、西华师范大学历史文化学院、平昌县文物局：《四川平昌县小宁城遗址调查简报》，《四川文物》2019年第1期。

[2] 蔡亚林：《重庆合川钓鱼城城防设施的考古学观察》，《四川文物》2018年第5期。

[3] 蔡亚林：《朝天门城墙遗址》，《红岩春秋》2017年第12期。

图 2-7-11 女墙

地起砌一层高约 1 米的城墙，形成女墙的内城墙。（图 2-7-11）平梁城的女墙是所有宋蒙山城遗址中保存最好的。

从石材的具体砌筑方法看，主要两种砌筑方式。

（1）丁砌筑法

丁砌筑法主要对应使用 A 型城墙石。砌筑时，小头向内，大头向外，沿崖壁顶端边缘逐层垒砌。受 A 型城墙石形制影响，丁砌之城墙并不能保持直立，而是从下至上逐步内收，呈现一定的倾斜度。平梁城城墙大多带有 10—18° 的倾斜度。值得注意的是，平梁城丁砌城墙中也存在使用 B 型城墙石的情况，如内西门右侧城墙局部、内东门右侧城墙局部、北门至西门段城墙局部等。由于 B 型城墙石形制规整，因此采用丁砌筑法后城墙不会出现倾斜现象，而是直立陡峭，城墙石亦加工较粗糙，不如前者规整。根据调查情况来看，平梁城内使用 B 型城墙石的丁砌筑法城墙，大多位于城墙顶部或部分增补区域。根据叠压打破关系来看，其砌筑方法虽然相类，但时代明显晚于前者，应系前者基础上发展而来。

（2）顺砌筑法

顺砌筑法，即使用规格较为统一、加工较为规整的长条形城墙石，沿着崖壁顶端边缘错缝平砌，逐层垒筑的方法，主要对应使用 B 型城墙石。平梁城遗址中顺砌筑法的城墙较少，仅有内西门右侧城墙局部、西门至南门段城墙局部、内东门右侧城墙局部为顺砌筑法。

（二）城门

关于平梁城之城门，《金石苑》载："城高一丈，周数十里，四隅有门，皆三重。"[1] 而更早成书的清道光《巴州志·平梁城图》中，北门、南门仅一道城门，西门、东门虽有重门，但仅有两重，而非三重。[2] 可见城门在后代有增筑。实地调查发现，平梁城西门、东门为三重城门，较之《巴州志·平梁城图》各多一道城门。北门、南门皆仅有一座城门，与《平梁城图》大致吻合。非常遗憾的是，平梁城所有城门皆已毁坏，故难以通过城门进行有效断代。如果说城墙是山城的防线，那么城门就是防线上的各个重要节点，因此根据连接城门的不同时期城墙分布情况，可大致推知城门的年代。平梁城城门中，内西门左右城墙主要是丁砌城墙，所用主要为A型城墙石，少量B型城墙石皆为后来补砌，因此内西门的年代应与城墙时代相同，为宋代所建。外西门左右城墙与山体相连，多为丁砌筑法，应为宋代所建。中西门为自然岩体上开凿而成，外部砌有拦马墙，但无城墙与山体相连，似为清代增设。南门、北门左右皆有连贯的丁砌城墙，应始建于宋代。内东门、中东门左右城墙与北门附近相似，皆为丁砌城墙，应是始建于宋代的瓮城结构，与金堂云顶城北城门及瓮城相似。外东门靠近金锁关，与内东门、中东门间并无连贯城墙相连，或为清代增筑。水寨门位于城北低洼地带，左右城墙皆为丁砌，初看似乎为宋代遗迹，但城门右侧城墙并不连贯，且砌筑杂乱，清代方志文献中亦无记载，不排除为清末民国时期增筑的可能。南门至东门之间新发现的卡门规模较小，砌筑方式等亦与宋代城门和清代城门迥异，当为后世新开。

综合来看，平梁城有迹可循的城门遗迹中，北门、南门、内东门、中东门、内西门、外西门应为宋代遗迹。值得注意的是，从目前的考古发现来看，四川地区保存至今的宋代城门皆为拱券形城门，清代中后期则出现平顶形城门。从道光《巴州志》所绘平梁城图来看，至迟在道光年间，平梁城的城门已全部改建为平顶形城门，可能是嘉庆迁治平梁城后原址改建。西门、外东门、水寨门很可能是清代迁治平梁城或民国时期，根据防御形势需要而增设。

（三）角台与马面

平梁城现存的两处角台及近20处马面，皆为丁砌筑法，与城墙皆连为一体，与城墙当属同时期筑成。半圆形角台在巴蜀地区山城寨堡中并不少见，据笔者实地调查，平昌小宁城东门角台、鹅顶堡南门角台、大良城夌口石角台、马儿岩角台等宋代角台均为半圆形丁砌角台。因此，平梁城的西门角台、猫儿墩角台也应为宋代遗迹。

综合上述推论可知，平梁城现存城防设施以宋代遗迹为主，长达近4000米的城墙遗迹大部为宋代城墙，清代仅在局部区域进行过维修和增补。宋末筑城时，已有东、南、西、北城门，其中东、西城门可能存在内外瓮城。清代移治平梁城后，又对宋代城防进行再利用和增修，增设了中西门、外东门及水寨门等寨门，并在北门、南门山脊各设重门，形成了文献所载之"四隅有门，皆三重"的城防格局。值得注意的是，实地调查中并未在南门、北门附近发现大体量重门遗迹，笔者推测文献中所谓"皆三重"或许并非完全意义上的城门，而是将城门内外一些关卡也视作城门了。从不同历史时期城防遗迹的分布情况来看，宋代主要在平梁山山

1（清）刘喜海《金石苑》（下），巴蜀书社，2018年，第165页。
2（清）道光《巴州志》卷首《图》，道光十三年刻本。

顶及部分半山区域范围内构筑城防。清代迁治平梁城后，仅在城东、城西增设城门，并修补城墙，基本沿用宋代以平梁山顶为主的城防系统。但从《巴州志》平梁城图可以看出，清代除了充分利用宋代在平梁山构筑的城防系统外，还在外西门之外至姜家梁的狭窄山脊中设有塘汛，即枣儿塘。另外，城东还有接印台，为额勒登保接印之处。如今平梁城外东南部有擂鼓台的地名，城外平梁镇以北又有火炮村地名，似乎都与军事设施的设置有关。综合来看，平梁城清代城防系统上承宋代，但又不局限于平梁山范围内，而是有向外扩展的趋势。

二、城防特点

平梁城是余玠指授、张实具体操作修筑而成，因此，在城防系统构筑上具有巴蜀地区众多宋代山城共有的特征，即择险筑城，因山设防。道光《巴州志》载："（平梁城）四围皆悬崖峭壁，仅微径可上，既入城，则平野豁然也。"[1] 经过实地调查，证实了文献记载非虚。平梁城平面略呈五边形，四周皆悬崖绝壁，相对高差高达20—30米，仅东、南、西、北四处山脊有小径可通城外。山顶则平坦开阔，水源充足，耕地众多，适宜长期坚守。张实在构筑平梁城城防系统时，充分利用了平梁山的自然地理环境，沿自然崖壁布置防线，砌筑城墙，水寨门附近、西门塘堰、东门塘堰、北门真武宫附近等地势低缓区域更是修筑了大体量城墙，以作补充，实现了自然崖壁与人工砌筑城防的有机结合。四周入城小道上，则各设城门层层把守，形成一个个防御重点。平梁城面积达数十万平方米，规模宏大，然而其城防系统兴建不过两个多月就已竣工。一方面可能因为参与筑城的军民数量庞大，更大原因还是在构建城防体系之时因地制宜，提升了施工效率。与巴蜀地区大部分山城寨堡相同，平梁城城防设施建设主要使用山上原生砂岩，所用石材均就地取材，可以大大缩短建筑工期。调查中在外东门、内西门等附近区域发现多处规模较大的采石遗迹。值得注意的是，部分城墙所用石材直接开凿自城墙下端崖壁，如西门炮台附近。这样的做法既较少了石材运输成本，大大节省人力，又能增加山险，可谓一举多得。

由于各山城选址的具体地理环境有所差异，因此平梁城城防系统的构筑也体现出一些自身的特点。

其一，防御重点突出。平梁城有4条小径可通城外，但城东山脊距离巴州旧治最近，城西山脊距离恩阳河较近，同时可远至苍溪大获城，因此在平梁城城防系统中，东、西两侧的重要性明显高于南、北两侧。清代《巴州志》平梁城图中，仅东、西两侧筑有瓮城。实地调查中，宋代平梁城也仅有东门、西门附近存在多重防线和瓮城结构，城南、城北皆只有一重防线。清代移治平梁城后，对宋代城防系统进行过增修和加筑，中西门、外东门等很可能就是清代增筑。如此一来，则将宋代东、西瓮，各自分割为内、外两个小瓮城。中东门与山腰崖壁之间，还修筑了类似一字墙的设施，一来沟通联络，二来分割防区，进一步加强了城东、城西两大防区的防御有效性。

其二，防线设置灵活。平梁城城墙主要修筑在山顶崖壁边缘，但其防线的设置并未完全

1（清）道光《巴州志》卷首《图》，道光十三年刻本。

局限于山顶环线，而是根据具体情况灵活变化。如城墙自西门延伸至城南山脊外端后，并未继续沿山顶环线折向城东，而是沿山脊下行至山腰地带，再沿山腰环线延伸至饮马池附近，再折向山顶，并延伸至东门附近。南门也未修筑于山顶，而是位于山腰一侧。调查发现，城东南一线山顶崖壁较之其他地方低缓，不易设防，山腰二层台面积较宽，且边缘陡直，更适宜修建城墙。城墙沿城南山脊下行至二层台边缘，再沿山腰二层台边缘延伸，可以城南山脊为界将平梁城南部分割为两个防区，同时将城东南山腰二层台纳入防御系统，既可以提高防御有效性，还可以增加城内耕种面积。而饮马池至东门段山腰二层台面积变窄，故将城墙折向山顶环线。

其三，大量使用马面。平梁城遗址中共发现近20处马面遗迹，此类马面虽然在神臂城、小宁城等少数山城中也有零星发现，但平梁城数量最多，且平梁城马面以数十米为界间次出现，规格、形制大体一致，体现出系统性特点，这是其他山城马面不具备的特点。

作为军事类防御山城，平梁城城防系统的构筑实现了人工建筑与自然环境的有机结合。城防构筑因地制宜，有所侧重；防线布置灵活多变，颇费心思；军政、生产生活合理布局，耕战结合，充分体现了宋元以来巴州军民的军事智慧。

其四，地近治城，便于迁徙。平梁城位于州治西北方向，文献中说其位于州西二十里或二十五里。如遇战事，州民可以快速入城保聚；敌退，百姓则四散出城，照常生活、耕作。正是因为平梁城地势险要，良田水源充裕，水陆交通便利，才使其成为巴州人民抗战聚保的一方要城。

第八章 富顺虎头城

第一节 史地概况

一、地理环境

富顺县地处四川盆地南部，沱江下游，其地南靠叙州（今宜宾），西邻嘉定（今乐山），溯沱江水路而上可达成都，顺流而下可通泸州，经长江水道可与重庆及夔州路诸州府相联络，是川南水陆交汇之所。富顺是全国著名的井盐产地，产盐历史悠久，盐业经济发达，有中国"盐都"之称。《宋史·地理志》载：

> 富顺监，同下州。本泸州之富义县，掌煎盐。乾德四年升为富义监，太平兴国元年改，治平元年置富顺县，熙宁元年省，嘉熙元年蜀乱监废，咸淳元年徙治虎头山。[1]

据此可知，富顺在唐代时为泸州之富义县，掌煎盐之利。宋太祖乾德四年（966），升为富义监，专掌盐利。太平兴国元年（976），因避宋太宗讳改为富顺监。宋英宗治平元年（1064），又增置富顺县属之；神宗熙宁元年（1068），富顺县被撤销。至南宋理宗嘉熙元年（1237），四川地区受蒙古大军侵扰，战乱不断，富顺监亦废，寻复置。度宗咸淳元年（1265），为抵御蒙古大举南侵，富顺监徙治虎头山。

虎头山周围均为开阔地带，以浅丘平坝地貌为主，唯虎头山异峰突起，地势最高。此山之位置与形势，方志文献多有记载，如嘉靖《四川总志》载：

> 虎头山，富顺县西南六十里，刑（形）如虎踞。[2]

乾隆《富顺县志》载：

> 虎头山，在城东南六十里，峭拔蹲踞江边如虎，顶上有水清冽，四时不涸。[3]

道光《富顺县志》载：

> 虎头山，在县东南八十五里，山石崛嵒，蹲踞江边。下有洞口，吞吐云气，如虎形。

---

[1]《宋史》卷89《地理五》，中华书局，2013年，第2221页。
[2]（明）嘉靖《四川总志》卷8《山川》，明嘉靖二十四年刻本。
[3]（清）乾隆《富顺县志》卷5《山川》，清乾隆二十五年刻本。

山顶有泉，四时不涸。[1]

上引文献关于虎头山与富顺县之相对位置关系及距离记载有别。虎头山位于今富顺县城东南之大城乡境内，而宋代以来，富顺治所之位置并无大变，大致在今富顺县城附近，故虎头山与富顺县治之相对位置关系并无改变。明代文献以虎头城位于富顺县西南方向，谬。清道光《富顺县志》以虎头山在富顺县东南85里，据笔者通过天地图等地图软件测量，虎头山与富顺县城直线距离约30千米，与清代文献所记基本相符。

从文献记载还可以看出，虎头山是因其山势险要、状若虎踞而得名。此山西高东低，西端突起，形如虎头；（图版2-7）中段微微下凹，略带弧度，有如虎背；东端低缓狭长，有如虎尾。山之西、南二面悬崖陡峭，尤以南部临江一段形势最盛，地势绝险；东、北面濒临浅丘，地势稍缓，是四川地区典型的桌状山体。虎头城的核心区域即位于山顶之上。

虎头山山脚地带为沱江冲积平坝，是川南地区常见之山间平坝地貌，地势低缓，起伏不大，土壤深厚肥沃且水源充足，非常适宜稻作农业种植。由于虎头山顶部面积狭小，面积仅约32000平方米，承载能力有限，故山脚地带无疑是虎头城重要的农业生产区域和城防外延区域。

二、虎头城与宋蒙战争

（一）虎头城的修筑

虎头城始筑年代，未见明确记载，但大量文献材料皆言咸淳元年（1265）徙富顺监治于虎头城，表明虎头城修建年代很可能即在咸淳元年（1265），至少不晚于这一年。沱江水道上通成都，下连泸、渝，战略地位极为重要，在余玠军事部署中占据重要地位，因此在其上任之初，便在沱江上游的金堂县建立云顶山城，并移利戎司大军驻守其内，作为川西地区的防蒙中枢，是外水防线的桥头堡。在余玠构建的山城体系中，以嘉陵江及其支流沿线山城最为密集，布防最为严密。岷江沿线、长江上游沿线及夔路诸州的防御配置也颇为用心。而沱江流域却仅有云顶、神臂两座山城，虽然兵力配置不少，但防御力量相较于其他区域而言，仍显单薄。云顶城与神臂城各守沱江首尾，一旦一城失守，另一城将直接暴露于蒙古铁骑之下，朝不保夕，这在宋蒙战争的历史进程中已经得到证实。

南宋理宗宝祐六年（1258），云顶城因守将姚世安投降而陷落，沱江流域门户大开，蒙军得以长驱而下，多次围攻泸州神臂城。景定二年（1261），泸州守将刘整降元，神臂城也落入蒙军之手，这样一来沱江流域就完全暴露在蒙古大军的铁蹄之下，南宋山城体系长江防线也遭到极大威胁和破坏。虽然南宋随即调重兵围困神臂城，迫使刘整北撤成都，从而收复了泸州，但蒙军对宋军沱江防线的威胁始终未减。咸淳元年（1265），宋将昝万寿率军反攻沱江上游的云顶城，与元军在沱江金堂峡大战并取得重大胜利。同年，宋军在沱江下游虎头山修建虎头城，并将富顺监治所迁入城内，重新在沱江流域构建起多层次的防御体系。虎头城的修

---

[1]（清）道光《富顺县志》卷4《山川》，清道光七年刻本。

建，实际上在云顶城和神臂城之间增加了一个缓冲区域，在扞蔽神臂城，防止蒙军经沱江水道进攻长江沿线诸城等方面具有重要意义。

（二）虎头城战事

宋蒙双方在虎头城的战事情况，因无文献确载而无从得知。但从虎头城现存城防系统的复杂程度和坚固性来看，当时宋军对虎头城的城防布置是下了很大功夫的。南宋恭帝德祐元年（1275）六月，昝万寿以嘉定及三龟九顶、紫云等城降元，嘉定失守。同月，"知叙州郭汉杰、知泸州梅应春、知富顺监王崇义相继以城降于元"[1]，"已而泸、叙、长宁、富顺、开、达、巴、渠诸郡不一月皆下"[2]。可见虎头城陷落的时间是在德祐元年（1275）。此后，元廷迁富顺监治于旧址，[3] 并设富顺监安抚司，虎头城也从此毁弃。

第二节 遗存

虎头城遗址平面呈不规则形状，拥有内、外两层防御线。其中内城周长约1000米，外城周长约1500米，遗址总面积约0.12平方千米。关于虎头城的城防设施修建情况，嘉靖《四川总志》记载："虎头城，在富顺西南虎头山，因山为城，不假修筑。"[4] 其后地方文献如万历《四川总志》[5]、雍正《四川通志》[6]、乾隆《富顺县志》[7] 等皆不细察，沿袭此说，认为虎头城主要依靠自然山势防御，人工砌筑的城防设施较少。但从实地调查情况来看，此言颇为不实。虎头城遗址内、外城格局清晰，发现大量宋元以来的城防军事遗迹，包括城墙遗迹多段，城门遗迹两处，炮台遗迹一处，尤其以内城遗迹保存状况最好。（图2-8-1）现分类介绍如下。

一、内城

虎头城内城位于虎头山顶，属虎头城核心防御区域，面积约32000平方米。虎头山大致呈东北—西南走向，东西长，南北窄，四周孤悬，地势突兀，是四川地区典型的方山地貌。内城防御设施主要沿虎头山顶部四周崖壁布局，包括城墙、城门、炮台、角楼等多种类别。

（一）城墙

虎头城内城墙整体保存状况较好，几乎绕城一周，总长近1000米，基本能形成闭合防御线。其保存完整度在整个四川山城体系中都属罕见。虎头山四周皆为峭壁，尤其以南、西二面最为陡峭。城东虎尾至内西门一带则地势相对低缓，因此城墙体量最大且保存最好。根据分布及保存情况，大致可将虎头城内城墙分为三段，即虎尾南段至内西门段；内西门至虎头

---

1 （明）柯维骐撰：《宋史新编》卷14，明嘉靖四十三年杜晴江刻本。
2 《宋史》卷451《张珏传》，中华书局，2013年，第13282页。
3 （清）乾隆《富顺县志》卷1，清乾隆二十五年刻本。
4 （明）嘉靖《四川总志》卷8《古迹》，明嘉靖二十四年刻本。
5 （明）万历《四川总志》卷12《古迹》，明万历九年刻本。
6 （清）雍正《四川通志》卷26《古迹》，清乾隆元年刊本。
7 （清）乾隆《富顺县志》卷17《古迹》，清乾隆二十五年刻本。

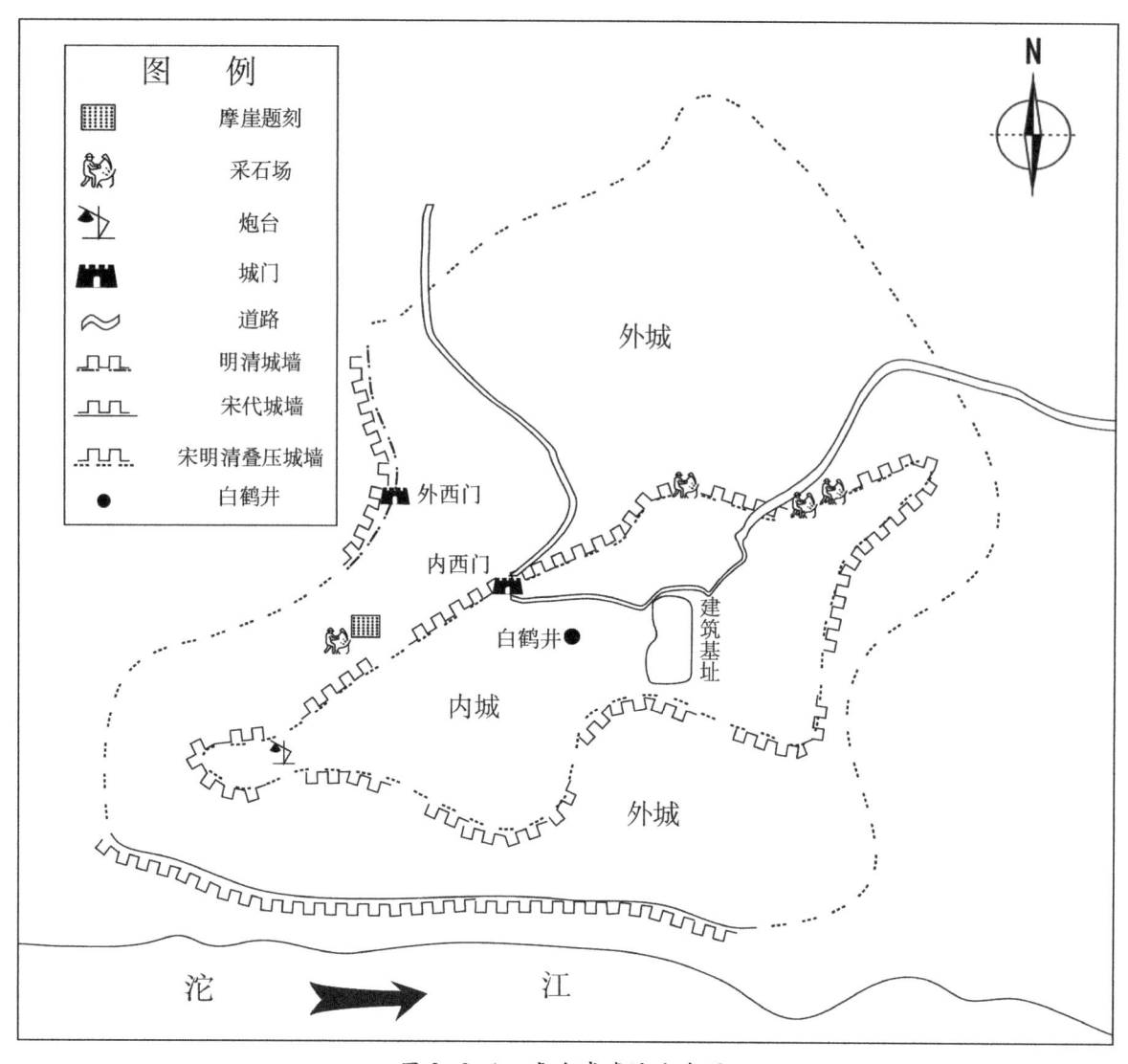

图 2-8-1　虎头城遗迹分布图

段；虎头至虎尾南段。

1. 虎尾至内西门段

虎尾南段至内西门段地势较缓，崖壁相对高差较西、南两面略低，属内城重点设防区域，故城墙遗迹较为集中，体量较大。（图版2-8）据实地调查，此段城墙自虎头山东南侧沿山体边缘向北延伸，绕过虎尾后向西延伸至内西门，总长约260米。城墙由红砂岩条石垒砌而成，各部位依保存状况不同而高度不一，残高1—5米不等。除部分区域因滑坡造成少量城墙垮塌外，余皆保存较好。这一区域城墙均砌筑于红砂质岩体顶部，岩体底部现存多处采石遗迹。錾纹清晰可见，主要为斜纹和"人"字纹，当为打剥石材时所留。内城西北侧崖壁底部，也发现了多处采石遗迹，且有明万历纪年，錾纹为竖条纹，或为明代采石遗迹。结合两区域打剥錾纹的差异及纪年推断，虎尾一带采石遗迹或为宋代取石之所。

2. 内西门至虎头段

内西门至虎头段地势较险，崖壁陡直，相对高差较大，地理形势较虎尾区域更险，故主要依靠自然崖壁防守，人工城墙遗迹相对较少。此段崖壁总长约250米，现存城墙总长约200米，不同区域因保存状况不同而高度不一。内西门附近城墙保存稍好，高3—4米，其余区域高1—2米，城墙保存状况及体量不及虎尾区域。此段城墙所用石材同样属就地取材。调查中，在城墙下的崖壁底部发现数处采石遗迹。城墙整体砌筑风格与虎尾至内西门段城墙相似，呈现多个历史时期的修筑特点，应属多次增筑而成。（图2-8-2）

图 2-8-2 内西门至虎头段城墙

3. 虎头至虎尾段

虎头山南部临江一线的虎头至虎尾南段崖壁总长约570米，光滑陡峭，相对高差达30余米，雄险天成，是虎头城内地势最为险要的区域，因此城防设施相对较少。此段城墙沿城南崖壁顶端断续分布，总长约450米，现存2—5层，各区域因保存状况不同而高度不一，不过，这一段女墙倒还保存不错。部分区域因山体滑坡而造成少量城墙遗迹垮塌，整体保存状况不及虎尾至内西门段。

（二）城门

据胡昭曦先生20世纪80年代调查访问得知，虎头城内城原有两座城门，一通外城，一通江边，但至胡先生调查之时已只存一处城门了。[1] 虎头城内城现仅存之城门，即内西门，位于内城西北侧，城门朝向北偏西。从虎头山地理形势来看，内西门一线地势低缓，面朝大城乡，把控着出入内城的陆上通道，是内城北侧的重要防御设施。城门东西两侧通过城墙分别与虎尾、虎头相接，形成内城北部以城门为核心的完整防线。城门形制为石质券拱结构，门洞高3.1米，宽1.8米，进深4.4米，保存基本完好；从用材看，有多次维修的痕迹。（图2-8-3）

图 2-8-3 内西门

（三）炮台和角台

调查中获知，在虎头山西侧虎头顶部的平台上，曾建有炮台1座。胡昭曦先生实地调查后判断，此炮台应为近代所建。[2] 现炮台已毁，仅存残迹，大致呈方形，面积约15平方米。虎头山东西长，南北窄，虎头区域临江高矗，是观测江面敌情的绝佳之地；虎尾区域更是形成

---

[1] 胡昭曦、唐唯目：《宋末四川战争史料选编》，四川人民出版社，1984年，第707页。
[2] 胡昭曦：《四川古史考察札记》，重庆出版社，1986年，第225页。

一条狭长山脊，视野极为开阔，是观测陆上三个方向敌情的不二之地。且虎头、虎尾附近耕土中瓦砾富集，推测为角台所在，原来应有角楼之类建筑存在。

二、外城

（一）城墙

虎头城外城墙破坏较为严重，保存状况不及内城。目前保存较为完好的两段外城墙主要分布在虎头城东北方向的外西门及城南临江区域。

1. 外西门附近城墙

外西门为虎头城外城西北部的一座悬空城门，城门左右两侧现存城墙遗迹总长约100米，高2—3米，保存相对较好。此段城墙主要采用顺砌筑法，但在城墙下部及部分区域采取了丁砌的砌筑方式。尤以城门下方的6层城墙最为特别，采取丁砌与顺砌层层间隔的砌筑方式。

2. 南部临江段城墙

虎头城控扼沱江水道，在南部临江岸边也修建了高大坚固的城墙。总长约300米，大部分残损严重，部分区域因数百年江水冲刷及近年来开采江中沙石而垮塌，目前保存完好的仅数十米。这段城墙完全用体量巨大的楔形城墙石丁砌而成，略带倾斜度，城墙石之间嵌合紧密，城墙整体风格大气厚重，与外西门附近城墙风格迥异，应为不同时期修建而成。（图2-8-4）

图 2-8-4　外城临江城墙

（二）城门

虎头城外城仅存1座城门，即外西门。此城门位于虎头城外城西北部区域，海拔253米，城门朝向为正西。城门形制与内西门相同，为石质券拱结构，门洞高3.75米，宽1.55米，进深4.2米。比较特殊的是，外西门为一悬空城门，城门修建在六层城墙之上，距地面高约1.65米。这种城门修筑方式在宋蒙山城中并非孤例，大获城的卷洞门与此相似。城门口放置吊板或木梯，可以增强城门防御。虎头城北

图 2-8-5　外西门内立面

部区域地势平坦，设防难度大，平地修筑城门在战争中首当其冲，容易被突破。（图2-8-5）

三、其他遗迹

（一）水源

1. 塘堰

虎头城遗址内现存塘堰一方，位于山顶中部虎腰区域，地处内城中心地带，平面略呈圆形，周围有人工砌筑痕迹。对比文献记载，此塘堰很可能是在文献记载中"四时不竭"的山泉基础上修建而成。塘堰面积约600平方米，水源较充足。

2. 水井

虎头城内现存水井3口，均分布于内城中心塘堰周围，其中最重要者名为"白鹤井"。此井为圆形水井，位于一户村民房屋前，北距内西门约50米。水井外砌有圆形井沿，外径1.5米，内径0.6米，井深7.2米。井圈上部4层为条石垒砌而成的四边形，因为上下两层井圈错缝，从上观之，呈现六边形。井圈以下为天然石壁。（图2-8-6）据当地村民介绍，井内底部雕刻有一只白鹤，故此井又

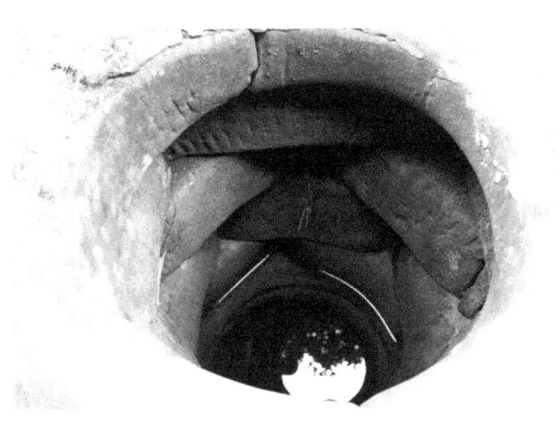

图2-8-6　白鹤井

名为白鹤井，并称白鹤井在虎头城建成之初就已存在，距今已有近800年历史。我们认为，白鹤井形制与钓鱼城、云顶城等地宋代水井形制相似，应为宋井。

（二）建筑基址

调查中，在塘堰东侧区域发现建筑基址一处，海拔294米，面积约1200平方米。遗址内建筑已垮塌不存，但可见石砌建筑基础，建筑格局清晰。土壤中包含丰富的红、黑陶器残片、

图2-8-7　建筑基址局部

青瓷残片及瓦砾等遗物。（图 2-8-7）马恒健认为此处或为宋代富顺监迁治所在,[1]此推断不无道理。从建筑基址方位朝向及所处位置来看,此基址坐北朝南,位于城中塘堰至虎尾之间的平坦开阔地,背倚城墙,南瞰沱江,是内城中地理位置最佳之地。从建筑基址的规模及现存之垂带踏跺等遗迹推断,此建筑规模较大,等级较高,是一处较重要的清代建筑。从其他山城情况看,宋代衙署位置一般较为重要且风水较好,因此后代常延续使用,故此地有可能为宋代衙署所在。

（三）题刻

虎头城共发现 3 处摩崖题记,均位于内西门左侧崖壁底部采石区,分别编号为 T1—T3。

T1 高 1.75 米,字径 12—15 厘米,楷书,内容为"万历二年冬十一月初一造"。2 号 T2 高 1.5 米,字径 12—20 厘米,内容为"万历□□□造"。

T3 下半部埋于土中,现仅存一个"万"字,字径 20 厘米。这三方题刻均位于采石遗迹上,应是明代万历初年在此开山采石的纪年题刻,可为明代重修虎头城提供佐证材料。

除此 3 方摩崖题记外,胡昭曦先生调查虎头城时还曾发现碑刻 1 方,原立于内西门右侧,后被前进大队 3 队一社员收置家中。据胡昭曦先生测量,此碑高 75 厘米,宽 65 厘米,厚 15 厘米,内容风化严重,仅残存"详请大宋咸□初年""丁巳大"等文字。[2]"大宋咸□初年"中的"咸□"显系年号,宋代以咸字开头之年号,仅北宋真宗咸平（998—1003）与南宋度宗咸淳（1265—1274）。北宋咸平年间,富顺尚未置县,富顺监亦无迁治情况,在虎头山立碑的可能性不大。笔者推测此碑的刊刻应与虎头城的历史有关,结合文献记载中虎头城之修建年代为咸淳初年,故碑中"大宋咸□初年"之残泐文字应为"淳"字。"丁巳大"之"丁巳"应为纪年或朔日干支。因咸淳年间无丁巳年,所以该干支可能是月日干支。"详请"二字因上下文缺失难解其意。

从保留下来的宋蒙山城看,宋代纪事类题刻多系摩崖刊刻,立碑者绝少。此固然有碑刻易遭破坏、难以保存的缘故。但金石文献所著录的山城题刻中,除城门纪年信息外,叙事类亦多见摩崖题记,少见碑刻。在城门附近立碑叙事的做法,目前在川渝地区宋代山城中尚未见其他实例。另外,从此碑残留文字的行文风格来看,也与同时期宋代山城题刻不同,不像宋代修城时纪事所刻,更像是后世追忆大宋咸淳初年迁治虎头城之事而刊刻。结合虎头城在明清时期的复建和再利用事实,我们推测该碑属于明清时期。

第三节 初步认识

一、城防设施断代

根据实地调查,虎头城现存城防设施并非一次筑成,而存在多次修筑和增建痕迹,部分区域存在明显的叠压打破关系,可供断代参考。

---

[1] 马恒健：《蜀地最后的秘境》,安徽文艺出版社,2016 年,第 54 页。
[2] 胡昭曦、唐唯目：《宋末四川战争史料选编》,四川人民出版社,1984 年,第 707—708 页。

（一）城墙

根据前文介绍可知，虎头城内外城墙各部分所用石材之形制及砌筑方式有明显差异，至少体现了三个不同历史时期的建筑风格。城墙石形制上，可分为楔形城墙石和长方形城墙石两种，砌筑方式可分为丁砌和顺砌两种。楔形城墙石主要存在于内城城墙下半部和外城城南临江段城墙之上，对应丁砌筑法。其中，以外城临江段城墙最为典型。此类城墙石体量较大，长约70厘米，向外横切面宽35—40厘米，高40—45厘米。砌筑之时大头向外，小头向内，城墙呈现10—12度的收分。城墙石风化较甚，錾痕不存。此类城墙在川渝地区常见于各山城中，故将此类城墙之时代推断为南宋是比较妥当的，结合虎头城兴衰历史来看，很可能就是咸淳初年迁治筑城时砌筑的。

长方形城墙石主要分布于城墙顶部，对应顺砌筑法，叠压于丁砌城墙之上。此类城墙所用石材呈规则长方体，体量较之楔形城墙石略小，长1.2—1.3米，切面宽约25厘米，高约30厘米。城墙石风化较轻，錾痕清晰，多呈竖条纹。根据城墙叠压关系，顺砌城墙的砌筑时代明显晚于丁砌城墙。对比川渝地区同类城寨，此类城墙多为清代至民国时期所建。

虎尾段的部分城墙中，在丁砌城墙与顺砌城墙中间存在数层筑法为丁砌，但城墙石体量及风化程度介乎宋代楔形城墙石和清代长方形城墙石之间的城墙。其整体风格明显处于从底部宋代城墙向顶部清代城墙过渡的阶段，砌筑年代应介于宋代和清代之间。此类城墙在石材规格及砌筑方式上与重庆东水门及武胜县等地保存之明代城墙相同，时代亦应相差不大。结合虎头城发现多处万历初年采石题刻推断，虎头城内城墙的中间几层很可能为万历初年所建。

此外，外西门附近城墙所用石材及整体风格与内城墙中的明清城墙遗迹具有一定的相似性，其修筑年代明显晚于宋代。而外西门附近区域皆为耕地，因此修建城墙所需石材只能到虎头山崖壁上开采。调查中在距离此段城墙约40米的内城悬崖底部，发现大量采石痕迹及刊刻于明万历初年的摩崖题刻。由此可以推断，外西门附近城墙大致应该修筑于明万历初年，至清中后期之后，虎头城再度得以加固维修，这才形成了目前保存的情况。

值得一提的是，除了丁砌和顺砌两种主要的砌筑方式外，虎尾区域有一小段城墙还采用了一种特殊的砌筑方式。即先以宽薄的石板平铺于下，砌筑城墙基础，然后再以丁砌的方式，用体量稍小，切面为长方形的城墙石竖直垒砌，修筑城墙上部。此类砌筑方式在乐山三龟九顶城、神臂城等地宋代城墙中有所发现，是根据特殊地势而采取的特殊筑法，其年代应为南宋。

（二）城门

虎头城现存的两座城门中，内西门底部基础部分采用了丁砌筑法，并使用了以糯米浆和石灰等混合而成的黏合剂。而城门上部分主要为顺砌筑法，层层垒砌，未使用黏合剂。拱券由长条形券石砌筑而成，券石錾痕为细密竖条纹，带有典型明清时期特征。风化程度上，城门底部风化剥蚀程度远比城门上部严重，这固然与城门底部更易受地面湿气影响有关，但也体现出二者的时代早晚。由此可见，城门上、下部分呈现出明显的时代差异，应系不同时代增筑维修而成。城门外立面设有方形门柱及半圆形门额，此做法多见于明清城寨中。综合而言，虎头城内城北门应始建于宋代，后毁，现存城门应为明清时期在宋代城门基础上重修而成。

外西门整体保存较好，外西门整体风格与内西门相似，其修建年代也大致相同，为明清时期所建。门洞外立面的长方形门柱及半圆形门额，应为后来加筑，年代较更晚。

（三）炮台

调查中在虎头区域发现炮台1座，地面建筑已毁，但建筑基础尚在，大致呈方形，以长方体条石作基。从目前残存基础来看，此炮台无论是规模、形制还是砌筑方式与川渝地区常见之宋代炮台区别甚大，因此胡昭曦先生推断其为近代所建是比较符合实际的，当然也不排除明清时期的可能。

二、城防系统

前已述及，虎头城内现存之城防设施至少由3个历史时期修筑而成。而不同时期对虎头城的利用侧重有所不同，因此城防系统的设置和城防范围也有所差异。根据不同时期城防设施的分布特点，可大致推知虎头城城防系统自宋代以来的变迁情况。虎头山是虎头城建城之关键，无论是宋蒙战争时期，还是明清历次再利用阶段，虎头山顶部自始至终都是虎头城城防系统的核心区域，这是毫无疑问的。因此虎头城城防系统之变迁主要体现在外城范围的变化上。

实地调查发现，带有宋代特征的城防设施主要分布在内城和外城南部临江一线，类别以城墙为主。外城北部沿线目前暂未发现宋代遗物。南宋修筑虎头城的直接目的在于护佑富顺监一地之安危。但其更重要的目的在于控制沱江水道，在金堂云顶城与泸州神臂城之间设置一道缓冲屏障，以切断二者之间的直接联系，同时屏蔽神臂城及长江沿线诸城，防备蒙军顺江南下。就此而言，控扼和利用沱江在虎头城的城防系统中必然占据着非常重要的地位。为了控制和利用水道，川渝地区各大临江山城可谓费尽思量。奉节白帝城、合川钓鱼城、泸州神臂城等均在临江一侧修建了大体量的一字城，既分割防区，又便于补给运输。一字城墙的修建主要是连结内城绝壁与江面，其走向多与崖壁及江面垂直。而虎头城外城临江段城墙走向与内城崖壁和江面走向一致，显然非一字城墙。单从虎头山南高北低的地形特点来看，城南临江一线似乎没有必要修建如此大体量的城防设施。但与神臂城、钓鱼城等三面环水的山城不同，虎头山仅南部临江，东、北、西三面均为平坝，易受蒙古骑兵奔袭。笔者推测城南临江一线修筑的大体量城防设施，可能属于江防设施性质，既为防备蒙古骑兵由此上岸，绕道攻城，又便于自己利用河道。至于虎头城外城南部是否存在水军码头，还有待考古发掘工作的进一步验证。

明清时期，虎头城的城防系统发生了一些变化。除了继续利用虎头山顶部的内城区域外，还将外城北部沿线纳入了城防系统。根据调查发现，外城北部沿线的城防设施均为明清时期遗迹，表明至少在明清时期，虎头城的城防系统已向北扩展。之所以向北扩展，或许是因为明清时期入城避乱人口激增，不得不扩大城防范围，以增加虎头城的承载力。值得一提的是，外城南部临江一线几乎未见明清遗迹。这固然存在宋代遗迹保存较好，明清时期可就地利用而无须增筑的可能性，但笔者推测更可能与虎头城从宋代重江防到明清重陆防的转变有关。

第九章 泸州神臂城

第一节 史地概况

一、地理概况

神臂城，俗称"老泸州"，位于泸州市合江县焦滩乡老泸村的神臂山上，西距泸州市区20千米，东距重庆直线距离118千米，水路207千米，是金沙江、岷江、沱江、永宁河等水系东下重庆的咽喉之地，邻近赤水河，可与夜郎相通，因此它是当时川南军事要冲，是重庆的西边门户。[1] 神臂山最高海拔314米，山脚海拔在220米左右，高近百米，突兀拔起，险不可攀。山势北高南低，在内由悬崖峭壁形成天然屏障，在外则三面临江，水情复杂，滩势险恶，更是绝好的护城壕堑。加之平均5米多高的城墙，东面又筑有内墙和外墙，南门外还开挖有人工护城河，并且江边多处设有水寨，可谓固若金汤，不愧"铁泸城"[2]。（图2-9-1、2-9-2）

神臂山山顶周长约3300米，面积约0.55平方千米。山顶宽平，田畴遍布，墟烟蔼蔼，一派田园风光。

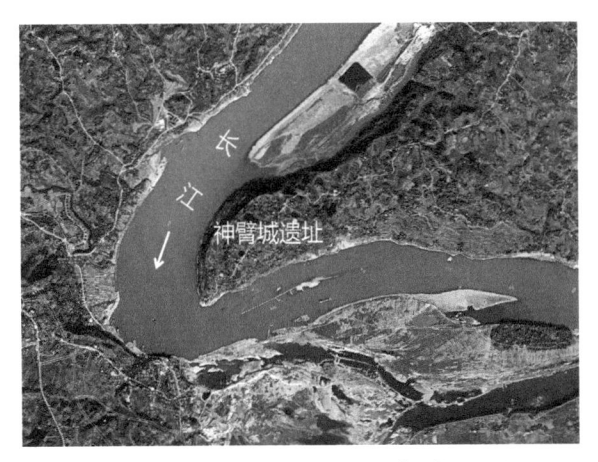

图2-9-1 大江环绕的神臂城（图片采自91卫图助手）

图2-9-2 城南崖壁

---

1 （清）顾祖禹说泸州"西连僰道，东接巴渝，地兼彝汉，江带梓夔，控制边隅，最为重地"，向北"出中水可以径达广汉"，向东则"江水兼众水之流"，"吴楚百石大舟可方行而至"，向西"水陆兼济，不十日可抵成都"。实为两川重钥，"当东西腰膂之地，谋蜀者所当先也"。参见（清）顾祖禹撰，贺次君、施和金点校：《读史方舆纪要》卷72《四川七·泸州》，中华书局，2005年，第2465页。
2 明代已有"铁泸城"的说法，见于《明一统志》、嘉靖《四川总志》、《蜀中广记》等。《蜀中广记》卷16《下川南道·泸州》云："宋制置使余玠迁州治于神臂山，则在百里外，号铁泸城矣。"清代，这种说法更加多见，如《读史方舆纪要》、《蜀水经》、同治续修《合江县志》等。

二、神臂城与宋蒙战争

（一）神臂城的修建

南宋端平元年（1234），蒙古灭金。随之大举进攻南宋，军情危急。端平三年（1236），蒙军两路侵蜀，成都被攻破，"不四旬而东、西两川从风而靡"[1]，"五十四州俱陷破"[2]。泸州城郭（在两江交会的江阳故城）在动乱中被大火烧为焦土。[3] 其后进行过简单的重建，至嘉熙三年（1239），又"以兵乱迁治江之南"[4]。淳祐元年（1241）蒙古再次用兵，力攻西川，连下成都、汉州以及西川二十城。失去屏障的泸州，也难逃兵败城破的厄运。[5] 淳祐二年（1242），蒙军又一次进攻泸州，[6] 叙州都统战殁，损失惨重。在这种十分危急的情势下，作为一路帅司的泸州治所，不得不另辟固守之地，以建立新的指挥中心，扭转不利形势。

淳祐三年（1243），按照余玠的指示，领安抚使行州事的曹致大把泸州城迁治神臂山上，依山筑城固守。曹致大在选点、踏勘和督修工作中，表现卓越，余玠以"包砌神臂山城之功"上奏朝廷请求表彰。在全蜀众多山城工役中，唯有曹致大获此殊荣。[7] 可见，神臂城在选址、修造等方面应可圈可点。

神臂城在宋蒙战争期间五易其手，破坏和修复之事当不会少，只是文献失载，具体情况不得而知。

（二）神臂城战事

由于神臂城重要的战略地位，从而成为宋、蒙两方反复争夺的军事要地。建成以后的10余年间，史籍未载被蒙军攻夺之事。景定二年（1261）以后的16年间，双方围绕神臂城，反复争夺，其间经历了五次易手。

第一次，景定二年（1261），刘整举城降蒙。潼川府路安抚副使兼知泸州刘整，遭到右丞相兼枢密使贾似道等人的嫉恨和迫害，不但有功不赏，反被定罪。刘整为求生保禄，举城投降蒙军。蒙古授予刘整夔府路中书省兼安抚使等官职，仍驻节泸州。[8] 神臂城陷落，泸州为蒙

---

1 （清）章霱：《广元府记》，《保宁府志》卷58《艺文志三》，清道光二十三年刻本。
2 （元）佚名：《宋季三朝政要》卷1《理宗》，中华书局，1985年，第13页。
3 （宋）李心传：《泸南重建府军记》，载（明）熊相纂修正德《四川志》卷36，明正德刻本，嘉靖十六年增补本。
4 参见（元）孛兰肹等著，赵万里校辑：《元一统志》卷5《重庆路·泸州》，中华书局，1966年，第521页。其实在1239至1241年期间，泸州治所有无迁徙、迁往何处这个问题，由于史料表述笼统，无法确知。但当时在泸州境内曾新筑了江安三江碛城（1239年筑）、合江榕山城（1239年筑）、合江安乐山城（1240年筑）三所城寨，泸州治所或许曾在此三城之间辗转搬迁过。《元一统志》所谓的"迁治江之南"，可能是指将位于江阳的州治临时搬到大江南岸，很快又返治原地，不曾形成固定的城寨。考察以上三城，都不甚理想，如曾作为合江县治的榕山城离江太远，山体太高，只能被动避战；交通又不方便，运输给养苦难；尤其是山上可耕地少，不宜长期驻守。故仅一年，合江县就再迁至安乐山城。安乐山虽然在地理位置、自然形势、交通诸方面具备很好的条件，但因地势狭小、泉眼不多，也不宜作为设署立治、屯聚军民之所。所以其后，合江县城仍迁还原治（今合江镇），安乐山城仅作为控制两江的军事据点发挥作用。
5 据宋人阳枋记载："辛丑（1241）之祸，殆不可言。汉、嘉之屯，阵亡者众，江阳失险；泸、叙以往，穷幽极远，搜杀不遗。僵尸满野，良为寒心。"参见（宋）阳枋《字溪集》卷1《上宣谕余樵隐书》，文渊阁四库全书本。
6 参见（清）邵远平《元史类编》卷1《世纪一》，清康熙三十八年原刻本；《宋史》卷412《孟珙》，中华书局，2013年，第12378页。
7 余玠在给朝廷的奏书中说道："神臂山城，知泸州曹致大厥功可嘉，乞推赏以励其余。"由于余玠的推荐，曹致大诏升"带行遥郡刺史"。参见《宋史》卷43《理宗三》，中华书局，2013年，第830页。
8 《元史》卷161《刘整》，中华书局，2013年，第3786页。

古完全控制。刘整的举城投降，给宋军的长江防线带来很大困难，钓鱼城和重庆城的防守压力陡增，对宋蒙战争后期战局影响极大。

第二次，景定三年（1262），吕文德收复泸州。景定二年（1261）七月，得闻"泸南刘整之变"的南宋朝廷急命四川安抚制置副使俞兴率军围攻神臂城。刘整初战不利，便"乘城拒守"，坐等援军。八月，蒙古增援部队从成都进至泸州，刘整派兵从神臂城的暗道出击，内外夹攻，宋兵大败，全军覆没。南宋又急命夔州路策应大使吕文德兼任四川宣抚使，星夜收复神臂城。吕文德率军溯江而上，他改变作战方针，稳扎稳打，步步为营，逐个扫清神臂城的外围据点，以四面合围之势逼困神臂山。他汲取俞兴丧师的教训，牢牢切断了刘整与外界的所有联系，使刘整陷入了孤立无援境地。无奈之下，刘整于景定三年（1262）正月随蒙军主动撤离了神臂城，吕文德成功收复了这座山城。[1]宋理宗将泸州改为江安军，或称江安州，治地仍在神臂城。[2]

第三次，德祐元年（1275），梅应春降元，元朝重占神臂城。南宋咸淳三年（1267）、咸淳五年（1269）、咸淳六年（1270），四川行中书省也速带儿直接指挥了三次征泸之战，但由于有上游嘉定、叙州等沿江山城的屏障而未能接近神臂城。只有在咸淳四年（1268），蒙将完颜石柱率水师大军进攻神臂城水寨，结果神臂城守军以少胜多，大败蒙军。[3]德祐元年（1275）六月，屏障神臂城的沿江山城诸如嘉定、三龟九顶、紫云、登高、虎头、长宁等均被元军逐一掌控，元西川行枢密院副使忽敦率水军总管石抹不老和陆军广威将军、同金西川行枢密院事刘思敬等部合力围攻神臂城。面对元军精兵良将的层层围困，神臂城一时又陷于孤立无援，守将泸州安抚使梅应春只得投降元军。神臂城再次陷落。江安州又恢复泸州旧名，梅应春留镇于此。

第四次，景炎元年（1276），先坤朋、刘霖举义，宋军再复泸州。神臂城失陷后，义士先坤朋和刘霖共同决计光复泸州。刘霖慨然赴合州乞师以为外援，先坤朋则留在城中充当内应。刘霖冒死潜至合州钓鱼城，说服四川制置副使、知重庆府张珏派兵奔袭泸州。景炎元年（1276）六月初三夜，刘霖与合州救兵赵安、王世昌等部潜至神臂城下，派壮士数十人摸入城内，与内应先坤朋一起杀掉守门元军，打开城门，宋军大举攻入城内，全歼元兵，叛臣梅应春及元西川行院先锋大将赵匣剌被斩杀。[4]神臂城光复后，防务由泸州安抚使王世昌主持。

第五次，景炎二年（1277），王世昌殉难，神臂城最终陷落。张珏收复神臂城打乱了元军攻取重庆的战略计划，从而引来元军的疯狂报复。元东、西两川行院调集大军再度围攻神臂城。元军旦只儿部自重庆溯江而上，在合江红米湾、安乐山两败宋军，又乘势攻破水上寨堡石盘寨，于景炎二年（1277）春进至神臂山下。[5]同时成都方面的元军也在西川行院枢密副使不花、安西王相李德辉的督促下，源源不断地进逼泸州。元军东西夹击，水陆合围，逐一拔

---

[1]《宋史》卷45《理宗五》，中华书局，2013年，第880页。
[2]（元）佚名编，汪圣铎点校：《宋史全文》卷36《理宗六》，中华书局，2016年，第2909页。
[3]《元史》卷165《完颜石柱》，中华书局，2013年，第3887页。
[4] 以上所述可参见《宋史》卷451《张珏》、（明）罗廷唯：《刘霖传》（载光绪《永川县志》卷8、光绪《直隶泸州志》卷7）、明成化《先氏族谱序》（陈世松等：《宋元之际的泸州》附录二）、《元史》卷165《赵匣剌传》等。
[5]《元史》卷133《旦只儿传》，中华书局，2013年，第3231页。

掉宋军各陆路要塞据点，并牢牢控制住江面，神臂城守军被完全困在了山上。宋军在无任何外援的形势下，依然以寡敌众，英勇抗击。到十一月，神臂城内已到了"食尽，人相食"[1]的境地。但守军拒绝投降，坚持战斗。在被元军死死围困11个月后，神臂城东门被攻破。守城宋军与元军展开了激烈巷战，王世昌战死，神臂城再次陷落。[2]此次陷落后不到一年，南宋王朝亦覆亡。至元十五年（1278），元廷将州治从神臂城迁回江阳。[3]

第二节 遗存

据调查，神臂城各类遗存众多，有城防设施、行政设施、生活设施、摩崖造像、单体石雕、古代墓葬等。（图2-9-3）经初步踏查，在大中坝、黄市坝也存在一些宋代遗存。现对神臂城的遗存择要介绍如下，大中坝和黄市坝从略。

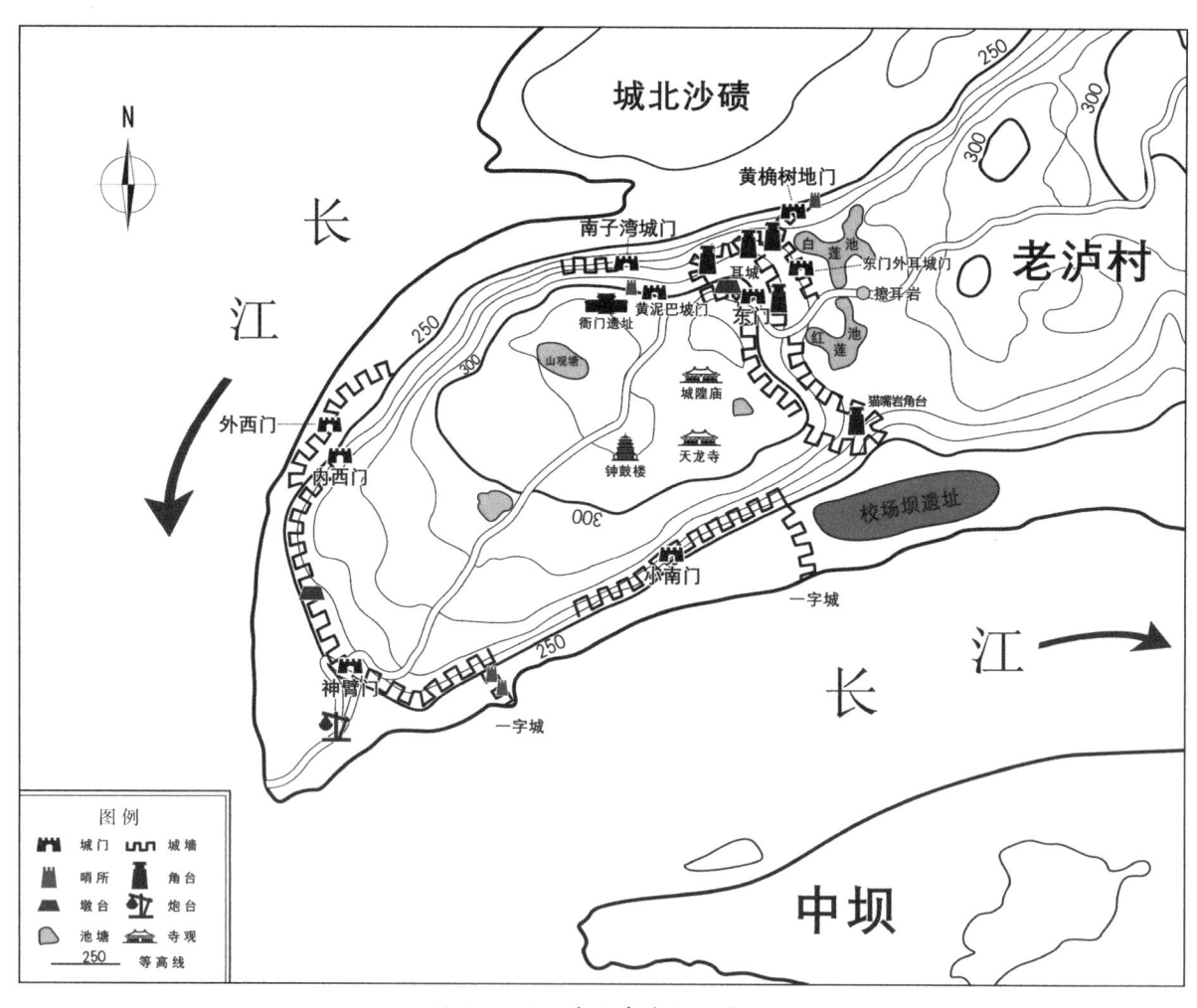

图2-9-3 神臂城遗迹分布图

---

[1]《宋史》卷451《张珏传》，中华书局，2013年，第13283页。
[2]《宋史》卷451《张珏传》，中华书局，2013年，第13283页。
[3]《永乐大典》卷2217"泸"字"建置沿革"条："（至元）十五年正月，本朝命安抚赵全还治，隶四川西道宣谕司。"《元一统志》卷五亦载此事。

一、城防遗存

城址范围内遗迹遗物众多，现存城墙、城门、炮台、角台、墩台、码头等多种城防军事遗迹。

（一）城墙

神臂城的城墙构成较为复杂，包括主城墙、一字城墙和耳城墙。

神臂城主城墙沿神臂山四周陡崖而建，部分地段以高峻的崖壁为墙。城墙之上为2—3米宽的跑马道，以利人员、车马往来。主城墙围合形状近似椭圆形，东西长1240米，南北最宽处约550米，周长约3400米，面积约0.55平方千米，这是神臂城的核心区域。神臂城保留的主城墙和耳城墙共约1700余米，其中主城墙800余米，东门一带城墙保存最好，约600米，小南门、神臂门及西门附近亦有部分城墙存在，但无论是城墙体量还是保存状况上，都远不及东门区域。

1. 东门两侧城墙

东门两侧城墙保存较好，现存长度约600米，高3—5米。城墙底部为高度不一的石壁，系就地取石筑城形成。

东门左侧的城墙长约52米，墙体上下呈现不同砌筑风格，下部数层以楔形石条丁砌而成，嵌合紧密，墙体略有收分，石质规整，但表面风化严重，带有明显的宋代城墙特征。城墙上部城墙石既有楔形也有长条形，部分区域还采用顺砌筑法，城墙表面风化程度较轻，錾刻纹路清晰，以细密竖条纹和细密斜纹为主，略显杂乱。（图2-9-4）

图2-9-4 东门左侧城墙

东门右侧城墙现存约500余米，靠近东门附近保存较好。从建筑风格看，存在三种风格。其一为丁砌，契合紧密，收分明显；其二为丁砌，契合度不够紧密，倾斜度明显；其三以顺砌为主，部分丁砌，显得比较纷乱。此三种砌筑方法存在叠压关系，第一种位置最下，第二种居中，第三种最上。前两种为宋代做法，后一种为明清做法。可见神臂城东门一带城墙在宋代建成后，至少在宋代和明清时期各经历了一次较大规模的维修。

2. 东门耳城城墙

东门地形较缓，为加强防御，东门外修筑了两层耳城。

（1）内耳城城墙

内耳城城墙位于东门外坡地，依土埂而筑，平面呈不规则弧形，右侧靠近主城墙位置修建公路时被破坏。内耳城城墙总长近500米，高2—5米。城墙石切面呈方形，宽约40厘米。城墙石之间契合异常紧密，城墙表面非常平整。（图2-9-5）

图 2-9-5　内耳城城墙　　　　　　　　　　图 2-9-6　外耳城城墙

（2）外耳城城墙

在内耳城城墙之外和白莲池之间的坡地上发现有一道残长约150米，呈南北走向的城墙，北端与内耳城东北角角台拐角相接，南端与东门右侧相接。平面形状略呈弧形，墙体高3—5米，由长50厘米、宽25—33厘米、高30厘米的条石丁砌而成，其顶部同内耳城城墙底部位置大体处于同一水平面，两道城墙相距约30米。残存外耳城城墙的中部有一段长约12米的墙体突出城墙主体约80厘米。突出部分两端为斜坡，可供人上下，应为上城踏道，其上或有城门。在踏道左右约10米外城墙形制较特殊，上部城墙石较细小，切面呈竖长方形，宽10—20厘米，高15—20厘米，城墙石长约50厘米。由上下不同城墙石的叠压情况判断，很可能是因为原城墙在战争中被部分毁坏，后来在上部补筑所致，补筑的时间仍为宋代。这种宋代以至明清补筑的情况在神臂城城墙中随处可见。（图2-9-6）

3. 猫嘴岩耳城城墙

猫嘴岩位于东门南侧，俯瞰校场和红莲池，绝壁高悬，地势险要。猫嘴岩角台至红莲池附近区域现存城墙长约150米，高2—4米不等。此段城墙北端与红莲池相接，南端绕经炮台与猫嘴岩悬崖根部相连，形成了东门外另一个耳城。此段城墙的建筑风格与东门附近宋代城墙相同，应为同期所建。另外，在红莲池西岸残存有一段长6米的城墙，其建筑风格和走向都和猫嘴岩城墙相同，两者很可能相连。红莲池东岸有人工砌筑的高大堡坎，砌筑方式同城墙。

4. 小南门一带城墙

神臂城小南门已毁，但小南门一带崖壁顶端仍保存有部分城墙遗迹。小南门与东门之间崖壁长达700余米，但校场北部猫咀岩区域崖壁高矗、天生雄险，因此完全依靠自然绝壁作为防御要素，并未修筑城墙。小南门一带城墙仅钟鼓楼南侧区域保存较好，残长数十米，高约3米，厚约1.5米。其余各段均有不同程度垮塌损毁。城墙整体风格和砌筑方式与东门附近城墙相同，为宋代城墙遗迹。

5. 神臂门一带城墙

神臂门及附近城墙体量巨大，平均高度在5米以上，20世纪90年代曾经过重修。调查中发现，神臂门左右均保存有老城墙基础。神臂门左侧城墙下部1—4层通高1.55米，以切面宽44厘米、高34厘米的楔形城墙石丁砌而成，形制规整，城墙自下而上逐步内收，呈10°左右的收分。城墙石表面风化较严重，錾刻纹路大多不存，与城墙上部呈现明显区别，属于神臂城的老城墙基础，当为宋代城墙无疑。此外，城门左侧约5米处现存两个方形水口，各宽46厘米，高40厘米，水口之间以一块高40厘米、宽48厘米的城墙石隔断。这两个水口是在天然岩体上开凿，位于城墙最底部，被老城墙基础叠压，因此其开凿年代不晚于老城墙，或为神臂城兴筑之初开凿而成，作为神臂门排水口而存在。

神臂门右侧城墙同样存在上、下部风格迥异的特点。城墙下半部1—9层砌筑方式和整体风格与城门左侧老城墙基础相同，但石材规格略小，切面宽28厘米，高30厘米。部分石材錾刻纹路尚存，主要是"人"字纹和斜纹，城墙带有向内倾斜度，与城墙上部20世纪90年代重修的城墙遗迹存在明显不同的时代风格。综合而言，其修造年代与东门一带及神臂门左侧老城墙基础相差不远，为宋代城墙遗迹。

6. 西门一带城墙

神臂门至西门附近，有连续的城墙分布，但多为20世纪90年代重建。西门附近修建有瓮城，城墙遗迹沿山崖外沿分布，但从目前调查情况来看，绝大部分属于重建城墙。虽然不排除城墙底部有类似神臂门附近的老城墙基础，但囿于险绝的地势，调查时无法一一核实，有待今后更为彻底的考古工作来确定。

（二）一字城墙

神臂城共发现两道一字城墙，全部位于城南区域，北端与神臂城崖壁相接，南端延伸至江边，在城南形成自然绝壁、一字城墙与长江围合而成的一字城。东一字城墙位于校场西侧，现残长约110米，平均高度2—3米。临江一段高5—6米，宽3—4米。除北端大土地造像附近损坏较严重外，整体保存较好。（图2-9-7、2-9-8）西一字城墙位于神臂门东南侧，东距校场约800米。此段一字城较之前一段略短，现已被竹林覆盖，北端因修建民房及水泥便道被截断，临江一段保存相对完好，现残长35米，高1.5—3米，宽2米。（图2-9-9）墙体顶部现为一条石板小道，可通江边，为现代所建。这两道一字城墙均为丁砌筑法，楔形城墙石，规格

图2-9-7 东一字城墙

图2-9-8 东一字城墙前端

图 2-9-9　西一字城墙

统一，形制规整，城墙切面呈梯形，与钓鱼城南一字城格局相近。对比钓鱼城南一字城与水军码头互为依托的城防配置，不排除神臂城一字城内也曾设置水军码头的可能。

（三）城门

神臂城现存城门4座，分别为神臂门、西门（含内西门、外西门）、东门，另有小南门存有遗址。在黄泥巴坡、南子湾、黄桷树地、东门外耳城等地也发现可能为城门的地点，但当地百姓均不知该处曾有城门，存疑。现择要介绍。

1. 神臂门

神臂门又称定远门或南门，南距神臂嘴约290米，是神臂城南侧城防系统中的重要节点。神臂门原城门已毁，现存城门为20世纪90年代重建。复建城门为石质券拱形城门，拥有内外两道门拱及中间门道，体量巨大。外门拱高3.56米，宽2.45厘米，进深1.33米；内门拱高3.4米，宽2.4米，进深1.33米；内、外门拱之间有一门道，高4.3米，宽1.4米，由体量巨大的长方形城门石垒砌成拱，区别于内、外圆拱，中间门拱呈倒阶梯状。门上书额"定远门"三个大字，落款时间为"大宋淳祐三年"，乃重建城门时补刻，不足为据。神臂门外有长长的陡直石梯通往神臂嘴。

2. 东门

东门是神臂城现存唯一的老城门，同时也是目前所见保存相对较好的古代城门遗迹。东门为石质券拱形城门，外门拱高2.52米，宽1.56米，进深1.25米；内拱高2.5米，宽1.56米，进深0.99米；中门道高3米，宽1.63米，进深1.22米，由体量巨大的城门石垒砌而成。[1] 从

---

[1] 据老泸村村民介绍，东门中门道原城门石有所损坏，约在20世纪90年代重建神臂城时，对其进行过修缮。

东门外立面及左右城墙看，现存东门存在多时代叠压的情况。外拱券顶部及城门左侧城墙局部呈现明显的修缮痕迹，城墙上、下部分所用城墙石规格不一，砌筑方式稍异。总的来说，神臂城东门门拱主体及左右城墙基础部分宋代特征明显，而拱券顶部及城墙上部修建时代明显较晚，但年代下限应不晚于清代。（图2-9-10）

图2-9-10 东门内立面

外拱内侧顶部正中，有一石质方形外突构件，这在巴蜀地区同时期城门遗迹中是一个特例。其所处位置及形制与木构建筑中的"梢木"有些类似，但木构建筑中的"梢木"及其对应的"门簪"多为双数，与此不同。

东门拱顶雕刻"暗八仙"图案。外拱顶部拱券石上浮雕宝剑图案，剑镡装饰卷云纹，剑柄装饰鱼鳞纹，宝剑微微出鞘，两条飘带系于剑鞘中部，刻工精细。内拱顶部拱券石上浮雕葫芦图案，葫芦身装饰圆形方孔钱，葫芦周围装饰如意卷云纹。[1]

3. 西门

西门位于神臂城西岩区域，东南距神臂门约300米，海拔267米。西门分内西门、外西门两座城门，二者之间以城墙和崖壁围合成瓮城。西门两座城门均为20世纪90年代重建，皆是石质单拱券形制，外西门整体保存较好，门洞高3米，宽2.1米，与城墙平行，右侧紧贴城墙壁，左侧墙外壁筑成半圆弧形状。内西门破坏严重，仅留圆拱形门洞和阶梯道路。

（四）炮台

能确定的炮台有1处，即神臂门炮台，海拔239米。神臂门炮台地处神臂门与长江的中部，背靠神臂山，俯瞰大江，是控扼神臂嘴通往神臂门的关键防点。炮台利用自然台地用条石包砌而成，面积20余平方米。

（五）角台

神臂城内共发现角台遗迹6处，其中东门耳城4处，猫嘴岩1处，神臂城主城墙东南角1处。神臂城角台位于城墙一端或城墙拐角的高大台基，台基和城墙连为一体，且砌筑风格和城墙相同，角台上可能建有敌楼。

1. 东门耳城角台

东门耳城共有角台4处，其中内耳城3处，外耳城1处。

内耳城的3个角台成"品"字形分布于内耳城城墙上。

西北角角台位于内耳城西北拐角处，海拔292米。台为半圆形，面积约100平方米。地

---

[1] 符永利、付蓉：《玄武镇北，八仙护城——泸州神臂城的玄武石像与东门浮雕》，《西华师范大学学报》（哲学社会科学版）2017年第4期。

图2-9-11 东门内耳城西北角角台

图2-9-12 东门耳城东南角角台局部

面建筑不存，垒筑台基保存完好，现存11—22层，高4—7米，由形制规整的楔形城墙石丁砌而成，从下至上逐步内收，嵌合紧密，墙面光滑。（图2-9-11）

内耳城东北角角台位于内耳城中部拐角处，海拔292米。平面形状半圆形，面积约100平方米。垒筑台基即城墙拐角，形制和整体风格同内耳城西北角角台一样。

内耳城东南角角台位于东门东南侧，海拔294米。此角台整体保存较好，现高4—6米，面积约50平方米。砌筑方式及整体风格与内耳城西北角角台基本相同。独特之处在于，此角台与左侧城墙形成连续的四段波浪形外突弧线，平面形状呈花瓣形，这在整个四川山城体系中尚未见第二例。（图2-9-12）

外耳城东北角位于外耳城东北拐角处，内耳城东北角角台前方，海拔289米。其垒筑台基即城墙拐角，砌筑方式仍为丁砌。

2. 神臂城东南角角台

位于神臂城主城墙东南角拐角处，此处可以俯瞰红莲池和猫嘴岩角台一带，战略位置十分重要。海拔297米，平面为方形，面积约100平方米。角台上有建筑基址和板瓦片，可能曾经建有敌楼。

3. 猫嘴岩角台

猫嘴岩角台位于猫嘴岩下，紧靠红莲池。其所在位置为神臂城南岸东侧进出口，战略地位十分重要。海拔267米。角台高3—4米，平面为半圆形，面积约150平方米，丁砌法筑成。

（六）马面

发现两处，一在东门左侧主城墙上，二在内西门偏西。

东门左侧约10米处墙体外突，形成马面。外突部分厚0.8—1米，宽3—4米，外立面略呈梯形。

在神臂城最西端位置的城墙存在一处外凸的平台，其形状呈长方形，长约6米，宽约3米。平台所在城墙虽然在20世纪90年代经过重修，但从平台底层保留宋代风格的基座可以判断该处平台是在宋代遗迹基础上重修的。这种平台可能是方便守城军士从侧面攻击敌人的马面。

（七）哨所

哨所类遗存发现5处。第一处位于接近内耳城东南角角台的内耳城城墙上。第二处位于黄泥巴门左侧岩石顶部，俯视黄泥巴门。神臂城东南侧一字城墙右侧有两处，其一在中段，其一在上端与崖壁相接处。其中前一哨所平面与一字城相接，为长方形土台，长27米，宽12米，高3.8米，用丁砌法砌筑。高台东面同一字城相连，后一哨所形制与第三处相近，长约20米，宽约8米。第五处哨所位于黄桷树地右侧。

（八）其他城防要素

除上述城防设施外，神臂城还有传为校场的遗址1处。在猫嘴岩以南、西一字城城墙以东，有一片地势平坦的田地，现为水稻田，群众称其为"校场坝"。校场面积约1万平方米，北临峭壁，南靠长江，东西两面分别有猫嘴岩角台和东一字城城墙作为屏障，再加上视野开阔，适合检阅和操练水陆士卒。（图2-9-13）

据村民讲，神臂城西有地下坑道3处，[1]内有石梯石桌，相传为当年宋兵藏兵运兵，沟通城内外的秘密通道。[2]神臂嘴右侧江边还保存有长约15米、残高约2米的石砌墙体，砌筑方式与城墙相同，但所用石材体量之大远非城墙可比，很可能是宋代神臂城码头遗迹。

图2-9-13 校场遗址

---

[1] 这种坑道被当地群众称之为"蛮子洞"，一般高约1米，多已垮塌堵塞，调查时无法近距离观察，更不可能进入，具体形制不详。据传洞内很深，可通城外。但四川各地普遍将崖墓称为"蛮子洞"，宋蒙山城中有不少山城有崖墓发现，所以也不排除崖墓的可能。

[2] 王庭福、罗萍：《南宋神臂城遗址》，《四川文物》1993年第1期。

二、其他遗存

（一）码头

神臂城南面水流湍急，不宜设置码头，但神臂嘴和神臂城西侧可以。据实地调查，神臂嘴有用巨石砌筑的堡坎，石材加工方法和砌筑方式与城墙一致，唯用材更大。（图2-9-14）神臂嘴一带还有一些人工开凿的孔洞，可能与树立拴船桩有关。此外还有一些功能不详的长方形深坑。

（二）高台建筑

高台建筑发现1处，即所谓"钟鼓楼"，为一处石块垒成的半圆形高台，高4米，半径7.6米，台顶有一深1.6米的凹坑。（图2-9-15）

据当地人介绍现存钟鼓楼遗址为鼓楼遗址，另有一处钟楼遗址在鼓楼遗址西侧不远处，但现已不存。值得注意的是，钟楼和鼓楼对称的布局形式在宋代还没有成为定制，"钟鼓楼"的称谓可能是后世的误解。"鼓楼"高台靠近神臂城中心位置，和小南门

图2-9-14 码头堡坎

图2-9-15 钟鼓楼遗址

以及当地居民所说的衙署遗址大致处在同一条直线上，并且西侧曾经有一形制相同的"钟楼"高台和其对称分布，有可能是休憩或瞭望类高台建筑。

（三）题刻和造像

1. 题刻

共发现题刻6处。其中西门附近3处，黄泥坝坡1处，均已风化不识。神臂嘴2处，其一为光绪年间的题刻，内容为"放船靠近西流"，题刻总长约8米，字径约1米，系航船提示。右侧有"公实生我"4个字，左上首有小字"民国八年"字样。

2. 造像

分摩崖造像和单体造像两类，其中2处摩崖造像与宋蒙战争紧密相关。

（1）刘整降元造像

该造像位于外西门右侧城墙下方的石壁上，龛呈拱形，底部距地面约1.5米。龛内正中主像为坐像，高约1.9米，肩宽约1米，双足之间距离约1.5米。主像头部顶端偏后有一处如椎髻的突起，双手置于膝盖上。主像左右两边各有一名侍从，左侧侍从风化严重，右侧侍从残高0.6米。主像的左下方有一做跪拜状的小像，身长0.9米，肩宽0.3米。（图版2-9）

据民国《泸县志》记载，南宋景定二年（1261），神臂城守将刘整投降蒙古之后，"泸人丑之"，便雕刻了其投降忽必烈的雕像与石壁，并且附有文字题刻。[1]如今这副雕刻的本义已经少有人知，当地居民称呼其为"孙孙打婆"。目前整个造像风化严重，仅存大体轮廓，《泸县志》提及的题记已经不存。

（2）许彪孙托孤像

该造像位于"刘整降元"像右侧约 4 米处，造像仅半身，正襟危坐，高 2.2 米，肩宽 0.9 米。雕像伸出的左臂原托一小孩，现已不存。（图版 2-10）该雕像传为许彪孙托孤像。刘整投降蒙古时命令许彪孙写降书，愿"以潼川一道为献"，许彪孙对刘整的使者说："此腕可断，此笔不可书也"，之后自杀殉国。[2]当地传说许彪孙自杀前将儿子托付家人，其家人带着彪孙之子潜出神臂城，但在城北被追上，终被害。城北 4 里至今有叫"保子岭"的地点，据说与此事件有关。许彪孙托孤像和刘整降元像并列，忠奸对照，相得益彰。陈世松对这两处造像有详细考证，认为开凿于元代，[3]晏海玲则认为开凿于明代。[4]结合当时的历史背景和钓鱼城的王坚纪功碑、千手观音等同类材料，我们倾向于陈世松的观点。

（3）其他造像

菩萨龛位于外西门内侧崖壁一侧，龛高 2.5 米，宽 2.25 米，朝向为北偏西 60°。龛右侧已经坍塌，当地居民用砖块修补，龛顶部也加盖了小瓦屋面。龛正中为菩萨跏趺坐像，菩萨双手做禅定印，上托宝瓶。菩萨左右各立有一侍者。造像经过彩妆，原貌不明。造像左侧残存一天王立像的轮廓，头部和足部有残存。龛的左壁有一双层圆形浅龛，外径 1.06 米，内径 0.64 米。龛内造像仅保存有模糊的轮廓，其姿势为站立，右手上举，左手握拳置于腰间，头部有直径 30 厘米的头光，通过姿势判断应该是力士。

在神臂城北面纱帽岩下玄天宫遗址处有一个巨大的玄武石雕，石龟头部高昂，有一只长约 21 米、粗 0.32 米的巨蛇缠绕在龟的背部。（图 2-9-16）造像时代应为明代，是明代玄武信仰盛行的产物。[5]

校场西北角的一块巨石上有一尊半身石像，当地人称其为"大土地"。该石像面朝东方，高约 1.8 米，宽约 1.2 米，方头大耳，面有长须，身着袍服。该石像位于校场，面朝东方，雕刻风格且风化程度和"许彪孙托孤"和"刘整降元"类似，有可能也是宋元之际的南宋官员。

图 2-9-16　玄武造像

1（民国）《泸县志》，民国二十七年戊寅刊本。
2（宋）佚名：《昭忠录》，守山阁丛书本。
3 陈世松：《老泸州城"刘整降元"石像考》，《四川文物》1984 年第 4 期。
4 晏海玲：《"刘整降蒙"及"许彪孙托孤"石刻造像开凿时代考证》，《泸州文物》2001 年第 4 期。
5 符永利、付蓉：《玄武镇北，八仙护城——泸州神臂城的玄武石像与东门浮雕》，《西华师范大学学报》（哲学社会科学版）2017 年第 4 期。

在神臂城岩湾石壁上有阴刻而成的图画，绘有两人，一人高1.2米，另一人高0.5米。两人均赤足，高者头部有发髻，着袍服，束有腰带；小者抬头做仰视状，抱长剑，其右臂有字，但多已经脱落，仅有"神仙"两字可以辨认。结合文字内容和服饰，这两人可能是道教神话人物，类似仙人和仙童。

在黄泥巴坡门题刻下方约15米处的悬崖边上有一方形石柱，石柱顶部有一螺发人头雕像，应为佛像。

第三节 初步认识

与神臂城一起建设的山城有10余座，其中包括二冉兄弟主持修建的钓鱼城，但最终得到余玠高度认可并请求朝廷奖赏的仅神臂城一处。作为非"八柱"的城池，能在10余座山城中脱颖而出，其城池建设必有独到之处。通过多次实地调查，我们认为神臂城在城防系统建设方面确实十分突出。

神臂城的各类遗存中，目前可以确定为宋代城防遗存的有主城墙、耳城墙、两道一字城墙、角台、墩台。主城墙虽然大部分是明清重修的，但其下部还保留了不少，能够复原宋代城墙的范围。上述丰富的宋代遗存为探讨神臂城城防系统提供了可能。

一、防线

神臂城城防系统较完善，在防线的布置上可谓匠心独具。根据神臂城防线的位置，可粗分为内外两层防线。

（一）外层防线

神臂城的外层防线是神臂山以外的防线总称，由北、西、南三面环绕神臂山的长江和诸多外堡构成。

1. 长江

环绕神臂城的长江水情复杂，城下江中险滩、沟槽连连，在所有宋军山城中最为险要。[1] 利用大江大河作为屏障的情况在山城体系中很常见，但绕城三面者除了泸州神臂城外仅合川钓鱼城、苍溪大获城、平昌小宁城、通江得汉城等寥寥数处。大获城、小宁城和得汉城周围河流较小，防御能力偏弱。钓鱼城外嘉陵江水流湍急程度和水情复杂程度也不及神臂城。因此，在利用江河作为屏障方面，神臂城实为宋蒙山城之翘楚。

2. 外堡

神臂城不是一个孤立的堡垒，其周边分布着若干外堡。据陈世松介绍，神臂城外围有东北20余千米的盘山寨、北7.5千米的珍珠堡、西北7.5千米的暗溪寨、西北角的保子寨、城南江中的大中坝水寨、江对面的黄市坝等外堡。[2] 大中坝位于城南江中，面积广阔，地势平坦，

---

[1] 陈世松、俞亨仁、赵永康：《宋元之际的泸州》，中国统一出版社，2015年，第40—44页。
[2] 水寨位于神臂城南面江中大中坝上，刘整降元后，俞兴的讨伐大军先驻扎于江对岸黄市坝，然后攻取大中坝水寨，对神臂城进行封锁。

东端地势高敞，无水患之虞，是理想的驻军之地，既可在此布置水军，又可与神臂山守军夹击由水道而来的敌军。长江和大中坝水寨捍卫着神臂城的北、西、南三面水路，其余外堡位于陆地，分布在长江两侧，距离不等，既可监视并节节抵御水路来敌，又控扼着神臂城的东面陆路，同时可与神臂城守军夹击敌军，可谓一举多得。

吕文德奉命收复泸州时，他汲取俞兴主攻神臂城主城的教训，首先扫清神臂城外围堡垒。据《宋史》记载，他在给朝廷的奏报中就有"已复泸州外堡"之事。[1]至元十四年（1277），元军大举围攻神臂城，久攻不下，也是在逐渐扫清盘山寨、珍珠堡、暗溪寨等外围寨堡后，才使守城宋军周旋不灵，供应不济，神臂城因此成为一座孤城，旋而最终失陷。

（二）内层防线

内层防线位于神臂山上。神臂山虽然大多数地方崖壁陡立，但缺乏如钓鱼、小宁、运山诸城的地形层次和空间，因此只能沿陡崖设置一道主城墙，不能形成内外城防御格局。为弥补这个不足，神臂城建设者结合地形地貌、山形水势依山筑城，并通过多种手段增强局部防御能力。

神臂城内层防线由主城墙、耳城、一字城、各类平台类防御点和校场、暗道等设施构成。主城墙在山上，耳城和一字城多位于山下，并与主城墙相接，这样，既增加了防御纵深，又便于发挥立体防御的优势，使山城防御能力大大增强。纵观各宋蒙山城，有两重耳城、用两个塘堰形成人工城濠的情况仅见于神臂城，体现了神臂城城防系统的独特性。

内层防线守御着神臂城的核心区，核心区面积约0.55平方千米，规模适中。城内地势较为平缓，有充足的耕地和水源，提供了长期守御的物质基础。

二、重点防区

山城的防御必然会根据地形地貌、来敌方向等情况有所侧重，从防御设施分布情况看，神臂城存在四个重点防区，这四个防区以主城墙的东门、小南门、神臂门和西门为核心，分布在神臂城四周。四个防区之间相距较近，既相互独立又互为犄角。

（一）东门区域

相较于主城墙其他几个城门，神臂城东门区域最缺乏地利条件，主要表现在：第一，其左、右均较方便上下江岸。尤其是左边，长江在此形成了一个大沙碛，沙碛之南为天然港湾，方便敌军停泊和登陆。由此上山，一路缓坡，步行数百米即可到达黄桷树地缺口。此地距东门仅数百米，几无任何地理险阻。第二，东门外直通陆路，且东门区域缺乏高峻的崖壁可资利用。

由此可见，东门不仅面临陆路和两侧由水路登陆而来的三路敌人，还无险可守。为弥补地形缺陷，人工构筑的城防设施就更为复杂多样，包括主城墙、东门、东门内瓮城、东门耳城、护城池、角台、马面等系列防御设施精心布局，高低错落，火力交叉，构成一套多层次、立体的防御系统。

首先，为应对从西北边上岸的敌人，筑城者在黄桷树地缺口处设置关卡，利用左侧的崖

---

[1]《宋史》卷43《理宗纪》，中华书局，2013年，第878页。

壁和右侧的土台形成第一道防线。

黄桷树地之内是宽阔的白莲池。白莲池和红莲池其实都是人工挖掘的塘堰，起着城濠的作用，但较之普通城濠更为宽广。由于白莲池的阻遏，迫使入侵者要么绕道到东门外陆路的正前方，要么面对东门外的两层耳城防线。这两层耳城依土坎而筑，高达三四米，左接陡崖，右接猫嘴岩内侧主城墙，将整个东门外陆地层层包围。耳城上不仅有哨所，更有多处高大角台扼守着各个方位，使敌人难以突破。只能绕耳城而行，到达东门外道路。

其次，城南到东门区域地势高峻，无法攀援，由城南登陆的敌人，需绕道猫嘴岩一带才能到达东门。猫嘴岩一带为自然沟槽，易于设伏，耳城和角台的设置更增加了敌军通过的难度。如果有幸通过猫嘴岩，前面又为红莲池所阻。耳城紧靠红莲池，中间难以通过，敌人只能绕过红莲池到达东门外擦耳岩一带，但仍被两池挡在外边。

再次，从东门外道路逼近东门也不是件容易的事。红莲池与白莲池之前有擦耳岩，相信守军一定会在擦耳岩上设置防御点。通过擦耳岩后为两池之间狭窄的通道（很可能实际上并没有陆地通道，而是设有吊桥的水域），通道之后两侧各有一个稍微突起的小丘，钳制住该通道。再往里即为内外两重耳城。从擦耳岩至耳城之间的只有狭小的陆地和窄窄的通道，所以由此攻城的敌人不能大面积铺开，人员优势无法发挥。而守军则可以借助小丘、耳城和主城墙工事实施层层阻击和立体打击。

东门外只有外耳城中部有一个进出城的踏道，其余地方无路可通。攻城方需要从踏道或其他位置攀城进入，存在很大的难度。即使敌人最终突破两道耳城防线到达东门外也无法松气，还需面对高峻的防御工事。东门一带城墙高达5米左右，东门左侧有一个马面，与东门互为掎角。东门城门洞十分狭窄，门洞仅能容两人并肩通过。侥幸进入东门却又置身于守军的瓮城之中，面临更大的危险。

综上所述，筑城者在东门一带巧妙利用自然地形，用耳城、人工护城池和土丘将不同来路的敌军都挤压至一个狭窄漫长区域，又利用主城墙、耳城、角台、墩台等设施对来敌实施立体交叉攻击。即使敌人突破东门，仍然要进入四面楚歌的瓮城。由此可见，东门一带的设防确实是匠心独具，牢不可破。

文献记载的东门战事有两件。其一为景定二年（1261）俞兴围攻降将刘整期间。当时俞兴围困神臂城数月，几乎破城，刘整只能固守待援。后来蒙军援军来到，俞兴将围攻东门之兵调去堵截。刘整在东门之上见宋军的兵力调动，猜测援兵已到，遂利用暗门突出，与援兵前后合击，俞兴大败。其二为景炎二年（1277），元兵刘思敬部夜袭。关于这次进攻东门的经过，《元史》上仅说"夜入东门"[1]，过程不详，且使人误以为是刘思敬攻破了东门。出土的《耶律秃满答儿墓志》记载较详细，秃满答儿先命元军在神臂城下"薄城而谕之"，"贼副将李从感悟，启东门而降"[2]。说明东门不是攻破的，而是在秃满答儿的劝诱下自己打开的。元军两路大军进入东门后与宋军巷战，使宋军腹背受敌，难以支撑。正在神臂门攻城的元军听闻东门

---

[1]《元史》卷一百五十二《刘思敬传》，中华书局，2013年，第3605页。
[2] 余华青、张廷皓：《陕西碑石精华》，三秦出版社，2006年，第244页。该书仅收录志石图片，文字内容为笔者根据图片释读。

已破，声威大震，不多时也攻破神臂门，神臂城遂告陷落。从上述两次战事可知，东门确实是双方争夺的重点，但东门的防御也确实牢固。

（二）小南门区域

神臂城南面两端崖壁高峻，唯中部稍矮，且崖下坡度较缓，为防守弱点。宋军在此设置的防御设施有小南门和一字城。

神臂城的一字城前为湍急的长江，沟槽相连，舟船难以通过，更无法靠岸。故其军事目的不在码头和水师。由于神臂嘴一带可登陆，为阻隔由神臂嘴登陆的敌军横向穿越神臂城之下，于是在此修建了一个一字城进行护卫。但一字城本身亦需保护，故在其上方设置了一个小南门，可俯瞰整个一字城，事实上与一字城形成了一个大型耳城之势。

钓鱼城有南北两处一字城，北一字城仅有一道城墙，南一字城规模宏大，由两道一字城墙和陡崖、嘉陵江围合而成。通过对比，我们发现神臂城南岸在地理环境和防御形式上与钓鱼城南一字城十分相似，都位于城南缓坡地带，都由两道平行城墙（相距七八百米）、山崖及大江围合而成，大小也相近，附近都有炮台做支撑。所不同者在于，神臂城由神臂嘴至下游数千米，险滩相连，无舟船停泊处，因此不存在码头，这种情况虽然为守城方带来不便，但尚可利用江心的大中坝水寨互相夹击来敌，同时阻断了来敌由神臂嘴横向包抄的路径。对于攻城方而言因无法在此登陆，从而减轻了守城方的防守压力。

如前所述，景炎二年（1277）十一月，蒙军在围困神臂城大半年之后再次大举攻城，试图多方突破。元军著名将领石抹不老由神臂嘴登陆后，突破神臂嘴炮台，进攻神臂门。秃满答儿则乘夜率兵攻夺水城，占领了一字城，并由猫嘴岩绕道东门并最终率先入城。

（三）神臂门区域

神臂门位于神臂嘴，这一区域地形与其他地方有所不同。神臂嘴为一伸入长江的山嘴，山嘴坡度较缓。而神臂嘴及其上游均可泊船，因此神臂嘴的防守压力主要来自于水上之敌。神臂嘴距离神臂门约300米，距离较长，影响防御。为支撑神臂嘴，宋军在神臂嘴和神臂门之间上山道路拐角处右侧修建了一个炮台。炮台背靠神臂山，俯瞰江岸，既可阻止敌人通过江面或登陆上岸，控扼神臂嘴通往神臂门的必经之路，同时也可以防止敌人靠近一字城，可谓意义重大。但由于炮台只适合远攻，对逼近之大量敌人无可奈何，所以秃满答儿能够轻易通过炮台攻下一字城。

神臂门炮台至神臂门之间还有上百米的斜坡，攻城之敌不仅难以快速接近城墙和城门，而且没有掩护，需要在守军眼皮下进行仰攻，攻城难度可想而知。

神臂门两侧还保留了不少宋代城墙，从砌筑方式看，嵌合紧密，微微内倾，墙体高大（修复后的墙体高约5米），难以攀援。

（四）西门区域

神臂城西侧江面宽阔，水流较缓，北端江边有一大片沙碛与河漫滩相连，形成天然港湾。江岸为河漫滩，坡度平缓，有多块巨石屹立江岸和河漫滩，可用于系舟。由此可知，神臂城西侧便于水师登陆作战，因而这里也是宋军防守的重点之一。这一带崖壁陡峭，难以攀援，唯北端稍缓，可轻易到达黄桷树地。

神臂城西侧的防御设施除高大的城墙外，还有耳城（含内外西门）、哨所等。

神臂城西侧中段是本区域一个重点设防点，在接近山顶的位置设置了一个耳城。外西门设于崖壁下，控制着唯一的入城小道。小道紧靠崖壁，外侧陡立，不便于大部队通行，且易受守城者攻击，有"一夫当关万夫莫开"之势。内西门位于山顶，门内依照地形设置了瓮城，增强了防御能力。

神臂城西侧北段是登陆的最佳位置，这里也就成了另一个防御点。此处有两条道路可以上山，一个是经南子湾而上至黄泥巴坡。为此，宋军在此条线上设置了两道关卡。南子湾十分靠近港湾，且有一条横向道路绕山腰而行，通达西门和黄桷树地，地理位置重要，所以在南子湾设置城门是必要的。由南子湾上山虽然坡度较大，但可以逶迤而上，这样黄泥巴坡城门就这成为这条线路的最后防线。黄泥巴坡门位于山顶，控制着上山小道。小道一侧为崖壁一侧为悬崖，不便通行。另外，黄泥巴坡门左侧有一人工平台，当为哨所。右侧20米左右悬崖上有一天然岩棚，位置隐蔽，可藏数十百人。岩棚内有人工垒砌痕迹，在战争期间当有所使用。

神臂城西侧最北端地势很缓，可轻易通达黄桷树地。前已述及，宋军在此亦有城门、哨所类防御工事，此不赘述。

西门区域未见战事记载，大约元军在此登陆后即绕至神臂嘴或东门一带参与了这两处的战事，不排除石抹不老和秃满答儿两军大部由此登陆的可能。

三、神臂城城防系统的特点

由于地面调查的局限，上文论述未必完整准确地展现了神臂城的防御系统，但可由此窥见一斑。我们认为，历代守将在构筑神臂城城防系统时可谓苦心孤诣，精益求精，由此形成了如下特点。

第一，选址独到。从宏观来说，神臂城具有重要的战略意义。淳祐三年（1243）修城之时，蒙军已多次剽掠四川，西川几乎完全失守。泸州本为一方重镇，守护得当，既可收复西川，又可保障重庆。但泸州治所不慎毁于火灾，此后泸州治居无定所。经过集思广益，余玠认为在泸州修筑一座坚城十分必要，经慎重权衡，最终选择了在泸州以东的神臂山筑城。事实证明，这个决策是完全正确的。从微观而言，神臂城位于江边半岛，三面环水，山崖陡峭，山顶地势开阔，资源充足，既有难得的天险，又有长期抗御的物质基础。

第二，山形水势利用得当。山城体系中各个山城的防御体系都是因地制宜，根据山形水势的具体特点来部署防线的，神臂城也不例外。从地理形势而言，东门一带几乎无险可守，又容易受到三面来敌的进攻，因而需要充分利用缺口、土埂、土丘等地貌设置城门、耳城等防御设施。同时还需人工开挖护城池以分隔敌人，压缩敌人进攻空间。神臂城南侧峭壁陡立，唯中部有一个缺口，于是在这里设置了一字城，既可以阻隔敌人横向穿越，又能防止敌人登山，可谓一箭双雕。神臂嘴一带利于登陆，宋军则利用炮台先行阻遏，继用高大城墙予以防控。神臂城西侧虽崖壁陡峭，但最易登陆，所以设置了易守难攻的耳城、瓮城进行防御。且将入城道路置于崖壁之下，依崖而行，藉以增加攻城难度。总之，神臂城的防御工事充分考虑了微观地貌和防御重点，在最大程度上增加了敌人进攻的难度，相应减轻了防御压力。

第三，各重点防区相互依存。上述四大重点防御区大致分布于神臂城的四个方位，分别抵御来犯之敌。但四个防区并非相互孤立，而是互为依存的。来犯敌人主要有东、西和神臂嘴三个方向，而西面和神臂嘴更是首当其冲。神臂城在建造时除考虑到本区域的防守外，也同时考虑了其他防区。如在神臂嘴设置炮台，在神臂嘴下游设置一字城，都是为了保障城南的安全，防止敌人横向穿越，实施包围。猫嘴岩耳城和敌楼的设置也是为了防止敌人由此绕道至东门，给东门减轻压力。南子湾、黄泥巴坡和黄桷树地关卡的设置是为了防止登陆的敌人由此上山，威胁东门。四大防区的这种锁链式结构，对来敌实施了有效分割，使其难以快速机动和展开大规模战斗。

第四，多层次立体交叉的防御系统。前已述及，神臂城包括内外两层防线，其实单就一层防线而言，仍然具有多层次特点。比如外堡，其分布地区就有远有近。事实上，在内层防线的四大区域都存在防御层次。东门一带最为复杂，由外向内有黄桷树地门、两大护城池、外耳城、内耳城、主城墙；城南有炮台、一字城、小南门三道防线；神臂嘴有码头（可能还有炮台）、炮台和神臂门三道防线；西门也有上山小道、耳城、瓮城三道关口。除多层防线外，神臂城还注重构建立体打击网。除地面打击外，高低错落的地形赋予了立体打击的天然优势，再借助高耸的城墙和城门实施空中攻击。在冷兵器时代，擅长在平原地区骑马打仗的蒙军在仰攻山地堡垒时显得力不从心，进攻能力大打折扣，这也成为蒙元军队难以攻下神臂城的重要原因。此外，神臂城还很注意火力交叉。如东门外，由内外耳城、主城墙构成了三角形交叉火力。东门和西门的瓮城结构则使敌人四面受敌，左支右绌。马面、哨所也往往与城门、城墙形成两面交叉的攻击态势。

第五，高墙窄门，巧布暗道。神臂城在城墙城门的修筑方面也可圈可点。城墙不仅修建于崖壁之上，而且还因就地取材使城墙更为高大、陡峻。城墙石大头朝外，小头朝内，用丁砌法筑城，或嵌合紧密，或磨圆棱角，不但增加了城墙的牢固程度，而且使敌人难以攀援。城门洞也窄长幽深，使敌人难以大规模涌进。暗道在城堡攻防战中往往能起到出其不意的效果，既可实施偷袭，亦可借此遁逃。合川钓鱼城的所谓"皇洞"和蒙军挖的攻城地道就是著名的例子。神臂城也有沟通内外城的暗道，这是无可置疑的。据文献记载，俞兴围攻神臂城时，刘整就由暗门突围，大破俞兴军。

第十章 合川钓鱼城

第一节 史地概况

合川钓鱼城在100余座宋蒙山城中名气最大，受关注最多，研究最深入，这与钓鱼城本身的战略地位、历史功绩、丰富遗存是相匹配的。

一、地理概况

余玠初入蜀时，冉琎、冉璞兄弟慕名前往献策，他们说："蜀口形胜之地，莫如钓鱼山，请徙诸此。若任得其人，积粟以守之，贤于十万师远矣，巴蜀不足守矣。"[1] 顾祖禹也说："枕二江之口，当众水之凑，凭高据深，屹为险要。"[2] 钓鱼城位于涪江、嘉陵江、渠江合流之处，是内水的最终交汇处。这三条江的流域占了四川盆地的绝大部分，故而钓鱼城堪为四川盆地的交通枢纽。三江在钓鱼城汇合后为嘉陵江下游，与四川制置司所在地重庆一水相连。由此，钓鱼城既是内水防线的枢纽，也是三大防线的枢纽，同时是重庆和夔州的藩篱。特殊的位置决定了钓鱼城在整个四川山城体系中的军事核心地位，与作为整个山城体系指挥中心的重庆地位相当。

不仅地理位置绝佳，钓鱼山的地形地貌也堪称天造地设。明人在《钓鱼城记》中描绘钓鱼山的形势说：

> 其山高千仞，峻峦岌岌，耸然可观。其东南北三面据江，皆峭壁悬崖，陡然阻绝。修城之后凿山通道，路曲之次，方可登临。……此山三面据宕渠、嘉陵，二江自西北而来，冲于山之西，流至合州城下，则与涪江会同，皆浩浩荡荡，环绕山足而东下。[3]

据实地考察，钓鱼山三面环水，四面陡峭。渠江、嘉陵江、涪江三江环抱，形成长约20千米的天然屏障。这一段河流滩多水急，难以行舟。钓鱼山最高海拔约400米，山脚海拔约210米左右，高差约190米。（图2-10-1）山顶东西长约2000米，南北宽约1000米，北、西、南三面均为断崖，东部虽与陆地相连，但却有一深沟巨壑（明代曰"天涧沟"[4]，今讹为"千担沟"）相隔。钓鱼城水陆两方面的天然险阻在巴蜀地区的宋蒙山城中十分突出。

不仅如此，钓鱼山外围还有若干山头，南面和西北面嘉陵江对岸有龟山、虎头山，东北

---

[1]《宋史》卷416《余玠传》，中华书局，2013年，第12470页。
[2]（清）顾祖禹：《读史方舆纪要》卷69《四川四·合州》，中华书局，2005年，第3285页。
[3] 无名氏：《钓鱼城记》，万历《合州志》卷1，明万历七年刻本。
[4] 无名氏：《钓鱼城记》，万历《合州志》卷1，明万历七年刻本。

图 2-10-1　钓鱼山崖壁

面有马鬃山，这些山头可以建设为钓鱼城的外堡。

钓鱼山山顶东、西部地势倾斜，由两层台地构成。西南角、西北角和中部地区隆起，形成了薄刀岭、马鞍山、插旗山、中岩等山头。各山头之间是一些低地和台地，低地易修成水池，台地可耕可耘。山中的东谷、北崖一带和西岩之下，更有千亩沃土。山顶地下水丰富，可用于灌溉和引用。

钓鱼山的山脚，尤其是东城半岛一带为河流堆积台地，土地平坦，地力肥沃，水源充足，是钓鱼城的粮仓，为长期坚守提供了基础条件。

二、钓鱼城与宋蒙战争

（一）钓鱼城的修建

唐宋时期，钓鱼山是远近闻名的佛教名山和游览胜地，有护国寺、佛教摩崖造像和文人游览题记。南宋末年钓鱼城的修建使钓鱼山最终由宗教场所、旅游胜地一变而为巴蜀地区最重要的军事基地。

关于钓鱼城的修建情况，文献记载比较清楚。唐唯目《钓鱼城志》、刘道平《钓鱼城在宋蒙（元）战争中的战略地位与作用》以及池开智《钓鱼城修筑、降元及迁还旧治考》等论著已经详略不同地梳理过，较为一致地将钓鱼城修筑归纳为四次。

1. 甘闰创建钓鱼城

嘉熙四年（1240），四川制置副使、知重庆府彭大雅在修筑重庆城的同时号令四川各郡县择取险要，避乱保命，甘闰创建钓鱼城就是在这种背景下进行的。

> 北兵益炽，彭大雅奉命入蜀，令郡县图险保民。太尉甘闰至州，观此山形势可以据守，

故城之。[1]

甘闰创建钓鱼城是执行四川制置司"图险保民"的具体措施，只是合州地方官府组织修建的避战场所，这是钓鱼城筑城抗蒙之始。时人阳枋《庚子叨第赘合州甘守》诗中有曰："吴门扞蔽重夔渝，两地藩篱属钓鱼。自昔无城当蜀屏，从今有柱壮坤舆。"[2] 可见，此时的钓鱼城虽然还谈不上军事基地，但与同一时期修筑的遂宁蓬溪寨、剑阁苦竹隘、梁平赤牛城、泸州榕山寨和安乐城一样，建有城墙、城门等军事防御设施，具备军队驻屯防守和民众躲避战乱的基本条件，不过此时合州州治并未迁入钓鱼城。

2. 冉氏扩建钓鱼城

冉琎、冉璞兄弟扩建钓鱼城在淳祐三年（1243）。余玠抵达重庆后，建制司，设招贤馆。冉氏兄弟慕名而至，并在苦思数月后最终献策修筑城钓鱼山：

> 蜀口形胜之地，莫如钓鱼山，请徙诸此。若任得其人，积粟以守之，贤于十万师远矣，巴蜀不足守矣。[3]

余玠欣然采纳了这个建议，于是"以琎为承事郎、权发遣合州，璞为承务郎、权通判州事。徙城之事，悉以任之"[4]。让二冉全面主持钓鱼城的修缮和移治工作。至于具体的筑城时间，史载不明，但根据点滴信息可约略推知。余玠入蜀是淳祐三年（1243）春，至招贤馆成，需花费一定时间，招贤馆筑成一段时间后二冉方至，二冉居数月后方献计于余玠，余玠据此向朝廷呈《经理四蜀图》，朝廷同意余玠筑城方略，直到此时余玠才下令全面筑城。由这一系列事件推算，二冉筑钓鱼城的时间大约在淳祐三年夏季或稍后。另据《宋史·地理志》载："合州，……淳祐三年，移州治于钓鱼山。"[5] 移入州治表明钓鱼城在当年即已筑成，故钓鱼城的修筑时间较短，最长不超过半年，筑成时恐已到秋冬时节。

冉氏兄弟在钓鱼城具体规划建设了哪些项目，历史文献没有记载。考古发掘材料显示，钓鱼城城防设施经历了多次修缮，但难以与具体修城事件一一对应。不过，我们有理由相信冉氏修筑的钓鱼城应当具备比较完善的城防设施，并由此从最初的战时避难场所变成了合州政治中心和重要的军事基地。理由如下：

第一，从冉氏兄弟的献策言论看，以钓鱼山为巴蜀形胜之地，修筑目的是守护整个巴蜀地区，并非仅为合州一地庇护之所。余玠高度认可这个看法，并派遣二冉亲自主持筑城，所以，钓鱼城的修筑必然是高度重视、细致规划、认真实施的结果。以余玠的重视和二冉的卓识，钓鱼城一定是当时最完善的山城之一。由此，笔者推测，钓鱼城南北一字城的创建很可能就

---

[1] 无名氏：《钓鱼城记》，万历《合州志》卷1，明万历七年刻本。
[2]（宋）阳枋：《字溪集》卷11《庚子叨第赘合州甘守》，文渊阁四库全书本。
[3]《宋史》卷416《余玠传》，中华书局，2013年，第12470页。
[4]《宋史》卷416《余玠传》，中华书局，2013年，第12470页。
[5]《宋史》卷89《地理志》，中华书局，2013年，第3219页。

在此时，而一字城是我国古代军事工程的一大创造，发展了雁翅城的理念。

第二，兴元戎司的移驻证明钓鱼城已成为宋军在巴蜀的军事基地。宋金对峙时，南宋在川陕地带驻有十万大军，分隶兴州、兴元、金州三大都统司（俗称戎司）。吴曦叛乱后，改兴戎司为沔戎司，并从中分出利州都统司，遂成四大戎司。余玠将四大戎司分别移驻巴蜀主要山城，沔戎司驻守青居城，利戎司驻守云顶城，金戎司驻守大获城，兴戎司驻钓鱼城。按照战时体制，知州（府）例由驻军将领兼任，知合州便由兴元驻扎御前诸军都统制兼任，这也表明钓鱼城已是十足的军事基地了。

第三，在抵御紧蒙军抄掠的过程中钓鱼城初显功效。宝祐二年（1254）六月，根据四川制置司的奏报，"合州、广安军北兵入境，王坚、曹世雄等战御有功，诏坚官两转，余各补转官资"[1]。宋蒙在钓鱼城所在的合州初次接战，就显示出御敌之效，钓鱼城应当具备了有较为完备的防御设施。

3. 王坚完善钓鱼城

宝祐二年（1254）七月，王坚升任兴戎司都统、知合州，随即在甘闰和二冉的基础上，对钓鱼城进行大规模的增修和扩建工作。与前二次不同，王坚"完其城"的具体项目，万历《合州志》中无名氏《钓鱼城记》有详细记载，现摘取两段以窥其概：

> 于此筑城，高二十仞，城之门有八：曰护国、青华、镇西、东新、出奇、奇胜、小东、始关。其山脚周回四十余里。

> 郡牧王坚，发郡所属石照、铜梁、巴川、汉初、赤水五县之民，计户口八万，丁一十七万以完其城。西门之内，因沟为池，周回一百余步，名曰天池。泉水汪洋，旱亦不涸。池中鱼鳖，可棹舟举网。又开小池十有三所，井九十二眼，泉水春夏秋冬足备不干。城中之民，春则出屯四野，以耕以耘；秋则收粮运薪，以战以守。厥后秦、巩、利、沔之民，皆避兵至此。人物愈繁，兵精食足，兼获池地之利，官兵协心，是以能坚守力战，而效忠节。[2]

由于钓鱼城有甘闰和二冉的修建基础，所以本次大规模筑城的目的无非有二：一是继续完善城防设施，增加防御能力；二是修筑后勤保障设施，做长期坚守准备，故文献称"完其城"。此次王坚筑城声势浩大，城墙高大，八个城门此时完备（以前估计不到八个）。从"山脚周回四十余里"的表述推测，当时的城防设施已经大量推进到山脚，故而南北一字城、外城、水军码头等在此时已经全部具备。考古发现，南水军码头、南外城遗址和东一字城有三次修筑痕迹，很可能第二次修筑即发生在此时。在后勤保障设施方面，文献明确提到了规模宏大的塘堰（即范家堰）以及13个小池，还有92眼水井。除此以外，应该还有开荒种地，即文献所说的"春则出屯四野，以耕以耘；秋则收粮运薪，以战以守"。王坚的这次筑城为赢得"开庆之战"奠定了坚实的基础。

---

[1]《宋史》卷44《理宗纪》，中华书局，2013年，第852页。
[2] 无名氏：《钓鱼城记》，万历《合州志》卷1，明万历七年刻本。文中的"周回一百余步"，学者多认为当为"五百余步"。

4. 张珏修补钓鱼城

景定元年（1260）十一月，宋廷任命中军统制知简州马千权兴元都统兼知合州，取代王坚为钓鱼城主将。景定四年（1263），张珏为兴元府驻扎御前诸军都统兼知合州，代替马千为钓鱼城主将。

张珏字君玉，陇西凤州人。年十八，从军钓鱼山，以战功累官中军统制，人号为"四川虓将"，是在抗击蒙军围攻钓鱼城中成长起来的战将。蒙古大军的多次攻城，对钓鱼城的防御设施必然造成一定破坏，因此，张珏上任后自然要对这些设施进行修葺。历史文献虽然没有张珏修缮城池的直接记载，但南水军码头、南外城遗址和东一字城的第三次修筑有可能是张珏所为。

张珏也加强了对山城驻守将士和避难百姓的管理。史称：

> 魁雄有谋，善用兵，出奇设伏，算无遗策。其治合州，士卒必练，器械必精，御部曲有法，虽奴隶有功必优赏之，有过虽至亲必罚不贷，故人人用命。[1]

经过张珏的整修和治理，无论是防御设施还是内在管理，以及同仇敌忾的士气，都得到了空前加强。

钓鱼城经过数次修筑，城防系统日渐完善，成为宋蒙山城的杰出代表，在宋蒙战争中起到了中流砥柱的作用。

值得注意的是，在完善钓鱼城本身城防系统之时，宋军还强化了钓鱼城的外线防御。咸淳四年（1268），张珏在钓鱼城和定远城之间的沙市筑城。咸淳八年（1272），张珏又在合州纯阳山修筑宜胜山城。咸淳十年（1274），张珏表请在马鬃山、虎头山筑城，时值度宗崩殂，未能如愿。

（二）钓鱼城战事

关于钓鱼城战事，文献记载较详细，学术界也多有探讨，此处仅条列一些重要战事。

1. 宝祐二年（1254）六月，蒙军在川内骚扰，进入合州，王坚战御有功，获朝廷褒奖。
2. 宝祐三年（1255）十一月，蒙军兀良合台部率舟师溯江而上，与沿嘉陵江而下的帖哥火鲁赤、沿渠江而下的带答儿在钓鱼城附近汇合，被王坚击败。
3. 开庆元年（1259）二月，蒙哥汗开始兵围钓鱼城，宋蒙双方激战数月，蒙军攻城不下，大将汪德臣战死。七月，蒙哥汗崩，蒙军撤回。
4. 咸淳元年（1265）二月，张珏与蒙古都元帅按东、千户赵匣剌战于钓鱼城下及南坝。
5. 咸淳五年（1269）四月，蒙军赵匣剌部进攻沙市，正值张珏自宁西军回师，与之战于渠江水砲头，张珏大胜。
6. 咸淳八年（1272）秋，元军合剌攻钓鱼山，张珏与其战于山下嘉渠口和合州旧城北的葛树坪。
7. 咸淳九年（1273）七月，张珏奔袭武胜军和定远城，焚元军装备及给养，后又烧毁元

---

[1]《宋史》卷451《张珏传》，中华书局，2013年，第13281页。

军造船厂，收复马鬃山和虎头山。

8. 德祐元年（1275）正月，元军东川行枢密院率舟师抵钓鱼城下，被张珏击退。

9. 景炎二年（1277）正月，元东川行枢密院围攻钓鱼城。

10. 祥兴二年（1279）正月，钓鱼城弹尽援绝，王立以城降元。

从嘉熙四年（1240）甘闰在钓鱼山筑城到祥兴二年（1279）钓鱼城降元，钓鱼城共坚守39年，从未被攻陷。祥兴元年（1278）宋军山城体系中重庆城、白帝城相继陷落，钓鱼城限于孤立无援境地，为活一城军民，守将王立最终选择降元，结束了钓鱼城御蒙使命。

第二节 遗存

2004年以来，重庆市文物考古研究院先后对一字城墙、西北外城地道、石照县衙遗址、环山城墙、水军码头、范家堰、九口锅、大草房、皇宫等遗址进行了调查、勘探及发掘工作，

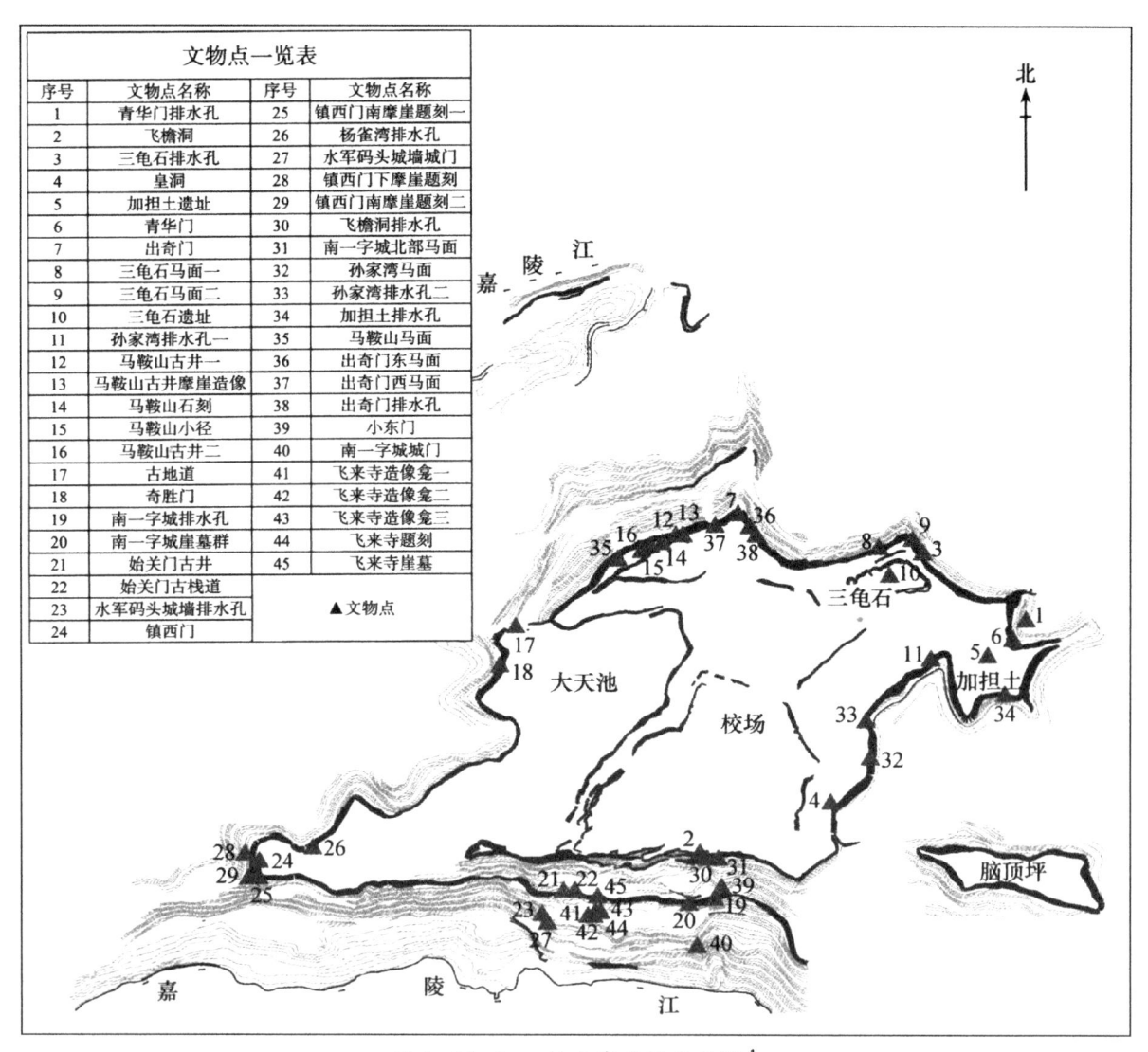

文物点一览表				
序号	文物点名称	序号	文物点名称
1	青华门排水孔	25	镇西门南摩崖题刻一
2	飞檐洞	26	杨雀湾排水孔
3	三龟石排水孔	27	水军码头城墙城门
4	皇洞	28	镇西门下摩崖题刻
5	加担土遗址	29	镇西门南摩崖题刻二
6	青华门	30	飞檐洞排水孔
7	出奇门	31	南一字城北部马面
8	三龟石马面一	32	孙家湾马面
9	三龟石马面二	33	孙家湾排水孔二
10	三龟石遗址	34	加担土排水孔
11	孙家湾排水孔一	35	马鞍山马面
12	马鞍山古井	36	出奇门东马面
13	马鞍山古井摩崖造像	37	出奇门西马面
14	马鞍山石刻	38	出奇门排水孔
15	马鞍山小径	39	小东门
16	马鞍山古井二	40	南一字城城门
17	古地道	41	飞来寺造像龛一
18	奇胜门	42	飞来寺造像龛二
19	南一字城排水孔	43	飞来寺造像龛三
20	南一字城崖墓群	44	飞来寺题刻
21	始关门古井	45	飞来寺崖墓
22	始关门古栈道	▲ 文物点	
23	水军码头城墙排水孔		
24	镇西门		

图 2-10-2　钓鱼城遗址平面图[1]

---

[1] 图片采自重庆市文物考古研究院、钓鱼城古战场遗址博物馆《钓鱼城遗址考古报告集》，科学出版社，2022年，第65页。

基本掌握了钓鱼城遗址的整体布局和保存情况，确定了相关守城遗址、城墙附属建筑等遗存的具体分布和建筑特点。（图 2-10-2）现依照重庆市文物考古研究院披露的相关资料，[1] 结合我们多次实地调查结果，将城防及相关遗存简述如下。[2]

一、军事遗存

钓鱼城的军事防御设施非常详备，由一字城、水军码头、外城、主城构成。

（一）城墙

钓鱼城的城墙由主城环山城墙、南外城城墙、东内城城墙、西北内城城墙和城北一字城墙5大部分组成，总长约7320米[3]。（图 2-10-3）

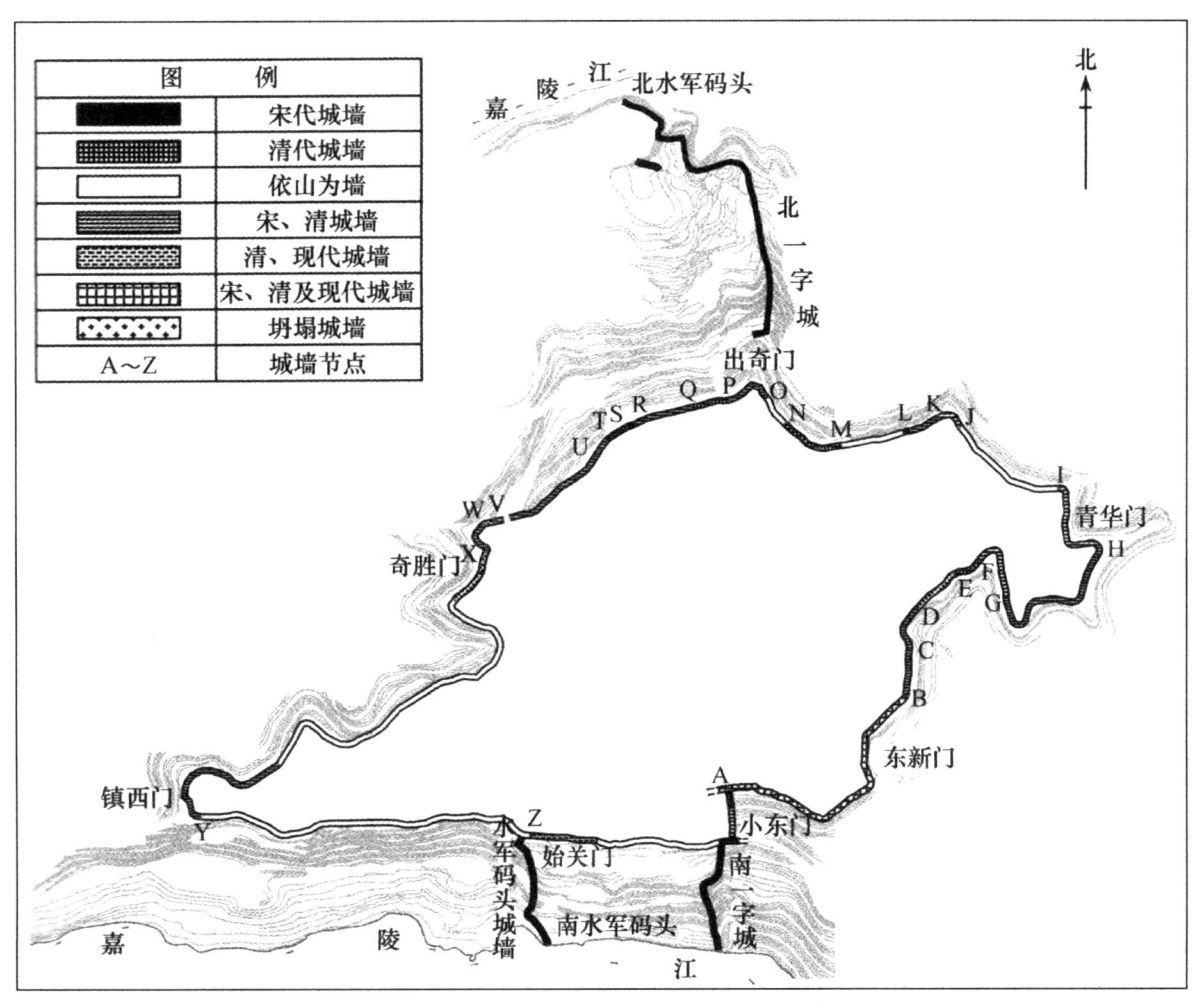

图 2-10-3　钓鱼城城墙年代辨识图[4]

---

1 钓鱼城考古材料集中见于重庆市文物考古研究院、钓鱼城古战场遗址博物馆《钓鱼城遗址考古报告集》（科学出版社，2022年），袁东山、王胜利、胡立敏《钓鱼城遗址考古发现与初步研究》（包伟民、孙华主编《2015年钓鱼城国际学术会议论文集》，重庆出版社，2016年，第275—304页）两著作，《考古重庆》各辑、"重庆考古"公众号、报刊等也有部分介绍。
2 钓鱼城的非宋蒙战争相关遗存可参见蒋晓春、蔡东洲、罗洪彬等《南宋末川渝陕军事设施的调查研究》第四章《钓鱼城地面文物》，重庆出版社，2020年，第124—254页。
3 重庆市文物考古所、重庆文化遗产保护中心：《重庆文物考古十年》，重庆出版社，2010年，第115页。
4 图片采自重庆市文物考古研究院、钓鱼城古战场遗址博物馆《钓鱼城遗址考古报告集》，科学出版社，2022年，第61页。

1. 主城环山城墙

现存环山城墙沿钓鱼山顶部外缘，连接镇西门、护国门、东新门、青华门、出奇门、奇胜门一周，皆凭借陡峭的山崖构筑而成，全长约5810米。除去镇西门至薄刀岭一段以高度在30米以上的悬崖为天然屏障之外，有近5000米的城墙系以大石垒砌而成。

主城环山城墙包括宋代、清代和现代三个时代的遗物。其中宋代城墙主要见于镇西门一带、奇胜门到出奇门段、小东门到青华门段，出奇门到青华门段也有零星分布。宋代城墙大多位于城墙下部，上部为清代和现代城墙。

20世纪80年代对环山城墙进行了大规模修复，修建了女墙和垛口，同时在城墙顶部铺砌了宽3米左右的跑马道。

2. 南外城城墙

南外城即南一字城，现存东、西一字城墙。东一字城墙起筑于城南飞檐洞以东的峭壁之下，止于嘉陵江边，全长约400米。现存城墙平均高度5米，基宽14.3米，内外墙壁皆用条石砌筑，中部填土以黏土夹杂石块夯筑而成。发掘结果表明，东城墙在宋代有三次修筑迹象。西一字城墙距东一字城墙约500米，起筑于薄刀岭南侧峭壁之下，顺山势由北向南，向下延伸与嘉陵江边的水军码头相接，全长约380米。（图2-10-4）在山势陡直的山脊部分，城墙直接单面包砌于山脊外侧，山势较缓的部分则两面砌筑。外墙基本以大型条石筑砌，墙面修凿平整，斜直墙壁。内墙以杂乱石块垒砌，层层叠涩呈阶梯状。[1] 两道城墙中部都有一道城门，城门名失载，现分别称为南一字城东、西城门。西城墙南端以东为水军码头。西城墙上段包边石上发现20个柱洞，[2] 东城墙中段发现7个柱洞，有方形和圆形两种，以圆形为主，应为栽植狗脚木的柱洞。[3]

图2-10-4 南一字城西城墙

3. 东内城城墙

现存墙垣在东新门西侧坡地上，起筑于宋街以南跑马道与城南城墙跑马道连接处，顺山势沿东北向延伸至皇宫遗址南侧坡地上。全长约2000米，宽5.3米，墙体高度在0.4—4.2米之间。

---

[1] 重庆市文物考古所、重庆文化遗产保护中心：《重庆文物考古十年》，重庆出版社，2010年，第115—125页。
[2] 重庆市文化遗产研究院、重庆文化遗产保护中心：《考古重庆》（2012），内部资料，第52—53页。
[3] 蔡亚林：《重庆合川钓鱼城城防设施的考古学观察》，《四川文物》2018年第5期。

4. 西北内城城墙

现存南宋城墙遗址 2 段，一处在皇井台以西的阅武场北侧，另一处在城西大天池去西市民居游览步道中段的北侧路边。两段城墙分别长约 30 米、40 米，宽约 4.3 米，墙体高度在 0.5—3.5 米之间。

5. 城北一字城墙

此一字城墙位于钓鱼山北麓，自出奇门顺山脊而下，绕经大龙潭，穿越小龙潭溪沟后止于嘉陵江边，与北水军码头相接，顺地势屈曲，全长约 850 米。保存状况欠佳，现呈断续分布状。从石材和构筑方式看，与南一字城同时，均属宋代城防设施。与南一字城不同的是，北一字城仅一道城墙，不像南一字城由两道城墙与崖壁和嘉陵江合围成外城形态。

(二) 城门

据明代文献记载，钓鱼城原有 8 座城门，分别为护国门、青华门、镇西门、东新门、出奇门、奇胜门、小东门、始关门。[1] 在南一字城的发掘中，新发现了南一字城东西两座城门。文献记载的 8 座城门，除始关门和小东门为清代异地重建之外，其余各座城门是清代在宋代基础上重建。护国门规模最大，为三券洞一过道的四段式结构，其余城门规模稍小，形制均为两券洞一过道的三段式结构。下面选择具有代表性的城门予以简介。

1. 护国门

护国门位于山顶环城南部，右倚峭壁，左临悬崖，气势壮观。内外双券拱，城门高 3.24 米，宽 2.45 米，通进深 6.42 米。门洞在距地面 2.1 米处开始起券，券石 13 块，前门洞外上题额行书"全蜀关键"[2]四字。顶部城台上复建为重檐歇山式门楼。城门外右侧崖壁上有多个方形或圆形小孔，系用于架设斜撑式木栈道。在护国门平顶门道南壁和后门洞东侧，保留有少量南宋城墙石和石阶。

2. 出奇门

城门前亦为悬崖峭壁，城门内有上山小路通往城中。城门内外接"八"字形城墙，用长条石砌筑，条石錾痕为竖条纹。出奇门为内外双拱券中间平顶的三段式门道，门洞高 2.9 米，宽 1.85 米，进深约 4.4 米，距地面 1.81 米处开始起券，起券用楔形条石 13 块，一券一伏。门洞前端有石门槛，门槛后有长方形门枢槽，东侧门枢槽边凿有排水孔。在距外门洞内侧过道之左右壁上，由上至下排列有 3 个门杠孔，间隔约 70 厘米。孔径 11—12 厘米，深约 15 厘米。

3. 镇西门

位于钓鱼城西南部，凭险而筑，上部坡地已开垦为农田，城门内有上山小路通往薄刀岭。门外接有外"八"字形城墙，用长条石砌筑，錾痕为竖条纹。镇西门为内外双拱券形制，中间隔有平顶门道，过道前有石质门槛。门洞高 3.1 米，宽 1.81 米，进深 4.71 米，距地面 2.06 米处开始起券，一券一伏，起券用楔形条石 13 块。门槛后左右两侧过道壁上各有 1 个门栓洞。

---

[1] 无名氏：《钓鱼城记》，万历《合州志》卷 1，明万历七年刻本。
[2] 一度刻的"巴渝保障"四字，下有"咸丰四年"落款。见西南师范学院历史系主编《钓鱼城史实考察》，四川人民出版社，1980 年再版，第 75 页。

4. 南一字城东西城门

两道城门形制相近，均由门道、八字挡墙构成，门道底部有排水暗沟，八字挡墙内石阶上开凿了横向沟槽用于排水。（图2-10-5）西城门门道宽3.5—4.2米，长4.5米，两侧地栿石上现存柱洞两排各10个。柱洞近方形，边长9—10厘米，间距35—40厘米。阶梯道路宽3.8—5.2米，长约11.5米。阶梯式道路上有斜向排水凹槽，通过八字挡墙下排水沟汇至门道下并排出城外。[1] 这两座城门是钓鱼城首次发现的宋代城门，填补了钓鱼城遗址宋代城门实物的空白。从门道两侧密集分布的柱洞看，这两座城门为抬梁式城门。

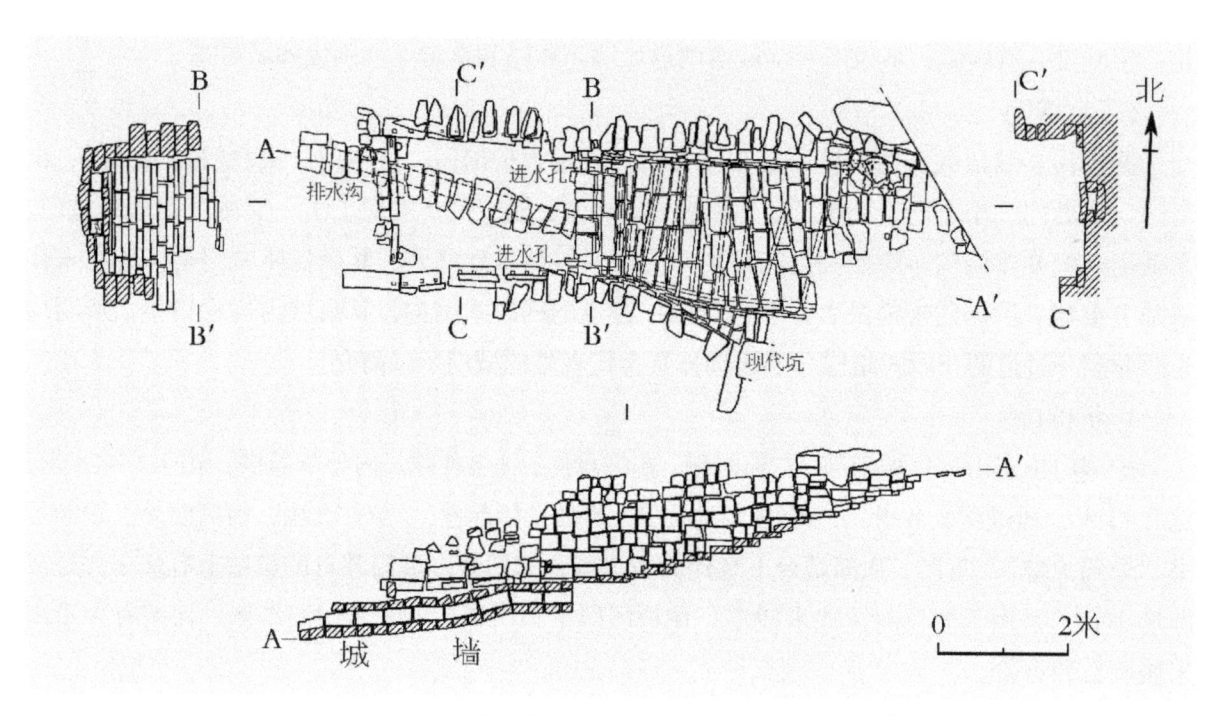

图2-10-5　钓鱼城南一字城西城门平、剖面图 [2]

（三）水军码头

钓鱼城有南、北两处水军码头，南水军码头已经考古发掘揭露。该码头实际为两处，分别位于南一字城东西两道城墙的前端，以南外城东、西一字城墙为屏障。南北最宽处约70米，北以一道平均高20米的自然山崖为退守防线。整座码头由港湾泊船码头和平台式江防阵地两大部分构成，以位于西侧的江防阵地为主体建筑，系利用嘉陵江岸边坡地，进行人工平整后添加黏土碎石逐层夯筑，再于外部砌筑护坡条石挡墙加固而成。码头内有平台、礌石堆、石臼、炮台、柱洞、道路等复杂遗迹现象。发掘者认为，码头与一字城墙一样，在初次修成后经历了两次较大规模的修复和扩建，其中第二次扩建工程较大。（图2-10-6）

---

[1] 蔡亚林：《重庆合川钓鱼城城防设施的考古学观察》，《四川文物》2018年第5期。
[2] 图片采自蔡亚林《重庆合川钓鱼城城防设施的考古学观察》，《四川文物》2018年第5期。

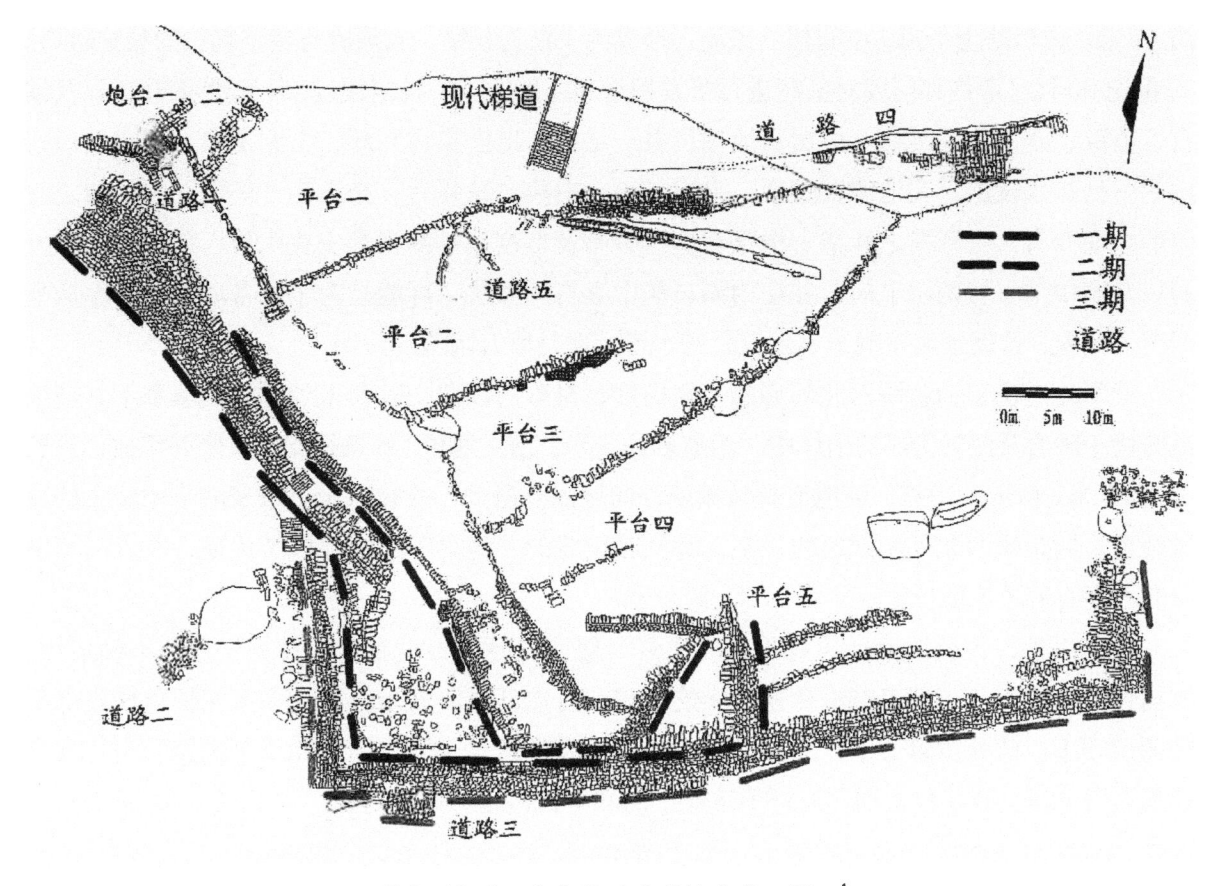

图 2-10-6　南水军码头遗址总平面图 [1]

（四）九口锅

九口锅遗址位于钓鱼山顶西部、山顶环城中部。遗址三面峭壁，一面连山，东邻护国寺，北与牛项颈相接，西邻三圣岩，南邻千佛岩、卧佛岩、钓鱼台、护国门等人文景观。由于遗址上遍布的"锅"状凹坑被认为是制作火药的设施，长期被各界视为兵工作坊遗址，以"中国现存最早的兵工厂遗址"驰名。

2011年重庆市文化遗产研究院对九口锅遗址进行了发掘，发掘面积2300平方米，发现唐代建筑遗址1处，另有由5座房址组成的宋代建筑群1处。发掘者认为，九口锅遗址在宋蒙战争期间应该是内城一处军事指挥所。

（五）暗道

钓鱼城的暗道有宋军暗道和蒙军暗道两种，宋军暗道目前发现了飞檐洞和皇洞两处，蒙军暗道见于西北外城。

飞檐洞暗道位于钓鱼城南、护国门以东100余米处的城墙墙基下。飞檐洞上接跑马道，下临城墙外悬崖。洞身属山顶岩石上一处天然裂缝，因其上筑城墙，故而形成巨石夹峙，进深10余米，最窄处宽约50厘米，仅容单人通过的暗道。

皇洞位于钓鱼城东新门城楼以东66米处的城墙墙基下。皇洞用条石砌筑而成，内通城中，外口前即为悬崖。外口呈涵洞状，券顶，起券楔形条石共7块，洞口宽约1米，高1.3米，深

---
[1] 图片采自重庆市文物考古所、重庆文化遗产保护中心《重庆文物考古十年》，重庆出版社，2010年，第120页。

约17米。内口处为平顶，中间树立条石，形成两个极为狭窄、人须侧身擦壁爬行的狭窄隘口。20世纪90代，考古部门曾对皇洞进行了发掘清理，出土了一批宋代钱币、瓷器碎片，以及礌石、箭镞、残铁块等实物。根据其地理位置、结构、出土实物判断，皇洞是兼有暗道出口作用的一处排水设施。实地调查发现，皇洞外口、中段券顶各有一排人为开凿的孔洞，与之对应的地面亦有人工开凿之孔槽。根据孔槽之分布及形制，推测当为安置木质卡门所凿。于外洞口及洞中部安置两层卡门，并在内洞口居中立石的做法，可能是为了防备城外之蒙军从皇洞突入城内，这就证明皇洞绝不仅仅是排水道，而是兼有暗道的作用。

蒙军地道位于钓鱼城西北外城的马鞍山麓、奇胜门以北150余米处的城墙墙基下。该地道开凿于砂岩及泥岩构成的山体中，距地表约5米，由主通道、6条短支道及竖井组成，总长度约35米。（图2-10-7）该地道是从城墙外向城内开凿的，故被认定为宋蒙战争中蒙古的攻城地道。钓鱼城西北外城地道的发现，为文献记载的"地突"战术提供了佐证，在古代军事研究方面有着较重要价值。

除此以外，钓鱼城遗址还有校场、军营等遗址，但因为没有考古发掘，存在不确定性。校场位于插旗山前，现仅点将台遗址尚能辨识，目前已复原展示。军营坐落在钓鱼城中部平缓的山顶上。此处位置适中，道路四通八达，一有军情，无论东西南北皆可迅速出击。现有建筑系20世纪80年代末期在原址上重建，内部为钓鱼城历史陈列。

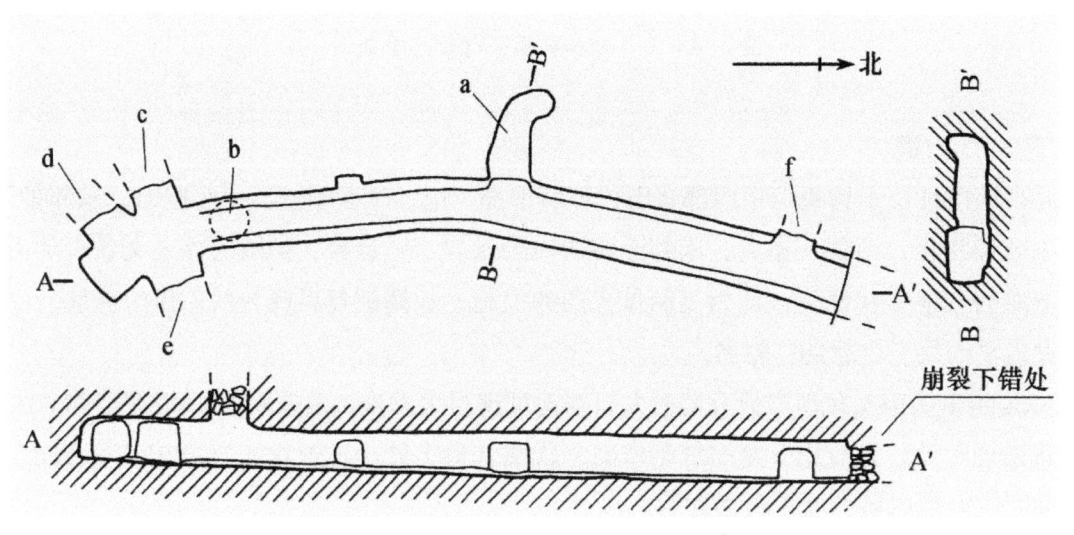

图2-10-7 西北外城地道平剖图[1]

二、行政设施

行政设施目前只发现有衙署遗址，可能有四处：一是石照县县衙遗址，二是范家堰遗址，三是武道衙门遗址，四是"皇宫"遗址。

（一）石照县衙

石照县是淳祐三年（1243）迁入钓鱼城的，其遗址据传位于山顶朝天堰西侧原名风火墙

---

[1] 图片采自重庆市文物考古研究院、钓鱼城古战场遗址博物馆《钓鱼城遗址考古报告集》，科学出版社，2022年，第87页。

的坡地上，现存建筑为近现代民居。2006年开展了小范围试掘，发现了宋元之际的建筑，但不能确认是否为石照县衙，无法明确建筑范围和格局。[1] 2009年按衙署规制复建，建筑坐北朝南，占地1500平方米，中轴线布局，依次为照壁、大门、大堂、二堂、后院。

（二）范家堰

遗址位于钓鱼城西部的第二级阶地之上，背靠薄刀岭，下临水洞门段城墙。总面积15000—20000平方米，核心区面积达8000多平方米。发掘者认为，衙署区分为公廨区和园林区两大部分。公廨区以高大厚重的夯土包石墙围合，内部以府门—中院—设厅—后堂为中轴线，两侧为规模略小的相关附属建筑。园林区以大水池为中心，西北端有门屋，北部、东部为若干组大型房屋建筑。遗址有完善的排水设施。后院有一个券顶门的石质地下室，可能是当时的府库。[2]

发掘者认为范家堰为合州衙署遗址。

（三）飞舄楼

位于护国寺后左侧，是钓鱼城的最高点，海拔约319米。忠义祠内现存"飞舄楼"碑，碑阳篆书"飞舄楼"三字，落款"乾道辛卯冬邑令普慈杜定建""资州郡臣开封李如晦书"。可见，飞舄楼为南宋乾道七年（1171）合州石照县令杜定创修，因地处高峻，造型美观，建成后成为合州的著名景点。后来又有"武道衙门""将军楼""帅府"等称呼。[3]

（四）"皇宫"

"皇宫"遗址位于中岩台地的东北侧。地形分为4级台地，海拔分别为365米、372米、375米，方向150°。遗址所在地现为耕地和农舍，出露部分残垣。水阁凉亭遗址位于古军营去往所谓皇宫遗址的小路边上。

此外，水阁凉亭与行政设施也有一定关系。遗址位于一个石头垒砌的塘堰内，塘中伫立3根石柱。以石柱立于水中，建凉亭于水面。水阁凉亭传说是钓鱼城军民为迎接皇帝前来而筑。

三、生活遗存

生活类遗存包括民居、塘堰、水井、粮食加工场、道路等。

（一）民居

钓鱼城面积广大，容纳军民较多，民居应该不少。2019年以来在范家堰遗址一侧的大草房一带发现了较大型的房屋建筑，可能是民居。此外，范家堰遗址在成为衙署之前可能是士大夫的宅院。

---

[1] 重庆市文物考古研究院：《石照县衙遗址试掘简报》，重庆市文物考古研究院、钓鱼城古战场遗址博物馆：《钓鱼城遗址考古报告集》，科学出版社，2022年，第91—95页。
[2] 重庆市文物考古研究院：《范家堰遗址发掘简报》，重庆市文物考古研究院、钓鱼城古战场遗址博物馆：《钓鱼城遗址考古报告集》，科学出版社，2022年，第249—321页。
[3] 郑敬东等《13世纪全球视野下的中国钓鱼城》一书写道："钓鱼城筑成之初，二冉即以飞舄楼为合州州署的标志建筑，在南侧修建了房舍，迁合州州署于其中。……余玠调重兵驻守钓鱼城，将城中最高处的飞舄楼即为驻军的指挥部——兴戎司帅府。后来，利州东路安抚使又徙治钓鱼城，增设安抚司于此楼。……飞舄楼即被'武道衙门''将军府''帅府'之称所替代。"见郑敬东等《13世纪全球视野下的中国钓鱼城》，高等教育出版社，2017年，第250页。

三龟石遗址中心为三龟石平坦高地，南至三龟石台地边缘，东、西、北至城墙边缘，周围为坡地，地表发现有少量宋代黑釉、青白瓷片及明清青花瓷片。该遗址上发现有多处建筑遗迹，其中有两个区域比较集中：一是在三龟石高地。留有人工凿刻的圆形柱洞30多个，排列有序，整体布局近圆角梯形。西边巨石上还发现有直径约3米的碾盘。二是在遗址北部悬崖边缘。城墙处发现条形石质建筑墙基，坐南朝北，宽20—40厘米，长6.85米，一直抵至城墙与其相接，其东西两侧各有一处马面。[1]此处遗址是由宋代钓鱼城建筑、生活所形成的堆积，历明清一直使用到今。这些建筑遗迹可能属于民居，当然也可能属于戍守士兵的营房。

（二）水利设施

钓鱼城的水利设施包括塘堰、水井和排水道。

据明万历《合州志》卷一所载的无名氏《钓鱼城记》云："西门之内，因沟为池，周围一百余步，名曰天池。泉水汪洋，旱亦不涸，池中鱼鳖可棹舟举网。"[2]可见当时的天池颇具规模。《钓鱼城记》又载，张珏"命城中取鱼二尾，重三十斤，蒸面饼数百"，送到蒙军中，说："尔北兵可烹鲜食饼。再守十年，亦不可得也。"[3]一般认为这一记载中的"取鱼"之地即此大天池。无名氏《钓鱼城记》又载，"又开小池十有三所，井九十二眼，泉水春夏秋冬足备不干"[4]，满足了城中军民的生活需求。

据实地调查，今天的钓鱼城仍存在14处塘堰，与《钓鱼城记》所记大体相符。大天池俗称范家堰，位于钓鱼城西侧，海拔约289米，解放后进行了扩建，现面积30余亩，是钓鱼城内最大的塘堰。

钓鱼城内现存皇井、龙眼井、军营宋井、石塘口古井、大天池古井、路口古井、凉亭古井、始关门古井、马鞍山方井、马鞍山古井等10眼。这些宋井的井口直径在0.5—1米之间，主要特征是井圈呈多边形，以0.3—0.4米厚的条石叠砌，上下层对角叠砌之间，形成等距而对称的攀、踏空间，既显得形式美观大方，又为上下淘井提供了方便。[5]

钓鱼城排水设施有较大型的排水道和小型的排水孔两类。排水道见于水洞门和皇洞。水洞门位于城西出奇门左侧200余米处的山崖上。因其形状、大小类似城门，被俗称为水洞门。门洞身高6.6米，宽3.6米，进深4米。洞身右壁是经人工稍加打凿的自然断岩，左壁为长1.3米、宽0.5米、高0.6米的条石砌成的石墙，起券高度为3.88米。在洞顶上架有与两侧城墙跑马道相连的石拱桥一座。拱桥内侧面拱券中心位置，雕刻有一个龙头，与之相对应的拱桥外侧，则为龙尾。水洞门底部还有一排石穴，可能是防备敌军偷袭的设施。水洞门与大天池之间，有宽4.3米、平均深约3.6米的石砌排水道相连。大天池的水可经排水道，由水洞门排至城墙之外。

小型排水孔见于各处城墙之上，多为小型方孔，一孔或多孔并排，以排除城墙内部积水，

---

[1] 郑敬东等：《13世纪全球视野下的中国钓鱼城》，高等教育出版社，2017年，第257—258页。
[2] 无名氏：《钓鱼城记》，万历《合州志》卷1，明万历七年刻本。
[3] 无名氏：《钓鱼城记》，万历《合州志》卷1，明万历七年刻本。
[4] 无名氏：《钓鱼城记》，万历《合州志》卷1，明万历七年刻本。
[5] 水井的具体数据可参见郑敬东等《13世纪全球视野下的中国钓鱼城》，高等教育出版社，2017年，第259—260页。

防止城墙饱水胀裂。

(三) 粮食加工场

钓鱼城遗址发现多处粮食加工场遗迹,不过这些遗迹(如范家堰、钓鱼台北侧、月亮石等地的碾槽)时代难以判定,不排除晚至清代的可能。钓鱼台上有两处并排的粮食加工场遗迹:前为圆形凹坑,后有三道呈"品"字形的长方形石穴,这是用于架设捣去谷物皮壳的踏碓(也叫舂碓)遗迹。踏碓起源甚早,汉墓中曾多次出土其模型,元明时期《农书》《农政全书》所绘图形与钓鱼城的踏碓遗迹相似。(图2-10-8)钓鱼台一带石坝宽大,适宜晾晒谷物,方便就近加工。两碓并列,说明加工量不小。

图2-10-8 钓鱼城钓鱼台上的粮食加工遗迹与王祯《农书》中的踏碓

钓鱼城内外各类遗迹众多,还包括护国寺、忠义祠、飞来寺等寺庙祠观,以及摩崖题刻、摩崖造像、单体石碑等。这些遗存与本课题关系不大,不赘述。

第三节 初步认识

一、城墙形制及时代

钓鱼城是所有宋蒙山城遗址中考古工作最持久、最深入的,发掘出来的遗存能够更直观、更准确地为学界提供第一手研究资料,为诸多学术难题提供可能的解决途径。

目前关于钓鱼城各个城门、各段城墙的大体时代已经基本厘清,无须多述,这里仅就城墙的时代特征加以讨论,可以作为今后调查工作的借鉴。我们已经了解到,钓鱼城现存的城墙主要为宋代城墙和清代城墙,石材均取自当地所产的方山砂岩,但在石材加工和砌筑方式上差别明显。

第一,宋代筑墙条石多为一端大一端小的楔形,内侧多有錾槽用于砌筑时咬合,大端端头为斜面,四角磨圆,錾痕多为斜线或人字纹。清代城墙石大多规整的条石,无錾槽,端头平直,四角尖锐,錾痕多为竖线纹。

---

1 (元) 王祯:《农书》卷16《农器图谱九》,中华书局,1956年,第278页。

第二，宋代城墙一般丁砌，砌筑时略微粗放，层缝往往起伏不平，对缝也不整齐，灰缝不太明显。因城墙石里端小，墙体收分明显，倾斜度在22—28°之间。清代条石外立面大体垂直，墙体陡直无收分，灰缝明显。

二、城防系统特点

钓鱼城作为宋军山城体系的军事中枢，其城防系统之完备是其他各城难以媲美的。总结起来，有以下几个方面的特点。

第一，充分利用山形水势。钓鱼城修筑于渠江、涪江、嘉陵江三江怀抱的东城半岛上，大而平坦的半岛内侧有一座四面陡绝的孤山。三面江河和东部的千担沟形成钓鱼城的第一道自然防线。险峻的山体被用来修建主城，山体与河流之间创造性地利用一字城进行连接。城内高地辟为军事据点，便于瞭望八方，低地则掘为水池，平地多为良田和住宅，城门、暗道的修建多在险要之处。钓鱼城防御系统是山地设防与江岸设防的有机结合，堪称人工与自然的完美结合。

第二，防线设置层次分明。钓鱼城内城墙筑于山顶，外城墙筑于山腰，山腰以下又有南北一字城和嘉陵江形成城外第一防线。周围山头，也被用于筑寨驻兵，以成互相策应之势。很明显，这种防御设置高低错落、梯次分明，使得攻城的难度加大。

第三，各类城防设施有机结合。防御设施包括一字城、城墙、城门、角台、炮台、暗道等，各类设施既继承了中国传统城池修筑经验，又结合敌人特点，并与地形有机结合，形成了独特而牢固的城防系统。其中南北一字城为我国最早的两处一字城材料之一（另一处在神臂城），是对雁翅城的改进。

第四，功能分区合理有效。为了长期备守，钓鱼城内设施按军事、行政和住宅区的功能进行了大致划分，但各功能之间并非截然分开，而是相互穿插，互相结合。根据现在的考古情况看，大体而言，护国寺后高地是整个钓鱼城的核心，分布有州衙、县衙，指挥中心置于城的西北高地，军营建在中部，戍守士兵则分散于城墙沿线的角台、炮台等地，指挥部与军营均与衙署较近，便于总体指挥和调配兵员。城内平地多为文教、商业及居民区，现在可以确定的居民区在皇城东南面、西面大天池附近等。这种布局有利于协调统一，提高守卫效率。

第五，后勤保障系统完备。钓鱼城不仅有牢固的军事城防系统，也有完备的后勤保障系统，包括文教、宗教、市场、游憩等方面的设施，保证了战时钓鱼城军民丰富的日常生活。山顶及周边的大量耕地、水源为城池的坚守提供了充足的物资保障。特别难能可贵的是，钓鱼城及周边还有大量同仇敌忾的人力资源可供调用。

综上，钓鱼城军民以其军事智慧构建了宋蒙山城中首屈一指的、牢固的城防系统，将"地利"因素发挥到了极致，从而使钓鱼城坐拥天时、地利、人和三大法宝。

第十一章 重庆城

第一节 史地概况

重庆城位于四川盆地东部，长江与嘉陵江交汇处。上扼川江众水所会，下控瞿塘出蜀之门，地理位置十分重要。城北、东、南三面环江，西靠枇杷山和佛图关。南北均为陡崖，自然天险，有"天生的重庆"[1]之誉。城内地势西高东低，有山脊纵贯东西，因此中部高两侧低，最高处为金碧山，海拔约300米，城外江边海拔约160米，江边多为陡崖，崖高10米以上。四川制置司与府治均位于金碧山靠长江一侧，有居高临下之势。城内平缓之处和城外河漫滩可种粮食。宋蒙战争期间，四川战场的宋军指挥中枢——四川制置司曾长设于此，因此，重庆城一直作为四川战区的中枢指挥机关和精神支柱存在。宋蒙战争末期，四川战区几乎已全线崩溃之时，重庆仍与钓鱼城、白帝城一道互相支持，苦苦坚守。

一、重庆城的修建

重庆筑城历史可追溯至先秦时期。当时重庆城名江州，曾为巴国国都。巴国灭亡后，秦设巴郡，郡治江州，张仪在此筑城。汉承秦制，仍设巴郡于此。蜀汉时期，都护李严筑大城，周回十六里，开苍龙门和白虎门二门，从名字看，应分别为东、西门。李严甚至欲穿城后山，将嘉陵江与长江沟通，使江州成为一个四面环水的孤岛，这个大胆的计划为丞相诸葛亮阻止未能实施。[2] 此后，重庆城曾一度迁至江北嘴，后又回迁渝中半岛。两晋南北朝以来，江州又有楚州、渝州之名，北宋徽宗崇宁元年（1102），渝州改名恭州。南宋孝宗淳熙十六年（1189），因恭州为光宗赵惇潜藩之地，依照惯例升格为府，恭州更名为重庆府，是为重庆得名之始。南宋理宗端平三年（1236）九月，蒙军长驱入蜀。南宋嘉熙三年（1239）蒙古将塔海攻重庆。当时镇守重庆的是四川制置副使兼知重庆府彭大雅。彭氏曾于绍定五年（1232）出使蒙古，对蒙古的社会生活习俗、军事特点和实力颇有了解，著有《黑鞑事略》一书传世，是宋廷中少有的真正了解蒙军的官员。重庆城在蒙古攻掠后，城防设施更加残破不堪，彭大雅力主修筑牢固城池，但其下属认为修筑山城费时费工，难度太大。彭大雅力排众议，说："不把钱做钱看，不把人做人看，无不可筑之理。"并亲自"披荆棘，冒矢石"，终将重庆城修筑成功。城防完工后，僚属请立碑记之，彭大雅却认为不必，只在重庆四门立石上刻"某年某月，彭大雅筑此城，为西蜀根本"[3]。关于四门的名称，文献比较清楚，提及的有千厮门（东）、熏风门

---

[1]（清）顾祖禹《读史方舆纪要》卷26《南直八·庐州府》："合肥旧称险固，古语谓：'天生重庆，铁打庐州。'言其难犯也。"中华书局，2005年，第1272页。
[2]（晋）常璩著，任乃强校注：《华阳国志》卷1《巴志》，上海古籍出版社，1987年，第28页。
[3]（明）陆楫：《古今说海》卷139《三朝野史说略十一》，文渊阁四库全书本。

（南）、镇西门（西）和洪崖门（北）。这是李严之后又一次大规模筑城行动，奠定了重庆城日后的基本范围和格局。彭大雅筑城之后，蜀地流离者多入重庆避乱，显示了彭大雅的远见卓识和魄力，也为重庆日后的坚守提供了基础。

淳祐三年（1243）春，新任四川制置使余玠抵达重庆，因西川残破，四川制置司遂改设于此，重庆城的政治地位第一次超越了成都，成为四川军政中心。余玠在彭大雅奠定的城池基础上进一步加强重庆城防，但余玠筑城的具体情况史载不详。因为距离彭大雅筑城仅短短二三年，故大规模改筑的可能性不大，所建工程应多为公廨建筑。目前可确知的建设内容是制置司衙署、招贤馆、仓廒等设施。重庆太平门附近老鼓楼遗址出土的"淳祐乙巳（1245）东窑城砖""淳祐乙巳西窑城砖"实物就是余玠在任期间增修官署的见证。

前文已述及，彭大雅所筑重庆城有四门：东千厮门、南薰风门、西镇西门和北洪崖门，但《元史》记，至元十五年（1278，宋祥兴元年）："石抹不老攻重庆太平门。"[1] 说明宋蒙战争后期的重庆除上述四门外，还有太平门。由于文献记载彭大雅所筑城门为四门，各门名字清楚，故太平门应该是余玠守蜀期间或之后新筑。

明洪武六年（1408），重庆卫指挥使戴鼎依宋末旧址筑城。明正德《四川志》载："洪武初指挥戴鼎重修，高一丈八尺，周围二千一百三十六丈。"[2] 后代的方志所记城墙高度和长度有所不同，高度多记为"十丈"，长度则有2218丈和2666丈两种。[3] 清康熙二年（1663），四川总督李国英下令补筑城墙，修补长度达6千米。之后，官府对重庆城城墙还进行了多次修建维护。现在人们通常所谓的重庆城，指的就是明代时期戴鼎主持扩建、清代李国英主持修补的拥有17道城门的城池。

由于宋代重庆城位于繁华的渝中区，无法进行大规模的考古勘探和发掘工作，所以具体范围不很清楚。根据文献记载，明城是"因旧址"而筑，故范围大体相当，清代又延续了明城，故宋、明、清三个时期所筑之城范围并无太大变化。蓝勇和彭学斌认为，李严城周约6640米，面积3.5平方千米；彭大雅城约7000米，面积4平方千米；明清重庆城约8000多米，面积5平方千米。[4] 2012年重庆市渝中区文物保护管理所对重庆城现存城墙城门进行了专项调查，认定重庆母城（即明清时期重庆城）城现存城墙17段，长约2500米，并认为复原周长约8800米。[5] 2015年，重庆市文化遗产研究院和渝中区文管所复查后确认现存城墙主要有16段，长4360米，并通过精确测量确定明清重庆城围合面积近2.4平方千米，[6] 比传统看法要小一些。由于明代补修时将宋代城垣包裹在内，部分地段还向外有所扩大，所以宋代城垣面积应当比明代略

---

[1]《元史》卷154《石抹按只传》，中华书局，2013年，第3642页。
[2]（明）正德《四川总志》卷13《重庆府》，明正德十三年刻本。
[3] 蓝勇、彭学斌《古代重庆主城城址位置、范围、城门变迁考——兼论考古学材料在历史城市地理研究中的运用方式》，《中国历史地理论丛》2016年第2期。
[4] 蓝勇、彭学斌：《古代重庆主城城址位置、范围、城门变迁考——兼论考古学材料在历史城市地理研究中的运用方式》，《中国历史地理论丛》2016年第2期。
[5] 徐晓渝：《重庆母城"九开八闭"城门、城墙研究》，《长江文明》第21辑，重庆出版社，2016年。
[6] 重庆市文化遗产研究院、重庆市渝中区文物管理所：《重庆城古城垣遗址调查简报》，《江汉考古》2020年"重庆古代城址考古"专辑。

小，估计在2.2—2.4平方千米之间。

二、重庆城战事

宋蒙战争期间重庆城战事文献记载比较清楚，学术界也有梳理，此处条列主要战事如下：

1. 嘉熙三年（1239），蒙古都元帅塔海率兵入蜀，大将按竺迩攻重庆，彭大雅等与之对峙，蒙军攻城不下。

2. 宝祐三年（1255），蒙军兀良合台、特哥火鲁赤、带答儿三路大军屯兵重庆附近。次年春带答儿病亡，蒙军一支遂失主帅，重庆帐下诸军趁机出击，蒙军败走。[1]

3. 宝祐六年（1258），蒙军大举攻蜀，一路势如破竹，屯兵于钓鱼城下。宋廷任命吕文德为四川制置副使兼知重庆府，入蜀救援。吕文德在重庆一带江面多次与蒙军遭遇，最终未能抵达钓鱼城，退守重庆。

4. 景定四年（1263），汪良臣攻重庆，朱禩孙御敌，汪良臣断其归路，引兵横击，将宋军截断为二，宋军败走，入城不及者悉为蒙军所杀。

5. 至元四年（咸淳三年，1267），忽必烈招降重庆，不成，抄掠城郊而去。

6. 至元七年（咸淳六年，1270），蒙军攻重庆，杨文安从之，与宋军战于龙坎，宋军败绩。

7. 至元十二年（1275）初，忽必烈诏谕重庆府及所属州郡城寨投降。5月张珏为四川制置副使兼知重庆府。秋，元军东、西川行院大军数万围攻重庆。但一直到次年春，无法攻克重庆，元军士气低落，无奈撤围。

8. 至元十五年（1278）初，元东西川行院主将不花再次合围重庆，张珏坚守不降。后都统赵安等开镇西门降，张珏巷战不支，遁走，重庆最终失守。张珏被俘后解弓弦自缢死。

从嘉熙三年（1239）蒙军首次进攻重庆至至元十五年（1278），重庆城坚持抗蒙（元）39年，其间蒙（元）军队虽然多次进攻重庆，但均未攻陷，显示了其作为四川制置司治所的重要地位和守城军民的骨气。

重庆府原为僻远之地，地位低微。宋蒙战争打响后，川北门户洞开，川西沦陷，重庆战略地位陡增。四川制置司作为整个宋蒙战争四川战场的指挥中枢，策划了大量的防御和反攻战事，同时也多次组织军事力量增援钓鱼城等周边城寨。彭大雅自认重庆筑城之举为"西蜀根本"，胡三省、顾祖禹等均认为彭大雅筑制府于渝，支撑四川战局近40年，确为西蜀之根本，评价虽高却十分中肯。

第二节 遗存

重庆城的宋蒙战争相关遗存包括城墙、城门、衙署等。重庆城城垣遗址的调查和朝天门、老鼓楼、太平门处遗址的考古发现，基本明确了宋代重庆城的分布范围、城墙砌筑方法、衙

---

[1]（宋）李曾伯：《可斋续稿》后卷3《回宣谕并问救蜀楮缴密奏》，《宋集珍本丛刊》第84册，线装书局，2004年，第564页。

署具体位置以及与明清城垣的关系等，大大丰富了人们对宋代重庆城的认识。[1]

一、城墙

目前重庆的宋代城墙只见于朝天门、东水门、太平门、人和门、通远门等少数地点，其中朝天门城墙、太平门经过了科学发掘。（图 2-11-1）

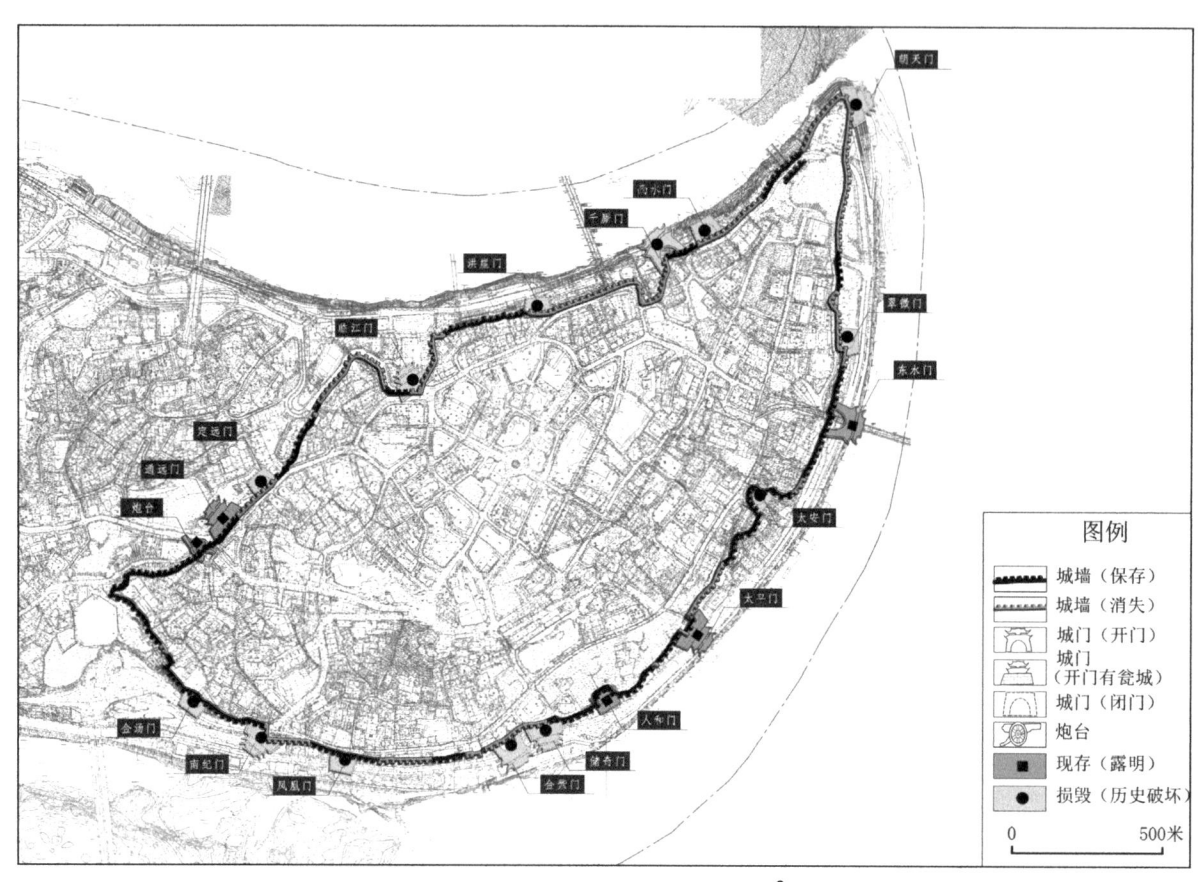

图 2-11-1　重庆古城垣分布图[2]

朝天门宋代城墙遗址位于朝天门至西水门之间的嘉陵江一侧，清理长度 200 余米。城墙始建于宋代，后经多次修葺，将宋代城墙完全包裹于明清城墙之内。明代城墙用条形城墙石丁砌而成，收分不明显。宋、明城墙之间用杂乱条石和泥土充填，厚约 3 米。宋代城墙做法

---

[1] 有学者提出："宋代重庆城墙是木栅、夯土、砖墙、石墙我们还没有一个定论，因为从文献记载来看，彭大雅所筑城为何种墙并没有明确记载"，并认为朝天门内部包裹的城墙并不一定是宋代城墙，见蓝勇、彭学斌《古代重庆主城城址位置、范围、城门变迁考——兼论考古学材料在历史城市地理研究中的运用方式》（《中国历史地理论丛》2016 年第 2 期）。从城墙用石材质、砌筑方式看，朝天门的两道城墙与川渝地区发现的大量宋代城墙和明代城墙的特征分别吻合，毫无疑问，朝天门内部夯土毲石的城墙为宋代城墙。从文献看，并非没有宋代城重庆城墙材质的记载。元人袁桷写有《渝州老人歌新城彭大雅筑渝州》诗，其中有"排石列栅犹支持"语，其中的"列栅"当为《武经总要》《守城录》所记的排叉木（或狗脚木），"排石"当为层状排列的城墙石。诗中的渝州老人与彭大雅颇有关系，或为其裔孙（参见胡昌健《彭大雅新考》，《恭州集》，重庆出版社，2008 年，第 59—60 页），且渝州老人长期居住于重庆，对重庆城的形态十分清楚，故这首诗是彭大雅所筑重庆城为毲石城墙的有力证据。

[2] 重庆市文化遗产研究院、重庆市渝中区文物管理所：《重庆城古城垣遗址调查简报》，《江汉考古》2020 年 "重庆古代城址考古" 专辑。

与明代相似，亦为夯土包石结构。墙基宽6.1米，顶部宽5.15米，高3.3米。墙体用头大尾小的楔形条石砌筑，石头大小不一，但都头端朝外，尾端朝内。石块之间以石灰粘接，结合紧密，城墙收分明显。内部以红、灰褐色黏土夹少量小石块夯筑，包含文化遗物较少，依山势略呈内高外低倾斜堆积，墙内残存石砌排水沟。[1] 从发掘现场观察，城墙系山崖顶部外沿开凿基槽，基槽内砌筑两层城墙石，其上再包砌石墙，收分明显。崖壁顶部进行整平加工，在城墙内侧修建排水道和路面。城墙外侧用黏土和碎石填充，形成高出城内地面的城墙。因为明代城墙在宋城墙外1—4米重新包砌，墙基下移，所以明城墙外墙体高度远高于宋城墙，达10米左右。（图2-11-2）

图2-11-2 朝天门宋代城墙

太平门两侧城墙下部保留了一些宋代城墙遗迹。宋代城墙的砌法为丁砌，墙内夯土，墙外侧有若干排列整齐的柱洞，可能用于栽植保护城墙所用的排叉木，这种做法亦见于南宋临安城。（图2-11-2）[2] 城墙上部为明清、民国多次补筑而成。

重庆市文化遗产研究院将现存重庆城城垣分为五类。其中A类用纵长方形石材错缝丁砌，以石灰黏合，收分明显，

图2-11-3 太平门右侧的宋代城墙和柱洞

见于朝天门；B类用近方形或梯形条石错缝丁砌，用石灰掺糯米浆黏合，收分明显，见于太平门，并判断此两种筑法均属南宋，且A类早于B类，[3] 表明南宋期间筑城方式也有一定的变化。

二、城门

明清时期的重庆城有17座城门，素有"九开八闭"之说。2015年重庆市文化遗产研究院调查表明，重庆城现存城门4座，分别是通远门、太平门、东水门和人和门。其中仅太平门始筑于宋代且保留了部分宋代遗存，其余三门均为明代新修。

太平门遗址位于重庆市渝中区望龙门街道四方街与白象街交汇处西南部，地处渝中半岛长江左岸的一级阶地之上，南面为下至长江边的陡坡，北部紧邻老鼓楼衙署遗址。太平门废

---

[1] 重庆市文化遗产研究院、重庆市渝中文物管理所：《重庆城古城垣遗址调查简报》，《江汉考古》2020年"重庆古代城址考古"专辑。
[2] 杜正贤：《南宋都城临安研究——以考古为中心》，上海古籍出版社，2016年，第50页。
[3] 重庆市文化遗产研究院、重庆市渝中文物管理所：《重庆城古城垣遗址调查简报》，《江汉考古》2020年"重庆古代城址考古"专辑。

弃于20世纪20年代，2013年被重新发现，2014年3月至2015年7月，重庆市文化遗产研究院对其进行了全面清理。遗址由内城、瓮城两部分组成，保留局部宋代城墙和城门。现存城门基部保留了宋代原物，主体应为明代修复，门洞底部有宋代石板地面。进入城门后为内城，残留部分宋代夯筑墙体和宋代排水沟。（图2-11-4）遗迹、遗物的具体情况参见发掘简报。[1]

图2-11-4 太平门外立面

三、衙署

重庆城的四川制置司和重庆府的衙署遗址位于渝中区老鼓楼。老鼓楼衙署遗址在2010—2019年间经历了多次发掘，共发掘13000多平方米，共发现宋代以来各类遗迹261处，其中宋代遗迹主要有高台建筑1处，房址1处（含"凸"字形房屋及亭榭遗迹）。同时出土的还有大量宋代瓷器、陶器、钱币以及礌石等遗物。

高台建筑台基为夯土包石结构，条石丁砌，收分明显。通过解剖可知，包石大多为8层。台基通面阔70.92米，进深27.8米；砖台通面阔68.67米，进深24.4米，台基高3.05米。台身为青砖包砌，内部夯土，残高1.7—6.35米。台基西侧有半边门墩，显示该台基仅存一半，也由此确认台基建筑的方向为东西向。部分青砖上有"淳祐乙巳西窑城砖""淳祐乙巳东窑城砖"字样，确认该遗址建于淳祐乙巳年（1245）。至于其性质，发掘者认为老鼓楼遗址为余玠师蜀时的四川制置司衙署或重庆府衙所在，而高台建筑则为衙署前的谯楼或望楼。[2]

宋代房址平面为"凸"字形，性质尚不明确，或为当时的仓廪。

老鼓楼所在位置为宋代重庆城南部中间，背靠城池制高点金碧山，前瞰长江，视野极佳。台基门墩证明台基建筑为坐东朝西，面对长江上游。

---

[1] 重庆市文化遗产研究院、重庆市渝中区文物管理所：《重庆太平门遗址发掘简报》，《江汉考古》2020年"重庆古代城址考古"专辑。
[2] 重庆市文化遗产研究院：《渝中区老鼓楼衙署遗址高台建筑F1发掘简报》，《江汉考古》2020年"重庆古代城址考古"专辑。

第十二章 奉节白帝城

第一节 史地概况

一、地理环境

夔州奉节县东邻巫山县，南界湖北省恩施市，西连云阳县，北接巫溪县，是四川盆地的东大门。上通渝、涪，下控荆、楚，为水陆津要、巴蜀咽喉，历来都是兵家必争之地，其战略地位极为重要。在宋军山城体系中，白帝城是最后一道屏障，可以说是所有山城最终拱卫的对象。

白帝城遗址平面略呈马蹄形，包括白帝山、鸡公山、马岭及子阳城、瞿塘关等地，城墙周长约7000米，围合范围约1.2平方千米。白帝山、马岭山坳、山腰及山顶处地势平缓，面积广阔，适宜耕种，可以满足相当数量的守军和百姓生活所需。城址内最高处海拔495米，最低120米，高差达300米以上。三面环水，南近长江，地势高耸。山顶有多层台地，土层较薄，适宜种植果蔬。由于三峡大坝蓄水，白帝山宋代城墙已被淹没，白帝山与下关城之间的马岭山坳也已完全沉入水下。

2019年，白帝城遗址被列入第八批全国重点文物保护单位名单。

二、白帝城与宋蒙战争

（一）白帝城的修筑

1. 宋蒙战争之前

与多数山城不同的是，白帝城在宋蒙战争之前已闻名于世，并且几度成为夔州治所。白帝城的创建和命名始于公孙述。两汉之际，王莽篡汉，天下大乱，公孙述乘机割据巴蜀。为封堵长江水道，抵抗刘秀入蜀，公孙述在瞿塘峡口的赤岬山（即鸡公山，与今天的赤甲山异地）[1]上创建了赤岬城。建武十二年（36），刘秀平定巴蜀，公孙述战败身亡，赤岬城遂荒废。后来，在白帝山上建庙祭祀公孙述，因名"白帝庙"。

蜀汉章武二年（222），刘备率军讨伐东吴，大败于夷陵，退驻白帝城。当时刘备病情危急，便在白帝城永安宫召见丞相诸葛亮和尚书令李严，嘱托二人共辅其子刘禅，是为"白帝托孤"之事。[2]这个广泛传播的历史故事不仅淹没了前世公孙述称帝等旧事，而且遮蔽了后世宋蒙争夺白帝城等历史。白帝城内的历史主角由白帝公孙述变成了先主刘备，除"白帝"这一名称外，再无与公孙述相关的蛛丝马迹，而宋蒙两军长期争夺白帝城更是鲜为人知。

---

[1] 可参见陈剑《汉白帝城位置探讨》（《四川文物》1991年第1期）、蓝勇《关于〈汉白帝城位置探讨〉有关问题的补充》（《四川文物》1996年第5期）。

[2]《三国志》卷35《蜀书·诸葛亮传》，中华书局，2013年，第918页。

北周武帝天和年间在先主故宫城南八阵滩北临江岸筑城以为州治，继而在建德五年（576）移治白帝城。宋朝对白帝城的利用始于宋太祖平定巴蜀之时。乾德二年（964）冬，宋军由川陕蜀道和三峡水路大举入蜀。宋军占领白帝城后即以此为夔州之治所，直到真宗景德二年（1005）才迁驻瀼西之奉节老县城。

在和平时期，宋廷虽然迁夔州治于瀼西，仍设置瞿塘关以据险。据陆游所见，"瞿唐关，唐故夔州，与白帝城相连"[1]。《蜀川胜概图》[2]中详细绘制了白帝城一带，图中可见瞿塘关、白帝城以及由瞿塘关经马岭围合白帝山的城墙，甚至品字形城堞亦清晰可见。（图2-12-1）

图 2-12-1 《蜀川胜概图》中白帝城一带

需要特别指出的是，清雍正《四川通志》引《元一统志》云："宋宝祐二年以兵火复移州治白帝。四年，余玠命韩宣城瞿塘。"今之论者多据此，以为白帝城修筑于余玠治蜀之时，而

1（宋）陆游：《入蜀记》卷6，景钞宋本。
2《蜀川胜概图》传为北宋李公麟作品，现藏美国华盛顿弗瑞尔美术馆。据蓝勇考证，该画绘于南宋晚期的淳祐二年（1242）之后，不太可能是李公麟所绘，见蓝勇《宋〈蜀川胜概图〉考》（《文物》1999年第4期）。

负责修筑的将领是韩宣。然而，这两条记载都是错误的。白帝城作为夔州战时府治始于淳祐二年（1242），而非宋宝祐二年（1254）。时任四川宣抚使是孟珙，余玠尚未上任，负责白帝城的将领是赵武，而非韩宣。到韩宣扩建瞿塘城时，四川制置使是蒲择之，余玠已去世3年了。

总之，白帝城在宋蒙战争以前原本就是一座重要的城池，历史上曾以此作为信州或夔州治所，因而，宋蒙战争中宋廷在夔州修筑山城不存在选址问题，只有对白帝城的利用、修复和扩建问题。

2. 宋蒙战争期间

蒙古自窝阔台到忽必烈初期的30年间一直以"突破上游，顺江东下"为取宋战略。蒙军在巴蜀山城仍为宋军固守的情况下多次远征夔路，试图直取夔门，东下江南。宋军积极应对，对白帝城的修复、扩建、加固由此次第开展。

（1）赵武筑城

夔州修筑山城的计划当始于孟珙宣抚四川之时。在蒙军汪世显奔袭白帝城后的嘉熙四年（1240），孟珙临危受命，出任四川宣抚使兼知夔州，提出新的防御理念："不择险要立砦栅，则难责兵以卫民；不集流离安耕种，则难责民以养兵。"[1] 随后砦栅在四川内地，尤其是长江两岸广泛兴起。将夔州作为防御重点，应该是淳祐二年（1242）的事。这年四月，宋理宗与赵希塈有这样一番对话：

> 癸亥，仓部郎官赵希塈进对言："蜀自易帅之外，未有他策。"上曰："今日救蜀为急，朕与二三大臣无一日不议蜀事。孟珙亦欲竭力向前。"希塈奏："当择威望素著之人，于夔峡要害处建一大阃。"上曰："重庆城坚，恐自可守。"希塈奏云："重庆在夔峡之上，寇若长驱南下，虽城坚如铁，何救东南之危？"上然之。[2]

看来，赵希塈的"于夔峡要害处建一大阃"建议得到宋理宗的认同。这年八月，夔州守将赵武、王信等人利用夔州城东的白帝山修筑白帝城竣工，并得到朝廷嘉奖，赵武官进二秩，王信等各转一资，"酬夔城版筑之劳"[3]。从此，白帝城既是夔州的战时治所，又是宋军在重庆以下最重要的军事堡垒。

（2）韩宣完善

淳祐三年（1243）春，余玠在赴任途中与孟珙在夔州交接四川军政事务，达成了修筑山城以御蒙的共识。余玠在其后措置四川防务中大力推动山城防御，白帝城一直是宋军防御的重点。宝祐元年（1253）三月，宋理宗又与辅臣讨论白帝城主帅问题，认为"夔门择守，切于东南，宜速区处"，旋即以韩宣领遥郡防御使守夔州，兼任夔路安抚副使。[4] 韩宣担任夔州

---

[1]《宋史》卷412《孟珙传》，中华书局，2013年，第12378页。
[2]（元）佚名编，汪圣铎点校：《宋史全文》卷33《宋理宗》，中华书局，2016年，第2749页。
[3]（元）佚名编，汪圣铎点校：《宋史全文》卷33《宋理宗》，中华书局，2016年，第2751页。
[4]（元）佚名编，汪圣铎点校：《宋史全文》卷34，中华书局，2016年，第2820页。

主帅长达8年，直到景定二年（1261）八月被调任常德、辰、沅、澧、靖五郡镇抚使。[1]韩宣在任期间对白帝城以下江防设施进行过完善。据咸淳四年（1268）十一月癸丑枢密院的奏报，"南平、绍庆六郡镇抚使韩宣城渝、嘉、开、达、常、武诸州有劳，由峡州至江陵，水陆措置，尽瘁以死，宜视没于王事加恩"[2]。可见，韩宣是在担任南平等六郡镇抚使任上去世的，生前参与或主持过夔路和湖南多座城池的修筑，在峡州至江陵的水陆措置中尤尽心力，所作《瞿塘城记》或许有其主持修建白帝城内容，惜该文不传于世。[3]

（3）徐宗武再次完善

最后一次完善白帝城的是徐宗武。历史文献关于徐宗武的记载很少，据胡昭曦先生考证，徐宗武任夔州主帅的时间，是景定二年（1261）十一月以后到咸淳五年（1269）五月前。[4]从时间上看，徐宗武就是韩宣的继任者。现存峡口地区的两处碑刻，透露了其在夔州的一些信息。

景定四年（1263），夔路大宁监创建天赐城时，徐宗武撰写有《大宁监创天赐城记》，此摩崖碑记至今完好保存，其文末题款为"右武大夫、左屯卫大将军、知夔州、主管夔路安抚司公事、节制本路屯戍军马、固始县开国男、食邑三百户"。由此，我们得以清楚其职衔。或因其资历尚浅，没有直接被任命为夔州路安抚使，但知夔州、主管夔路安抚司公事、节制本路屯戍军马已是实际的一路主帅了。另一与徐宗武相关的摩崖石刻存留在白帝城下，其文曰：

> 帅守淮右徐宗武面奉开府两镇节度使、京湖制置大使、四川宣抚使吕公文德指授，凿洞打舡，铸铁柱，造铁缆，锁瞿唐关，永为万年古迹。景定癸亥季冬吉日记石。当朝大丞相贾公似道。[5]

据此，徐宗武是淮西人。景定四年（1263）冬，徐宗武按照四川宣抚使吕文德授意，在瞿塘峡口完成了"锁江"工程，打造铁索7条，封锁长江水面。这是徐宗武完善白帝城防御设施中影响最大者。锁江铁缆可能因其影响水上交通，在宋蒙战争结束后便被毁掉了，而两端铁柱一直存留在白帝城下的一大石盘上。此处有溪汇入长江，这条溪流原本叫"草堂溪"，因此又名"铁柱溪"。瞿塘关亦因此有"铁锁关"之称。三峡大坝蓄水前，国家对淹没区内的文物进行了抢救性保护，铁柱被移至夔州博物馆，并在瞿塘峡口复制了一对铁柱以供观瞻。

徐宗武在完善白帝城防御设施的同时还组织修筑了多座山城，其中天赐城、开州城、达州石城最为重要。景定三年（1262），徐宗武指授知大宁监张宣择地天赐山创建天赐城，派京

1《宋史》卷45《理宗纪》，中华书局，2013年，第878页。

2《宋史》卷46《度宗纪》，中华书局，2013年，第901页。

3（清）雍正《四川通志》卷26载有韩宣《瞿塘城记》之目，而不录其文，明正德《夔州府志》、万历《三峡通志》等亦不录其文。

4 胡昭曦：《四川古史考察札记》，重庆出版社，1986年，第156页。

5 三峡大坝蓄水前，题刻被整体上移。由于文末有贾似道的信息，长期被误作《宋贾似道告示》。王兴国《白帝城碑刻书法文化述略》(《文史杂志》2007年第2期) 还以此为贾似道书法作品。

湖驻夔宋军总管白思恭率所部负责筑城，还亲自为天赐城撰写碑记。[1]咸淳元年（1265）秋七月戊申，徐宗武规划修筑开州和达州石城。咸淳三年（1267）二月丙子，徐宗武鉴于此前蒙古攻破白帝城正是从州城后面的卧龙山突袭得手，因而主动创建卧龙山堡圃。宋廷对徐宗武在夔州加强江防、修筑山城等措施高度认可，并予以褒奖。[2]

咸淳五年（1269）徐宗武去世。据《宋史·度宗纪》，"五月壬申，京湖制司言，故夔路安抚徐宗武没于王事，乞优加赠恤。诏致仕恩外，特官其一子承节郎"[3]。据此，徐宗武镇守白帝城止于咸淳五年。

（二）白帝城战事

余玠主政巴蜀以来的白帝城，既是夔州路的首府，又是夔州府的治所，还是策应司所在地。因而，蒙宋双方在白帝城的攻守已不再是简单的一城一地争夺了，是对夔州一路的争夺，也是对赵宋存亡命脉的争控。

1. 汪世显奔袭峡口

夔路第一次遭到蒙军的攻掠在嘉熙三年（1239）秋冬。时人吴昌裔在《论救蜀四事疏》中描述蒙军首次入蜀对川峡四路的祸害说：

> 端平乙未，虏侵汉、沔，汉、沔以内生聚未尽空也。迨至去冬，其祸惨甚，盖自越三关，破三泉，摧利捣阆，窥文扰巴，而利路虚矣。毁潼、遂，残果、合，来道怀安，归击广安，而东州震矣。屠成都，焚眉州，蹂践邛、蜀、彭、汉、简池、永康，而西州之人十丧七八矣。毒重庆，下涪陵，扫荡忠、万、云安、梁山、开、达，而夔峡之郡县仅存四五矣。[4]

蒙军攻入夔州的路线是沿巴山峡谷南下，经开州攻万州，直抵夔峡，至巫山，遭到宋军的顽强抵抗，然后沿江折回。其南岸蒙军在涪陵北渡，再攻打重庆外围，因天热而北撤。

2. 杨氏叔侄蚕食夔路

忽必烈即位，蒙古对降蒙宋将更加信用。中统三年（1262），杨大渊基于自己对历史经验的理解和宋蒙战局的认识，正式向忽必烈献策："取吴必先取蜀，取蜀必先据夔。"[5]前一句更多是出于对历史经验的理解，远有魏晋之取孙吴，即先取蜀汉；近者宋朝之取南唐，即先取后蜀。后一句则更多出于对宋蒙战争局势的看法。[6]

忽必烈采纳了这个谋略，授杨大渊为东川都元帅，杨文安为开、达、忠、万、梁山等处招讨使，负责继组织实施。与汪世显长途奔袭夔州沿江州府不同，杨氏"据夔"采取步步为

---

[1] 此摩崖碑至今保存完好，详见后文。
[2]《宋史》卷46《度宗纪》，中华书局，2013年，第897页。
[3]《宋史》卷46《度宗纪》，中华书局，2013年，第903页。
[4]（宋）吴昌裔：《论救蜀四事疏》，傅增湘原辑，吴洪泽补辑：《宋代蜀文辑存校补》卷84，重庆大学出版社，2014年，第2760页。
[5]《元史》卷161《杨大渊传》，中华书局，2013年，第3778页。
[6] 蔡东洲、刘菊：《杨大渊家族归降与宋蒙（元）东川战局》，《西华师范大学学报》（哲学社会科学版）2016年第1期。

营,梯次推进的战略。在夔达一线内修筑了多座山城寨堡,作为军事基地或据点,诸如蟠龙城、方斗城、金汤城等。杨文安以虎啸城、蟠龙城为基地,有效地切断了宋军通过开、达援救巴州,并割裂了开、达二州联防,实现了各个击破的战略目标。

3. 白帝城的陷落

景炎二年(1277),夔路诸州郡修筑的城池寨堡沦陷殆尽。元军开始集中兵力围攻重庆城和白帝城。祥兴元年(1278),元军最终攻克重庆城,然后顺江而下,连克绍庆府(今重庆彭水)和涪州(今重庆涪陵),直指夔州治所白帝城。夔州安抚使张起岩与重庆沦陷时脱身而来的宋将张万继续在白帝城进行抵抗。元廷调集荆湖和东西两川大军合攻白帝城。荆湖元军自巫峡而上,西川元军顺长江而下,杨文安部将王师能率军自万、忠而来,三路大军会师于白帝山下。张起岩、张万所部白帝城宋军孤绝无援,完全失去了抵抗的意义,最终选择了投降。[1] 至此,宋元两军在巴蜀战场的大规模战争基本结束。"八柱"之中仅有钓鱼城还在宋军手中,但也在与安西王相李德辉约降了。

第二节 遗存

经考古调查与发掘,白帝城的范围和布局已大体清楚。遗址面积约1.2平方千米,[2] 现存城墙(含一字城)、城门、坞堡、锁江铁柱、烽燧等城防军事遗迹,此外还有建筑基址、石刻、栈道等相关遗存。(图2-12-2)

一、城防军事遗迹

(一)城墙

南宋白帝城依山而建,整个城址范围内现存7000余米城墙,是目前所见宋蒙战争时期四川山城体系中保存城墙长度最长者。具体范围如下:从鸡公岭的樊家台向南,然后折向北,再经中间台南经皇殿台一直向东南沿马岭山脊而下,经原白帝场镇(即马岭)绕白帝山一圈,复经白帝场镇东面向北由鸡公山再向西到中间台、樊家台。涉及白帝山、鸡公山、马岭和子阳城,在1.2平方千米范围内封闭为一个整体的山城,其地貌以山地为主,仅鸡公山、白帝两山山坳、山腰、山顶地势稍平,平面不规整,略呈马蹄形。目前保存较好。残高2—8米,厚2—15米,城墙最低处与最高处相差约400米。

1. 一字城墙

2000年重庆市文物考古所在对瞿塘关城址进行考古发掘过程中,发现了一条古城墙遗迹,北接子阳城,南抵长江边,保存基本完好。经过数月勘探与发掘,证实了此段城墙应是南宋末年宋军山城系统中特有的"一字城墙"。这道古城墙现存3米,宽2米左右,残高2—3米,南端下抵长江边,北端上接子阳城皇殿台。其风格、特征与汉子阳城和宋瞿塘关的城墙非常

---

[1]《元史》卷161《杨文安传》,中华书局,2013年,第3785页。
[2] 袁东山《白帝城遗址:瞿塘天险 战略要地》(《中国三峡》2010年第10期)认为城墙围合范围为5平方千米,其他文献也多采用此种说法。经笔者使用卫星地图测量,实际只有1.2平方千米。

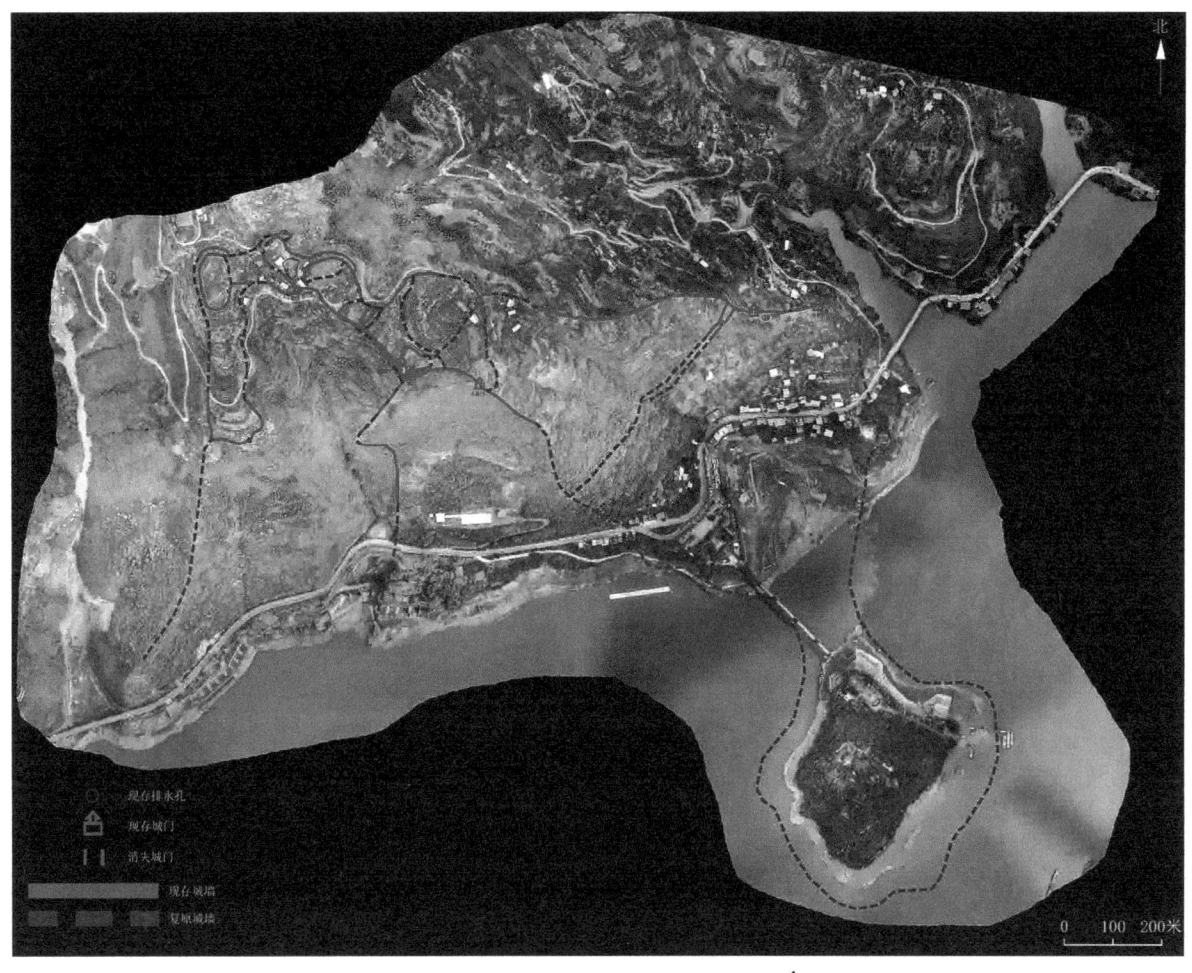

图 2-12-2 白帝城遗址平面图 [1]

一致。[1] 据了解，经校场、谭家沟至长江原有一段一字城，已毁坏无存。

2. 瞿塘关 [2]

现存石砌城墙残长约 1000 米，厚 6 米，残高 2 米。

3. 子阳城

子阳城内有樊家台、中间台、皇殿台 3 个台地。三台周边均现存城墙遗迹多段。樊家台台顶经过了考古发掘，环绕台子的城墙亦得以较完整揭露。连接三台的城墙也保存较好。残长约 200 米，残高 2—5 米，风化严重，部分垮塌。这段城

图 2-12-3 子阳城城墙

---

1 袁东山：《白帝城遗址：瞿塘天险 战略要地》，《中国三峡》2010 年第 10 期。
2 图片采自重庆市文化遗产研究院、重庆文化遗产保护中心《重庆文物考古十年》(二)，四川人民出版社，2020 年，第 100 页。本书做了加工。

图 2-12-4　皇殿台

墙上、下部分砌筑方式有差异，应是不同时代所建。下层所用城墙石长 40—50 厘米，高 28—30 厘米，砌筑方式为丁砌，整体风格与皇殿台东南侧一字城墙相仿，应为宋代遗迹。上层城墙砌筑方式较为随意，石材规格不一，稳固性较差，应为现代堆砌。（图 2-12-3）皇殿台瓮城城墙内侧地表分布有大片的白灰面和板瓦堆积，推测城墙上原有涂抹白灰面的建筑，建筑上盖板瓦。（图 2-12-4）

白帝城现存城墙形制多样，应分属不同时期。据粗略观察，可辨认者有唐、宋、明三个时期。唐代城墙在白帝村村委会附近有见，保留不多，其特点是石材十分粗大，丁砌筑法。在唐代城墙的上方还有一段城墙，部分保存较好，城墙石大小、形制不规范，多丁砌。根据文献记载，这里是明代瞿塘卫的地点，故怀疑为明代城墙。（图版 2-11）

宋代城墙石也存在不同特征，至少包括两类。一是如白帝村遗址一带的城墙，两侧有石头护坡，以石灰为黏结剂，中间填筑夯土。2002 年，白帝村遗址发掘时，在城墙填土中有南宋时期影青瓷片，这为城墙的修建时代提供了直接依据，应当不晚于南宋。该护坡的砌法采用了丁砌法，并且石头大端朝外，小端朝内，这种砌法在川渝地区的各个宋代城堡中均有所见，属于典型的宋代砌法。另一种见于一字城墙和樊殿台、皇殿台等台城及周边。2017 年发掘的樊家台城墙系就地取材，石材为泥灰岩，不甚规整，截面多长方形，以丁砌为主，石灰勾缝，内部用混杂石块的泥土填充。[1] 如前所述，宋代白帝城的修筑与完善主要有三个阶段：

---

[1] 重庆市文化遗产研究院、奉节县文物管理所：《重庆奉节白帝城遗址 2017 年度发掘简报》，《江汉考古》2020 年 "重庆古代城址考古" 专辑。

分别为南宋理宗淳祐二年（1242）赵武创修，宝祐年间韩宣完善，景定年间徐宗武进一步完善。徐宗武的功劳主要在于设置锁江铁链。从城池的修建、完善角度而言，台城、一字城墙这些不属于城池最基本设施，可能属于完善阶段产物。因此笔者推测上述两种城墙形制分属淳祐和宝祐年间。

（二）城门

经过重庆市文物考古研究院、中山大学等单位的勘探和发掘，白帝城遗址内共发现10座城门遗迹，其中东、西、北面各1门，临近江面的南边有大小不同的2道城门，另外还有水门1道。近年又在皇殿台发现2座城门，可见重要的台城也建设了城门增强局部防御能力。

2005年，在白帝山东北的二级台地上清理内城城门1座，门道宽2.4米，残高约1.2米，用砂石和青石以平铺顺砌和横铺顺砌两种方式交替构筑，发现门槛槽、排水沟、锁门石、道路等遗迹。[1]

2015年以来，中山大学对大北门进行了考古发掘工作。大北门位于子阳城东北侧山脊中段。城门大致呈南北朝向，北侧紧靠北门沟和头溪沟，东北直面擂鼓台，东侧濒临草堂溪，南面正对白帝山，视野开阔，战略地位重要。从大北门发掘现场看，出土的城墙石大多为"人"字纹，厚重规整，应属宋代遗迹。城门西侧约20米处山脊上，2014年还发掘过连接下关城与子阳城的宋代城壕遗迹。自大北门沿山脊而下约50米处，为小北门遗址。

皇殿台发现了瓮城门和台城主城门两个门址，其中瓮城门资料已经发表。台城主城门为两段式拱券城门，前后段均为券拱。门前有石踏道，前后门道的券顶都已不存，但隐约可见拱券的弧度。后门道前端两侧还保留门砧石，两侧底部有地栿石，但地栿石上没有排叉柱孔。进门后左转经石踏道入城。

（三）锁江铁柱

徐宗武所立锁江铁锁本位于瞿塘峡口的长江北岸草堂河口石盘上，初为抵御蒙古入侵京湖地区而设，至明清时期成为官府收税的关卡。这座铁链桥设立之初有2根铁柱，7条拦江铁链，后来铁链被冲毁，仅余铁柱，高约2米，直径约0.2米。1995年，文物部门为了保护铁柱，将其移至夔州博物馆内，并在夔门古象馆门口复制铁柱一对。

二、其他遗存

白帝城遗址中仅宋代的非军事城防类遗存较多，包括大量的建筑基址、器物坑、题刻等。由于部分资料尚未公开发表，所以仅根据自己参观所见简单介绍。

（一）储水坑

2017年发掘中，在樊家台发现1个灰坑，编号为H1。坑长方形，周围用石砌筑，长在2.72—2.76米之间，宽2.4米，残深0.3—0.95米。据报告介绍，坑内填土分两层，上层为黄色碎土堆积，密实，下层为青灰色淤泥。淤泥内出土铁火雷、镞、矛、弩机等大量兵器，还

---

[1] 重庆市文物考古所、重庆文化遗产保护中心：《重庆文物考古十年》，重庆出版社，2010年，第113页。

有瓷碗、瓷罐等生活遗物。[1] 报告称其为兵器埋藏坑，笔者认为并不妥当。理由如下：第一，坑内遗物并非只有兵器，兵器等遗物也并非多到快填满坑的地步，而是呈现零星分布态势。第二，从填土介绍看，该坑第二层为淤泥。从报告所附平剖面图看，火雷等器物放置于淤泥之上，说明在放置器物之时，坑已经存在，且因长期蓄水已经有了淤泥。器物放入之后，才用第一层土人为填实，表明该坑修建目的不是为了埋藏器物。第三，坑壁用石材砌筑整齐，显然与慌乱之际埋藏器物不符。第四，H1位于F1和F2之侧的城墙附近，F1、F2见于城墙之上，是守卫人员的简易住所，H1可以为这些住所提供水源。综上，笔者认为H1实际上樊家台上的一个蓄水池，平时蓄水保障台城用水。在最后开城纳降之际，兵将大概心有不甘，遂将残余兵器及生活用品抛入水池，并用土填实。

近年中山大学在中间台的发掘中也发现了多个储水坑，水坑平面形状近方形，不过较樊家台H1要小不少。

（二）建筑

白帝城历史悠久，一些时间段（如唐朝）还相当繁荣，因而留下的建筑遗迹和建筑实物相当多，各时代叠压打破关系也很复杂。2001年在白帝城遗址的发掘中，就曾于城墙内侧发现大规模的宋代建筑基址。近年在樊家台、2018年在皇殿台的城墙之上均发现了房屋建筑遗迹，这些建筑不是城门楼，而是用于为守城兵士遮蔽风雨的战棚类建筑。从皇殿台瓮城内的建筑遗迹看，这些建筑的墙壁涂抹有白灰，顶部盖瓦，可见并非简陋的临时棚子。

皇殿台和中间台都发现了大型建筑基址。据发掘者介绍，皇殿台的大型建筑基址，其中三号建筑基址规模最大，已发现8个柱础，3个柱础坑，可形成直径22.6米的一个圆形建筑基址，建筑性质不明确。中间台台顶水土流失较严重，遗迹保存不好，在台地北侧边缘城墙顶部发现4个由石块铺垫的方形磉墩，边长1米有余，略成一条线排列，性质亦不明确。其内部隐约有两条排列有序的柱础坑，可能是城墙顶上的棚式建筑。

中间台、皇殿台面积促狭，不适合建设衙署，发现的建筑基址虽然规模较大，但其平面规制与衙署差异较大，不太可能是衙署，所以，到目前为止宋代夔州路衙署的位置尚未明确。笔者推测可能位于白帝村一带。原因有二：一是唐代夔州城中心在今天的白帝村一带，衙署很可能在此处。整个宋代白帝城内，白帝村一带地势最为平坦宽敞，现代仍然是白帝城人烟最稠密的地方。宋代继续将衙署设于此不仅有历史渊源，而且有便于行政的优势，明代瞿塘卫设置于此亦可为佐证。第二，子阳城一带地势太高，且缺乏面

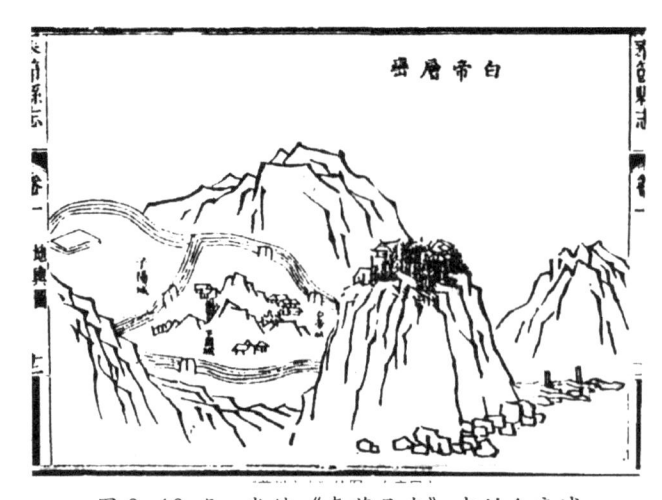

图2-12-5 光绪《奉节县志》中的白帝城

---

[1] 重庆市文化遗产研究院、奉节县文物管理所：《重庆奉节白帝城遗址2017年度发掘简报》，《江汉考古》2020年"重庆古代城址考古"专辑。

积较大的平地，不利于修建符合路治规模的衙署，反倒适合作为军事指挥中心和揽胜的休憩区域。皇殿台上的圆形建筑，中间台的廊式建筑似乎可以为证。另一处可能的位置是樊家台。樊家台在三台中最大，海拔最高，台顶也较宽平，可以容纳衙署建筑。光绪《奉节县志》卷1《舆地志》附"白帝层峦"图中，樊家台位置绘出一个有三级台基的长方形台，颇有大型建筑台基之感。（图2-12-5）宋代夔州路衙署是否在此，尚待日后考古工作证实。

第三节 宋代白帝城城防系统

白帝城选址于川蜀之口，扼夔峡之咽喉，仅就此点而言，其在所有宋蒙山城中具有不可比拟的战略价值，但白帝城之重要不仅在于此，还在于其独到的城防系统构成。总体来看，白帝城城防系统可从外围防御和主城防御两个角度总结为多点多线拱卫和多层多级防卫两个特点。[1]

一、多点多线拱卫

大多数重要的山城都不会固守孤城，而是尽量在外围择地建造一个或多个外堡，甚至打造一条或多条外围防线。比如小云顶之于云顶城，小良城之于大良城，固州寨之于运山城等等。白帝城也不例外，只不过其外围防点、外围防线更多更强。

白帝城的外围防点较多，依据功能分为烽燧、坞堡、外堡三类：烽燧起预警作用；坞堡可藏兵；外堡则具有预警和协同战斗的综合职能。烽燧、坞堡、外堡逐层递进，不仅能提前预警，还能首先接敌，为主城提供反应时间和缓冲。据调查，白帝城周边至少有瞿塘关、太极亭、鸡公山3处烽燧。（图2-12-6）

瞿塘关烽燧位于瞿塘峡入口，老关庙信号台上方。利用天然突兀巨石，用砂石包砌而成，部分位置为原生岩石。烽燧下部呈不规则四方形，顶部则为圆形，石砌，用材不统一，大小不一致，砌法也是丁顺均有，而以顺砌为主。保存基本完整，占地136平方米，底座周长40米。高5.2米。据白帝城博物馆原馆长魏靖宇先生告知，靠山面原有登台阶梯，但已被拆去，顶部有方坑，长2米，宽1米，围以条石，可能用于燃烧烽烟。（图版2-12）

太极亭烽燧位于奉节老县城西北，视野良好，可远看夔门，既可为宋代夔州故治提供预警，也能与瞿塘关烽燧一起预警长江上下游的水路来敌，鸡公山则预警白帝城西北的陆路来敌。（图2-12-7）目前确定的坞堡只有宝塔坪一处，位于白帝城之西，长江上游，地势高敞，人烟繁盛，既可保当地百姓安全，也可充当白帝城前哨。白帝城已发现的外堡有两处，一是瞿塘峡南岸有规模略小的宋代古城——阳口城。[2] 该外堡与白帝城隔江而望，共同控扼夔峡之

---

[1] 有学者用"城连城、城中城、城外城"来表述白帝城的城防格局，重庆市文化遗产研究院、奉节县文物管理所《重庆奉节白帝城遗址2017年度发掘简报》（《江汉考古》2020年"重庆古代城址考古"专辑）对此有详细阐释。该表述虽然简洁明了，生动形象，但烽燧、铁链之类设施显然不属于"城"的范畴，所以该表述不够全面准确。
[2] 袁东山：《白帝城遗址：瞿塘天险 战略要地》，《中国三峡》2010年第10期。据白帝城博物馆前馆长魏靖宇先生见告，烽燧顶部尚有长2米，宽1米的坑，应为点烽火时的燃烧坑。

图 2-12-6 白帝城周边城防遗迹分布

图 2-12-7 光绪《奉节县志》中的莲花池与太极亭

口并给白帝城提供南向支援。白帝城东北有所谓的"当道小城"，城虽不大，但与主城仅隔一道沟壑，驻守在白帝城与草堂河之间，可警卫从梅溪河而下之敌，亦可充当白帝城东北方前哨。另有一处在文献中称为"卧龙山堡囤"，具体位置应该在奉节老县城西北卧龙岗上，不在樊家台南侧。如此，白帝城至少有3个外堡。上述烽燧、坞堡、外堡分布于白帝城外的不同方位，控扼水陆两道，形成组织严密、层次分明的外围防点。

白帝城的外围防线有二：一是周边山水，二是锁江铁链。周边山水包括长江、梅溪河、草堂河以及鸡公山，前三者为自然，后者为人为。此三条河流分布在白帝城的西、南、东三面，皆两岸峭立，水深流急，难以逾越。白帝城以北鸡公山泡桐树一带海拔达到了950米左右，超过子阳城400余米，难以翻越。这些山水环绕白帝城形成自然屏障，可谓之自然防线。根据前文"贾似道题刻"所记，白帝城守将徐宗武于景定四年（1263）冬，按照四川宣抚使吕文德授意，在瞿塘峡口完成了"铁链锁江"工程，锁江铁链遂成为白帝城的一道人为防线。

它们分布在白帝城周边不同方位，为白帝城提供全方位保障。据调查，白帝城西宝塔坪附近发现有坞堡，是白帝城西边的前哨。

二、多层多级防卫

宋代白帝城是在东汉以来的赤甲城、三国白帝城、唐代夔州城的基础上建立起来的。东汉赤甲城仅分布于赤甲山（今鸡公山）上，而三国白帝城在白帝山上，唐代夔州城在下关一带，宋代白帝城将三者合而为一。这样白帝城就包括了三个主要部分：一是包括鸡公山、子阳山在内的山上，二是白帝山上，三是二者之间的马鞍形部分。三个部分各有分工，既有靠近江面的前线（白帝山），也有便于生活的平缓地带（马岭），还有便于安置指挥所及后勤机构的高地（鸡公山），形成一个既有相对分工又有纵深的防御战线。

依据地形、遗存大体可以勾勒出白帝城城防系统的层级。

首先是瞿塘关一带的一字城，将白帝城与长江连接，阻断了从江边穿越进入白帝城的陆上道路，一字城墙事实上成了白帝城西边的外城墙。

其次为白帝山，它是深入长江的一个半岛，顶部面积虽然不大，但犹如一颗钉子钉在瞿塘峡口，结合锁江铁链，形成阻止蒙军由长江上下的重要节点。同时，白帝山通过马岭与子阳城相通，处于进可攻退可守的战略位置，与鸡公山山顶遥相呼应，所以既是白帝城的前哨，也是鸡公山失守后退保的据点。白帝山、马岭、鸡公山的独特联系使白帝城的攻守活动范围大为扩展，攻守方式也得以多样化。

再次是马岭。马岭地带范围不大，但地势平缓，人烟稠密，是唐宋时期夔州和白帝城居民的主要居住地。西接瞿塘关，东包草堂河西侧的唐夔州旧城，南连白帝山，北靠鸡公山。既能守御长江、草堂河而来的敌军，更是连接白帝山和鸡公山的纽带，也是保障白帝山、鸡公山两处要地的关键。马岭的北面有一道城墙和壕沟与子阳城相分隔，马岭部分俗称"下边城"，子阳城部分俗称"上边城"。

图 2-12-8　上下关之间的壕沟

两城之间除城墙相隔外，还有一道明显的城壕，并有"小北门"扼守。目前，小北门和城壕均已发掘，证实了下边城和上边城是城连城的格局。（图 2-12-8）

最后是子阳城。子阳城也叫上边城，所处位置是白帝城的北部，也是海拔最高的地区。城内地势倾斜，越往北地势越高，高差明显，只在顶部地势稍微平缓，但也不适合大量居民

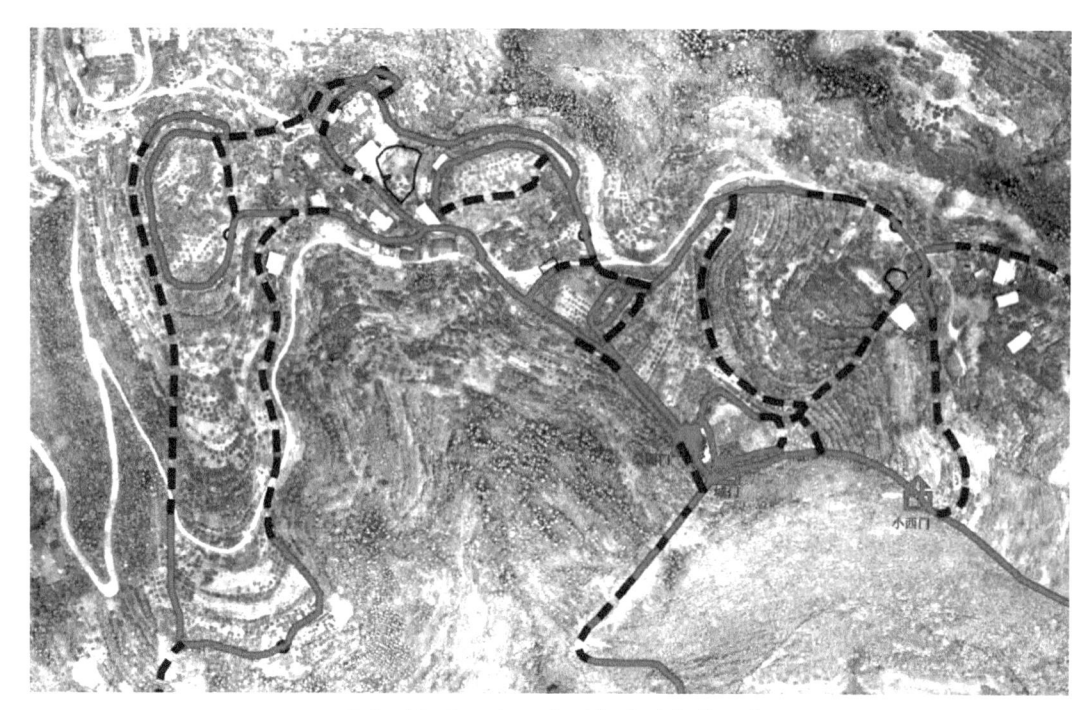

图 2-12-9　子阳城顶部城防结构图[1]
（实线表示现存遗迹，虚线表示复原遗迹）

居住。子阳城顶部有三个相距不远的台子，由北向南分别为樊家台、中间台和皇殿台，三台均有城墙环绕，形成台城。三台中樊家台最大，周长约500米，面积约15万平方米；中间台次之，周长约300米，面积约5800平方米；皇殿台最小，周长约270米，面积约5000平方米。据最新的发掘情况显示，皇殿台本身从汉代到宋代经历了多次增筑才形成如今的规模。由此可见，子阳城范围可用地确实不多，只能将皇殿台进行扩大方能有效使用。皇殿台有瓮城、大型圆形建筑，显示了其独特的地位，但由于面积所限，夔州路这样的大型衙署不大可能建于此。皇殿台发现了一座大型圆形建筑基址，形制与衙署建筑差距甚大，应当是其他类型建筑。在中间台和樊家台上也都发现了建筑基址，性质也难以判定。子阳城内的三个高台地势都不够险要，坡度较缓，高度仅数米，三台周围均有城墙环绕，成为台城。

除此以外，中间台和皇殿台之间以及皇殿台东北还有两个小型内城，一为寨子，二为窝坑子。故子阳城范围内有5个小型内城，它们与主城构成城中城态势，在主城之内建设多个小型内城的情况在所有宋蒙山城中目前为仅见。（图2-12-9）

综上所述，白帝城的城防系统与其他山城有相似的地方，也有明显的不同。体现在多点多拱卫、多层多级防卫两个方面较其他山城更为突出，其城连城、城套城的情况在其他山城尚不多见。究其原因无非两个：一是白帝城战略地位极其重要，故而外围防线、防点较多；二是多个时代相继在白帝山、鸡公山、马岭筑城，形成一个小区域内有多座城池情况，南宋时期，干脆将三个区域所筑的历史城池重新修复，并联合成一个大城。其他山城缺乏这样的历史渊源，故而在城池形态上与白帝城区别甚大。

---

[1] 图片采自重庆市文化遗产研究院、重庆文化遗产保护中心：《重庆文物考古十年》（二），四川人民出版社，2020年，第100页。

第三编 蒙军山城遗址

第一章 武胜城

第一节 史地概况

一、地理环境

武胜城即武胜县旧县乡黄桷坪村黄桷坪遗址。[1] 北距武胜县城约1千米，南距明清时期的武胜县城——中心镇约5千米。西临嘉陵江，其余三面为陆地。平面呈不规则形状，面积约0.4平方千米。遗址内地形地貌差别很大，可分为三部分：自西向东依次为沿江台地、台上缓坡、山顶平地。（图3-1-1）

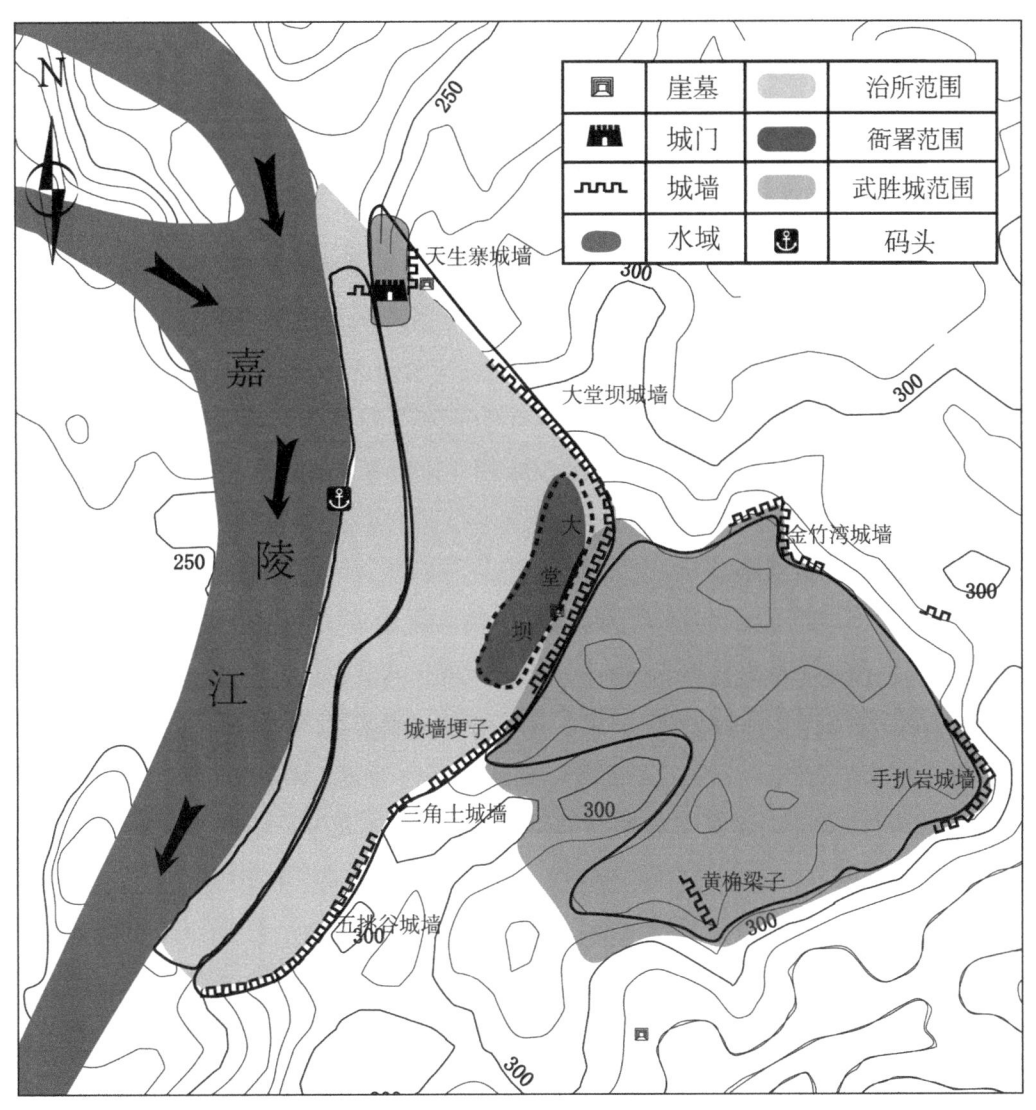

图3-1-1 黄桷坪遗址分区图

---

[1] 文献对武胜城的位置记载有些混乱，笔者认同张亮、罗权的看法，即武胜城在黄桷坪遗址。参见张亮、罗权《宋元明时期川渝地名考释七则——兼谈〈长江三峡历史地图集〉编绘的几点认识》，《中国历史地理论丛》2018第1期。

沿江台地位于黄桷坪遗址最西部，南北走向，地势逼仄，南北长约1000米，东西仅宽50—70米，海拔约250米左右，距离江面较近，偶尔会被洪水淹没。旧县乡通往武胜县城的临江道路由此通过，江边曾有老码头，现已废弃。沿江台地东侧为陡壁，高数十米，坡度在60°左右。现有三条道路曲折通往崖壁之上，在古代想必也有道路通行且路线与今天相近。

崖壁之上为缓坡地带，地势西低东高，南北平坦。南北长约1000米，东西最宽约300米，顺上下崖壁呈条带状分布。台地上分布有两个院落（一在天生寨东，一在大堂坝）和大量耕地。缓坡地带西侧崖壁上方有天生寨，东侧崖壁有多座崖墓，崖墓以西为大堂坝区域，地势较为平缓宽敞，视野开阔，可俯瞰嘉陵江上下游数十里地。

大堂坝以东为高5—10米的崖壁，崖壁之上海拔330—350米，为山顶平地，此即黄桷坪。平面不规则，南北约700米，东西约1000米，面积约0.3平方千米，院落、田畴、塘堰广布，一片恬静的乡野风光。

二、武胜城与宋蒙战争

（一）武胜城的修建

中统元年（1260），蒙古在青居城设立征南都元帅府，汪惟正和钦察任都元帅。但青居城并非固若金汤，存在两大不安全因素：一是与其他山城相比，青居山东、南面坡度较缓，守御难度很大；二是距宋军基地钓鱼城太近，容易遭到钓鱼城宋军偷袭。于是，汪忠臣、汪惟正叔侄奏请忽必烈，在钓鱼城与青居城之间修建一座新的军事堡垒。中统三年（1262），青居城主将汪良臣再次向忽必烈提出修筑武胜城的建议，直至至元四年（1267）年忽必烈才正式下令修建武胜城。至元七年（1270），忽必烈有感于宋军的逼迫，再次令汪惟正修筑武胜城。据《元史·汪惟正传》，"至元七年，宋人修合州，诏立武胜军以拒之"[1]。武胜军后改为定远州，至元二十四年（1287），降定远州为定远县。[2]

（二）武胜军与宋蒙战争

从历史文献看，武胜城作为蒙军山城体系中第一批山城，对整个宋蒙（元）战争进程有着较深远的影响，这集中体现在两个方面：

首先，保障蒙军安全，伺机进攻宋军。汪惟正沿嘉陵江沿岸作栅，控扼宋军水道。至元七年（1270），宋人修合州，汪惟正"夜悬灯栅间，编竹为笼，中置火炬，顺地势转走，照百步外，以防不虞"[3]。宋人知蒙军已有戒备，不敢迫近。至元九年（1272），汪惟正率兵攻掠忠、涪二地，"获令、簿各一，破寨七，擒守将六，降户千六百有奇，捕虏五百"[4]。

其次，牵制蜀中宋军，支援其他战场。至元四年（1267）春，汪良臣即由此攻打重庆城，"命元帅康土秃先驱，与宋将朱禩孙兵交，良臣塞其归路，引兵横击之，断敌兵为二，敌败走

---

[1]《元史》卷155《汪惟正传》，中华书局，2013年，第3656页。
[2]《元史》卷60《重庆路》，中华书局，2013年，第1442页。
[3]《元史》卷155《汪良臣传》，中华书局，2013年，第3656页。
[4]《元史》卷155《汪良臣传》，中华书局，2013年，第3656页。

趋城，不得入，尽杀之"[1]。至元八年（1271）五月，忽必烈下诏"大军见围襄阳，各道宜进兵以牵制之"[2]。元将汪良臣、彭天祥率军攻重庆，汪良臣统帅东川兵力，顺嘉陵江而下对重庆方面做出重大军事行动，牵制东川宋军援救襄阳。不久，"两川枢密院合兵围重庆，命益兵助之，惟正夺其洪崖门，获宋将何统制"[3]。武胜城蒙军的多次出兵，达成了忽必烈的牵制巴蜀、突破襄阳的战略目标。

第二节 遗存

经调查，黄桷坪遗址保留多处多类遗迹，包括城墙、城门、哨所等城防军事遗迹，衙署、题刻、塘堰、墓葬等其他相关遗迹。（图3-1-2）由于各区域相对独立，现按区域进行介绍。因沿江台地无遗存发现，此略。

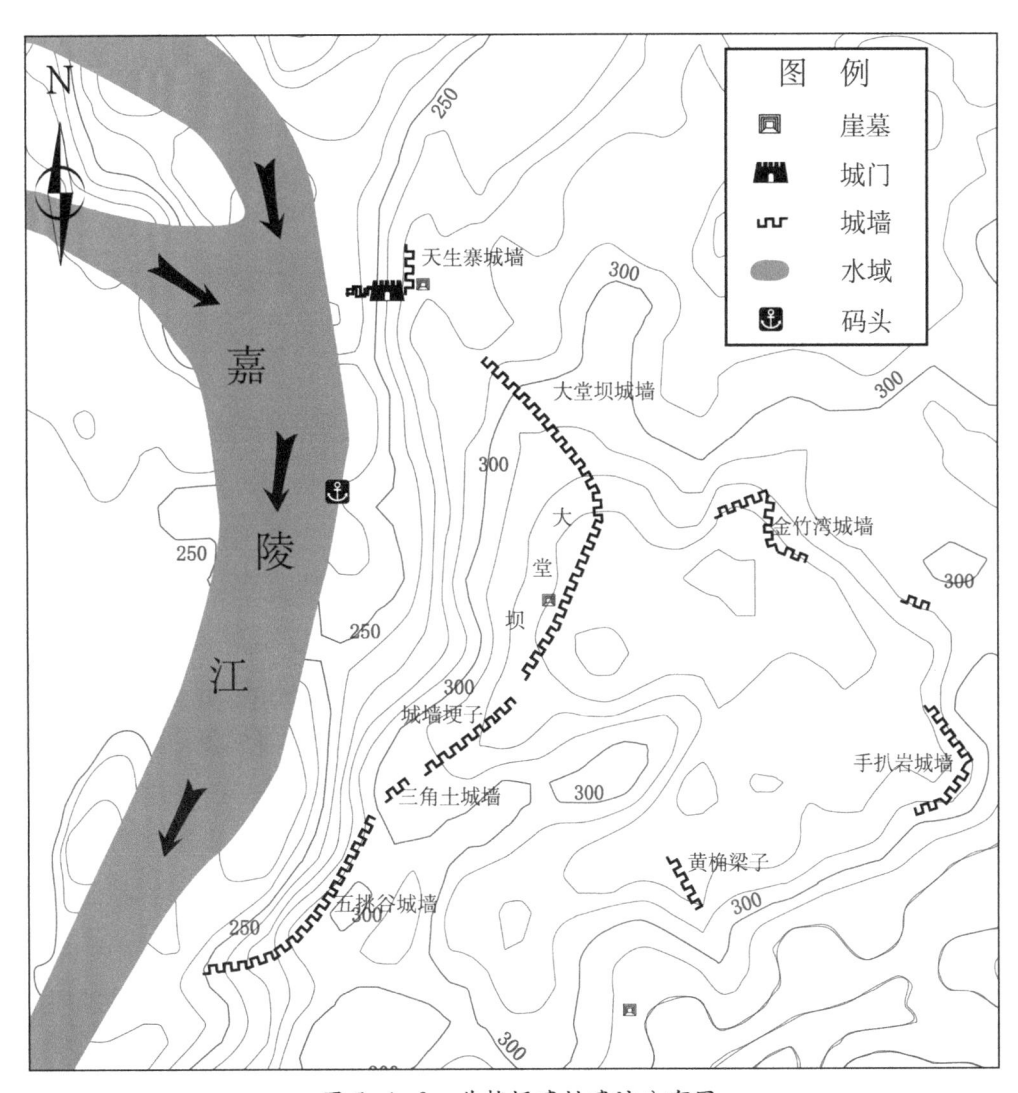

图3-1-2 黄桷坪遗址遗迹分布图

1《元史》卷155《汪良臣传》，中华书局，2013年，第3654页。
2《元史》卷125《赛典赤赡思丁传》，中华书局，2013年，第3064页。
3《元史》卷155《汪良臣传》，中华书局，2013年，第3656页。

一、台上缓坡

（一）天生寨

天生寨，今名老鸹寨。据光绪《续修定远县志》记载此处为"封山，城北十里，旧县明建书院处，今名天生寨"[1]，可见明代曾在此建有书院。天生寨位于台上缓坡西侧，地处沿江台地东侧崖壁之上，山体呈南北条状，东西宽约100米，南北长约700米，东、西、北三侧均为崖壁，近南侧仅有一条道路可由大堂坝通向天生寨。寨上视野开阔，寨西面及北面可望嘉陵江，江对岸为武胜县南山寨，两寨共同控扼嘉陵江。寨东面可望大堂坝及山顶平地区域。天生寨遗址面积不大，略呈方形，东西宽约80米，南北约100米，寨内地形较为平坦。寨内现存城门1处，城墙1段（编号Q1）。同时，在天生寨东西两处崖壁及顶部均发现有多座崖墓。

天生寨城门位于天生寨南面，城门处海拔292米，城门朝向为195°。门已毁，仅留下城门基础。门外左侧下方为天然崖壁，右侧为巨石，崖壁与巨石之间形成宽约4.5米、长约20米的平台，出门由此平台可直通下山道路。

天生寨段城墙有两段，其一顺寨东侧崖壁修建而成，长约50米，向北延伸至北端悬崖处，向南可至天生寨城门外约10米处。由5—9层楔形或长方形条石垒砌而成，保存较完好，为单面城墙。城墙石上下层形制、规格及砌筑方式有所不同，应属于不同时代。下层城墙石体量较大，长60—80厘米，宽50—58厘米，高50—60厘米，以楔形城墙石丁砌而成，部分石块可见斜纹

图 3-1-3　天生寨宋代堡坎

及人字纹凿痕；上层城墙石体量较小，以长方体条石顺砌而成。其二从天生寨半山腰向下延伸到公路内侧，城墙残长30米，残宽4.1米，残高0.5米—1.0米，坡度为30°—45°。天生寨一字墙堆砌方式主要为丁砌，公路内城墙露出地面4层，残高1.25米，城墙之间填乱石加夯土。城墙石残长67厘米，残高37厘米，城墙面斜度达24°。此段城墙应属宋元时期。天生寨顶有用长条石砌筑的堡坎，錾痕为人字纹，疑属宋代。（图3-1-3）

天生寨现存16座崖墓，其中6座崖墓位于天生寨城门外右侧天然崖壁上。M1位于天生寨最高处，墓顶垮塌，仅存墓门及墓室，由此处崖墓可清楚观察嘉陵江江面情况。M2为圆拱形顶，左侧有一通道与M3相连。M3内部填满乱石，或为顶部垮塌所致。M4左距M3约3.2米，墓向106°，墓门长1.35米，宽0.95米，高0.95米，为双重门洞，内门洞高0.83米。墓室为方形，为平顶。墓室左侧开一方形门洞与M5相通，高约1米，宽0.73米，厚0.65米。M5、M6之间同样也有通道相连。M5、M6规格与M4相同。其余10座崖墓皆位于天生寨东侧城

---

1 （清）光绪《续修定远县志》卷1《山川》，《四川历代方志集成》第2辑第28册，国家图书馆出版社，2005年，第224页。

墙下方天然崖壁之上，崖墓进深均较浅，约1米左右。

（二）大堂坝

大堂坝位于黄桷坪遗址台上缓坡区域，地势较平坦，下临嘉陵江，上接黄桷坪，与坡上平台相接处为天然崖壁。崖壁高约10米。大堂坝面积较大，地形平坦，约1.7万平方米，形状大致呈长方形，为南北走向。大堂坝现仅有少数人家居住，有较多耕地，种植蔬菜。勘探显示，大堂坝北部堆积较厚，上层为耕土层，约60厘米厚，夹杂大量植物根系，土质疏松；下层为文化层，厚约30厘米，土质较疏松，为含黏土较少的沙土，包含有少量陶片及建筑瓦片。（图3-1-4、3-1-5）当地群众称此处原设有衙门，故名大堂坝。遗址地面发现有少量建筑瓦块及建筑用石。大堂坝区域分布有4段城墙，分别是大堂坝段、五挑谷段、三角土段、城墙埂子等段城墙，编号Q2—Q5。此外，大堂坝东面崖壁上分布有数座崖墓及碑刻。

图3-1-4 大堂坝地形

图3-1-5 大堂坝地面散落的陶瓷片

1.城墙

（1）大堂坝段城墙

大堂坝段城墙位于台上缓坡区域北侧，顺山脊从大堂坝东部崖壁处向西延伸近百米，由于现代修建房屋及道路的原因，西端城墙已损坏，城墙为双面城墙，现存城墙高0.8—1米，宽1.2米—1.50米。部分城墙石已垮塌，但城墙内夯土依然保留，现存夯土已保留用作田埂道路。城墙石多为素面，部分有较为细密的斜纹。石头大小不一，且不规则，多为方形或长方形，少量为梯形。城墙上

图3-1-6 大堂坝北侧城墙

部石块堆砌方式较为杂乱，石块间隙较大；下部近地面石块堆砌较为整齐，堆砌方式为丁顺结合。（图3-1-6）城墙石大石规格为长约0.66米，宽约0.32米；中石长约0.53米，宽约0.23

米；短石长约 0.33 米，宽约 0.32 米。

（2）五挑谷段城墙

五挑谷段城墙位于台上缓坡区域南面，大致呈南北走向，北起三角土段城墙南侧高地，沿等高线向南延伸至江边悬崖。城墙立于崖壁之上，崖壁高 8—10 米。五挑谷段城墙断续可分为三小段城墙：由北至南依次为石梁子城墙、五挑谷处城墙及悬崖边城墙。

石梁子处城墙保存较差，大部分城墙石脱落，露出墙内夯土，内发现少量瓦片及青花瓷碎片。五挑谷处城墙保存较好，现存城墙高 8 层，残高约 2.5 米，残长约 20 米。城墙砌筑方式为丁顺结合，顺砌城墙石居多，收分明显，为 16°—25°。石块规模较大，大石长约 1.37 米，宽约 0.41 米；中石长约 0.84 米，宽约 0.28 米；小石长约 0.6 米，宽约 0.3 米。城墙石多为素面，少量有人字形凿痕。悬崖处城墙残存 9 层，砌筑方式为丁顺结合。（图 3-1-7）顺砌石块大石长约 0.8 米，宽约 0.25 米；中石长约 0.55 米，宽约 0.3 米。丁砌石块规格较一致，石块长约 0.3 米，宽约 0.28 米。

图 3-1-7 五挑谷段城墙

（3）三角土段城墙

三角土段城墙为黄桷坪遗址中保存最完整的一段，位于五挑谷段城墙北端，城墙走向有一定弧度，为五挑谷段城墙与城墙埂子连接点。城墙露出地面约 2.5 米，残长约 14 米，城墙高 8—10 层。三角土段城墙上下层在砌筑方式及城墙石规格等方面存在差异。

下层城墙（露出地面第 1—6 层）具有明显的收分现象，倾斜度为 10°—20°，堆砌方式较为整齐规整，城墙石间间隙较小。下层城墙砌筑方式以丁砌为主，有少量顺砌城墙石，石块外立面多呈正方形或长方形，城墙石大小不一，存在多种规格。长石长约 0.85 米，宽约 0.34 米；中石长约 0.53 米，宽约 0.55 米；小石长约 0.39 米，宽约 0.26 米。石块打磨精细，錾刻有斜纹或人字纹。上层城墙（第 7—10 层）无明显收分，几乎垂直于地面，堆砌较为杂乱，石块间间隙较大，多为长方形条石，石块规格较小，砌筑方式以顺砌为主。（图版 3-1）

（4）城墙埂子

位于三角土城墙北端，此段城墙保存情况较差，皆砌于材质较为松散的砂岩之上，露出地面多为 3—4 层，城墙及下方砂岩突出地面 1—2 米不等，形成宽约 5 米，高出地面 1—2 米，延伸近二百米的长条形田埂，故此地名为"城墙埂子"。城墙东侧地形较陡，视野较高，可望山凹处平地。城墙沿山脊一直延伸至黄桷坪。城墙砌筑方式为丁、顺结合，城墙石规格不一，大石约长 0.7 米，宽约 0.3 米；中石长约 0.35 米，宽约 0.3 米。部分石块凿刻有人字纹或斜纹。城墙石多为素面，部分出现斜纹或人字纹凿刻痕迹。

2. 崖墓

共8座，位于黄桷坪大堂坝后方崖壁上。M1与M2为清代墓葬，其上方有墓碑刻分别刻有"大清光绪八年"及"大清乾隆癸酉年"等字样，两墓南北相距约1米；M3—M8南距M1约150米，高出地面1.5—2米，多为圆拱形顶或人字形顶，为多重门洞。其中M5由墓门、甬道、墓室组成，有门洞两重，外门洞宽1.46米，高1.68米，厚0.13米；内门洞宽1.2米，高1.4米，厚0.1米。内门洞上方横向左起刻"王氏墓"三字，字径6—7厘米。甬道宽0.96米，高1.1米，长1.1米。墓室由主室和左耳室组成。主室为平顶，平面呈长方形，高1.5米，宽2.4米，进深2.25米，内堆积大量碎石。耳室平面呈长方形，平顶，长2.1米，进深0.6米，高0.6米。

3. 题刻

大堂坝现存4处题刻，均位于大堂坝后方天然崖壁上，其中两方为题刻，另外两方为墓碑记。编号为T1—T4。

（1）T1："普泽"题刻

位于大堂坝后方天然崖壁上距离地面3米左右，隶书，由左至右阴刻"普泽"二字，字径约1米。

（2）T2："威灵"题刻

位于"普泽"题刻下方，距地面约0.5米处，楷书"威灵"二字，字径约20厘米。

（3）T3：《重修墓碑记》

位于T2南侧10米处，碑宽约1.67米，高约1.15米，底部进深4.5厘米。为上额下文的形式，额上横向楷书"重修墓碑记"，碑左右两侧楷书对联："生成山水多情趣""□□□冠有□□"。碑文言及祖先在明代由黄州府孝感乡迁徙而来，有一定的移民研究价值。落款时间为"光绪八年"（1882）。

（4）T4：《山□水秀》碑

位于T3左侧，碑上方为圆拱形，碑宽1.2米，高1.67米，底部进深0.14米。碑文大多风化不识，碑额"山□水秀"，落款时间为乾隆癸酉（1753）。

二、山顶黄桷坪

大堂坝东面为高5—10米的崖壁，崖壁之上海拔330—350米，为山顶平地，此即黄桷坪。平面不规则，南北约700米，东西约1000米，面积约0.3平方千米，院落、良田、塘堰广布。山顶现存城墙遗迹集中分布在三个区域：北面崖壁金树湾、东面手扒岩和东南的黄桷梁子。另外，在山顶平地东南面崖壁下方还发现1座崖墓。山顶一民居旁发现石质马槽1个。（图版3-2）

1. 城墙

（1）金树湾城墙

位于黄桷坪遗址坡上平地北部金树湾天然崖壁之上。此处崖壁高8—10米，海拔约326米。城墙立于天然崖壁之上，大体走向为东南-西北走向，局部城墙呈东西走向，城墙断续延伸约140米，残高0.5—1米不等，部分城墙石出现垮塌现象。有丁砌和丁、顺结合两种情况，现存多为两层城墙石。（图 3-1-8）城墙石规格较为相近，长约 0.57 米，宽 0.42 米，部分城墙石可见人字形纹及斜纹凿痕。城墙内部地形较为平坦开阔，城墙顺天然崖壁将此处围合为一面积约 7000 平方米的平台。平台上发现有鹅卵石及散落的建筑石块，同时还发现有现存宽约 0.8 米，深约 0.3 米的排水沟。接近水坝处平地还发现有较多陶瓷碎片及建筑瓦片。

图 3-1-8　金树湾城墙局部

（2）手扒岩城墙

位于坡上平地最东面手扒岩崖壁之上，海拔约 320 米。此处为城墙转角处，向东延伸约 25 米后向北延伸并转为西北向，断续相连，延伸近 300 米，修建公路时部分城墙被毁。南端城墙近电塔处，残高 1.7 米，露出地面 3 层，石块较大，石块较大，长 0.5—0.65 米，宽 0.5—0.55 米，砌筑方式以丁砌为主；中段城墙北距南端城墙约 100 米，此处城墙延伸约 20 米，露出地面 4 层，残高 2 米，城墙石块规格及砌筑方式与南端城墙相似；北段城墙位于中段城墙西北约 50 米处，残存两层，此 3 段城墙从石块规格到砌筑方式均相似，为同一时期砌筑而成。（图 3-1-9）

图 3-1-9　手扒岩城墙

（3）黄楠梁子

此段城墙位于黄楠坪南面，向东经天然崖壁与手把岩城墙相连，西北端城墙与城墙埂子相呼应，海拔 335 米。（图 3-1-10）整段城墙呈西北-东南走向，保存较好。黄楠梁子城墙受村道路影响，分为南北两部分。北部城墙为单面城墙，砌筑方式以丁砌为主，城墙石规格长 0.45—0.55 米，宽 0.4—0.5 米。

南部城墙为双面城墙，城墙宽

图 3-1-10　黄楠梁子城墙

约 6 米，断续延伸约 150 米，残高 1—2.8 米。其中靠近村道的两处城墙砌筑方式以丁砌为主，城墙存在一定斜度，城墙石规格较大，长 0.45—0.65 米，宽 0.4—0.5 米。靠近东面崖壁处城墙砌筑方式以丁、顺结合为主，城墙石堆砌较为杂乱，城墙垂直于地面，城墙石规格较小。

2. 崖墓

位于黄桷坪遗址东南面崖壁下的黄桷村九组柑子园村道旁，墓室朝向为 193°，海拔 278 米。此处崖墓离地高约 0.6 米，墓宽约 1.2 米，长约 2.1 米，为圆拱形顶，内堆积大量杂草。后壁及两侧均有壁龛，龛内未见装饰纹饰，后龛上方刻有卷云纹，后龛正中有一圆形孔洞，孔径 16 厘米，深 11 厘米。此处，墓室左侧由于崖壁断裂有所损伤，墓顶石块有所垮塌，墓室有一处贯穿后龛长约 2 米的裂缝。

3. 塘堰

黄桷坪遗址上有大小共 9 个塘堰，其中最大的位于坡上平地中部偏北，面积约 4 平方千米，用条形大青石垒砌而成，始建时代不详。

第三节 初步认识

一、形制分析及时代判断

此次调查发现数段城墙，其砌筑方式、石块大小均有明显差别，根据城墙石砌筑方式可分为以下两型。

A 型：丁砌城墙石

此类城墙石外立面呈方形，根据其规格大小可分为以下亚型。

Aa 型：外立面面积较大，长宽在 0.45—0.6 米之间，部分凿刻有人字纹或斜纹。

此类城墙石发现于坡上平地区域手扒岩城墙，城墙石规格较大，部分錾刻有人字纹或斜纹。

Ab 型：外立面面积较小，长宽在 0.3—0.45 米之间，部分凿刻有人字纹或斜纹。

此类城墙石在台上缓坡及坡上平地区域均有发现，坡上平地区域有水坝处城墙，台上缓坡区域有五挑谷段、三角土段及城墙埂子。有素面和錾刻纹饰两种。

B 型：顺砌城墙石

此类城墙石外立面呈长方形，根据其规格大小可具体分为以下亚型。

Ba 型：外立面长度超过 1 米，分素面和凿刻痕迹呈人字纹或斜线纹两种。

此类城墙石在多在台上缓坡区域中五挑谷段城墙处有所发现，有凿痕和素面两种。

Bb 型：外立面长度适中，在 0.7—1 米之间，有素面和錾刻纹饰两种。

经调查，在所发现城墙中均发现有此类城墙石，根据其所处城墙位置可分为以下二式。

Ⅰ式：位于所处城墙下层，城墙石块较宽，为 0.3—0.4 米左右。此类城墙石在天生寨城门左侧天然崖壁处城墙下层、五挑谷城墙下层有所发现。

Ⅱ式：位于所处城墙上层，城墙石块较窄，宽 0.2—0.3 米左右。此类城墙石在天生寨城门左侧天然崖壁上层城墙、大堂坝及城墙埂子等处有所发现。

Bc 型：外立面较短，长度在 0.5—0.7 米之间，有素面和錾刻纹饰两种。

此类城墙石发现数量较少，主要在五挑谷段、三角土段及水坝处城墙有所发现。

黄桷坪发现城墙石规格不一，砌筑方式有所不同，可推为不同时间修筑而成。

黄桷坪遗址所发现城墙中，同样有收分现象，其中包括 Aa 型、Ab 型、Ba 型城墙石、Bb 型 I 式及 Bc 型这几类城墙，这几类城墙石均具有典型的宋代特征。其中 Ba 型城墙石规格较大，与钓鱼城一字城城墙石规格相似；[1] Bb 型 I 式及 Ab 型城墙石，此类型城墙与神臂城现存宋代城墙石[2]、大获城西门附近城墙石在砌筑风格及石块规格相近，因此可推测此类城墙为宋时所筑城墙；Aa 型城墙石，就石块规格而言，大于 Ab 型城墙石，但砌筑方式及城墙收分情况与宋代城墙无异，由此可推测 Aa 型与 Ab 型城墙石均为宋时城墙石。

四川地区宋代山城，经过激烈的战争洗礼，城墙多有损坏之处，对损坏的城墙进行修复的现象屡见不鲜。泸州神臂城外耳城门踏道两侧城墙则存在两种不同风格的宋代城墙石，两种不同风格城墙石存在明显的叠压关系，但上层城墙石契合程度及规整程度均不如下层宋代城墙，则可能是经过战乱毁坏后仓促补筑的结果。武胜城 A 型城墙石，虽无明显的叠压关系，但通过城墙保存情况、所属区域及地形走势可推测，Aa 型城墙石与 Ab 型城墙石中水坝处城墙石，应属于同一城墙体系中不同时期修建而成。推测 A 型城墙石城墙为先后两次修建而成，Ab 形态较小，可能时代稍晚于 Aa 型，属于维修的城墙。由于武胜城的修建时间已经晚至宋末，所以维修时间可能晚至元代。

Bb 型 II 式城墙石，主要位于所在城墙上层，多采用顺砌筑法，且整体显得比较杂乱，城墙石间隙较大，整体稳固性远低于下层城墙。此部分城墙无斜度，垂直于地面，虽然可见部分"人"字纹城墙石，但凿刻风格则异于宋代"人"字纹，在整体上与下层城墙风格迥异，此处城墙石与大多明清时期城墙石风格相近，如武胜县中心镇现存城墙石等。此类上下层城墙石风格不一的现象在巴蜀地区其他城寨中同样存在，例如小宁城朝阳门附近城墙[3]、虎头城内城虎尾处城墙[4]，因此可以推测此类城墙石为明清时期加筑城墙时修建，其中丁砌的城墙石大多为明末清初，而顺砌的城墙石可确定为清代，常见于嘉庆年间及以后。

综上，从城墙的情况看，武胜城城墙的始建时间是在宋末，在其后不久经过了大规模维修，明末清初以来至少进行过两次维修。

二、黄桷坪遗址的性质

据《元史》中对于武胜城、定远州等相关记载，再结合实地调查，黄桷坪遗址所发现多处具有宋代城墙特点的城墙遗迹，我们确定文献中的武胜城、女菁平（芜菁平）所在即黄桷坪。

据上文中对黄桷坪遗址上方各处城墙进行的分析，不难发现台上缓坡处城墙与坡上平地处城墙属于不同的城墙系统，坡上平地区域使用城墙石为 Aa 型，台上缓坡区域，使用城墙石

---

[1] 蔡亚林：《重庆合川钓鱼城城防设施的考古学观察》，《四川文物》2018 第 5 期。
[2] 蒋晓春、林邱：《泸州神臂城宋代城防设施调查简报》，《西华师范大学学报》（哲学社会科学版）2017 第 4 期。
[3] 四川省文物考古研究院、西华师范大学、平昌县文物局：《四川平昌县小宁城遗址调查简报》，《四川文物》2019 第 1 期。
[4] 罗洪彬、赵敏：《四川富顺虎头城遗址调查及初步研究》，《西华师范大学学报》（哲学社会科学版）2019 年第 4 期。

为其他类型。可见坪上遗存的时间早于缓坡区域，由于缓坡区域还有具有明代特点的城墙石（BbⅡ），所以缓坡区域至少有宋和明代两个时代。

此两种不同区域均分布有具有宋代特点的城墙遗迹，那么此两处区域中，则有一处为宋蒙（元）战争时期蒙军所修建的武胜城。根据文献记载，武胜城有几个关键时间节点：

1. 中统三年（1262），汪良臣献策修筑武胜城，未被采纳；
2. 至元四年（1267），创为武胜军，行和溪安抚司事；
3. 至元七年（1270），立武胜军；
4. 之后不久（具体时间不详）设定远州；
5. 至元二十四年（1287），降为县；
6. 成化间知县李俊筑周围七里，正德间知县越臻重修为门四：文明、武胜、迎恩、太平；
7. 嘉靖三十年（1551）移治庙儿坝。

上述节点中2、3、4、5最为关键。第2点是创建武胜军的开始，第3点是建立武胜军，4点是设置定远州，增加了行政功能，第5点是降级为县。从常理推测，蒙军选择黄桷坪一带作为大型驻军基地，为"帅戍""汪帅劲兵之所聚"之地，选址必定符合军事要求。黄桷坪遗址的三个区域中，显然只有坪上符合条件。其后为行使定远州、定远县的行政职能，需另外开拓一地，不可与军事区域相冲突，故而缓坡的大堂坝最为合宜，而坡底江边地势卑下，面积较小，不太可能作为定远州的首选之地。明嘉靖年间，定远县迁治，原因在于"旧治左山右水，崩溢甚为民患"[1]，可见此时的定远县治乃山下江边。又"其地山险隘，而前临大江，夏秋之交雷雨暴至，则崩岩错落而洪涛汛飞，上者有覆压之患，而下者有昏垫之灾，民不安其居者，盖自元迄今逾二百年"。说明从元到此时，县治位置未曾变动。江边虽卑狭，防守不利，但有航行之便，在政局逐渐稳定的时候，元廷将治所由坡上移至坡下江岸也是一个合理的选择。

前已述及，坪上城墙的时代早于缓坡区域，遗存断代与文献推测的结果相比较，两者是完全相符的。因此，我们的结论是：黄桷坪遗址坡上平地区域为蒙军所建武胜城所在，而黄桷坪遗址台上缓坡区域则为元定远州州治所在，山下江岸为定远县治所在。

三、天生寨的性质

天生寨位于缓坡地带最西边，是一个突出的高地，可俯瞰大江，环视四周，是建立哨所的不二之选。又因天生寨四面均为天然崖壁，地势陡峭，易守难攻，距离黄桷坪坪上很近，既可独立报警、御敌，又可与其下江边台地和其下大堂坝等相互呼应。经调查，天生寨的宋代堡坎以及被凿去墓顶便于观测和栖身的崖墓都表明宋代在天生寨已经修建防御设施，成为武胜城的外堡，与黄桷坪主城相呼应。

这种外堡拱卫的情况在宋军山城中比较常见，如大良城与小良城、礼义城与大小斌山、云顶城与小云顶等，但在蒙古所建的山城中尚属唯一能确定的实例。

1（明）万历《合州志》卷18，明万历七年刻本。

宋朝落幕，元朝建立，天生寨经历了多次变迁。据地方历史文献记载，"忠定书院，在旧县封山，今名天生寨。碑载，定远封山有忠定公祠，明御史苏郡，庐县人，嗣改忠定书院"[1]。"封山，（定远）城北十里，旧县明建书院处，今名天生寨"[2]。综合这两条文献看，为我们提供了三个重要信息：

一是天生寨原名封山，此"旧县"指定远县迁治庙儿坝之前的旧治。

二是明代的天生寨上先建有忠定公祠，后改为忠定书院。此处之"忠定"并非道光地方文献所谓纪念苏郡的，因为并无与本地历史相关的叫苏郡的人物，而是纪念南宋四川宣抚使安丙的。据《宋史》载，绍定四年（1231），"理宗亲札赐谥忠定"[3]。所谓忠定公祠即安丙祠，盖源于南宋大儒魏了翁撰写的《广安和溪县安少保生祠记》。宋代广安军辖渠江、新明、岳池三县。宋宁宗开禧三年（1207），广安知州阎伯䮣奏准朝廷，将新明县之和溪镇升为县。魏氏在《生祠记》中称，"安公，广安人也。和溪县封山镇，亦公之乡也"[4]。如此，宋之封山镇即原武胜县之旧县乡所在地。明代因封山系治城所在，加之风景秀丽，环境幽静，后被改建为忠定书院。明嘉靖以后，随着定远治城南迁至中心镇，书院逐渐荒废。

三是清代道光年间这里已建为天生寨。明末清初和嘉庆年间武胜一带均遭兵燹。民众便在宋元城堡的基础上重新修复为寨堡。从天生寨残存寨墙看，嘉庆年间修复的可能性很大。此后，天生寨的名字逐渐被人们遗忘，如今本地人已经改称老鸹寨了。

---

1 道光《重庆府志》卷1《舆地志》，清道光二十三年刻本。
2 光绪《续修定远县志》卷1《山川》，《四川历代方志集成 第二辑》第28册，国家图书馆出版社，2005年，第224页。
3 《宋史》卷402《安丙传》，中华书局，2013年，第12194页。
4 （宋）魏了翁：《鹤山集》卷40《撰记·广安军和溪县安少保生祠记》，文渊阁四库全书本。

第二章 其他蒙军山城

第一节 虎啸城

一、史地概况

虎啸城，又名"虎相城""虎象山"，位于广安市前锋区护安镇渠江村二组虎啸山上，与广安市区仅一江之隔。清宣统《广安州新志》载："虎啸城，州东十里，俯瞰渠江，中统二年（1261）帅府参议张庭瑞将兵筑此城。宋夏贵帅师数万围之，累年始解。中统三年（1262）东川都元帅杨大渊，四年（1263），招讨使杨文安均进筑此城，以逼困宋之大良，元帅奇彻戍此。至元元年（1264）宋夏贵以兵侵山寨，元益兵以守。五年，赵实喇戍之。今名护安城。"[1]

此城是蒙军仿照宋军山城新修的第一座山城，地处渠江左岸，三面环江，牢牢扼守着渠江水道，是渠江流域的重要军事基地，与后来修建的三台、东安、章广等城寨一起构成了蒙军在渠江流域的防护网，截断了渠江流域宋军山城相互驰援的水陆交通要道。因此，虎啸城战略地位十分重要，为宋蒙双方激烈争夺的要塞。

虎啸山异峰突起，高险可守，视野开阔，为筑城守御佳地。山势大致呈东西走向，山顶最高海拔357米，山脚海拔125米，相对高差达230余米。四围皆是悬崖绝壁，又以北部邻渠江一线最为险要，自然崖壁高20余米，形势险绝。山顶面积约15万平方米，地形狭长，地势稍有起伏。受自然条件限制，虎啸山上水源匮乏，可耕种面积狭小，不利于长期守御。但其控制区域内的渠江岸边层层梯田，土地肥沃，亦可满足虎啸城驻军的短暂粮供。

虎啸城成功起到了牵制宋军大良城以及其他川东北地区山城的作用。宋军从钓鱼城溯江而上用以支援这些山城的粮饷及兵力多次遭遇蒙军拦截。为拔除虎啸城，宋军夏贵曾先后三次对虎啸城发动攻势，虽在兵力上占据绝对优势，但均以失败告终，足以证明虎啸城在蒙军中重要战略地位和其易守难攻的城防系统。

虎啸城平面大致呈东西向长条形，现存4座城门遗迹，分别为东门、西门、新插门、老插门，4座城门均已毁，城墙也所剩无几，仅西门残存部分遗迹。（图3-2-1）

二、遗存

（一）城墙与城门

1. 城墙

虎啸城主要依靠山险作为防御手段，因此城墙较少。虎啸城北部及东部较陡，多利用天然崖壁形成北部防线；西面及南面地势较为缓和，利用崖壁防御的同时修建城墙，城墙、城门、

---

[1]（清）宣统《广安州新志》卷6《岩险志》，清宣统二年重刊本。

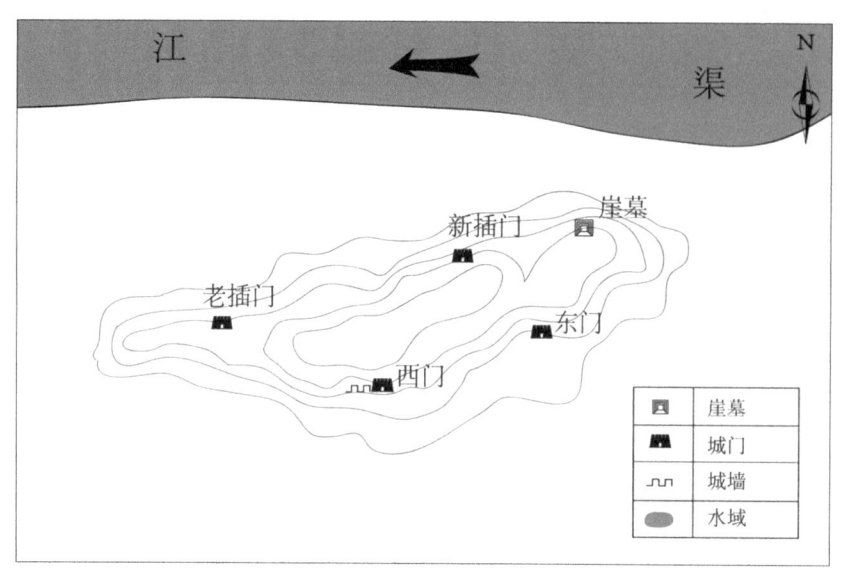

图 3-2-1　虎啸城遗迹分布图

崖壁共同构成西面防线。崖壁所形成的天然城墙与修建的人工城墙共同围合成虎啸城。

虎啸城只在城门附近有部分城墙遗迹残存，其中又以西门附近保存最多，残长约15米，残高约2米，由6层长条形城墙石丁砌而成，城墙石錾刻花纹以细密竖条纹为主，偶见"人"字纹和斜纹。（图3-2-2）

2. 城门

虎啸城遗址内共发现4处城门遗址，分别为西门、东门、老插门、新插门。

（1）西门

西门位于虎啸山西南侧，海拔321米，方向南偏西65°。城门早已毁坏，仅存门道遗迹。根据残存遗迹，可知西门是在天然岩体上修建而成，城门外的岩体上还开凿有"之"字形石梯步道（图3-2-3），总长约15米。从城门附近的遗迹特征来看，西门应该在清代经过重修或维修。

（2）东门

东门位于虎啸城东南侧，海拔339米，方向南偏东70°。现城门已毁，通过地面痕迹判

图 3-2-2　虎啸城城墙

图 3-2-3　西门外道路

断门洞宽约 3.50 米。

虎啸山地形特殊，北部临江一线为悬崖绝壁，地势险峻，南部则多缓坡，险要不足。西门及东门分别位于虎啸城西南侧及东南侧缓坡地带，可以较好地弥补虎啸城在城南区域的防御缺陷。

（3）新插门

新插门位于虎啸城东北部，海拔 334 米，方向北偏东 50°。新插门残损严重，仅剩半边城墙的墙壁，城门宽 1.56 米，进深 2.33 米。墙壁上共残留有 5 个类似门栓的槽孔。新插门设于崖壁之上，左侧下方为悬崖，右侧壁紧贴天然崖壁。新插门门道为开设于悬崖之上的栈道，道路狭窄，仅能供两人并排行走。

新插门内有三幅题刻，其一文字为"石头四十五□"，其二"石头□□□千贰百□"，第三幅严重风化，无法辨识。

（4）老插门

老插门位于虎啸城西北部，海拔 320 米，方向为南偏东 85°。老插门由人工开凿而成，于天然岩体中劈出一条小道，充分利用了险要地形设置卡口，垒砌城门。（图 3-2-4）从残留在岩壁上的痕迹可以看出，城门应有两个门洞，外门洞宽 0.90 米，高 2.80 米；内门洞宽 1.30 米，高 0.28 米。据老乡描述测得，原门顶的宽度约 3.4 米，进深约 7.7 米。

离老插门右下方 10 米的地方有 1 幅题刻，竖行，第 1 个字疑是"天"，后 3 个模糊不清。

老插门城门处存在明显后期扩宽痕迹。早期老插门门宽仅供一人通过，而经过城门通过扩宽之后，老插门门洞稍宽，可供两人并排而行。

图 3-2-4　老插门

（二）其他

1. 崖墓

虎啸城现存崖墓 11 座，皆属于小型单室墓，结构单一，以"人"字形顶、圆拱形顶为主。

2. 许家祠堂

许家祠堂，位于虎啸城西南侧。许家祠堂建于清代，典型的四合院形制，坐北朝南，正殿为悬山顶，穿斗式木结构，竹编泥墙。院内平坝长 11.3 米，宽 14.96 米，面积约 169 平方米。祠堂通进深 29.74 米，面阔 26.9 米，占地总面积约 800 平方米。

综合虎啸城的遗存看，其城墙有可能为宋代修建。老插门有改造痕迹，推测原门道很可能开凿于宋代，清代因山上人口增殖，对狭窄的门道进行了拓展。山顶平坦，应为蒙军驻地。许家祠堂位置在山顶居中，蒙军应有所利用，只是时过境迁，已踪迹杳无了。

第二节 母德章城

一、史地概况

母德章城修筑于至元四年（1267），是武胜城的姊妹城。关于母德章城的具体位置，元人姚燧《便宜副总帅汪公神道碑》指出母德章城与武胜城"夹嘉陵江东西，距合为里亦然"[1]，故母德章城应在武胜城隔江相望处。经实地调查，武胜城位置已明确为武胜县旧县乡黄桷村黄桷坪。武胜城江对岸为低山丘陵地形，适合军事驻地的山体较少。通过从中心镇以北沿江的实地调查，我们认为母德章城就在南禅寨。原因有二：第一，南禅寨与武胜城隔江而望，相距不足3千米，可与武胜城共扼嘉陵江，与文献记载相符；第二，南禅寨所在山体本身地势险要，大小适中，适合建城防御，是这一带最适合建城寨的地方。

母德章城在明清时期被多次重新利用，明代时名西山寨，又名五虎寨，清代始称南禅寨，今又误为南山寨。清嘉庆《定远县志》载："南禅寨即西山寨，为城后保障，明嘉靖李姓弟兄五人率里人避贼于此，又名五虎寨。"[2] 又载："西山，县治枕山，明西山寨，半山石洞中刻有'嘉靖五年大破贼匪'八字，嘉靖五年贼渡嘉陵，民避兵于上保全者以数万计。"[3] 寨址位于广安市武胜县中心镇南山村，东距嘉陵江约500米，南距明清定远县治（今武胜县中心镇）4.5千米。

母德章城所在西山孤峰突起，四壁峭立，顶部宽阔平坦，山顶5个山头向外延伸，犹如张开的手掌。寨内面积约有0.18平方千米，耕地众多，适合驻屯。（图版3-3）

二、遗存

调查发现城门遗迹5处（垮寨门、望安门、渊沟门、大寨门、顺风门），城墙数段，碑刻1通，摩崖题刻1幅。（图3-2-5）

（一）城门及周边城墙

母德章城四周皆为崖壁，崖壁陡峭之处以崖为墙，不再砌墙，缓平之处则加砌城墙，形成城墙与崖壁结合的一圈防线。城内遗迹破坏较甚，现仅存城门及附近城墙。

城门多分布在崖壁向内凹处，利用山体形成的"V"形角，能最大限度监视城外情况，同时便于夹击攻城者。

1. 垮寨门及附近城墙

垮寨门位于母德章城西北部山体内凹处，海拔304米。城门已垮塌，城门处有石板铺路，

---

[1]（元）苏天爵：《元文类》卷62《便宜副总帅汪公神道碑》，上海古籍出版社，1993年，第900页。
[2]（清）嘉庆《定远县志》卷6《山川志》，四川省地方志编纂委员会辑：《四川历代方志集成》第2辑第28册，国家图书馆出版社，2015年，第43页。
[3]（清）嘉庆《定远县志》卷6《山川志》，四川省地方志编纂委员会辑：《四川历代方志集成》第2辑第28册，国家图书馆出版社，2015年，第43页。

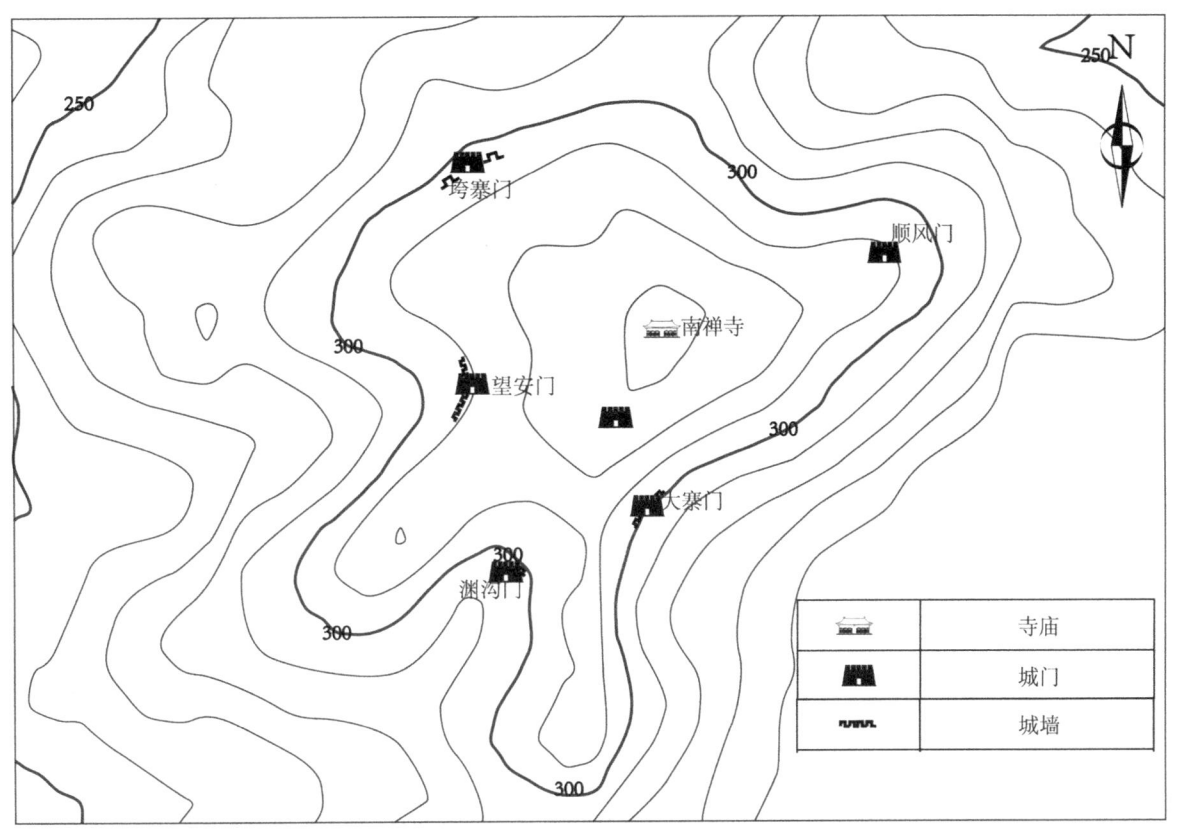

图 3-2-5 母德章城遗迹分布图

宽 1—1.5 米。城门左右残存有城墙，为单层城墙，城门右侧城墙现存 8 层，残高约 2.4 米。砌筑方式为丁、顺结合，一层丁砌一层顺砌，部分顺砌中夹杂少量丁砌。石材取自当地灰砂石，城墙下方崖壁有采石痕迹。城墙石规格分为以下几种：长方形条石长 0.5—0.6 米，宽约 0.33 米，为顺砌城墙石；近方形石块长约 0.4 米，宽约 0.33 米，为丁砌城墙石。（图 3-2-6）此处城墙立于天然崖壁之上，

图 3-2-6 垮寨门右侧城墙局部

崖壁高约 7 米。城门左右城墙相对，下方各有一处平台，互为犄角，共同控制门外。右侧城墙外有 3 米见方的平台，低于城墙数米，可作哨所或角台使用。门外小道直通大路，为唯一一条上山道路。门内地势平坦，视野开阔，上多巨石，巨石上开凿有大小不一的柱洞，分布范围较广，沿崖壁边延伸近百米，直径多为 0.13 米左右，个别较大者直径约 0.2 米，深约 0.2 米。除柱洞之外，岩石上还存有大量基槽，大多分布于崖壁内侧较平坦处。

2. 望安门及附近城墙

望安门位于母德章城西侧，距垮寨门约 150 米，城门已毁，海拔 310 米。城门两侧均保

图 3-2-7 望安门左侧城墙

留有城墙遗迹，砌筑方式为丁、顺结合，丁、顺分层砌筑，一层丁砌一层顺砌。城门右侧城墙残存 6—8 层，残高 1.5—2.5 米。城墙砌于崖壁之上，城墙下方崖壁高约 2 米，崖壁一侧有宽约 3 米的平台，平台下亦为天然崖壁。城门左侧城墙现存 9 层，残高约 3 米，城墙垂直于地面，城墙一直向西南方向延伸近 100 米。（图 3-2-7）城墙石规格较小，长 0.3—0.4 米，宽 0.3—0.35 米。城墙下部有一排水沟，高约 0.58 米，宽约 0.29 米，可测深度为 4.12 米，仍有水流排出。

3. 渊沟门及附近城墙

渊沟门位于母德章城南面，距望安门约 150 米。同样位于崖壁内凹处。此处城门外地势较平缓，视野开阔。城门已垮塌不存，门外有一条小路可通山下。城门周围利用天然崖壁为墙，崖壁高四五米，崖壁上方现存 4 层城墙，砌筑方式为顺砌。城墙残高约 1.2 米，长约 5 米。城门内发现大量柱洞及建筑基槽。

4. 大寨门及附近城墙

大寨门位于母德章城东南部，距渊沟门约 150 米。山体崖壁高近 10 米，崖顶地势平坦，城门修建于山体稍内凹处，临嘉陵江，与武胜城隔江相望。城门已垮塌，城门外下方多乱石，城门左右保留有城墙。城墙现存最多为 16 层，残高约 5.5 米，延伸约 20 米。（图 3-2-8）下层城墙以丁砌为主，上层城墙多为顺砌。城墙垂直于地面，城墙走向有一定弧度，砌筑整齐，城墙石较规则。城墙石规模

图 3-2-8 大寨门附近城墙

分大、中、小三种：大石长 90 厘米，宽 35 厘米；中石长 53 厘米，宽 35 厘米；小石长 40 厘米，宽 35 厘米。上下层城墙石风格有异，下层城墙砌筑方式以丁砌为主，上层城墙则以顺砌为主，当为不同时期修建而成。门内为采石区，地势平坦，上分布巨石，石上有开凿痕迹，石块近崖壁旁有若干柱洞及建筑基槽，应为哨所或居住之所。

5. 顺风门

顺风门位于母德章城东北部，此处城门位于崖壁外凸处，视野开阔。开凿于天然崖壁之间，未发现城墙遗迹。城门垮塌，城门遗迹不存，仅留一条羊肠小路顺崖壁而下。

(二) 其他

1. 南禅寺遗址

位于母德章城山顶中心位置，海拔330米。寺庙建筑已改建为民居，格局基本保存，部分寺庙建筑的石质构件被用于民居墙壁，尚有"东岳碑记"残碑一通置于院内。

2. "北门锁钥"摩崖题刻

位于大寨门西面绝壁上，阴刻"北门锁钥"4个楷书大字，字体方正，字高约0.5米，整幅长约4米，宽约1米，字迹完好。

3. "东岳碑记"功德碑

残碑，残高1.5米，宽0.8米，大字字径为0.13米，小字字径为0.03米，部分字迹磨灭，碑文有清咸丰年间动乱和同治、光绪年间重修东岳庙之事，落款时间为光绪四年（1878）。

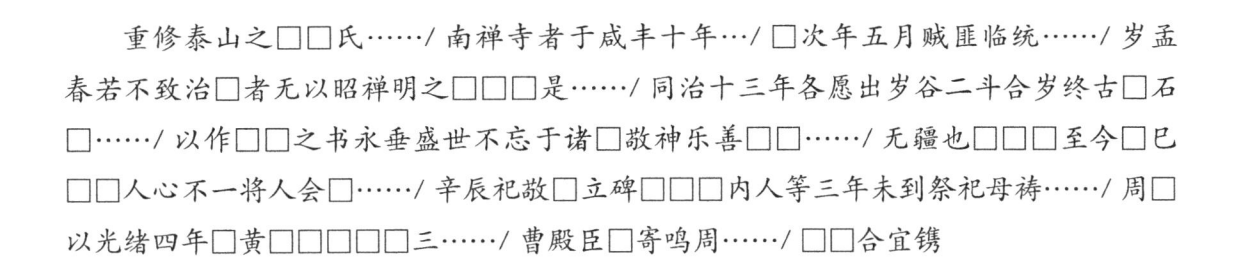

重修泰山之□□氏……/ 南禅寺者于咸丰十年…/ □次年五月贼匪临统……/ 岁孟春若不致治□者无以昭禅明之□□□是……/ 同治十三年各愿出岁谷二斗合岁终古□石□……/ 以作□□之书永垂盛世不忘于诸□敬神乐善□□……/ 无疆也□□□至今□巳□□人心不一将人会□……/ 辛辰祀敬□立碑□□□内人等三年未到祭祀母祷……/ 周□以光绪四年□黄□□□□三……/ 曹殿臣□寄鸣周……/ □□合宜镌

第三节 东安城

一、史地概况

至元五年（1268），蒙军将领赵匣喇因战功卓著兼管京兆、延绥两路新军，戍东安、虎啸山两城。[1]

东安城，今名东安寨，位于华蓥市永兴镇东安寨村，西濒渠江，山顶海拔340米左右，山脚海拔240米左右。在蒙军所建山城中面积最大，约100万平方米。自山脚观东安城，崖壁耸立难以攀登，而城内则宽阔平坦，广布良田、水池、树林及民居。整个东安城平面略呈

图 3-2-9 东安城崖壁及渠江

方形，西面、南面及东面地势起伏稍大，北部与平地相连，呈北低南高的坡状。渠江在东安城处有一个明显的拐弯，因而，从城上观渠江上下游均有良好的视野，便于控扼渠江水道。（图3-2-9）

---

[1]《元史》卷165《赵匣剌传》，中华书局，2013年，3874页。

二、遗存

实地调查表明,东安城原有6处城门,分别为大寨门、宝城门、小西门、小南门、临江门及关合门,但均已不存,仅留下城门遗迹及城门附近城墙。(图3-2-10)另有观音岩摩崖造像、天生桥摩崖题刻等。

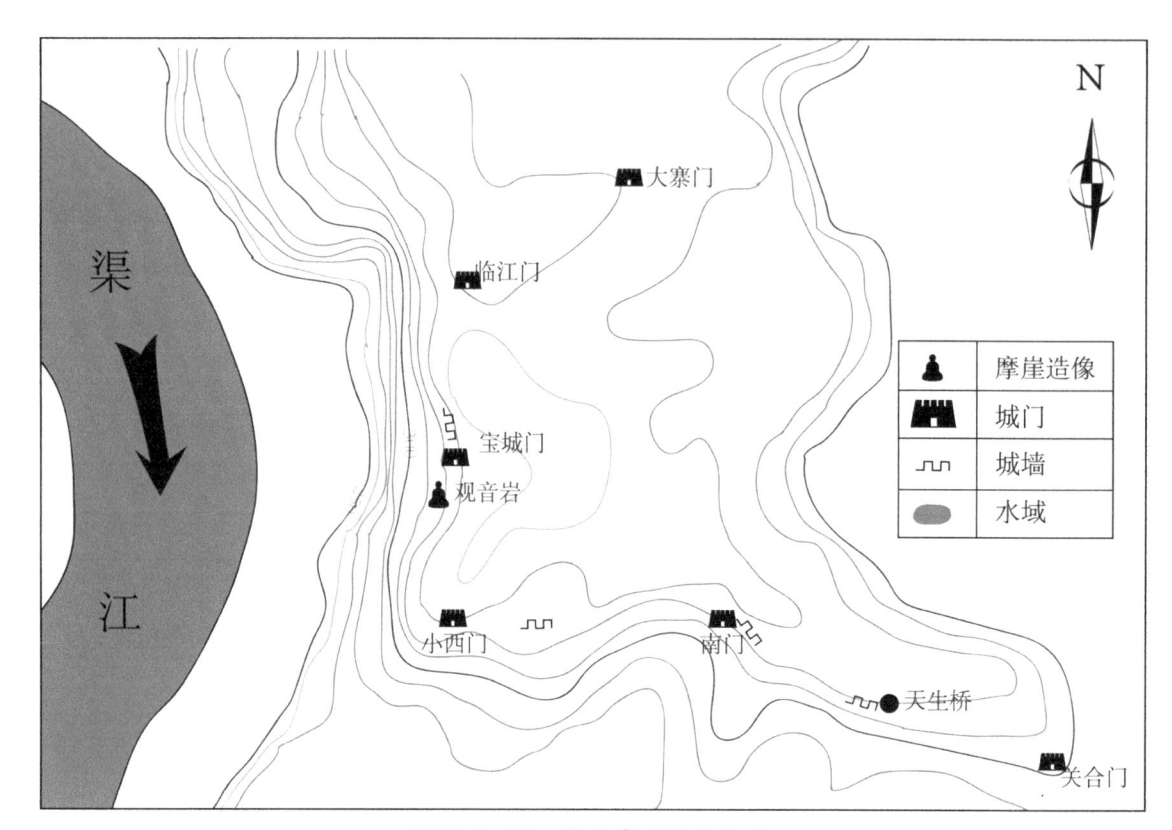

图3-2-10 东安城遗迹分布图

(一)城门

1. 大寨门

位于东安城北面,城门已毁,海拔约327米,地处平畴,两侧无险可守,扼守城内交通要道,通永兴场镇。

2. 临江门

位于东安城西面偏北,临渠江。城门无存,仅存左右部分城墙,海拔316米。门前山凹缺口,左右延伸至江边山脊,城门筑于山湾内侧,左右以城墙相连。因后代取石修房,周围地形有较大改变,城墙毁坏殆尽。顺城门前小路可直通渠江边。

3. 宝城门

位于东安城西部,观音岩北侧,海拔317米。此处地势较缓,左右绝壁,城门西南向,门前石板小路尚存,可通江边。宝城门外左右崖壁下方有两幅题刻,文字均不存。城门右侧崖壁顶端间或分布城墙,砌于天然崖壁之上,丁、顺结合,城墙高1—5米。城门附近土壤中可见青花瓷残片。

4. 小西门

位于城西南的石垭口，城门已毁，仅存基址及门前小路，海拔323米，城门右侧保留有一段高约1.5米、长约8米的城墙。门外石板路直通山下，长数百米，路宽1—1.6米。石板路右侧崖壁上有题刻4幅，疑为修路碑记。T1、T2为圆拱形，T3、T4为方形；其中T1、T2位置很低，仅高出路面10—30厘米，风化严重，文字完全磨灭；T3、T4位置较高，高出路面约1米。部分文字尚能释读，其中T3的落款能看出是光绪二十一年（1895），内容磨灭，T4的仅个别文字可读，内容跟修路有关。由此可见，西门前道路至少有两个时代，现存道路是在早期路基之上抬高而成，时间可能是光绪年间。

小西门左侧下方有一土地龛，高80厘米，宽80厘米，进深44厘米，龛内造像已毁。

5. 小南门

位于城南，城门已毁，海拔308米，城门朝向大致为东南。城门门道残宽2米，门外左侧崖壁约15米处有一处题刻，落款"大清同治三年"。城门外左侧崖壁上仍保留有高约3米、宽约2米的城墙。门内有多条道路，可通城内陈家湾。

6. 关合门

位于城东南，原为单拱城门，现因采石，城门无存。海拔296米，城门原为东南朝向。

（二）其他

1. 观音岩摩崖造像

位于临江门南面天然崖壁之上，距离地面约1.8米，为三座塔形瘗穴。左侧塔形瘗穴高2.7米，底宽1.69米；中间塔形瘗穴高2.35米，底宽1.39米；右侧塔形瘗穴高2.5米，底宽1.55米。（图3-2-11）

观音岩摩崖造像于1987年列入华蓥市文物保护单位。

2. 天生桥题刻

位于城南，为自然石桥，长33

图3-2-11 观音岩摩崖造像

米，宽2—2.5米，高3—4米。桥左右与崖壁相接处筑有城墙两段，右侧一段保存较好。天生桥周边共有7幅题刻，其中3幅保存较好。其一为"步仙台"，篆书。其二为伏忠道人记游，刻于淳熙二年（1175），全文如下：

清溪石桥横两山之间，/其天然如天台而长与/广过之，惜乎人不知也。/乾道元年冬十月己亥，/安锡钧、汉嘉张大悦、大/任、李琦同僧绍松实来/养真洞。/安镇季宰率董积、仲山、刘/少、章子父、黎藻茂实来寻/避暑之游，始昕而来，逮晚/乃去，如是者凡六日。淳熙乙/未秋七月庚寅书。/佛心伏忠道人。/

其三为杨嗣纯题诗，镌刻时间不明，全文如下：

奉和 / 何侯通判元韵。 / 里人杨嗣纯。 / 桥石天生信不虚，罔凭人力自□ / 如。可烦舟楫排岩壑，岂藉栏干□ / 简茶。□□□飞缘景象，蛟龙腾空 / 骇龟鱼。登临极目江山兴，便觉安 / 闲化日舒。 / 又望溪何廷瑞。 / 汉殿谁人诵子虚，天生此地过相 / 如。自从皓白得黄石，疑是神仙过 / 简茶。岂谓昔年游□约，会逢毂 / 旦掮金鱼。秋虹气势飞来晚，一览 / 江山景象舒。 /

第四节 章广寨

一、史地概况

至元四年（1267），大良城被宋廷收复。至元六年（1269），李忽兰吉"以军三千，立章广平山寨，置屯田，出兵以绝大梁平山两道"。"（至元）十年六月，将兵赴成都……十一月，复还守章广平山寨。前后七年，每战辄胜。"[1]

章广平山寨，现称章广寨，又写作张广寨，位于华蓥市章广寨村，东距华蓥市区约1千米，西距渠江4千米。章广平山寨是元军仿照宋军山城在渠江流域建立的重要军事基地之一，与附近的虎啸、三台、东安等城寨一起构成了蒙军在渠江流域的堡垒群。

章广寨平均海拔约315米，其上地势较平坦，四周为天然崖壁，高约20余米，形势险绝，仅东南面坡度较缓。章广寨大致呈东西走向，山顶最高海拔约335米，山脚海拔约250米，相对高差近100米。（图3-2-12）山顶面积25万平方米，地势稍有起伏。寨内水源充足，可耕种面积较大，利于长期守御，这也是李忽兰吉能够在章广寨守卫7年的重要原因。

图 3-2-12 章广寨崖壁

---

[1]《元史》卷162《李忽兰吉传》，中华书局，2013年，第3793—3794页。

二、遗存

章广寨现存两处寨门遗迹及数段城墙，大寨门门洞保存较好，小寨门被毁，现仅剩城门基址及城门一侧城墙石，另有塘堰和水井若干。（图3-2-13）

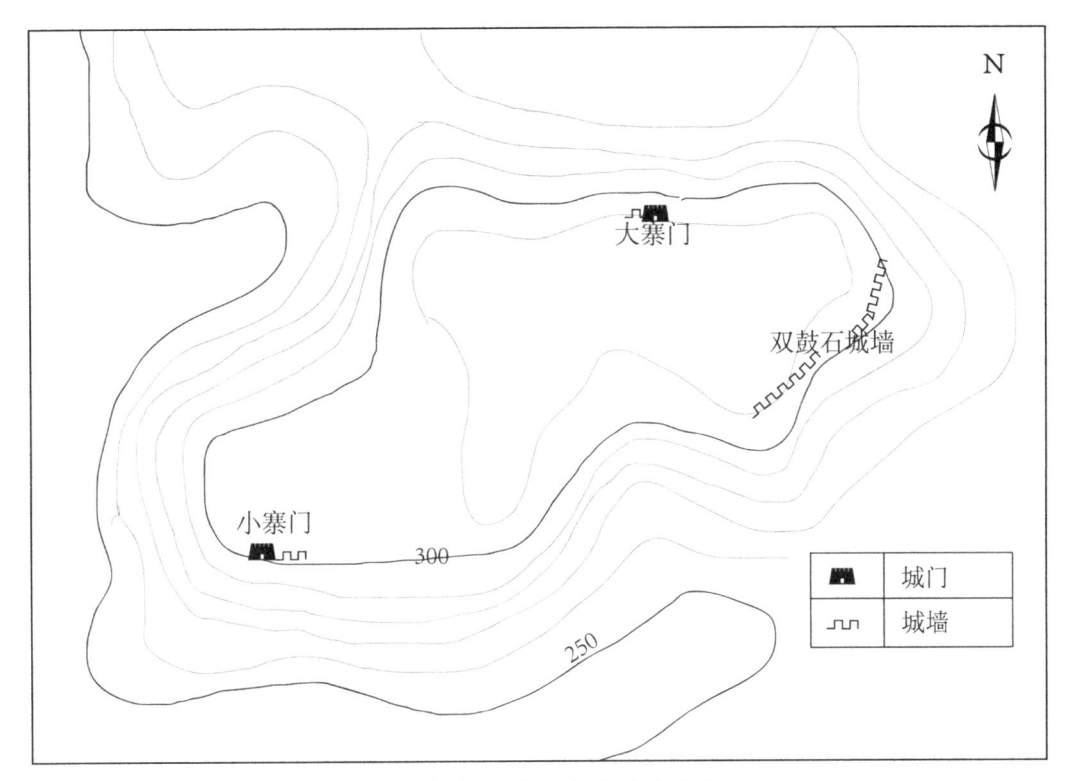

图3-2-13 章广寨遗迹分布图

（一）城墙及城门

1. 城墙

章广寨四周为崖壁，寨墙利用天然崖壁与人工城墙相结合。寨西、南两面地势较陡，多利用天然崖壁构成城墙，东面及北面地势较陡多修筑城墙提高防御能力。章广寨现存最完整的城墙位于寨东双鼓石周围，长约50米，高2.5—6米，部分城墙砌筑于岩石之上。下层城墙多为丁砌，上层多为顺砌。城墙石就地取材，城墙下方有多处采石遗迹。錾刻纹路以细密竖条纹和细密斜纹为主。（图3-2-14）

图3-2-14 双鼓石附近城墙

2. 城门

（1）大寨门

位于章广寨北部，设于崖壁稍微内凹处，两侧为崖壁，海拔305米，方向为351°。大寨门为双拱石门，门洞宽1.9米，高2.7米。门道总长约3.3米，其中外拱进深1.35米，内拱进深1米，门内由青石板铺就，可通寨内。（图3-2-15）城门条石以长1.3米、宽0.3米、高0.4米为主，上錾刻有细密竖条纹。门外下山道路同样由石板铺就，石板路长约200米，一直通往下山小路。城门两侧现存城墙高约2米。城门左侧靠山体，城墙与巨石相结合，砌于巨石四周，城墙上、下层在砌筑方式及城墙规格上有一定的差别，下层城墙多丁砌，上层城墙则多顺砌。城门右侧为悬崖，城墙砌于崖壁之上。崖壁缝隙处用石块丁砌连接。

图 3-2-15 大寨门

大寨门右侧八字墙上有小龛一个，所供奉者戴冠，丰颐大肚，舒相坐，身份不详。龛侧有对联"入城依长者，出寨仗先生"。

（2）小寨门

小寨门位于章广寨南面，城门已毁，现仅存寨门基址及寨门左侧城墙，海拔303米。寨门外有石板铺路，石板一般长1.1米，宽1米，厚0.2米。小寨门左侧城墙为内外双重城墙，内外城墙之间间隔约2.3米。外层城墙立于崖壁之上，残高4米，残长约10米。城墙砌筑方式为丁砌为主，城墙上方为顺砌，墙体无收分。内层城墙残高0.8米。

（二）其他

章广寨上有水井数口及塘堰1个，塘堰位于章广寨山顶，为边长约40米的方形水塘，现仍为山顶居民重要的水源。（图3-2-16）此外，章广寨上方原有多处清代到民国建筑，现大多已拆毁，另有清末武举傅骧廷墓1座。

图 3-2-16 塘堰

第五节 三台寨

三台寨位于广安市前锋区观塘镇伏岩村，南临渠江，山顶平均海拔426米，山顶最高海拔为435米，山脚海拔约280米，相对高差达155米，地势十分险峻，临江一面山地呈现明

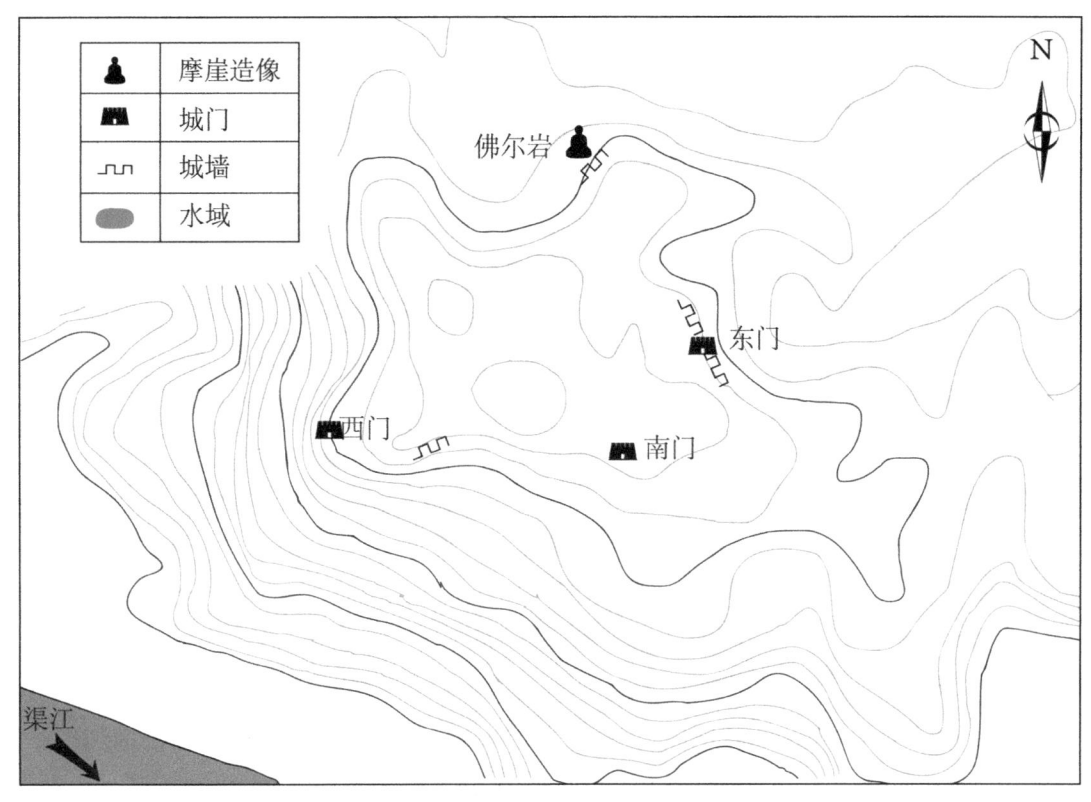

图 3-2-17 三台寨遗迹分布图

显的三级阶梯状。三台寨上地形平坦，寨上面积约 40 万平方米，可耕地多。山顶多天然岩石所形成的塘堰，常年蓄有雨水，可供山顶居民生活用水。

据《元史》记载，至元五年（1268），赵匣剌驻守东安、虎啸之际，宋将杨立护送粮饷到大良城，赵匣剌察知后，与杨立战于三重山，斩首百五十级，擒获四十余，缴获粮草千余石，杨立败归，甲仗尽失。[1] 文献中并无蒙元军队在三重山建城的明确记载，三重山的位置亦不详。通过考察三台寨的位置和地形地貌，我们认为，三台寨位于东安城和虎啸城之间、渠江大拐弯处，视野良好，加之三台寨地形恰好呈现三层台状，与"三重山"之名契合。且两城之间再无比三台寨位置、地形更优之处，故我们认为三台寨即三重山所在。

调查得知，三台寨原有 5 道门，包括东门、西门、南门、北门和小东门，现仅存东门及西门两座，南门基址依稀可辨。此外，三台寨北面以天然崖壁为主，崖壁下方有佛尔岩石窟造像及题刻。（图 3-2-17）

一、城防遗存

三台寨保存城墙极少，共 3 段，其中一个叫龙脑壳的地方左侧后方残存有一段保存较好的城墙，残高 4—5 米，墙体厚约 2 米，顺砌，无收分，延伸数十米。（图 3-2-18）

城门 3 座，分别为东门、西门和南门。

---

[1]《元史》卷 165《赵匣剌传》，中华书局，2013 年，第 3874 页。

图 3-2-18　龙脑壳城墙

东门为单拱石门，门内外有石板路。（图 3-2-19）城门左右现存城墙，左侧城墙延伸约 15 米，右侧城墙延伸约 10 米，城墙残高 1.5—2 米，城墙高 5—8 层。城墙砌筑方式为丁、顺结合。城墙底部两层为顺砌，顺砌城墙以上为丁砌。顺砌城墙条石规格长约 0.9 米，宽约 0.4 米；丁砌城墙石大小不一，长 0.35—0.55 米，宽 0.39 米。

图 3-2-19　三台寨东门

西门为单拱石门，两侧城墙以丁砌为主，门外有一小道可通渠江。（图 3-2-20）城墙砌于岩石之间，与自然岩壁相结合。城门处城墙总高 4.45 米，共 16 层。城门为一券一伏形式，高 2.56 米，宽 1.58 米，门洞进深 1.63 米，城门内门道长 1.46 米，宽 2.1 米。城门内为一面积约为 30 平方米的狭小空间，类似瓮城。

南门已毁，现存城门遗址及两侧夯土墙，残存城门门道宽约 2 米，进深约 2 米，与东门形制相似。下为渠江，城门未设在崖边，而是设立在数级巨石之上。城门内外地势均较为平坦，门内岩石有若干柱洞，形状不一。圆形直径约 0.13 米，深度约 0.1 米；方形柱洞边长约 0.17 米，深度约 0.1 米。此处岩石面积约有 120 平方米。南门西侧有一天然水池，常年蓄有雨水，水池旁岩石上有若干柱洞。站在此处岩石上可望渠江江面。

炮台位于南门内西面约100米处，面积约80平方米，地面有尚存瓦砾。炮台一侧有100平方米左右的水池。

龙脑壳为数块天然巨石垒砌而成，高出周围近3米，其形状酷似龙脑，而因此得名。龙脑壳上方坦平，面积约30平方米，可俯瞰渠江上下。有此得天独厚条件，在战争时期，龙脑壳可作哨所使用。

图3-2-20 三台寨西门

二、其他遗存

佛尔岩摩崖造像位于三台寨城墙下方红砂岩崖壁上，现存5龛，造像21尊，皆破坏严重，题材有七佛、文殊、普贤、观音。（图3-2-21）另有摩崖题刻1幅，楷书刻"鹫岭祇园"。摩崖碑刻1通，"万福攸同"碑刻咸丰九年（1851）募修佛尔岩之事。从碑刻内容和造像形制看，佛尔岩摩崖造像的时代应为清代，属于比较难得的精美的清代造像。佛尔岩摩崖造像于2010年被公布为广安区文物保护单位。

图3-2-21 佛尔岩摩崖造像

第六节 蒙军山城的初步认识

一、时代判断

调查发现，蒙军山城现存遗迹主要为城门和城墙，现存城墙少数有补筑痕迹，部分区域存在明显的叠压关系，可供断代参考。

上述蒙军山城的城墙砌筑方式存在明显差异，可分为丁砌和顺砌两种。

以丁砌为主的城墙石主要出现在母德章城大寨门、章广寨小寨门及双鼓石城墙处。母德章城大寨门处丁砌城墙石位于城墙底部，石长 0.4 米，宽 0.35 米，城墙石有一定程度的风化。章广寨小寨门及双鼓石处城墙以丁砌为主，石长 0.4—0.5 米，宽 0.35—0.4 米，城墙石砌筑较为整齐。以上 3 处城墙石所砌筑城墙均未见收分情况，城墙垂直于地面。整体风格明显有异于宋代城墙，也异于武胜城宋代城墙，与其他地方丁、顺结合砌筑方式的城墙也迥然不同，其砌筑年代应介于宋代和清代之间。此类城墙在石材规格及砌筑方式上与重庆东水门、四川富顺虎头城虎尾段城墙及武胜中心镇等地之明代城墙极为相似，时代亦应相差不大，推测为明代城墙。

其余城墙砌筑方式多为丁、顺结合，部分叠压于丁砌城墙之上。此类城墙所用石材为规则长方体，顺砌城墙石长 1.2—1.3 米，切面宽约 0.25 米，高约 0.3 米。城墙石风化较轻，錾痕清晰，多呈竖条纹或者密集人字形纹。根据城墙叠压关系，顺砌城墙的砌筑时代明显晚于丁砌城墙。对比川渝地区同类城寨，如高坪图山寨、隆昌云顶寨、自贡三多寨等，其城墙砌筑方式多有相同之处，故此类城墙为清代至民国时期所建。

2. 城门

4 处山城中，除章广寨大寨门、三台寨东门和西门 3 座城门仍有保留外，其余城门均已毁，仅存城门遗迹。现存城门均为单拱石门，拱券由长条形券石砌筑而成，券石錾痕为细密竖条纹，带有典型明清时期特征。三台寨西门整体保存较好，拱券上方设置宽约 10 厘米的券伏，门洞上方设置长方形匾额，此做法多见于明清时期城寨中，如大良城寿星门、北门，小良城东门、西门等，故上述现存城门属于明清时期。

二、关于遗存的理解

根据文献记载，上述 5 座山城属于南宋晚期蒙军所建，但能确认属于蒙元遗存的很少，大概只有虎啸城的城墙和老插门等寥寥数处。那么这些山城中为何少见甚至不见宋代的蒙军遗存，而多为明清时期遗存呢？笔者认为主要有三个原因。

第一，实力保障。通过多年的交战，在四川战区，蒙军相对于宋军而言，战绩更加突出，显示了其强大的军事实力，由此也获得了明显的心理优势。在这种情况下，蒙军不屑于像宋军一样修建复杂而牢固的军事防御系统。

第二，山城职能。宋军山城除军事职能外，还往往有民众居住、行政办公、文化教育、宗教信仰等多种职能，容易留下各类遗迹。而蒙军山城以军事职能为主，性质单一，加之蒙军有住宿帐篷的习俗，建筑具有临时性特点，因而其山城内难以发现当时的非军事遗存。

基于以上两个原因，蒙军修建山城的耗时比较短，不像宋军动辄数月。如张庭瑞筑虎啸城，"不逾时而就"[1]，"旬日而营垒、储偫皆完"[2]，筑城之快可见一斑。因而人工建筑物原本就不多，能保留至今的就更少了。据我们调查，虎啸城上确实也未发现可以确认为南宋时期的遗存（老插门可能是南宋遗存）。即使是蒙军军事重地武胜城，经笔者详细调查，也没发现多少南宋时期遗存，所见者唯数段城墙而已。

第三，后世破坏。明清时期，四川地区时有战乱发生，尤以"鄢蓝起义"、"张献忠入川"、"姚黄之乱"、白莲教起义、"李蓝起义"、太平天国入川等影响最大，四川各地民众在政府和士绅组织下，纷纷修建山寨，大部分宋元山城在后世被重新利用。在利用的过程中，难免对山城原有设施造成破坏。即使是和平时期，当地群众改土改田、修房造屋、修建道路、开挖池塘等行为拆毁山城之事也十分常见。就本章所涉的5处蒙军山城而言，文献和碑刻材料表明，明代后期以及清代咸丰年间，母德章城就曾修建寨堡。其余几处山城地处川东北一带，正是明清时期修建寨堡风气最盛的地方，前文介绍到的明清城墙、城门即是当时修建寨堡的证明。除上述人为原因外，自然原因，如滑坡、风雨剥蚀、植被掩盖等同样会导致古代遗存或消亡，或掩埋而难以被发现。最后，必须承认，田野调查在山城调查时有着难以克服的缺陷，不用说深埋地下的遗存，即便只是掩盖于茂盛植被之下的遗存也容易遗漏，这也是难以发现宋代遗存的重要原因。

---

[1]《元史》卷161《杨大渊传》，中华书局，2013年，第3778页。
[2]（元）姚燧《牧庵集》卷20《少中大夫叙州诸部蛮夷宣抚使张公神道碑》，武英殿聚珍本。

第四编 专题研究

第一章 余玠山城体系与地理环境

前文已述及，宋军山城体系的构筑可分三个阶段，其中第一阶段尚无构筑体系的设想，各山城之间缺乏必要的联系，第三阶段又迫于形势进行查漏补缺，只有第二阶段，也就是余玠任职四川期间构筑的体系主观性目的最为突出，更能体现山城体系设计者的意图，因此本书的讨论即以第二阶段为重点。目前学术界对余玠所建山城体系已有不少专题研究，[1]部分成果涉及与地理环境的问题，留意到山城分布与微观地貌的关系。[2]课题组在实地考察中，深切感受到余玠山城体系的构建与四川地理形势之间的关系不限于微观地貌，而是涉及宏观、中观和微观三个层次。可以说没有四川的特殊地理形势，就没有余玠山城体系的存在。

第一节 余玠山城体系与水陆交通

四川虽号称"四塞之国"，但对外、对内的交通却从未断绝。盆地内大大小小的水陆交通线路，构成了水、陆联运的立体交通网络，通往陕甘、两湖、云贵等地以及四川盆地内部。宋蒙战争爆发之前，四川经济文化发达，以成都为中心的四川交通网络是南宋重要的区域道路网。各条道路平时主要用于官方和民间通行，战时则成为重要的军事要道，因此，宋军在布防山城体系的时候有意将山城设置在各条道路上，通过控扼水陆交通路线使各山城建立联系，以形成完备的防御体系。关于南宋时期四川的水陆交通，学术界已有不少成果，[3]现综合各家成果并适当参以己意概述如下。

一、陆路交通

早在先秦时期，四川与周边地区以及盆地内部的陆路交通已经初步开辟。隋唐时期，从四川盆地到关中地区的道路（即常规意义上的蜀道）进入繁荣阶段，大多数时间畅通无阻，

---

1 这方面的成果以谢璇《初探南宋后期以重庆为中心的山地城池防御体系》（《重庆建筑大学学报》2007年第2期）、罗成德《四川盆地丹霞地貌与南宋抗蒙城寨》（《乐山师范学院学报》2015年第8期）、王琛《南宋四川山城防御体系研究》（北京建筑大学硕士学位论文，2017年）、周思言《南宋四川抗蒙山城体系初探》（《遗产与保护研究》2017年第5期）等为代表。
2 如胡昭曦先生总结的宋军山城特点中就有"据险凭夷，控扼要冲"，但未明确是否包括陆路，见胡昭曦：《略论南宋末年四川军民抗击蒙古贵族的斗争》（《胡昭曦宋史论集》，西南师范大学出版社，1998年，第86页）。更多学者肯定山城与水路存在密切关系，但普遍忽略了陆路交通。如陈世松先生在论及山城分布时说"依凭江河，或居两江、三江之会"（陈世松、匡裕彻、朱清泽等《宋元战争史》，内蒙古人民出版社，2010年，第78页）；李天鸣先生说"各山大多依凭江河"，并在一览表中专列一栏标注临河情况（李天鸣：《宋元战史》，台湾食货出版社，1988年，第430—436页）。
3 关于宋代四川的交通情况，学术界研究成果较丰硕，代表性成果有：黄盛璋《川陕交通的历史发展》（人民出版社，1982年）、蓝勇《四川古代交通路线史》（西南师范大学出版社，1989年）、李之勤《蜀道话古》（西北大学出版社，1986年）、张锦鹏《南宋交通史》（上海古籍出版社，2008年）、曹家齐《宋代西南陆路交通及其发展态势》（《宋史研究论丛》第9辑，河北大学出版社，2008年）等。

行旅不绝如缕。延至南宋，随着政治中心迁往东南，蜀道作用明显减弱，军事价值却因金国的侵扰而大大增强。与此同时，东向去往长江中下游地区的水陆交通路线地位相应上升。此外，四川盆地往南到滇、黔等地也有西川道、阳山江道、石门道、纳川道、南夷道、僰溪道、黔江道等若干道路（主要是陆路），因与宋蒙战争关系不大，故略而不叙。[1]

蜀道分为穿越秦岭的北段和穿越大巴山的南段两部分。宋蒙战争初期，宋廷对北段蜀道已经失去控制，仅有南段蜀道还部分掌握在自己手中。南段蜀道包括金牛道、阴平道、米仓道、荔枝道4条干道和西山道、王谷道、洋壁道、洋巴道、汉壁道等支道。由于南段蜀道是连接川、陕、甘的道路，因而与宋蒙战争紧密相关。战争初期，蒙军就多次经由这些路线入川。

金牛道是南段蜀道干线中的干线，在蜀道中具有首屈一指的地位。其路线为由兴元府（汉中）经金牛驿（属今宁强县大安镇）南下至利州（广元），过利州后分为两条路线：一条经葭萌（昭化）、隆庆（剑阁）、绵州（绵阳）到达成都，为金牛道主线；另一条由利州到阆州（阆中），再西行经梓州（三台）至成都，为金牛道支线。该道虽为支线，但从阆州向东可以连接米仓道，所以在沟通盆地内部道路系统中地位十分重要。从阆州沿嘉陵江而下有陆路至重庆，与水道并行，可称为"嘉陵陆道"[2]。绍定四年（1231），蒙军经金牛道入川劫掠，经大安、葭萌、阆州，至西水县（南部县境内）而返。[3]端平三年（1236），蒙军再次从金牛道入川，攻破阆州、顺庆（南充）、梓州（三台）、成都等地。[4]

阴平道是川、甘之间道路，由多条支线组成，主要有两条：一沿白龙江到昭化，接金牛道与嘉陵江水路，此为阴平正道；一由甘肃文县越摩天岭入四川龙州（平武），再到绵州，此为阴平斜道。[5]此外，还可以避开摩天岭，经松茂古道到成都。阴平道在历史上常作为军事奇道使用，三国时期邓艾率军入川灭蜀和端平三年（1236）诸王莫哥由陇南攻取成都即由此道。[6]

米仓道在唐宋时期又称"大竹路""巴岭路"等，[7]是仅次于金牛道的入蜀要道。由兴元府（汉中）翻越米仓山到巴州（巴中），沿渠江而下可达合州、重庆，也可经阆中走金牛支线西去成都，或由阆中沿嘉陵江下至合州、重庆。淳祐三年（1243），蒙军由米仓道入川，与宋军战于巴州白土坪。[8]

荔枝道是由关中进入川东地区的捷径，盛于唐代，因向皇室贡荔枝而成为官道，宋代以来降格为民间通道。学者们对具体路线有争议，大体是：由洋州（洋县）向南翻越大巴山进入达州，由达州可至梁山（梁平）、涪州（涪陵），也可东向去开州（开县）、万州和夔州（奉节）。

---

1 关于上述道路的情况，可参见蓝勇《四川古代交通路线史》相关章节。
2 张锦鹏将从利州沿嘉陵江而下至重庆的陆路命名为"嘉陵道"，蓝勇则将嘉陵江的水路和沿江陆路合称为"嘉陵道"。分别见张锦鹏《南宋交通史》（上海古籍出版社，2008年，第73页）、蓝勇《四川古代交通路线史》（第38—53页）。为区别嘉陵江水道和金牛道，本书将阆州到重庆的陆路称为"嘉陵陆道"。
3《金史》卷111《完颜讹可传》，中华书局，2013年，第2445—2446页。
4《宋史》卷42《理宗纪》"端平三年条"，中华书局，2013年，第811页。
5 蓝勇：《历史上的阴平正道和阴平斜道》，《文博》1994年第2期。
6（宋）魏了翁：《鹤山集》卷31《知吉安州蒋左史》，文渊阁四库全书本。
7 蓝勇：《四川古代交通路线史》，西南师范大学出版社，1989年，第55—56页。
8《宋史》卷42《理宗纪》，中华书局，2013年，第826页。

这些入川道路进入四川盆地后，经由盆地内部的道路通往各地，形成通达四方的交通网络。盆地内部的陆路干道主要有成渝北道和南道。北道经遂宁到合州（合川）再到重庆，此道也可由遂州（遂宁）到果州（南充）继续东行连接万州。据文献记载，宋人从长江中下游地区入川，习惯于水陆兼用，即先从三峡水路到万州后，再舍舟登岸，由陆路经果州到遂州，走成渝北道到成都，明清时期这条路被称为小川北路。[1] 张锦鹏认为，这条路不仅是普通百姓行走之路，也是军事文书传递的官道，沿途设有摆递铺。[2] 成渝南道是由成都出发，经简州（简阳）、资州（资阳）、昌州（大足）、合州抵达重庆。在宋代，成渝北道加长江水道成为由成都到长江中下游地区的捷径。

从宋蒙战争初期蒙军的行踪看，入蜀的几条干道，甚至一些小道都已走过，可见此时蒙军对蜀道已有相当了解。

二、水路交通

四川盆地内大江大河较多，并呈现出四个特点：一是比较均匀地分布在盆地内；二是在盆地内的河段大多可以通航，且通航能力较强；三，得益于盆地地形，周边山区的河流大量汇入四川盆地，长江及其支流岷江、沱江、涪江、嘉陵江、渠江等大江大河在四川形成枝丫型格局且各条河流均最终汇入长江，所以这些江河自然形成完备体系；第四，存在一些重要的河流交汇点。其中，乐山、泸州、合川、重庆是最主要的汇合点，这些节点也因此成为战略要地。

由成都经岷江下至叙州（今宜宾）再顺江而下至重庆、出三峡的水道在宋代称"外水"，是四川盆地内部和出川的重要水道，有学者称其为"岷江—长江水道"[3]或"峡路"[4]。以嘉陵江为主，由涪江、渠江等构成的水系称为"内水"，是四川盆地内部的主要水道。嘉陵江航道沟通川、陕、甘，是一条南北向的重要道路，宋代在合州、阆州、利州设有转运仓，以提高运输效率。[5] 嘉陵江水道与嘉陵江陆路一起构成四川南宋时期最为重要的道路，地位甚至在金牛、米仓诸道之上。[6] 南宋嘉定年间，陈咸还对嘉陵江水道中益昌（昭化）至鱼梁（可能为徽县虞关，待考）段进行了疏浚，使其"馈运无阻"[7]。"内水""外水"的流向为先由北向南，再由西向东，最终汇于重庆，东向出川，共同构成四川的交通大动脉。

"内水""外水"航道在古代战争中备受关注。早在先秦时期，秦国就曾从巴蜀浮江伐楚。东晋时期，刘裕攻灭谯蜀的战争中，先期由"内水"进兵，未能成功。后来朱龄石改为佯攻"内水"，而以重兵由"外水"进攻成都，出其不意，最终取得了灭蜀的胜利。南宋时期，宋蒙战

---

[1]（清）徐心余：《蜀游闻见录》，四川人民出版社，1985年，第65页。金生杨《小川北路行纪文献述论》(《地方文化研究辑刊》第六辑，巴蜀书社，2013年）对此道有专门研究。
[2] 张锦鹏：《南宋交通史》，上海古籍出版社，2008年，第80页。
[3] 张锦鹏：《南宋交通史》，上海古籍出版社，2008年，第76页。
[4] 蓝勇：《四川古代交通路线史》，西南师范大学出版社，1989年，第171页。
[5]（明）解缙、姚广孝等编：《永乐大典》卷15948《运》字，中华书局，1986年，第6962页。
[6] 蓝勇：《四川古代交通路线史》，西南师范大学出版社，1989年，第44页。
[7]《宋史》卷412《陈咸传》，中华书局，2013年，第12390页。

争的爆发使四川水道战略地位空前提升。

综上，在战略重要性方面，对宋军而言，水路与陆路几乎一样重要。陆路阻止蒙军入川和在川内横行。初期蒙军多为骑兵，更多依赖陆路。水路不仅关系四川安危，更与长江中下游战区休戚相关，因而也极其重要。从时序来看，应先控陆路，阻止蒙军入川，退而求其次，控制水路。在控扼难易度方面，宋蒙战争之初，蜀口已为蒙军占领，宋军想要控制入蜀陆路相当困难，但控制水路则容易得多。因此，宋军合理的布防格局不仅要兼顾水、陆两途，而且要重点控扼水路。

三、余玠山城体系的宏观格局

在余玠担任四川安抚制置使（淳祐三年，1243）之前，由于蒙古骑兵的剽掠，四川各地自发修建了一批城寨，这些城寨大多设施简陋，防御能力有限，在蒙古铁骑面前一触即溃。尤为重要的是，此时期的城寨分布散乱，彼此无法应援，也就谈不上防御体系。四川真正的防御体系是在余玠的主持下谋划和开始建设的。

余玠经过广泛吸纳意见和精心谋划，亲自主持建设山城体系。改建、新建山城约20座，时间、地点明确的有16座：剑阁苦竹隘、苍溪大获城、蓬安运山城、金堂云顶城、泸州神臂城、南充青居城、通江得汉城、平昌小宁城、巴中平梁城、广安大良城、乐山三龟九顶城、合川钓鱼城、重庆城、梁平赤牛城、万州天生城、奉节白帝城。其中，苦竹、大获、云顶、运山、青居、得汉、钓鱼、白帝八处山城更是被称为"八柱"，是抗蒙的中坚。本阶段山城体系的修建是余玠亲自谋划、实地考察、指导修建的结果，因而在布局、选址和城防设施构筑等方面均充分反映了余玠本人意志，故本阶段山城在整个山城体系中最具典型性。第二阶段是山城体系调整和逐渐崩溃阶段。本阶段其间也可分为若干小阶段，但总的来看，属于依据战争进程而进行的查漏补缺工作，有一定的被动性。此阶段修建山城的目的一是防备蒙军由云贵入川，二是加强渠江流域和夔州路的防务，因此山城主要位于川南和川东北地区，虽然在具体选址方面仍然基本遵循了前一阶段的原则，但在宏观布局上缺乏主动性和规划性，与前阶段有明显差别，故本书选择第一阶段山城作为分析对象。

笔者选取了余玠主持修建的16座山城列成一览表（表4-1-1），同时将余玠任职前修建的12座城寨相关情况（表4-1-2）列出以便对比其与水陆道路[1]的关系。

---

[1] 关于是否临交通要道情况，水路较易说清，只要是靠近能通航的江河即算，而且距离可以比较准确测定。陆路的问题稍麻烦。一则我们所能绘制的宋代陆路线路大多数地段只能是示意性的，因此山城与陆路交通的线的距离难以准确测定；二则宋代陆路交通理应包括主路、支路，大路尚能大致画定，但支路却难于精确绘制。基于以上两个原因，山城与陆路之间的关系我们只能描述大概，无法精确。

表 4-1-1　余玠任职四川期间修筑山城一览表[1]

序号	山城名称	今址	始建时间	临水路情况	临陆路情况	备注
1	苦竹隘	剑阁县剑门镇	1236	距嘉陵江约8千米	临金牛道	补修
2	重庆城	重庆市渝中区	1240	临长江、嘉陵江	临成渝南道	补修
3	钓鱼城	重庆市合川区	1240	临嘉陵江、渠江、涪江	临成渝南道、嘉陵道	补修
4	赤牛城	梁平县金带镇	1242	不临江河	临小川北路	补修
5	白帝城	重庆市奉节县白帝镇	1242	临长江	临到房州要道	补修
6	云顶城	成都市金堂县淮口镇	1243	临沱江	临金牛道	新修
7	运山城	南充市蓬安县河舒镇	1243	距嘉陵江6.5千米	临嘉陵道	新修
8	大良城	广安市前锋区小井镇	1243	距渠江2千米	临米仓道	新修
9	三龟九顶城	乐山市市中区篦子街	1243	大渡河、青衣江、岷江交汇处	不临要道	新修
10	神臂城	泸州市合江县神臂城镇	1243	临长江	不临要道	新修
11	天生城	重庆市万州区天城街道	1243	临长江	临小川北路	新修
12	大获城	广元市苍溪县云峰镇	1244	临宋江，距离嘉陵江13千米	临嘉陵道、米仓道	新修
13	小宁城	巴中市平昌县江口镇	1245	临大通江河	临米仓道	新修
14	得汉城	巴中市通江县永安镇	1249	临大通江河	临洋壁道	新修
15	青居城	南充市高坪区青居镇	1249	临嘉陵江	临嘉陵道	新修
16	平梁城	巴中市巴州区平梁镇	1251	距巴河3千米	临米仓道	新修

表 4-1-2　余玠任职四川之前原有城寨一览表

序号	城寨名称	今址	始建时间	临水路情况	临陆路情况	山体形态
1	山体	宜宾市兴文县五星镇	1081	距长江约40千米	不临要道	低山
2	捍城山	达州市达川区赵家镇	1235	距渠江约18千米	不临要道	低山
3	苦竹隘	剑阁县剑门镇	1236	距嘉陵江8千米	临金牛道	斜顶方山
4	蓬溪寨	遂宁市蓬溪县新会镇	1236	距沱江约30千米	临要道	丘陵
5	苟王寨	洪雅县天宫乡与夹江县歇马乡接壤处	1238	距青衣江8千米	不临要道	低山

---

[1] 表中的"临水路情况"指山城之下即有可通航的江河，直线距离一般在1千米之内，多数在500米以内；表中的距离为直线距离；"临陆路情况"中的"陆路"仅指交通要道，不知名的一些支线和乡间小道不在此数，所临要道有名者列名；由于陆路准确位置无法确定，故不能如水路一样指明具体距离。表 4-1-2 同。

(续表)

序号	城寨名称	今址	始建时间	临水路情况	临陆路情况	山体形态
6	三江碛城	宜宾市江安镇	1239	长江江心岛	不临要道	江心洲
7	榕山城	泸州市合江县榕山镇榕右乡	1239	距长江约10千米	不临要道	低山
8	安乐山城	泸州市合江县笔架山	1240	距长江2千米	不临要道	平顶方山
9	钓鱼城	重庆市合川区钓鱼山	1240	临嘉陵江、渠江	临南北要道	平顶方山
10	重庆城	重庆市渝中区	1240	临长江、嘉陵江	临要道	平顶方山
11	赤牛城	梁平县金带镇	1242	距长江约50千米	临小川北路	平顶方山
12	白帝城	奉节县白帝镇	1242	临长江	不临要道	低山

先看陆路。表4-1-2显示，余玠任职之前的12座城寨有5处位于要道或附近，不临要道的有7处，超过一半，一些城寨甚至位于荒僻的莽莽群山之中，如榕山城、苟王寨等；表4-1-1显示，16座山城中，除三龟九顶城、神臂城两处附近没有较知名的要道外，其他14处均临近要道，由此可见，余玠所建山城显然更靠近陆路交通要道。

再看水路。余玠任职之前的山城多不临水路。12处城寨中临江河的只有三江碛城、安乐山城、钓鱼城、重庆城和白帝城5处。其他的少则10千米左右，多则50千米，这在河流密布的四川盆地，委实不能视为临河。相反，余玠任职后修建的山城多数临河。如表4-1-1所示，16处山城距离江河1千米以内者达11处。运山城距离江河虽然有6.5千米，但其外堡固州寨紧邻嘉陵江，实际也临水路。平梁城距离江河仅有约3千米，并不算远，仍可归入临水山城之列。不临水的苦竹隘、赤牛城均始建于余玠任职之前。所以，余玠所建山城体系对水道的考量是不言而喻的。

通过实地调查，我们认为余玠任职之前的城寨选址因素有二：第一，地处偏远。如榕山城、苦竹隘、捍城山、苟王寨均隐藏于崇山峻岭之间，且本身极其险峻，难以攀援，在此处建城寨的目的在于临时避乱。第二，接近治所。有的城寨虽险峻不足，但该地或是治所，或是治所附近的险要之处，如钓鱼城、重庆城、蓬溪寨、三江碛城、赤牛城等，是出于平时生活和战时避乱兼顾的考虑。因此，各城寨各自为政，各行其是，杂乱分布，完全没有建设防御体系的通盘考虑。

从表4-1-1和表4-1-2看，余玠修建的16座山城临陆路者14处，临水路者14处，既临陆路又临水路者11处，没有一座山城既不临陆路也不临水路。余玠之前修建的12处山寨中临陆路者5处，临水路者4处，临水、陆两路者仅2处，水、陆两路皆不临者4处。余玠之前修建的城寨中，水陆要道之旁的重庆城、钓鱼城、白帝城、苦竹隘、赤牛城在余玠任职期间继续使用并加以补修，其他城寨则被放弃。由此可见，余玠所建山城体系中的山城有明显的控扼水陆两路意图。通过水陆两路，各山城不再孤立存在，而是构成一个层次分明、声气相通的防御体系，产生"如臂使指"的效果。因此，余玠所建的山城体系实际上是带有进攻性质的积极防御体系，不能简单地视为"山城防御体系"。

在控扼陆路和水路方面，宋廷似乎更倾向于水路。"八柱"中，除苦竹隘距离水路稍远外，其余七柱都是靠近江河的，其中五柱位于嘉陵江沿线。

关于余玠时期山城体系与河流的关系，文献有明确记载：

> 又移金戎于大获，以护蜀口；移沔戎于青居；兴戎先驻合州旧城，移守钓鱼，共备内水；移利戎于云顶，以备外水。于是如臂使指，气势联络。[1]

余玠之意，大获城的职责是保护蜀口安危，故既要控扼蜀口诸陆路，也要控扼嘉陵江水路。而青居、钓鱼城、云顶三城则明确为控扼内水和外水，所以从四大戎司的分布来看，余玠的山城体系显然重在控制水路。[2]

前文已经述及，余玠构筑的山城体系可分蜀口、内水、外水三大防线。从地图上看，这三大防线"如臂使指，气势联络"的特点显露无遗。从重庆到三峡为臂，有重庆城、天生城、白帝城镇守；合川位于三江汇合之地，犹如手腕，有钓鱼城镇之；沱江、涪江、嘉陵江、渠江等河流犹如张开的手指，各条河流均有相应山城分布，故从整体上看，"如臂使指"的表述恰如其分。各城借助江河，同声共气，连为一体，的确能"气势联络"。

综上，宋军山城体系的构建基础是水陆交通线路，可以说四川水陆交通线路直接决定了山城体系的宏观布局。（图4-1-1）不过，相对于陆路而言，宋军对水路系统更加看重。

第二节 山城具体选址

水陆交通线路决定了山城体系宏观布局，而中观因素的拱卫条件、微观因素的山体体量和山体类型是确定具体选址的三个关键因素。（见表4-1-3，余玠任职四川之前城寨的山体形态见表4-1-2）

一、拱卫条件

战争讲究互相配合和防御纵深，因此山城体系中诸山城在选址时除关注适合的山体以外，还特别在意周围是否有适合建造外堡的山头，以避免困守孤城或弥补主城位置不佳的缺憾。外堡的数量少则1个，多则数个。我们统计的16座山城中，有外堡的共9座。7座没有外堡的山城中不排除个别山城本来有外堡但在调查中遗漏的可能，所以绝大多数山城都建设了自己的外堡。

由于山城周边地形有所差异，外堡与主城之间存在如下两种关系。

第一种，外堡与主城相连。如天生城的鹅公包、鹅顶堡的鹅头岭、云顶城的小云顶，由一条山脊连通，形成一大一小的驼峰形态。

---

[1]《宋史》卷416《余玠传》，中华书局，2013年，第12471—12472页。
[2] 正因为余玠的防御体系过于注重水路，导致对夔州路北部的达州、开州至夔州一线防范不够，留下了严重隐患，给宋蒙战争后期的四川战局带来很大困难。

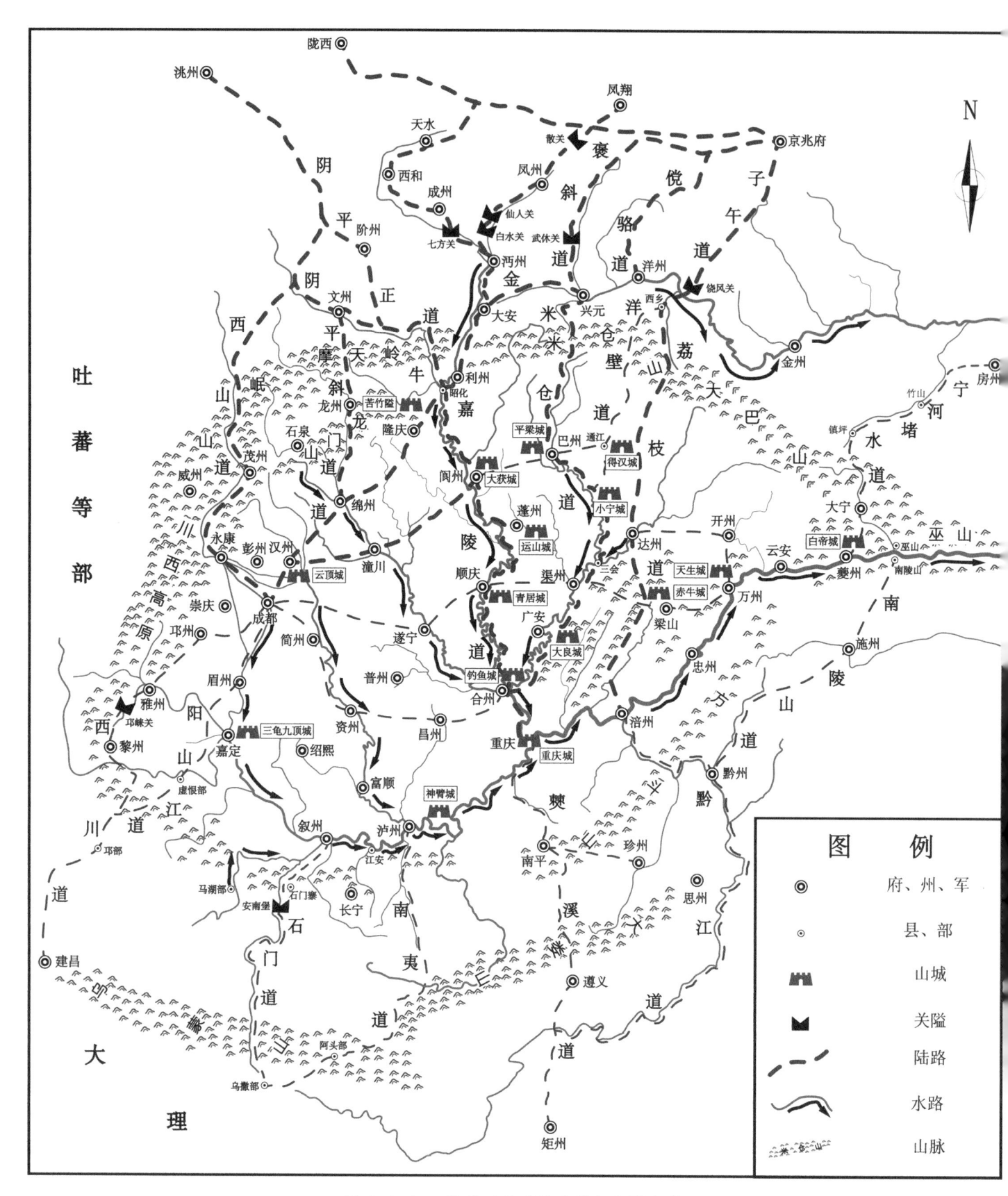

图 4-1-1 宋代四川水陆交通与山城分布

表 4-1-3　余玠任职四川期间修筑山城一览表（续）

序号	山城名称	山城规模（平方千米）	山体形态	城防系统 外堡	城防系统 防线
1	苦竹隘	0.69	斜顶方山	无	单层
2	重庆城	略小于2.4	平顶方山	无	单层
3	钓鱼城	约1.2	平顶方山	有	局部双层、三层
4	赤牛城	0.29	平顶方山	无	单层
5	白帝城	约1.2	低山	有	城连城、城套城
6	云顶城	约1.1	平顶方山	有	单层，局部双层
7	运山城	0.36	平顶方山	有	双层
8	大良城	0.73	平顶方山	有	单层
9	三龟九顶城	0.12	平顶方山	有	城连城
10	神臂城	0.55	平顶方山	有	局部三层
11	天生城	0.13	平顶方山	有	局部双层
12	大获城	0.67	平顶方山	无	双层
13	小宁城	0.34	平顶方山	无	双层
14	得汉城	约1.2	斜顶方山	有	单层
15	青居城	约0.5	平顶方山	无	局部双层
16	平梁城	0.64	平顶方山	无	局部三层

第二种，外堡与主城分离。运山城附近的嘉陵江边缺乏合适山体建城，只能选址距江6.5千米的燕山，但为了弥补距离水道过远的缺憾，在江边一个小山头建立了固州寨。固州寨与燕山相距约6千米，对望无碍，可相互联络、声援。大良城、小良城的情况与运山城相似，大良城山体更佳，但距离渠江稍远，小良城山体偏小，但距离渠江更近，所以小良城成为大良城的外堡。渠县礼义城有大斌山、小斌山两个外堡，3处城堡成弧形排开，彼此之间相距不到2千米。神臂城则利用山环水绕之势建设了盘山寨、珍珠堡、保子寨、暗溪寨等多个外堡，形成外堡群。

二、山体体量

从微观角度看，山城与地形的关系主要体现在山体体量和山体类型两方面。

学者们在谈及四川山城体系时，往往比较强调山险。诚然，宋军山城所在的山体大多比较险峻，但并非越险峻越好。因为这些山城不仅要御敌，还要满足民众避险、行政办公、文治教化、宗教信仰等需求，故而山城的体量和形状需要与比高、山顶面积、自然资源承载量等要素一起做综合考量。

山体比高很高、体量很大虽然有利于避险藏身，但不利于防守反击，更不适合行使军事外的其他职能，与山城建设目的不合。合江榕山城即因山体过高、水源匮乏而不得不在使用一段时间后放弃，迁至山险不及榕山，但交通更方便的安乐山。反之，山体比高太矮不利于防守，山体太小承载量又有限，因此宋军山城选择的山体体量普遍适中。根据我们的调查，山城的比高一般在数十米至一二百米之间，少数可以达到数百米。如神臂城 50—60 米；钓鱼城、青居城、运山城、天生城均为 100 余米；凌霄城为 200 米左右；得汉城从山脚到第一层平台比高约 100 米，但距山顶平台则达 350 米左右，与白帝城相近；云顶城的比高是所有山城之最，从山脚到城墙位置约 400 米，到山顶则接近 500 米。

山顶大小非常关键。因为山顶首先需满足驻屯、操练的军事功能，有的重要山城还要具备行政、文教、商业、宗教、生产等多方面功能。山城的规模往往等于或稍大于山顶大小。

根据面积，笔者把山城划分为大、中、小三种类型。大型山城面积在 1 平方千米以上，中型山城在 0.1—1 平方千米之间，小型山城在 0.1 平方千米以下。据统计，在我们调查过的 40 余座山城中，中型山城数量最多，大型山城较少，小型山城也偏少。表 4-1-1 所列 16 座山城中，面积界于 0.12—2.4 平方千米之间，平均为 0.74 平方千米。大型山城 4 座，分别是白帝城、重庆城、钓鱼城、云顶城，其余均为中型山城。运山城（0.36 平方千米）虽属于偏小的中型山城，但山上设施齐备，包括民居、祠观、学校、市廛、耕地、塘堰、水井，战时可容纳数千人。钓鱼城属大型山城，城内设施更为完备，军营、指挥所、校场、衙署、祠观、市廛、耕地、塘堰、水井一应俱全，战时可容纳数万人，完备的军事防御和生产、生活设施为山城的长期守御提供了必备基础。

三、山体类型

山体类型决定了山体的大致形状。四川盆地周边围绕着崇山峻岭，但盆地内则是另外一番景象。盆地近似菱形，面积广大，达 26 万多平方千米；地势低矮，海拔多介于 200—750 米之间。依据地形，四川盆地可分三个区域：西部为成都平原，地势低平，东以龙泉山为界，龙泉山是成都平原东面屏障。龙泉山以东是盆地中部，为低山丘陵区，延伸至嘉陵江一线。盆地东部为川东平行岭谷地区，华蓥山、铜锣山、明月山、方斗山等山脉由东北向西南平行分布，成为横向隔绝交通的天然障碍。除平行岭谷外，其余地方多为丘陵、平坝。总体来看，四川盆地内部并不具备太多的天然屏障。不过，四川地区随处可见的低山丘陵颇有特点，非常适合修建山城寨堡。

四川盆地是有名的紫色盆地，广布红色的陆相沉积，即红层。[1] 红层形成的地貌千姿百态，主要包括两大类。一是发育较完全的丹霞地貌，也称方山地貌。呈现出顶平、身陡、麓缓的特征。这种地貌主要分布在两个区域，一是四川盆地西部，从广元向西南方向延伸至雅安、乐山一带，是四川盆地的西缘；二是盆地南部的宜宾向东北延伸至重庆、万州、黔江一带，与云南、贵州接壤，是四川盆地的南缘。丹霞地貌山体高大，比高可达数百米，过于高峻，且一般不在水陆交通要道，因此并不很适合修建山城。只是在余玠之后，为防范由滇黔"斡腹"的蒙军，宋廷才在这些山上修建了南川龙岩城（1256）、兴文凌霄城（1257）、海龙囤等个别

---

[1] 李廷勇、王建力：《中国的红层及发育的地貌类型》，《四川师范大学学报》（自然科学版）2002 年第 4 期。

山城。

二是不十分发育的丹霞地貌。相较于盆地周缘的丹霞地貌而言，四川盆地内大多数地区丹霞地貌不十分发育，不如盆周山体高峻，反倒非常适合修建山城。

盆地内丹霞地貌有的发育出较标准的方山地貌，根据山顶大小可分为桌山型、城堡型、石柱型等类型。其中城堡型和石柱型山顶面积太小，不适合建设山城。桌山型方山体量适中，形态合理：山顶宽平，适合驻军和生产、生活；近顶处陡峻，利于防御；山麓平缓，便于上下。如：平梁城，"山形高大而上平阔，周数十里俱悬崖壁，莫可攀援，惟四隅有小径可通，上下亦崎岖逼仄，不可驰骋"[1]；运山城，"南北二路可负载而登，东西危峻斗绝"[2]。

有的地区没有发育出方山地貌，仍为低山或丘陵，呈现马鞍形、斜坡形、穹窿形、尖顶形、不规则形等多种形态。这类形态虽然不太适合修建山城，但可能有地理位置好等优势，因此也建了少量山城。

表4-1-3显示，余玠主政四川期间所筑16座山城中有15座属于方山山城，其中苦竹隘和得汉城是斜顶方山，其余13座均为平顶方山，只有白帝城属于低山。白帝城位于瞿塘峡西口，是出川的最后关卡，战略地位极其重要，且原有城池，余玠选址在此筑城再自然不过。

反观余玠主政四川之前修建的12座山城寨堡，仅5座建于方山之上，其余多建于低山或丘陵，甚至有江心洲。由此可见，余玠有意识地以方山作为山城选址，其目的在于积极防御，而非消极避敌。

---

[1]（清）道光《巴州志》卷1《山川》，清道光十三年刻本。
[2]（明）徐泰纂，蓬安县地方志办公室整理：《明正德蓬州志》卷7《古迹》，中国文史出版社，2015年，第149页。

第二章 宋军山城城防系统

对于以军事职能为主的宋蒙山城而言，城防格局的优劣直接关系着城池的防御能力。宋蒙战争的惨烈决定了宋蒙山城在城防系统的构成和布局方面必须有深入的考虑，因而，山城城防系统的构建必定是殚精竭虑的结果。

城防系统首先体现在防线上，各类城防设施均依附防线而存在，防线的差异构成了不同的城防格局。总体而言，宋蒙山城多数具有外围和核心两道防线。

第一节 外围防线

军事防线是战争中的重要设施，起着阻挡敌军进攻，保证己方控制权的作用。在冷兵器时代，防守方往往借助城墙、壕沟之类线状设施，辅之以烽火台、敌台等点状设施构建点线结合的防线。为增加防御纵深，有时需要构筑多层防线。

增加纵深是战争防御中必不可少的战略，巴蜀地区宋军山城借助山城周边拱卫的据点和环绕山城的江水等天然条件，加大山城防御范围。这些防御设施位于山城本体的外围，处于前沿地带。

一、外围据点

宋蒙山城的外围据点主要包括外堡和烽燧两类。白帝城拥有宝塔坪坞堡，这属于特殊情况。

（一）外堡

外堡位于宋军山城的前沿地带，是山城的卫星寨堡。从对宋军山城外堡的调查情况分析，其功能是向山城传递军情，并在战时形成支援。不过，在宋军修筑的山城中除少数外，大部分外堡体量都较小，不利于驻屯较多军队。目前比较能确认的外堡有：大良城的小良城（图4-2-1），云顶城的小云顶城，运山城的固州寨，神臂城的保子寨、珍珠寨、暗溪寨、石盘寨等，礼义城的大斌山、小斌山（图版4-1），白帝城的擂鼓台、阳口城，海龙囤的养马城等。由于考古工作的欠缺，多数山城的外堡缺乏详细的调查。

外堡作为向山城提供重要军事信息的防御设施，本身具有一定的自我防御能力。当然，外堡的功能除自保外，更多的是刺探与传递军情并与主城协同作战。

1. 刺探与传递军情

山城体系构建前夕，阳枋给余玠上书中提到"宜精审探伺，敌若悉师来攻，则集无城壁之小屯合于渝城……"[1] "精审探伺"就是以外堡作为观察敌情的设施。在战争中做到"知己知

---

[1] （宋）阳枋：《字溪集》卷1《上宣谕余樵隐书》，清文渊阁四库全书本。

图 4-2-1　从大良城看小良城

彼，百战不殆"，根据敌军动向，部署相应的防御，才能取得战争主动权。作为山城外堡，向山城内部及时传递蒙军的动向，保障山城有充足时间做好防御准备至关重要。同时以外堡为基地，向周边分布斥候，将刺探范围再扩大。外堡为斥候提供人身保护和补给，斥候得到军情通过外堡快速传递到山城。外堡作为传递军情的设施，其功能相当于烽火台。

外堡所处的位置视野开阔，多数外堡可以与山城互相瞭望。根据对部分外堡与山城之间的距离统计，多数外堡与山城相距在 1—8 千米之间，少数也有达到 20 千米以上者。1—8 千米是外堡和山城的合适间距，与山城相距达 20 千米以上的外堡，应通过中转外堡将军情传递至山城。限于当前的调查资料，关于宋军山城与外堡间的中转外堡问题需经进一步调查与研究。

巴蜀地区因为特殊的地形地貌，周边的山川和内部丘陵地带，对本地区交通形成阻碍。先民们历尽艰辛，沿山间河谷、山势低缓之处，开辟出多条陆路，同时充分利用川内江河，开通有数条水路，形成与外界连通的蜀道。南宋后期，蒙军对巴蜀地区的进军路线主要就是沿着蜀道前行的。宋军山城的选址，一般位于交通要道之畔，便于对蒙军实施阻击。山城周边的外堡为提高对敌情的刺探效果，多选址于交通要道附近的山丘之上。从外堡与山城周边道路的关系来看，其功能上可分为刺探陆路情报和刺探水路情报两种。

部分山城距离水道较远，可以通过在江河边修建外堡，将敌军沿水路行军的情况及时传递到山城之中。如：运山城距离嘉陵江约 6 千米，无法清晰地观察到嘉陵江江面的情况，在嘉陵江畔修建固州寨，可有效传递蒙古水军军情。大良城距离渠江约 2.5 千米，小良城作为大良城的外堡，位于大良城和渠江之间，山体险峻，视野开阔，可监控渠江。

2. 协同作战

山城的外堡除传递敌情之外，还与山城形成防御群体，对主城形成支援。如：神臂城外围有东北45里的盘山寨、北15里的珍珠堡、西北15里的暗溪寨、西北角的宝子寨、城南江中的大中坝水寨、江对面的黄市坝、长江下游距44里的石盘寨等。[1] 南宋景定二年（1261），刘整以神臂城投降蒙军，时任四川安抚制置副使俞兴率军收复神臂城战败而归。后吕文德改变作战方针，稳扎稳打，步步为营，逐个扫清神臂城外围据点，以合围之势逼困神臂山，切断刘整与外界的联系，使刘整陷入孤立无援的境地。次年，蒙军撤离神臂城。[2] 在神臂城最后一次争夺战中，元军攻克神臂城也是采取逐一清除外堡的战略。景炎二年（1277），元军自重庆溯江而上，在合江红米湾、安乐山两败宋军，乘势攻破水上寨堡石盘寨，进至神臂山下。[3] 元军东西夹击，水陆合围，逐一拔掉宋军各陆路要塞据点，并牢牢控制住江面，神臂城守军被完全困在山上，最终被元军攻破城池。

少部分外堡和所属山城具有特殊关系。此类外堡的体量较大，城防措施比较完善，实为规模较小的山城。如：大良城西北侧的小良城，山体险峻，城内面积约11000平方米，能够驻扎一定数量的宋军，与云顶城的小云顶城、白帝城的擂鼓台情况类似。

（二）烽燧

我国烽燧建设的历史悠久，"烽火戏诸侯"的故事表明西周时期很可能就有利用烽燧传递敌情的做法。春秋战国、秦汉时期在长城沿线建立了许多烽燧。《武经总要》载："唐法，凡边城堠望，每三十里置一烽，须在山岭高峻处"[4]，"其烽并于贼来要路，每二十里一烽"[5]。烽火台通过"日放烟，夜放火"的办法进行军情信息传递。[6] 宋蒙山城的外围烽燧现在了解不多，只有白帝城的情况相对较清楚。白帝城的烽燧至少有太极亭、鸡公山和瞿塘关3处，其中瞿塘关烽燧保存较好。3处烽燧分别位于白帝城的不同方位，监视着从不同方向来犯的敌人，时刻为主城提供敌情信息。

二、江河环绕

巴蜀地区的宋军山城主要修建于川东和川南的丘陵地带。江水在这两个区域蜿蜒曲折，切割山体而行，水流量较大，如嘉陵江、岷江、渠江等江面在部分区域宽度达到300米以上。丘陵引导江水流向，水情复杂，为修建于江水之畔的宋军山城提供了很好的防御功能。宋军山城中，利用江河环绕形式进行防御比较突出的有小宁城、大获城、钓鱼城、皇华城、重庆城、神臂城、白帝城等。

（一）江河防御

---

1 陈世松、喻亨仁、赵永康：《宋元之际的泸州》，重庆出版社，1985年，第49—53页。
2 《宋史》卷45《理宗五》，中华书局，2013年，第880页。
3 《元史》卷133《旦只儿传》，中华书局，2013年，第3231页。
4 （宋）曾公亮等撰，郑诚整理：《武经总要前集》卷5《烽火》，湖南科学技术出版社，2017年，第267页。
5 （宋）曾公亮等撰，郑诚整理：《武经总要前集》卷5《烽火》，湖南科学技术出版社，2017年，第276页。
6 （宋）曾公亮等撰，郑诚整理：《武经总要前集》卷5《烽火》，湖南科学技术出版社，2017年，第271页。

在宋蒙战争爆发的初期和中期，蒙军以铁骑著称，不善水战，山城外侧宽广的江面和湍急的水情对蒙军有很大的阻隔作用。纵然蒙军使用渡江工具到达江对岸，而山城与江边的地带较狭长，有时还有一字城墙存在，蒙军难以在此区域组织有效的进攻，而且大型的攻城机械也难以渡江运输，所以江河提升了山城的城防能力。江河在防御方面的作用虽然与城壕相似，但远超城壕。

江水的防御功能虽然是壕沟不能比的，但是在实际情况中，江水难以像壕沟一样形成一个封闭的环形防线。山城与江水匹配时，根据地理情况，一般是某一面或某几面临近江边。宋军山城中，利用江水的有利地势进行防御的有皇华城、钓鱼城、重庆城、神臂城、小宁城、大获城等。其中以皇华和三江碛城最为特殊，二者均位于长江的江心洲上，四面环江，形成天然防御。

在众多宋军山城中，神臂城凭借江水之险较为突出。神臂城修建于长江北岸的半岛之上。长江自神臂山的西北汹涌而下，在神臂嘴绕行约110度的弯曲，紧贴南岸的山脚波涛翻滚而去。神臂城下的江面宽度在350—650米之间，是神臂城北侧、西侧和南侧的天然护城河。长江在此水情复杂，滩涂相连，处处险恶，对行船的技术要求高，"舟下必由急湍骇浪间转舵横截"，"或一失势，则人舟破碎灭没"[1]。绕山而过的长江大大增强了神臂城临江三侧的防御能力，且临江的山体立面多为数十米高的悬崖峭壁，而江边的缓冲地带狭窄，蒙军在此进攻难以有所突破。在神臂城攻防战中，宋蒙两军更多的是于地势平坦的东门区域展开战斗。

钓鱼城、大获城、小宁城、白帝城等山城在江水环绕的地理形态上和神臂城相似，但整体上稍微逊色一些。

（二）水战与水上支援

巴蜀地区水系众多，江河密布，主要由长江及其支流构成枝状水路网。长江支流包括嘉陵江、渠江、涪江、沱江、岷江、金沙江、青衣江等，大体呈南北走向，支流江水的局部在南宋时期可以通航。如：嘉陵江上游通航可达到今徽县的虞关，由此经青泥古道和蜀道北段连接，直达关中地区。蒙军在巴蜀战区的物资供应也多是利用这条路线运输。长江干道大致呈东西走向，南宋时期，长江西部可通航至今宜宾马湖地区，船只由此东向出夔门。

水路对于巴蜀战区有着至关重要的作用，宋蒙双方使用水路进行粮草和兵力的运输，贯穿于整个宋蒙战争期间。这些水路和陆路并存，成为出入巴蜀的交通要道。蒙军以蜀口为基地，对巴蜀地区进攻，宋军则在嘉陵江沿线部署苦竹隘、长宁山城、大获城、运山城、青居城、钓鱼城等，对蒙军进行层层阻击。宋军山城中的云顶、仙侣城、登高城、神臂城、钓鱼城、礼义城、皇华城、白帝城等，都修建在水路的关键节点上，对水路进行扼守。

宋军在宋蒙战争初期和中期，发挥水战特长，在密布的航道上进行山城间的支援及对蒙军发动阻击。同时配合山城，水陆两路对蒙军形成夹击之势。

在四川战区，南宋利用水军多次向蒙军发动进攻。宝祐三年（1255），宋将张实在叙州附近的金沙江岸，水陆两路堵截自大理北上的蒙军。景定元年（1260），宋军由嘉定城沿岷江北

---

[1] 陈世松、喻亨仁、赵永康：《宋元之际的泸州》，重庆出版社，1985年，第37—44页。

上，以舟师2000艘袭击成都。景定二年（1261），神臂城守将刘整投降蒙古，吕文德由重庆城水陆并进收复神臂城。南宋水军分别在景定二年（1261）和景定四年（1263）由重庆派战船沿嘉陵江北上反攻青居城。

水路在行军速度和运载量上优于陆路，宋军山城之间通过水路进行相互支援。在宋蒙战争后期，宋军在巴蜀地区的防线萎缩至长江流域，为保障长江防线的安全，宋军在长江沿线修建山城。同时，以钓鱼城、重庆城等核心山城沿水路对附近山城进行支援。

景定四年（1263），夏贵任四川安抚制置使，作为长期在江淮战区中熟练运用水军和蒙军战斗的将领，对水军作战特别注重。[1] 咸淳二年（1266），大良城被宋军收复后，钓鱼城和重庆城通过渠江不断对大良城进行支援。大良城位于渠江下游地段，是屏障川东地区的重要山城。大良城虽距离渠江数千米，但其西北向的小良城临近渠江，是大良城和渠江之间联系的重要枢纽。大良城战略位置的重要性，一直为宋军所重视。虽然大良城分别在宝祐六年（1258）和景定四年（1263）为蒙军占据，但宋军在较短的时间里，极力收复大良城，以保障川东地区的安全性。自咸淳二年（1266）大良城被张珏收复后，一直坚持抗蒙至祥兴二年（1276）。[2] 在最后十年的抗蒙战争中，大良城能够在蒙军的进攻下坚守下来，除大良城自身的城防系统坚固外，和下游的钓鱼城、重庆城不断通过渠江在兵员、物资等方面对其进行援助是分不开的。

京湖战区对四川战区的支援也多由长江水路展开。宋蒙战争初期，宋廷即令荆襄地区的军队溯长江而上，并于夔州专设夔路策应大使，加强支援。[3] 及至开庆元年（1259），蒙军围困钓鱼城，宋廷派吕文德入蜀，解钓鱼城之围。吕文德由京湖地区率舟师万艘溯江而上，分别在涪州和重庆突破蒙军的水上防线，数度与蒙军大战于嘉陵江上。为防止蒙军依靠水军于巴蜀地区顺长江而下，攻入中下游地区，景定年间，白帝城守将徐宗武在瞿塘峡口夔门设拦江锁7道，对长江水道进行封锁。[4]

蒙军为应对南宋水军，开始依托汉军将领组建水军，在江水上采取三面夹击战法，水陆两路进攻宋军山城。宋蒙战争中后期，蒙军为应对山城体系，除了组建水军之外，还在嘉陵江、渠江、岷江等江水沿岸广设城寨，对南宋水军进行拦截。如：蒙军在渠江、嘉陵江沿线修建虎啸城、武胜城、母德章城等城寨，拦截宋军自钓鱼城、重庆城对大良城、礼义城的支援。

第二节 核心防线

核心防线是山城本体防线，是山城防御不可或缺的关键设施。与外围防线呈现点状或线状不同，核心防线主体必须形成封闭的环形。核心防线包括由城墙和崖壁相结合组成的环形防线和垂直于主城墙的一字城墙两种。

---

1 （清）赵翼著，王树民校证：《廿二史札记校证》卷26《夏贵》，中华书局，1984年，第574—576页。
2 胡宁、高新雨：《宋蒙战争中的大良城与虎啸城》，《西华师范大学学报》（哲学社会科学版）2016年第1期，第44—46页。
3 《宋史》卷42《理宗二》，中华书局，2013年，第825页。
4 高文、高成刚编：《四川历代碑刻》，四川大学出版社，1992年，第217页。

一、环形防线

（一）城墙与崖壁

由于山城的山体自身具有较强的天然防御功能，在修建时，筑城者充分利用天然崖壁构筑环形防线，同时参考山体的体量、规模等因素，对环形防线进行相应的调整，增加山城的实用面积，以满足军事防御要求与军民的基本生活，所以山城环形防线是在多种因素的影响下构筑而成的。

由于环线依山而建，故山城的平面形状各不相同，多呈不规则形，与平陆地区规整的治所型城池迥然有别。

宋军山城的崖壁高度从数米至数十米不等。（图版4-2）整体而言，除苦竹隘外，每座山城立面都存在缓坡区域，这些缓坡区域依靠城墙形成防线。为增强环形防线的防御能力，纵然是崖壁峭立，宋军依旧在崖壁上修筑城墙，这些城墙能够保障防守者人身安全。总体而言，山城的内层防线以城墙和崖壁的结合为主。有的山城以城墙为主，如神臂城、平梁城、虎头城；有的山城崖壁与城墙几乎同等重要，如钓鱼城、天生城；有的山城以崖壁为主，如得汉城、礼义城；纯以崖壁为城墙的仅见于苦竹隘。崖壁缝隙之处往往用石块填平以方便通行，如大斌山西部（图4-2-2）和运山城滴水岩。

宋军山城的环形防线由城墙和山体崖壁组合而成。城墙砌筑采用靠壁式和夯土包石式两种。城墙修筑时，采用收分形式，其底阔大于顶阔，外立面呈斜坡状。宋军山城城墙石多呈楔形，外大内小，采用丁砌法砌筑，既能保障城墙的收分，又能保持城墙面的平整，还能节省石材和人力。如钓鱼城的城墙收分在22—30°之间。部分宋军山城在明清时期的战乱中得到复建，复建的城墙或完全重筑，或砌于宋代城墙之上。明清时期城墙一般没有收分或收分不明显，这一点与宋代城墙迥异。

宋蒙山城由于周边绕以城墙，必须在城墙上设置孔道排水。考古发现，山城的排水设施

图4-2-2 岩缝处理（大斌山）

分两类。一是较大型的专门排水渠道，如钓鱼城的皇洞、大良城东门排水道以及云顶城万年寺附近的排水道等，这类排水道兼有暗道的作用。另一类排水设施是城墙上的孔洞。古人对城墙在内部饱水状态下承受的应力有所认识，在城墙的不同位置留下了孔洞排水，这种情况在多个山城有所发现，如白帝城樊家台、塘堰湾城墙，神臂城神臂门左侧，小宁城北门左侧等处。孔洞一般为数十厘米见方的方孔，深度在1米以上，因为多数堵塞，原深度难以确知。钓鱼城的排水孔现存10处，形制有单孔、双孔、四孔之别，多有细长条石砌筑于城墙之中，下部铺垫石板。[1]三台城清理了三条排水道，其中G2底部铺石板，构体由石条开凿而成，顶上盖石板，横穿城墙。（图4-2-3）

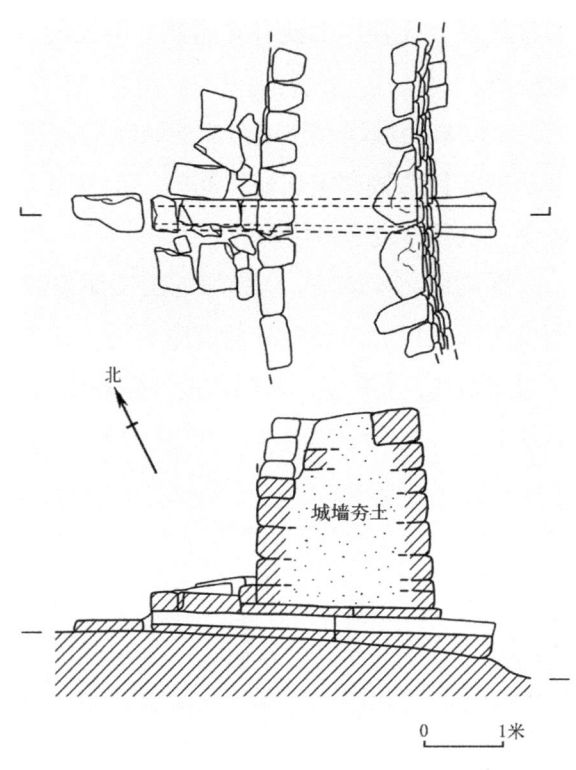

图4-2-3 三台城的排水道（G2）[2]

（二）环形防线类型

宋军山城城墙的制作工艺精细，形体浑厚，所以不少城墙基址保存至今。通过城墙遗存和相关的地势相结合，再借助于相关文献记载，基本上可复原山城的内层防线形态。从宋军山城城墙调查情况分析，可以将山城的内层防线细化为单层防线、双层防线、局部多层防线、大小城防线、城连城5类。（表4-2-1）

表4-2-1 山城防线类型一览表

核心防线类型	山城
单层防线	苦竹隘、鹅顶堡、凌霄城、紫云城、跨鳌城、云顶城、平梁城、大良城、得汉城、荣城、龙爪城、青居城、重庆城、多功城、金石城、龙岩城、天赐城、养马城
双层防线	小宁城、大获城、虎头城
局部多层防线	运山城、皇华城
大小城	神臂城、礼义城、赤牛城、三台城、钓鱼城、天生城、海龙囤、绍庆府城
城连城	三龟九顶城、白帝城

1. 单层防线

单层防线指只有一层城墙将山城合围，一般位于山顶区域，多由人工砌筑的城墙结合陡崖构成。这类山城要么很小，要么很大；要么四周险绝，要么级别地位较低，或兼而有之。

---

1 薛国安、陈相灵：《钓鱼城军事防御思想、防御体系及其典范性、独特性研究》，重庆出版社，2020年，第124页。
2 图片采自重庆市文化遗产研究院、涪陵区博物馆《重庆涪陵龟陵城遗址2017年调查与试掘简报》，《江汉考古》2020年"重庆古代城址考古"专辑。

数量较多，代表性山城有青居城、得汉城、平梁城、大良城、重庆城、多功城、凌霄城、苦竹隘等。

多功城由城墙和崖壁组成的防线沿山顶边缘形成环形防线，总长度约540米，规模较小。多功城是钓鱼城和重庆城之间的一个堡垒，无重要军民机构入驻，故而地位较低，加之山体较小，就只建设了单层防线。

平梁城、云顶城、大良城的山顶面积都比较大，已经足够容纳军民机构。如果修建外城，不仅工程量巨大，而且分散有限兵力，徒增防御难度，可谓得不偿失。大良城目前看来是局部双层防线，实际上，西门外的外围城墙及即城门均为清代所修，宋代大良城为单层防线（图4-2-4）。[1]

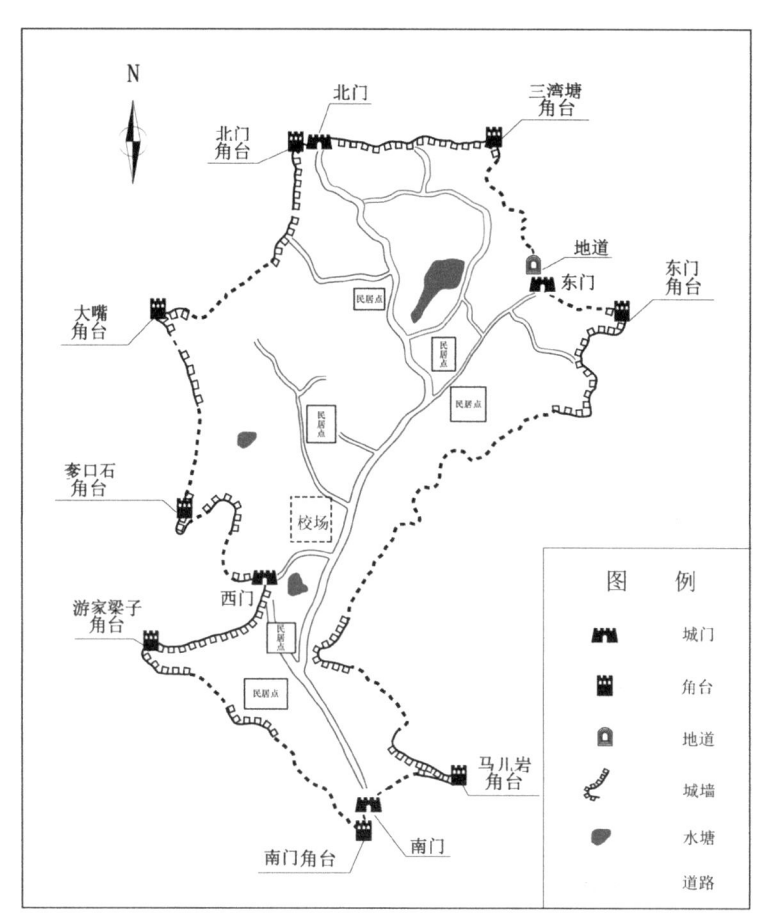

图 4-2-4　宋代大良城城防系统

重庆城在南宋时期地位十分重要，是制置司所在，但由于重庆城位于嘉陵江、长江两江交汇处，加之山顶面积颇大，故没有必要修建内外城。目前调查到的重庆城墙是明初指挥使戴鼎在宋代城墙基础上修缮完成的，从朝天门城墙解剖情况看，宋代的城墙包于明代城墙之内，与明城墙一样，宋代城墙也只有一圈防线。

---

[1] 目前大多数论著都未能正确区分大良城的宋代和清代遗存，以至于将清代遗存误认为宋代遗存，笔者对此进行了辨析。详见罗洪彬、蔡东洲、蒋晓春著《巴蜀宋元城堡——大良城》，巴蜀书社，2019年。

苦竹隘山体四面皆悬崖峭壁，壁立达数十米，形成一道难以攀登的天然城墙，加之山体由坚硬的砂砾岩构成，开凿颇为不易，故无修筑城墙的必要。

2. 双层防线

双层防线由两道环形城墙组合而成，一般在山腰台地外缘山坡上，或借助外层台地边缘修筑外城墙，山顶则沿山顶崖壁修筑内城墙。双层防线山城数量不多，见于小宁城、大获城、虎头城等。这类山城往往地位比较重要或者山顶面积太小。

虎头城因为山顶面积十分狭小，只能在山脚位置修建一圈外城墙，扩大防御面积，增加防御纵深。

小宁城外城墙保存相对较好，城门左右沿崖壁顶部边缘砌筑城墙，大致环城一周，与城北自然绝壁组成闭合的外城防线。内城墙位于半岛山顶台地外缘，环城一周。（图4-2-5）

大获城山顶面积较前两座山城要大，按理没必要修建外城，因为是四大戎司之一的金戎司驻地，还迁入了阆州州署等行政机构，名列"八柱"之一，地位较高，所以借助外层台地修建了外城，形成内外两重防线。

3. 局部多层防线

指山城的内层防线在单层防线的基础上，对需要加强防御的地带加筑城墙，提高防御能力。这些加筑的城墙防线一般出现在山城的缓坡地带。运山城所在山体呈现出缓坡与峭壁结合的特点，从山脚至山腰平台以缓坡地形为主，接近山顶部时，地形发生变化，出现高数米至数十米不等的悬崖峭壁。宋军根据运山山体的特点，分别于山腰平台外侧和山顶外沿修筑

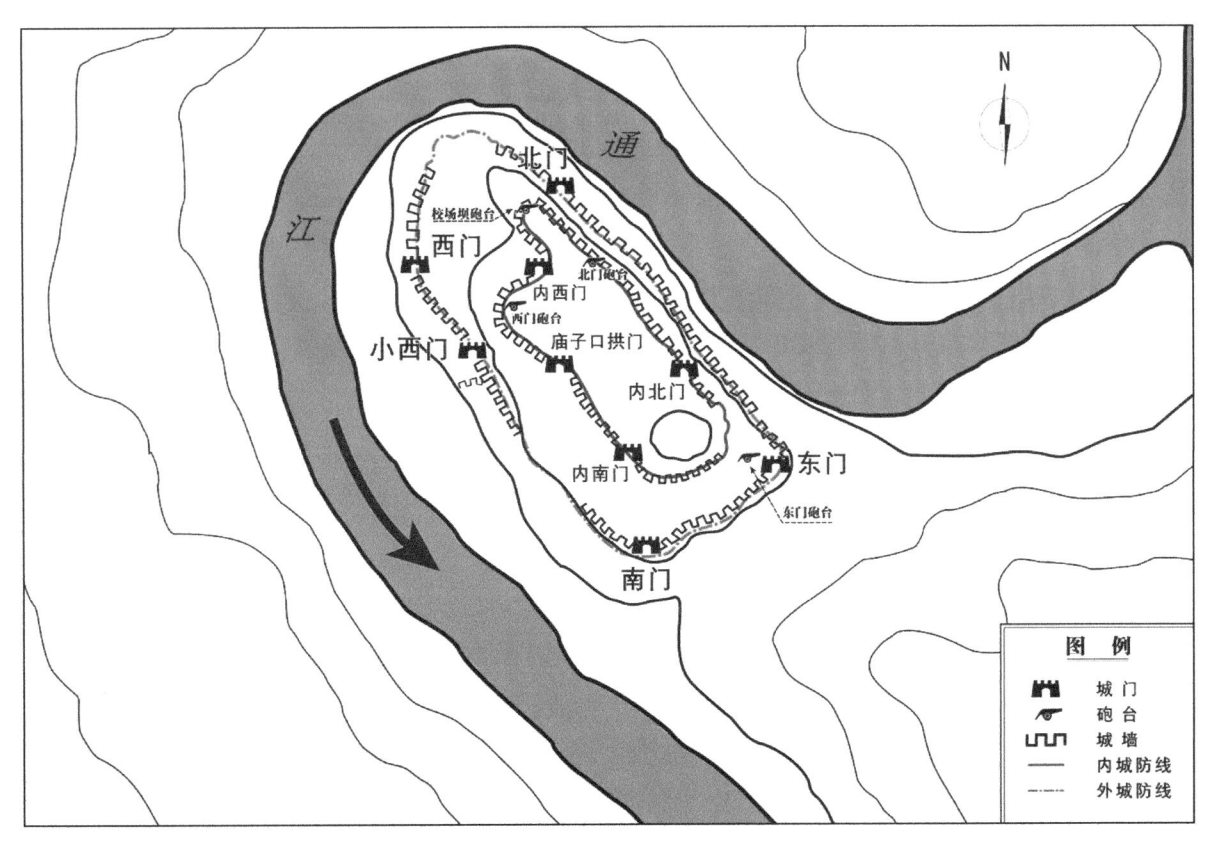

图 4-2-5　小宁城城防系统

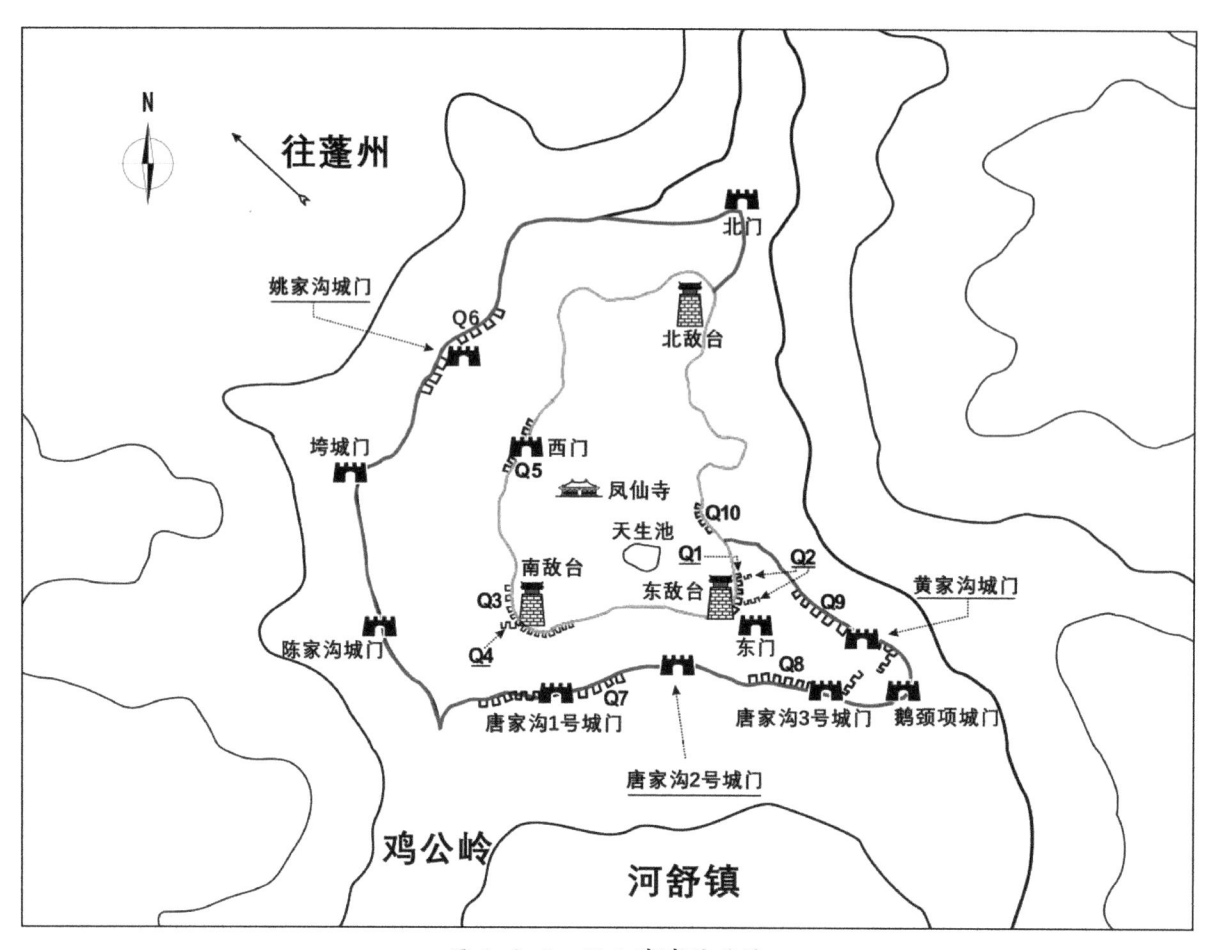

图 4-2-6　运山城城防系统

城墙，形成两道内层防线，在扩大防御范围的同时，能够增强山城防御能力，如若外城失守，宋军能够凭借位于山顶的内城继续防守作战。（图4-2-6）淳祐五年（1245），蒙军于运山城东门区域攻破外城防线，杨大渊率军民死守内城，终将蒙军击退。

4. 大小城

这类山城与局部双层防线功能相近似，但局部多层防线山城外层防线一般较长，而大小城的小城防线则较短，因而可将大、小城分别称为称外城、耳城或小城。

神臂城东门区域加筑的两道耳城，增加了东门一带的防御纵深。

钓鱼城有3个外城，分别为镇西门、奇胜门以内的西外城，小关门以内的南外城，菁华门和新东门以内的东外城。护国门外以城墙修建瓮城，开辟小东门进行内外沟通。开庆元年（1259），蒙军兵临钓鱼城下，在攻破了小东门及东一字城墙之后，才到达护国门下。西外城内目前田野考古工作较充分，发现了范家堰、大草房、大天池等遗址，其中范家堰大型多进院落尤其引人注目，被视为合州州衙所在，可见西外城的地位相当重要。

三台城由山顶环城、北外城、东外城、南外城、西外城5部分组成。其中外城各小城位于一级台地上，山顶环城位于二级台地上。4个小城均面向长江，显示了三台城的江防意识。

万州天生城由山顶环城和东外城、北外城3部分构成。西部由于崖壁极其陡峭，不再设置外城。北外城位于北门之外山脊前端鹅公包上，该处地势平缓，是登山的主要道路，设置外城有助于控制这条要道。

与天生城相似，赤牛城除山顶环城外，还利用城东的缓坡地带修建了东外城。

5. 城连城

这类山城数量不多，与大小城不同之处在于各城的规模相近，见于三龟九顶城、白帝城。白帝城的城防系统十分复杂，核心防线由下关城、上关城（子阳城）相接而成，两城之间有城墙和壕沟相隔。三龟九顶城是三龟城和九顶城的合称，两者之间有天然壕沟相隔，形成城连城的态势。

二、一字城墙和一字城

一字城墙指的是在城池一侧修建的垂直于环形城墙的墙体。据孙华先生研究，一字城墙首创于宋蒙战争期间。除宋蒙山城外，襄阳城和交趾万劫城也有一字城墙，其建设时间也可能是宋蒙战争时期。[1] 刘未认为，一字城之名虽然出现于宋蒙战争期间，但其形制设想却早有出现，名为"雁翅城"。南宋孝宗乾道七年（1171），襄阳知府等上书请求在襄阳筑"雁翅钥匙头城"2座。其好处有：两侧雁翅城门可出奇兵；系泊车战马船；解决城内乏水问题；与樊城雁翅城相对，控扼大江。但该建议未得到朝廷批准。刘未又引赵万年《襄阳守城录》，提出襄阳在乾道七年（1171）之后开禧二年（1206）年之前已经有了雁翅城；广州也在嘉定三年（1210）年就修筑了雁翅城。[2] 上述材料都早于宋蒙战争，可见一字城确有渊源，并非宋蒙战争期间的发明。

一字城墙在宋军山城中使用不多，根据目前的调查看，见于神臂城、小宁城、钓鱼城和白帝城四地。

宋蒙山城的一字城墙都位于山城外临近江水的缓冲地带，一端连接崖壁或主城墙，一端经由缓坡通往江边，端头直入江中。在实际建设中，除使用单独一条一字城墙外（如小宁城以及钓鱼城北一字城），还创造性地修建两条并列的一字城墙，与崖壁（或主城墙）、江河形成一个封闭空间，形成所谓的一字城，如神臂城、钓鱼城南一字城和白帝城。

宋蒙山城中一字城墙和一字城的功用主要有如下几项：

一是阻断横向交通。一字城墙自山顶延伸入江中，对山城至江边缓冲区域进行阻隔，以防敌军沿山脚横向穿插。如：神臂城的一字城，有效隔绝于神臂城南侧登陆的敌军沿山脚绕行至东门区域，是东门重点防御区的重要组成部分。钓鱼城因为战略地位极其重要，故在城北修建了一字城墙，城内修建一字城。城门的一字城墙由出奇门外顺山脊延伸至嘉陵江边，隔绝敌军在钓鱼城北侧的通道。城南是钓鱼城防御的重点区域，修建一字城有利于将阻隔作用发挥到更大。

二是沟通主城墙与江河。一字城墙从山城的环形防线延伸至江边，城墙较宽，人员和物资可在一字城墙上进行运输。如：钓鱼城南侧两条一字城墙采用夯土包石式修筑，遗存墙基

---

[1] 孙华：《羊马城与一字城》，《考古与文物》2011年第1期。

[2] 刘未：《一字城与雁翅城》，《鸡冠壶历史考古劄记》，上海古籍出版社，2019年，第102—107页。

图 4-2-7 钓鱼城水军码头和南一字城的关系（钓鱼城博物馆模型局部）

宽 4.8—10.3 米，顶宽 1.23—7.2 米，残高 3.6—10 米。[1] 一字城墙顶部达到通行的条件，可以安全、方便地进行人员和物资的输送。

三是护卫码头。各临江河的山城均需要码头，码头是山城与外界沟通的重要设施，水运线也是这些山城的生命线。一字城墙搭起了主城与码头之间的快捷通道，可以让军队快速抵达码头。尤为重要的是，一字城的两道城墙可直接连接甚至围合码头，让码头成为一字城的一部分。钓鱼城南的两个码头各自位于两道一字城墙前端，与一字城合二为一，一字城起到了护卫码头的作用。（图 4-2-7）

第三节 重点防御区

宋军山城所在的山体本身是不规则的，天然山险在山城防御中占有很大的比重，但是某些区域依然需要人工修筑城防设施，加强山城城防功能。山城在规划建设的过程中，依据地形地貌在山险薄弱区域重点设置多种城防设施，提升区域防御能力，从而形成重点防御区。

巴蜀地区宋军山城城防系统的最大特征是以山体为基础，根据山体的形态部署城防设施。山体的自然防御性在每个区域表现得不尽相同，所以在布置山城城防系统时在每区域表现得也不一样。从地势而言，这些地带的地形一般呈现为缓坡或平地形态。在这种缓坡或平地上

---

[1] 袁东山、蔡亚林：《重庆合川钓鱼城南一字城遗址》，《中国文物报》2012 年 2 月 10 日第 4 版。

修建的外小城实际上也是一种加强设施。

神臂城的重点防御区前文已经详细介绍，不再赘述。

云顶城北门地处的七佛岩为地势较缓的三角平台（平台两侧为陡坡），可攀登而上，于北门外修筑瓮城，增强此区域的防御能力。北门修建于三角平台的内侧，沿城门外陡坡在三角区域增加防线形成瓮城，设置城门、敌台、炮台等城防设施。外瓮城门修筑于崖体较陡的位置，与沱江相背，敌军由江边攻北门，需绕行七佛岩至外瓮城门下。外瓮城门至前方崖体较近，在城门外开挖壕沟，将吊桥装置设置在门洞外侧。战争时，吊桥升入城门护墙的凹槽，和护墙形成一个平面，为门洞增加一道防线。

北门是通向云顶城附属城寨——小云顶城的重要通道，以山坳相隔，两者相距不足1千米。除却北门要道外，宋军在修筑北门西侧城墙时，规划有一条暗道，作为联系小云顶城的秘密通道。敌军在进攻云顶城北门时，小云顶城作为外堡和北门防御区对敌军夹击，所以小云顶城也是北门重点防御区的一个依托。

运山城东门重点防御区数次修筑的过程有确切记载。光绪《蓬州志》中的《移治碑》[1]详细记述了杨大渊在淳祐六年（1246）修筑运山城的过程。同年，蒙军攻破运山城外城，因死伤较大，放弃对运山城内城的进攻。次年，杨大渊在东门区域"削壁千尺"，进行一系列的改建。由此可推断出，蒙军应是由东门区域攻破运山城外城。宝祐三年（1255），蒙军行至运山城，在东门外安营扎寨，意欲以此为突破口发动进攻，对峙10天后撤军。守城将领张大悦认识到东门一带防御的不足，"梱令调兵增戍"，耗时3个月，在东门一带"凿崖通道，辟重门，拓旧址而崇之，架楼橹其上"，使得东门防御区的防守能力再次增强。

第四节 防御节点

宋蒙山城城防系统中，城门、角台、炮台、马面、暗道等点状设施属于防御系统中的节点，是构成完整城防系统的重要部分。

一、城门

因沟通城内外的需要，环形闭合城墙必须留出若干个缺口充当城门。这些口子相对于高耸连绵的城墙而言，显然是城防的薄弱点，因而城门的数量、选址、形制都必须慎重考虑，以弥补甚至提升城防能力。

中国古代城市的城门多设置在东西南北各个方位，往往呈对称形态分布，比较常见是每面各设一门，共四门。一些小的城市有可能因为地形、交通等原因仅设置东西门或南北门。级别较高的城市则在四门基础上增加，在城门形态和数量上具有一定的等级差异。由于保存不好，加之文献失载、考古工作不足等原因，不少山城在宋代的城门数量还难以确知，今就已知情况列表（表4-2-2）如下：

---

[1]（明）徐泰纂，蓬安县地方志办公室整理：《蓬州志》卷7《古迹》，中国文史出版社，2015年，第149页。

表 4-2-2 主要山城城门数量一览表

宋代城门数量	山城	宋代城门	后代改建、新修情况	备注
1	苦竹隘	东门（卷洞门）		考古发现、历史文献
	金石城	北门	清代改造	考古发现
2	礼义城	东、西门	清代重修东西门，新修吊哀门、新寨门、小东门、水门、马头嘴门、南天门	考古发现、《礼义城图》
	运山城	东、西门	清代改造东门，新修北门、黄家沟门、鹅颈项门、唐家沟门1—3号门、陈家沟门、垮城门	考古发现、历史文献
	多功城	东、西门	清代重修	考古发现
	大刀砦	南门（友信门）、北门	清代改造南门，重修北门	考古发现
4	大良城	内城东、南、西、北门	清代重修或新修东门、南门（内外两道）、西门、北门、小东门、小南门、小西门、小北门、长庚门、月亮门、寿星门	考古发现、历史文献
5	重庆城	先为四门：薰风门、洪崖门、镇西门、千厮门，后增太平门	明清重修并新修12个城门，城门数达17个	考古发现、历史文献
8	钓鱼城	东新门、镇西门（正西门）、奇胜门、出奇门、护国门、青华门、小东门、始关门	清代重修	考古发现、历史文献
总数不详	大获城	调查发现卷洞门，文献提及水门	明清重修或新修外东门、外南门、外西门、外北门、内东门、内南门、内西门	考古发现、历史文献；卷洞门、水门不知是否同一处
	白帝城	发现10个	明清时期重修部分城门	考古发现、历史文献
	云顶城	发现2个：北门、瓮城门	其余城门为清代重修或新修	考古发现
	得汉城		明清重修或新修北门、东门	考古发现
	平梁城		清代重修或新修城门6个	
	赤牛城	发现2个：关子门、赶场门	清代重修或新修余场门、蛇洞门、新寨门、前寨门、后寨门	考古发现
	青居城		清代重修或新修血水窝门、水城门、双城门	
	皇华城	文献提及东门、朝天门，考古发现1个：1号城门	不详	考古发现、文献记载

(续表)

宋代城门数量	山城	宋代城门	后代改建、新修情况	备注
总数不详	小宁城	确认3个：西门、小西门、北门	清代新修城门2个	考古发现
	神臂城	确认2个：神臂门、东门	清代重修东门、西门，现代重修神臂门	考古发现、历史文献
	鹅顶堡	文献提及望喜门，考古发现4个	不详	考古发现、历史文献
	天生城		清代重修或新修前寨门、中寨门、后寨门	考古发现
	虎头城		清代重修或新修内西门	考古发现

由上表可知，宋代山城的城门数量多为偶数，其中2个和4个较为常见，反映了传统治所型城市规制的影响。宋代陈规在《守城录》中曾提出"城门贵多不贵少"，他认为城门数量多，可以分散敌人的兵力和注意力，从而达到出其不意攻其不备的效果。大部分宋蒙山城城门数量不多，表明山城修筑者并未采纳该建议，笔者推测原因有二：一是山城规模和地形所限。大多数山城的规模小于平陆治所型城市，无必要修建太多城门，加之地形对城门的设置影响较大，不能像平陆型城市一样可随处修建。二是山城驻守兵力不足，城门太多势必分散防御力量，增加防御弱点，反给对方留下可乘之机。

就城门分布方位看，大体追求对称分布，反映了中国古代筑城传统。由于山城平面受地形影响大，不规范分布情况较突出。从城门位置的地形、地貌看，多位于缓坡或崖壁内凹处。山城所在多为桌状山，不方便上下，故选择地势较缓地方（有不少是山脊）修筑道路，城门也就位于这些道路之上。

根据文献记载，部分宋军山城修筑有水门，如大获城、神臂城、云顶城等，调查中，也发现一些现存城门名为"水门"者，如青居城和礼义城。中国古代修建城池时，为保障城内水资源充足，往往于城墙底部引河入城，在城墙下部设立水门。[1] 为防止敌军由此入城，水门内一般有栅格。宋军山城修筑于山体之上，从地势而言，不存在引水入城的情况。就字面意思理解，宋蒙山城的水门很可能是通往江河边的门。礼义城的水门就具备这样的特点，但青居城的水城门背对嘉陵江，似乎不符。根据文献记载，水门经常被敌军攻击。宝祐六年（1258），蒙军进攻大获城，即攻破水门进入大获城外城，杨大渊献城投降；同年，蒙军纽璘部进攻云顶城，"由水门先登"[2]，攻破宋军守城防线，守将姚世安投降。这两次水门的失守导致了城池陷落。"水门"的另一种理解为排水的城门，在这宋元时期南方地区城池中较为常见。钓鱼城出奇门左侧山崖上有水洞门遗址，为大型排水口，形状大小和城门相似，水洞门口底部遗存有一排石穴，为承载栅格门的设施，和传统城池水门的结构相似。这种水门虽然可出奇兵，但因其狭小，通行率低，不大可能是文献中水门争夺战中的那种水门。

---

[1] 王育亮：《北宋东京城城门研究》，河南大学硕士学位论文，2012年，第17页。
[2]《元史》卷121《按竺迩传》，中华书局，2013年，第2986页。

受地形限制，宋蒙山城城门之外几乎未见城壕，自然也缺乏吊桥之类设施。目前仅在云顶城瓮城门上发现有吊桥设施，城门之外现在无壕沟痕迹，宋代是否存在壕沟不得而知。苦竹隘东门上亦有类似吊桥遗痕。该门外十分陡峭，推测门前原有较高的断坎，需要放下吊桥方能通过。这种情况也见于大获城。大获城卷洞门前即为高达数米的断坎，需要借助吊桥、木梯之类上下。这大概是当时增强城门防御能力的一种做法。

瓮城在我国筑城史中起源甚早，一般认为可上溯至新石器时代晚期，春秋战国时期已经较为普及，逮至宋代，瓮城不仅更加普及，而且出现了较为复杂的结构。宋蒙山城中瓮城使用不多，仅见于白帝城、云顶城等少数山城。清代的平梁城瓮城较复杂，但在宋代是否存在瓮城尚不得而知。宋蒙山城中之所以较少使用瓮城，原因在于地形、地貌所限。从宋蒙山城城门所在地形看，多数比较逼仄，前后左右皆无足够空间。云顶城北门一带较为平敞，可以修建瓮城，但该瓮城的形态也与普通瓮城不同，围合范围较大。白帝城皇殿台恰好有二层台地，下层围合为瓮城，上层则为主城。

宋蒙山城虽然较少见到瓮城，但在不少城门内侧却有一片低矮区域，面积数十平方米，进城后的道路又向一侧曲折而行，故城内形势类似瓮城。如运山城东门一带，入城门后左侧为悬崖，右侧为崖壁，前行10余米后方有曲折上山的道路，而山顶有角台居高临下控守。神臂城东门、大刀砦友信门等门内的左右八字挡墙和后部的堡坎围合成一个小范围的空间，也可以起到瓮城的作用，是瓮城制度在山城因地制宜简省的结果。

调查中发现部分山城城门有封堵现象，如小宁城小西门、大获城卷洞门、皇华城1号城门等。小西门门洞下部城墙石垒砌，上部用土掩埋，卷洞门门洞完全被泥土掩埋。推测其封堵原因，或为城池危急之际，为减少防御压力主动封堵，或为宋蒙战争结束后，元廷撤毁山城时所为，或为明清乱局中封堵。道光《巴州志》的小宁城图中未标注小西门的位置，也许是小西门道光时期已经封堵的证明。[1] 皇华城1号城门封堵用材均为宋代石材、磨盘、礌石等，显示封堵时间为宋元之际，封堵较为细致，可能是元廷毁城之举。

二、马面

马面是中国古代城墙上一种非常流行的设施。《守城录》："马面，旧制六十步立一座，跳出城外不减二丈，阔狭随地利不定，两边直觑城脚。"[2] 马面的作用颇多，一方面可以固定城墙，为城墙提供支撑，另一方面马面之上可以设置防御设施，有预警之用。《武经总要》云："凡城上皆有女墙，每十步及马面，皆上设敌棚、敌团、敌楼。"[3] "敌楼，前高七尺，后五尺，每间阔一步，深一丈，其棚上下约容二十人。"[4]《虎钤经》说："敌台上建候楼，以跳板出为橹，与

---

[1]（清）道光《巴州志》，清道光十三年刻本。四川地方志编纂委员会辑：《四川历代方志集成》第二辑，国家图书馆出版社，2015年，第26—27页。
[2]（宋）陈规著，林正才译：《守城录注译》，解放军出版社，1990年，第74页。
[3]（宋）曾公亮等撰，郑诚整理：《武经总要前集》卷12《守城》，湖南科学技术出版社，2017年，第628页。
[4]（宋）曾公亮等撰，郑诚整理：《武经总要前集》卷12，湖南科学技术出版社，2017年，第639页。

四外烽戍，昼夜瞻视，以备警急。"[1]除此以外，由于每个马面之间距离不大，还有利于夹击城墙之下或蚁附登墙的敌人。守城士兵站于马面上，以弓弩、长兵器等武器攻击处于攻城战中的敌军，属于山城城防中的近距离攻击。马面上部的规制，随着攻城器械的不断发展而演变。陈规认为马面上立楼子易被炮石击倒，对守城士兵形成伤害，建议马面上"筑高厚墙，中留'品'字空眼，以备觇望及设施枪路"[2]。（图4-2-8）

川渝地区留存下来的宋蒙山城的唯一图像是《礼义城图》。图中清晰的绘制了11处马面、1处角台，马面上有敌楼，角台上有角楼。《静江府城池图》中分别标注为"硬楼"和"团楼"。（图4-2-9）

宋蒙山城城墙建于崖壁或坡地之上，城墙外缘难有足够空间建设马面。同时因为城墙下往往高不可攀，敌人的进攻一般集中于城门，无在城墙上广设马面之必要。故而宋蒙山城中马面较少见。平梁城的马面数量较多，现存近20处，间隔不一，但均在数十米之内。突出城墙之外50—80厘米，长5—7米不等。神臂城发现两处马面。西门与神臂门之间的马面是城墙上一处外凸的平台，形状平面呈长方形，长约6米，宽约3米。平台所在城墙虽然在20世纪90年代经过重修，但从平台底层基座残留的带有宋代建筑风格的城墙石可以判断该处平台是在宋代城墙基础上重修的，如实反映了宋代城墙的形制。神臂城东门马面

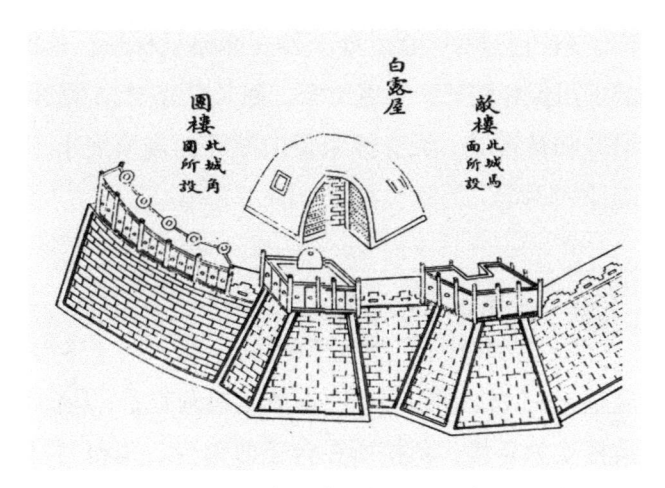

图4-2-8 《武经总要》中的敌楼与团楼

图4-2-9 《礼义城图》（左）与《静江府城池图》（右）中的马面和角台

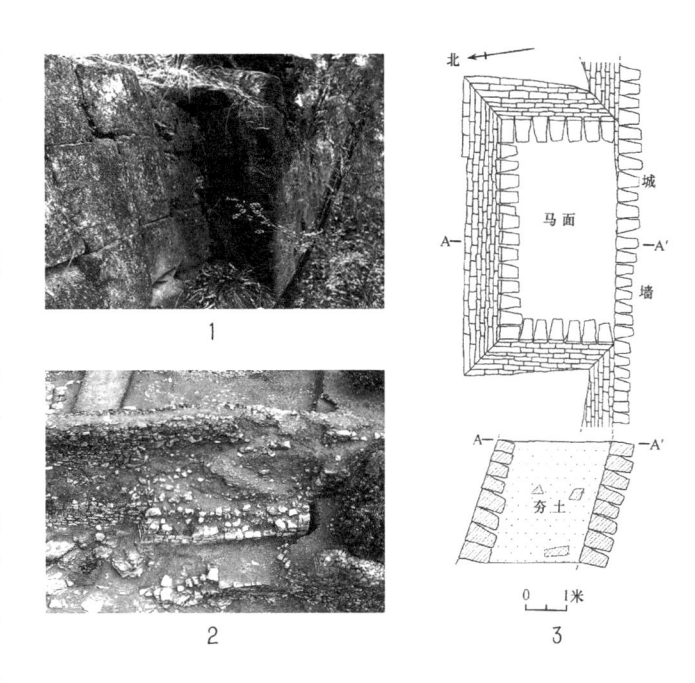

图4-2-10 部分山城马面
（1.平梁城 2.白帝城 3.钓鱼城）

---

1 （宋）许洞撰：《虎钤经》卷6《守城》，中国兵书集成编委会：《中国兵书集成》，第6册，解放军出版社、辽沈书社联合出版，1992年，第117页。
2 （宋）陈规著：《守城录》卷2《守城机要》，中国兵书集成编委会：《中国兵书集成》第7册，解放军出版社、辽沈书社联合出版，1992年，第151—152页。

位于东门左侧约 10 米处。外立面略呈梯形，外突 0.8—1 米，宽 3—4 米。钓鱼城北一字城墙鹞子崖保存较好，下宽上窄，底长 7.15 米，宽 3 米，顶长 5.3 米，宽 2.9 米，外突距离大于平梁城和神臂城。大龙潭宋蒙山城马面规模大小不一且普遍较小，正是《守城录》所说"阔狭随地利不定"的真实写照（图 4-2-10）。

三、角台

宋蒙山城中也有修建敌楼的记载。据《移治碑》记载，杨大渊修筑运山城时，"筑大蓬坎之基，三敌楼雄架其上"[1]。从实地调查看，运山城未发现马面，但有角台存在，估计碑文中的敌楼实为角楼，角楼所在台子即角台。角台与马面性质相似，一般位于城墙拐弯处，规模比马面要大，视野也更为宽广，预警和防御功能更加突出。

角台在宋蒙山城十分常见，但由于角台本身地表遗迹就不多，且保存不好，考古调查难以确认，故能确认的一般在 10 座以下。较少的如青居城可以确认的角台有 1 处，运山城有 3 处，较多的如赤牛城则至少有 8 处。[2]（图 4-2-11）

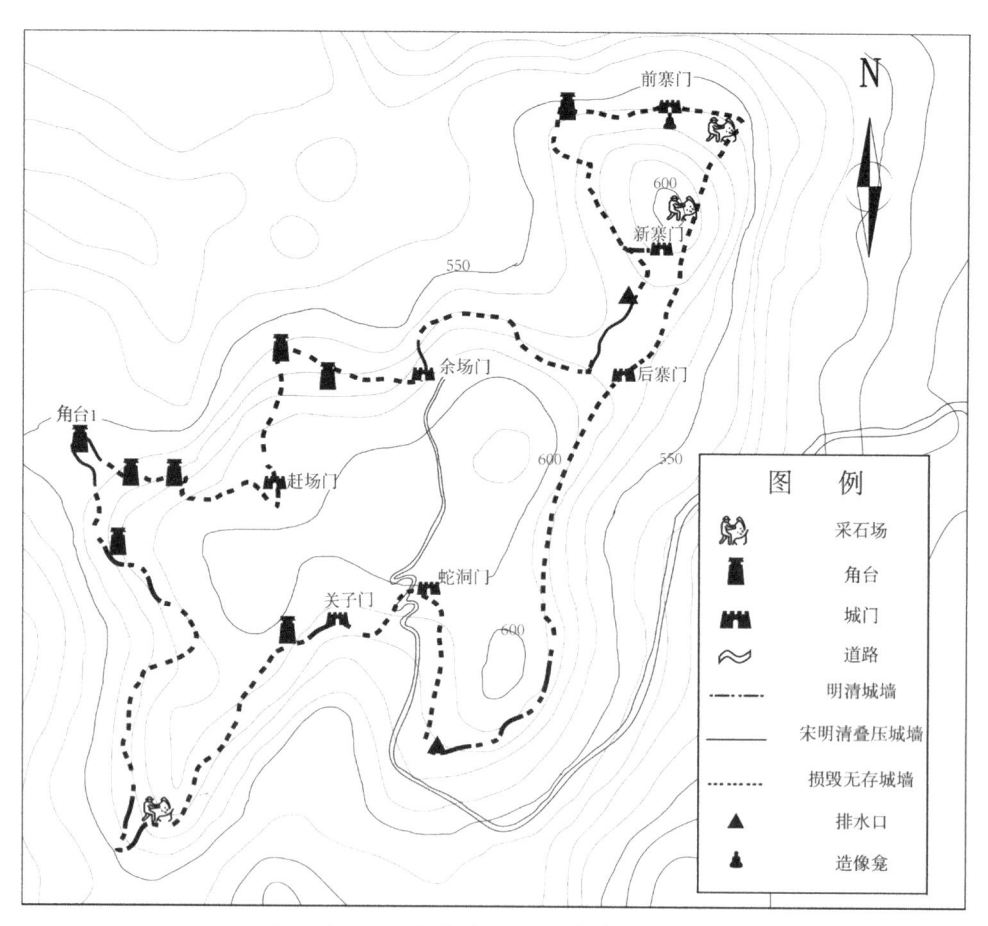

图 4-2-11 赤牛城山顶环城遗迹分布图

---

1 （明）徐泰纂，蓬安县地方志办公室整理：《蓬州志》卷 7《古迹》，北京：中国文史出版社，2015 年，第 149 页。
2 （明）曹学佺《蜀中广记》卷 23《名胜记》（杨世文校点，上海古籍出版社，2020 年，第 241 页）载：赤牛城"周三百六十步，敌楼百四十三座。"嘉庆《梁山县志》（清光绪二十年重刊本）卷 6 原文抄录了这个记载。显然，这里的两个数字都有问题，城周不会仅有 360 步（500 余米）之短，敌楼也不会有 143 座之多（每三四米即有 1 个敌楼）。

角台注重于地势选择,一般位于内层防线一端或拐角处,为自然或人工砌筑的高大台基,视野开阔。运山城东角台是重要的陆路敌台观察点。东敌台位于运山城东门外的崖壁之上,外围是沿鹅颈项修筑的东门重点防御区。东敌台能够清晰观察到蒙军沿鹅颈项山脊道路攻城的行军情况,而且在蒙军攻打东门重点防御区时,于此观察敌军动向,可有效地分析攻城情况,合理调整战术。青居城地处嘉陵江要地,东岩角台地处嘉陵江359°曲流口部的小山峰上,地势相对较高,视野开阔,在此可以观察到嘉陵江自北而来的上游区域、江水向西南的流淌曲度区域、由曲度向东北的回流区域及江水回旋沿东南向下游流淌的区域。大获城的西角台位于外城最西端,地势险要,下为悬崖,敌台由城墙石砌筑而成。大获城三面环江,仅西侧连接陆地,地势较平坦,是重要的陆路交通要道,西敌台位于西门的北侧,可以清楚明了地观察到蒙军由陆路进攻大获城的情况。西敌台北侧为东河上游,东河在此呈对向西敌台"凸弯"之势,在角台上可以清楚观察到东河对折两侧的江面情况。赤牛城的一个角台平面成长方形,长约5.5米,宽约8.8米,面积约46平方米,敌台处视野开阔,可与金石城对视。(图版4-3)

有的角台上有石条或柱础等建筑痕迹。运山城南角台平面大致呈扇形,面积约30平方米。地面残存城墙石、大量板瓦以及少量锈蚀严重的铁钉等。钓鱼城三龟石位于城北,可远看渠江,也是一处角台。三龟石表面平坦,有30余个成规律分布的柱洞,整体布局接近圆角梯形,表明以前有角楼。

四、炮台

《守城录》载:"凡攻守之械,害物最重,其势可畏者,莫甚于炮。""守者得用炮之术,则可以制敌。"[1]炮在两宋时期已经是主要的大型攻城器械,北宋中期编撰的《武经总要》对炮有详细介绍。

作为城防系统中的炮台,是炮的安置地。依炮的安放方式,可分为固定炮台和移动炮台。陈规在《守城录》中认为移动炮台比固定炮台更具优势,能够根据实际战况调整炮的位置,将攻击力发挥至最大。移动炮台平台下部有滚轮,在较平坦的区域可以移动,因而没有明确的炮台。固定炮台为人工修筑,因此部分炮台遗迹得以留存至今。

经调查,宋蒙山城中,钓鱼城、神臂城、云顶城、得汉城、三龟九顶城、三台城、天生城等地有明确的炮台遗迹发现。根据炮台与城墙的位置关系,炮台可分三种类型。

第一种,城墙之外。炮的射程有限,为控制前线,有的炮台设置在城墙之外。神臂城神臂嘴一带,城墙距离大江较远。城墙上的炮无非攻击江中之敌,故在神臂门外临近长江的位置,安置了一个炮台。云顶城小东门外炮台位于小东门外侧自然崖壁上,相较于神臂嘴炮台位置险要,视野也很开阔。

第二种,城墙之上。炮台设置于城墙之上本为传统做法,因为城墙是城池最重要的防线,也是敌军攻击的重点,加之城墙上视野开阔,炮击效果较好。三台城发现炮台8处,比较均

---

[1](宋)陈规、(宋)汤璹著,林正才注译:《守城录注译》卷1《〈靖康朝野佥言〉后序》,解放军出版社,1990年,第35页。

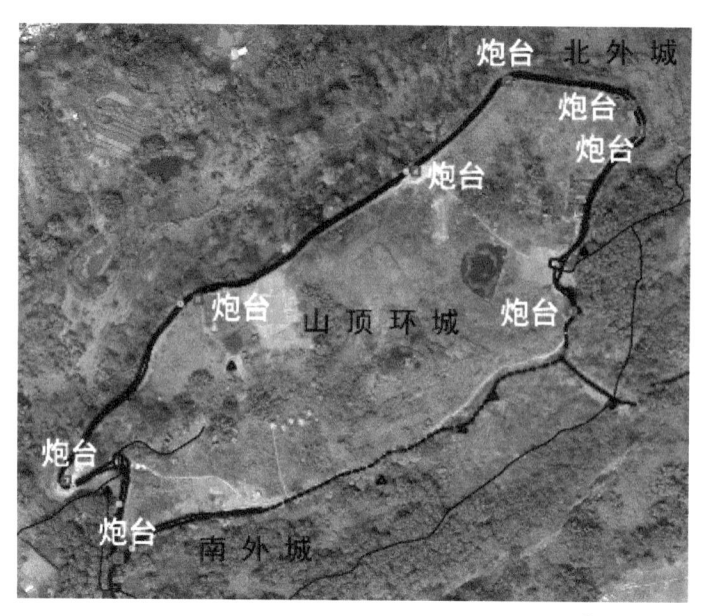

图4-2-12 三台城山顶环城炮台分布图[1]

图4-2-13 三台城的炮台[2]

衡地分布在山顶环城城墙上，紧靠城墙。从简报附图看，似乎城墙内侧和外侧均有。平面形状有方形和半椭圆形两类。不过，似乎也存在一些利用马面做炮台的例子，如云顶城张家湾炮台，炮台所在墩台底长约20米，突出城墙约6米，类似马面而稍大，附近发现大量礌石。故该墩台可能是炮台、马面合用型城防设施。（图4-2-12、4-2-13）

第三种，城墙之内。炮台置于城墙之上，比较显眼，容易成为敌军重点攻击的对象，因而陈规在《守城录》中建议："只于城里量远近安顿，城外不可得见，可以取的。每炮于城立一人，专照斜直远近，令炮手定放。"[3] 调查发现，宋军山城中的炮台也有安置于城墙之内的，与城墙有一定距离。小宁城东门炮台位于东门（今朝阳门）之内，距离城墙约30米，包石砌筑而成。（图4-2-14）此外，如：小宁城西门炮台、云顶城白马石炮台、三龟九顶城灵宝塔

1（宋）陈规、（宋）汤璹著，林正才注译：《守城录注译》卷2《守城机要》，解放军出版社，1990年，第87页。
2 重庆市文化遗产研究院、涪陵区博物馆《重庆涪陵龟陵城遗址2017年调查与试掘简报》，《江汉考古》2020年"重庆古代城址考古"专辑。
3（宋）陈规、（宋）汤璹著，林正才注译：《守城录注译》卷1《靖康朝野佥言后序》，解放军出版社，1990年，第88页。

炮台（图版4-4）等皆砌筑于内层防线之内，情形和小宁城东门炮台相似。[1]

除以上马面、角台、炮台等台形设施外，还有一些台形设施，规模较大，与上述几类皆有不同，有学者将其命名为墩台。如三台城外城发现的一个墩台，可惜简报中无介绍，从所附简报图版八看位于城墙外缘，紧靠城墙，由石材垒砌而成，平面似为矩形，面积可达数十平方米。[2] 这种设施在神臂城西一字城上端也有发现，共两处。其一在一字城墙中段，另一处在一字城墙与崖壁相连接处。前者与一字城相接，为长方形土台，长27米，宽12米，高3.8米，用丁砌法砌筑，东面同一字城墙相连；后者形制与前者相近，长约20米，宽约8米。

图4-2-14 小宁城东门内炮台

五、暗道

暗道在中外古城堡中均十分常见，是突袭或潜逃的重要设施。既可用于守城，也能用于攻城，用于攻城称为"地突"，在我国古代文献中多有记载。

因为暗道本身具备隐蔽性，故难以在调查中发现，目前发现的暗道见于大良城、云顶城、神臂城和钓鱼城。

（一）暗道形制

宋蒙山城的暗道设施根据修建方法可分两类：凿修山体边岩穴形成的暗道与修筑于城墙内部的垒砌暗道。

1.岩穴暗道

岩穴暗道主要借助山体边天然岩穴，对其进行开凿加工达到通行条件。此类暗道上部修筑城墙进行防御，内部呈不规则形，空间大小不一。如：钓鱼城飞檐洞内呈约60度斜坡，进深10余米，空间较大，可容纳数十人，但最窄处约0.5米，仅能供1人通行。外暗道口为10余平方米平台，距崖脚约10余米，洞外丛林茂盛，加之形成飞檐洞的岩体突出悬崖不太明显，所以隐蔽性很好，便于突袭。云顶城瓮城

图4-2-15 钓鱼城飞檐洞

---
1 四川省文物考古研究院、西华师范大学历史文化学院、平昌县文物局：《四川平昌县小宁城遗址调查简报》，《四川文物》2019年第1期。
2 重庆市文化遗产研究院、涪陵区博物馆《重庆涪陵龟陵城遗址2017年调查与试掘简报》，《江汉考古》2020年"重庆古代城址考古"专辑。

门暗道和飞檐洞同为开凿岩穴改筑而成，但其内部用条石进行修整加固，显得要平整些。（图4-2-15）

2. 垒砌暗道

垒砌暗道位于城墙下部，是山城修筑内层防线时特意规划出来的，在规制上较整齐。垒砌暗道为人工砌筑而成，选择位置上相较于岩穴暗道更加具有合理性，一般位于城门等重点防御区附近，如：钓鱼城皇洞、大良城东门暗道皆位于城门附近。人工砌筑的暗道洞顶城拱券形，在形制上和宋代山城城门洞相似。拱券形制在竖向载重时具有良好的承重性，支撑暗道不出现垮塌，保障上部城墙的稳定性。如：大良城东门暗道为拱券形制门洞，门道长约11米，高约1.88米，宽约1.33米，石材之间结合紧密，非常坚固，完整保留至今。（图4-2-16）

宋军山城暗道无论是开凿山体边岩穴形成，还是规划于城墙之中，其特点是进深比较短，暗道内口位于城墙内侧较隐蔽区域，外口位于崖壁上部，需借助悬梯或绳索等工具才能出入。纵然城外敌军观察出暗道的位置，依旧不能以此作为攻城的切入点。如：大良城东门暗道外口距离悬崖底部约10米，崖壁悬陡。不过也有例外，云顶城瓮城门暗道是连接城内和瓮城的通道，进深约8米，高约1.2米，宽约1.2米，外口距离地表仅约60厘米。

图4-2-16 大良城东门暗道

垒砌暗道在外口附近存有排状石窝，用于安装栅格门，部分暗道内存在多排石窝，如钓鱼城皇洞内可观察到的石窝即有3排。

（二）暗道功能

宋军山城暗道修筑工艺决定了和传统城池暗道有所不同，但功能上依旧可做到偷袭、向外界传递军情、城内军民撤退、兼为排水系统等。

1. 偷袭

宋军利用山城暗道对蒙军实施偷袭在史籍中有记载。如：开庆元年（1259），蒙哥汗率军对钓鱼城实施长达5个月的围攻战。四月，守将王坚组织"死士"50名，出飞檐洞绕至护国门，对雨夜偷袭护国门的蒙军实施前后夹击。五月，王坚再次由暗道出动军队，绕过蒙军防线，对位于石子山的蒙哥汗驻地发动夜袭。[1]

2. 向外界传递军情

《尉缭子》阐述了守城和援军的关系，只有存在援军的情况下，才能守得住城池。[2] 在信

---

[1] 池开智：《钓鱼城历史与展示研究文集》，重庆出版社，2018年，第212—213页。
[2] （战国）尉缭撰：《尉缭子》卷2《守权》，中国兵书集成编委会：《中国兵书集成》第1册，解放军出版社、辽沈书社联合出版，1987年，第380—381页。

息传递不发达的南宋，通过暗道向外界宋军传递山城军情具有很大作用。宋军山城暗道，具有良好的隐蔽性，城内守军在夜间由此借助绳索出城，绕开蒙军防线，求取支援，将山城军情传递到附近宋军山城，以便得到及时而有效的支援，解围城之困。虽然现存史料并无守城宋军通过暗道寻求支援的记载，但由暗道发动夜袭来看，绕过蒙军的防线寻求支援是具有可操作性的。

3. 逃生通道

在围城战中，山城内处于弹尽粮绝的守军通过暗道撤离山城、转移城内军民具有可行性。史籍中有山城守军通过暗道撤退的记载。景定二年（1261），刘整以神臂城投降蒙古，南宋将领俞兴、吕文德先后对神臂城展开围攻。次年，神臂城孤立无援，难以据守，刘整由暗道率军民逃离神臂城。[1]

4. 排水功能

宋军山城暗道还具有排水功能。巴蜀地区夏秋多雨水，山城中多余的雨水需排水至城外，以防城墙因饱水而坍塌。调查发现钓鱼城皇洞、大良城东门暗道、云顶城瓮城门暗道等底部皆开凿有排水槽。以大良城东门暗道为例，排水槽贯穿暗道，具有良好的排水条件。

（三）暗道遗存

迄今为止，仅在钓鱼城发现1条由蒙军开凿的攻城暗道。开庆元年（1259），蒙军久攻钓鱼城不下，挖掘暗道通至钓鱼场西北外城墙外侧。该暗道由北向南直向西北外城，主线长约17米，支线长约15米，主暗道高约1.3米，宽约1.5米，在城墙脚下约4米处设置3个出口。[2]

在钓鱼城之战中，蒙军对钓鱼城西北外城发动数次进攻，分别于四月和六月两次攻破西北外城。从战事分析，攻城暗道应挖掘于四月至六月之间。六月初，宋将吕文德由重庆溯嘉陵江支援钓鱼城，蒙军为避免被宋军前后夹击，两天后，由暗道出兵强攻钓鱼城西北外城墙，因后续部队未及时跟进，攻城失败。此时，距蒙军围困钓鱼城已4个月，蒙哥汗攻城心切，攻城暗道挖掘成功应该是蒙军在六月初发动攻城战前的数日。

2006年，重庆市文物考古所等单位对攻城暗道进行清理，于暗道出口发现大量填充石块及宋代遗物。应该是守城宋军发现暗道后，及时进行了掩埋。

---

[1] 陈世松、喻亨仁、赵永康：《宋元之际的泸州》，重庆出版社，1985年，第79—86页。
[2] 池开智：《钓鱼城历史与展示研究文集》，重庆出版社，2018年，第62—63页。

第三章 宋军山城内部格局

按照凯文·林奇《城市意象》的观点，一个完整的城市包括道路、边界、区域、节点、标志物五个意象。[1] 就宋蒙山城而言，山城的范围主要由城墙界定，各区域之间的连接和区隔指道路系统，城内各重要设施构成节点，城门、寺观、亭台、衙署大门等构成标志物。本书讨论的内部格局既包括区域、节点、标志物，也包括串联起各节点的道路。

城市考古的重要目标是通过文献和考古材料厘清城市的格局以及演变，宋蒙山城遗址考古也不例外。根据目前宋蒙山城遗址调查和勘探、发掘的情况，要全面探讨其格局和演变尚有较大难度，尤其是蒙军山城考古基础极其薄弱，这方面的研究目前还无法开展，因此，本章拟在现有材料基础上，尽可能地对宋军山城内部格局及演变进行初步探讨。

第一节 主要节点

前文已经叙述宋蒙山城遗址的城墙以及城墙线路上的城门、角台、暗道之类城防设施，但对城内的一些设施尚未涉及。城内设施构成城池节点，道路系统则连接这些节点，与城内设施一起构成城池格局。

关于城内设施，一些文献和题刻有所涉及。明正德《蓬州志》收录了杨大渊创筑运山城时的一则碑记，即《杨大渊创筑运山城记》，记中说：

> 于是拓公宇，建丽谯，区别民居，分画市井，增筑城壁，凿开四水池。自东至南门，西至北门，宏创敌楼，辅以更楼凡五十余座。明年，筑大蓬坎之基，三敌楼雄架其上。又明年，改辟东门，悬峭千尺，环城壮势具矣。载念文事当修，亟起郡学、立孔殿，寺观、神祠咸鼎新之。

从此段碑文看，运山城的城设施包括城壁、城门、敌楼、更楼、谯楼，行政设施有公宇，此外还有民居、市井、郡学、孔殿、寺观、神祠、水池等生活、教育、宗教设施。

天赐城《大宁监创筑天赐城记》中也有天赐城构成要素的内容：

> 自景定三年十一月上澣兴工，抵明年四月朔告成，周围计九百六十余丈，粉堞矗空，楼橹连云，官有廨，粮有廪，兵有营，战守及备，靡不悉周。商贾往来，居民还定，耕屯日辟，跨两冬而房不敢窥，此兴筑之效也。

---

[1] 凯文·林奇著，方益萍、何晓军译：《城市意象》，华夏出版社，2017年，第35—37页。

可见，天赐城虽然仅为大宁监驻地，但其内部仍然有官廨、粮廪、兵营、商店、民居、耕地。

其他山城的情况也与此相似，都具有城防、行政、文教、宗教、日常生活等方面的各类设施，这是因为山城不仅仅是军事要塞，同时还是各级行政机构的临时治所，所以山城实际行使了治所的职能，只不过其军事性较强，其他职能相对有所弱化而已。这也是山城和其他时代寨堡在职能上的关键区别。

由于考古工作的不足，大量的山城内部构成要素还不是很清楚，仅有关于衙署、校场、寺观等较大型建筑的零星线索。考古发掘中得到的一些建筑基址往往也难以确认其具体性质，学校、贡院、军营、仓廪等暂时无法确定。道路本是内部格局中不可或缺的重要因素，是连接各个节点的纽带，也是区别各区域的分界线，可是道路也仅在个别山城有部分发现，未能全面揭露，道路与各种构成要素之间的关系也难以厘清。上述情况给探讨山城内部格局带来了较大困难，因此，下文仅就衙署、校场、寺观等线索进行初步探讨。

一、衙署

南宋时期，地方行政区划实行路、州（府、军、监）、县三级制，同时存在总领地方军政事务的宣抚使、安抚使及制置使等。随着宋蒙战事的日益严峻，朝廷逐步加大安抚制置使权限，使之成为统管诸路军事、民事、财政的长官。[1] 余玠入蜀时，宋理宗特召其"任责全蜀，应军行调度，权许便宜施行"[2]。

宋廷虽不断加大地方权限，但地方行政职权因战争而不断弱化。宋蒙战争前期，巴蜀地区地方行政中心多为蒙军抄掠摧残。仅端平三年（1236），蒙军几乎将巴蜀地区摧残破坏，"五十四州俱陷破，独夔州一路，及泸、果、合数州仅存"[3]。此后数年，蒙军采取"抄掠式"进攻，致使巴蜀地区满目疮痍，人口大量死亡或外逃，城池残破，田地荒废。余玠入蜀后，鉴于传统城池难以抵挡蒙军的攻击，于全蜀推广山城，将地方行政机构迁入山城，形成山城体系。按照行政级别的差异，可将宋军山城划分为制司、路（安抚司、戎司）、州府军监、县四个级别。

根据目前的材料，大致能确认衙署遗址的山城包括重庆城、钓鱼城、平梁城、得汉城、神臂城、虎头城、皇华城、三台城、礼义城等不多的几处，即便是这几座城的衙署建筑也存在一些不确定性。

（一）重庆城

由于成都残破，宋蒙战争中的大多数时间，重庆取代成都成为四川制置司所在。目前已经确认，渝中区的老鼓楼一带即四川制置司遗址。

老鼓楼遗址于2010年开始考古发掘，迄今已经发掘10000余平方米，发现大量宋代以来各类遗迹，其中宋代高台建筑颇引人瞩目。该建筑青砖上有"淳祐乙巳西窑城砖""淳祐乙巳东窑城砖"字样，应建于淳祐乙巳年（1245）。发掘者认为："这个楼的性质为当时衙署建筑

---

[1] 周思言：《南宋四川抗蒙山城体系初探》，《遗产与保护研究》2017年第5期。
[2] （元）佚名撰，李之亮点校：《宋史全文》卷33《宋理宗三》，中华书局，2016年，第2752页。
[3] （元）佚名撰，王瑞来笺证：《宋季三朝政要笺证》卷1《理宗》，中华书局，2010年，第94页。

前部的'谯楼'兼'望楼'。重庆文化遗产研究院组织相关遗产及古建研究机构专家对该遗址进行了复原研究，一致认为，老鼓楼遗址在南宋时期为川渝地区的军政中心——四川置制司及重庆府治所，元代为重庆宣慰司衙署，大夏国时期为明玉珍皇宫，明、清为重庆府署治所。"[1] 既然是谯楼，那么衙署建筑主体就应该在谯楼后方，朝向与谯楼一致，呈东北—西南走向，即背靠朝天门，面对长江上游。由于衙署区现为大量建筑和道路所压，暂时无法展开更大面积的勘探和发掘，衙署结构尚不清楚。

（二）钓鱼城

范家堰遗址位于钓鱼城西部第二级阶地，背靠薄刀岭，下临水洞门段城墙，右侧为范家堰。遗址总平面为庭院式，分左右两个部分。右部分为衙署及住宅，由北向南顺山坡呈三层阶梯式，前院、中院、后院沿中轴线分布，格局清晰，布局规整。左部分为苑囿，有两个池塘及排水系统，布局自由（图4-3-1）。[2] 发掘者将范家堰遗址定性为南宋合州州衙遗址，这一观点广为人知，也为当地政府采纳，并以"合川钓鱼城范家堰南宋衙署遗址"之名入选2018年全国十大考古新发现。

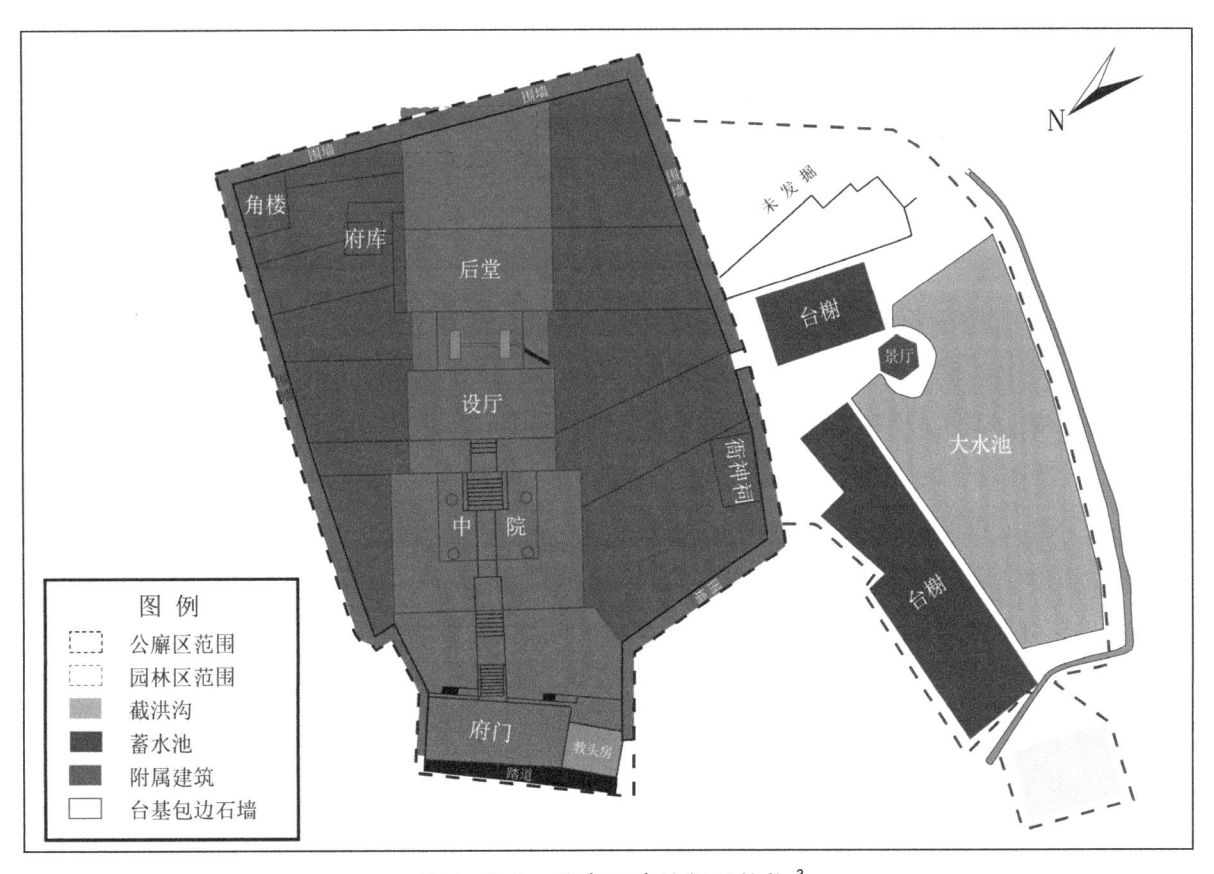

图 4-3-1 范家堰遗址衙署结构[3]

---

1 袁东山：《明夏皇宫及重庆近世府署空间格局的演变——基于老鼓楼遗址发掘的研究》，《长江文明》2017年第4期。
2 袁东山：《以考古为支撑的文物保护与展示利用——钓鱼城范家堰南宋衙署的实践经验》，重庆考古公众号，201-11-25。
3 图片采自袁东山等《以考古为支撑的文物保护与展示利用——钓鱼城范家堰南宋衙署遗址的实践经验》，"重庆考古"微信公众号，2019年11月25日。本图进行了适当加工并纠正了原图中的错别字。

发掘者认为，范家堰遗址主体遗存为合州及兴元戎司治所，理由有六：一、范家堰遗址主体遗存（即乙组遗存）时代与文献记载余玠移治合州和兴元戎司时间相吻合；二、范家堰周边防御设施完善，防御能力突出，凸显了该区域的重要性；三、该区域地形地貌适合建设衙署；四、范家堰主体遗存格局与《景定建康志》《咸淳临安志》《平江府图碑》等宋代衙署图相一致；五、范家堰主体遗存的建筑规制符合《营造法式》中官式建筑的特征；六、范家堰遗址的公廨区以高大厚重墙体围合，具有明显内向防御性质，佐证了其军政核心地位。[1] 不过，学术界也有反对意见……

（三）皇华城

2020年以来，皇华城遗址经过了全面调查和大面积的发掘，在大湾一带发现了大型建筑基址。大湾位于皇华城中东部，背靠全城最高处的鸡公嘴。据遗址宣传牌介绍，建筑址呈现五级台阶状，坐北朝南，目前在第一级台地发现了多个大型柱础、3个碑座（含碑身底部），台地顶部发现水榭和大型建筑。整个建筑规模宏大，中轴线分明，用材精细，显示了府治的规格。

皇华城遗址西部较为宽敞，建筑基址和城门、角台等遗迹较集中在西部区域，因而大湾遗址所处实际是皇华城的后方，背靠最高的鸡公嘴，显示了该位置居中、居高的特点。据笔者现场观察，大湾遗址建筑居址大致为四级台地。根据童瑞雪整理的严州、常州、台州、临安府、建康府、平江府的格局可以看出，上述衙署建筑除建康府外均为四段式，从前到后分别是府治门前、治事之所（至正厅）、治事之所（正厅后）、宴息之所。[2] 大湾遗址的四级台地可能与这四个功能段相对应。

（四）三台城

三台城中部为山顶环城，已经发掘的F6位于山顶西部王子顶，坐东北朝西南，由建筑台基和月台组成，建筑台基面阔约19米，月台面阔6.2米，体量较大，时代为宋代。发掘者认为"结合该建筑基址东北部平行分布的宋代城体来看，该区域应存在一片宋代建筑基址群，而F6即为该建筑群的第一进建筑。综合史料、地表石狮及地下建筑基址的发现，初步判断该建筑基址区可能就是宋代涪州衙署所在地"[3]。

（五）养马城

遵义养马城衙署遗址位于城南的一个平缓的山脊上，地形为北高南低的三级台地。坐北朝南，背对小山峰——豪高坡，面朝海龙囤，小地名"衙门地"。大型建筑基址平面略呈长方形，南北长约110米，东西宽约80米。四周有围墙，大门开于南部偏东侧，中轴线正对豪高坡主峰。通过探沟法试掘，遗址内发现房屋、道路、水池、水沟等遗迹（图4-3-2）。养马城具有宋代山城和土司治所双重身份，其衙署遗址为研究宋蒙山城衙署和土司衙署都提供了重要资料。

---

[1] 重庆市文物考古研究院、钓鱼城古战场遗址博物馆：《钓鱼城遗址考古报告集》，科学出版社，2021年，第310—311页。
[2] 童瑞雪、周思言：《钓鱼城与南宋四川山城体系研究》第三章，重庆出版社，2020年，第92页。
[3] 重庆市文化遗产研究院、重庆文化遗产保护中心：《考古重庆》（2018），内部资料，2019年，第18页。

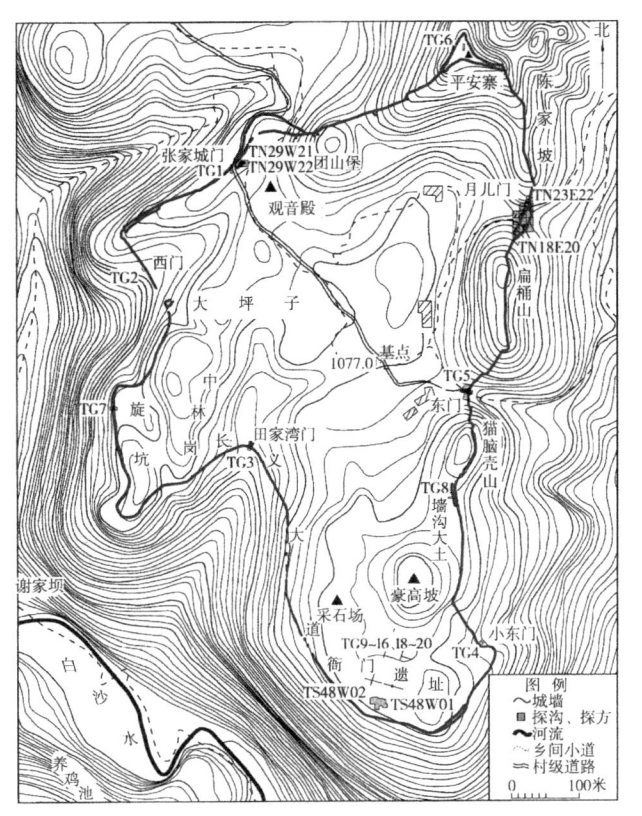

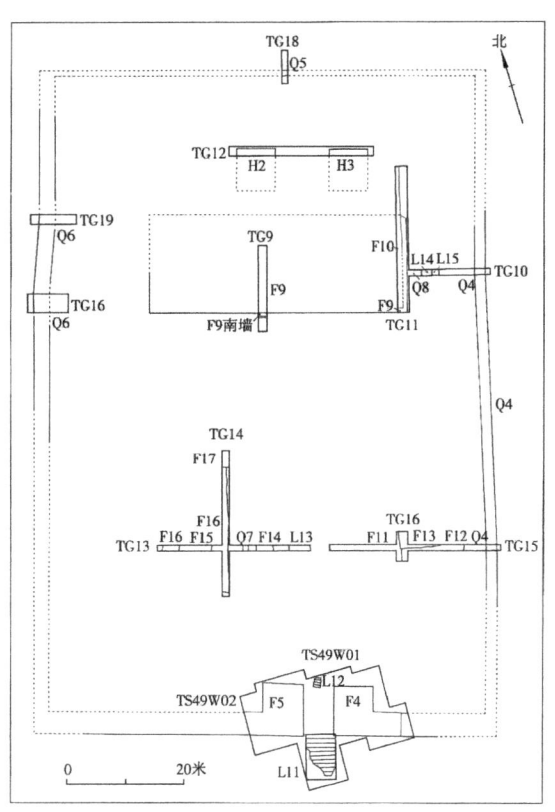

图 4-3-2 养马城遗迹分布及衙署遗址平面图[1]

（六）其他疑似衙署遗址

除以上几处外，其他山城也发现有衙署建筑的线索。

龙岩城位于一个长条形山顶之上，与其他山城不同，龙岩城的山顶并不平坦，而是有多个山头连绵起伏。山顶中部一个稍微宽阔的凹地在调查中发现有高等级建筑存在，被初步确定为龙岩城中南平军治衙署位置。[2]

神臂城的衙署位置在城的中部偏北，前面地形平坦，视野开阔，后靠神臂城最高点。（图4-3-3）虽然衙署看起来并未位于城中心，但衙署之北为十分高峻的山崖，只在黄泥巴坡位置有一条崎岖的道路可以通往崖下，靠近顶部附近有一条岔路通向一个石棚。石棚比较隐蔽，其内可藏数十人。从现存地表形态看，黄泥巴坡顶部可能有一道门把守。

遵义海龙囤新王宫为明代土司王宫无疑，但对于老王宫的时代和性质，因为发掘范围有限，仅仅得出明代仍在使用的结论，始建年代则未确认。笔者认为，老王宫正位于山顶正中，且前后、左右地势宽敞，不似新王宫靠近山顶西部，位置较为逼仄，故老王宫所在很可能为龙岩新城时期的土司衙署，明代进行过重建。

除此以外，大获城、得汉城、平梁城、虎头城都有疑似衙署的建筑基址发现。

---

[1] 养马城的图照均采自贵州省文物考古研究所、重庆市文化遗产研究院《贵州遵义市养马城遗址调查与试掘简报》，《考古》2015年第11期。
[2] 重庆市文化遗产研究院、重庆文化遗产保护中心：《重庆文物考古工作十年》（二），四川人民出版社，2020年，第112—113页。

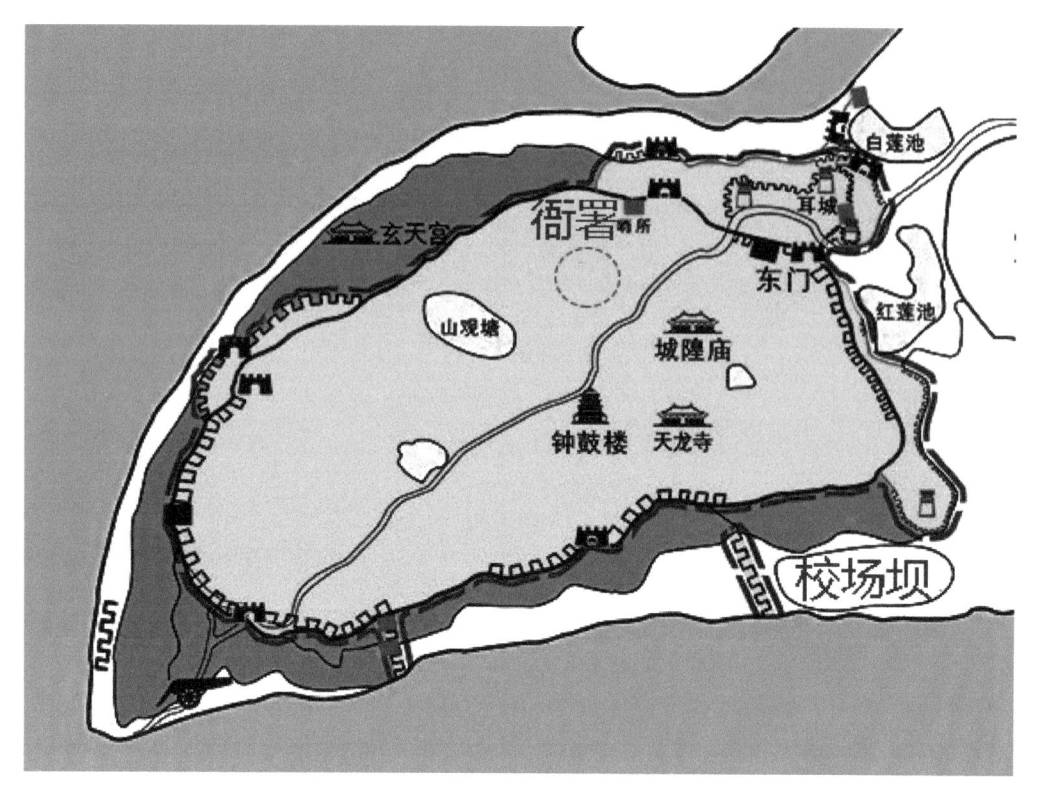

图 4-3-3 神臂城衙署及校场推测位置

上述疑似衙署基址都未发掘，故性质尚需确认，格局自然也不清楚。

（七）山城衙署建筑的基本特征

如前所述，目前能基本能确认的衙署遗址仅有重庆城、钓鱼城、皇华城、三台城、养马城 5 处，分别代表了制置司、府州两个级别的衙署。由于各衙署建筑基址均未全面揭露，且资料也大多未正式发表，因此，本书仅能简单总结特征，尚难展开论述。

1. 选址

综合来看，上述 5 处衙署的选址大多具有居中靠北特点。这个特点在我国城市规划中有悠久的历史。魏晋南北朝时期，"择中立宫"思想已经初步确立，隋唐时期完全成熟，在隋大兴、唐长安城的规划中有非常直观的体现，具体表现为宫城位于城市中轴线之上，位置靠北，坐北朝南。受都城规制影响，地方城址纷纷仿效，将衙署也建在居中靠北的位置。宋军山城因守卫性质与平陆治所型城池有所不同，其军事职能较为突出，所以在进行衙署选址的时候，要重点考虑安全因素。对山城而言，靠近城墙、城门的位置以及地势较低位置都较为危险，因而将衙署置于远离城门、城墙的高处是首选，在满足安全的前提下尽量遵从居中靠北的规制。为体现衙署威严，选址一般位于山城顶部，且往往背靠山坡，面朝城内。礼义城的渠县州衙衙署就完全符合居中靠北的规制，三台城、皇华城和养马城都有居中居顶特点，但不靠北，是因地制宜选址的结果。

2. 方向与格局

平陆地区的治所型城池衙署多坐北朝南，但宋军山城则不尽然。皇华城为坐北朝南，但重庆城和三台城为坐东北朝西南。重庆城和三台城本身为长条形，其纵长方向就是东北—西南向。这些山城的衙署朝向西南，既照顾了朝南的传统，也便于直面长江上游来敌。

重庆的四川制置司衙署格局不清楚，只知道衙署前有一个硕大的谯楼。皇华城的咸淳府衙署是目前为止能确认的衙署遗址中揭露最完整的。从目前的发掘情况看，至少可分三进或四进，前部有碑（不知是戒石还是忠州升咸淳府碑[1]）。衙署中段位置破坏比较严重，前段可能压于民居下，结构还不很清晰。后部有带厢房的建筑，再后为左右两个水榭，水榭之后是一个较大型的建筑。水榭以及前后的建筑大概属于知府宅院，为前朝后寝格局。总体来看，皇华城的咸淳府衙署建筑大致由仪式建筑、治事建筑及宅院三部分构成，这三部分按中轴线成梯级分布。礼义城和养马城衙署也是由三级台地构成，由南向北逐级升高。衙署的布局符合宋代衙署的一般规律，但宋蒙山城衙署相对于同时的平江府、建康府、咸淳府、静江府等地衙署而言，规模小、建筑少，反映了战时临时治所的特殊情况。（图4-3-4、4-3-5）

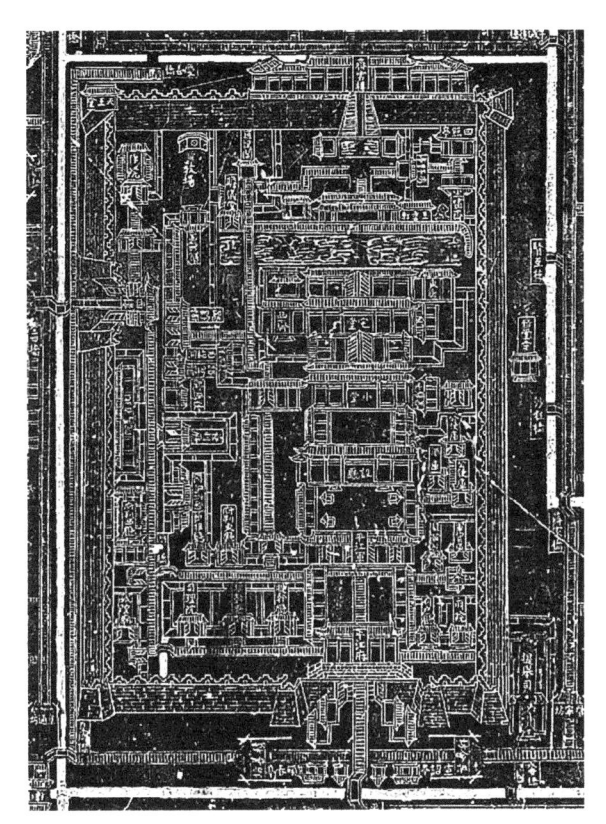

图4-3-4 《平江图》中的平江府衙署

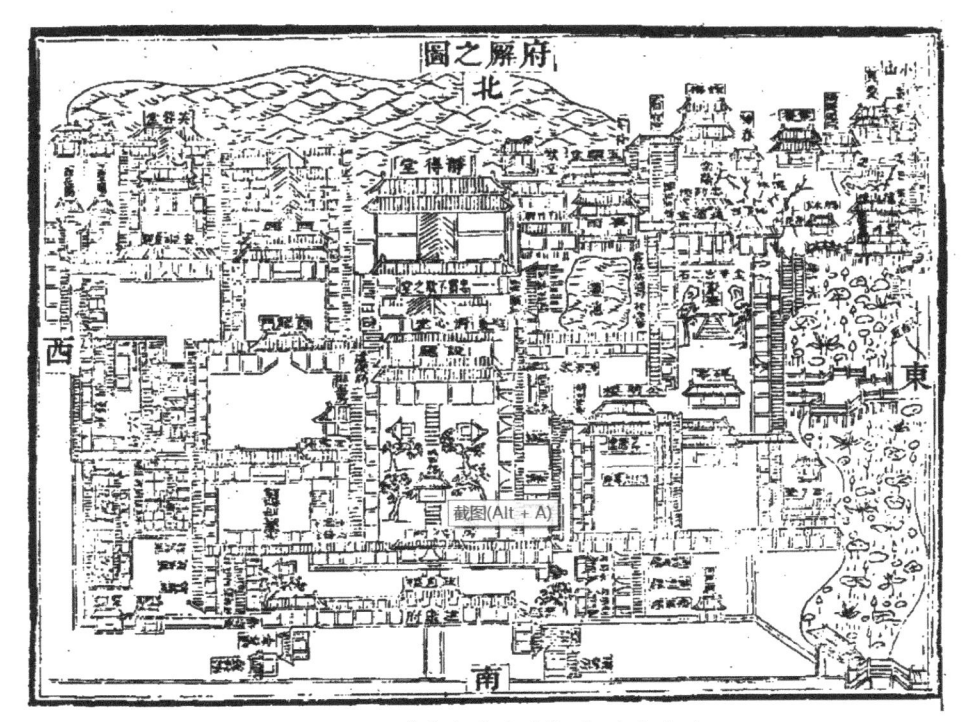

图4-3-5 《景定建康志》中的府廨图

---

[1] 忠州升咸淳府碑的情况详见后文。

二、校场

校场很难在地面留下直观的遗迹，在目前的山城考古工作中，还没有一处完全确认的校场，文献也无从查找。个别山城大体确定了一些疑似校场遗址，如钓鱼城、云顶城、神臂城、大良城等。这5处山城的校场确定方法均来自两个方面：一是群众口耳相传，甚至校场坝（或大操场）之名流传至今；二是经过实地调查，该区域地表平坦，范围宽敞，适合做校场使用。上述4处校场遗址均位于山城顶部居中位置，仅神臂城校场所处位置为山顶环城之外的二层台地上，颇值得怀疑。

据调查报告介绍，皇华城校场遗址位于城中部偏南，地势平坦，地形宽阔，校场遗址面积达6万余平方米。[1] 该遗址在2021年度的发掘中发现了南宋时期大型建筑基址，似与校场性质不符。（图4-3-6）

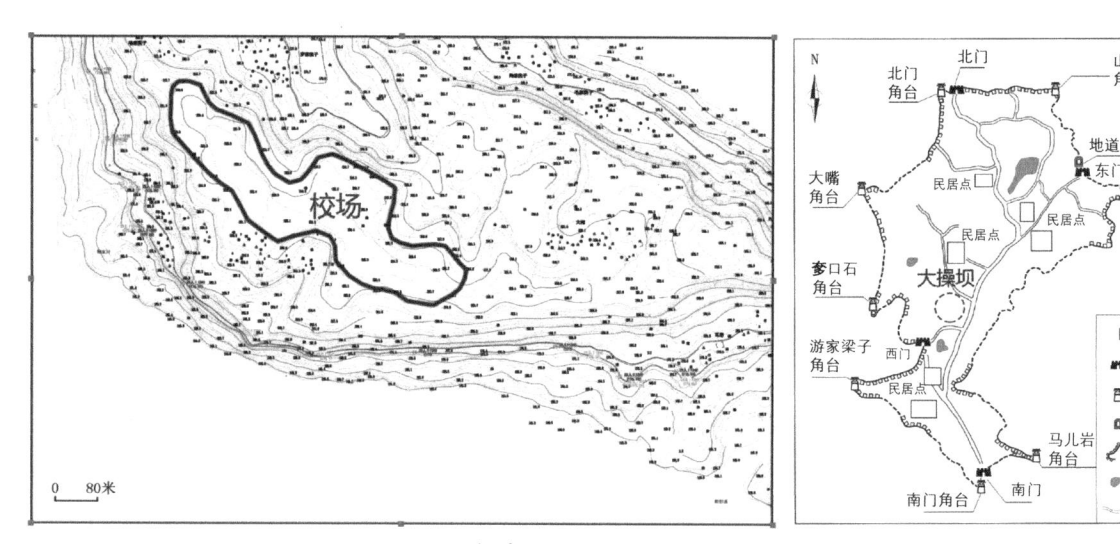

图4-3-6 皇华城（左）和大良城（右）的校场位置

三、文教设施

北宋建立之初即确定以文治国的政策，将崇经办学作为立国之本。北宋末年，金军入侵对宋朝几乎形成致命性的打击。南宋建立后，宋廷急需加强忠节观念，提高民族与国家认同感，维持统治地位。南宋偏安一隅，自始至终国运维艰，绍兴和议后，国家逐渐稳定，开始"诏诸州修学宫"[2]，于都城临安"增建国子监太学"[3]，又下诏全国重建县学，表明对北宋以文治国方针的继承。在朝廷的高度重视下，南宋的中央和地方官学得到恢复。

忠节和儒家思想相吻合，学校是传播儒家思想的场所。南宋时期，从中央到地方学校以教授理学为本。宋廷为维护统治地位，强化理学中的忠君、爱国、守节等思想，爱国教育思想的形成是这一时期的亮点。[4] 在战争特殊情形下，更加需要忠节思想深入军队和民众心中，

---
1 重庆市文化遗产研究院：《忠县皇华城遗址文物调查简报》，《江汉考古》2020年"重庆古代城址考古"专辑。
2《宋史》卷30《高宗七》，中华书局，2013年，第555页。
3《宋史》卷30《高宗七》，中华书局，2013年，第558页。
4 苗春德、赵国权：《南宋教育史》，上海古籍出版社，2008年，第44页。

才能保障人尽其责，共同御敌。至宋蒙战争爆发时，忠节观念已从官员渗入普通民众心中。在地方上，读书人和乡绅是底层百姓的代言人，宋廷以理学强化他们的思想，为维护底层社会稳定起到了重要作用。

作为山城体系主创者的余玠，在指挥修建山城时，注重山城学校等教育设施的修建。阳枋为余玠祠作记时，评价余玠在教育方面的贡献时说"士有处而学"[1]。宋蒙战争中，巴蜀地区的州治、县治等都迁移至附近的山城，作为地方政权的延续。读书明理的州学、县学等也在迁移范围之内，所以当时山城内存有很大一批学校。山城文教设施在激发军民对抗蒙军的意志方面起到重要作用。同时山城文教设施为巴蜀地区的文化传承提供有力保障，蜀学在此延续，文化在此传承。

山城文教设施以建筑为主体，附带相关碑刻等实物。调查过程中，未能发现相关遗存。粟品孝根据文献考证出三处宋军山城文教设施：重庆城重庆府学、运山城蓬州州学和白帝城夔州州学。[2] 实际不止于此，如钓鱼城有合州州学，皇华城有忠州贡院、宏文书院等文教设施。[3]

余玠在重庆开招贤馆，广罗人才，重庆城一时汇聚众多明贤之士，为发展教育事业打下了基础。作为巴蜀地区最高军政驻地，在文化教育方面也逐步取代残破的成都，成为新中心。《阳枋行状》中提及重庆府学快速发展得到朝廷赞赏，宋理宗赐"明心"二字以淑人心。[4] 重庆城自嘉熙三年（1239）筑城至祥兴二年（1279）城破的40年间，不断受到蒙军进攻，但坚城深池的重庆城一直拒蒙军于城下，学校也延续下来，成为宋蒙战争时期教育民众忠君爱国的基地。

运山城为蓬州州治迁移地，城建规模不甚大，淳祐三年（1243）始筑城，后经杨大渊、张大悦二人10余年经营，成为军、政、民、学、宗教功能完备的山城。杨大渊在扩建运山城时，"亟起郡学，立孔殿"[5]，将蓬州州学与孔庙迁入其中。

嘉熙三年（1239），蒙军袭击夔州路，夔州州治迁往白帝城，至景炎三年（1278），白帝城为蒙军攻陷。白帝城在修筑初期，以军事防御为重中之重，"视学校为缓"[6]。淳祐六年（1246），俞兴来到白帝城，"创大成殿于卧龙山之阳，奉祀仅庇风雨，青衿弦诵，亡所适依"[7]。虽然学校位于原治所，并未在白帝城内，终究是为文化传承提供了场所。

据文献记载，皇华城内有贡院和宏文书院。曹学佺《蜀中广记》记载："《碑目》云：有宋忠州贡院碑、参军安元白立金鱼堡碑、升忠州为咸淳府碑，俱在此洲上。"[8] 清同治《忠州直隶州志》云："宋咸淳初，咸淳府知府常福庆建宏文院于龙渠县。"[9] 道光《忠州直隶州志》又云：

1（宋）阳枋：《字溪集》卷8《余大使祠记》，清文渊阁四库全书。
2 粟品孝：《斯文未绝：南宋四川山城防御体系下的学校教育》，《西华师范大学学报》（哲学社会科学版）2015年第1期。
3 贡院的文献材料详见后文。宏文书院材料见清同治《忠州直隶州志》卷8《学校志》，清同治十二年刻本。
4 粟品孝：《斯文未绝：南宋四川山城防御体系下的学校教育》，《西华师范大学学报》（哲学社会科学版）2015年第1期。
5（明）徐泰纂，蓬安县地方志办公室整理：《蓬州志》卷7《古迹》，中国文史出版社，2015年，第149页。
6（宋）阳枋：《字溪集》卷8《重修夔州明伦堂记》，清文渊阁四库全书本。
7（宋）阳枋：《字溪集》卷8《重修夔州明伦堂记》，清文渊阁《四库全书》。
8《舆地碑记目》中并无此段文字。《舆地碑记目》撰成时间早于咸淳年数十年，自然不能载后出之碑。
9（清）同治《忠州直隶州志》卷8《学校》，清同治十二年刻本。

"宋淳祐初咸淳府知府常福庆建，今圮，遗址在皇华洲。"[1] 龙渠县为咸淳府附郭县，故书院在皇华城内。

四、宗教设施

与北宋时期统治阶层因个人爱好信奉宗教不同，南宋国力羸弱，屡受金军和蒙军侵袭，为求消灾免难、保国延祚，统治者阶层将更多的希望寄托于神灵庇佑，在全国推广宗教。宗教除给予统治阶层心理慰藉外，对统治还有辅助作用，宋廷通过宗教教义，将行善守法、忠君守节等思想融入其中，在民众间进行推广。如：宋理宗推荐道教劝善书《太上感应篇》，亲笔题词"诸恶莫作，众善奉行"，劝人行善，免遭神灵报应。通过宗教教化，安定社会，巩固皇权。[2] 宋理宗出身低微，为树立自己正统形象，假借宗教手段编造神话，这种现象在"端平入洛"战役失败后愈演愈烈。

宋廷想借助宗教维护统治，在地方上表现得更加明显。南宋前期和后期，战争导致财政出现大面积亏空，朝廷售卖宗教度牒弥补财政，地方上的宗教从业人员大幅度增加。如：自乾道四年（1168）至淳熙元年（1174），朝廷拨付给四川总领所用于财政支出的度牒多达"一万一千道"[3]，对当时的经济造成了极大的影响。淳熙四年（1177），宋廷又增给四川度牒"两千道"。[4] 在政府的支持下，南宋宗教得到空前的发展，地方宗教势力在官方也有一定的影响，如：佛教在各府州设立有僧正司，由僧人充当。[5] 道教作为南宋"国教"，在地方的管理上也具有很大影响。在政府措施影响下，宗教趋于"世俗化"与"平民化"，宗教与民俗互相影响，宗教意识与民俗心理达到默契，使宗教获得广泛的社会支持与民众基础。

南宋时期，巴蜀地区民间信仰异常丰富，有自然信仰、鬼灵信仰、人神信仰等。[6] 宗教盛行，信众广泛，全蜀遍布许多庙宇，如峨眉山、鹤鸣山等都是宗教圣地。用于修建山城的山体在宋蒙战争爆发之前，就存有许多宗教场所。如云顶城慈云寺始建于南朝齐、梁时期，在唐代是著名的佛教圣地，延续至今。青居城灵迹寺始建于唐代。钓鱼城内有始建于南宋初期的护国寺及开凿的卧佛、千佛龛、立佛等，是闻名于世的宗教场所。

作为军事单位的宋军山城，同时也是附近路、府、州、县的治所，及附近民众避难场所。为安抚城内军民，减轻战争对心灵的创伤，增加精神依托，宋军在修建山城时注重宗教设施的修建。虽然宋军山城中保存下来的相关遗迹有限，但可从文献、题刻等方面加以探寻。运山城《移治碑》记载杨大渊修筑运山城时，"寺观、神祠咸鼎新之"，现存的奉先寺遗址很有可能是宋代的祠庙所在。位于大获城内的玄妙观修建于宋军驻守时期，最初为余玠祠，明正德年间《大获山玄妙观复古重修碑记》载："玄妙观系大获古城宋时之遗址。"玄妙观建筑已垮塌不存，遗存有明正德年间开凿的道教造像，无南宋时期遗迹。青居城灵岩寺大佛洞在筑

---

[1]（清）道光《忠州直隶州志》卷6，清道光刻本。此处的年号"淳祐"当为"咸淳"。
[2] 卿希泰：《中国道教史》（第3卷），成都：四川人民出版社，1995年，第100—105页。
[3]（元）佚名撰，李之亮点校：《宋史全文》卷26上《宋孝宗五》，中华书局，2016年，第2187页。
[4]（元）佚名撰，李之亮点校：《宋史全文》卷26上《宋孝宗五》，中华书局，2016年，第2187页。
[5] 杨倩描：《南宋宗教史》，人民出版社，2008年，第50页。
[6] 符永利、刘欢欢：《宋代以来大良城居民信仰分析》，《长江文明》2016年第3期。

城之初即得到修葺，刻于淳祐十二年（1252）的《重修东岩记》载："先是前三年始城清居，太守金城甘大将军，履地兴版筑之役，一见怜之，为除丛莠，立精舍，补圣像之所缺，施金碧而妆饰之。"

五、生活设施

宋军在为山城选址时，以山顶平坦，有田可耕、有林可用、有泉可饮为基本条件。城内规划有居住区、塘堰、水井、耕田等，以保障城内军民生活及长期守御所需，同时为周边民众提供避难场所。

宋军山城生活设施保存下来的多为塘堰、水井等，几乎每座山城均有塘堰和水井保存。至于其他生活遗迹，仅靠田野调查手段往往难以确定具体位置。加之山城内至今有群众生活，增加了山城居住区的调查难度。

（一）居住区

山城居住区属于山城军事城防系统附属设施，位置选择上远离城门、城墙等较重要军事防御设施，靠近水池、水井、耕田等与生活相关的区域。如此安排，也有利于对居民的管理。山城的地形、地势各异，在规划居住区时也各不相同。

山城体量、面积等因素直接影响着居住区规模。宋军山城之中，面积较大的如白帝城、钓鱼城、皇华城，面积在1平方千米以上，在规划居住区时游刃有余。面积在0.1—1平方千米之间的中型山城规划生活区也相对容易。运山城的面积仅0.36平方千米，在修筑过程中，特别注重规划。淳祐六年（1246），杨大渊扩建运山城，"拓公宇，建丽谯，区别民居，分画市井"[1]，将运山城规划得井井有条。大良城面积约0.73平方千米，北宽南窄，山顶较平缓。其北部多悬崖峭壁，南部山体较缓，防御重点集中于南部西门和南门区域。北部区域地势平缓，多耕田和水池，作为居住区。山湾大塘面积在7000平方米以上，能够充分满足居民生活需求和耕种、灌溉。此地距军事防御区较远，利于对居民的保护，所以大良城居民区位于山湾大塘的南侧和西侧一带。

面积小于0.01平方千米的多功城、龙爪城、跨鳌山城等，仅能用于驻军，难以规划居民生活区域。

（二）水资源

山城水源一般分为两类：水池和水井。水池为蓄水设施，将水储备于池中，保障一年四季的供水。水井为打水设施，一般情况，在山城表层掘地数米即可修砌水井，保障日常生活需求。

1. 水池

塘堰在宋军山城中是必不可缺的日常生活设施，能够大量储备用水，保障城内军民生活及饮马、灌溉需求。山城中的水池一般分布多处，在加大山城水池储水量的同时也能便利城内不同方位的军民取水。

---

[1]（明）徐泰纂，蓬安县地方志办公室整理：《蓬州志》卷7《古迹》，中国文史出版社，2015年，第149页。

山城内的水池可分为两类：天然水池和人工砌筑水池。巴蜀地区夏秋多雨，雨水在山城内汇入低洼地带形成水池，加之山城内地下水位较高，天然水池一年四季都会储存水资源。人工开凿水池一般于较低洼的岩体上开凿，此地多为城防设施的采石场。相较于不规则的天然水池，人工开凿水池多呈方形，且隔水性较好，面对突如其来的灾旱更具保障性。至今山城中依然大量保留有大量宋军在驻守山城期间开凿的塘堰，是居民日常用水及灌溉耕田水源。

2. 水井

水井和塘堰的不同之处在于，水井的水来自地下。水井在宋军山城中广泛分布。山城地下水资源丰富，选择合适地点挖掘数米，即可砌筑为水井。在调查过程中，水井内水面距地表一般3—4米，最深也不过7—8米。水井水资源仅可保障城内军民日常生活用水，和塘堰相比，出水量和取水操作上都有不足之处。宋军在山城内长期驻守，难免会遭遇灾旱之年，水井水资源难以满足城内军民的消耗。

山城中的水井，从井口砌筑方式上可分为方形、圆形、六边形等形制。宋代水井以六边形居多。部分宋代水井一直沿用至今天，如钓鱼城、云顶城、神臂城等地。

3. 蓄水坑

蓄水坑与水井不同，水井是靠地下水维持供应，而蓄水池则主要靠蓄积雨水以供使用。根据蓄水池的大小，可区分为稍大的蓄水池和较小的蓄水坑两类。调查中曾在一些山城发现过面积约数个平方的水池，平面形状有圆形和方形两种。稍小型的蓄水坑则较为常见，多见于裸露的岩石之上，且多分布在角台、城门等地方，当为值守人员的蓄水池。大斌山的郭家门内左侧岩石上有方形水池1个，1米见方，周边还有圆形柱洞，可能曾有简单的棚子。大斌山东门右侧山角上有较多的圆形蓄水池，面积约1平方米，周边遍布柱洞，可见当时有较多人在此居住。上述两处夹大斌山的主要城门，地势都很险要，且视野开阔，与礼义城对视，可以想见，战时应有人在上述位置值守，甚至居住。（图4-3-7）礼义城北门附近有大片裸露岩石，且该地地势高敞，可俯瞰渠江及其南岸大片地方。在这片区域发现较多人工开凿的痕迹，有通往巨石顶部的石级，也有用于积水、引水的小沟和蓄水的石坑。（图4-3-8）白帝城中间台的考古发掘中也发现过一些圆形的蓄

图 4-3-7 大斌山的蓄水坑

图 4-3-8 礼义城的蓄水池

水坑，材料有待发表。

（三）耕地

耕地保障山城粮草的部分来源，对维持城内军民生存有一定作用。调查发现，具有大面积耕田的山城数量不在少数。如：大良城面积约0.73平方千米，城内耕田可达500—600亩，能够提供一部分粮草来源。苦竹隘位于四面悬崖之上，面积约0.69平方千米，山顶表层多肥沃土地，隆庆府治迁移其上，加上外界粮草供应，足以拒险而立。山城附近的防御范围也存在一定的耕田，休战时，城内居民外出耕种。如：钓鱼城和大获城的城外半岛区域都存有大量耕田。也有部分山城耕地数量并不十分充足，如：白帝城的面积虽达1.2平方千米，但表层遍布岩体，仅有的土地多贫瘠，能够作为耕田的区域少之又少。重庆城在重庆府的基础上扩建，城内粮草大量依靠周边地区供应。相对于战略位置和山险等军事因素，耕地因素毕竟显得次要一些。

总体而言，山城内耕地面积有限，所产粮草只能应一时之急，难以满足山城长期驻守的需求。山城中粮草的主要来源是外界对巴蜀地区的支援及休战时期军民在山城外土地上的耕种所获。

第二节 道路

道路既是山城通往外界的通道，也是通往山城内部各个节点的通道，无论是城门、角台，还是衙署、学校、寺观、军营之类节点，都需要依赖道路进行串联。道路系统的形成既是自然选择的结果也是人为加工的结果，人为加工需要对自然山体进行适当加工，或削或垫或铺，以便于行走和防御。宋蒙山城的道路可分为城外道路、城墙马道和城内道路三种。

一、城外道路

条件允许的情况下，会选择山体向外延伸的山脊作为城外道路。这种道路形式在宋军山城中占有很大比重。运山城通往城外的三条道路皆是如此：北门所在的檬子垭山脊、东门及附属城防设施所在的鹅颈项、陈家沟城门和唐家沟1号城门所对应的鸡公岭，皆为城外山脊道路，蜿蜒曲折通往山下。

利用山脊地形的城外道路往往比较狭窄，高低起伏且漫长，两侧多悬崖峭壁，如：运山城檬子垭山脊仅可供一人通行。山脊上部地带相对而言视野较开阔，无遮拦、隐蔽之处。如若蒙军沿山脊道路进攻山城，宋军于城中能够清晰地观察敌军动态，随时调整应对策略。同时，山脊地形有"一夫当关，万夫莫开"之势，宋军在蒙军的行军途中发动攻击，蒙军因地形限制反击效果不明显。

道路在临近城门时往往有意增加通行难度，主要办法有增加拐弯、提升坡度、设置断崖、安装吊桥等。苦竹隘的唯一一条上山道路在接近城门时忽然拐弯，使城门直接面对的道路很短，弯路之下的敌人无法直接攻击城门，从而减少了城门的防守压力。通过城门进入山城内部，一般需转弯，继而经过较长的通道上行进入山城内部，如此设计可以保障一旦城门被攻

图 4-3-9 多功城与钓鱼城的道路
〔1. 多功城西门外改道的痕迹（右侧石级路属宋代） 2. 钓鱼城护国门外的栈道孔〕

破，因内部空间限制不会大量涌入敌军，为守军争取时间进行反攻。正因为进出的不方便，明清时期，随着城内居民的增多，不少城门口的道路做了改建。如得汉城南门外的道路原本顺墙根而行，后改为顺城门方向；钓鱼城护国门外的栈道在后代被取消，铺上石板，改为石级；多功城西门外的道路也在铺石板的同时改曲为直。（图4-3-9）钓鱼城护国门外右侧崖壁上还保留大量栈道孔，说明宋代是以栈道进出的，情况紧急之时可以拆除栈道，使敌人难以进入。云顶城瓮城门外设置了吊桥。大获城卷洞门外为断崖，需借助工具才能上下。金石城北门（唯一城门，城门名不详，按其方位称为北门）之外原来极为陡峭，虽不方便进出，但有利于防御。明清时期，地方势力盘踞其上，嫌其进出不便，在原城门的底部往下开凿了大约2米，使出城道路变得平坦多了。（图4-3-10）

图 4-3-10 金石城北门

二、城墙顶部道路

一般而言，马道有两个含义，一是城墙顶部道路有时也被称为"跑马道"或"马道"，二是指城门两侧用于骑马上下的斜坡道路。宋蒙山城中没有发现第二种情况，因此这里的马道仅指城墙顶部的道路。宋军山城的城墙一般为包崖砌筑或两侧包石，中间填土的形式。城墙顶部外侧有约一人高的女墙，内侧平坦宽敞，宽者可两马并行。城墙顶部是守城人员的快速交通、应援的重要路径。（图4-3-11）

图 4-3-11 多功城城墙顶部道路

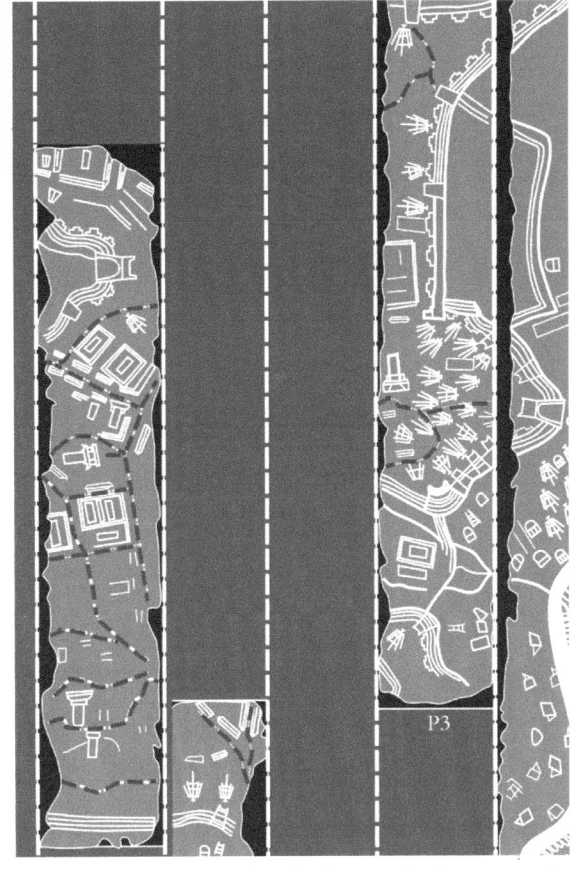

图 4-3-12 《礼义城图》中的道路（虚线所示）

三、城内道路

经过发掘清理的山城道路遗迹不多，多功城内的 L1 是其中之一。该道路连接东西城门，进而通往城外，是多功城最重要的主干道。道路分上下两段，上段宽 0.75 米，以条石铺就，下段为石梯路，最宽 2.15 米。报告提到，该道路被多次破坏和重建。[1]

《礼义城图》中绘制了道路，可以给我们一些启示。《礼义城图》中用虚线表示道路。[2] 道路在东门之内分为南北二途，由于石碑残失，此后道路走向不明，可能北线走向城北今三教寺（宋代为州衙）及北门一带，南线走向西门一带。礼义城的东北角有两条道路丁字交叉。西门南侧的道路分别连接南部的宅院、营房、碑刻等，路网形态明显。笔者在礼义城的实地调查中发现，上述道路系统与今天的道路走向大体相当，说明在地貌基本保持原样的情况下，古今人们对道路的选择原则并未发生大的变化。（图 4-3-12）

---

1 重庆市文化遗产研究院：《重庆两江新区多功城遗址 2017 年度发掘简报》，《江汉考古》2020 年"重庆古代城址考古"专辑。
2 四川省文物考古研究院、达州市博物馆、渠县博物馆：《四川渠县礼义城遗址调查简报》，《四川文物》2020 年第 1 期；郑万泉、陈卫东：《四川渠县南宋〈礼义城图〉的拼合与考释》，《四川文物》2020 年第 1 期。值得注意的是，发掘者摹写的道路有粗细两种，似乎表示了干道和支路之别。东门之内和西门之北的道路所用线条较细，而西门之南一带线条较粗。通过仔细观察《礼义城图》拓本，笔者认为，原图的虚线并无粗细之别，之所以有的线条似乎要细一些（如东门内），实际上是因为磨损的原因。再者，东门是礼义城最重要的城门，其进出的道路至今仍是礼义城的主干道，不可能是支道。西门之南一带是住宅集中区，彼此之间的道路不可能比东门内的道路更为重要。所以，《礼义城图》实际并未以粗细区别不同道路。

第三节 宋军山城格局及演变

受限于文献和考古材料，我们现在还难以对宋蒙山城的格局进行细致深入的探讨。依据上文城防系统及山城内部节点的梳理，我们可以大致得出如下认识。

一、山城格局

一般来说，宋军山城由主城外、主城内两部分构成。主城外往往存在外堡（有的还有烽火台），有的山城还利用江河、沟谷等自然险阻加强外线防御。外堡一般在主城附近，所在山体体量较小，仅能驻扎少量军队。主城之外一般没有城壕，但不排除个别山城（如礼义城、云顶城）有壕沟存在。城墙外的山坡给敌军的人、马、攻城器械带来困难，其守御价值堪比城壕，甚至有过之而无不及。主城位于山上，依据山体的自然台地分布及层数构建城墙。城墙与自然崖壁相配合，崖壁险峻地方以崖壁为墙，或稍加增补形成城墙，崖壁条件不好的地方人工筑起高墙。城墙形成的防线有单层、双层或局部双层等形式。平面形状则依地形而定，无固定形状。宋蒙山城中建设了一字城墙和一字城，将山城与江河很好地加以连接，在沟通山城与江河的同时阻隔了敌军的横向穿插，有一箭双雕的作用。

城墙是防御的重点，城墙本身以石块丁砌，比夯土城墙牢固，雄踞于山腰乃至山顶之上，敌军要爬上山坡翻越城墙难度较大。城墙之上的设施仿照传统城池修筑，包括城门、马面、炮台、角台等。城门的数量和分布虽然仿照传统城池，有偶数和对应四个方位的现象，但总体来看，主要受山城本身客观条件影响，是因地制宜的结果。在平陆城池，马面的作用主要是夹击敌人并有加固城墙的作用。在山城中，城墙外缘形状随山崖而曲折，在一定程度上可以起到夹击作用。同时，山城城墙本就由石块砌筑，不需要加固城墙，加之由于城墙外多为陡峭的坡地或崖壁，无修建马面的位置，故而宋蒙山城中马面数量较少，且马面外跳幅度很小。在突出或拐弯的位置，因为视野好，所以往往修建角台，角台上有兵员长期值守，故部分角台还能看到建筑的痕迹。城墙之上有的修有固定的炮台，但有的炮台位于城内外其他位置，视防御要求而定。再者，炮未必都需要使用炮台，从《礼义城图》可以看出，炮可以根据战况设置在需要加强防守的地方。暗道在古代城池攻防战中应用广泛，在宋蒙山城中也有少量发现，多位于城门附近或隐蔽位置，往往兼有排水功能。

山城的内部的各类设施较多，既有军事防御性质的，也有行政、文教、宗教、经济、日常生活等方面的，具体而言，至少包括衙署、军营、塘堰这样的基本设施，级别较高、面积较大的山城还可能有学校、书院、贡院等文教设施，祠庙、寺观等宗教设施，市场、作坊等生产设施，民居、农田、粮仓、粮食加工场、水井、园林等生活设施。从这个角度看，宋蒙山城虽然以军事职能为主，且多处于战争状态，但因有行政机关和避难百姓，所以又有和平时期治所型城池的一些职能，只是因条件所限难免有所简省。

宋代地方治所型城池一般平面形状较规整，内部格局有一定规范，街道大多横平竖直，城内有较明确的分区。宋蒙山城平面形状随山就势，无一定规制，其内部道路大多只是土路，与治所型城池的街道无法相比，也不可能规划得横平竖直。只有重要干道才铺砌石板，宽度可达 2 米左右。城内的建筑中，衙署是最重要的，一般占据城内中部地势高敞之处，前临塘堰，后靠山坡，在风水、景观、安全等方面都有慎重考虑。次一级的为其他官署、文教、祠观、官员宅邸等，也分别选择城内合适地块修建。校场占据较为平坦宽敞之处，民居则散布各地。山顶其余地方可用作耕地，当然，由于城内耕地面积有限，城外是耕地的主要分布地，部分民居也会安置在城外耕地一带，和平时期军民共同垦地，战时入城避乱。

总而言之，宋蒙山城作为地方临时性军政中心，其城池构成要素、格局都不可避免地受到当时治所型城池的传统影响，但其自身特点十分突出，显示了临时性和军事性的特殊要求，是传统筑城观念和战争形势、自然条件相互影响的产物。

二、山城格局的演变

宋军山城中，除极少数（如重庆城、白帝城）外，多是新建城池，在宋蒙战争期间有的山城有增筑，战争结束后大多数在明清时期继续使用。从宋蒙战争到明清时期宋蒙山城的格局也有所改变。

（一）宋蒙战争期间对原有城池的改建

前文已经述及，重庆城筑城历史可追溯至先秦时期的巴国，曾作巴都。其后，秦设巴郡，张仪在此筑城。汉承秦制，仍设巴郡于此。蜀汉时期，都护李严筑大城，周回 16 里，开苍龙门和白虎门二门。由于史料和考古材料的不足，我们现在已无法具体得知上述各时代重庆城的具体范围和内部格局，李严所筑两门的具体位置亦不可考。李严大城周长与宋、明重庆城大致相当，可能其位置也与宋、明重庆城基本一致。南宋嘉熙四年（1240），四川制置副使彭大雅筑重庆城，此次筑城，将原有土城改为石城，并修建了四个城门：千厮门（东）、熏风门（南）、镇西门（西）和洪崖门（北）。

白帝城的修建历史也很悠久，但在宋蒙战争之前，政治中心已迁至瀼西，在白帝城一带仅设立有瞿塘关，鸡公山、马岭、白帝山的汉唐以来城池早已颓败。淳祐二年（1242），赵武、王信受命在白帝城筑一"大阃"。两人筑城具体内容不详，但事后两人因筑城受嘉奖，赵武官进二秩，王信等各转一资，"酬夔城版筑之劳"[1]。由此可见，此时的白帝城大约是已经包含鸡公山、马岭、白帝山、瞿塘关在内的一个城防实施完备的大城了，形成"城中城""城连城"的格局。

（二）宋蒙战争期间的修复和补筑

宋蒙战争延续 30 余年，其间既有官员、将领的更迭，也有战争对山城的破坏，因而战争期间的修复、补筑是常有之事，部分山城的格局也因此有所改变。

根据文献看，钓鱼城在宋蒙战争期间经历了甘闰初筑，二冉、王坚和张珏完善等几个阶段，在水师码头的发掘中也能看出有几次修筑的迹象，但与文献记载的几次筑城事件尚难以一一对应，也就无法探讨其格局的演变过程。其他一些山城，如多功城、神臂城、白帝城、赤牛城都能看出在宋代有多次修筑的迹象，可因为考古材料的不足，也无法与文献记载的筑

---

[1] 汪圣铎点校：《宋史全文》卷 33《宋理宗》，中华书局，2016 年，第 2751 页。

城经历相对应，格局的演变还有待探讨。

值得注意的是，运山城的《杨大渊创筑运山城记》中有一些内容提供了格局演变信息。碑文云：

> 于是拓公宇，建丽谯，区别民居，分画市井，增筑城壁，凿开四水池。自东至南门，西至北门，宏创敌楼，辅以更楼凡五十余座。明年，筑大蓬坎之基，三敌楼雄架其上。又明年，改辟东门。悬峭千尺，环城壮势具矣。载念文事当修，亟起郡学、立孔殿，寺观、神祠咸鼎新之。[1]

从碑文可以看出，淳祐六年（1246）杨大渊在余玠的亲自指导下创筑了运山城。但初创的运山城与"郡治弗称"，然后杨大渊有了一系列的改建。其中"增筑城壁"，笔者认为应该主要指修建外城。原有内城过于狭小，山腰部分无法纳入，因而扩大城池规模，使其能容纳更多的设施。城墙之上修建敌楼、更楼等设施，城内的建设更多，扩大衙署，新建郡学和孔殿，原有的寺观、神祠继续保留并加以维修。杨大渊的两次改建相对于初建时来说，在城池格局上的变动有两点：一是新建外城；二是丰富城内各类设施。后来张大悦的完善仅集中在东门，于城池格局无贡献。

云顶城创建于南宋淳祐三年（1243），由萧世显、孔仙修筑，北门即建于此时。根据瓮城门上的题刻，淳祐九年（1249），主帅姚世安主持修建了北门外的瓮城及瓮城门，使云顶城的格局有所改变。

余玠于淳祐三年（1243）入驻重庆后，对刚筑好的重庆城应无大的改动，只是修建了制置司衙署、招贤馆、仓廒、碧鸡台等建筑。余玠治蜀期间或之后的某个时间，重庆城新筑了太平门，所以宋蒙战争结束时重庆城有城门5个。

皇华城的补筑情况在文献中有比较清楚的记载。《金鱼堡记》云：

> 方云中常侯之守皇华也，下车未几，时和岁稔，簿书狱讼之暇省视城壁，度量地势。凡当出战入守之地必欲事事周密，一无废弛。昔之欠缺者补而足之，始之卑隘者累而大之。身先士卒，靡惮劳疲。躬厉工役，不辞寒暑。夙兴夜寐，略无暇时。刘越石之枕戈，陶士行之运甓，曾不是过。又病东门以西雉堞不耸，女墙之内地步稍蹙，万一敌攻吾瑕，惧莫能敌。议欲改图为万全计，适筑填西、定远两堡未遑也。越明年，仍岁丰穰，侯乃经营。朝天门之上建一大堡，使外势斗绝，足以壮窥阚之谟；内势砥平，足以严矢石之备。[2]

从这段文字可以看出，当时皇华城上已经存在基本的城防设施，修建有带女墙的城墙，并有东门、朝天门等城门。但初建的皇华城城防系统还不完善，因此知府常福庆到任后即身先士卒，带领军民对原有城防设施进行了针对性的完善，加高城墙，并新筑填西、定远和金

---

[1]（明）徐泰纂，蓬安县地方志办公室整理：《明正德蓬州志》卷7《古迹》，中国文史出版社，2015年，第149页。
[2]（明）周复俊：《全蜀艺文志》卷40，清文渊阁四库全书本。

鱼堡3座堡垒。

从运山城、云顶城、皇华城在宋蒙战争期间的补筑情况以及其他山城的历史文献记载可以看出，宋蒙战争期间，各山城为加强防御能力，在格局方面的变化主要有扩建、修复两项。其中扩建对城池格局的影响较大，不仅扩大了城池范围，也使城池内的设施有所增加。

（三）宋蒙战争以后的演变

经历了元初的毁城以及元明时期的荒废，绝大多数宋蒙山城在明末的时候已经基本荒废，仅余残垣断壁，一片萧索。

所有山城中，重庆城是一个特例，因为在宋蒙战争之后，该城依然作为地方行政中心而存在，并渐次发展为繁荣的大都市。

明洪武六年（1408），重庆卫指挥使戴鼎依宋末旧址筑城，将大部分地段宋城包裹在内。清康熙二年（1663），四川总督李国英补筑6千米。这之后，官府对重庆城城墙还进行了多次的修建、维护。现在人们通常所谓的重庆城或"重庆母城"，指的就是明代戴鼎主持扩建、清代李国英主持修补的重庆城，故宋、明、清三个时期所筑之城范围并无太大变化。

老鼓楼遗址作为四川制置司衙署所在，在元代仍然得到使用。延祐三年（1316），重庆发生火灾，郡舍十焚八九。老鼓楼的门墩建筑大概毁于此次火灾。[1]明清时期得到了延续，老鼓楼高台建筑在明代仍作为谯楼使用，并新设漏壶台，性质逐渐改变。清代逐渐毁弃，名称改为丰瑞楼，后于白象街新修新丰楼，原丰瑞楼遂得名老鼓楼。从老鼓楼遗址看，宋代重庆府衙的中轴线是东北—西南向，朝向西南。清代巴县县衙位于老鼓楼遗址，反映了从宋代以来衙署位置的延续，但巴县县衙的轴线方向为南北向，朝南，相比宋代衙署中轴线方向发生了明显变化。

元初，忽必烈下令拆城，礼义城并未在撤毁之列，但随后州治迁回原址，城池遂逐渐荒废。明末清初，为地方势力占据，此时是否有修城行为尚不清楚。清嘉庆年间，礼义城与其他城池一样，得到了修复。据调查，此时对礼义城的修复主要有：修复城墙，新修横城墙，新开城门若干。宋代礼义城的衙署位于今三教寺位置，到明代成为寺院。衙署后来演变为寺院的情况也见于多功城，钓鱼城可能也是如此。

大良城在明清时期也重新启用并得到改造。明末清初，大良城一带战乱频仍，大良城东门部分城墙有明末清初特点，可能是此时所筑，只是由于文献所限，不知更多细节。宋、蒙双方占据时的衙署、军营之类设施情况也无法知晓。据大良城东门外的《大良城避白莲乱纪事碑》：嘉庆三年春，"始将大良城加修"。此次加修的内容，据调查有三个方面：一是扩大防区。将西门外的口袋形山谷纳入了城池范围，新新建了寿星门、长庚门、小西门3座城门。二是增辟城门。宋代大良城只有东南西北4座城门。清代新建了小东门、小南门，特别是小南门的开辟，与南门形成了瓮城之势，增强了防御能力。三是修复了大良城城墙。大良城现存城墙多为此时修复。（图4-3-13）

与大良城相似，小宁城在清代也在外北门一带有所扩大。平梁城则在宋代基础上，将城

---

[1] 重庆市文化遗产研究院、重庆文化遗产保护中心：《重庆文物考古十年》（二），四川人民出版社，2020年，第92页。

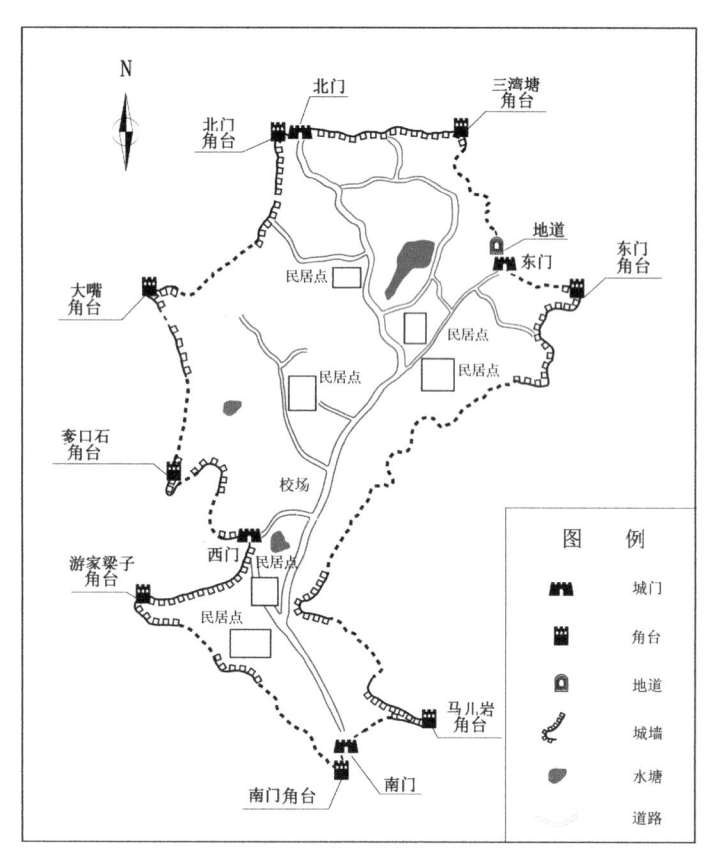

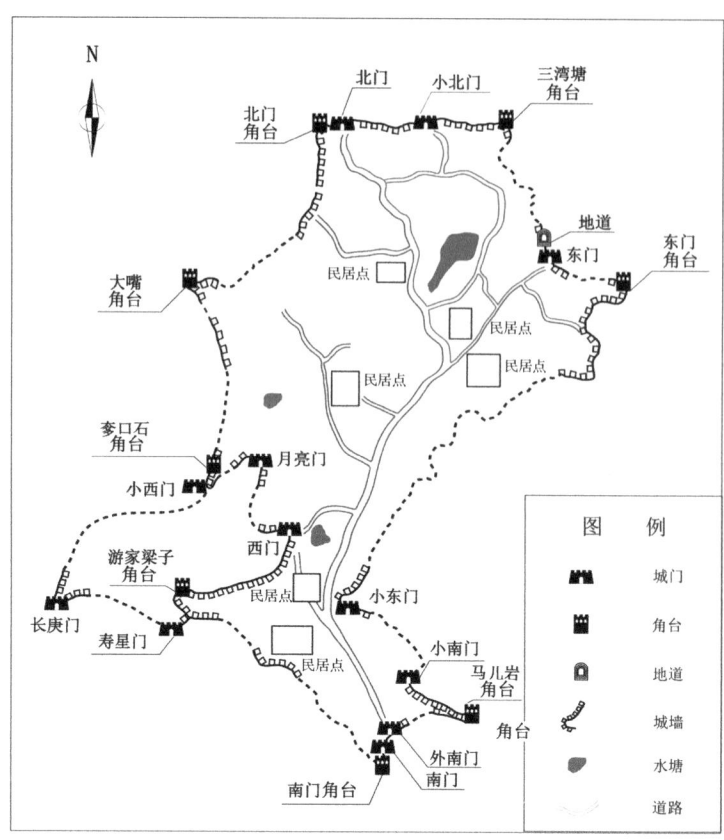

图 4-3-13 宋代和清代大良城格局的对比

门改建为多重瓮城，增强了防御能力。

不过也有缩小宋代城防范围的例子，如钓鱼城，清代修复城池时，就放弃了一字城和水师码头一带，防线收缩到山顶。虎头城在明末修复时也放弃了外城，仅保留内城部分。

综上，明清对宋代山城的重新利用，一方面修复了城墙、城门等设施，同时也因地制宜地对城池进行了扩大或缩小，不论是扩大还是缩小，都充分利用了宋代城池的主要部分，扩大的是局部，省掉的是外围设施。

第四章 宋蒙山城的城墙与城门

前文从城防系统角度谈到了宋蒙山城城墙、城门的相关问题，下文从建造角度探讨宋蒙山城城墙、城门的相关问题。

第一节 城墙

一、城墙石的开采和加工

宋蒙山城建于石山上，石材随处可得，故山城均以石砌筑，石材多就地取材。目前已经在多座山城发现采石场，如钓鱼城、天生城、虎头城、小宁城、多功城等。一般而言，一个山城有多处采石场，以保证就近开采，减轻运输成本。就调查所见，采石场主要有两种情况。一是较为集中的采石区域。有的山城城内岩石峥嵘，裸露在外，可用石材较多，且采石较易，遂成为采石场。有的采石场采石后形成塘堰，一举两得，如大获城山顶的采石区即是一个巨大的塘堰。

图 4-4-1 虎头城的城墙和采石痕迹

二是城墙之下。城墙下采石十分常见，这种采石方式的优势显而易见。因为城墙多位于悬崖边缘，故在崖壁上采石既可增高城墙的高度，又可借机修整崖壁，还可避免搬运之苦，可谓一箭三雕，如虎头城内城墙下崖壁。（图 4-4-1）

因为就地取材，所以石材多为本地所产青砂岩或黄砂岩，但在个别地方也不得不采用成型难度较大的页岩。砂岩属于沉积岩，在四川盆地广泛分布，颗粒较细，软硬适中，适合开凿和雕刻。页岩在四川盆地也较常见，片状，硬度不高，抗风化能力弱于砂岩，仅见于白帝城、龙岩城等个别地方。白帝城的宋代城墙石之间的界限已经模糊，似乎黏成了一整块岩石，就是抗风化能力弱的结果。

根据采石痕迹观察，宋代军民使用锤、凿等工具取下大块石材，然后将其分割为小块，多数城墙石呈一端大一端小的楔形。楔形石材是宋蒙山城城墙石材的一大特点，使用这种形制石材，可以在保证城墙外立面不受影响的情况下大大减轻石材的用量和重量，而且可自然而然地砌筑成带收分的墙体，以增强稳定性，同时可与崖壁更好地贴合。

各山城城墙石大小不一。虎头城外城临江段城墙石长约 0.7 米，横切面宽 0.35—0.4 米，高 0.4—0.45 厘米，小端因在城墙内不详。小宁城的宋代城墙石横切面大致呈方形，长度 0.8—1.2 米，0.3—0.6 米见方，形制规整。此类城墙石大头外表面加工精细，其余面稍显粗糙，錾刻纹路多呈现"人"字纹和斜纹，整齐划一。运山城的城墙石长约 1 米，大端 0.4 米见方，小端 0.2 米见方。神臂城耳城城墙石较小，多数切面呈竖长方形，大端宽 10—20 厘米，高 15—20 厘米，小端切面较小，呈锥形。城墙石长约 0.5 米，以运山城城墙石规格计算，一块城墙石的体积约 0.093 立方米，按砂石一般密度 2700 千克/立方米计算，一块城墙石的重量大约为 250 千克，适合 4 人抬行。虎头城的城墙石如按小端 0.2 米见方计算，重量约 175 千克，可两人抬行。神臂城耳城城墙石的重量 10—30 千克，可一人扛行、挑行或抱行。由此可见，宋蒙山城城墙石的大小依据实际情况而定，并无定数，但最大者也在 4 人抬行可承受范围之内。因这些山城位于山上，道路崎岖，坡路较多，且城墙石多数需要抬升才能安放，故不宜太重。考虑到城墙的坚固性，又不能太轻。从调查结果看，多数山城在战争前期筑城时城墙石较大而规整，战争后期补筑或修补的则形体稍小且粗糙。其原因可能有三：一是战争后期战事紧张，无暇筑城；二是山城在初筑时负责筑城的将领富有筑城经验，如张实、甘闰负责修筑了多处山城；三是前期筑城主力为军士，甚至有专业的壮城兵，但后期补筑时因兵员损耗，一般民众和老弱妇幼均需参与补筑，石材变小变粗糙在情理之中。

前文已述及《营造法式》记载石作的 6 个程序，宋蒙山城城墙石在加工时大体上也采用这些程序。在打剥下来之后，初步加工为楔形，有的山城石材加工到此为止，有的做了进一步加工。（图 4-4-3）按照梁思成的解释，䪻搏为粗加工，錾痕浅疏；细漉为精加工，令其平整，故密布錾痕。据我们观察，山城城墙石

图 4-4-2 云顶城瓮城门錾痕

的錾痕多为人字形。这种做法也见于宋代石窟和墓葬之中，是宋代巴蜀地区的通行做法。具体方法是：加工时錾子倾斜，加工至 0.2—0.3 米深度时，从另一个方向继续斜向加工，遂形成人字形錾痕。也有可能由两人同时相向加工而成。除人字纹外，斜线纹也较多，实际是人字纹之一半。石材较规整者，錾痕也较规整，每道錾痕均平行，间距 1—2 厘米。石材粗糙者，錾痕则不规整，方向、深浅、宽窄各不相同。（图 4-4-2）钓鱼城的城墙、码头条石上表面的"斫砟"方式并不是简单的平整，而是在距条石外边沿留宽 0.1—0.4 米的棱面，向内加工为深 1—25 厘米平面。这种类似"榫卯"结构，便于上部条石的收分安放，不仅加强了上下层之间的联系，也增加整体结构稳定性。[1] 运山城唐家沟一带的城墙中偶见将石材加工为折尺形者。

有的城墙石加工甚为精细，如云顶城张家湾段城墙和神臂城东门附近角台。除磨砻这道工序没做外，其他工序都按要求进行，故城墙石之间嵌合极为紧密，刀插不进。此外，不少

---

[1] 蔡亚林：《重庆合川钓鱼城城防设施的考古学观察》，《四川文物》2018 年第 5 期。

图 4-4-3　钓鱼城（左）和运山城（右）城墙石材形状

山城的城墙石有四角磨圆的情况，也属磨砻的一种。磨圆的城墙石缺乏抓手，可以避免敌人攀爬。

二、城墙的砌筑

《营造法式》中简单记载了营建夯土城墙的步骤：第一步是开地基，地基厚度与城墙厚度相适应，并且沿城墙边每隔七尺五寸栽永定柱、夜叉木各两条；第二步是营造城墙，城墙中每高五尺需加纴木一条。[1]

由于宋蒙山城是砌筑在山上的石城，所以修建方法与《营造法式》的夯土城墙有所差别。在地基方面，一般仅在需要修建城墙的崖壁下稍做清理，整平基面。最下层或最下几层城墙石较宽大，以稳定墙基。

永定柱、排叉木、狗脚木在山城中使用甚少，仅在钓鱼城始关门外一字城墙上发现有柱洞，可能是排叉木或狗脚木遗痕。另在重庆太平门右侧底部有多个小洞，间隔 2 米左右，可能用于栽种永定柱。

经过考古发掘的山城城墙主要有多功城、钓鱼城、白帝城、皇华城、三台城、赤牛城、天生城等为代表，经过调查的就更多了。通过考古发掘、解剖，山城的城墙构筑方式已经较为清楚。

总体而言，山城城墙属于夯土甓石类型。有单面甓石和双面甓石两种，以单面甓石为主。白帝城樊家台 CQ1 保存较好，为双面甓石。墙体建筑在斜坡上，依坡而建，外层由一到三层石块错缝叠砌，城墙底部有多层石块铺垫，城墙内侧以石块叠砌。石块之间均石灰勾缝，外墙、内墙、墙基之间为夯土。墙顶外侧和内侧高度不一，成外高内低的台基状。城墙纵截面略成梯形。（图 4-4-4）白帝城塘堰湾地点的 CQ3 所处位置与 CQ1 不同。CQ3 处在一个沟谷中，其目的在于在沟谷中构筑塘堰蓄水，同时阻挡由沟谷进攻的敌军。因此不是靠崖修筑，只是底部基岩略有倾斜，其内城墙较 CQ1 要高。总体看，纵截面仍然成梯形，内外甓石，中间夯土，底部利用了自然基岩，未再用石块垫墙基。（图 4-4-5）

---

[1]（宋）李诫著，梁思成注释：《〈营造法式〉注释》卷 3《城》，（香港）三联书店，2015 年，第 60 页。

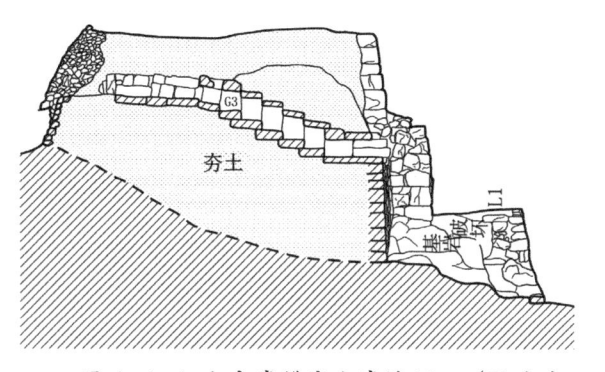

图 4-4-4 白帝城樊家台城墙剖面（图片采自《重庆奉节白帝城遗址 2017 年度发掘简报》）

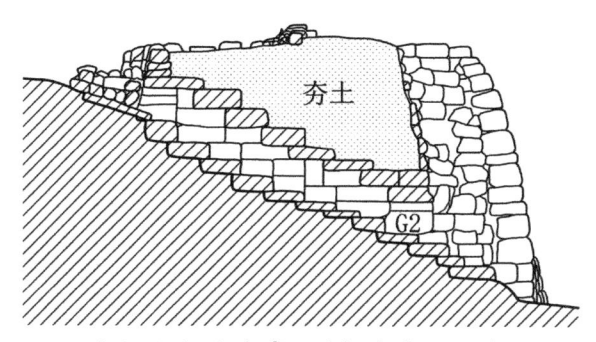

图 4-4-5 白帝城堰塘坪城墙剖面（图片采自《重庆奉节白帝城遗址 2017 年度发掘简报》）

白帝城养马沟城墙经过了揭露和解剖。[1] 宋代城墙建筑在早期夯土城墙之上，为内外甃石结构。外侧底部有大型石块构筑的墙基堡坎，其内侧和上部包砌小型石块。包石的厚度下部约 2 米，上部约 1 米。内侧包石用石较规范，各层石块之间收分明显，形成明显的阶级，较容易攀爬。

通过近年在白帝城樊家台、中间台、皇城台等地的发掘，可以看到也有挖掘基槽的情况。据发掘者介绍，白帝城城墙墙内堆积是夯筑和堆筑两种做法相结合。外缘用土石混筑加固，墙体坡度在 70°—85° 之间，用白灰做黏合剂。有的城墙外还有多道护坡墙。[2] 三台城 5 号炮台解剖的情况表明，外墙用楔形石砌筑城略有收分的墙体，墙皮之内的石材堆积较凌乱；城墙内部为层状夯土，内墙也用石砌筑，但较矮。（图 4-4-6）

图 4-4-6 三台城 5 号炮台处城墙剖面[4]

重庆朝天门城墙的做法是：先沿崖壁外侧开凿基槽，再用较宽大的条石错缝丁砌，石头之间用石灰勾缝。墙基厚 6.1 米，顶部宽 5.15 米，高约 3.3 米，坡度约 72°。[3] 皇华城保留了较完整的多段城墙，多为丁砌，但每块城墙石大小并不一致，因而砌筑并不规整，线缝参差，未勾缝。[4]（图 4-4-7）

海龙囤的宋代城墙砌法有所不同。用材多为层状砂岩，石块大小不一，以平砌为主，外侧墙体多平砌，内侧墙体立砌，中间填土，部分地方使用石灰做黏合剂。[5]

---

1 重庆市文物考古所、重庆文化遗产保护中心：《重庆考古十年》，重庆出版社，2010 年，第 112 页。
2 重庆市文化遗产研究院孙治刚于 2020 年 11 月在奉节召开的"白帝城遗址保护利用专家研讨会"上介绍。
3 重庆市文化遗产研究院、渝中区文物保护管理所：《重庆城古城垣遗址调查简报》，《江汉考古》2020 年"重庆古代城址考古"专辑。
4 图片采自重庆市文化遗产研究院、涪陵区博物馆《重庆涪陵区龟陵城遗址 2017 年调查与试掘简报》，《江汉考古》2020 年"重庆古代城址考古"专辑。
5 贵州省文物考古研究所、贵州省博物馆、遵义海龙屯文化遗产管理局：《海龙囤》，科学出版社，2022 年，第 130 页。

图 4-4-7　重庆朝天门（左）和皇华城（右）的宋代城墙

宋蒙山城的城墙大多依崖而筑，在无崖或崖壁不理想之时，内部填土，杂以碎石，故宋蒙山城的城墙实际为包砌城墙。在高出山顶平面时两面包砌，中间填土。以平梁城为例，丁砌筑法主要对应使用楔形城墙石。砌筑时，小头向内，大头向外，沿崖壁顶端边缘逐层垒砌。受城墙石形制影响，丁砌之城墙并不能保持直立，而是从下至上逐步内收，呈现一定的倾斜度。平梁城城墙大多带有 10—18° 的倾斜度。虎头城砌筑之时亦大头向外，小头向内，城墙呈现 10—12 度的向内倾斜度，皇华城的倾斜度约在 14—27° 之间。[1] 综上，宋代山城的倾斜度在 10° 至 30° 之间，以 10—20° 之间较为常见。

关于城墙收分的做法，《营造法式》中有明确记载：

> 筑城之制，每高四十尺，则厚加高二十尺，其上则斜收减高之半。[2]

用三角函数计算，上述做法的倾斜角为 26—27° 之间，比多数山城收分大。考虑到山城多依山崖而建，用材为石，不是《营造法式》中的夯土城墙，所以倾斜角小一些是正常的。

钓鱼城南一字城发掘中，在紧靠城墙顶部雉堞内侧发现有柱洞 7 个，顺城墙方向一字排开。柱洞形制大小较为一致，其中近圆形 6 个，直径 0.18—0.3 米，深 0.3—0.47 米；方形 1 个，边长 0.33 米，深 0.33 米，柱洞间距 1.15—1.65 米。根据《武经总要》和《守城录》等文献，这些柱洞应当用于栽植狗脚木，以遮蔽矢石。[3]

宋蒙山城的雉堞基本没能保留至今。钓鱼城的发掘中，有一些线索。据蔡亚林介绍，宋代雉堞发现有两段，一是南一字城东城墙二期南端临江处，由于叠压于三期城墙之下，未完全揭露，故具体形制不明，推测可能为中留 "品" 状眼孔的 "平头墙"，而非 "山" 字形雉堞。[4] 而《礼义城图》《静江府城池图》《蜀川胜概图》三图中的雉堞均为清晰可辨的 "山" 字形。故

---

1 重庆市文化遗产研究院：《忠县皇华城遗址文物调查简报》，《江汉考古》2020 年 "重庆古代城址考古" 专辑。
2（宋）李诫著，梁思成注释：《营造法式》卷 3《壕寨制度》，（香港）商务印书馆，2015 年，60 页。
3 蔡亚林：《重庆合川钓鱼城城防设施的考古学观察》，《四川文物》2018 年第 5 期。
4 蔡亚林：《重庆合川钓鱼城城防设施的考古学观察》，《四川文物》2018 年第 5 期。

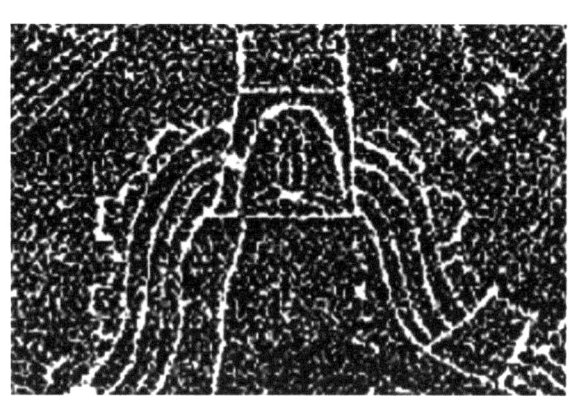

图 4-4-8 礼义城（左）和静江府城（右）的城堞

笔者推测，宋蒙山城的雉堞多为当时流行的"山"字形。（图 4-4-8）

三、宋代城墙与其他时代城墙的比较

目前仅在白帝城发现有早于宋代的城墙，但具体时代较难判断。靠近梅溪河的一段城墙用石巨大，石材也与白帝城最常见的页岩不同，白帝城博物馆雷庭军称可能为唐代夔州城墙。其他山城多见明代、清代乃至民国时期的城墙，实际上，由于明清时期这些山城已经沦落为山寨，所以城墙已经可以称为寨墙了。

（一）明代城墙

明代初年全国各地大兴筑城之风，川渝地区也不例外。明初重庆卫指挥使戴鼎在重庆筑城，将原宋代城墙包裹在内，如今重庆城保留的城墙大多为明代所筑。从戴鼎所筑城墙看，城墙为宽 0.35—0.4 米、高 0.4—0.45 米的方形条石丁砌。其外端与宋代城墙石相近，但内端有所不同，内端大小与外端相同。砌筑方式虽也为丁砌，但收分不明显，近于垂直。[1]

明代中晚期，尤其是明末，川渝地区多次爆发大规模起义和军事动乱，如"鄢蓝起义"、张献忠入川、"摇黄之乱"等。为躲避战乱，不少山城得以重新使用，原有的破损城垣得到修复。从虎头城看，明代城垣的修筑与重庆城相似，也采用方形条石丁砌，收分较小。

（二）清代、民国城墙

清代中后期，川渝地区爆发了"李蓝起义"、太平军入川、白莲教起义、余栋臣起义等多次大规模战乱，川渝各地纷纷修复原有城寨并新建了大量寨堡，如今遍布川渝的寨堡多保留了清代寨墙、寨门等遗迹。

清代城寨的修建者多为各地士绅和民众，所要抵御的对象是起义军或各类匪徒，因为这些人的攻城拔寨能力远不及蒙古骑兵，故城墙的修建与宋代已大有不同。首先改原有的双面錾石中间填土的做法为单墙，因而墙体的厚度大大缩减。为适应单砌做法，城墙石改为长条石，长度多在 1 米左右，砌筑方法也改为顺砌，最大程度减少了工程量，但仍然能起到防御的作用。清代城墙石的加工方法也有了相应变化，錾痕以竖条纹、斜纹和杂乱痕迹为主，人

---

[1] 重庆市文化遗产研究院、渝中区文物保护管理所：《重庆城古城垣遗址调查简报》，《江汉考古》2020 "重庆古代城址考古"专辑。

字纹消失不见。

民国时期城墙砌筑方法继承了清代做法，也以长条石顺砌为主，墙体垂直而单薄。

宋蒙山城的城墙从宋代的丁砌、收分，到明代的丁砌、无收分，再到清代、民国的顺砌、无收分，城墙演变过程清晰，随着石材和砌筑方式的改变，城墙的牢固性和防御能力越来越弱。

第二节 城门

宋蒙山城的城门大多不存，或完全湮灭，或有迹可循，仅少数保留较好。需要注意的是，在一些研究论著中，常把明清时期的城门误为宋代城门。近些年的考古发掘，发现不少城门遗迹，存世和出土城门为探讨宋蒙山城城门的构筑及形制提供了较完备的实物资料。具体而言，保存较好的城门共12处，包括金堂云顶城的北门和瓮城门，小宁城的北门、西门和小西门，苦竹隘的东门，大获城的卷洞门，运山城的东门，大刀砦的友信门，赤牛城的关子门和赶场门，金石城的北门等，这些城门均保留了宋代结构，材料也多为宋代原物，是非常难得的宋代城门实物资料。发掘出的城门见于钓鱼城、白帝城、重庆城、三台城、皇华城、海龙囤、养马城等地，发掘出的和保存较好的城门共20余座。就形制而言，这些城门可分为拱券式、抬梁式和叠涩式三类。

一、抬梁式城门

抬梁式城门又称过梁式城门、排叉柱城门。城墩由夯土筑成，有的有包砖或包石。门道两侧有石柱础（有的下加土衬石）或石、木质地栿，其上竖立若干根排叉柱，柱顶施下平栿（洪门栿），用蜀柱和托脚承托上平栿（狼牙栿），形成平顶、尖顶或梯形门洞顶。梯形顶是抬梁式城门的最常见形式，隋唐、宋辽时期十分流行。

宋蒙山城中的抬梁式城门目前仅见于钓鱼城。钓鱼城南部南一字城东、西城墙中段（始关门及小东门附近）发掘出两座城门遗址。两座城门形制基本相同，由门槛、门道、阶梯式道路、八字挡墙及排水系统等几部分组成。从门道两侧地栿石上对称分布的柱洞可知，城门的类型属于抬梁式，城门洞不分段。

二、拱券式城门

拱券式城门也称券拱式城门、券洞式城门，基本特点在于取消了抬梁式城门必备的地栿、排叉柱及木过梁结构，改用砖石起券，形成券洞。其流行时间晚于抬梁式城门，我国现存古城门绝大部分为拱券式城门。

据笔者调查，上述12座保存较好的宋代山城城门均为拱券式城门。贵州遵义的养马城发掘出城门6座，分别为西门、小东门、月儿门、田家湾门、张家湾门和东门。前三者被后代封堵，田家湾门垮塌严重，后两者目前仍在通行。试掘报告认为，养马城建于宝祐六年（1258）

左右，上述6座城门也为当时建成。[1]其中月儿门为拱券式城门，其他5门为叠涩式城门。

根据形制，上述拱券式城门可分为一段式、两段式和三段式三类。下面择要介绍。

（一）一段式城门

仅一段拱券式门洞，包括小宁城的西门（图4-4-9:3）、小西门、北门，运山城的东门（图4-4-9:2）、苦竹隘的东门（图4-4-9:1）、大获城卷洞门等7座。运山城东门通高4.5米，通宽3.2米，门洞高2.88米，宽2.2米，进深2.46米。拱券高1.15米，矢跨比为0.52。其他城门情况前已述及，不再赘述。

（二）两段式城门

两段式城门指前段为拱券后端或平顶或券顶的城门形制，平面形状呈"凸"字形。见于大刀砦友信门、白帝城皇殿台瓮城门（CM2）及主城门等。

大刀砦位于荣县双古镇，现存南北二门，其中南门为宋代城门。城门名文献失载，门额有清代补刻"友信"二字，姑名之"友信门"。（图4-4-9:4）友信门后半部被泥土和乱石掩埋过半，前半部掩埋较浅，尚能一窥形制。城门前为悬崖，后为平台，城门位置低于平台约2米，城门连同两侧城墙以及城门内两侧墙体与平台之间形成小型瓮城态势。城门直接连接两侧城墙，无城墩。城墙收分明显，下部较斜，上部稍陡，倾斜度为18°—22°。城墙共11层，城门框下部5层城墙石粗大，丁砌，上部顺砌。门框以外多丁砌。门洞为单拱券，券柱石5层，共10块券石，右侧第一层券石最大，相当于两块，故拱券石数量为双数。券顶外侧用三角石找平，其上再平砌一层条石，条石上有长方形门额，楷书"友信"二字，其上再顺砌4层。城门门道大部分被掩埋，地面做法不详。城门通高约7米，门洞高2.7米，宽1.84米，门券进深1.54米。城门前部变形较大，后部较规整，从后部测得矢跨比为0.46。门洞后部为平顶，进深1米。其后两侧砌筑城墙形成狭窄通道，通道宽约2.5米，左侧城墙垮塌严重，几乎将

图4-4-9 一段式、两段式城门
（1.苦竹隘东门 2.运山城东门 3.小宁城西门 4.大刀砦友信门）

---

[1] 贵州省文物考古研究所、重庆市文化遗产研究院：《贵州遵义市养马城遗址调查与试掘简报》，《考古》2015年第11期。

城门完全封堵。券心石阴刻楷书"宝祐丁巳季冬吉日书","书"字仅存一半,或为"建"字。宝祐丁巳为宝祐五年,即1257年。

白帝城皇殿台发现两座城门,即瓮城门(图4-4-10)和主城门。瓮城门面阔2.9米,进深5.6米,外门道面阔1.5米,进深2.7米,内门道面阔2.7—2.9米,进深2.9米,尚存门栓孔和门砧石(带门臼)。从门道两侧略成弧形的壁可以看出,至少前门道是券顶形式。瓮城废弃堆积中有模印"桑闾门宅谨施"铭文的瓦片,"桑闾门"或为此门名称。[1] 皇殿台主城门仅余门洞底部及低矮的门道两侧。根据现场观察,应为两段式城门,两侧门道上部略微内倾,推测前后门道顶部都是拱券式。门道两侧未见地栿石和柱洞,也能证实该城门确为拱券式城门。从城门规模而言,小于云顶城,大于小宁城。当然,这个城门大小并不能完全体现其地位,因为皇殿台地势促狭,不可能修建一个太大规模的城门。

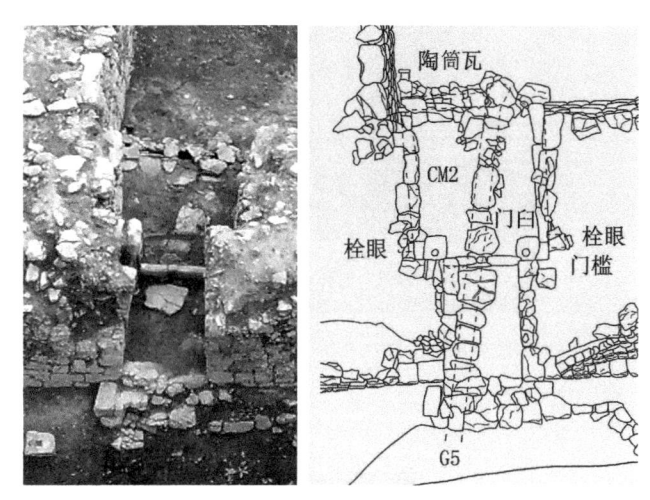

图4-4-10 白帝城皇殿台瓮城门(CM2)[2]

皇华城1号城门位于城西北,为两段式城门,前为拱券式门道,后为长方形门道,顶部垮塌,形制不明。后门道两侧有地栿石和方孔,两侧壁上贴方形薄石板。根据后门道前后两端的方孔推测,后门道使用了纵横交叉的方木对门道两壁进行固定。因而地栿石上的方孔不是排叉木的柱洞,而是方木的柱洞,其作用不在于"抬梁",不宜理解为抬梁式城门向拱券式城门的过渡形态。后门道之后为八字挡墙。

(三)三段式城门

此类型城门由前后两段拱券和中间平顶构成,包括云顶城北门、瓮城门、赤牛城关子门、赶场门、养马城月儿城门主城门,共5座。云顶城北门和瓮城门前文已有介绍,此不赘述。

赤牛城关子门位于城南,依山而筑。(图4-4-11:1)城门现保存基本完好,上方石块及封土导致城门轴线略向左倾斜。城门左右各有一段高约4米、长约5米的城墙连接左右山脊,其中左侧城墙塌陷较严重。左侧山脊外端顶部发现多个柱窝,直径0.1—0.3米不等。周围土壤中包含大量建筑用的瓦砾,应建有敌楼。城门为石质双拱券结构,内外拱皆4层起券,券高约1.55米。外拱高2.53米,宽1米,深0.98米;内拱高2.36米,宽1.91米,深3.25米;内外拱之间有平顶门道,高3.37米,宽2.27米,深1.7米。

赶场门位于关子门北侧,所处地理形势与关子门相似,左右皆为悬崖绝壁。(图4-4-11:2)城门为石质双拱券结构,外拱所用均为细密竖条纹石材,下部所用部分石料较为规整,由

---

1 重庆市文化遗产研究院、奉节县文物管理所《重庆奉节白帝城遗址2017年度发掘简报》,《江汉考古》2020年"重庆古代城址考古"专辑。
2 图片采自重庆市文化遗产研究院、奉节县文物管理所《重庆奉节白帝城遗址2017年度发掘简报》,《江汉考古》2020年"重庆古代城址考古"专辑。本书对原图片有裁剪,原图中的"陶简瓦"改为"陶筒瓦"。

图4-4-11 三段式城门
(1. 赤牛城关子门 2. 赤牛城赶场门)

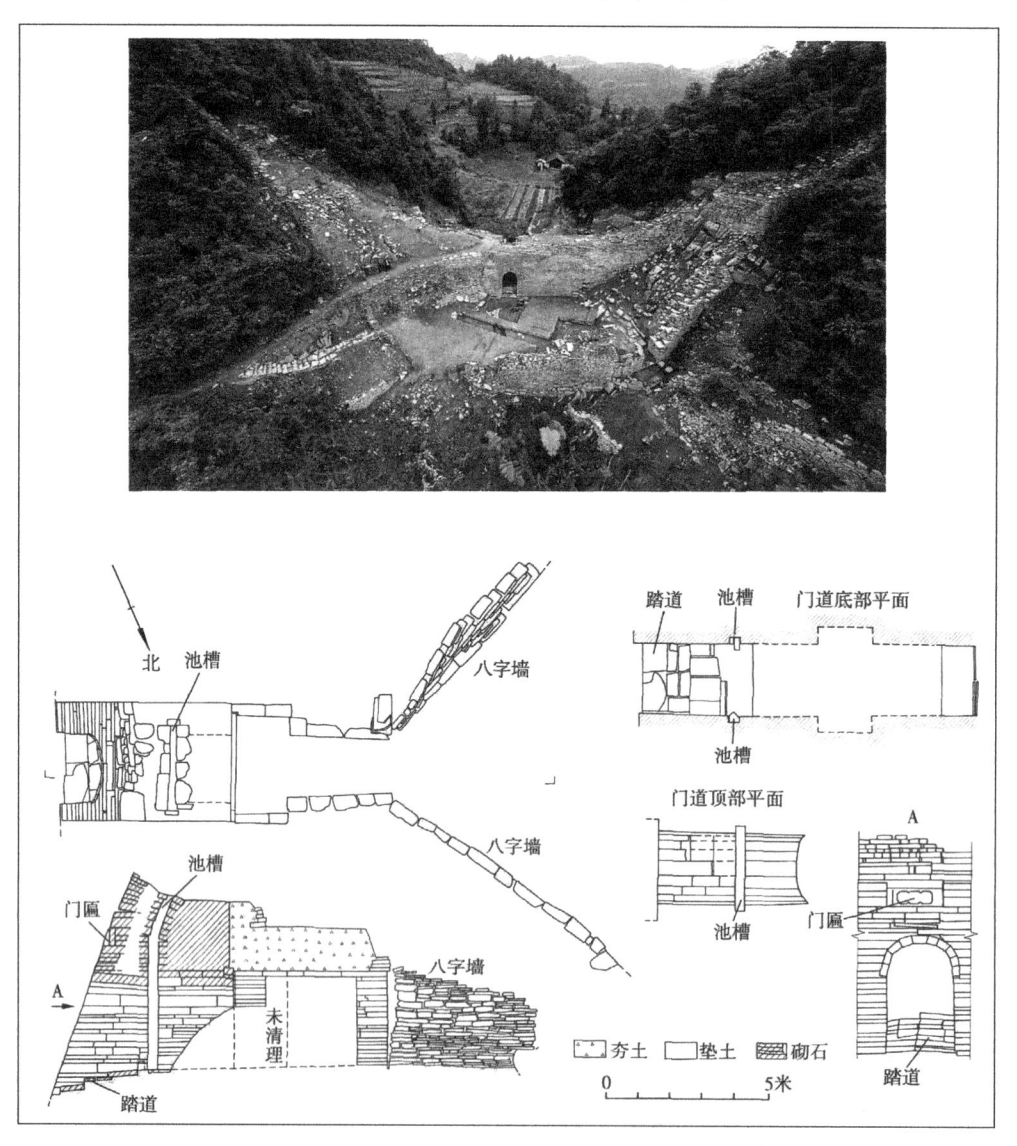

图4-4-12 养马城月儿门主城门（CM6-1）[1]

---

1 图片采自贵州省文物考古研究所、重庆市文化遗产研究院《贵州遵义市养马城遗址调查与试掘简报》,《考古》2015年第11期。

30—40厘米见方的正方体石料砌成，保存较好。内拱较为残旧，拱券石多为"人"字纹条石，拱券石设置有宽0.11米的券伏石。内拱下部用石长约0.7米，高约0.4米，巨大厚重，形制规整。内外拱之间为平顶门道。外拱高2.94米，宽1.8米，深2.5米；内拱高2.4米，宽1.6米，深1.7米；平顶门道高2.9米，宽2.1米，深1.7米。

养马城月儿门主城门保存较好，与上述城门不同的是，它是一座带闸板的城门。外门道用9块石条起券，闸门槽位于外门道中。面阔2.05米，进深10.55米，高3.35米。[1]（图4-4-12）

三、叠涩式城门

叠涩式城门仅见于遵义海龙囤和养马城，其中海龙囤4座，养马城5座。其中养马城的城门保存较好，发掘报告称"叠涩顶城门"，本书为与前两种城门名称对应，称为"叠涩式城门"。

养马城的5座叠涩式城门形制相似，均为三段式单门道城门，平面呈"亞"字形。门框顶部用1—2层石板平铺挑出，顶部用大石板盖顶。城门较小，仅1米有余，高2米余。城门门道前端底部距离门前地面有数十厘米高度，进出需要搭木板或梯子。（图4-4-13）

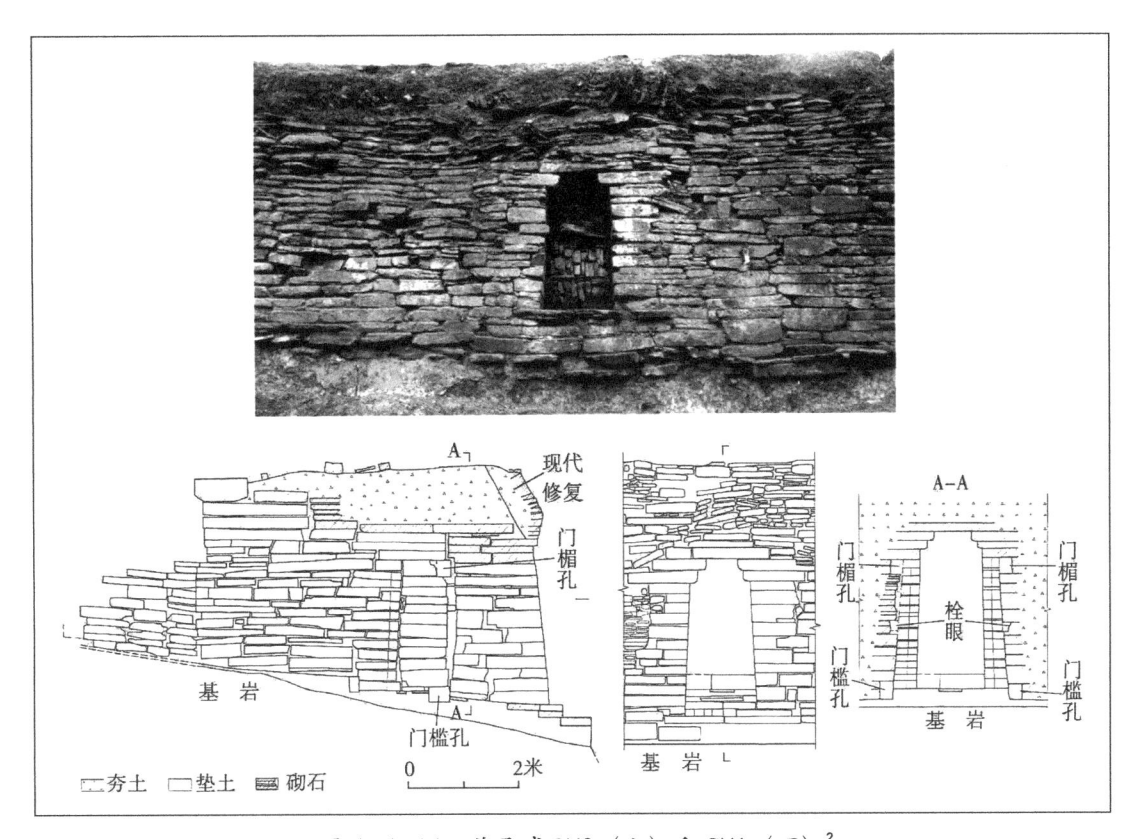

图4-4-13 养马城CM2（上）和CM1（下）[2]

---

[1] 贵州省文物考古研究所、重庆市文化遗产研究院：《贵州遵义市养马城遗址调查与试掘简报》，《考古》2015年第11期。
[2] 图片采自贵州省文物考古研究所、重庆市文化遗产研究院《贵州遵义市养马城遗址调查与试掘简报》，《考古》2015年第11期。

四、初步认识

（一）拱券式城门矢跨比

矢跨比作为拱券结构的重要参数，是拱券建筑技术和建筑法式的反映。

大获城卷洞门出露太少，无法测出矢跨比。其他8座四川宋代山城各城门矢跨比均可测得，至于变形城门，一方面可以依据变形情况校正，另一方面可以选择保存较好的位置测算，故均能获得较可靠数据。按修建时间顺序排列，各城门矢跨比实测结果如下（采用校正后数据，括号内为城门修建时间）：

云顶城北门0.49（1243年）、运山城东门0.52（1246年）、云顶城瓮城门0.47（1249年）、小宁城西门0.47（1249年）、小宁城北门0.51（1251年）、小宁城小西门0.45（1252年）、苦竹隘东门0.47（1255年）、大刀砦友信门0.46（1257年）。

从上面的罗列可以看出以下几点：

第一，矢跨比总体界于0.45—0.52之间，即集中于0.5上下，故这些城门拱券属于半圆形拱。其中小于0.5的有6例，说明多数拱券的弧度略小于180°，因而多数城门在视觉上略显宽矮。

第二，矢跨比不一致。除3例同为0.47外，其余5例各不相同。云顶城两座城门矢跨比较为接近，分别为0.49和0.47；小宁城三座城门则差别较大，小西门为0.45，而北门达到0.51。云顶城和运山城都是"八柱"之一，城门规模都较大，但城门矢跨比差别较大。

第三，时间演变规律不明显。上述8座城门的修建时间为1243年到1257年间，跨越了15年，但从时间轴看，各城门矢跨比没有明显的规律性变化。

宋代文献中没有当时城门矢跨比的记载，只在《营造法式》卷三"卷輂水窗"条提到："随渠河之广，取半圆为卷輂，卷内圜势"[1]。这里的卷輂水窗是指拱券式水门，采用了半圆，即半圆形式，矢跨比为0.5。宋蒙山城的修建在《营造法式》成书100多年后，上述城门的矢跨比基本在0.5上下，符合当时的社会共识。有学者提出，最初的拱券式城门为双圆心的鸡心拱，后过渡为高半圆拱和半圆拱。[2] 这个看法是不符合事实的，从宋代墓葬材料看，绝大多数砖石墓中的拱券都是不满半圆的弧形，[3] 双圆心的鸡心拱实为清代流行的拱券式样。[4]

各城门矢跨比之所以不能达到整齐划一的0.5，原因在于：

---

[1] （宋）李诫著，梁思成注释：《〈营造法式〉注释》，（香港）三联书店有限公司，2019年，第87页。

[2] 贾亭立：《中国古代城墙的券洞式城门探析》，中国建筑学会建筑史学分会、中国科学技术史学会建筑史专业委员会：《2012年中国建筑史学会年会暨学术研讨会学术论文集》，辽宁科技出版社，2012年。

[3] 拱券在砖石墓中起源甚早，可追溯到战国时期，汉代以来大盛，唐宋继续流行，明清时期渐衰。宋代墓葬中，拱券常用来构筑墓室甬道或仿木构的门、窗，实例甚多，绝大多数拱券为不满半圆的弧形，兹略举几例。四川地区的如：成都市博物馆考古队翁善良、罗伟先《成都东郊北宋张确夫妇墓》（《文物》1990年第3期）、成都文物考古研究院《成都市成华区成华广场宋墓发掘简报》〔《成都考古发现》（2015），科学出版社，2017年〕、成都文物考古研究院《成都市金牛区任家碾墓地M4发掘简报》，四川以外地区的如：程先通《安徽黄山发现宋墓》（《考古》1997年第3期）、甘肃省文物考古研究所等《甘肃张家川南川宋墓发掘简报》（《考古与文物》2009年第6期）、湖南省文物考古研究所《湖南桂阳刘家岭宋代壁画墓发掘简报》（《文物》2012年第2期）、甘肃省文物考古研究所等《河南淅川大石桥宋墓发掘简报》（《考古与文物》2017年第4期）。

[4] 王其亨：《双心圆：清代拱券券形的基本形式》，《古建园林技术》2013年第1期。虽然王其亨在该文举了前蜀王建墓中双心圆券的例子，但该例为孤证，且属于墓葬，与城门性质有异。

第一，技术不熟练。成书于北宋元符三年（1100）的《营造法式》是一本规定建筑工程预算定额的专书。书中记载了过梁式城门的石地栿和卷輂水窗做法，但没提到拱券式城门，说明当时流行的还是抬梁式城门。故宋蒙山城修建之时，拱券式城门还处于摸索阶段，加之拱券式城门修建技术复杂，程序众多，修成不易，[1]所以宋军修建山城时技术尚不完备，难以达成标准半圆的目标。以小宁城为例，三座城门都是张实在3年之内主持修建的，但矢跨比却差距明显，大概只能归结于技术原因。云顶城两座城门建设颇受重视，规制宏大，形制基本一致，但矢跨比均非0.5，且两城门之间也有0.02的差距。

第二，特殊背景下产物。从修建背景看，上述山城修建于宋蒙战争期间，在蒙军的紧逼下，任务重，时间紧，自然不能像和平时期一样细致规划，精心施工。此外，山城的设计主要依赖于守城将领（云顶城北门、小宁城修城题刻可以为证），施工人员来自军队和当地百姓，在专业程度上恐怕要差一些。从功能上说，城门设施主要服务于军事，与治所型城池有别，修建方面也没有必要严格按照建筑法式进行。此外，上述城池均为山城，城门位置大多地形崎岖，范围局促，修建难度较大，矢跨比自然难以做到整齐划一的0.5。调查发现，上述城门所用石材多数大小不一，云顶城情况稍好，其他几处山城，尤其是小宁城城门用石差别很大，显示了城门修建的困难和仓促。

第三，沉降变形。由于城门需要承受拱券乃至于城墩顶部、顶部建筑以及人员和物资的重量，容易受压沉降。城门从建成到现在已经接近800年历史，券顶沉降导致矢跨比稍有变小是很可能的。本书虽然对部分沉降明显的城门矢跨比做了校正，但不明显的沉降难以发现，也就未做校正工作。云顶城两座城门是上述所有城门中形制最规整的，其矢跨比非常接近但略低于0.5，大概就是拱券顶部沉降变形所致。

（二）城门规模差异

从防御角度讲，门洞的长短与防御能力呈正相关关系，门洞越长防御能力越强。那么上述8座城门为何存在3种不同情况呢？主要有两个原因。

一是地形地貌差异。上述宋代城门都是山城城门，受地形影响较大。苦竹隘城门所在位置为陡坡，门道是在坚硬的变质岩上硬生生凿出来的，狭窄弯曲，前低后高，运山城东门也是"凿崖通道"而成，空间狭小，故苦竹隘和运山城不宜建造进深较大的城门。云顶城北门和瓮城门所在位置地势平旷宽阔，便于建设进深较大的城门。

二是各城地位有别。小宁城之所以采取一段式的简单券顶门，主要原因在于小宁城的地位不及云顶城。云顶城是当时"八柱"和四大戎司之一，不仅驻扎有利戎司的兵力七八千人，还有潼川府路安抚司和成都府路安抚司所辖军队，而小宁城仅仅是巴州治所，地位远低于云顶城，城门选用了较小规模也就不足为奇了。

---

[1] 张家骥《拱券升拱的传统定制与做法规则口诀》（《古建园林技术》1987年第3期）一文介绍："拱券的砌筑工艺是比较复杂的。无论是砖构或石构的拱券，都要经过弹放实样、划分断块、拓套样板、按样板砍磨砖料或打磨石料的楔形砌块、进行整体摆样（即试组装）、测定券位、支码券胎、按样板模具或抡杆掳抹券胎，分中号趟、挂线砌筑，在砌筑过程中还要进行杀缝打截，打塞灌浆，施行背馅后拆除券胎，打点完活。这样繁复的工序非少数工匠所能完成。工程越大，工艺要求越细，参与的工匠、工种越多。"

（三）抬梁式城门向拱券式城门转变的实证材料

抬梁式是汉唐时期城门的标准形制，宋元以后城门形制为拱券式所代替。限于材料，这种转变的具体过程和原因学术界一直未能细致深入地探讨。钓鱼城和其他山城城门的发现为我们提供了宝贵的资料。

在应对战争的能力方面，抬梁式城门远不如拱券式城门。主要原因有二：

第一，城门强度提升。因用砖石拱券，其牢固程度显然强于木结构的抬梁式城门。《武经总要》中记录了16种炮，较之以前有所增加。到南宋晚期，攻城武器更加先进，攻击城门的手段更多，威力巨大的震天雷、回回炮开始用于攻城战。为应对新的攻城技术，一些城池首先对城门位置包砌了砖石，一定程度上提升了防御能力，但靠木质结构支撑的城门依然是防御薄弱环节（《守城录》中所记德安府城门排叉木被炮打折之事可证），加上城门顶与城门楼之间缺乏足够强度的隔断，所以在重炮攻击下，容易出现城门楼和城门一损俱损的情况。

第二，防火能力增强。抬梁式城门以木结构建城门洞的顶部，两侧用木柱支撑，容易遭受火焚，这一点众所周知，但学者们还普遍忽略了另外一个更加致命的隐患。城门洞顶部是木质隔板，隔板之上有登楼的楼梯以及安置悬门或存放石块、沙土、水等材料的空间，[1] 再上即为城门楼的平座，平座之上为城门楼。[2] 换言之，城门楼与门道顶之间是由木质构件支撑的中空夹层。因此，不论是城门还是城门楼，不仅容易失火，而且火苗可穿过夹层而导致城门和城楼上下俱焚。抬梁式城门毁于火焚的例子在考古中屡有所见即是明证。[3] 相反，拱券式城门取消了排叉木柱、梁架等木质构件，门道两侧及顶部均由砖石构成，不仅自身可以有效避免火焚，也在城门楼与城门道之间形成了防火层，避免了火患互相殃及。两宋时期，火炮、火箭、火球、火蒺藜、猛火油柜、火禽等攻城方式大量使用，防火性能更好的砖石拱券式城门代替抬梁式城门有明显的必要性。

从笔者搜集到的资料看，早期拱券式城门的修建的确与军事防御紧密相关。北宋晚期，由于与金战争的威胁，有着悠久砖砌城墙历史的扬州率先使用了拱券式结构。南宋晚期，蒙军在长江的上、中、下游三个战区同时发动了攻势，不断攻城略地，宋军城池防守压力极大，因此，全国掀起了一波筑城热潮，已经破败的城池得以重修，同时新修了大量山城寨堡。可以说战争是抬梁式城门转变为拱券式城门的直接推手。从临安、平江、潮州、台州、绍兴等地材料看，宋蒙战争爆发之前和之初的嘉定、端平、绍定年间，各地还流行方形平顶的抬梁式城门，但已零星出现拱券式城门，大致从淳祐年间开始有了明显变化。川渝地区修建的数十座山城中，只有钓鱼城的个别城门采用了抬梁式城门，而其他大多数山城则采用了拱券式。宝祐年间修建的扬州宝祐城、咸淳年间修建的静江府城均与宋蒙战争直接相关，其所有城门

---

[1] 在城门被攻破时，守城人可以抽去隔板向下抛掷石块、木头等物攻击敌人。

[2] 关于抬梁式城门顶部构造，刘妍在论文中进行了很好的分析，认为汉代以前可能存在顶部填土的情况，但汉代以后被淘汰，成为中空结构。之所以选择中空，主要在于减轻木构城门顶的荷载。详见刘妍《隋—唐扬州城防若干复原问题探讨》，东南大学硕士学位论文，2012年，第83页。

[3] 如唐长安明德门（中国科学院考古研究所西安工作队《唐代长安城明德门遗址发掘简报》，《考古》1974年第1期），隋唐洛阳皇城的右掖门、宫城的明德门（申建伟、李德方、叶万松《隋唐东都洛阳城考古所见的门址综论》，《中古古都研究》第14辑）。为防火，长安城明德门每个门道都放置了水缸。不过从明德门最终毁于火焚的事实看，水缸并没起到作用。

均采用了拱券式，显然是出于军事防御的需要。其他城池，如扬州、建康、潮州、绍兴等虽然是治所型城池，但在南宋晚期开始采用拱券式城门也是迫于宋蒙战争带来的军事压力。

钓鱼城是余玠重点建设的第一批山城，在大多数城池都没有修建一字城的情况下，钓鱼城修建了一字城，并与码头、山顶环城相连接，构成了复杂的城防系统。由于传统的影响，钓鱼城南一字城的东、西城门采用了抬梁式结构。但钓鱼城的其他城门以及其他山城均采用了拱券式结构的城门，表明这两种城门形制在当时正处于一个转型时期，有的还在潜意识中使用传统的抬梁式结构，但大多数人已经认识到拱券式结构的优点。特别是在山上修建城池，石材随处可得，为修建拱券式城门带来了便利。因而拱券式城门在宋蒙山城中得到了迅速的普及，从而使宋蒙山城成为抬梁式城门向拱券式城门转变的重要见证。

养马城的6座宋代城门情况较为特殊。月儿门位于城东中部，是进出养马城的重要通道，明代还修建了瓮城，说明该门位置比其他城门重要。月儿门在6座城门中规模最大，形制也最完善，而且采用的是拱券式，表明筑城者对拱券式城门有比较清楚的了解。其他城门地位不够重要，故采用了当地传统的叠涩式做法。如果养马城确实筑于宝祐六年（1258）前后，那么此时的播州土司的负责人是杨文。杨文雄才大略，长年征战川蜀，参与石洞峡之战、俞兴西征、余玠北伐、马鞍山擒秃懑、汉嘉之战、阆中擒播胡撒拉、解渔城围等，对四川山城体系相当了解，自然也知道拱券式城门在此时的山城体系中已经取代抬梁式城门成为主流。所以在保持播州传统的基础上，将最重要的月儿门筑成规模宏大的拱券式城门在情理之中。

（四）明清时期对宋代城门的改造

明清时期，有的山城一度居住人口大增，原有宋代城门数量少、交通不便的缺点凸显，城门亟须改造。于是一方面增加城门数量，另一方面将原有宋代城门进行改建。大良城在清代就新增了不少城墙和城门。小宁城的东门和外北门就是这个时期增加的。明清时期对宋代城门的改造，多完全拆除后重新修建，但也有少量改造的。由于城门宽度所限，难以改造，所以改造对象是城门外过于险峻进出不便的城门。金石城北门改建时把原城门门道底部下切，致使原城门悬于新城门之上，城门洞显得极高。运山城东门门道宽大，清代改建时在拱券内增加半圆形的门额和两侧门框。

（五）宋蒙山城的明清城门

事实上，宋蒙山城遗址中保存至今的城门多属明清时期。从形制看明清时期的城门（这个时候多数已称寨门）有了明显变化。除个别大体按照宋代原样修复（如多功城两座城门、大刀砦北门）外，大多按当时流行样式修建。宋蒙山城在明清时期的城门可分为两大类型，一是拱券式，二是平顶式。

拱券式城门仍然包括一段式、两段式和三段式三种。其中一段式较多，部分拱券式城门内加方形门框，实质上成为方形城门。两段式城门可以重庆保留下来的3座城门为例。太平门经过了发掘，现存城门为前后两段券顶，城门外立面顶部一券一伏，面阔4—4.6米，进深6.5米，高5.75米。其中外门道面阔4米，进深2.4米，高4.35米；内门道面阔4.4—4.6米，进深4.1米，高4.95—5.75米。根据文献记载并对比其他城门，发掘者认为现存太平门为明初

图 4-4-14　明清城门（寨门）举例
（1. 大良城北门　2. 小宁城东门　3. 青居城水城门　4. 天生城前寨门）

洪武六年（1373）戴鼎所筑。[1] 也有一些城门继续保留着三段式形态，但各段的进深大为缩小，实际仅具有象征意义。大良城北门为三段式，内、外拱之间的城门平顶，石板缺失，形似天井。北门通高约3.67米，门洞总进深3.95米；外门拱宽1.76米，高2.4米，进深0.95米；内门拱宽1.85米，高2.74米，进深0.96米。（图4-4-14:1）青居城水城门建于清咸丰四年（1854），为单拱券式。（图4-4-14:3）

---

[1] 重庆市文化遗产研究院、渝中区文物管理所：《重庆渝中区太平门遗址发掘简报》，《江汉考古》2020年"重庆古代城址考古"专辑。

平顶城门进深大为缩短，几乎仅余门框。小宁城东门建于嘉庆二年（1797），咸丰十年（1860）维修。石质平顶，通高3米，进深1.8米。城门顶部为3层石板，呈倒叠涩形式。（图4-4-14:2）天生城前寨门建于咸丰三年（1853），顶部保留了象征性的券拱形式，门道则改为平顶城门，门柱顶部做出斜撑。（图4-4-14:4）

总体来看，宋蒙山城明清时期的城门由宋代风格演变而来的轨迹比较清楚，明代主要是拱券式城门，仍然有三段式、两段式、一段式的分类，但规模逐渐减小，同时增加了券伏。清代，平顶式城门逐渐增多并成为主流，个别平顶式城门尚保留象征性的拱券，城门的进深愈加缩短。总之，由宋至明清，宋蒙山城的城门形制有简化趋势，这正是宋蒙山城转变为地方山寨过程中在城门上的直观体现。

第五章 蒙军山城特点

前文对宋军山城进行了专题探讨，本章对蒙军山城在选址、城防体系、城防系统方面的特点做简要分析。

第一节 选址

蒙军山城选址有着突出的特点，体现在三个方面。

一、据守要道

调查发现蒙军山城主要位于川东地区，集中分布在嘉陵江及渠江流域。嘉陵江流域有武胜城、母德章城，渠江流域则包括虎啸城、东安城及三台寨，嘉陵江与渠江交汇处还有马鬃山、虎头山及云门山。还有个别山城分布在距离河流稍远的陆地，有蟠龙城、章广寨、方斗城、金汤城。

四川地区地形特殊，四周群山环绕，为多山丘陵地形，中部地表起伏小，为平原地区。周边地域主要通过蜀道及河流与四川地区进行交流。宋蒙战争时期蜀道及各水道成为联系四川各路的重要纽带。

蒙军选择在嘉陵江及渠江流域修建山城是据守河流航道的重要体现。嘉陵江及渠江航道作为战事重要的天然军需补给通道，成为宋蒙双方争夺的目标。宋军山城大多分布于重要的航道沿线。嘉陵江水道北接陕西，南通重庆，途经广元、南充、广安直达重庆，同时嘉陵江水道与多条蜀道（金牛道、米仓道）均有交集，是四川地区沟通南北的重要航道。渠江航道与蜀道（荔枝道）联系紧密，自然也十分重要。加之宋军山城体系诸多山城多占据交通要道，若蒙军山城轻视交通要道的重要性，在战争中则可能因前方攻掠受阻，后方补给不到位等原因贻误战机，导致战争的失败。

而蒙军选择在陆地修筑山城，则是考虑陆路对战局的影响。蟠龙城所在蟠龙山，地势险要，四面岩阻，据开、达陆路，为"夔之咽喉"，蒙军选择在蟠龙山修建山城，是杨大渊"据夔夺蜀"战略的进一步实施。而后，蒙军在蟠龙城附近修建方斗城，为"蟠龙城声援"，进一步控扼夔达一线，充分体现蒙军对陆路控制的重视。蒙军修筑蟠龙城之后，引起宋廷关注，夔州提刑郑子发称"夔之咽喉，使敌得据之，则夔难守矣"[1]，于是立即组织军队进行争夺，虽并未成功，但这正体现了蒙军据守要路对宋军造成的影响。

---

[1]《元史》卷161《杨大渊传》，中华书局，2013年，第3778页。

二、针对宋军山城

蒙军山城的修建,是忽必烈"以城制城"战略的集中体现。为了能够达到进一步控川的目的,蒙军山城选址及修建具有明显的针对性。

当时,青居城作为"蜀四帅府"中东川帅府,与大获城、运山城、大良城三城共行帅府事,而青居城是蒙古在川东的大本营,主要负责对钓鱼城及重庆城展开军事进攻,为蒙军进攻四川的军事指挥中心,位居四帅府之首。武胜城及母德章城修建在青居城与钓鱼城之间,将青居城南下进攻钓鱼城的距离缩短了90里,进一步南迫钓鱼城。它们同样由汪良臣戍守,给合川钓鱼城巨大压力,足见二城地位之重要。武胜城与母德章城的修建,作为青居城南下的前哨阵地,大大缩短了蒙军进军钓鱼城的时间,达到进一步监视钓鱼城、控扼嘉陵江的目的。

宋军大良城上佐得汉城、平梁城,下济钓鱼城,占据渠江流域中游,为宋军在渠江流域的行动保驾护航。蒙军首先修建虎啸城以控制渠江,切断下流钓鱼城和上游大良城、礼义城的水路交通。但虎啸山顶部既缺水源,又无良田,不利于长期驻守。为弥补这些不足,达到逐级拦截宋军的目的,蒙军又在邻近虎啸城修筑章广寨、东安城、三台寨等城寨。而云门山、马鬃山及虎头山选建在钓鱼城周边,则更是为了直接控扼合川钓鱼城。虽最终由于宋军的阻挠并没有建成,但此三处山城的位置选择,也充分体现了蒙军"以城制城"的战略意图和尽快攻占钓鱼城的企图。

从宏观看,这6处蒙军山城与大多数蒙军山城一样,分布于嘉陵江中游地区和渠江流域,属于南宋时期的东川地区,这一带正是宋蒙战争后期四川战区的核心范围。6处山城的修建进一步扩张了蒙军军事据点,隔断、肢解了宋军山城体系,有助于实施牵制战略。同时,客观上增加了蒙军山城的分布密度,使各山城之间的联系更加紧密,从而形成了自己的山城攻防体系。

三、不甚注重微观地貌

前文已经言及宋军山城十分注重山体大小、形态等微观地貌,但蒙军山城对此却并不十分在意。根据蒙军各山城山体等高线分布情况,我们不难发现,蒙军山城并未选择过于陡峭的山体,而是选择四周有一定坡度而山顶上方地势平缓的山体。前述6处蒙军山城中,仅武胜城、母德章城、章广寨在桌状山上,其他3处均位于江边台地上,除沿江一面外,其他几面并不险峻,甚至平坦如砥。之所以出现这种情况,是因为蒙军的主要目的在于选择一个战略位置重要、能有效控扼水陆交通的地方,良好的视野、居高临下的态势是他们的首选,加之他们对自身军力的自信,故对天然防御优势是否突出并不特别在意。

蒙军山城在保障基本防御能力的同时,还能为所驻军民提供满足日常训练、生产生活的场所。据统计,蒙军山城上方均分布有塘堰或天然水池,共16处,每处山城最少有1处,多者达8处,其中应当有蒙军开凿的。塘堰或天然水池为山上蓄水提供条件,满足山城基本的用水需求。山顶上方多为天然岩石层,但岩石层上方耕土层堆积厚,自然资源丰富,能满足山上军民粮草需要。

第二节 城防体系与城防系统

一、城防体系

如前所述,蒙军山城除修建、修复益昌、成都、眉山等城池外,还修建了至少10余座山城,分布于东川地区的嘉陵江和渠江两岸以及夔达要道上,形成了以青居城为核心的山城体系。该体系以嘉陵江、长江、夔达一线为臂,通过水陆两道进行沟通,以割裂宋军山城体系为主要目的。强调攻防结合的蒙军山城攻防体系,嵌入宋军山城体系之中,锁住宋军山城体系各处关节,最终达到摧毁宋军山城体系的目的。

如果说宋军山城体系将各个孤立的山城联系起来,以长江防线为臂(以神臂城、重庆城、白帝城为核心),合州钓鱼城为腕,嘉陵江及其支流防线为指,"如臂使指",形成山城之间的联动;蒙军则修复旧城、创建新城,以青居城为中心,通过水路陆路,把控川西、川东地区,给宋军山城体系各"关节"插上楔子,阻止斩断宋军各山城之间的联系,缩小"臂展"范围,阻止"手腕"挥动,斩断"手指"活力,从关节处斩断宋军各山城之间的联系,达到"以城制城"的目的,从而进一步阻断宋军山城之间"经脉",瓦解宋军山城体系。

与此同时,蒙军山城也非常注重山城之间的联合防御或联合控扼,使各山城之间的联系更加紧密。中统年间,蒙军修建第一批山城,包括武胜城、虎啸城、蟠龙城,首先确立对嘉陵江、渠江及开达一线的控扼能力。而后,为加强控制能力,蒙军择近又修建母德章城、东安城、方斗城等山城,与先前山城之间彼此联系、前后呼应、配合,相互守护、巡视。不存在主从关系,形成联合防护之势。武胜城与母德章城"夹嘉陵江东西两岸",共同控扼嘉陵江。方斗城为蟠龙城声援,东安城、章广寨、三台寨沿渠江逐级为虎啸城支援。武胜城及母德章城的修建,将蒙军前线向南推进了90里,带给合川钓鱼城进一步的压力。二城更是作为青居城的前哨阵地,密切关注重庆的动态。蒙军以虎啸城为据点,在渠江水道上拦截宋军运往礼义城、大良城的物资。为进一步控扼大良城,蒙军相继在渠江流域修建东安城、章广寨及三台寨等3座山城,从陆路和水路两个方面控扼大良城。

综上,蒙军山城之间联系密切,整体上形成了与宋军山城体系相对峙的军事体系,故而可称为蒙军山城体系。蒙军山城体系数量虽然不及宋军,但胜在选址合理、分布密集,具备小而精的特点,因而效果显著。

二、城防系统

(一)城防系统的构成

蒙军所建山城虽然城防设施较少,但也具备最基本的防御功能。蒙军山城利用地形与城防设施相结合,形成了防线、防点与防区相结合的核心城防系统。

1. 防线

蒙军山城利用河流及山体的优势,沿江、顺山体形成防线,抵御宋军的攻击。蒙军山城防线主要包括沿江防线及环形防线两类,蒙军所筑山城独特的选址及地理位置,使蒙军山城具有多重防线。

蒙军所建山城大都临江,且大部分位于河道弯曲处,拥有广阔的视野范围,而河流的天然曲线，也给蒙军山城提供了有利的自然防线。蒙军择城内外视野开阔之处设立哨所或检查岗，可以时刻监督江面。

蒙军在修建山城时充分利用天然崖壁，利用山城四周悬崖峭壁为天然城墙，形成坚固的防御圈，成为抵御外敌的主要屏障，也是山城的防御主体。同时，在地形较缓或崖壁较低之处，通过人工砌筑城墙与天然崖壁相连，同时用于连接城门两侧，以弥补天然城墙防御上的不足，由此形成一个有机的整体，构成山城环形防线。

嘉陵江沿武胜城西部由北向南流，为武胜城提供天然的河流屏障，成为武胜城外层防线的重要组成部分。武胜城西面的天生寨，作为哨所，不仅可瞰嘉陵江面，还与江对岸母德章城互相呼应，共同扼守嘉陵江一线。天生寨作为武胜城外层哨所，监测嘉陵江面情况，为武胜城外层防线另一重要部分。而武胜城内层防线则主要利用天然崖壁与人工城墙，形成防御圈，对外敌进行防御。

纵观蒙军山城，无一不是采用此种方式：天然崖壁与人工城墙相结合，形成一个封闭的环线，共同围合成山城防御主体。利用天然崖壁不仅缩减了城寨的造价，也缩短了筑城时间，有利于在战争紧要关头占据军事要地，掌握战争主动权。这也是蒙军能够在短时间完成山城修建的重要原因。

2. 防区

山城根据所在山体地形、地貌特征及敌人可能的进攻方向，在防御薄弱之处，建立防区。蒙军所建山城城防设施虽然简陋，但其城防设施的布置能有效防御山城的薄弱区域。母德章城渊沟门周围地势较平缓，利用天然崖壁与人工城墙相结合，使敌军难以入城。值得注意的是，渊沟门门内存在大量柱洞及建筑基槽，说明这里曾有较多人员居住，很可能是蒙军加强渊沟门防御的体现。

3. 防御点

蒙军山城充分利用河流及地势形成牢固防线，同时在山间峡谷等防御薄弱区域修建城门，设置防御点，把控出入要道，掌握出入山城的主动权，并将敌人隔绝于城外。

母德章城城门的设置充分体现了这一点。母德章城四周崖壁高耸，崖壁顺地势弯曲，使母德章城平面犹如张开的手掌，而掌缝处正是山谷地形，地势较缓和，垮寨门、望安门等多处城门均设立在掌缝崖壁弯曲之处，同时在城门附近修建哨所或敌台之类的设施，利用山势形成的夹角，通过两侧敌台互为犄角，掌控进出山城的道路。

蒙军所建山城与宋军山城有别。宋军山城主要在于守，宋廷在对付蒙古铁骑时主要采取"坚壁清野"的政策，因此宋军修筑山城主要在积极防御，以防为主；而蒙军是攻势防御，以攻为主。

为了能够不动声色阻击宋军援军，蒙军在修建山城也要考虑出奇兵以攻其不备。虎啸城老插门设于虎啸城北部崖壁之上，此处地势陡峭，无路可通，门洞非常小，仅可供一人通过，非常隐蔽。由此处下山，可直通渠江边，为虎啸城前往渠江最快捷的通道。由此处通往渠江，抢占先机，攻宋军之不备，达到出奇兵的效果。

（二）城防系统

蒙军山城的城防系统不及宋军山城那么完善，但具备山城的基本特点，与宋军山城有诸多共同特点，除此之外，蒙军山城在修建时，更加注重山城的进攻能力。

1. 巧妙利用山势

蒙军在战事需要的情况下修建山城，留给蒙军修建山城的时间不多，且宋蒙战争持续多年，宋蒙双方财力及物力均捉襟见肘，短时间修建如此多山城，财力及人力均有困难。蒙军所建山城选址，巧妙运用山势，利用天然崖壁形成天然城墙，在防御薄弱之地人工修建城墙，城防设施较少，大大减少了财力、人力支出。

2. 强调攻势防御

宋蒙战争中，蒙军作为攻方，给宋军造成巨大压力，使宋军不得不"坚壁清野"，修建山城，严防死守，抵御蒙军进攻。蒙军山城虽同样利用山城地形优势，但宋蒙战争中，蒙军处于攻方，其山城修建在注重防御能力的同时，更加注重依托山城的进攻能力。

三、城防设施

城防设施是构成整个山城的各个要素，这些要素按照一定的次序进行合理的组合，共同构成具有军事防御功能的山城。城防设施既包括为满足防御需要而人为修建的部分，同样也包括利用地形及地势特点所形成的具有独特功能的天然的要素。一般而言，城防设施越多，该城所具备的防御性也就越完善。作为具有防御功能的山城，必须具备一些最为基本的要素才能够满足基础的防御能力。

调查发现，蒙军山城在城防设施方面存在以下特点。

第一，个别山城城圈范围不甚明晰。除武胜城、章广寨、虎啸城等山城因为山顶范围清楚，城圈范围相应比较明晰外，也有个别山城范围难以准确界定。东安城临江一面比较清晰，但其余三面地势较为平坦，在未发现城墙的情况下难以确定其准确边界。

第二，城防设施简陋。蒙军山城中能确认的城防设施包括城墙和城门。其城墙建设中，石材的大小、形状和砌筑方式均较为随意。蒙军山城的城门目前还未确定，仅虎啸城的老插门有可能是蒙军建造。老插门系在岩石中开凿，非常窄小，未见门拱之类设施。至于在宋军山城中常见的敌台、马面、一字城、炮台、暗道之类设施在蒙军山城中均未见到，是蒙军山城城防设施简陋的直接表现。

第三，相关设施欠缺。宋军山城中，除与军事直接相关的城防设施外，还有衙署、学校、祠观、民居等相关行政及生产、生活设施，这些在蒙军山城调查中均未发现。

总之，蒙军山城城防设施具有营建工程较少、设施不完善的突出特点。

第三节 蒙、宋山城的对比

蒙军修建山城，虽为开创之举，但却是顺应战时战局采取必要措施。蒙军山城据要地以对抗宋军山城，又仿照后者修建自己的山城，因此，蒙军山城与宋军山城在具备一些相同之处的同时也拥有自己的特点。

一、相同之处

（一）选址

从山城的分布来看，蒙军山城主要沿江而建，13座山城中有10处沿江分布。武胜城、母德章城临江嘉陵江，虎啸城、东安城等临近渠江，云门山、马鬃山等更是位于两江交汇处，蟠龙城、方斗城等虽未探寻到确切位置，但位于夔达之间的陆路交通要道上，表现出强烈的控扼水陆交通的特点，与宋军山城选址理念完全一样。

（二）城防系统

蒙军山城城防一方面体现在利用河道及周边外堡形成的外层防线，另一方面则体现在利用天然崖壁与人工城墙相结合形成的内层防线。宋军山城防御同样体现在外层防线及内层防线等诸多方面。宋军在巴蜀地区选择修建山城的山体形态呈桌状地貌，山体自身具有部分天然防御功能，宋军在修建山城时，充分利用天然崖壁的构造，以此为基础构筑内层防线，同时参考山体的体量、形状、规模等，相应地对内层防线进行调整，增加山城的实用面积，以满足军事防御要求与军民的基本生活，所以山城内层防线是在多种因素影响下构筑而成的。

（三）营造方式

1. 依崖筑城

蒙军山城选址，多结合周围地势，巧妙利用山势，以崖壁为基，削坡为墙，外侧修筑城墙石加固，部分区域直接利用天然崖壁为城垣。蒙军山城所保留的宋代城墙遗存较少，在武胜城东面手扒岩城墙有所发现。此段城墙基本沿武胜城300米等高线分布，与等高线走向基本保持一致，与同高程天然崖壁相连接。母德章城四面皆为高耸崖壁，极难攀登，其城墙多分布于城门周边地形稍缓处。

宋军山城修建同样如此，充分利用地形，城墙走势大致与等高线一致，而且分布在等高线较为密集处，其主要目的就是利用山体走势增加城墙防御能力。云顶城保留的城墙大多为宋代城墙，其张家湾长宁门段及端门段城墙保存较好，皆沿崖壁修建，一侧为天然崖壁，另一侧紧贴山体。巴中平梁城所保留城墙极多，其城墙修筑大多沿等高线分布。诸如此类的宋军山城还有合川钓鱼城、泸州神臂城、苍溪大获城等。

2. 城墙收分

宋代城池修筑规范多见于《武经总要》及《营造法式》，但也并非完全一致，有时需要结合实际情况进行变通。宋蒙山城的城墙均有明显收分。武胜城城墙采用条石垒砌而成，以四川地区盛产的青砂岩作为原料，就近选取天然石材，经过切割和打磨，形成楔形条石，采用丁砌手法，将楔形石较大面置于城墙表面，条石之间不使用填缝材料，通过在条石表面凿刻錾痕，使条石契合。楔形城墙石使用丁砌手法砌筑城墙，使城墙自然形成一定的收分，武胜城手扒岩城墙斜度在13—15°之间。大良城宋代城墙斜度为10—14°，平梁城宋代城墙斜度在10—18°，武胜城宋代城墙斜度在10—13°，云顶城北门处城墙斜度在15—17°，等等。由此可见，宋蒙山城的收分程度大体相同，均在10—20°之间。

3. 砌筑

城墙砌筑方式有全顺、一顺一丁、多顺一丁以及全丁等多种砌筑方法。四川地区宋蒙山城所保留下来的城墙基本涵盖以上所有砌法，其中宋代城墙大多位于所发现遗存下层，其砌筑风格与上层城墙风格不同，除存在明显收分之外，砌筑方式也不同，主要使用丁砌筑法。从武胜城保留的城墙看，砌筑方式以丁砌为主，与宋军山城相同。蒙军山城各城墙石之间结合不甚紧密，墙缝不特意追求对缝，这种情况也见于不少宋军山城。

二、不同之处

由于双方实力、驻扎方式、职能等差异，蒙、宋山城之间也存在明显差异，主要体现在以下几个方面。

（一）城防系统

蒙军山城城防由于遗存材料较少，其城防设施较少，通过现存城防设施所构成的城防系统来看，蒙军城防系统较为单一，主要为依托河流的外层防线、城墙与天然崖壁所围合环线的内层单一防线；防御重点则主要集中在城门及周边地区。

而宋军山城城防系统相对较为完备，注重城防的层次，通过外层拱卫、内层加固，结合重点防御区域及防御点，充分体现山城防御功能。宋军大部分山城存在拱卫自己的外城，比如运山城之固州寨，大良城之小良城，礼义城之大斌山、小斌山，都是拱卫山城之外堡。除外堡拱卫之外，有的山城还有烽燧。不少宋军因地制宜地在局部设置了瓮城、耳城、外城，从而形成局部双层或三层防线。如运山城本来只有一层台地，但由于山顶面积较小，为扩大防御范围，沿山腰修了差不多一圈城墙，局部形成两层防线；云顶城本为单层防线，但在北门外设置了一个较大的瓮城；神臂城利用两道一字城墙构成外城，在东南面形成了局部双层防线；钓鱼城则利用东西一字城墙构成外城，与外层防线、山顶环线形成局部三层防线。

同时，宋军城防设施完备，除具备城门、城墙等基础性城防设施之外，为了配合重点防御，还设有炮台、敌台、校场、暗道及一字墙等多种辅助设施，以完善整个山城的防御系统，提高山城防御能力。

在城防系统的防御设施方面，蒙军山城表现较弱，宋军山城防御设施较为完备。这也反映出蒙军山城重视进攻、宋军山城重视防守的特点。

（二）营造方式

蒙军山城虽遵循法式进行营造，与宋军山城城墙砌筑方式均为丁砌，但蒙军山城在砌筑技术和石作技术上较粗糙，与宋军山城存在差异。

武胜城手扒岩所选用城墙石体量较大，较典型石块长0.5米，宽0.55米，或长0.65米，宽0.5米。而宋军山城城墙石外立面则多为长0.35—0.45米的方形。泸州神臂城宋代城墙里面多略呈方形，石块边长0.4米左右；运山城典型宋代石块规格为长0.4米，宽0.3米；成都金堂云顶城长宁门段宋代石块规格为长0.43米，宽0.41米。通过数据的对比，不难发现，蒙方城墙石在体量上大于宋方。蒙军山城由于在砌筑技术和石作技术上经验不足，城墙石制作较为粗糙，一般为方角方形。因为打磨不规整，砌筑较马虎，导致城墙石之间契合程度低于宋军山城，城墙表面存在凹凸不平等情况。而宋军山城大部分城墙石打磨为圆角方形，难以攀爬，另有部分虽然是方角方形，但表面被打磨得异常平滑，契合异常紧密，无从攀援，比如神臂城、云顶城、平梁城等。

第六章 相关碑刻研究

宋蒙山城遗址中现存大量碑刻，既有宋蒙战争之前的，也有宋蒙战争期间的，还有宋蒙战争之后的，仅钓鱼城一处保留的清代及以前碑刻就达50通（幅）以上，其中宋代题刻至少16幅。就内容而言，游记最多，题名、宗教和历史事件次之。游记题刻中有《吕元锡记游》《无名氏钓鱼山中秋记游》《赵炳等记游》等，题名有王休《山人足鱼》，宗教题刻有《三佛号》等。[1] 其他山城，如大良城、云顶城、运山城、苦竹隘、凌霄城、龙岩城、武胜城、东安城等也有不少，不乏文字精美、规模宏大、文献价值高者。据统计，刻于宋蒙战争期间且与宋蒙战争直接相关者共有39幅，其中30幅现存，剑阁苦竹隘、蓬安运山城、南充青居城、南川龙岩城、洪雅苟王寨、兴文凌霄城、渝北多功城、涪陵三台城、忠县皇华城、荣县大刀砦各1幅，金堂云顶城、奉节白帝城各2幅，合川钓鱼城、巫山天赐城各3幅，平昌小宁城4幅，万州天生城6幅。9幅题刻实物虽然不存（有的可能没找到），但在文献中有录文，包括运山城、得汉城、平梁城、礼义城、绍庆府城、龙岩城各1幅，皇华城3幅。现存题刻中，摩崖题刻22幅，城墙石（含城门券心石）题刻8幅。大多数题刻保存至今，具有重要的文物价值。

这些题刻有的见载于历史文献或现代学者论著，但也有一些题刻失载。笔者翻检发现，现有录文（含笔者以前所录）在文字和断句方面多存在一些舛误，有重新释读之必要，且各题刻材料散见于各处，不便于学界使用。笔者拟将考察发现的川渝地区山城中所有现存宋蒙战争相关题刻汇总，进行录文、释读，并探讨其分类和价值。虑及篇幅，学界已有介绍者，不再详述，仅在录文同时适当补充介绍、补配图片，录文有修正之处以脚注方式注出。对已经不存在或未找到的题刻以列表方式附于文中（附表2）。需要说明的是，有的山城题刻虽刻于宋蒙战争期间但内容与宋蒙战争无关，或刻于其他时间内容与宋蒙战争相关，这两类题刻本书暂不论及。

第一节 碑刻释读

前文已经介绍苦竹隘、小宁城、云顶城、青居城、平梁城的题刻，运山城的《宝祐纪功碑》可参见《运山古城》[2]一书，均不赘述。现以山城为纲介绍并释读其余现存题刻。

一、钓鱼城

钓鱼城现存3幅与宋蒙战争相关题刻，分别是王坚纪功碑、土地岩题刻和镇西门题刻。

---

[1] 蒋晓春、蔡东洲、罗洪彬等：《南宋末川渝陕军事设施的调查研究》第四章第三节"碑刻与摩崖题刻"，重庆出版社，2020年，第189—247页。

[2] 蓬安县政协文史学习联谊委员会、四川古城堡文化研究中心：《运山古城》，西南财经大学出版社，2017年。

（一）王坚纪功碑（图4-6-1）

位于钓鱼城九口锅下千手观音龛所在巨石上，碑文被千手观音像及附属小龛打破，大部不存。残存碑文也被人为凿毁，仅剩数十字残文。不少学者曾抄录残文，并进行了一些研究，但目前公开的录文中皆有不同程度之漏误。如20世纪七八十年代，胡昭曦先生曾抄录残文，其第4行残文录作"签书"[1]，其后刘基灿[2]、池开智[3]、孙丰琛[4]等学者亦从此说。但经笔者现场识读并对比《四川历代碑刻》中收录之残文拓片，[5]确定此二字实为"盖以"。[6]现参考前人成果并结合实地考察所得，重释文字如下。

左半部残文为：

……汉……跨开达□/……不……逆丑元主，/……王公坚以鱼台一柱，支半壁，/……盖以……□戒于……□□八……/……相吕公……

图4-6-1 《王坚纪功碑拓片》局部[7]

右半部残文为：

……六十稔矣□黎有/……于□定之□投[8]机/……西蜀，其自襄樊始，/……诗纪厥功，被之金石。/……奉为父母，拜识其灵。/……□□□□□□□/……□□□□碑其签书/……

此碑刻文字虽然残失较多，但性质清楚，是后人为王坚所立纪功碑。不过碑刻的开凿时间存在一些争议。胡昭曦认为刻于至元八年（1271）十一月忽必烈诏改国号之后的张珏守合

---

[1] 胡昭曦：《反映南宋末年四川军民抗元斗争的几件历史文物》，《四川大学学报》（哲学社会科学版）1981年第4期；胡昭曦、唐唯目：《宋末四川战争史料选编》，四川人民出版社，1984年，第632—633页。
[2] 刘基灿：《钓鱼城碑刻初探》，《西南师范大学学报》（哲学社会科学版）1997年第4期。
[3] 池开智：《钓鱼城土地岩摩崖题刻初探》，《钓鱼城历史与展示研究文集》，重庆出版社，2018年，第26页。
[4] 孙丰琛、高兰兰、姜家霖：《重庆钓鱼城宋蒙（元）战争时期摩崖碑及相关问题考论》，《重庆邮电大学移通学院第二届钓鱼城历史学术研讨会论文集》，2018年，第46页。
[5] 高文、高成刚编：《四川历代碑刻》，四川大学出版社，1992年，第198页。
[6] 蒋晓春、蔡东洲、罗洪彬：《南宋末川渝陕军事设施的调查研究》（重庆出版社，2020年，第191页）释读为"益以"。
[7] 图片采自高文、高成刚编《四川历代碑刻》，四川大学出版社，1992年，第198页。
[8] 池开智先生录作"设"，意不通；胡昭曦、刘基灿、孙丰琛等先生录作"授"，但观此字左半部为"扌"，右半部为"殳"，当为"投"。

州期间,[1] 刘基灿进一步考订为张珏 1272—1276 年知合州后期所刻,[2] 孙丰琛则认为刻于咸淳四年（1268）的可能性最大。[3]

笔者认为，该题刻宣传王坚抗蒙功勋目的在于激励将士守土卫国之决心，除了与朝中人物风评有关外，更与当时的战争局势密切关联。咸淳九年（1273）吕文焕在坚守 6 年后最终降元，是蒙元灭亡南宋的一大里程碑事件。襄樊失陷后，加快了南宋灭亡的步伐。在四川战场，战局也发生了很大的变化，宋元之间的战争明显白热化，且随着时间的推移，宋军形势越来越不利。德祐元年（1275）是宋元战争的一大转折点。此年，先是南宋达州守将鲜汝忠降元，开、达二州陷落，南宋夔州路门户洞开。碑文中"跨开达"一句很可能与此有关。六月，"昝万寿以嘉定及三龟、九顶降，守将侯都统战死，已而泸、叙、长宁、富顺、开、达、巴、渠诸郡不一月皆下"[4]，元军合兵围攻重庆，钓鱼城与重庆城已陷入元军包围。题刻中的"西蜀，其自襄樊始"大概即指襄樊陷落后，四川地区山城纷纷陷落，战局急转直下，此时的钓鱼城亟须用王坚的精神来激励官兵。此时的钓鱼城守将张珏曾为王坚部将，对王坚有深厚感情，由他来主持刊刻纪念王坚功绩的碑刻合情合理，加之张珏于景炎元年（1276）十二月离合州赴渝，因此，我们认为《王坚纪功碑》最有可能刊刻于德祐元年（1275）至景炎元年（1276）之间，以 1276 年张珏离开合州之前可能性最大。

至于该碑刻被人为铲除的原因可能有两种：一是王立降元之前主动铲除以降低元军怨气，为保全军民赢得更多机会；二是元人泄愤的结果。大概是出于对王坚的纪念和对元朝政权的不满，当地人后来又在纪功碑上雕刻了千手观音和观音救八难图像，既有将王坚视为救苦救难的观音之意，又利用了群众对观音的信仰避免碑刻被进一步破坏。

（二）土地岩题刻（图 4-6-2）

此题刻位于钓鱼城西北部外城马鞍山崖壁上，1998 年 3 月修建钓鱼城旅游公路时发现。题刻早年被人为凿毁，近年来又遭水蚀，剥落严重，难以识读。池开智、孙丰琛等曾录残文，共 29 行，其文曰：

……□公□□□成□全众/……乃岁□□□□□一/□□□□兵峰元□虽欲□□□/□□□□□□□□势易，/元主千一百人□□列队（敌？）/□□□□□□之急□飞丸/□此□□□足□□不/□初守城栈，可殁，发必中/□□□□日夜□□果业贼/□□□□城者万众侍□为/□□□□□□□□辨□不（人？）□□□□/□□□□□□□□□□阳之/□以□以□运（达？）□□□□/□□□□□□□□将□□/□□□□□王□水□□□/□□□□□官朝贡张□/□□□□鱼丑旅（政？）仇子如/□□□□画

---

1 胡昭曦：《反映南宋末年四川军民抗元斗争的几件历史文物》，《四川大学学报》（哲学社会科学版）1981 年第 4 期。
2 刘基灿：《钓鱼城碑刻初探》，《西南师范大学学报》（哲学社会科学版）1997 年第 4 期。
3 孙丰琛、高兰兰、姜家霖：《重庆钓鱼城宋蒙（元）战争时期摩崖碑及相关问题考论》，位光辉主编：《冲突与融合：多元文化视域下的中国钓鱼城学术研讨会论文集》，中译出版社，2020 年，第 46 页。
4《宋史》卷 451《张珏传》，中华书局，2013 年，第 13282 页。

□者□三为／□□□□□□□□□□／□□□□□□□用□血凶／□□□□□□□日乃□／□□□□□□□至是元／□□□□□□旦□□□□□□□□如外／□□□□□□□□□□／□□□□□□□□□□／□□□□□□□江□□□／□□□□□□□□□□[1]

残文内容为开庆元年（1259）王坚固守钓鱼城之事，故其刊刻年代当在此事件发生后不久。蒙哥汗在钓鱼城兵败并于开庆元年七月崩殂，因此，该题刻的刊刻时间很可能在开庆元年下半年。但此题刻为何刊刻于西北外城马鞍山之上，又因何被凿毁？池开智认为此碑或印证了开庆元年钓鱼城之战宋蒙双方在西北外城激战的事实，并由此推断马鞍山一带或为蒙哥汗突破钓鱼城西北外城，并受伤之地。

图 4-6-2 土地岩题刻

从考古发现来看，此说法不无道理。2006 年 4 月，重庆市文物考古所在距离土地岩题刻不远的山体之下发掘出了蒙军攻打钓鱼城时开挖的地道，[2]证明土地岩一带是宋蒙双方激烈交锋的地方。钓鱼城周边崖壁众多，适合刊刻摩崖之地随处可见，而土地岩一带地处偏僻，崖壁也不够高峻宽广，并不是一个很好的题刻刊刻地（钓鱼城上百幅题刻均不位于此处亦是明证）。之所以选择在此地刊刻，显然与蒙哥汗在此受挫有关，属于事发地纪念。

碑文被后人逐字铲除，其铲除原因与《王坚纪功碑》一样，有宋军主动铲除和元人泄愤两种可能。

（三）镇西门题刻（图 4-6-3）

此题刻位于钓鱼城镇西门南侧崖壁，幅面呈长方形，宽 1.45 米，高 1.2 米，碑刻边缘有宽约 5 厘米的菱形纹装饰带。上部风化，下部可辨者 7 行，楷书阴刻，文字如下：

……胜之地，唯合阳为／……此，不亦宜乎？琳／……复广安，若军若／……郡有贤城之才，……韧于兹矣。咸淳／……日刻。／……□官总统戍合军马朐山秦琳谨记。

题刻刊刻于宋度宗咸淳年间，为时任"□官总统戍合军马朐山秦琳"所撰。题刻中的"朐山"为朐山府，治今江苏连云港市。碑中"复广安"应指宋军收复广安大良城一事。宋蒙双方曾在大良城展开多次争夺，五易其手：宝祐六年（1258），南宋大良城守将蒲元圭降蒙；景

---

[1] 池开智：《钓鱼城土地岩摩崖题刻初探》，《钓鱼城历史与展示研究文集》，重庆出版社，2018 年，第 34 页；张文、孙风琛：《钓鱼城历史文献汇编》，重庆出版社，2020 年，第 24—25 页。

[2] 池开智：《钓鱼城西北外城攻城地道之我见》，《钓鱼城历史与展示研究文集》，重庆出版社，2018 年，第 63 页。

图 4-6-3 镇西门题刻局部[1]

定二年（1261），宋将全汝楫复大良城；景定四年（1263）蒙军再夺大良城；咸淳二年（1266）宋将张珏遣史炤、王世昌复取大良城；至元十四年（1277），大良城最终被元军占领。因碑文中有"咸淳"号，显然此次事件为咸淳二年（1266）张珏收复广安之事。时任四川制置使夏贵调集大军欲反攻开州，以期扭转宋军在东川战场上的不利局势。钓鱼城主将张珏则认为欲收复开州，必先收复大良城，于是遣将"史炤、王立以死士五十，斧西门入，大战城中"[2]，一举收复了大良城。此后大良城依靠钓鱼城的军事援助与礼义城等一道坚守，封锁着蒙军横越渠江进据夔州的通道。这次收复大良城是在宋军处于极度不利情况下的军事行动，暂时破灭了蒙军"据夔取蜀"的战略战术，其意义远胜于其他收复大良之役。而且，此次收复大良城的宋军出自钓鱼城，故纪功碑刻于钓鱼城也就不足为怪了。因此，此碑虽为秦琳所立，但碑文中所记当为张珏收复大良城之功。[3]

二、天生城

天生城内城东壁似刀削斧劈，非常适合刊刻摩崖题刻，天生城的摩崖题刻均位于此处，计6幅。按刊刻时间逐一介绍。

（一）淳祐年残刻（图版4-5）

双线阴刻，两行，楷书，崖壁剥落严重，仅余"淳祐辛……/ 守临邛……"6字。民国《万

---

[1] 图片采自重庆市文物考古研究院、钓鱼城古战场遗址博物馆《钓鱼城遗址考古报告集》，科学出版社，2022年，第81页。
[2]《宋史》卷451《张珏传》，中华书局，2013年，第13281页。
[3] 孙丰琛认为此碑或可命名为《张珏纪功碑》，参见孙丰琛、高兰兰、姜家霖《重庆钓鱼城宋蒙（元）战争时期摩崖碑及相关问题考论》，《重庆邮电大学移通学院第二届钓鱼城历史学术研讨会论文集》，2018年，第57—58页。

县图志稿》录"辛"后为"亥","邛"后为"李",[1] 据此，疑题刻刊刻时间为淳祐辛亥，即淳祐十一年（1251）。至于题刻中的李某，《万县图志稿》认为可能是曾任陕西转运使的李稷。

（二）《吕师夔重修天生城题名》（图版4-6）

保存较好，双线阴刻，两行，楷书，字迹清晰。全文为：

> 淳祐壬子季秋守／臣安丰吕师夔重修。

淳祐壬子为淳祐十二年，即1252年。这段题刻表明淳祐十二年秋，吕师夔对天生城进行了重修，只是题刻未提供具体情况。

（三）《刘应达筑天生寨记》

笔者在现场未见到该题刻。民国《万县图志稿》云题刻字径一寸六分，每行20字，共计12行。民国时期题刻已脱落50余字。今照录《万县图志稿》并据文意补全部分缺字，同时标点如下：

> □□□□万州保障，崒嵂峭拔，四壁峭岩，固有不／□□□□其间低隘陒矶者，不容不因险以图全。／□□□□秋，玉堂刘应达假守是邦。越明年，政简／□□□□画工程经费，更筑垒石，就凸取陴，剥颓／□□□□增之。是役也，起于东门□中，馆亭约计／□□□□□□堡建圆楼以敌冲，屹屹崇／□□□□□□备藉力于戍□□毛不以厉／□□□□□□讲度督工，□□不惮亦可／嘉也。□□役休□□或有当记为说者，因援／笔以书其概。若曰春秋必葺之义□有望于来者云。／宝祐丁巳季春中澣□，奉议郎宜权发遣万州军／州兼管内劝农事节制屯戍军马刘应达记。

宝祐丁巳年为宝祐五年（1257）。刘应达其人未见史载，此题刻亦未见他书收录。根据题刻内容看，刘应达在任期间对天生城进行了补修，修建了东门附近的城墙和角楼。

（四）吕师愈天生城题名

残缺较多，风化难识，文曰：

> 宋咸淳丙寅孟夏守臣安丰吕师愈创

咸淳丙寅为咸淳二年，即1266年。

（五）咸淳年题名

笔者未见到实物，据蔡亚林文介绍，[2] 现已剥落不可读，文字如下：

> 天生城

---

[1] 佚名：《万县图志稿》，民国十七年稿本。
[2] 蔡亚林：《天空之城——万州天生城》，重庆考古公众号，2019年9月3日。

兼宪□郡守宁□定应总戎路钤滁□□□／东□□驻路□□山夏／古通□□□□

宕昌杨政□□察先统制古渝杨□□□／丙□□普□□□□□□□／寻□□□□□

繁共□□□□□路□□□□□／□淳戊辰□夏吉日

本题刻保存较差，一些残存文字也有臆测之处，从内容看只是一个题名题刻，无具体事件。咸淳戊辰为咸淳四年（1268）。

（六）《宣相杨公攻取万州之记》（图4-6-4，图版4-7）

圆首碑，高2.4米，宽2米，碑额居中篆刻碑名"宣相杨公攻取万州之记"。碑额左右刻龙、凤，顶部装饰卷草纹图案。碑刻边框装饰卷草纹带，正文阴刻楷书。清嘉庆《四川通志》、乾隆《万县志》、同治增修《万县志》，民国《万县图志稿》均载录全文，但录文均有讹误。高文、

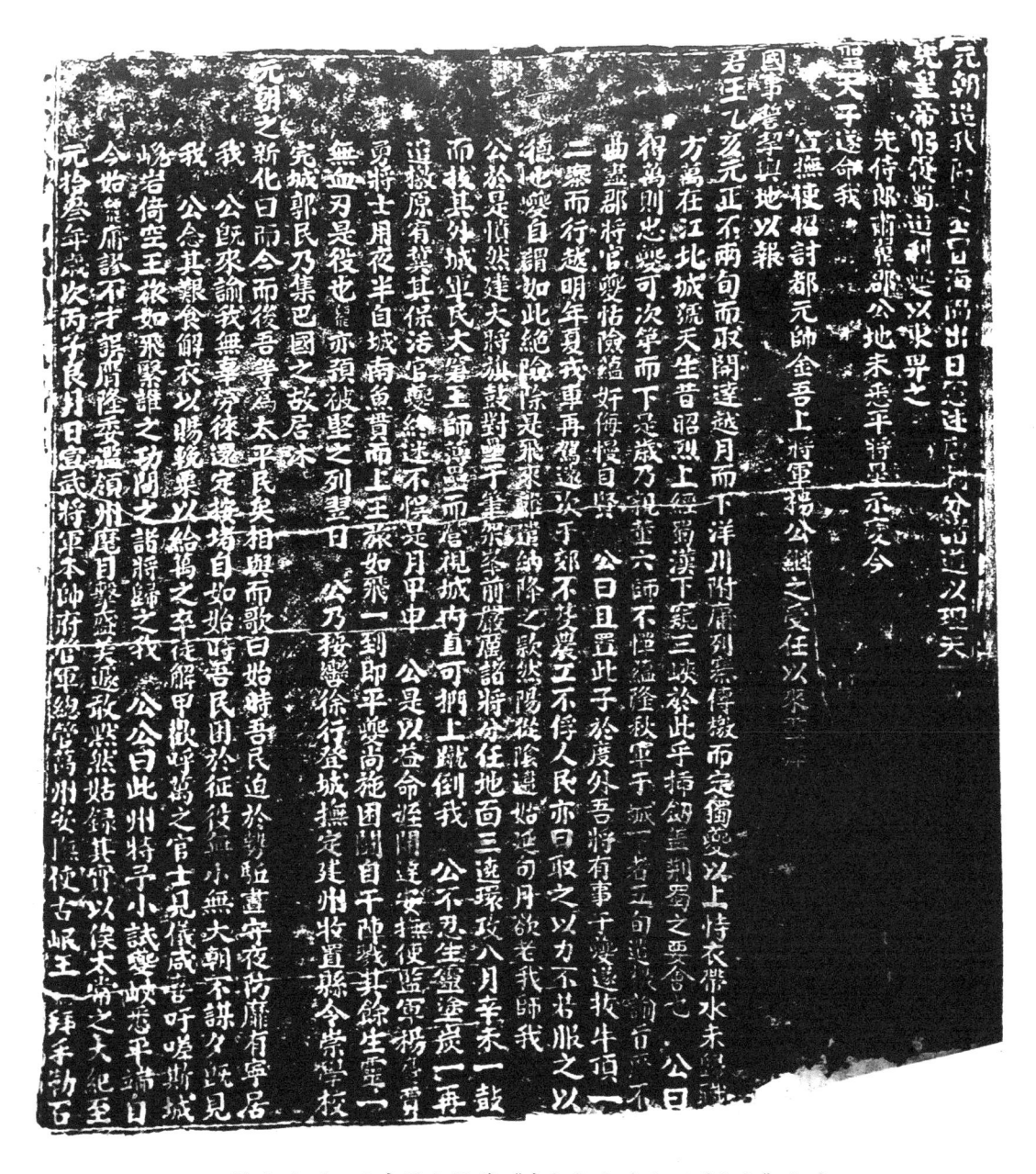

图4-6-4　北京图书馆藏《宣相杨公攻取万州之记》拓本

高成刚的《四川历代碑刻》收录了拓片和并附有录文。[1] 不过，该录文错讹仍较多。滕新才先后发表了《宋末万州天生城抗元保卫战》《〈天城石壁记〉的文献价值》两文，文中都著录了题刻全文。后文纠正了史志的错误，对自己的前文也做了修正，[2] 是目前最好的录文，但仍存个别舛误。近几十年来碑刻剥落严重，部分文字已经剥落，保存状况堪忧。北京图书馆收藏有此碑早年拓本，[3] 从拓本看，当时碑文十分完整，文字清晰可读，但碑面已隐现裂纹。从20世纪八九十年代高文的拓片看碑刻已多处大面积起壳脱落并有了人为钻孔。现参考诸志、拓片及前人研究成果，释读并标点如下：

宣相杨公攻取万州之记

　　元朝造我区夏，丕冒海隅出日，宪述唐制，分道以理天下。昔/先皇帝躬履蜀道，利、夔以东，畀之/先侍郎肃翼郡公，地未悉平，将星示变，今/圣天子遂命我/宣抚使招讨都元帅、金吾上将军杨公继之。受任以来，尽瘁国事，[4] 誓/挈舆图以报/君王。乙亥元正，不两旬而取开、达，越月而下洋川，附庸列寨，传檄而定，独夔以上，恃衣带水，未归职/方。万在江北，城号天生，昔昭烈上经蜀汉，下窥[5]三峡，于此乎插剑，盖荆蜀之要会也。公曰/："得万，则忠、夔可次第而下。"是岁乃亲董六师，不惮蕴隆秋，军于城下者五旬，遣檄谕旨，靡不/曲尽。郡将官夔，[6] 怙险蕴奸，侮慢自贤。公曰："且置此子于度外，吾将有事于夔。"遂拔牛顶一/二寨而行。越明年夏，戎车再驾。远次于郊，不妨农工，不俘人民，亦曰取之以力，不若服之以/德也。夔自谓如此绝险，除是飞来！虽遣纳降之款，然阳从阴违，姑延旬月，欲老我师。/公于是愤然，建大将旗鼓，对垒于笔架峰前，严厉诸将，分任地面，三逸环攻。八月辛未，一鼓/而拔其外城，军民大窘。王师薄垒而营，视城内直可扪上蹴倒。我公不忍生灵涂炭，一再/遣檄原宥，冀其保活。官夔终迷不悟，[7] 是月甲申，公是以益命侄开达安抚使监军杨应之贯/勇将士，用夜半自城南鱼贯而上，王旅如飞，一到即平。夔尚施困斗，自干阵戮，其余生灵一/无血刃。是役也，师能亦预被坚之列。翌日，公乃按辔徐行，登城抚定，建州牧，置县令，崇学校，完城郭，民乃集巴国之故居，沐/元朝之新化。曰："而今而后，吾等为太平民矣！"相与而歌曰："始时吾民，迫于势驱，昼守夜防，靡有宁居/；我公既来，谕我无辜，劳徕[8]还定，按堵自如。始时吾民，困于征役，无小无大，朝不谋夕；既见我公，念其艰食，

---

[1] 高文、高成刚：《四川历代碑刻》，四川大学出版社，1990年。

[2] 腾新才：《宋末万州天生城抗元保卫战》，《四川文物》1993年第1期；滕新才《〈天城石壁记〉的文献价值》，《三峡学刊》1998年第1期。前文刊发时将作者之姓"滕"误为"腾"。

[3] 北京图书馆金石组编：《北京图书馆藏中国历代石刻拓本汇编》两宋八，第44册，中州古籍出版社，1989年，第71页。该拓本拓制时间不详，估计在民国时期。

[4] 滕新才《〈天城石壁记〉的文献价值》漏"尽瘁国事"四字。

[5] 滕新才《〈天城石壁记〉的文献价值》误"窥"为"控"。

[6] 各方志和滕新才两文均于"官夔"前衍一"上"字。

[7] 滕新才文作"悟"。

[8] 滕新才文作"来"。

解衣以赐，鞍¹粟以给。万之卒徒，解甲欢呼；万之官士，见仪咸喜"。吁嗟！斯城/巉岩倚空，王旅如飞，系谁之功？问之诸将，归之我公。公曰："此州特予小试，夔峡悉平，端自/今始。"师能庸谬不才，误膺隆委，滥领州麾，目击盛美，讵敢默然？姑录其实，以俟太常之大纪。至/元十三年岁次丙子良月日，宣武将军本帅府管军总管、万州安抚使古岷王师能拜手勒石。

该碑与其他碑刻不同之处在于主事者为蒙元一方，所刻内容为杨文安攻取万州天生城的详细经过，刊刻时间为至元十三年（1276）。

三、天赐城

天赐城现存宋蒙战争相关题刻 3 幅。

（一）《癸亥二月题记》

该题刻位于大石碑碑文左侧，分两行排列，字体为楷书，但"书"字带隶意。字迹不甚清晰，内容为：

癸亥二月/壬申日书使府。

天赐城从南宋理宗景定三年（1262）开始修建，次年四月完工，由此可以确定癸亥年为景定四年，从天赐城小石碑（《大宁监创筑天赐城记》）内容看，景定四年二月天赐城正在修建之中，尚未完工，或许在此时有公文上报夔州安抚司，这幅题刻就是记载上报该公文之事。

（二）《大宁监创筑天赐城记》（图版 4-8、4-9）

俗名"小石碑"，刻于东门外 1 个 3 米余高的石灰岩独石上。摩崖石碑尖顶，碑额雕刻双龙图案，篆额"大宁监创筑天赐城记"。碑文阴刻楷书，字迹清晰，绝大部分可以释读。清道光《夔州府志》、光绪《大宁县志》等方志录有全文，但有舛误，滕新才《南宋天赐城抗元遗址》一文有所纠正，不过仍有个别字释读欠妥。今在实地调查基础上录全文、补阙文并标点如下：

大宁虽支郡，实夔、峡后户，金、洋要冲。自迩年虏常突至，生聚/日耗，为无城筑故也。壬戌仲秋，余来帅夔，奉总镇吕公命，俾/就监择地兴筑一城，为保聚计。即相视形势，去昔监四十里/得一山焉，名曰天赐，高险可守，具闻于朝，获命下可。乃/计徒庸，虑材用，书糇粮，卜吉起筑，调京湖戍夔总管白思恭/部兵董役。知监事张宣乃宣使祥之子，挺有父风，晓畅军事，/奉命惟谨，相与戮力，共济其事。自景定三年十一月上澣²兴/工，抵明年四月朔告成，周围计九百六十余丈，粉堞矗空，楼/橹连云，官有廨，粮有廪，兵有营，战守之备，靡不悉周。商贾往/来，居民还定，耕屯日辟，跨两冬而虏不敢窥，此兴筑之效也。/虽然，此城之筑，岂特为一郡计哉！藩篱谨固，

---

1 滕新才文作"挽"。
2 滕新才文作"浣"。

可为金、房之障/蔽；气脉联络，可为夔、峡之声援，殆天所以赐国家也，名不/偶得。继自今任郡守者，当思经始之难，而尽保守之力，一日/必葺，克勤王事，尚[1]余创筑之本心也，其懋敬之！工费有籍，/不书。景定癸亥季冬吉日，左武大夫右屯卫大将军[2]、知夔州主管夔路安抚司公/事、节制本路屯戍军马、固始县开国男食邑三百户徐记。文林郎中差大宁监判赵孟櫹[3]篆/额书丹。武功郎阁门宣赞舍人、权发遣大宁监兼管劝农事、节制屯戍军马张宣奉命立石。

本碑刊刻时间为景定癸亥，即景定四年（1263），碑文详细记载了天赐城创筑经过，其中还有创筑后效果、城内设施、筑城人员等信息，题刻信息丰富，保存完好，是一篇难得的筑城记。

（三）《大宁监教授赵卯题记》（图版4-10）

即通称的"大石碑"。所谓大石碑实际是山顶的一段断崖，高约3米，长约10米，崖壁表面光滑，适合刊刻。前文所述《癸亥二月题记》即位于本刻之左（石碑本身方向）。关于本题刻，滕新才等学者曾提及，但均未著录全文，方志亦失载。笔者根据题刻内容命名为《大宁监教授赵卯题记》。

石刻原本暴露在野外，其下杂草丛生。近年，文物部门加盖了保护棚，避免了日晒雨淋，对石刻的保护起到了一定作用。

题刻位于崖壁中部，幅面近方形，宽1.65米，高1.92米，碑文36列，每列40字左右，全文应在千字以上。目前碑文剥蚀、风化、霉变严重，字迹模糊，在不能拓片的情况下，经现场勉力释读录全文如下：

府首□□生光
大宋景定壬戌□□下□越（？）月乃（？）至□将□□之来山与民共守战胜功取厥（？）有/自□□仲秋之月□又至人皆谓此虑再来（？）奸（？）谏叵测值（？）□□□靡不危之而/民□□将复□故智□四面环合百许窥伺竟不得逞志于我战守□劾□昔加罘（？）非/节智略游人□克尔耶□□□□□□□哉（敬？）□两京三都赋体以记其事词曰/谒/主人者□□于岑寂之乡相期于泽漫之游吟清风弄明月□溪光吞野色□载共饮山泉而矣/谈世故形怡神悦居无何□遽给至羽□□□□夜□震撼□□□□□鸿泽哀□□□□□□□/拾文书置几右（？）徐□客曰子亦闻言境有泰山塘□□愿与子评之□□□□□也□归峡控开/达□□□其南□岭蔽其北□分野□翼轸在春秋为楚域

---

[1] 滕新才文误"尚"为"体"。

[2] 滕新才文误为"右武大夫左屯卫大将军"。

[3] 碑文中的文林郎中差大宁监判名，志书和滕新才均录为"赵孟柏"，单看此碑，字已漫漶不清，难以确认。幸而天赐城《大宁监教谕赵卯题记》（即大石碑）中也有该人名，且较清晰，为"赵孟櫹"。据查，宝祐四年（1256）文天祥榜四甲有名为赵孟櫹者，籍贯遂宁府，登科时年二十五（见佚名《宝祐四年登科录》四甲第271人，清道光二十九年至光绪十一年南海伍氏刻光绪十一年汇印粤雅堂丛书本）。以此推之，景定四年赵孟櫹年方32岁，时间、履历均与碑文相合，故应以"赵孟櫹"为是。

□□乘所载□□源之乐国□彗□并芒角亘/天□□□□……虫（？）吻牙（？）狐兔窜（？）以盘旋□痛肆□及我无厌余奉命以司牧职守土而弗/□吾（？）□□斯山此□□□□□天□山川地裂峰嵤崔嵬□屹巉峭双壁其（？）□峙蠢云霄若削连栈梯/□创自而意□□□□□□则汗流而□浃□□□间而□□□门（？）□宝而为穴□夜鸣雷而□下匪俟贰师/之剑插其上则□□□□□畴□阴以终□号怒风□鸣巅穷猿挂木而□吟惊鸟高寨而弗逮其下/则驶百尺之难□千轫之渊触石排空如沸如煎□□□□鳌□谷响而山传（？）嗟来者之弗□辽□松/□日前彼向背□□□□壮之足言□曰□夫□/□主（？）之□则大矣其如谋□□□何夫择险非难设险为无设□非难用险为难故以险守人者策之下以人/□□策之中以人为险者策之上也峻壁倚天观奇骇目伟□倚天飞泉迸玉□连躅济则济矣抱木蔽/□樵者赪肩利则利矣□不思所以守之说呼厥吟耶悬□□□□□□靡□金敦亡粒米兵□可仗□/□可倚财用孰（？）此（？）糇粮□□孰为鸟号之弓孰为辛夷之□□□未睛其阜积器杖且（？）闻其座（？）库（？）利□□报东门/之役谁以雪平□之耻所□□是而搏蛟龙袒裼而暴虎兕鲁人实郊遂而奋（？）宅于曲阜魏武美山河而见讥/□吴起□此观之成败不在乎□□□人□□/□嘻子笑吾之有险□忘备识吾之有备而不忘险乎且无备之□守国者食（？）以虚为实兵以弱为强财/□□□赢□以□为良故□唱笔而量沙指麦以为粮有单□□□下马之拜有一夫而挫百万之径（？）哉拊/□□□□感悦或遣谋求一袴（？）而傍徨折箸可以答匈奴之背□□□可以远抚楚之强在临机□□岂袭/□□□□□州有得□势以□□势而亡布天册龟（？）□□□□□□而□详抑又有天下之壮忠信甲胄礼义/□□道□□□□桓□□志为主帅乞为卒伍任防意□□□□而□以人心为金汤以人材为武库以曲直为/□□以□□为胜□□画（？）□□之界因出入诚敬之门户义□□霜壮立矗也精忠□日立赤帜也抗论薄云/□□□□□□始常山势也真内方外八阵图也有死无[生]哉□□阵也静谧无□□伏也郭郭以心□莲（？）/□□□□□□方□奇王□莫窥其倪穷之莫究其竟由□□□□造人不能求□□秦与髡衍奚口□而/□□□□□左鞭羿右橐韔飞廉前驱冯夷后舞（？）草木为兵□□□□厥民□□山塘之上于时□□□/形从俯伏听命□□功校辒者连敦（？）轨丑（？）□□□扎者□□□公云激激□□□□残凶咸信沙漠□洽/□□□□□因累累而发辫马□□群空振旅□□奏凯□逢枕□□南□南□□兹千古之□俪而青史垂观于/□□□□也客乃瞿瞿然而惮惮然而谢曰□□不知请□□□□□教之□景定甲子季夏吉日/武功郎宜差大宁监□教授赵卯谨撰/□□郎差大宁监判□赵孟櫔篆额/武功郎阁门宣赞舍人宜改差权发遣大宁监兼管劝农事节制屯戍军马张宣立石。

本题刻由于先人缺乏著录，而今又漫漶不清，在未拓片的情况下极难辨识。笔者深知，上文的释读必然有不少错讹之处，只能俟后之贤者或期待有幸一睹前人拓本补充、纠谬。

即便释读困难，我们仍能得出一些大致认识。题刻刊刻时间为景定甲子年，即景定五年（1264）。内容为主客之间关于天赐城的一些讨论，客人认为天赐城有险无备，主人则反驳说天赐城不仅有险，而且有备，并提出了"以人心为金汤，人材为武库，以曲直为□□"的观点。题刻主体为仿左思《三都赋》的一篇赋文，以华丽的辞藻描述了天赐城的战略地位和地形地貌，颂扬了天赐城修成之后"青史垂观"的功绩。落款中提到的赵孟楀和张宣亦见于《大宁监创筑天赐城记》，可互为参证。

四、白帝城

据雷庭军介绍，白帝城现存宋代的宋蒙战争期间的题刻有4幅，其中2幅在江北江壁，2幅在江南象鼻洞。江南两幅的材料笔者暂未得见，现介绍江北的两幅。

（一）徐宗武锁江题刻之一（图4-6-5）

该题刻俗称《贾似道告示》，位于白帝城下瞿塘峡口北岸江壁，水落则现，难以抵达。三峡大坝蓄水后，已长期淹没在水位线之下。题刻保存较好，高文[1]、白帝城博物馆均有录文，但高书存在疏漏和断句错误，白帝城录文无误，但断句似可商榷。[2] 现根据拓本重新录文并标点如下：

> 帅守淮右徐宗武面奉开府两镇节度京湖制置大使、四川宣抚大使吕公文德指授，凿洞、打舡、铸铁柱、造铁[3]缆，锁瞿塘关，永为万万年古迹。景定癸亥季冬吉日记石。当朝大丞相贾公似道。

图 4-6-5 徐宗武锁江题刻之一[4]
（1. 高文拓本　2. 白帝城博物馆拓本）

---

1 高文、高成刚：《四川历代碑刻》，四川大学出版社，1990年，第217页。
2 白帝城博物馆：《白帝城历代碑刻选》，天津古籍出版社，2011，第23页。
3 高文遗漏"造铁"二字。
4 图片1采自高文、高成刚：《四川历代碑刻》，四川大学出版社，1990年，第217页；图片2采自白帝城博物馆：《白帝城历代碑刻选》，天津古籍出版社，2011年，第23页。两幅拓本拓制时间虽然相差不长，两者之间的差别还是较为明显，1中每个字都较清晰，2中已有不少字迹、笔画变得模糊，图片如1中的"贾公"后隐约可见"似道"二字，图片2中已完全无法辨认。

景定癸亥年为景定四年（1263）。

（二）徐宗武锁江题刻之二（图版4-11）

该题刻原位于长江北岸江壁，后切割搬迁至夔门古象馆前。幅面长宽各1.9米，字径约6厘米，阴刻，楷书。题刻凿于坚硬的花岗岩上，本身难度很大，加之长年被水流冲刷，字迹已漫漶不清，释读并标点如下：

> 四川策应司申据夔路徐安抚申照会：宗武□昨面奉指授于瞿塘关两岸凿/洞，打造铁缆、桥舡于中堆，铁柱两条，又于师子石凿缆一条，过照镜台后，急护民舡，除/已遵禀。一年有余，铁缆已成，桥舡、铁柱已□，石洞已□，本年十二月初六日系桥锁江，乃毕，/并将诸项兵舡就行，教仝将图本檄（？）申大使司，乞备申朝廷照会。造战舡、打铁索、凿/石洞，人工所费，约用过十人，畀贰拾余万，即不曾申请朝廷、制司钱贯，并系策应司发/下钱贯及本司自行撙节计置。即与朝廷一躰，祈命□申小贴于□□，锁江桥练，战舡□前来/，应敬毕不言，欲望备申。朝廷剳下，本司镌石以锁江，启后，任照年例，□搭如此贴（则？）方是，锁/峡为万万年古迹。右：本司仝将前项所由真本事，然并锁江，图一本□□，付乞照会申闻事，/□（照？），得以造桥锁江，一力甚钜。徐安抚不种（？）请而辨，可谓尽保障之职，又望来者之能，/继乞镌之石□（上？），亦为经久之虑，告□□为备见忠□（慤？），但设险在□（人？），有□有机，/□□□（已？）剳□□□应大使司既（？）应外。/□□□右剳□□□安抚副司常□□□护□□一申庶使成。/□□□规划□□□久□□□□□/□□（景？）定□（四？）年□□（二月？）□□日。/□（皇？）宋景定癸亥，帅守淮右徐宗武面奉/开府两镇节度京湖制置大使四川宣抚使吕公文德指授，凿洞、打舡、/铸铁柱、造铁缆，锁瞿塘关，永为万万年古迹。具申/朝廷，□奉/权□□剳□指挥□记于石。景定甲子仲春□□日/谨□。/当朝大丞相贾公似道。

题刻分为两部分，前一部分是四川策应司接到夔州路安抚司完成锁江的申文后拟报制置大使司的公文，后半部是纪锁江事的纪功性内容。根据题刻内容推断，徐宗武在景定四年（1263）完成了锁江任务，并于当年向朝廷报备，次年将申照会公文内容和事情经过一并镌刻于崖壁。本题刻与前一题刻末尾均署"当朝大丞相贾公似道"，显示了贾似道当时的权势。

五、其他山城

（一）洪雅苟王寨

苟王寨始建于南宋建炎年间，本为躲避金人南侵而修。宋蒙战争期间，当地人重修以避乱。其中第14号题刻与宋蒙战争相关，据其内容可命名为《吕桂重修苟王寨记》（图4-6-6）。内容为：

图4-6-6 苟王寨《吕桂重修苟王寨记》拓本

图4-6-7 《朱禩孙创筑凌霄城记》拓本[1]

西蜀不幸，连／年被鞑贼所／扰。时戊戌嘉／熙二年崖匠／吕桂等修。[2]

（二）凌霄城

凌霄城有宋代题刻1幅，可名为《朱禩孙创筑凌霄城记》。题刻位于凌霄城山脚上山道路旁一块独立巨石上，与天赐城小石碑颇像。文字保存较好，但青苔覆盖较多。（图4-6-7）根据拓本和现场观察释读如下：

宋宝祐乙卯，鞑贼自云南斡／腹。越明年，制臣蒲择之以／天子命命帅臣朱禩孙[3]措置／泸、叙、长宁边面。又明年，城凌／霄，为屯兵峙粮，出攻入守据／依之地。闰四月经始，冬十月／告成。长宁守臣易士英任责／，潼川路总管朱文政督工。

题刻介绍了凌霄城创筑的背景、目的和建造者，刊刻时间为宝祐七年（1257）。

（三）三台城

三台城中有关宋蒙战争题刻1幅，即《阳立创筑三台城记》。题刻位于东门外道路左侧崖壁，纵长方形，宽1米，高1.4米，边框饰卷草纹。碑文阴线双钩，字迹清晰，保存较好。（图4-6-8）全文如下：

---

[1] 高文、高成刚：《四川历代碑刻》，四川大学出版社，1990年，第212页。
[2] 符永利、张婷《四川洪雅县苟王寨摩崖造像内容总录》（《长江文明》2019年第2期）录有题刻全文，本书增加了断句并配备拓本照片。
[3] 蒋晓春、蔡东洲、罗洪彬《南宋末川渝陕军事设施的调查研究》（重庆出版社，2020年，第89页）题刻录文中"朱禩孙"误为"朱祀孙"。

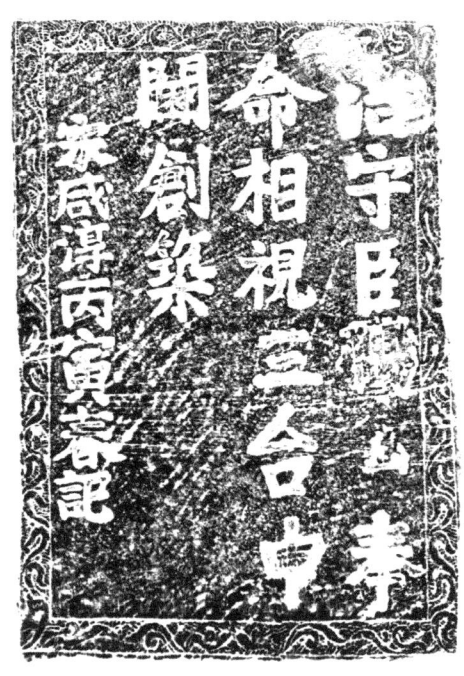

图 4-6-8 《阳立创筑三台城记》拓本[1]

涪州守臣阳立奉／命相视三台，申／阃创筑。／宋咸淳丙寅春记。

咸淳丙寅为咸淳二年，即1266年。题刻内容十分简单，仅提及筑城者及筑城时间。碑文中"阳立"二字似为后人有意铲除，不排除是三台城陷落后元人所为。

（四）龙岩城

清嘉庆《四川通志》记载，龙岩城有2幅宋蒙战争题刻，其一为宝祐年间《史切举筑城记》，字大1尺，内容为：

宝祐四年，上有旨，筑南郡四城。南平守史切举奉阃令城马脑山，四月丁卯而栽，至六年戊寅而毕。[2]

重庆市文化遗产研究院及笔者实地调查均未能发现该幅题刻，可能已经泯灭。道光《重庆府志》[3]、民国《重修南川县志》[4]等方志除抄录嘉庆志记载外，还补充了另一幅题刻情况并录全文。该题刻位于龙岩城山腰崖壁，幅面呈长方形，高3.4米，宽4.8米，计18行，双钩楷书，字径8—18厘米，虽有霉变、青苔等影响，字迹尚较完好，基本可通读。张钦伟[5]、周晏[6]、唐冶泽[7]、蒋刚[8]等学者亦曾录此碑文，题刻名则各不相同，今依惯例命名为《茆世雄创筑龙岩城记》（图版4-12、4-13），据碑刻重录文字并标点如下：

宋宝祐乙卯，／上有旨城南平。越三年，守臣淮东都梁／茆世雄戍[9]罗播，城龙嵓[10]毕事。嘉平，奉／阃命领郡寄。始至，鞑已及境。[11]正月，贼茜／重兵攻城。二月再寇，斩虏使，焚伪书，诸／将争击，贼败而退。献俘授馘，功不一书／。先是，城池草创，浚之崇之，遂为南方第／一屏障。阃台以全城却敌闻之公朝，／上恩叠颁，[12]宰揆枢宣钧翰踵至，咸谓

---

1 拓本来源于重庆市文化遗产研究院、涪陵区博物馆《重庆涪陵区龟陵城遗址2017年调查与试掘简报》，《江汉考古》2020年"重庆古代城址考古"专辑。
2 （清）嘉庆《四川通志》卷58《舆地志·金石》，清嘉庆二十一年木刻本。
3 （清）道光《重庆府志》卷1《舆地志·南川县》，清道光二十三年刻本。
4 民国《重修南川县志》卷1《古迹》，民国十五年铅印本。
5 张钦伟：《南宋抗元名城龙岩城》，《四川文物》1996年第4期。
6 周晏：《南宋抗蒙第一纪功碑——龙岩摩崖》，《重庆交通大学学报》（社会科学版）2007年第5期。
7 唐冶泽：《重庆南川龙岩城摩崖碑抗蒙史事考》，《四川文物》2010年第3期。
8 蒋刚、甄宏达、杨瑞：《重庆南川龙崖城》，《大众考古》2020年第1期。
9 （清）咸丰、光绪《南川县志》均作"戌"。
10 （清）咸丰、光绪《南川县志》均作"崖"。
11 周晏录文在"及境"后衍"内外"二字。
12 周晏录文"迭颁"后磨灭二字，以两个□表示，实际上"迭颁"字后为一个空格，以示对下文官员的尊敬，并无缺字。

/兴筑以来所创见也。共事者[1]：铃路赵全、/茆士龙[2]、王用、寇青、常喜、樊文贵、郭德、何/展[3]、朱珍、刘储烋[4]、江司总管雷震，铃路张/福、孟世英、韦喜、汪兴、汪世、雄兴国、王富、/前太守李奕承，郡丞石大异，僚属刘应/炳、张震珪[5]、张善祥、姚鼎发、张熙载、程师/望、杨钧、勾印、文巳传、张惠、何友贤、唐化/龙、冯炎之、赵孟偐[6]、韦翔[7]凤、张起南、侯应/申、王韩。开庆改元七月既望，拜手谨书。

碑刻刊刻于开庆元年，记叙了龙岩城修建的背景、过程及御敌效果，并详细记录了参与者姓名。

（五）皇华城

皇华城现存有1幅宋蒙战争相关题刻，刻于内城西北崖壁上，题刻幅面长2.15米，高1.05米，楷体双钩阴刻"保江"二大字。[8]本题刻被"忠县黄华洲实悬系"题刻打破。"忠县黄华洲实悬系"在"保江"题刻的左侧和偏下部，幅面甚大，长达10余米，高1.1米，其中"悬系"二字打破"保江"二字。双钩阴刻，行楷，后有3字落款，但已被人为凿去，无法辨认。[9]（图版4-14）

这两幅题刻未见落款，书者及时间均不详。从字体风格看，双钩阴刻、字体宽扁而肥硕有宋代特点。从皇华城历史看，咸淳元年（1265），忠州升咸淳府并迁治皇华城，咸淳七年（1271）素有威名的六郡镇抚使马塈知咸淳府，成为皇华城的主将。景炎二年（1277），元军杨文安部进攻皇华城，马塈誓死不降，与其鏖战数月，最后力战而死，皇华城最终陷落。马塈，宕昌人，家族世为忠勇名将，在宋蒙战争中屡立战功，声名显赫。其弟马墍守静江府，兄弟二人均拒绝投降，最后英勇战殁。由此观之，"保江"二字与皇华城的历史密切相关，很有可能是当时守军用于自勉的题刻，或与马塈授意有关。如此，该题刻的时代当在宋末。值得注意的是，忠县之名得名甚晚，直到民国三年（1913）才改忠州为忠县，所以《忠县皇华城实悬系》题刻的时代不早于民国时期。[10]

另据曹学佺《蜀中广记》记载：

《碑目》云："有宋忠州贡院碑，参军安元白立金鱼堡碑，升忠州为咸淳府碑，俱在

---

1 唐治泽录文省略以下人名。
2 张钦伟、周晏、蒋刚录文误为"茆世龙"。
3 周晏、蒋刚录文误为"何殿"。
4 周晏、蒋刚录文误为"刘储杰"。
5 （清）嘉庆《南川县志》作"张正珪"，周晏、蒋刚录文遗漏"珪"字，张钦伟误录为"圭"。
6 周晏、蒋刚录文遗漏"偐"字。
7 周晏、蒋刚录文遗漏"翔"字。
8 （清）同治《忠州直隶州志》记为"保江处"三字，从题刻幅面及"保江"二字的位置看，实无"处"字。
9 重庆市文化遗产研究院：《忠县皇华城遗址文物调查简报》，《江汉考古》2020年"重庆古代城址考古"专辑。
10 《忠县皇华城遗址文物调查简报》称"忠县黄华洲实悬系"（报告误释为"□□宝州寨黄□□"）为20世纪六七十年代所书，或有所本。

此洲上。"¹ 咸淳碑诏文："敕门下：皇天眷付有家，敢怠继承之敬，乾元首出庶物，聿怀潜跃之初。念圣考之贻谋，择价藩而锡履。严陵龙水之镇，受节斋坛；永嘉忠南之封，分茅主社。眷言屏翰之重，允协讴歌之归。汉舆地之上图，若规先宪；周旧邦之新命，并锡府名。以壮万年之观，亦尚一人之庆。其改升温州为瑞安府，严州为建德府，宣州为庆远府，忠州为咸淳府。咸淳元年八月二十九日午时。急速。"²

可见，皇华城有3通宋碑：忠州贡院碑、金鱼堡碑、升忠州为咸淳府碑，且咸淳府碑的碑文尚存，内容完整，是度宗升忠州、温州、严州、宣州等潜藩之地为府的诏书。

《金鱼堡记》全文见于《全蜀艺文志》，其内容为记述皇华城在修建金鱼堡的过程中，发现石鱼，遂以其作为堡名的事件。碑文云：

> 云中常侯之守皇华也，下车未几，时和岁稔，簿书狱讼之暇，省视城壁，度量地势，凡当出战入守之地，必欲事事周密，一无废弛。昔之欠缺者补而足之，始之卑隘者，累而大之。身先士卒，靡惮劳疲，躬厉工役，不辞寒暑，夙兴夜寐，略无暇时。³

2021年，重庆市文物考古研究院在皇华城大湾区域衙署遗址的发掘中发现3个碑座，位于衙署前部，碑身被凿毁无存，有可能即前述三通宋碑。

（六）多功城

多功城西门券心石上有楷书题记，阴线双钩，大多数字保存较好。清嘉庆《巴县志》、嘉庆《四川通志》等文献录为"端明殿学士大中大夫四川安抚制置大使朱禩孙建"。《金石苑》录为"端明殿学士太中大夫四川安抚制置大使朱禩孙建"⁴。（图4-6-9）对照题刻实物，为"大中大夫"无疑。道光《江北厅志》录为"端明殿学士大中大夫四川安抚制置大使朱禩孙建此"，多一"此"字。据《金石苑》记载，

图4-6-9 多功城朱禩孙建城题记拓本

图4-6-10 多功城朱禩孙建城题记摹本

---
1 《舆地碑记目》中并无此段文字。《舆地碑记目》撰成时间早于咸淳年数十年，自然不能载后出之碑。
2 该诏书亦见于郑瑶、方仁荣撰景定《严州新定续志》卷1（文澜阁传抄本），不过文字略有差异。
3 （明）杨慎：《全蜀艺文志》卷40《记》，清文渊阁四库全书本。
4 （清）刘喜海：《金石苑》，巴蜀书社，2018年，第145页。

当时刘喜海所据为罗培升的拓片，可见当时已经有拓本行世。据高文《四川历代碑刻》一书所附拓本，题刻内容为"端明殿学士大中大夫四川安抚制置大使朱禩孙建"（图4-6-10）。如今题刻中的"禩孙建"三字已经完全磨灭。

（七）绍庆府城

绍庆城建于南宋度宗咸淳八年（1272），遗址在今重庆市彭水县汉葭插旗山之东，壶头山之南，俗称南城，距县城1.5千米。[1] 据清同治《增修酉阳直隶州总志》："南门上有石刻云'皇宋咸淳壬申六月上吉日'十一字，其下夹行密书惟'武功左庶子'五字，'武尉'二字，'绍庆府管辖'五字，可辨识其字，笔画完好，但挤密难分，又末书'岘山上官创建'六字。"[2] 从这段介绍看，题刻各字非常拥挤，与云顶城、小宁城、多功城等地城门题刻风格相同，当为宋代题刻无疑。据彭水县文物管理所杜继臣所长告知，城门已不复存在，题刻也不知下落。周晏录全文如下：

皇宋咸淳壬申六月吉日，武功左庶子□□武尉□□绍庆府管辖□□□岘山上官创建。[3]

题刻时间为咸淳八年（1272），题刻内容为上官氏创建绍庆府城之事。

第二节 碑刻分类及价值

一、碑刻分类

上述碑刻按形式可分摩崖题刻、城门题刻、单体石碑三类。

（一）摩崖题刻

在所有39幅题刻中，摩崖题刻最为常见，共26幅。宋蒙山城中崖壁随处可见，多为砂岩，软硬适中，适合雕凿。不过细分的话，还可以分出两类：一类是自然的大面积崖壁，此种情况占多数；一类为规模适中的独石，此种情况较少，见于凌霄城和天赐城。刊刻时，将崖壁整平，凿出刻字的幅面，更精细地凿出碑形，有的周边还装饰花纹，如青居城《重修东岩记》、天生城《宣相杨公攻取万州之记》、天赐城《大宁监创筑天赐城记》、平梁城《平梁新城题名》等，虽在崖壁上开凿，但有半圆形或尖顶碑额，碑额上雕刻卷草纹和动物纹装饰，个别还有篆额，俨然是放置于崖壁上的石碑。

此类题刻因主事者个人原因或岩石本身条件，规模差异明显。龙岩城《茆世雄创筑龙岩城记》最大，宽4.8米，高3.4米，幅面达16.32平方米。其次为运山城《宝祐纪功碑》，宽3.75米，高2.7米，幅面也达10.13平方米。而平梁城的《平梁新城题名》，小宁城的《张实创筑

---

[1] 周晏：《南宋抗蒙第一记功碑——龙岩摩崖》，《重庆交通大学学报》（社会科学版）2007年第5期。该录文与清同治《增修酉阳直隶州总志》略有差异，不知何据。
[2]（清）同治《增修酉阳直隶州总志》卷3《地舆志·古迹·绍庆故城》，清同治三年刻本。
[3] 周晏：《南宋抗蒙第一记功碑——龙岩摩崖》，《重庆交通大学学报》（社会科学版）2007年第5期。该录文与清同治《增修酉阳直隶州总志》略有差异，不知何据。

小宁城记》等就明显偏小，仅1平方米左右，苟王寨《吕桂重修苟王寨记》仅略大于0.1平方米。

就内容而言，这类摩崖题刻多为修城记，包括创建、重修、补筑等。内容主要包括三方面：一是筑城背景；二是筑城经过；三是筑城组织者、参与人员。除筑城题记外，也有少量其他内容题刻。天赐城的《大宁监教授赵卯题刻》记录主客之间的对话，是一篇文学作品。白帝城的《徐宗武锁江题刻之一》载录的是徐宗武锁江事宜。天赐城的《癸亥二月题刻》和《徐宗武锁江题刻之二》则是呈报公文的记录。

摩崖题刻一般位于主要城门附近，地处交通要道，将筑城题记刻于此处有利于颂扬功绩，激励士气。如运山城的《宝祐纪功碑》规模巨大，豪迈之气洋溢，位于最重要的城门——东门内侧。龙岩城的《茆世雄筑龙岩城记》规模为诸城之冠，字号硕大，笔力刚劲，位于唯一的城门之外。皇华城的《保江》题刻字体巨大，极具鼓动性。

为保护题刻免受日晒雨淋，有的题刻上部有突出的自然岩棚，或者加建人工雨棚。虽然雨棚已经不存，但用于架设的桩孔还有存留，如天生城的《宣相杨公攻取万州之记》和天赐城《大宁监创筑天赐城记》。但也有相当部分题刻仅仅依靠开凿出的凹入幅面提供保护，甚至有的题刻无任何保护措施，如天生城的另外几幅题刻。正因为不少摩崖题刻保护措施不足，日晒、雨淋、风化、霉变、起壳等自然原因对题刻造成了很大影响，大多数题刻保存现状令人担忧。

摩崖题刻多因筑城抗蒙而作，内容里往往有对敌人的蔑称或谴责，因此在城陷以后遭到了敌方的蓄意破坏。如钓鱼城的《王坚纪功碑》《土地岩题刻》以及三台城的《阳立创筑三台城记》等。

（二）城门题刻

城石题刻指在城门券心石上刊刻的题刻，见于云顶城、小宁城、苦竹隘、大刀砦、多功城、绍庆府城，共9幅。由于刊刻范围有限，所以内容比较简单，仅刻写时间和筑城者官衔和姓名。为节省幅面，多数将字写得非常宽扁，十分夸张，如云顶城、小宁城、多功城、绍庆府城等。不过也有例外，苦竹隘的字长宽比例适中，字距正常，整体端庄大气。大刀砦题刻字径较小，字距较大，显得疏落有致。

城门题刻置于城门券心石上，便于观瞻。同时可遮风避雨，有利于长期保存，我们现在还能在城门上见到这类题记就得益于此。

（三）单体石碑

单体石碑数量较少，目前仅见于礼义城和皇华城，共4通。内容多与行政教化有关，如礼义城的练使胡将军碑、皇华城的升忠州为咸淳府碑、忠州贡院碑、金鱼堡碑。这些碑多放置于衙署之内或旁侧。

二、碑刻价值

上述碑刻中的文字共约5000字，具有重要的价值。主要体现在文献和考古两个方面。

（一）文献价值

滕新才《〈天城石壁记〉的文献价值》一文详细论述了《宣相杨公攻取万州之记》对正史

的补充价值，如战斗过程、陷落时间等可以充实和纠正史乘的不足。[1] 笔者进而认为，上官夔、杨文安、王师能等人的生平、形象亦可由此题刻得到更加丰满而清晰的认识。如题刻中末尾杨文安所说"此州特予小试，夔峡悉平，端自今始"一句霸气无比，其志得意满、挥斥方遒的名将形象跃然石上。

滕新才、李林齐《南宋天赐城抗元遗址》一文对《大宁监创筑天赐城记》进行了详细考证，否定了方志中记载天赐城创建者为廉康的传统说法，丰富了徐宗武、张宣等人资料，从而肯定了其文献价值。[2] 笔者通过释读天赐城的大小石碑，确认了题刻中的"赵孟櫖"身份，也是对史阙的补充。

唐冶泽《重庆南川龙岩城摩崖碑抗蒙史事考》一文根据题刻考证了龙岩城修筑和抗蒙的具体史实，而这些都是现有史料中没有记载或记载不详的，有的则可与史载相互印证，茆世雄和史切举等筑城者的姓名和事迹也可补史缺。刘储焰之名亦见于《平梁新城题名》，时为壕寨，八年后修筑龙岩城时已升为路钤。唐冶泽还指出，该碑明确记载城名"龙嵒"，即"龙岩"，而不是后世所称的"龙崖"，有正名之功。[3]

综上，这些题刻提供了较为详细的修城、守城等信息，可弥补、充实文献记载，也可与文献记载互证，甚至纠正文献的错误，有重要的文献价值。

（二）考古价值

碑刻的考古价值体现在：题刻中城防及其他设施的名称、位置、形态、数量等信息可以为考古工作提供指导性意见。

由《刘应达增筑天生城记》可知天生城有东门、中馆亭等建筑，两者在一条线上，并应有一定的距离。刘应达还修建了"堡"和"圆楼"设施，堡可能是外城，"圆楼"很可能是角楼。《宣相杨公攻取万州之记》里提供的信息至少有：天生城有外城，杨文安攻下天生城后，在城内设置了州、县机构，建立了学校，并且还完善了城郭。上述碑刻中提及的设施都可能留下遗迹，需要在考古工作中加以关注。

《宝祐纪功碑》显示，宝祐年间，张大悦对运山城东门一带进行了改建，有凿崖通道、修建重门、扩大面积、增修楼橹等行为。

白帝城徐宗武的两则题记都明确提到了凿洞、造船、铁柱、铁链之事，而今船和铁链已不存，铁柱尚留，在调查中可以根据题刻中提到的"中堆""师子石""照镜台"之名寻找相应锁江遗存。

天赐城《大宁监创筑天赐城记》内容也很丰富，文中提到天赐城周长九百六十余丈，墙上有雉堞、楼橹，城内有官廨、粮廪、兵营、民居等设施。

皇华城《金鱼堡记》讲述了郡守常福庆完善皇华城城防之事，提及皇华城的东门、朝天门、金鱼堡、填西堡、定远堡等设施，对了解皇华城的修建以及考古发掘有很大价值。

从上面的梳理可以看出，不论是运山城、天生城还是天赐城，其构成要素都不仅仅是城

---

[1] 滕新才：《〈天城石壁记〉的文献价值》，《三峡学刊》1998年第1期。
[2] 滕新才、李林齐：《南宋天赐城抗元遗址》，《文史杂志》2002年第2期。
[3] 唐冶泽：《重庆南川龙岩城摩崖碑抗蒙史事考》，《四川文物》2010年第3期。

防设施，而是包括行政、文教、宗教、商业等在内的综合性城池。城防设施主要包括城墙、城门，城墙附属设施有雉堞、敌楼、楼橹、圆楼等。相关设施有衙署、学校、祠观、民居、市场、池塘等。上述设施都可能留下遗迹，成为考古的对象。结合历史文献记载，我们认为，这应当是宋军山城的基本配置，所以在山城遗址考古中，我们有必要关注上述各组成因素，究明其分布和相互关系，避免以前过于偏重城墙城门的做法。

（三）其他价值

除文献价值和考古价值以外，部分题刻在书法或文学方面的价值较为突出。题刻所使用的字体有篆书、楷书和行书三种，以楷书为主，篆书只用于书写碑额，行书仅见于青居城《重修东岩记》。楷书的书法价值最为突出，主要体现在两个方面：第一，题刻的书法水平高。综观所有题刻，整体水平较高，尤其是天赐城《大宁监创筑天赐城记》和《大宁监教授赵卯题记》、龙岩城《茆世雄修筑龙岩城记》、苦竹隘《段元鉴筑城题记》几幅尤为突出。天赐城的两幅题刻篆额书丹者都是赵孟梫。其人除在登科录上留下姓名外，未见有文献提及其书法成就。这两幅题刻正文都是楷书，布局疏朗有致，结体方正，笔画干净利落，笔力劲健，显得端严有力，既严谨又有变化，整体上有南碑之风，体现了其深厚的书法功底。《茆世雄修筑龙岩城记》则是另外一个风格。纵横排列整齐，双线阴刻，深受柳体影响，配合文字内容，卓然挺立，恢弘大气。苦竹隘东门题刻单线阴刻，楷体，结体端庄，点画精到。第二，题刻风格多样。其他题刻虽然书法水平不一定高，但也各具特色，如云顶城、小宁城城门题刻的绵密、大刀砦城门题刻的疏朗，各自呈现出不同的风采，但又同具宋代风格，是宋代总体风格下结合自身情形"尚意"创作的结果，真实反映了宋代书风，丰富了宋代书法的内容，因而也具有一定的书法价值。

值得注意的是，天赐城《大宁监教授赵卯题记》主体内容为文学作品，作者自称是仿左思《三都赋》而作。文中描述天赐城的形势时所用"山川地裂，峰嵝崔嵬""千轫之渊，触石排空，如沸如煎""峻壁倚天，观奇骇目"等语极尽夸张，气势如虹。全文虽然残断较多，释读困难，但其大段铺陈、用语华丽的特点仍清晰可见，确有《三都赋》之感。如有机会给世人呈现准确的全文，其文学价值将更加凸显。其余题刻虽然并非文学作品，但也不乏精彩之笔，如《宣相杨公攻取万州之记》对整个战斗过程的介绍，对上官夔、杨文安的描述，语言精练，形象鲜明。题刻中巴人之歌与《华阳国志·巴志》中所录部分汉代及以前的巴人歌谣在句式上相同，均四字一句，使用对偶、反复等修辞手法，反映了巴文化的历史传承。

第七章 宋蒙山城与高句丽山城的比较

中国古代修筑城池的历史十分悠久，修建了成千上万的城池。总体来看，按职能区别，中国古代的城池可粗分为两类：一是政治型为主；二是军事型为主。政治型为主城池以各地治所为代表，数量十分可观，亦最为学界关注；军事型为主城池则常见于山地，系利用山险以进行军事防卫的设施。此种类别颇多，大者为城，为寨，小者为堡，为隘，为关。这类城池以高句丽山城和宋蒙山城最为典型。

中国建设山城的历史非常悠久，至少在距今4000多年前就已经在陕西石峁修建了一座山上石城。春秋战国时期，一些地方小国为了自保，也不得不选址在山顶修城。山顶修城难度大于平陆城，故政治型城池大多位于平陆地区，只有一些军事型城池才不得不建于山上（大范围山区的城池不在讨论之列）。

如今高句丽王城连同高句丽王陵已经列入世界文化遗产名录，有必要将宋蒙山城与高句丽山城进行比较，以更好地揭示宋蒙山城的特点和价值。

第一节 比较情况

高句丽山城分布于中国东北南起辽东半岛，西止辽河，北及长白山和图们江，东至朝鲜半岛汉江以北区域。其数量缺乏准确统计，说法不一。魏存成估计我国境内即有100座以上；[1] 王绵厚认为，国内发现的较大型山城有120余座，朝鲜半岛尚有40余座；郑元喆统计，目前已知的高句丽山城数量总计247座，其中中国境内有138座，朝韩境内109座。[2] 总体来看，高句丽山城的数量比宋蒙山城要多一些。宋蒙山城总数量不过100余处，已经发现的不过40余处。高句丽山城的建造时间是公元前1世纪末至公元7世纪中叶，而宋蒙山城则集中创建于13世纪。

一、建设背景

高句丽政权的存在时间是西汉到唐代。由于人口不多，实力弱小，面对中原王朝和周边其他民族的军事征服，高句丽政权不得不修建了大量城池，这些城池小部分在平陆，大部分在山上，故以山城为主。从修建背景看，虽然面对的敌人不同，但其目的是军事防御，这一点与宋蒙山城是一致的。在实际使用中，高句丽凭借山城群多次击败前来征伐的隋、唐大军，显示了其军事价值。

---

[1] 魏存成：《高句丽遗迹》，文物出版社，2002年，第68—104页。
[2] 郑元喆：《高句丽山城研究》，吉林大学博士学位论文，2010年。

二、山城特点

（一）选址

纵观中国筑城史，城址的选择均有着政治、经济、军事等方面的综合考虑。宋蒙山城和高句丽山城的选址更多地考虑了军事需求，具体可从宏观、中观和微观三个层面分析。

1. 宏观

关于中国境内高句丽山城的宏观布局，贾晓亮总结为"一边""一岛""两条线""两王畿"的布局形式。具体而言，"一边"即辽东一线高句丽的西部边界，此处主要防御中原王朝的陆路进攻；"一岛"是辽东半岛，此处主要防御中原王朝海陆方向的进攻；"两条线"主要是高句丽南、北二道的防御，这是通往高句丽早、中期都城桓仁地区、集安地区的疆域腹地交通要道；"两王畿"即桓仁地区的五女山山城和集安地区的国内城和丸都山城，此处为两处王畿的最后防线。[1] 由此看来，高句丽山城是一种有中心、有层次、有重点的防御体系。

高句丽人极端重视自然条件的选择，所建城池90%以上为山城或平山城。[2] 实际上，在具体选址时除考虑山地地貌和山体的形状和规模外，高句丽也十分重视河流，使山城兼具山河之险和交通之利。刘向东认为："综观高句丽城垒构筑的地理选择，其主要沿河谷地带的分布，实际上就是沿交通道的分布"，"在不同规模的高句丽山城（包括平地城）之间存在着一种相互连属、相互拱卫的关系，而且遍及于整个高句丽地区"。[3] 刘绵厚先生指出，高句丽山中的中心城邑多设置在水陆要冲的交通孔道上，独立的重要镇城则面向交通孔道。[4] 在设官管理方面，"其诸大城置傉萨，比都督，诸城置处闾，比刺史，亦谓之道使，……诸小城置可逻达，比长史，又城置娄肖，比县令"[5]。实行军政合一、以军事为主的管理方式。所以从行政和交通联系方面看，高句丽山城是以各个山城为据点、水陆道路为纽带的大规模军事防御体系，各山城实行军政合一制度，这一点与宋蒙山城相近。

2. 中观

高句丽山城大多范围较小，且缺乏深厚泥土，无充足的可耕地，因此，山城内平时并不长期居住大量人口，只是保留少量护卫和维护人员。《北史·高丽传》载，高丽"都平壤城，……城内惟积仓储器备，寇贼至日，方入固守"[6]。对于较大型的山城，比如王城，则往往在附近修建一个平时使用的平陆城，如五女山城与下古城、丸都山城与国内城，分别行使军事和行政职能，形成山地城与平陆城相结合的双城制。宋蒙山城与此相似，即将州县治所迁入附近山城，将山城作为战时治所。如合州旧治与钓鱼城、嘉定旧治与三龟九顶、阆州旧治与大获城、顺庆旧治与青居城、泸州旧治与神臂城等。由于山城内耕地有限，故平时也需要在城外开垦种粮，"外以兵护耕，内教民垦田积粟"，以求达到"公私兼足"的效果，[7] 为长期守御准备物

---

[1] 贾晓亮：《基于军事防御的中国境内高句丽城池研究》，沈阳建筑大学硕士学位论文，2013年。
[2] 王绵厚：《高句丽古城研究》，文物出版社，2002年，第157页。
[3] 刘向东：《高句丽山城军事防御体系及其军事防御策略》，《孙子研究》2016年第5期。
[4] 王绵厚：《高句丽古城研究》，文物出版社，2002年，第159页。
[5] （唐）张楚金：《翰苑》，《辽海丛书》第四册，辽沈书社，1985年影印本，第2518页。
[6] 《北史》卷94《高丽传》，中华书局，2012年，第3115页。
[7] 《宋史》卷451《张珏传》，中华书局，2013年，第13281页。

资基础。

此外，高句丽的区域中心城池周边一般有一群数量不等的附属山城。据文献记载，唐乾封年间薛仁贵拔扶余城后，扶余川40余城"乘风震慑，一时送款"[1]，说明扶余城周边有数十个小城，这也与宋蒙山城相类似。

3. 微观

在微观选址方面，高句丽山城与宋蒙山城有较大差别，从而形成了不同的山城类别。国内外学者对高句丽山城的分类有不同看法，主要原因在于分类标准不统一，郑元喆综合各家观点，将高句丽山城划分为三大类：第一类是包谷型山城；第二类是山顶型山城（该类又分平顶型和山峰型两小类）；第三类是混合型山城（该类又分为山顶包谷型、马鞍型、山腹型三小类）。[2]崔铎玹的分类更加简略，即山坡类型、山顶类型、包谷类型。[3]笔者认为这种分法更可取。包谷类型的数量最多，山顶类型数量较少。按崔铎玹的解释，山坡类型的山城，单指分布在陡峭山岭的山麓坡地或坡度不大的山峦的一侧坡面的山城，不包括主城在山顶、只是外城在山前坡地的山城。这类山城不是高句丽山城的主流，代表性山城是岩州城。包谷类型山城是指营建邑聚于山谷，在山谷周边的山脊上和谷口修筑城垣防卫邑聚的山城类型。包谷类型山城是高句丽山城的主流，许多山城都属于该类型。

桓仁五女山城主城建于梭形的平缓山顶上，山顶长1000米，宽300米，山上近顶处是上百米的悬崖，东部和东北部缓坡建有外城，可划归山顶型山城。五女山城是高句丽山城中早期山城的代表，山体形态与宋蒙山城相似而更高峻。（图4-7-1）

关于宋蒙山城的分类，孙华和周思言提出了类似的分法。按照郑元喆的分类标准，宋蒙山城只有山顶型一种。虽然有的外城或者一字城位于山坡甚至山脚，但主城在山顶，故与五女山城一样，均属山顶型。根据山地的具体情况，还可细分为平顶型、斜顶型、山峰型、马鞍型4类。[4]不过上述4种分类并非有明确的界限，仅仅只是用于表达

图4-7-1 山体的比较
〔1. 五女山城（图片来自网络） 2. 金石城〕

---

[1]《旧唐书》卷83《薛仁贵传》，中华书局，2013年，第2782页。
[2] 郑元喆：《高句丽山城研究》，吉林大学博士学位论文，2010年。
[3] 崔铎玹：《土司山城与高句丽山城比较分析》，《南方文物》2015年第1期。
[4] 孙华：《宋元四川山城的类型——兼谈川渝山城堡寨调研应注意的问题》，《西华师范大学学报》（哲学社会科学版）2015年第2期。

一种直接的观感而已。平顶型最为常见，如神臂城、钓鱼城、平梁城、大良城、天生城等，斜顶型包括重庆城、苦竹隘、得汉城等，山峰型包括白帝城、云顶城、大获城等，马鞍型最少见，包括青居城、鹅顶堡等。

之所以两者在微观选址方面表现出较大差距，一方面是因为两地微地貌本身的差别，巴蜀地区多方山地貌，桌状山较为常见，自然而然选择这种形态合理、规模适中的山体建城；另一方面是源自高句丽山城为了避免山顶资源匮乏，不得不将山谷、山腰等地充分利用。宋蒙山城的山顶大多资源较充足，故多选址山顶作为城池建设地。

（二）规模

高句丽山城的规模差异颇大，大者周长超过万米，小者数百米。按周长划分为4个类型。周长3000米以上的可划分为大型山城，2000—3000米之间的为中大型山城，1000—2000米为中小型山城，1000米以下的为小型山城。据魏存成统计，以上4种山城在107座山城中的数量分别为28、21、29、29座，分布相当均衡。[1] 有一批很小的山城，周长在300米左右甚至以下，这类山城实际只是堡垒，很难称其为城。

虽然我们认为以面积考量规模更合适，但为便于比较，笔者尝试将范围比较清楚的宋蒙山城的周长列出，周长数据除部分经过详细调查或发掘之外，其他均从91卫图助手上测得，虽然不很准确，但仍具参考价值。（表4-7-1）

宋蒙山城中很少有周长1千米以下者，目前所见材料中最确切的是多功城，周长540余米。另有南部县的跨鳌城，周长更短一些，但还没有确切证据证明该遗址为宋代南部县临时县治——跨鳌城。一些山城的拱卫寨堡规模较小，如白帝城的擂鼓城、大良城的小良城、云顶城的小云顶、运山城的固州寨等。

表4-7-1 主要宋蒙山城规模一览表

分类	山城	周长（米）
3000米以上	重庆城	约7000
	钓鱼城	约7000
	白帝城	约7000
	皇华城	约5800
	云顶城	约5500
	大良城	约5100
	武胜城	约4500
	平梁城	约4500
	得汉城	约4200
	大获城	约4000
	赤牛城	约4000
	青居城	约3700

---

[1] 魏存成：《高句丽遗迹》，文物出版社，2002年，第104—105页。

(续表)

分类	山城	周长（米）
3000米以上	礼义城	约3600
	苦竹隘	约3500
	神臂城	约3400
2000—3000米	运山城	约2900
	小宁城	约2500
	天生城	约2400
1000—2000米	虎头城	约1500
1000米以下	多功城	约540

（三）平面形状及布局

宋蒙山城与高句丽山城一样，城池随山就势建造，平面形状显得很不规则。如剑阁苦竹隘略成正方形，泸州神臂城略成椭圆形，通江得汉城形似乌龟，广安大良城则类似莲花瓣，不一而足。

高句丽山城一般为一层城垣，所以少有内外城之分，但也有部分山城存在内城。郑元喆介绍，高句丽山城的内城见于中国的太子城、燕州城、老城沟山城、城山山城、吴姑城山城、得利寺山城、古城子山城以及朝鲜的长寿山城、平壤城。高句丽山城中，内城与外城的关系可分为三种：一是在外城中修建一条城墙作为隔断，地势高者即为内城，内城与外城共有大部分城墙，如太子城、得利寺山城以及朝鲜的两座山城；二是在外城中新修一个围起来的城垣，内城与外城呈同心圆形式，如燕州城、老城沟山城、城山山城、吴姑城山城等；三是双内城，如古城子山城，但该山城内城的时代尚存疑。[1]

宋蒙山城中内外城情况较为常见。一般依据山体所呈现的阶地形状及级数修建内外城。由于宋蒙山城多位于桌状山上，山顶四周自然形成状若石城之态，所以山顶四周一定有一圈城墙（部分地段利用天然崖壁），有的山城山顶呈现多级阶地状，如小宁城，遂依台地边缘再建一圈城墙。有的则在山腰或山脚再建外城墙，如虎头城。这样，宋蒙山城中的内外城关系多数属于同心圆式。部分山城的外城也因地制宜使用部分内城墙，如运山城和钓鱼城，形成局部二重城墙的情况。所以，宋蒙山城的内外城关系多数属于高句丽的第二类情况。第一类情况不多，见于白帝城和三龟九顶城。白帝城由于历史原因，宋代修建城池时保留并修复了以前的上关城和下关城，同时将白帝山包围在内，从而形成上、中、下三个城相接的情况，其中山顶的上关城（子阳城）位置最高，视野最好，与高句丽山城的第一类内城相似。不过白帝城的上关城内还有樊家台、中间台、皇殿台等3个台子，其中樊家台四周有城墙，此种情形又归属于高句丽的第二类内城情况。三龟九顶城实际是由三龟城和九顶城相连接而成，虽类似于第二类情况，但实际并无所谓内外城之别。

在内部布局方面，高句丽山城与平陆型的政治型城市差别明显，都不设里坊，只有一些

---

[1] 郑元喆：《高句丽山城研究》，吉林大学博士学位论文，2010年，第225—228页。

必需的设施，如望台、烽火台、衙署、居址、兵营、仓库、塘堰、水井、道路等，分布位置也都各不相同，全无定数。

（四）城池构成因素

绝大多数高句丽山城都有比较完备的城防系统，且时代越晚，城防设施越齐备。就构成要素而言，有石砌的城墙环绕，城垣上有角楼、望台（相当于宋蒙山城的敌台）和女墙，与城墙相连的马面以及环城马道，有的城门带瓮城和关墙，有的城墙上部还有立木的柱洞，可能用于立栅栏。[1]

1. 城垣及附属设施

（1）城垣

在筑城材料方面，高句丽山城有三类：石筑、土筑、石筑与土筑混筑，其中城墙两侧用石，中间填土者亦算石、土混筑。据郑元喆统计，中国境内高句丽山城中上述三种类别所占比例分别为62.3%、24.7%、12.3%，不详的0.7%，石筑和混筑共占74.6%。早期石筑比例较大，晚期土筑增多。宋蒙山城筑城方式缺乏精准统计，根据调查和发掘情况看，纯粹土筑的应该没有，均为石筑或石、土结合。从多功城的城墙解剖看，即属石、土结合建造。白帝城虽然有不少城墙是纯粹石筑，但也有部分城段内部用泥土夯实。

高句丽山城使用的石材多就地取材，石质主要为花岗岩，其次为片岩和板岩。[2] 形态主要包括长条石、楔形石、梭形石、异形石等，其中楔形石使用较多，其使用方式与宋蒙山城一样，大头朝外，小头朝内。据学者统计，西丰城子山山城多使用规则的楔形石，尺寸一般为长0.4—0.7米，外露矩形平面的长度为0.38—0.55米，宽0.18—0.24米。单件重量在27—50千克之间，适合单人扛肩上搬运。[3] 这与宋蒙山城情况相近，但宋蒙山城的城墙石外露面更接近正方形。可见使用大小合适的楔形石砌筑城墙历史悠久，使用普遍，是长期筑城实践经验的总结。

高句丽山城依据基岩的情况采用直接奠基、适当加工再奠基等办法，使城垣与基岩的结合更紧密。墙体与宋蒙山城相近似，都有一定的收分，不过高句丽山城的收分主要采用叠涩法，使得城墙呈现阶梯式，每一级内收大致在5—10厘米。而且往往是下部收分较大，

图4-7-2 城墙和建筑墙体
（1. 得利寺山城西墙[2]　2. 丸都山城点将台基址[3]
3. 钓鱼城水师码头建筑基址　4. 武胜城天生寨建筑基址）

---
1 王绵厚：《高句丽古城研究》，文物出版社，2002年，第39—40页。
2 朴玉顺、刘思佳：《高句丽山城城墙的石砌技术浅析——以西丰城子山山城为例》，《高句丽与东北民族研究》2016年。
3 朴玉顺、刘思佳：《高句丽山城城墙的石砌技术浅析——以西丰城子山山城为例》，《高句丽与东北民族研究》2016年。

上部则比较垂直。石头多丁砌，也有顺砌和杂砌，砌筑方式显得较为多样。叠涩式收分做法也见于高句丽山城内部的其他建筑基址，这在钓鱼城的南水军码头、武胜城的天生寨也有同样做法。（图4-7-2）

城墙的砌筑方式包括单面砌筑和双面砌筑两种。单面砌筑指依靠斜坡砌筑，只露出外面城墙的做法，如五女山城的东城墙。双面砌筑方式是指把城墙的内外两面都显露出来的方式，一般见于较平坦的地方。宋蒙山城的城墙一般靠崖砌筑，首先对崖壁进行初加工，然后以丁砌方式筑城墙，墙体与崖壁之间紧靠，如有空隙则填以土石。如墙内地面较低矮，崖壁较缓，则先用泥土碎石进行夯实，达到一定高度后再在外壁砌筑城墙。这种情况往往形成外壁高内壁低的双面墙壁，

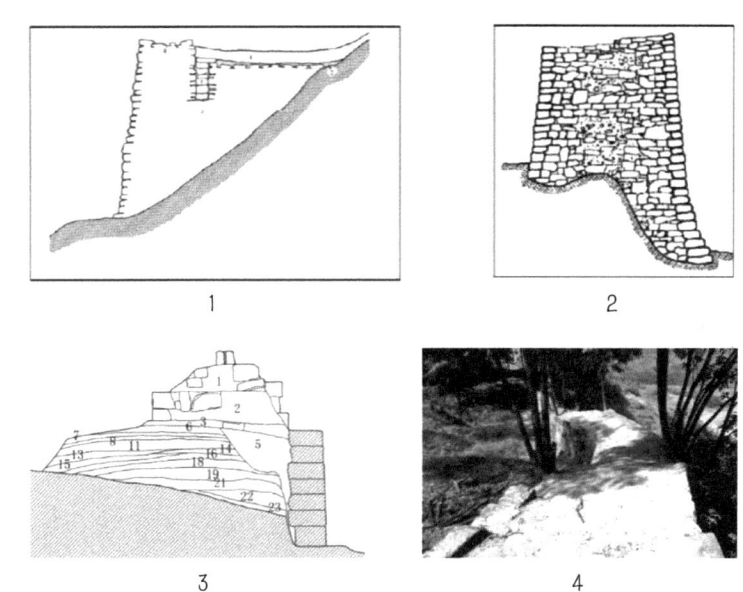

图4-7-3　城墙砌筑方式
（1.五女山城东墙的单面砌法[1]　2.黄龙山城的两面砌法[2]
3.多功城CQ2剖面[3]　4.多功城两面砌筑城墙）

如多功城、平梁城、虎头城等。由于宋蒙山城多依崖建墙，故单面墙较为多见，两面墙仅见于个别山城和一些较平缓的位置或缺口。个别保留了女墙的山城也可以见到双面砌筑，如多功城、平梁城、三台城。（图4-7-3）

高句丽山城均用"干砌法"，即不使用黏结剂的方法砌筑城墙。利用石块的形状和加工出的凹槽相互咬合，丁、顺结合，并使用较大型的石条进行找平，故城墙结实稳固，能较好地保存，显示了古代高句丽人高超的石材加工和砌筑技术。[4]宋蒙山城中有的没使用黏结剂，有的使用了石灰做黏结剂，因采集分析的不足，是否使用糯米灰浆等其他黏结剂尚不清楚。个别宋蒙山城城墙石也有可以咬合的槽口和榫卯（如运山城黄家沟城门一带城墙[5]），能增强城墙的稳定性。

（2）城门

高句丽山城常见瓮城，宋蒙山城则很少见，目前仅在白帝城和云顶城发现了瓮城。白帝

---

[1] 图片采自郑元喆《高句丽山城研究》，吉林大学博士论文，2010年，第85页。
[2] 图片采自郑元喆《高句丽山城研究》，吉林大学博士论文，2010年，第89页。
[3] 重庆市文化遗产研究院：《重庆两江新区多功城遗址2017年度发掘简报》，《江汉考古》2020年"重庆古代城址考古"专辑。
[4] 朴玉顺、刘思佳《高句丽山城城墙的石砌技术浅析——以西丰城子山山城为例》（《高句丽与东北民族研究》，2016年）一文对城子山山城的砌筑技术进行了详细分析。
[5] 蓬安县政协学习文史联谊委员会、四川古城堡文化研究中心：《运山古城》，西南财经大学出版社，2017年，第70页。

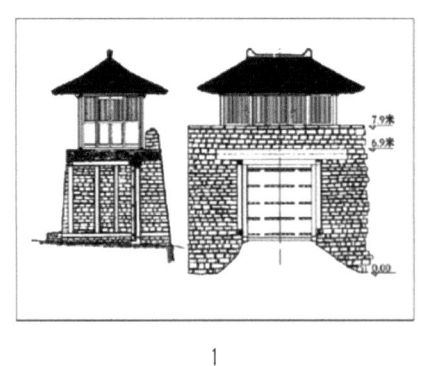

图 4-7-4 城门形制
（1.石台子西门复原图[3] 2.云顶城瓮城门外立面）

城的瓮城位于皇殿台，已经发掘。[1]云顶城北门外的瓮城围合范围较大，属因地制宜的特殊类型。

高句丽山城的城门数量不一，奇、偶不定，多位于隘口处，起着把守隘口的作用。城门破坏较严重，仅留门道底部，城门的形制不能详知。石城子西城门保存较好，西门门道进深6米，宽4米。门道西侧下部为楔形石砌筑的石台，石台上应是门道两侧排叉柱的地栿，地栿嵌砌于上层石墙壁之下，门道之内为八字挡墙。根据门轴的情况推测，应使用双扇木板门。门道出土的板瓦片表明，门顶上可能有简陋的门楼。[2]可见该门的形制为抬梁式城门。宋蒙山城中，城门数量虽然不一定，但数量多为偶数，显示了城市规划传统的影响。在城门形制方面，钓鱼城南一字城城门为抬梁式，门内有八字挡墙，与石台子西门形态相近。除此以外，其余能确认形制的城门均属拱券式，有一段式、两段式和三段式三种，形制较高句丽山城复杂，在门道内使用双扇木门启闭，个别可能存在悬门。目前仅在云顶城瓮城门发现吊桥装置。（图4-7-4）

（3）马面

高句丽山城中也使用马面加强局部防御，越到后期马面越常见。一般而言，高句丽山城的马面数量不多，如霸王城只有4个马面，其中1个还是角台，另3个分别位于城墙的三面。其中石台子山城马面数量名列前茅，共9个。据郑元喆介绍，马面一般用石头砌成，台基面长宽在数米到10余米，其中较大者如娘娘山城，上宽约9米，下宽11.5米，侧面长上面是18.7米，下面长为34.4米。石台子山城马面的基台正面宽为8.6—9米，侧面长度为7.1—10.4米。[4]总体来看，高句丽山城的马面大多并不像平陆城市一样完备，但相较于宋蒙山城而言，马面的使用较多，且较大。宋蒙山城的马面较为少见，形态也不一，只有个别比较规范，如云顶城；平梁城的马面数量最多，但外跳幅度很小，与高句丽山城相比，明显是因地制宜简

---

1 重庆市文化遗产研究院、奉节县文物管理所：《重庆奉节白帝城2017年度发掘简报》，《江汉考古》2020年"重庆古代城址考古"专辑。
2 李晓钟：《石台子高句丽山城复原研究》，《边疆考古研究》，2005年，第153页。
3 李晓钟：《石台子高句丽山城复原研究》，《边疆考古研究》，2005年，第155页。
4 郑元喆《高句丽山城研究》，吉林大学博士论文，2010年，第133—153页。

省的结果。[1]

（4）女墙

高句丽山城中女墙保存不佳，丸都山城现存女墙高在0.5米到1.2米之间，霸王城、五女山城等地女墙高度普遍在1米以下。[2]宋蒙山城中保存下来的女墙本来就少，垛口则未见。渠县《礼义城图》详细绘制了南宋理宗开庆元年（1259）年宋蒙双方发生在礼义城的一次战事，图中有比较清楚的"山"字形垛口。[3]按照《守城录》等兵书的记载，这种垛口上应该开设了3个呈"品"字形分布的垛眼，只是图中看不清楚。（图4-4-8左）

值得注意的是，不少中国境内的高句丽山城女墙内侧有成排的方孔，边长一般在30厘米左右，深度各不相同。关于这些石孔，用途说法不一，或说用于施放滚木礌石，或说栽植排叉木，或说插旗杆等。因无确切证据，上述猜测都不宜轻易否定。宋蒙山城中未见在城内开孔者，但在城墙外和城墙之上开孔的却有所见。前者见于重庆太平门[4]，后者见于钓鱼城南一字城墙之上[5]。前者的用途笔者猜测可能是用于栽植排叉木保护城墙免受炮石的攻击，后者用于栽植狗脚木张牛马皮、立板或结网之类，用于遮蔽炮石和箭矢。

（5）城壕

城壕是城墙的重要组成部分，其历史与城池一样悠久。它既是取土筑城后的产物，同时也是追求更强防御能力的产物。根据它在城墙内外的位置分为内壕和外壕，一般以外壕常见。由于地处山区，挖掘不易，所以高句丽山城的城壕并不多见，只见于少数山城。催阵堡山城的外壕有3段，长度分别为50米、82米、200米，宽度1米左右，深1—1.5米。这种局部的、既浅又窄的外壕在作用上相当于城外战壕，并非真正的城壕。平壤城万寿台西南端经过七星门、乙密台到牡丹峰的区间有壕的痕迹，特别是七星门至乙密台区间保存较好。这个外壕随着城外倾斜面下挖了30—32米，宽6—7米。[6]笼吾里山城、黄龙山城有内壕，宽10米，有避免流水直接冲刷城墙的作用。[7]这大概也算不上真正意义的内壕。

宋蒙山城中目前尚没有发现内壕和外壕，只在礼义城发现的《礼义城图》中在城外绘制了两道类似外壕的形象。[8]

（6）遮断墙

燕州城北、东城墙外有连续的矮墙，现高约1米，距离主城墙较近，郑元喆称为遮断墙，

---

[1] 罗洪彬、李修正：《四川巴中平梁城城防设施调查简报》，《西华师范大学学报》（哲学社会科学版）2021年第2期。
[2] 郑元喆：《高句丽山城研究》，吉林大学博士论文，2010年，第156页。
[3] 四川省文物考古研究院、达州市博物馆、渠县博物馆：《四川渠县礼义城遗址调查简报》，《四川文物》2020年第1期；郑万泉、陈卫东：《四川渠县南宋〈礼义城图〉的拼合与考释》，《四川文物》2020年第1期。
[4] 重庆市文化遗产研究院、渝中区文物保护管理所：《重庆渝中区太平门遗址发掘简报》，《江汉考古》2020年"重庆古代城址考古"专辑。
[5] 蔡亚林：《重庆合川钓鱼城城防设施的考古学观察》，《四川文物》2018年第5期。
[6] 郑元喆：《高句丽山城研究》，吉林大学博士论文，2010年，第229页。
[7] 郑元喆：《高句丽山城研究》，吉林大学博士论文，2010年，第229页。
[8] 四川省文物考古研究院、达州市博物馆、渠县博物馆：《四川渠县礼义城遗址调查简报》，《四川文物》2020年第1期；郑万泉、陈卫东：《四川渠县南宋〈礼义城图〉的拼合与考释》，《四川文物》2020年第1期。

认为有军事防御价值。[1]笔者认为，这个矮墙类似于羊马墙。催阵堡山城西城墙外有一段石墙，与主城墙大致垂直，但没有相接，[2]应属遮断墙。

宋蒙山城中虽然没有发现遮断墙，但个别山城有一字城，同样可以起到"遮断"的作用。当然，一字城的价值不仅限于遮断，还有沟通山城与江河的作用。催阵堡的遮断墙与主城墙的关系类似一字城，但也有明显差别。

2. 城内建筑

高句丽山城城内也有建筑基址，常见的有作为公廨的大型建筑，还有点将台之类的军事瞭望设施以及仓库。[3]如丸都城的宫殿建筑基址，矩形，成三级阶地逐级升高，总面积5700平方米，其内望台为人工叠砌高台，高11.75米，台顶近方形，边长6米。[4]吴姑城的"紫禁城"面积约103平方米，高2.6米。点将台为三角形自然高地，是全城制高点，北面48米，南面53米，东面37米。[5]大城山山城（大圣山山城）作为高句丽晚期的王城，规模宏大，建筑完备。在长寿峰西南有大型建筑址，可能为宫殿址。五女山城大型建筑址J2可能是仓库遗迹。系半地穴式建筑，平面呈长方形。全长24.5米，宽16米。西、南、北三面砌筑石墙，东面直接利用山坡凿出的土坎为壁。室内出土较多陶器和铁器，可能是仓库遗迹。[6]在五女山城等少数山城中还发现了一些小型建筑，内部有火坑、灶、炕以及排水设施，应该是当时士兵的住所。[7]

宋蒙山城内的建筑也多有发现，如白帝城、钓鱼城等地均发现了较多建筑基址，建筑类型包括衙署、民居等。从建筑材料看，高句丽的衙署建筑多为石筑，宋蒙山城则有砖、石两类。宋蒙山城的衙署建筑一般规模较大，形成多进院落，院落主体建筑按中轴线布局，有的院落还有园林设施和库房，如钓鱼城范家堰遗址。

3. 水利设施

高句丽山城因为位于山区，不少城池内有大小不一的溪谷，因此排水问题十分重要。但由于保存状况不佳，加之考古工作的不足，发现有水利设施的山城并不多。石台子发现有5条涵洞，东门的排水沟是由明渠、沉井、涵洞构成的复杂系统。[8]催阵堡山城的拦水坝建于城南谷口，大坝规模宏大，长达73米，东端顶部宽3米，底部宽19米，现存高仍达9.2米，留有宽12.5米的泄洪口。[9]

高句丽山城非常注重水源，除附近的河流外，在城内也有自然水源或人为挖掘的蓄水设施。丸都山城内的蓄水池用石条砌筑，略成方形，边长30余米，周长146.3米。[10]岩州城的蓄

---

1 郑元喆：《高句丽山城研究》，吉林大学博士论文，2010年，第230页。
2 周向永、王兆华：《辽宁铁岭市催阵堡山城调查》，《考古》1996年第7期。
3 王绵厚：《高句丽古城研究》，文物出版社，2002年，第61—62页。
4 王绵厚：《高句丽古城研究》，文物出版社，2002年，第53页。
5 王绵厚：《高句丽古城研究》，文物出版社，2002年，第85页。
6 辽宁省文物考古研究所：《五女山城》，文物出版社，2004年，第83页。
7 辽宁省文物考古研究所：《五女山城》，文物出版社，2004年，第72—77页。
8 沈阳市文物考古工作队：《辽宁沈阳市石台子高句丽山城第二次发掘简报》，《考古》2001年第3期。
9 周向永、王兆华：《辽宁铁岭市催阵堡山城调查》，《考古》1996年第7期。
10 吉林省文物考古研究所、集安市博物馆：《丸都山城》，文物出版社，2004年，第167—168页。

水池长7米，宽6米，深1米，蓄水量仅42立方米。城山山城蓄水池也是人工砌筑，面积与此相近，长60米，宽5米，深6米。[1] 催阵堡山城的蓄水池边缘齐整，南北最长62米，东西最宽16米，现存深约2.5米。[2] 石台子山城蓄水设施遗址由蓄水池、拦水坝、过滤池、坡道和半封闭形围墙等5部分组成。蓄水池不大，直径仅9米，但深度在8米以上。[3]

部分高句丽山城中发现了水井，如虎山山城、五女山城、城山山城、大城山山城等。其中虎山山城发现的水井可能是中国境内发现的最大规模的古井。井为圆形，内壁直径4.4米。井壁用打制规整的楔形石构成，井筒壁直，现存楔形石井壁为53层。从残井口至井底深11.25米，井口至现地表距离为12米，规模甚大，有类蓄水池。[4] 其余山城的水井大小与普通水井无异。

与高句丽山城相比较，宋蒙山城对水源更为重视，塘堰的数量和规模都远超高句丽山城。钓鱼城拥有水池14处，其中范家堰"周回一百余步，名曰天池，泉水汪洋，旱亦不涸。池中鱼鳖，可棹舟举网"。[5] 大良城的山湾大塘面积约8000平方米，即使面积较小的运山城上也有4个水池，其中最大的天生池面积为2320平方米，也远超丸都山城。其余山城山顶均有大大小小塘堰，此不赘述。不仅如此，宋蒙山城内还开凿了数量不等的水井。如钓鱼城据记载有水井92口。[6] 这或许有所夸张，但宋代水井必定不少。大良城、神臂城、云顶城内都发现不少宋代水井。宋蒙山城中的塘堰和水井表明人口承载力较强，能满足长期驻守和农耕的用水需求。

宋蒙山城因为被城墙围了一周，水难以外泄，除部分蓄起来以外，其他的还是需要排出城外。据调查，排水设施有两种：一是在城墙上开小孔，口径多在二三十厘米，数量较多；二是排水涵洞，规模较大，如钓鱼城的皇洞、大良城和云顶城的排水涵洞等，这类涵洞兼有出奇兵的作用。

第二节 比较结果

通过将宋蒙山城与高句丽山城的比较，我们发现两者之间有很大的相似性，但同时也存在明显的差异。择其要者简述如下。

一、相似性

两者皆数量较大，达上百处，相对而言高句丽山城的数量更多一些，已经发现200处以上，宋蒙山城在文献中记载有上百处，实际发现的接近一半。

宋蒙山城与高句丽山城的宏观布局相似，区域中心山城都由若干次级山城拱卫形成区域

---

[1] 大连市文物考古研究所：《大连城山山城2005年调查报告》，《东北史地》2006年第4期。
[2] 向永、王兆华：《辽宁铁岭市催阵堡山城调查》，《考古》1996年第7期。
[3] 刘思雨：《沈阳石台子山城独特的排蓄水设施》，中国建筑学会建筑史学分会、北京工业大学：《中国建筑学会建筑史学分会暨学术研讨会2019论文集（上）》，2019年，第250页。
[4] 冯永谦：《高句丽泊汋城址的发现与考证》，冯永谦：《北方史地研究》，中州古籍出版社，1994年，第175页。
[5] 万历《合州志》卷1"天池"条，明万历七年刻本。
[6] 万历《合州志》卷1"天池"条，明万历七年刻本。

性山城体系，这些区域山城体系又共同拱卫最高级中心城市（宋蒙山城是重庆城和钓鱼城，高句丽是王城），从而形成有中心、有重点的多层级山城体系。

宋蒙山城和高句丽山城在选址方面都注重对水陆交通要道的控制，在具体规划时又充分遵从自然规律，随山就势，因势利导，因而其平面形状、布局都不规则，体现了古人将自然环境与人为创造巧妙结合的智慧。

在城池构成要素方面，两者也体现了诸多一致性。都包括军事系统、生活系统、水利系统等各类设施，而且三者有机结合，共同支撑山城的运转。其军事系统也都包括了城垣、城门、马面、望台、角台、烽火台、马道等内容，反映了军事设施的一般要求和军事文化的传承。生活系统由住宅和水源、水井、道路等构成，能保证战时基本的需要。水利系统充分利用自然地形并加以人工改造，既能有效蓄水，又能使城池免除水患。

在建筑材料和技术方面，建筑山城的材料均就地取材，使用当地盛产的石材进行加工，普遍使用大小合适、省时省力又便于砌筑的楔形石作为建筑城垣的材料。此外还巧妙地使用石材本身的形状进行砌筑，同时有效利用废弃石材和泥土填充城垣内部，在保证城垣稳固性的同时节省了石材。

二、差异性

由于宋蒙山城和高句丽山城的所处时代、建设背景以及地理环境的不同，两者也存在一些明显的差异。

首选是选址方面。高句丽山城虽然也重视江河，但与宋蒙山城不一样，宋蒙山城需要大量利用江河进行兵力、粮饷的运输，因而江河要求能通航，高句丽山城则没有这么强烈的通航需求，更多的是看重河流的水源以及河流两岸适宜的耕作环境。在具体选择山体时，宋蒙山城更多地倾向于选择山顶宽平、山崖陡峭、山麓较缓的桌状山，高句丽山城所处地区桌状山稀少，故选择大小适宜的普通山体。由于山体形态的差异，山城的分类也有所不同。高句丽山城中，包谷型和山腰型较多，山顶型较少，而且山顶型规模最小，多为堡垒。而宋蒙山城均为山顶型，部分山顶面积有限，则利用外城墙或一字城墙等设施将山坡，甚至山前平地纳入城池范围。

其次是城防系统方面。从城防系统的复杂性看，宋蒙山城以钓鱼城、白帝城、神臂城等为代表，充分利用了山形水势，创建了一字城、耳城、外城、暗道，多种多样的军事设施构成了高度复杂的城防系统，从这个角度看，似较高句丽山城略胜一筹。不过，高句丽山城中也有一些军事设施不见于宋蒙山城，如高句丽山城的瓮城、内壕和女墙内侧的方孔，外壕在宋蒙山城的考古工作中也未见到实例（《礼义城图》显示礼义城有两道外壕，每一道壕沟又由两壕构成），城垣的类别也比宋蒙山城丰富，其土筑城墙就不见于宋蒙山城。从城门类型看，高句丽山城为抬梁式结构，大多保存不好，而宋蒙山城大多为拱券式结构，且有不少较完整的城门实物保存至今。

再次是城内其他系统方面。宋蒙山城除上述生活系统、水利系统外，还包括行政系统、文教系统等。其生活系统较高句丽山城更加完备，民居数量更多，塘堰的数量和蓄水量都比高句丽山城要多，水井数量也远超高句丽山城，可见宋蒙山城的人口承载力更强。宋蒙山城内普遍存在各级行政衙署，以保证战时行政事务能得以继续开展。有的城内还开设有学校，修建了寺观、祠庙、市场等。在这方面，高句丽山城军事堡垒性特点更加突出，显得较为单一，而宋蒙山城内则军政、文教、宗教、经济等较为全面，生活相对丰富。因此，高句丽山城内平时并不长期居住大量人口，只保留少量护卫和维护人员，"寇贼至日，方入固守"[1]。

三、比较结论

影响山城选址、规模、布局、城池构成等的因素很多，有时代背景、地理环境、建城传统、政权性质等客观情况，也有主政者个人能力和志趣因素。因此，城池建造是多种因素下产物，具体哪种因素占据主要地位需要具体分析。

宋蒙山城与高句丽山城的相同之处主要体现在体系性以及城池构成因素的军事性方面，这是由两者的军事职能所决定的。终高句丽政权700余年，周边政权的军事压力长期存在，从某种意义上说，高句丽政权的历史就是一部军事史。同样，面临纵横欧亚的蒙古大军，南宋的四川战区也承受了巨大的军事压力，四川山城体系就是在这个压力下诞生的。虽然宋蒙山城有政治、文教等方面的一些职能，但军事职能是首要的。中国有漫长的筑城史，城池防御理念深入人心，城池建造技术代代相传。高句丽山城和宋蒙山城在军事方面的表现呈现出较大的相似性，是源远流长的中国古代筑城防御思想和技术的产物。

不过宋蒙山城与高句丽山城也存在一些明显不同，主要体现在宋蒙山城的防御系统更加复杂，防御能力更加突出。这主要得益于唐宋时期军事思想的发展和城池攻防技术的进步。唐宋是兵书编撰的高峰时期，据《中国兵书知见录》统计，隋唐五代（唐占绝大部分）存世书目50部，192卷，存目书目166部，776卷；宋辽金元（宋占绝大部分）229部,2205卷，存目352部,1743卷，[2] 较之隋、唐、五代又有较大幅度增加。其中既有官方组织编撰的《武经七书》和《武经总要》，也有专门讲授守城经验的《守城录》，反映了官方的重视和实践经验的积累。在这样的背景下，南宋晚期能创建起宋蒙山城这样杰出的城池防御体系也就不足为奇了。宋蒙山城与高句丽山城在防御能力上的差异性体现了中古时期城池防御思想和筑城技术的进步。

1《北史》卷94《高丽传》，中华书局，2013年，第3115页。
2 许保林：《中国兵书知见录》，解放军出版社，1988年，第52、60、71、109页。

第五编 申遗相关问题

第一章 申遗前的考古工作

考古工作对申遗十分重要。据贺云翱先生统计，主要通过考古发掘、研究等手段揭示和阐释遗产价值的项目有秦始皇陵，周口店北京人遗址，明清皇家陵寝，高句丽王城、王陵及贵族墓葬，殷墟，元上都遗址，丝绸之路：长安－天山廊道的路网，中国大运河，土司遗址，左江花山岩画等，后来的土司遗址（贵州海龙屯和湖南永顺土司城、湖北唐崖土司遗址）和良渚古城更是这方面的典型。[1] 为有效推进宋蒙山城遗址群的申遗工作，田野考古工作一方面亟须加快，另一方面需在文化遗产保护的目标下开展工作，工作方法十分重要。高质量的考古工作不仅能促进宋蒙山城遗址的学术研究和文化遗产保护，也能有效推动申遗工作。

宋蒙山城遗址的考古工作有一定的特殊性。从考古发掘目的而言，已经带有明显的为遗产保护而考古的特点，因此周全的规划、阶段性计划、科学的方法十分必要。在具体操作中，笔者建议以文化景观的视角、聚落考古的理念、城市考古的方法来进行。

宋蒙山城是在战时形成的，它的选址、修建、格局、职能、运行、演变都体现出特殊的文化景观。针对此种文化景观遗产，我们的考古工作需要主动利用地理学中人文景观理论来指导，避免过于偏重军事城防设施的做法。这就要求对遗址本身及周边的自然环境（尤其是山、水）、自然资源（耕地、水源、交通、动物、植物等）、非军事类遗存（包括行政、文教、宗教、民居、市场）给予充分关注。有的山城在宋蒙战争之前或之后也有文化遗存的，还需注意理清各时代文化景观发展的脉络，探究其背后的原因，总结演变规律。在发掘过程中，尽量保留后期的遗迹，以体现其演进轨迹。老鼓楼遗址的发掘中采用局部解剖方法了解早期遗迹的做法就是一个值得推广的案例。

与人文景观视角相适应，笔者认为可以用聚落考古理念来指导工作。

具体而言，要重视两项工作：一是通过全面细致的工作分清不同时期的遗存特点，用道路、城墙等线条连接各种遗迹现象，寻找生活面，究明共时性遗存，绘制各时期聚落结构图。二是多学科合作，引入地理学、植物考古学、工程学、军事学等学科人才共同参与工作。地理学者阐释自然和人文地理特征、自然资源承载情况，并与植物考古学家合作探讨当时的农业生产及生计情况；工程学家探讨建设山城所需人力、技术、得失；军事学家探讨山城选址、建设特点、军事设施、后勤保障等有效性及双方攻防方式。

宋蒙山城遗址考古属于城市考古范畴。按照学术界的分类，古代城市一般分古今重叠型城市和荒野型城市两类，笔者认为，还可以增加乡村型一类。除重庆城外，大都属乡村型和荒野型。城市考古的基本目标是：纵向找沿革，横向找布局。这一条对宋蒙山城也适用。至于城市考古的具体方法，一般而言，首先寻找城墙、城门和路网系统，构建城市的基本轮廓。

---

[1] 贺云翱、陈思妙：《考古发掘与世界文化遗产申报——以明孝陵为例》，《东南文化》2019年第1期。

接下来寻找城内重要职能建筑进行发掘，比如宫殿、衙署、文庙、寺观之类，绘制出城市的布局，尽可能构建完整的城市景观。纵向方面，充分考虑山城的建设、使用、废弃、再修建、再使用、再废弃的过程，构建起包括每个阶段的完整生命链条。

宋蒙山城考古虽然可以套用城市考古的一般方法，但也要注意其特殊性。

第一，山城位置。宋蒙山城所处位置多在山上，与一般治所型城市多位于平陆不同。平陆城市便于规划，在平面布局和设施构成及形制方面多遵循礼制，规划方正，山上城池则只能因山就势，导致在规划和具体设施上一定有所变通，或增或减，或变更形制。这些情况需要结合实际情况做出预估，并制定相应工作方法，而不能简单套用平陆型城市做法。同时，由于山城多就地取材，使用石材营建，不同时代的建筑都使用石材，遗存之间的叠压打破关系与我们常见的遗址有所不同，给判断遗存的共时性和异时性带来了难度。

第二，山城职能。宋蒙山城是以军事为主，政治、文教、经济为辅的临时性治所，与一般治所型城市差别明显。治所型城市首先强调的是政治职能，而且治所型城市具有固定性，因而行政类设施较为齐全，而山城注重军事类设施，由于是临时性治所，各项建设注重灵活变通和因陋就简，这就决定了在寻找特定职能机构位置的时候，与治所型城市有所差别，需结合地形地貌做具体判断。在判断一些建筑遗存属性的时候，也不能简单套用治所型城市的一般情况。

第三，山城使用。宋蒙山城往往有间断性利用情况，与治所型城市长时间延续不同。宋蒙山城在宋蒙战争结束后，大部分被人为拆毁。明清时期战乱中又多次被重新利用，再次利用时有修复城墙、城门的行为，甚至有改变城垣范围情况，由此留下了不同时代的遗存，在考古工作中需要仔细辨认，分清时代。现在的山城调查研究文章中，常把宋代和其他时代遗存混淆，以致出现各种错误说法。

第四，山城堆积情况。山城位于山顶，其堆积受流水、滑坡、崩塌等影响，堆积不仅不够完整，而且有向下消减、断裂、倒装等现象，与平陆型城市多逐层往上堆积有所不同，这就增大了遗存辨识和复原的难度。

第五，山城文献。宋蒙山城遗址涉及的文献种类较多，除正史外，兵书、文集、志书都很重要，往往透露出山城遗址的相关信息。如前所述，山城遗址中存在的碑刻材料（不论是否还存在实物）对山城考古工作十分重要。通过仔细、全面搜集相关文献和图像材料，获得对城址布局和沿革的相关信息，可以为山城遗址考古提供思路，增加针对性，同时避免无所谓的失误和浪费。

就目前的中国考古而言，山城考古工作在各个地区，针对不同时代和不同类型都有了较多实践，积累了很多经验，但对于宋蒙山城而言，由于存在一些特殊性，许多方法还在探索之中。我们相信，宋蒙山城的考古实践可以丰富城市考古和聚落考古的方法，推动中国考古学的发展。

宋蒙山城遗址除少量城墙、城门以及台形遗迹外，不少遗存已深埋地下，必须通过考古发掘才能揭示。笔者曾调查各处宋蒙山城，深知即便对一处山城进行多次调查，也很难搞清楚城址的平面布局和历史沿革，而这两项是城市考古的基础目标。即便是钓鱼城，虽然经历了多年的持续发掘，其布局和沿革仍有许多不清楚的地方。

另外需要提醒的是，有的管理部门和研究者对不同时代的遗存缺乏正确认识，往往出现把清代遗存误为宋代的情况。通过考古发掘工作，正本清源，保证遗存的真实性，是遗产申报前必须进行的基础工作。因此，对宋蒙山城遗址开展大规模的考古工作不仅是必需的，而且是迫在眉睫的。

从目前来看，重庆境内的山城如钓鱼城、白帝城、重庆城、天生城、皇华城、三台城、多功城、赤牛城、龙岩城都进行了大规模考古发掘，下一步的发掘工作也已有规划。相对而言，四川境内以前的山城考古工作屈指可数，如今才刚刚起步，仅在神臂城、大良城、云顶城等少数山城开始了发掘工作。因此，四川省需要尽早制定发掘规划，投入更大的力量，加快进行。笔者建议，先期可将主要精力放在云顶城、神臂城、大良城和武胜城上，小宁城、大获城、青居城等山城也可尽快进行。发掘的同时，要努力申报更高级别的文物保护单位、考古遗址公园、大遗址保护等，建立专门的保护机构，制定相应的保护方案，实施发掘、保护、展示、申遗一条龙工作方案。及早划定遗产核心保护区和缓冲区，避免遗产遭到进一步人为破坏或为后来的保护工作带来隐患。

第二章 世界遗产视角下的宋蒙山城遗址群

根据《实施〈世界遗产公约〉操作指南》(以下简称《操作指南》)[1] 第77节规定,世界遗产须具备 i—x10 条标准,其中第 i—vi 适用于文化遗产,第 vi 条标准最好与其他标准一起使用。第78节规定,在符合上述价值标准基础上,必须同时符合真实性和完整性标准。下文讨论宋蒙山城遗址群的遗产价值、真实性和完整性。

第一节 突出普遍价值和申遗标准

一、宋蒙山城遗址所具有的突出普遍价值

《操作指南》第49节指出:"突出的普遍价值指罕见的、超越了国家界限的、对全人类的现在和未来均具有普遍的重要意义的文化和/或自然价值。"我们认为宋蒙山城具有突出的普遍价值。

单霁翔说:"只有把文化景观遗产放在历史时空的宏阔背景之下和文化演进的跌宕起伏之中,才能生动地还原文化景观遗产的本质要素,才能正确地认识文化景观遗产的系统内容,才能充分地反映每一处文化景观遗产的个性特征,才能科学地表述文化景观遗产的整体价值,也才能体现出其他文化遗产类别难以比拟的独特魅力。"[2] 这段话认识十分深刻到位,对于我们提炼宋蒙山城遗址群的突出普遍价值很有启发意义。

石鼎认为,在总结钓鱼城的突出普遍价值的时候应当注意以下几个方面:明确钓鱼城之战在世界战争史中的地位及其对世界历史的影响;强调以钓鱼城为代表的13世纪南宋抗蒙山城的整体价值;强调钓鱼城遗址所体现的人类巧妙利用自然要素进行防御的智慧;肯定南宋以来各个时代对于钓鱼城遗址继续演进的贡献。[3] 笔者认可石鼎的意见,并认为该意见对我们总结宋蒙山城遗址突出普遍价值有很好的借鉴意义,现将宋蒙山城遗址的突出普遍价值归纳如下。

宋蒙山城是13世纪宋蒙战争期间交战双方在当时的四川境内修建的山城总称,其中宋军山城104处,蒙军13处,分别构成了山城子体系并共同构成了山城总体系。其中原真性和完整性较好、遗产价值突出的代表性山城有6处:钓鱼城、重庆城、白帝城(以上属重庆市)、云顶城、神臂城、武胜城(以上属四川省)。[4] 分布在东经104.48°(云顶城)—东经109.56°(白

---

[1] 联合国教科文组织、保护世界文化与自然遗产政府间委员会、世界遗产中心制定,中国古迹遗址保护协会译:《实施〈世界遗产公约〉操作指南》,2021年7月31日修订版。本书所称《操作指南》均指此文献,不再——注明。
[2] 单霁翔:《走进文化景观遗产的世界》,天津大学出版社,2019年,第47页。
[3] 石鼎等:《钓鱼城遗址与同类遗址的比较研究》,重庆出版社,2020年,第187—191页。
[4] 视后期考古工作和保护情况酌量增减。

帝城）、北纬 28.88°（神臂城）—31.05°（白帝城）范围之内。[1]

宋蒙山城选址于水陆交通要道（尤其是水道）两侧山丘（主要是方山）之上，结合山形水势，巧妙地利用当地石材构建起复杂的防御系统。山城内还有行政、文教、宗教、生活等设施以支撑其军事行动。宋蒙双方的山城均依赖水陆交通构成相互支持的山城体系，宋军山城体系促成了蒙军山城体系的建立，而后者最终摧毁了前者。宋军山城体系继承并改进了传统筑城理念，将利用山城构建城防体系的战术推进到了空前高度。蒙军摒弃了传统作战方式，仿照宋军建立起自己的山城体系，这在蒙古全球征战历史中尚属首次，也是唯一的一次。宋蒙山城充分利用了自然环境和人文环境，因地制宜，以自然主义和实用主义为指导思想，实现了人工建造与自然环境的高度统一，传承并发展了中国源远流长的筑城防御思想和技术，是冷、热兵器交替时代东方战争中城防设施的杰作。宋军山城体系的建立，瓦解了蒙军快速灭亡宋朝的梦想，减轻了世界各地抵抗蒙军的压力。同时，在与宋军作战的过程中，蒙军不断吸收汉族文化，最终以较为温和的方式占领了所有宋军山城，实现了大一统，对世界历史产生了重要影响。

二、建议申报的世界遗产标准

石鼎建议钓鱼城以世界遗产标准的第 ii、iv、vi 条申报，[2] 魏坚建议以第 iii、iv、vi 条为标准，[3] 袁东山建议以第 iv、vi 申报。[4] 石鼎与魏坚的区别在于适用第 ii 条还是第 iii 条的问题。石鼎先生对第 ii 条的阐释是：钓鱼城是 13 世纪游牧文明全球扩张过程中与农耕文明发生冲突的产物；钓鱼城之战的失利促使游牧民族积极吸收农耕民族的先进作战技术，并以怀柔政策取代传统的血洗屠城政策，这是游牧文明与农耕文明价值观交流的重要成果，对之后世界文明的发展具有重要意义。魏坚先生则强调钓鱼城的见证价值：首先见证了 13 世纪宋蒙战争，其次钓鱼城摩崖石刻等人文景观见证了钓鱼城军民的守城事迹以及后世对钓鱼城历史和人文的持续性纪念。

由于笔者倡导的是宋蒙山城联合申遗，因而更加看重人类价值观的交流，而非见证价值，故倾向于选择世界遗产标准的第 ii 条，即符合第 ii、iv、vi 条标准。

标准 ii：在一段时期内或世界某一文化区域内人类价值观的重要交流，对建筑、技术、古迹艺术、城镇规划或景观设计的发展产生重大影响。

笔者参考石鼎的表述，重新阐释如下：

宋蒙山城是 13 世纪游牧文明全球扩张过程中与农耕文明发生军事冲突的产物。宋军山城体系将东方农耕民族延续上千年的山城建设技艺推进到最高发展阶段，并对后世产生了深远影响。战争期间，蒙军积极吸收宋军的先进筑城理念和技术，创造性地建设了自己的山城体系，为蒙古此后大规模建设城池积累了宝贵经验。宋蒙山城促进了农耕文明与游牧文明在军

---

[1] 经纬度以遗址中心点为准。
[2] 石鼎等：《钓鱼城遗址与同类遗址的比较研究》，重庆出版社，2020 年，第 193 页。
[3] 魏坚主编：《全球视野下的钓鱼城遗址遗产价值研究》，重庆出版社，2020 年，第 236—241 页。
[4] 袁东山：《遗产要素真实性支撑下的钓鱼城突出普遍价值论要》，《中国文化遗产》2022 年第 6 期。

事艺术和价值观方面的交流，游牧民族放弃了传统的血洗屠城政策，改用相对怀柔的方式结束了战争，体现了战争双方对和平的期待，在以后的国家治理中推行农耕文明的"汉法"，为世界不同文明之间的交流提供了可资借鉴的案例。

标准 iv：是一种建筑、建筑或技术整体、或景观的杰出范例，展现人类历史上一个（或几个）重要阶段。

关于这一条，石鼎强调了自然与人文高度融合，是智慧的体现；魏坚强调了选址、城防设施和建筑群三个方面，既有物质层面又有精神层面。现博采众长，重新阐释如下：

宋蒙山城创建于13世纪宋蒙战争期间。在选址、城防设施构筑、管理等方面体现出与西方，乃至东方传统筑城理念的差异。它们普遍选址于四川盆地及周边的方山上，临近当时的水陆交通要道，体现了据山控道的战略目的，同时各山城之间又依赖水陆通道形成互相呼应的山城体系。在城防设施构筑方面，充分利用周边山形水势，建设起由烽燧、外堡、主城构成的多层防线，并由一层或多层城墙、一字城、马面、敌台、暗道等设施形成层次分明、重点突出的复杂城防系统。山城之内往往还有行政、文教、宗教、民居、市场、园林等机构或设施，它们与城防设施一起构成了战时独特的人文景观。

宋蒙战争结束以后，元朝政府保留了一些重要山城作为军事重地继续镇守，大部分山城被下令拆毁，并将行政中心迁回和平时期的原址，宋蒙山城遂逐渐废毁。明代以来，为缅怀宋蒙战争，部分山城兴建了纪念建筑和庙宇。同时，每遇战乱，宋蒙山城都被重新利用，城防设施得到修复或完善。20世纪中叶以来，宋蒙山城彻底结束了军事职能，一些彻底荒芜，一些成为村落，个别蝶变为繁华大都市。

宋军山城体系在宋蒙战争中，经受住了当时世界上最强大军事力量的冲击，创造了以弱胜强的光辉战例，对世界局势造成重大影响。蒙军仿照宋军建立起自己的山城体系后，宋军山城体系在对峙中瓦解。宋蒙山城在日后的持续利用，体现了技术和观念的传承，反衬出宋蒙山城的重大军事价值。近800年的发展历史在宋蒙山城遗址留下了诸多历史印记，共同构成了独特而持续的文化景观。

标准 vi：与具有突出的普遍意义的事件、活传统、观点、信仰、艺术或文学作品有直接或有形的联系。（委员会认为本标准最好与其他标准一起使用）

关于这一条，石鼎强调了开庆元年（1259）钓鱼城之战的世界性影响，魏坚不仅提及钓鱼城防御36年以及1259年蒙哥汗之死的影响，还谈到钓鱼城蕴含的精神传承。相对来说，魏坚的看法更全面，也更符合文化景观中非物质文化内涵的要求。现重新阐释如下：

宋蒙山城是13世纪蒙元全球战略推进过程中与宋朝产生军事冲突的产物。在近半个世纪的冲突中，宋蒙双方借助山城体系创造了许多经典战例，造成了蒙哥汗的突然去世，促成了忽必烈汗的即位，最终忽必烈汗以自己的山城体系瓦解了宋军山城体系，建立了疆域空前的大帝国，对世界历史产生了重大影响。宋蒙战争中双方的军事谋略和经典战例对后世影响深远，军民们忠勇坚贞的精神也得到世代传颂。

第二节 真实性和完整性

《操作指南》第79节指出："依据标准（i）至（vi）申报的遗产须符合真实性的条件。"第82节指出："……依据文化遗产类别（申报标准所认可的）的下列特征真实可信，则被认为具有真实性：外形和设计；材料和材质；用途和功能；传统，技术和管理体系；环境和位置；语言和其他形式的非物质遗产；精神和感觉；其他内外因素。"第86节指出："缔约国首先要确认所有适用的真实性的重要载体。真实性的声明应该评估真实性在每个载体特征上的体现程度。"同时规定"所有申报列入《世界遗产名录》的遗产必须满足完整性条件。"下面依次分析。

一、真实性

按照《操作指南》第82节的规定，真实性应体现在以下8个方面。

（一）外形和设计

真实性载体体现在城垣和其他军事设施上。宋蒙山城自南宋时期创建以来，先后经历了宋蒙战争的破坏、守城者的重修、元初有组织的拆毁、明清时期的重建等历史过程，其间也伴有自然的破坏。残存的宋代遗存仍较丰富，不少遗存（如城墙、城门）仍然保留着宋代原样。宋代以后的遗存显示了从宋代以来各种原因导致的外形和设计的变化，虽然对宋代原形有所改变，但真实体现了宋代以来的演进情况。不过，也得承认，20世纪80年代以来，有的山城出于旅游开发目的进行了局部修复，如钓鱼城、云顶城、神臂城修复了大段城墙和一些城门。这些修复部分在外形和设计上参照了原有遗存，但并未刻意做旧，因此，与原有遗存区别明显。山城内的其他遗迹，如碑刻、摩崖造像、祠观建筑等尚保留不少，有的保存状况良好。

（二）材料和实质

宋蒙山城城防设施和官民建筑所用石材均就近开采，在后代的改建、复修过程中，仍然如此。只是不同的时代石材的加工技术、石料的大小和形状有所变化。虽然经历了近800年，但山城城垣以及其他建筑的石材尚保留至今，成为真实性的载体。

（三）用途和功能

宋蒙山城的修建用途主要是军事，宋军山城除军事外，还要行使战时行政、文教、宗教、经济等职能，因此是军事为主，其他用途为辅的复合型职能。蒙军山城相对来说要简单一些，军事性质更加突出，兼有行政、经济、生活职能。宋亡以后，元廷下令拆毁大部分山城，导致山城沉寂了一段时间。直到明代，部分山城开始有了寺庙、祠观等设施，一些适合耕作的山城进行了复垦。明末清初以来，由于战乱频仍，多数山城重新得到利用，成为护佑当地百姓的军事堡垒，部分山城也曾被土匪占据成为军事据点，总之仍然行使着军事职能。20世纪中叶以来的和平年代，山城走向分化，一部分适合人居的得到继续利用，这类山城数量较多，如钓鱼城、大良城、云顶城、神臂城、天生城、小宁城等，均发展为较大规模的村落，原有的塘堰、水井、道路等设施被用于农业生产和日常生活，城门继续用于通行，城墙则被作为堡坎而保留。重庆城是唯一例外，宋代的重庆城范围已经成为特大城市的中心城区。另一些山城由于地势险要、生活不便而被逐渐废弃，如龙岩城、凌霄城等。总之，在战争年代，这些山城均以军事职能为主，而在和平年代则多发展为自然村落，少部分被遗弃。宋蒙山城在用途和功能方面的真实性载体主要是体现在各个时代的城垣及相关城防设施、衙署遗址以及民居、塘堰、水井、道路等遗存上。

（四）传统，技术和管理体系

中国古代修建城池的历史悠久，至少可追溯到新石器时代中晚期。此后，城池建筑性质逐渐分化为两种：一是政治型为主城池，如都城和地方各级政府治所；二是军事型为主城池，如各地的关城、烽燧、堡寨等。后者类别丰富，一般都能结合地理形势和敌人特点进行修建，如北宋时期宋廷在西北地区修建的应对西夏的堡寨，明代在各地修建的卫所等。作为军事型城池，对战略位置和地形的考量非常突出，宋蒙山城散布于巴山蜀水之间，雄踞山丘之顶，控扼水陆两路，反映了军事城池择址的传统。

在技术方面，总体上沿用了中国古代传承上千年的政治性城池做法，有城垣、城门、马面、敌台等，但又有因地制宜的改变，如取消了环壕、减少了马面，用石材取代夯土和砖，用拱券式城门取代抬梁式城门等，都体现了继承中的发展。这些技术在山城遗址中清晰可见，载体丰富，反映了技术的真实。

由于山城是战时城池，其管理实行军政合一制度，四川战区宋军最高领导是制置使，拥有军事、行政、财赋等大权，其下有路、府、州、县、监、军等各级。正规军、乡兵等各类军事力量分属所在山城最高长官统管。蒙军山城情况与此相同，也实行军政合一制度。宋蒙双方当时的军政首脑机关在山城遗址中有所发现。如重庆市的老鼓楼遗址是四川制置使衙署所在，钓鱼城的范家堰一带大型建筑群很可能是合州州衙遗址，礼义城的州衙可能在三教寺旧址，皇华城府衙在大湾遗址，天生城、三台城、神臂城、大获城、得汉城、平梁城、养马城等山城的衙署位置已有一些线索。除军政设施外，山城还有文教、宗教、经济等方面的职能。部分山城的文教、宗教、市廛等设施在考古工作中有所发现，如赤牛城的觉林院遗址、钓鱼城的大草房遗址等。随着田野考古的深入开展，更多体现管理体系的遗存将会面世。

（五）环境和位置

宋蒙山城的选址都是精心规划的结果，文献中提及的上百处山城近一半还能找到确切地点。值得庆幸的是，重要山城位置都很明确，既有历代文献的依据，也有考古材料的证明。大部分山城的名称一直没有改变，如钓鱼城、白帝城、重庆城、天生城、云顶城、神臂城等；个别名称虽有改变，如运山城，今名燕山寨，但历史文献对其名称改变有清晰的记录。

宋蒙山城修建于山顶，绝大多数位于方山之上，山下往往有大江大河流过。目前，这些山、水基本保持原样，原来的山水形胜没有改变。山上虽有一些变化，如重庆，成了繁荣的大都会，大多数山顶现在是村落，农耕生活对山顶的环境没有造成大的变化，原本的环境基本得以保持，山、水、城一体的文化景观载体依然存在。

（六）语言和其他形式的非物质遗产

宋蒙山城的非物质遗产主要体现在两个方面：一是山城体系的防御理念。宋军修建的山城体系有效抵御了蒙军进攻，改变了战场态势，增强了宋军信心。修筑山城御敌的理念虽非宋代首创，但利用当时四川的方山地貌，建立控扼水、陆两路的山城体系确实发展了筑城防御的理论，这种理论在后代得到了传承。尤其是在清代嘉庆年间，面对白莲教势力的迅猛发展，清政府采用"坚壁清野"手段，不仅重新利用了宋蒙山城，还新修了大量寨堡，一些相邻的寨堡还自发形成联防制度。这种制度起到了很大作用，使白莲教军攻无所得，首尾受敌，可以说，寨堡联防制度是白莲教军失败的重要原因。二是文学、艺术。不少山城与文学关系密切，最突出者是白帝城。杜甫、李白等文豪在白帝城或为白帝城撰写了大量不朽诗篇，其中杜甫的《登高》、李白的《早发白帝城》均为妇孺皆知的佳作。因为山城所在山体多为砂石，软硬适中，适宜雕刻，所以不少山城留下了碑刻和造像，成为真实性的见证。钓鱼城的造像、碑刻数量众多，大多保存至今，具有很高的文学和艺术价值。

（七）精神和感觉

《操作指南》2012年版对"精神和感觉"一条注释道："精神和感觉这样的属性在真实性评估中虽不易操作，却是作为一个遗产地特质和场所精神的重要指标。"[1] 就宋蒙山城，尤其是宋军山城而言，体现出的精神和感觉有两点：一是战争的智慧；二是不屈的精神。

远观山城，山环水绕，峭壁陡立，有巍巍之感；细察山城布局和设施，层次分明，重点突出，富超然智慧，令人叹服。宋蒙山城可谓因地制宜创造性利用自然建设城防设施的典范，处处体现着古人的智慧，这种智慧在宋代以后的历次动乱中得到了延续和发展。

根据历史记载，发生于宋蒙山城的战事数不胜数，其中最值得称道的是发生在钓鱼城、礼义城、大良城、神臂城、重庆城、白帝城、苦竹隘、皇华城等地战事。面对强大的蒙军，宋军依靠山城体系和同仇敌忾的精神，一次次打退敌人的进攻，涌现了大良城五十勇士夜袭、三台城王仙自摘首级、神臂城许彪孙临死托孤、礼义城胡练使矢志不屈、苦竹隘张实诈降等一个个催人泪下的忠贞不渝故事。这些故事通过文献、石刻、雕塑等形式存在，如神臂城的许彪孙托孤、刘整降元雕塑，钓鱼城的王坚纪功碑、王张二公祠堂（后改为忠义祠）、无名氏的《昭忠录》等。通过上述载体，在纪念英烈的同时，传承忠勇爱国精神。文人墨客游览钓鱼城之后，发思古之幽情，感慨系之，留下了"壮烈英雄气，千秋尚凛然"（陈毅）、"忠勇坚贞"（袁锡陈）、"民族之光"（无名氏）、"江水千古，民族千古"（戴蕃瑨）等题刻，展示抵御外侮决心，鼓舞军民士气。宋蒙山城中体现的不屈精神已成为滋养中华民族内在精神的宝贵营养，阐释了中华民族能历经无数磨难还能屹立至今的关键原因。

（八）其他内外因素

宋蒙山城大多列入了各级文物保护单位，其中钓鱼城、白帝城、天生城、神臂城4处为全国重点文物保护单位，云顶城、多功城、龙崖城等11处为省级文物保护单位，天赐城、皇华城等11处为市县级文物保护单位。其中钓鱼城早在1961年就列入了省级文物保护单位，1996年列入全国重点文物保护单位，2012年进入世界文化遗产预备名单，2013年入选国家考古遗址公园，2016年入选"十三五大遗址规划"。一直以来，宋蒙山城遗址得到了从官方到民间的倾心保护，树立了保护碑，改善了遗址环境，修复了部分濒危文物，消除了安全隐患。

---

[1] 联合国教科文组织保护世界文化和自然遗产政府间委员会：《实施〈世界遗产公约〉操作指南（2012）》，彭跃辉编：《世界文化遗产法律文件选编》，文物出版社，2014年，第402页。

近些年来，随着文化遗产保护理念的深入，国家对宋蒙山城遗址的保护力度日渐增强，地方政府和民众也愈加爱惜本地的山城遗址。

二、完整性

《操作指南》2012年版指出："完整性用来衡量自然和/或文化遗产及其特征的整体性和无缺憾性。因而，审查遗产完整性需要评估遗产符合以下特征的程度：a) 包括所有表现其突出的普遍价值的必要因素；b) 面积足够大，确保能完整地代表体现遗产价值的特色和过程；c) 受到发展的负面影响和/或缺乏维护。"

（一）表现突出普遍价值的必要因素

宋蒙山城人文景观的构成主要有山、水和城三部分。目前，所有宋蒙山城所在的山体和附近的江河均未经后世大规模改动，基本保持了原样，山城与山、水的位置和景观没有大的变动，整体景观依旧保持了完整。作为遗产主体的山城主要有军事系统、行政系统以及生活系统三个部分构成，以军事系统为主。军事系统包括的城墙、城门、马面、炮台、敌台等遗存在遗产点保护较好，能充分体现军事系统的构成。行政系统在钓鱼城、重庆城等山城中已经得到揭露，其他山城也发现了一些线索。生活系统中的宅院、塘堰、水井、道路等在遗产点都有发现。因此，山城本体的完整性毋庸置疑。

（二）面积

大多数重要山城遗产点本体面积较大，其中钓鱼城和白帝城都在120公顷左右，重庆城超过200公顷。如果加上缓冲区，面积足够大，能确保体现遗产地的遗产价值。如钓鱼城，理论上的缓冲区包括东城半岛及环绕钓鱼城的渠江、嘉陵江、涪江汇流口，总面积超过4000公顷。

（三）受到发展的负面影响和/或缺乏维护

宋蒙山城遗产点如今面临的不利因素包括两个方面。一是发展影响，这点主要体现在重庆城。宋代重庆城现在已成重庆市的市中心，地表几乎完全覆盖现代建筑。加上宋代城墙原本大多包裹于明代城墙之中，所以能供人观瞻的宋代城墙较少，零星见于朝天门、太平门等地。由于重庆明清城墙尚存17处63段约4360米，故实际上保存的宋代城墙并不少，估计在3000米以上。同时，老鼓楼遗址、朝天门宋代城墙都得到了妥善保护。二是缺乏维护。遗产点都是文物保护单位，维护工作也正常进行，只在个别山城有缺乏维护的情况。如武胜城由于文物保护级别低，维护工作尚不够理想，有基本建设和农民修房、建塘堰、种地取用城墙石的情况，需引起当地管理部门重视。

第三章 申遗思路

第一节 联合申遗的必要性和可行性

2012年，宋蒙山城中举足轻重的一座山城——钓鱼城，被单独列入世界文化遗产预备名录。此后，有关方面一直努力推动钓鱼城遗址的申遗工作，邀请了北京大学、中国人民大学、国防大学、复旦大学、西华师范大学、西南大学等单位组建专门的申遗课题组开展专题研究，主要课题包括南宋末川渝陕军事设施的调查研究，钓鱼城与四川山城体系，全球视野下的钓鱼城遗产价值，钓鱼城军事防御思想、防御体系及其典范性、独特性研究，钓鱼城历史文献汇编等，目前各课题组已经结题，成果已经出版。[1] 这些前期研究成果为后期编制正式申遗文本提供了重要基础。

不过，相较于钓鱼城遗址单独申遗，笔者更倾向于以钓鱼城为代表，联合其他重要宋蒙山城遗址一起申遗。

一、宋蒙山城遗址群的系统性

如前所述，四川战区在宋蒙战争三大战区中开辟最早，过程最曲折，战况最惨烈，战术运用最突出。之所以四川战区能在三大战区中独领风骚，客观原因在于宋廷在四川建设了山城体系，给蒙军制造了巨大的麻烦。而蒙军为了破解该体系，也破天荒地建设了自己的山城群，与宋军山城对峙，最终借助自己的山城体系成功瓦解了宋军山城体系。因而，宋蒙战争在四川的争战与双方建立的山城体系相始终，是山城体系造就了宋蒙双方在四川长达36年的斗智斗勇，体现了双方的战争智慧和城防设施建设水平。

如前所述，宋军前后修建的山城总数上百，遍布于川渝及周边地区，它们在不同时间段共同构成了四川山城体系，各个山城都是这个体系中的一员。钓鱼城作为宋军山城体系的军事中枢，在城防系统、历史功绩等方面都首屈一指，的确是所有山城的代表。不过，钓鱼城始终只是宋军山城体系中一员，不可能超然于山城体系之外而存在。

蒙军作为战争的另一方，针锋相对地自建了10余处山城，同样构成了城防体系。蒙军山城体系与宋军山城体系是对立统一的关系，无宋军山城，则无蒙军山城；无蒙军山城，宋军山城则难以瓦解。故言及宋军山城，也当对蒙军山城予以相应关注。

《操作指南》第137节提出了"系列遗产"（serial heritage）概念，并指出系列遗产是作为

---

[1] 丛书名为"钓鱼城遗址申报世界文化遗产系列丛书"，由重庆出版社2020年出版。包括6种：魏坚《全球视野下的钓鱼城遗产价值研究》，薛国安、陈相灵《钓鱼城军事防御思想、防御体系及其典范性、独特性研究》，石鼎等《钓鱼城遗址与同类遗址的比较研究》，蒋晓春、蔡东洲、罗洪彬等《南宋末川渝陕军事设施的调查研究》，张文、孙丰琛《钓鱼城历史文献汇编》，童瑞雪、周思言《钓鱼城与四川山城防御体系研究》。

一个整体（而不是其个别部分）具有突出普遍价值的世界遗产。从这个概念出发，宋蒙山城遗址群无疑是一个整体，应当视为系列遗产，联合申遗是其本身性质的内在要求。

二、众山城各具特色

钓鱼城虽然是宋军山城的代表，但其他山城也各有自己的特色和优势，有的是钓鱼城所无法取代的。

第一，军政地位。钓鱼城在宋蒙战争期间属于潼川府路下的合州州级治所，行政级别较低，在它之上尚有制司、路级山城，同级别的山城也甚多。由于四大戎司之一的兴戎司驻防钓鱼城，钓鱼城的军事地位有所提高，驻兵数量也因此较多，达4600余人。但仍有一些山城比钓鱼城驻军更多：嘉定安抚司所驻的三龟九顶城有5000余人；利戎司所驻的云顶城有7000—8000人；最多者当属制司所在的重庆城，其帐下仅安西、保定、飞捷三军就达14000余人。[1] 可见，钓鱼城在行政级别、驻军规模等方面虽名列前茅，但远非诸城之冠。

第二，城池选址。毋庸讳言，钓鱼城选址独到，三江环抱，一堑断后，异峰突起，实为蜀中形胜。不过，其他宋蒙山城的选址也各具特点，各领风骚。白帝城扼川峡之口，进退裕如；重庆城两江环抱，崖高顶阔；神臂城三面环江，巉岩峭立；苦竹隘四面悬绝，一径可登；得汉城三面险绝，逐层拔高；皇华城四面环水，控扼中流。

第三，城防系统。钓鱼城很好地利用了山形水势构建起复杂的城防系统。魏坚总结为山、水、城合一的军事防御体系，多重构筑，内外相接的城防设施。[2] 石鼎则说：钓鱼城在"依山为营"的理念下，充分发挥自然要素特性，形成了山、水、田、林、城五位一体、"可耕可守"的防御结构；依靠固若金汤的山顶环城、从主城延伸至嘉陵江边的南北一字城墙，形成"进可控江，退可守山"的军事大本营。[3] 上述评价都很高，也比较准确。不过，大多数宋蒙山城都具备上述特征，但又依据自身情况有所侧重，与钓鱼城一道形成了总体风格一致而又各具特色的山城群。

第四，实物遗存。实物遗存是构成遗产真实性和完整性的重要内容，也是突出普遍价值的物质载体。钓鱼城原地面遗存或属明清时期（如城防设施、祠观），或为其他性质（如宗教、石刻），与宋蒙战争关系不大。作为军事要塞最重要的因素——城墙和城门均保存不佳：宋代城墙大多不存，8座城门均为清代所建。近些年的考古工作，发掘出了水师码头、南一字城、范家堰、大天池、大草房、薄刀岭、九口锅、上天梯、蒙军攻城地道等遗存，极大地丰富了宋蒙战争遗存，增强了钓鱼城遗址的真实性和完整性。即便如此，我们也不能因此忽视其他山城。

第五，非遗。钓鱼城的非遗内容主要体现为其"忠勇坚贞"的精神传承。其他山城也有

---

1 （民国）傅增湘原辑，刘洪泽补辑：《宋代蜀文辑存校补》卷87牟子才《论救蜀急著六事疏》，重庆大学出版社，2014年，第2827页。

2 魏坚主编：《全球视野下的钓鱼城遗址遗产价值研究》，重庆出版社，2020年，第1—2页。

3 石鼎等：《钓鱼城遗址与同类遗址的比较研究》，重庆出版社，2020年，第192页。需要指出的是，引文中关于南北一字城的表述不严谨。钓鱼城有南北一字城，其中北一字城延伸至渠江边，南一字城（包括东西一字城墙）延伸至嘉陵江边。

不同的非遗要素，如礼义城因为胡将军领导的宋军两次击溃蒙军而得名"礼义"，[1]在明清之际主动归属清廷，结束战乱，也有可称道的地方。白帝城历史悠久，公孙述、刘备、诸葛亮等人的历史故事代代相传；白帝城风景秀丽，杜甫、李白等历史文化名人留下数不尽的瑰丽诗篇，传诵至今。如果单从非遗角度看，诸多山城中，白帝城恐怕要拔得头筹。

综上所述，钓鱼城在四川山城体系诸山城中，地位重要，城防设施杰出，田野考古突出，物质遗存丰厚，非遗内涵鲜明，的确是诸山城的代表。但其他山城也各有特色，有的可与钓鱼城媲美，甚至有过之而无不及。如果以钓鱼城为代表，连同其他一些知名山城共同申遗，显然更能全面体现宋蒙山城体系的价值。

三、钓鱼城单独申遗困难重重

（一）预备名录甚多

据联合国教科文组织世界遗产中心网站 2023 年 9 月 26 日介绍，中国的世界遗产预备名录（含自然和混合）共 61 项，其中文化类 24 项，自然类 19 项，混合类 18 项，非自然类达到了 42 项。另据中国文化遗产研究院中国世界文化遗产中心网页，我国现有文化遗产预备名录 47 项，包括钓鱼城在内的 22 项暂未提交世界遗产中心。

预备名录中，有不少项目知名度较高，影响较大，如丝绸之路中国段、中国明清城墙、中国白酒老作坊、江南水乡古镇等。待提交世界遗产中心的项目中，关圣文化建筑群、中国白酒老作坊、北京中轴线（含北海）、江南水乡古镇等项目都有相当的竞争力。从类似项目看，上述两种预备名录中，与钓鱼城性质相近者至少有 7 处：中国明清城墙（兴城、南京、宁海台州府、寿县、凤阳明中都皇城、荆州、襄阳、西安城墙）、凤凰区域性防御体系（凤凰古城墙及城楼、黄丝桥古城墙及城楼、拉毫营盘、全石营盘、苜机冲汛堡、王坡屯城堡、舒家塘古堡寨、天星古屯堡、麒麟屯堡、茶田新屯堡、骆驼峰碉楼、新茶田古军事贸易遗址、鸭宝洞石边墙与万里城石边墙、大黄土古栈道土石边墙）、辽代上京城和祖陵遗址、金上京遗址、统万城、济南泉·城文化景观、石峁遗址等，其中凤凰区域性防御体系与钓鱼城的性质最为相近，但凤凰是由多个遗址点组成的，包括了多个古代城寨和屯堡。其余项目或与古城有关，或与军事相关，都在一定程度程度上对钓鱼城形成挑战。平心而论，钓鱼城在这些项目中的优势并不明显。

《操作指南》2017 年版指出，自 2018 年 2 月 2 日起，采用以下机制：a) 最多审议每个缔约国提交的一项完整申报；b) 确定委员会每年审查的申报数目不超过 35 个，其中包括往届会议审议确定重报和补报的项目，扩展项目（遗产边界细微调整除外）、跨境和系列申报项目。该名单相对于以前明显收紧，每年每个缔约国只能申报最多 1 项遗产的规定下，钓鱼城要突破重围，进入正式申报名单可谓难度极大。加之其规定的 12 个优先条件中，没有一条对钓鱼城有利，这无异于雪上加霜。

---

[1] 蒋晓春：《礼义城与宋蒙战争》，《长江文明》2021 年第 2 期。

（二）联合申遗已成趋势

世界遗产委员会规定，从 2006 年起，每个缔约国每年至多申报两项世界遗产，其中至少一项为自然遗产。这就意味着，中国每年最多只能申报一项文化遗产。而中国现在列入世界文化预备名单的数量较多，达 70 余处，[1] 还有更多的地方在跃跃欲试，可见，今后我国申报世界遗产项目的难度越来越大，各预备名单之争也会日益白热化。在这种情况下，一些项目经过扩充、整合等方式实现联合申遗应运而生，并且迅速成为各国青睐的申报方式。2008 年第 32 届世界遗产大会新增的 19 项遗产，有 8 项为联合申遗项目，其中包括与宋蒙山城遗址群性质相类似的"工程师沃邦的堡垒建筑"。[2] 2007 年，我国的"中国南方喀斯特"联合申遗项目获得通过，这是我国第一次联合申遗的成功尝试。此后我国又先后成功获批了福建土楼（2008）、嵩山"天地之中"古建筑群（2010）、中国丹霞（2010）、中国大运河（2014）、丝绸之路：长安—天山廊道的路网（2014）、土司遗址（2015）等联合申遗项目。目前，"中国明清城墙"项目名单除前期的南京、西安、荆州等 8 个城市外，宣化、正定、开封、长汀、肇庆等 5 地又加入其中，使中国明清城墙申遗工作形成"8+5"联合模式。2017 年，四川省三星堆博物馆和金沙博物馆签署协议，推动三星堆遗址、金沙遗址联合为"古蜀文明遗址"共同申遗，后来古蜀船棺项目加入，形成三家联合申遗局面。2021 年 7 月，"泉州：宋元中国的世界海洋商贸中心（2021）"联合申遗项目已经获得通过。如今，国家文物局正大力推动海上丝绸之路的联合申遗项目，该项目由泉州牵头，联合广州、宁波、南京等城市，全力推进中国"海上丝绸之路"的联合申遗。

我国的文化类预备名录中，单个遗产点项目已经很少。除钓鱼城外，仅有白鹤梁题刻、灵渠、景德镇御窑瓷厂、侵华日军第七三一部队旧址、石峁遗址、海宁海塘·潮等寥寥数处，而联合申遗项目则比比皆是。与钓鱼城性质相近的几个项目中，凤凰区域性防御体系、中国明清长城、辽上京城和祖陵遗址、金上京遗址、济南泉·城文化景观等都由多个遗产点组成。

可见，联合申遗不仅已经成为世界各国申遗的趋势，而且在我国已经有了大量成功案例。

事实上，将钓鱼城与其他宋蒙山城联合申遗的呼吁一直存在。虽然重庆有关部门一直在努力推进钓鱼城申遗工作，但即便在重庆市，也有联合白帝城等其他山城共同申遗的呼声。2019 年 1 月召开的重庆市五届人大二次会议上，有代表提出了《关于将白帝城与钓鱼城等抗蒙山城打捆申报世界遗产的建议》。[3] 在四川，联合申遗的呼声在官方和学界都时有所闻，拥有宋蒙山城的地区都希望能与钓鱼城联合申遗。

四、联合申遗的可行性

《操作指南》第 137 节指出："系列遗产应包括两个或两个以上逻辑联系清晰的组成部分：

---

1 国家文物局公布的《中国世界文化遗产预备名单》2019 版显示，目前预备名单上有 81 处，排除通过合并调整已加入世界文化遗产名录的 7 处、合并预备名单 1 处，还有 73 处。目前国家文物局已启动预备名单更新工作。
2 转引自"张永明等《"捆绑式"申报世界文化遗产模式研究——以新疆坎儿井与交河故城世界遗产资源和文化价值分析为例》，《安徽农业科学》2009 年第 19 期。
3 石明香：《关于将白帝城与钓鱼城等抗蒙山城打捆申报世界遗产的建议》，重庆人大网 http://cqrd.gov.cn/jydetail?id=7980。

1）各组成部分应体现出文化、社会或功能性长期发展而来的相互联系，进而形成景观、生态、空间演变或栖居地上的关联性；2）每个组成部分都应对遗产整体的突出普遍价值有实质性、科学的、可清晰界定和辨识的贡献，亦可包含非物质载体。最终的突出普遍价值应该是容易理解和便于沟通的；3）与此一致的，为避免各组成部分过度分裂，遗产申报的过程，包括对各组成部分的选择，应该充分考虑遗产整体的连贯和管理上的可行性并且该系列作为一个整体（而非各组成部分）必须具有突出普遍价值。"

按照这个规定，宋蒙山城遗址群符合第一和第二款。根据第二款，个别山城对遗产整体的价值贡献如果不具备辨识度就应该舍弃。根据第三款，从管理角度看，如果遗产数量太多，分布太零散，管理难度可能增大。因此，宋蒙山城遗址群各组成部分虽然符合系列遗产的要求，但入选遗产点的山城数量需要审慎把控。

宋蒙山城遗址群联合申遗涉及的省级行政区是四川省和重庆市，两地渊源深厚，不论是文化还是心理都根脉相连，联合申遗具有天然优势。从国家战略层面讲，川、渝两地将协同打造中国西部经济增长极，两地的合作已经在实质性进行中且有不断深化趋势。在此背景下，川、渝两地文物考古部门频繁互动，优势互补。双方签订了《深化四川重庆合作推动巴蜀文化旅游走廊建设 2020 年重点工作》《重庆市文物局四川省文物局成渝地区双城经济圈文物保护利用战略合作协议》，并于 2021 年 1 月 28—29 日召开了"成渝地区双城经济圈巴蜀文化学术交流会"。该会议由重庆市文化遗产研究院、四川省文物考古研究院、成都文物考古研究院共同组织，宋蒙山城考古工作进展是这次会议的一个重要内容，显示了川、渝两地文物考古部门对此领域的重视。

从前期考古工作看，川、渝两地存在明显的不平衡。重庆市境内的钓鱼城、白帝城、天生城、龙岩城、三台城、磐石城、多功城、皇华城都进行了大规模的田野考古工作，其中钓鱼城、白帝城的田野考古工作已经持续进行多年，获取了大量遗迹、遗物，对城址的布局和演变也有了深入认识。相对而言，四川境内的宋蒙山城工作发掘工作刚刚起步。考虑到宋蒙山城联合申遗工作从起步到正式进行还有一个不短的过程，因此，只要四川方面周密计划，选择重要山城紧锣密鼓地开展工作，有望与重庆方面基本实现同步，最终达成联合申遗目标。

五、联合申遗名单建议

根据前述《操作指南》对系列遗产的规定，遗产组成名单的拟定需要考虑原真性和突出普遍价值。对宋蒙山城而言，应当包括历史地位、遗存现状、考古工作及保护基础。因为是联合申遗，还需考虑遗址差异性，避免同质化。

笔者综合权衡所有山城遗址的历史地位、遗址内涵、田野考古工作及保存状况，将其分为三类。

甲类 6 处：包括宋军的钓鱼城、白帝城、重庆城、云顶城、神臂城和蒙军的武胜城。实际上此类山城还应当包括海龙囤，但由于海龙囤已经进行了非常全面深入的田野考古工作，并且已经列入世界文化遗产，本章不再涉及。

乙类 22 处：均为宋军山城，包括苦竹隘、小宁城、平梁城、得汉城、礼义城、鹅顶堡、大获城、运山城、青居城、大良城、三龟九顶城、虎头城、大刀砦、多功城、赤牛城、三台城、天生城、皇华城、天赐城、龙岩城、养马城、倚子山城。

丙类：其余山城。

在实际申遗操作中，可根据世界遗产委员会联合申遗数目的惯例选择合适的山城地点进行申遗。通过查阅近些年列入预备名单和申遗成功的名单，笔者倾向于选择甲类山城，即钓鱼城、重庆城、白帝城、云顶城、神臂城、武胜城6处。之所以选择数量较少的甲类，是根据世界文化遗产申报联合申报的项目一般情况而定的。如与宋蒙山城相类似的"高句丽王城、王陵及贵族墓葬"项目包括五女山山城、国内城、丸都山城、12座王陵、26座贵族墓葬、好太王碑和将军坟1号陪冢。[1] 高句丽山城在我国境内就有上百座，但这里只选择了3座王城，并未将其他山城纳入其中，体现了精品意识。纳入太多，不仅遗产价值得不到增加，反而会因为遗产本身规格、保存现状等问题带来额外麻烦。

考虑到不少乙类山城已经开展了较为充分的考古工作，获得大量实物遗存，在保护方面也取得了较大成绩，因此，也可以酌情增加部分乙类山城作为遗产组成点。

第二节 申遗类别

关于宋蒙山城遗址的申遗类别，一直有军事遗产和文化景观两种声音。针对钓鱼城遗址申遗，北京大学孙华教授与笔者交流时提出应当以遗址类型申遗，原因在于文化景观强调的是从古至今一直延续的演进，这与钓鱼城遗址的实际情况以及遗址典型特点不符合，以文化景观申遗将抹杀钓鱼城的独特价值。单霁翔先生指出："钓鱼城是创造古代战争史奇迹的军事要塞，是迄今我国保存最完整的古战场之一，是一座露天的军事遗址博物馆，也是一处典型的军事类文化景观。"[2] 石鼎认为，钓鱼城不仅应当以文化景观遗产申遗，还认为与军事性质不矛盾，前者是申遗类别，后者是申遗对象的性质。[3] 前文引用的单霁翔观点也力主以文化景观申遗，笔者完全赞同两位先生看法，认为宋蒙山城遗址实际是一种军事文化景观。

文化景观作为一种特殊的世界文化遗产类型产生较晚，始于1992年。第16届世界遗产大会通过的《实施〈世界遗产公约〉操作指南》，将文化景观作为文化遗产的特定类型被列入文化遗产大类中。《公约》第1条指出文化景观属于文化遗产，代表着"自然与人的共同作品"。它们反映了因物质条件的限制和/或自然环境带来的机遇，在一系列社会、经济和文化因素的内外作用下，人类社会和定居地的历史沿革。根据《操作指南》，文化景观被明确分为3种类型：

1. 人类刻意设计及创造的景观。其中包含出于美学原因建造的园林和公园景观，它们经常（但不总是）与宗教或其他纪念性建筑物或建筑群相结合。

2. 有机演进的景观。它们产生于最初始的一种社会、经济、行政以及宗教需要，并通过

---

[1] 魏存成、李新全、宋玉彬等：《高句丽王城、王陵及贵族墓葬》，《中国文化遗产》2004年第2期。
[2] 单霁翔：《走进文化景观的世界》，天津大学出版社，2018年，第201页。
[3] 石鼎等：《钓鱼城遗址与同类遗址的比较研究》，重庆出版社，2020年。

与周围自然环境的相联系或相适应而发展到目前的形式。这种景观反映了其形式和重要组成部分的进化过程。它们又可分为两类：

残遗（或化石）景观：它代表过去某一时间内已经完成的进化过程，它的结束或为突发性的和渐进式的。然而，它的显著特点在实物上仍清晰可见。

持续性景观：它在当今社会与传统的生活方式的密切交融中持续扮演着一种积极的社会角色，演变过程仍在其中，而同时，它又是历史演变发展的重要物证。

3. 关联性文化景观。

文化景观类型一经提出，迅速得到世界广泛认可。截至2023年9月，中国已有庐山风景名胜区、五台山、杭州西湖、红河哈尼梯田、左江花山岩画、普洱景迈山古茶林6处文化景观类文化遗产。

石鼎认为钓鱼城遗址应当以文化景观申报世界文化遗产的理由主要有：

第一，钓鱼城完美体现了利用自然要素进行防御的智慧，钓鱼城遗址属于典型的文化景观。

第二，现有东亚地区文化景观案例中没有与军事相关者，钓鱼城遗址如果以文化景观列入世界遗产名录可以填补军事类文化景观理论与实践的空白，从而向世界文化景观体系贡献来自中国的类型和理论思考。[1]

笔者同意上述看法，并认为宋蒙山城属于文化景观中第二大类第一小类，即有机演进景观中的残遗景观。宋蒙山城从宋蒙战争时期（个别更早）开始修筑，明清和民国时期再次利用，体现了山城防御理念和技术的进化过程，而且这个过程在实物上清晰可见。因而，宋蒙山城遗址群属于文化景观中第二大类第一小类，即有机演进景观中的残遗景观。

上述理由也完全适合宋蒙山城遗址群联合申报文化景观类遗产。同时，笔者认为还有如下两个原因。

第一，有利于凸显宋蒙山城的独特军事价值。从某种意义上说，人类历史就是一部战争史，留存至今的战争遗址数不胜数，包括堡垒、长城、关隘、烽燧、战壕、要塞、战场等等。其中不少类别的遗址知名度高、影响大，有的已经被列入世界遗产名录。据石鼎统计，2019版世界遗产名录中有与军事防御设施相关者有132处，预备名录有193处，主要集中于欧美地区。其类别可分为防御性城堡、军事要塞、历史城市附属防御工事、小型防御聚落和其他5类。[2] 就性质而言，宋蒙山城与军事要塞更为接近，但也并非完全相同。事实上，宋蒙山城是具有东方特色的一种新类型。它的组成要素不仅仅是山上的城垣、城门、衙署建筑等物质部分，还包括周围山水、道路在内，是一种复合形态，具有独特的军事价值。缺乏附近的水陆通道、方山地貌，这样的城址也不具备强大的防御能力；缺乏水陆通道作为媒介，各个山城之间的联系亦将不复存在，也就不成其为山城体系。因此，从宏观讲，这是由若干水、陆通道连接的山城群；从中观讲，山城的选址与道路、山体的位置紧密相关；从微观讲，山城的构筑与山体的形态、规模、自然资源密不可分。如果定位于军事类遗址，很容易使人的注

---

1 石鼎等：《钓鱼城遗址与同类遗址的比较研究》，重庆出版社，2020年，第186—187页。
2 石鼎等：《钓鱼城遗址与同类遗址的比较研究》，重庆出版社，2020年，第52—53页。

意力放在人工构筑的城防实施上，从而忽视周边的自然环境。以白帝城为例，其所处的位置，与长江、梅溪河及峡口一带山形是一个不可分割的整体，没有这样的关系，白帝城也不可能拥有如此高的战略地位，如此壮美的风景，也就没有了白帝城所拥有的光辉灿烂历史，自然也就没有了相应的物质遗存。所以，以人文景观来看待宋蒙山城遗址群，不仅有利于凸显其独特军事价值，相关的自然和人文要素也可顺理成章地纳入保护范围，从而更好地实现遗址的整体保护，有利于宋蒙山城相关自然、人文要素的保护。

第二，有利于凸显宋蒙山城遗址群的非宋蒙战争要素。宋蒙山城遗址群中，有关宋蒙战争的要素自然是主体，但并非全部。就军事角度而言，宋蒙战争结束后，在历代兵燹发生时，这些山城往往被再次利用，原有的城垣不仅得到了修复，有时还在外部重新覆盖一层城墙墙体，将原有墙体包裹在内，有的在保留并整修原墙体的同时，又新修一些城垣，以提升防御能力，城门也会相应修复、堵塞或新增。调查发现，宋蒙山城往往有多个时代的遗存，有的甚至以明清时期遗存为主。就遗存性质而言，非宋蒙战争因素也很多，如宗教遗存（祠观、摩崖造像等）、墓葬遗存（非宋蒙战争期间的墓葬）、石刻（非宋蒙战争期间的游记、题名等）等。仍以白帝城为例，其主要使用时间可上溯至汉代公孙述在此建城，此后的蜀汉、南北朝、隋唐均在此置治或镇守，宋蒙战争以后，这里还作为军事要地、名人祠馆、宗教场所、风景名胜而存在，因而遗存内涵极其丰富。

结 语

从一定意义上说，整个人类的历史就是一部战争史。残酷的战争给人类造成了巨大的创伤，但也意外地给后人留下了大量军事文化遗址，成为我们凭吊英烈、反思战争的场所，这些遗址遂具有了文化遗产价值。

宋蒙战争虽然历来受中外学术界关注，但宋蒙山城遗址在整体上却显得颇为寂寥。主要原因在于这些遗址大多位于偏远荒芜的山上，难以走入政府和学者的视野。不过这也是它们的幸运：一定程度上逃过了各种基本建设的摧残，得以保持遗址的原汁原味。

随着钓鱼城、白帝城等遗址的发掘，宋蒙山城遗址越来越受到学术界的关注。本课题组积极响应，对巴蜀地区的 50 余座宋蒙山城遗址开展了调查或考察，获得了大量第一手材料，基本摸清了巴蜀地区宋蒙山城遗址的家底，为下一步的发掘、保护、利用奠定了较好基础。

通过调查、研究，我们形成了如下一些基本看法：

第一，文献记载的 100 余处宋蒙山城约一半能找到遗址，这些山城是宋蒙山城的主体，不论是地位、影响还是城防设施完善程度都具有代表性，通过对这些遗址的研究可以一窥宋蒙山城遗址的全貌。

第二，多数宋蒙山城遗址保留了数量不一的城防设施，给我们留下了丰厚的南宋晚期军事遗存的实物资料，其中蒙军山城遗址尤值得关注。这些遗存体现了当时宋蒙双方的城防设施建设思想和技术水平。

第三，巴蜀地区宋蒙山城遗址中有诸多宋蒙战争期间的非军事遗存以及非宋蒙战争期间的各类遗存，它们同样是十分宝贵的文化遗产。

第四，宋蒙山城遗址数量庞大，遗存众多，保存较好，内涵丰富，具有重要的文化遗产价值，真实性和完整性突出，是难得的军事性文化景观遗产，建议以钓鱼城遗址为代表，选择一批重要山城遗址联合申报世界文化遗产。

巴蜀地区宋蒙山城遗址的考古、研究、保护工作方兴未艾，大有可为。我们衷心希望这份粗浅的调查研究报告能起到抛砖引玉的作用。

附表一 宋军山城简表

序号	城寨名称	所属路	所属府州	迁驻治所	今址	存在时间	筑城将领	守城将领	结局	史料来源	备注
1	苦竹隘	利州	隆庆	隆庆府	四川省广元市剑阁县剑门镇双族村	1236—1258	段元鉴	南永忠、段元鉴、杨礼	投降	《宋季三朝政要》卷2、《宋史·张珏传》	又名苦竹寨、朱家寨
2	长宁山城	利州	利州			1243—1258	王智	王佐、徐昕	被攻破	《读史方舆纪要》卷68	今址待考
3	鹅顶堡	利州	利州		四川省广元市苍溪县白桥乡、亭子乡与剑阁县鹤岭乡间	?—1258		王佐、徐昕	被攻破	《元史·汪忠臣纪》	
4	小宁城	利州	巴州	巴州	四川省巴中市平昌县江口镇杨柳村	1245—1258	张实	谭渊、王孝忠	被攻破	(明)嘉庆《四川通志》卷51	
5	得汉城	利州	巴州	洋州	四川省巴中市通江县永安镇得汉村	1249—1264	张实	向佺、向良	投降	《蜀中广记》卷25《元史·杨大渊传》	又名安辑寨
6	平梁城	利州	巴州	巴州	四川省巴中市巴州区平梁镇	1251—?	张实		被攻破	《蜀中广记》卷25	
7	安西堡	利州	利州			1254—1258		杨礼	被攻破	《宋季三朝政要》卷2	今址待考
8	吴胜堡	利州	巴州			1273—?		赵桂楫	被攻破	《宋史·度宗纪》	今址待考
9	苟王寨	成都府	雅州		四川省眉山市洪雅县天宫乡与夹江县歇马乡接壤	1238—?	吕桂苹		被攻破	(明)嘉靖《洪雅县志》卷1	
10	三龟九顶城	成都府	嘉定	嘉定府	四川省乐山市中区篦子街九顶山和三龟山	1243—1275		昝万寿	投降	《宋史·理宗纪》《宋史·瀛国公纪》《元史·纽璘传》	
11	紫云城	成都府	嘉定		四川省乐山市犍为县孝姑乡子云村	淳祐年间至1275年		昝万寿	投降	《宋史·瀛国公纪》(清)雍正《四川通志》卷27	又名子云城
12	乌尤城	成都府	嘉定		四川省乐山市中区乌尤山	1273—1275	昝万寿	昝万寿	投降	《宋史·度宗纪》	

(续表)

序号	城寨名称	所属路	所属府州	迁驻治所	今址	存在时间	筑城将领	守城将领	结局	史料来源	备注
13	五花寨	成都府	嘉定			？—1268			被攻破	《元史·世祖三》《元史·也罕的斤传》	今址待考
14	石城寨	成都府	嘉定			？—1268			被攻破	《元史·世祖三》《元史·也罕的斤传》	今址待考
15	白马寨	成都府	嘉定			？—1268			被攻破	《元史·世祖三》《元史·也罕的斤传》	今址待考
16	水尾寨	成都府	黎州			？—1272			被攻破	《元史·速哥传》	今址待考
17	女城山	成都府	雅州					杨招讨家女将		《蜀中广记》卷35	又名女垒城，今址待考
18	蓬溪寨	潼川府	遂宁	遂宁府	四川省遂宁市蓬溪县上东乡螺蛳村蓬莱山	1236—1265		夏贵	被攻破	《宋史·地理志五》《元史·刘元礼传》	
19	乐共城	潼川府	泸州		四川省宜宾市兴文县玉星镇营盘山	1081—1275	韩存宝	梅应春	投降	《宋史·许彪孙传》	创建于宋元战争前
20	三江碛	潼川府	泸州		四川省宜宾市江安镇城西大江中	1239—1275		梅应春	投降	《宋史·地理志五》	
21	榕山城	潼川府	泸州	合江县	四川省泸州市合江县榕山镇右乡	1239—1277		梅应春	被攻破	《宋史·地理志五》	俗名格子山
22	安乐山城	潼川府	泸州	合江县	四川省泸州市合江县笔架山	1240—1277		梅应春	被攻破	《宋史·地理志五》	又名笔架山、小岷山
23	神臂城	潼川府	泸州	泸州	四川省泸州市合江县神臂城镇老泸村	1243—1277	曹致大	梅应春	被攻破	《宋史·理宗纪》《宋史·张珏传》	又名老泸州
24	运山城	潼川府	蓬州	蓬州	四川省南充市蓬安县河舒镇燕山村	1243—1258	杨大渊、张大悦	张大悦	投降	《元史·宪宗纪》（清）雍正《四川通志》卷26	又名燕山寨、云山、披衣山
25	云顶城	潼川府	怀安	怀安军、利州	四川省成都市金堂县淮口镇	1243—1258	萧世显、孔仙	姚世安、夏贵	投降	《宋史·余玠传》《蜀中广记》卷8	又名石城山
26	铁峰城	潼川府	普州	普州	资阳市安岳县城北	1243—1258				《读史方舆纪要》卷71	又名凤凰山

（续表）

序号	城寨名称	所属路	所属府州	迁驻治所	今址	存在时间	筑城将领	守城将领	结局	史料来源	备注
27	大良城	潼川府	广安	广安军	四川省广安市前锋区小井乡	1243—1275	余玠	蒲元圭、全汝辑	被攻破	《宋史·地理志五》《元史·赵匣剌传》	又名大良平、大良坪、大梁平、大良小良堡
28	大获城	潼川府	阆州	阆州、利州、金戎司	四川省广元市苍溪县云峰镇王渡乡	1244—1258	孙臣、王坚	杨大渊	投降	《宋史·地理志五》《蜀中广记》卷24	
29	紫金城	潼川府	盐亭		四川省绵阳市盐亭县城北二十里紫金山	1254—1254	甘闰		被攻破	《元史·汪德臣传》	城未筑就
30	青居城	潼川府	顺庆	顺庆府、戎司	四川省南充市高坪区青居镇青居山	1249—1258	甘闰	段元鉴	投降	《宋史·地理志五》《元史·宪宗纪》	
31	跨鳌城	潼川府	阆州	南部县	南充市南部县城内	1253—1258			投降	《读史方舆纪要》卷68	
32	凌霄城	潼川府	长宁	长宁军	四川省宜宾市兴文县同兴乡	1257—1275	朱禩孙、易世英	黄立	投降	《宋史全文》卷35《理宗五》《读史方舆纪要》卷70	
33	大刀砦	潼川府	荣州	荣州	四川省自贡市荣县双古镇大刀砦	1257—?				民国《荣县志·建置二》	
34	登高城	潼川府	叙州	叙州	四川省宜宾市城区北登高山顶	1267—1275	郭汉杰	郭汉杰	投降	《宋史·地理志五》《元史·地理志三》	
35	仙侣城	潼川府	叙州	叙州	四川省宜宾市城北真武山	1260—1275		郭汉杰	投降	《明一统志》卷69	又名师来山、真武山
36	虎头城	潼川府	富顺	富顺监	四川省自贡市富顺县大城乡虎头村	1265—1275		王宗义	投降	《读史方舆纪要》卷70	
37	磐石山	潼川府	资州		四川省资中市县东	淳祐初—1243			被攻破		任乃强《四川州县建制沿革图说》
38	钓鱼城	潼川府	合州	合州、兴戎司	重庆市合川区钓鱼山	1240—1279	甘闰、王坚、张珏	余玠、张珏、王立	投降	《宋季三朝政要》卷2	

附表一 宋军山城简表

395

(续表)

序号	城寨名称	所属路	所属府州	迁驻治所	今址	存在时间	筑城将领	守城将领	结局	史料来源	备注
39	宜胜山城	潼川府	合州		重庆市合川区纯阳山	1272—1278	张珏		投降	《宋史·度宗纪》《元史·世祖七》	
40	五获寨	潼川府	泸州			?—1267			被攻破	《元史·完颜石柱传》	今址待考
41	瑞云山	潼川府	普州		四川省资阳市安岳县东50里	1236年陷，1243年复置，宝祐后废					任乃强《四川州县建制沿革图说》
42	盘山寨	潼川府	泸州		四川省泸州市合江县神臂城东北	?—1277		任庆 刘思敬	被攻破	《元史·刘思敬传》	
43	珍珠堡	潼川府	泸州		四川省泸州市合江县神臂山北	?—1277		王世昌	被攻破	《元史·拜延传》	
44	暗溪寨	潼川府	泸州		四川省泸州市合江县神臂山西北大晴溪	?—1277		王世昌	被攻破	《元史·拜延传》	
45	土礅城	潼川府	合州			?—1278			投降	《元史·世祖纪七》	今址待考
46	石榴寨	潼川府	合州			?—1278			投降	《元史·世祖纪七》	今址待考
47	礼义城	潼川府	渠州	渠州	四川省达州市渠县汇西乡洪溪村	1255—1275	蒲择之	胡载荣、张贽	被攻破	《宋史·瀛国公纪》《元史·杨大渊传》	大、小斌山为其外堡
48	捍城山	夔州	达州	达州	四川省达州市60里	1235—1275		赵章	投降	《元史·杨文安传》	又名太平寨
49	重庆城	夔州	重庆	制司 重庆府	重庆市渝中区	1240—1278	彭大雅	张万	投降	《宋史·余玠传》《宋史·张珏传》	
50	赤牛城	夔州	梁山	梁山军	重庆市梁平区金带镇牛头村	1242—1276		袁世安	投降	《蜀中广记》卷23	又名牛头城
51	白帝城	夔州	夔州	夔州 帅司	重庆市奉节县瞿塘峡口汇北	1242—1278	赵武、王佶	张起岩	投降	雍正《四川通志》卷26	擂鼓城为其外堡
52	天生城	夔州	万州	万州	重庆市万州区天城乡	1243—1276		上官夔	被攻破	《元史·杨文安传》《宋史·张珏传》	又名天城山，天子城
53	龙岩城	夔州	南平	南平军	重庆市南川区马咀乡马脑山	1256—1278	史切举，茆世雄	詹钧	被攻破	民国《重修南川县志》卷1	又名马脑城，龙崖城

(续表)

序号	城寨名称	所属路	所属府州	迁驻治所	今址	存在时间	筑城将领	守城将领	结局	史料来源	备注
54	养马城	夔州	播州		贵州省遵义市汇川区高坪街道			杨文		《读史方舆纪要》卷70	
55	龙岩新城	夔州	播州		贵州省遵义市汇川区高坪街道	1257—?	吕文德、杨文	杨文		《宋史全文》卷35《理宗纪五》	今名海龙囤
56	黄平城	夔州	思州		贵州省黄平县	1258—?	吕逢年			《宋史·理宗纪四》	
57	鼎山城	夔州	南平	鼎山	贵州省桐梓县	1258—?				（清）道光《遵义府志·金石》	
58	荣城	夔州	渠州		四川省达州市大竹县童家镇	1259—?	鲜汝忠、吕文德		投降	《蜀中广记》卷28《读史方舆纪要》卷68	又名黄城寨
59	倚子山城	夔州	施州	施州	湖北省恩施市	1259—1276	谢昌元	薛忠	被攻破	《宋史全文》卷36《理宗纪六》	又名倚子山城、柳州城
60	天赐城	夔州	大宁	大宁监	重庆市巫山县龙溪镇天城村	1263—?	徐宗武	徐宗武		（清）雍正《四川通志》卷26，（清）道光《夔州府志》卷36	
61	皇华城	夔州	忠州	咸淳府	重庆市忠县忠州镇皇华岛	1265—1276		马堃	被攻破	《宋史·张珏传》《蜀中广记》卷19	
62	三台城	夔州	涪州	涪州	重庆市涪陵区李渡镇玉屏村东保寨	1266—1277	阳立	王仙	被攻破	《宋史·地理志五》《读史方舆纪要》卷69	又名龟陵城
63	绍庆城	夔州	绍庆	绍庆府	重庆市彭水县南郊	1276—1278	上官氏	鲜龙	被攻破	《宋史·理宗纪四》《宋史·张珏传》	
64	万安寨	夔州	达州			?—1262		卢植	投降	《元史·杨文安传》	今址待考
65	铧铁寨	夔州	重庆		重庆市大坪附近	?—1270		袁宜、何世贤	被攻破	《元史·杨文安传》	
66	朝阳寨	夔州	重庆		重庆市渝北区兴隆镇保胜寺村	?—1271			被攻破	《元史·石抹狗狗传》《元史·张万家奴传》	
67	铜鈸寨	夔州	梁山			?—1271		李庆	投降	《元史·世祖纪四》	今址待考
68	石羊寨	夔州	开州			?—1272		杨桂	被攻破	《元史·杨文安传》	今址待考
69	圣耳城	夔州	达州			?—1272		杨德	被攻破	《元史·杨文安传》	今址待考
70	石笋寨	夔州	达州			?—1273		雍德	被攻破	《元史·杨文安传》	今址待考
71	竹山寨	夔州	达州			?—1274		赵公章、郑桂、庄俊	被攻破	《元史·杨文安传》	今址待考

(续表)

序号	城寨名称	所属路	所属府州	迁驻治所	今址	存在时间	筑城将领	守城将领	结局	史料来源	备注
72	云安城	夔州	云安军			?—1274			被攻破	《元史·世祖纪五》	今址待考
73	罗拱城	夔州	云安军			?—1274			被攻破	《元史·世祖纪五》	今址待考
74	高阳城	夔州	云安军			?—1274			被攻破	《元史·世祖纪五》	今址待考
75	龙爪城	夔州	达州		四川省达州市通川区玉印山	?—1275		谢益、王庆	被攻破	《元史·杨文安传》	
76	由山城	夔州	达州			?—1275			投降	《元史·杨文安传》	今址待考
77	都胜城	夔州	达州			?—1275			被招降	《元史·杨文安传》	今址待考
78	茂竹城	夔州	达州			?—1275			被招降	《元史·杨文安传》	今址待考
79	广福城	夔州	达州			?—1275			被招降	《元史·杨文安传》	今址待考
80	师姑城	夔州	达州			?—1275		赵桂桓	被招降	《元史·杨文安传》	今址待考
81	乐胜城	夔州	重庆			?—1275		蒲济川	被攻破	《元史·杨文安传》	今址待考
82	笋胜寨	夔州	重庆			?—1275			被攻破	《元史·刘恩敬传》	今址待考
83	龟云寨	夔州	重庆			?—1275			被招降	《元史·刘恩敬传》	今址待考
84	石笋寨	夔州	重庆			?—1275			被攻破	《元史·刘恩敬传》	今址待考
85	开州城	夔州	开州			?—1275		赵章、韩明	被攻破	《元史·杨文安传》	今址待考
86	牛头城	夔州	万州			?—1275		何威	被攻破	《元史·杨文安传》	今址待考
87	鸡冠城	夔州	万州		重庆市彭水县走马乡万灵山	?—1275		杜赋	投降	《元史·杨文安传》	
88	石马城	夔州	万州			?—1275			投降	《元史·杨文安传》	今址待考
89	铁平城	夔州	万州			?—1275			投降	《元史·杨文安传》	今址待考
90	小城	夔州	万州			?—1275			投降	《元史·杨文安传》	今址待考
91	三圣城	夔州	万州			?—1275			投降	《元史·杨文安传》	今址待考
92	油木城	夔州	万州			?—1275			投降	《元史·杨文安传》	今址待考
93	牟家城	夔州	万州			?—1275			投降	《元史·杨文安传》	今址待考
94	下隘城	夔州	万州			?—1275			投降	《元史·杨文安传》	今址待考
95	石城堡	夔州	万州			?—1275		谭汝和	投降	《元史·杨文安传》	今址待考
96	三宝城	夔州	万州			?—1276		黎拱辰	投降	《元史·杨文安传》	今址待考
97	铁檠城	夔州	万州		重庆市云阳区北	?—1276		杨宣	投降	《元史·杨文安传》	

(续表)

序号	城寨名称	所属路	所属府州	迁驻治所	今址	存在时间	筑城将领	守城将领	结局	史料来源	备注
98	凤顶寨	夔州	重庆			？—1276			被攻破	《宋史·张珏传》	
99	金石城	夔州	梁山		重庆市梁平区金带镇	？—1276		袁世安	投降	《元史·世祖纪六》	今名金城寨
100	石门寨	夔州	夔州		重庆市巫山县永乐镇	？—1278			被攻破	《宋史·张珏传》	
101	巴巫寨	夔州	夔州		重庆市巫山县巫峡镇	？—1278			被攻破	《宋史·张珏传》	又名巫山寨
102	多功城	夔州	重庆		重庆市江北区鸳鸯街翠云山上	？—1278	朱禩孙		投降	《读史方舆纪要》卷69	
103	安西寨	夔州	涪州			？—1279				《读史方舆纪要》卷69	或为安全寨、安居寨，今址待考
104	大宁城	夔州	大宁		重庆市巫溪县城厢镇	？—？				《读史方舆纪要》卷69	

附表二 仅见于文献记载的宋蒙战争相关碑刻一览

序号	山城	题刻名	时代	内容（题刻录文用楷体）	备注
1	得汉城	《张实创险得汉城记》	淳祐九年（1249）	宋淳祐乙酉季冬，大使余子亲临得汉崴山，视其形势，授都督制张实勋率将士，因险垒形，储糗捷邑，为恢复旧疆之规。分任责者：总管王昌、金全福、铃辖张虎臣、司辖杜准、王安、杜时顺、徐斯、刘清、李成、梁福、陈宝、贺上进、制领郭俊、制副李臣、周仙周等。督饷共济者：吉州知郡向佺	曹学佺《蜀中广记》卷25
2	运山城	《杨大渊创筑山城记》	淳祐十一年（1251）	淳祐五年乙巳三月，奏大阃未守蓬。越明年夏，拜庾命特该维兹山城，制置大使尚书余公貌相视，慨郡治弗称。于是拓之字，建丽谯，区别民居，辅以更楼五十余座。明年，筑大蓬坎之基。三敌楼雄架北门，宏约敝楼，分画市井，悬崩千尺，环城池势具长。又明年，改碑东门，寺观、神祠咸鼎新之，是役也，皆本郡人上下一力，毫发无劳于民，期无负所责知蓬州兼管军内司功曹军田事节制成军马兼制口杨利州东路马步军副总管杨大渊书	（明）正德《蓬州志》最后一句录自清光绪《蓬州志》卷15。有的文献又称"移治碑"
3	礼义城	《知郡都统练使将军胡公全城却敌之记》	开庆元年（1259）	清同《渠县志》载：额题"知郡都统练将军胡公全城却敌之记"，碑字体约五分，共五十余行，行五六十字，合计不下数千言，惜字迹磨灭，字隐约可辨，不可句读。现存9块残片，碑阴《礼义图》同有数还比较清晰	（清）同治《渠县志》卷47；《四川渠县礼义城遗址调查简报》《四川渠县南宋〈礼义城〉考释》（均载《四川文物》2020年第1期）
4	平梁城	《平梁新城题名》	淳祐十一年（1251）	大宋淳祐十一年，都统制忠州刺史环卫口大使余学指观画，奉诸军创平梁山城，山名取抚平梁州之义，三月既望毕工。城则坐据要地，壁立万仞，天人助顺，汉中在掌握矣。正月九日兴工，铃辖张大德，路分刘戎，贾文夹，司登，雍昌嗣，杜时顺，刘青，陈宝，孙庆，李贵，制领安邦瑞，崔世荣，郭口，张1，拨发王成，路将梁福，廖支兴，宋明，嵏寨刘储然，皆分职任事者也。纪地名，纪岁月，庶知此城为兴复之基云。	《金石苑》
5	皇华城	忠州贡院碑		据曹学佺所记，明代时此碑与咸淳府碑、金鱼堡碑均存于皇华州。2021年皇华城简署遗址前发掘出的三通残碑或为此三碑	曹学佺《蜀中广记》卷19引《碑目》[2]

---

[1] 与龙岩城《茆世雄补筑龙岩城记》中的刘储然应为同一人。

[2] 事实上《碑目》中无此内容，曹学佺误。

(续表)

序号	山城	题刻名	时代	内容（题刻录文用楷体）	备注
6	皇华城	《金鱼堡记》		子不语怪力乱神，而凤鸟河图之叹犹扑不能免；《春秋》《纪异》不书祥，而西狩获麟之笔或系未之志，何则？天之降祥，圣人盖不忍讳至。且皆欲将至，有开必先；瑞不虚生，因人而致。昔贤盖有获鳣鱼而阶华途，印龟语左顾之祥，石鹡启封之瑞，天机感召不可诬也。方云中常侯之守皇华也，下车未几，时和岁稔，薄书狱讼之暇视城壁，度垒地势。凡当出战人守之地必设事周密，一无废池。感之大峡者补而足之，略无暇时。刘越石之内地步销虐，陶土行之运甓，俱莫能致。昔入门以西锥堞不筑，女墙之内堞石之外，万一故攻吾眼，仍岁事劳役，曾不足过。又病有门以西锥堞不大堡，定远两堡未遑也。越明年，势乃改园为石，朝天门之上建一堡，女墙既固，堞石之工悠未告讫；内势砥平，足以严门；规模前定，堡未得名，会夏季朔日，治石之工悠未告讫；内势碧沱，合都碧沱，若支若民，出双鱼，黄色光润，长不盈尺而五鳞鬣悉具。咸谓金色呈祥，非时显刺史鱼命之。地天不意盖落成，岁事丰穰，请以金鱼名之。予余何有？但岁丰民乐，减为上瑞，千余已有：人材速化，皆贤侯教育之勤；牟谷顺成，牟谷之意。堡之名，不亦宜乎？民复进曰：人材速化，皆贤侯教育之勤；牟谷顺成，乃时政和平之验，休有有焦系，谁实尸之？沉实瑞之来，难虚其应。何以述为？侯不但彰瑞之德，而皇华形势之地，亦与有千载无疆之休也。曰诺。于是金鱼堡名始定。窃尝思之，世之人发一诚心，则李广之石可使为虎；生一疑心，则乐令之弓亦能为蛇。此无他，其诚不诫之利也。今侯孤忠祥国，善政宜民，光辉发越，感此嘉瑞。信及豚鱼，治状斑斑，盖可亲矣。然侯谦冲退托，不有其有。此非吻合于范史所谓抑而不当之意乎？大郡千里之长，丛州邑之众而有所不为实政，爱于至诚，寄于实政，此真斯民非常之瑞乎！余尝读黄山谷《新昌谱》。有曰：使民田畓有禾舞文，则不必羊生阶庭；使黎田诸诸，不必蝗不入境，则不必凤灵在苑孰。又曰：凡非诸祥瑞，山谷非谓政平讼理，民安其业，则胡不实政感通之为瑞。呼！人知金鱼之为瑞，而不知实政感通之为瑞，可不刻诸贞珉以传不朽，使百世之下闻其风者尚有考焉。	《全蜀艺文志》卷40;《蜀中广记》记作者为安元白,《蜀藻优胜录》《蜀藻优胜录》亦录有全文,与《全蜀艺文志》有个别字句差异

附表二 仅见于文献记载的宋蒙战争相关碑刻一览

401

（续表）

序号	山城	题刻名	时代	内容（题刻录文用楷体）	备注
7		升忠州为咸淳府碑		敕门下：皇天畀付有家，敢忘继承之敬，幸怀潜跃之初。念圣考之贻谋，择侪潘之镇。严嘉水之封，受节斋坛；分芈主社。眷言屏翰之归，允协讴歌之上图。汉舆地之上图，若规光尧。周旧邦之新命，并锡府名。宜州为建德府，宜州为咸淳府，亦尚一人之庆。严州为建德府，忠州为庆远府，咸淳元年八月二十九日午时，急速	曹学佺《蜀中广记》卷19
8	绍庆府城	《上官氏创筑绍庆府城记》	咸淳八年（1272）	皇宋咸淳壬申六月上吉日武功左庶子……绍庆府管辖……武师……岘山上官创建	（清）同治《增修酉阳直隶州总志》卷3
9	龙岩城	《史切举创筑马脑城记》	宝祐六年（1256）	宝祐四年，上有旨筑南郡四城。南平守史切举梱令城马脑山，四月丁卯栽，至六年戊寅而毕	（清）嘉庆《四川通志》卷58

后 记

笔者与同仁对巴蜀地区宋蒙山城遗址的调查和研究工作始于2012年，迄今已整整10年。面对杀青的书稿，不胜感慨，特借"后记"聊表对师友们的谢意。

这里首先要提到李健教授，是他领导成立了西华师范大学四川古城堡文化研究中心，规划了宋蒙山城遗址考古的工作并坚持参与。贵为大学副校长，李教授不顾公务繁忙，长期与研究中心的师生们一起奔波在山城调查的路上。在李教授的鼓励下，我们用了七八年的时间，栉风沐雨，披荆斩棘，走遍了巴蜀及周边地区50余处山城寨堡，掌握了大量第一手材料，基本摸清了宋蒙山城遗址的家底。当调查工作接近尾声时，我们欣喜地看到，上至国家文物局，下至地方政府，以及专家学者、民间爱好者，对巴蜀地区宋蒙山城遗址的关注达到了前所未有的高度，相关的考古和保护工作也已蓬勃开展。由此观之，我们的工作还是有意义的。

在前期调查研究的基础上，"巴蜀地区宋蒙山城遗址的考古调查及研究"课题于2017年获批为国家社科基金重点项目并于2022年5月以"良好"结题。笔者是课题负责人，课题组成员由四川古城堡文化研究中心师生组成，包括蔡东洲教授、符永利教授、罗洪彬博士以及雷晓龙、郝龙、刘欢欢、刘菊、景俊鑫、贠鑫、付蓉、林邱、刘超、邱瑞强、赵敏、张婷、周南西、李修正等同学。本书即以结题报告为底本修改而成，因此本书也是上述师生共同努力的结果。

蔡东洲教授是课题组的大哥，我们尊为"蔡公"，在宋史、明清史、近现代史、宗教史、文化遗产开发与保护等方面均有很深造诣。虽然拥有诸多光环，但蔡公自始至终参与了实际工作。他亲自撰写了"绪言"学术史回顾部分和第一编第一章的部分内容，同时审订了全书。可以说，蔡公既是幕后导演，也是台前英雄，为课题的顺利开展和本书的出版付出了巨大努力，居功至伟。

符永利教授也是课题组不可或缺的成员，他一丝不苟的精神、深厚的学术素养使本成果增光不少。符教授不仅参与了绝大部分山城的调查，还撰写了第一编第二章及第二编第二章等章节。

年轻的罗洪彬博士是课题组的绝对主力，拥有强健的体魄和扎实的学术功底。他基本上走完了所有山城遗址，积累了很多心得体会，本书的第一编第一章、第二编的第四、五、七、八章等章节主要由其完成。

多个年级的课题组同学不仅参与了实地调查，有的还以宋蒙山城为题完成了毕业论文或相关学术论文，本书的部分内容来自他们的硕士学位论文。具体而言，第二编第一章：付蓉《成都金堂云顶城遗址的调查与研究》，第二编第六章：刘欢欢《通江得汉城古代遗存的调查与研究》；第二编第九章：林邱《泸州神臂城遗址的调查与研究》，第三编及第四编第五章：赵敏《巴蜀地区蒙军山城调查研究》，第四编第二章：邱瑞强《宋蒙战争时期巴蜀地区宋军山城城防系统构成初步研究》。当然，在收入本书时，对上述毕业论文做了多少不等的修订。其他同学在资料搜集、调查、记录、撰写等方面也都有各自的贡献，不一一赘述。事实上，本书内容经过了多年的修订和充实，大部分篇章都凝聚了多人的心血，已无法准确地将撰写功劳归于某一人。

本书的插图主要由刘超、邱瑞强、赵敏等同学绘制，照片主要由笔者和符永利、罗洪彬拍摄。

课题开展过程中，得到了四川省文物考古研究院、重庆市文物考古研究院、贵州省文物考古研究所以及各地文物管理部门的大力支持，恕不一一列举。

一些师友也对本课题的开展给予了很多关心。霍巍先生一直关注课题进展，并对调查方法提出了指导性意见；孙华先生对本课题关爱有加，不仅经常予以指导，还在多个场合进行推介并撰写了序言。此外，四川大学李映福教授、重庆市文物考古研究院白九江研究员、贵州省博物馆李飞研究员、重庆师范大学邹后曦教授、蒋刚教授也对课题开展提供了诸多帮助。

总而言之，本书既是课题组集体劳动的结晶，也是相关单位和广大师友关爱的成果，值此书出版之际，特对上述单位和师友表示衷心的感谢！

2018年底我离开西华师范大学，入职安徽大学。其后，西华师范大学和四川古城堡文化研究中心、西华师范大学历史文化学院仍然为课题的开展提供了大力支持，安徽省拔尖人才项目资助了本书出版，在此一并致以真诚的谢意！

行文至此，突发感叹。倏忽之间，已近半百，青丝已换华发。回顾过去，事业无所建树，家庭责任缺失，唯留一声叹息！借此一隅聊表对家人的谢意和歉意！

最后，对出版社编辑的辛勤工作表示衷心的感谢！

蒋晓春

2022年11月16日于合肥翡翠湖畔

补记：今日终于收到期盼已久的孙华先生序言，孙先生在序言中对拙著不吝谬赞的同时也提出了不少中肯意见。按照孙先生的意见，笔者对书稿进行了尽可能的修订。由于书稿在出版社已经基本完成校对即将付印，较大规模的修改只能留待日后了。孙先生在序的末尾说："至于我用放大镜找出的'瑕疵'，可能这些小问题在课题组最后的校订稿中已经解决。如果是这样的话，我后面几段文字也就可以删去了。"由于笔者对孙先生的意见十分珍惜，故予以全文保留，未作删节。长期以来，孙先生对我关爱有加，笔者所取得的点滴成就都与先生的指引和鼓励密不可分，就让这些珍贵的文字时时刻刻警醒我、激励我吧！

2024年1月17日